Kindeswohl und Kindeswille im Spannungsfeld von Recht und Pädagogik

Maud Zitelmann

Kindeswohl und Kindeswille
im Spannungsfeld
von Recht und Pädagogik

Zugleich Dissertation an der J.W. Goethe-Universität, Frankfurt am Main

2001 © Votum Verlag D 30
Grevener Straße 89-91, D-48159 Münster
www.votum-verlag.de

Umschlag: KJM Werbeagentur, Münster
Satz: Markus Schmitz, Büro für typographische Dienstleistungen, Münster
Druck: Fuldaer Verlagsagentur, Fulda
  ISBN 3–933158–78–8

Die Deutsche Bibliothek – CIP-Einheitsaufnahme

Ein Titeldatensatz für diese Publikation ist bei
Der Deutschen Bibliothek erhältlich.

Inhalt

Einleitung ... 9
Danksagung ... 15

I. Interessenvertretung für Kinder und Jugendliche im Spannungsfeld von Kindeswille und Kindeswohl ... 17
  A. Die rechtspolitische Diskussion um den »Kinderanwalt« ... 17
  B. Verfahrenspflegschaft gemäß § 50 FGG ... 21
  C. Wissenschaftlicher Forschungs- und Meinungsstand ... 27
    1. Vertretung der vom Kind bestimmten Interessen ... 29
    2. Die getrennte Vertretung von Wille und Wohl ... 33
    3. Vertretung der wohlverstandenen Interessen ... 34
  D. Erste Erfahrungen und Tendenzen der Praxis ... 39

II. Die Kontroverse um die Vertretung von Kindeswille und Kindeswohl in erziehungswissenschaftlicher Perspektive ... 45
  A. Kindheitsparadigmen und Kinderrechte ... 45
  B. Grundfragen der Pädagogik im juristischen Diskurs ... 59
    1. Vom Kneten und Brechen des kindlichen Willens ... 59
    2. Zwang zur Freiheit: Zur Bewältigung eines Dilemmas ... 62
    3. Verordnete Autonomie: Chancen und Risiken ... 70
    4. Das Mündigkeitskonzept im Recht ... 73
    5. Ethische Aspekte des Mündigkeitskonzepts ... 78
      a) Advokatorische Ethik ... 78
      b) Die professionsethische Kontroverse: Ein Exkurs ... 89

III. Die Interessen des Kindes ... 97
  A. § 50 FGG : Die Interessen des Kindes ... 97
  B. Der Interessebegriff in anderen Disziplinen ... 103
  C. Versuch eines fächerübergreifenden Brückenschlags ... 109

IV. Das Rechtskonzept des Kindeswohls ... 113
  A. Entstehungsgeschichte und Problemstellungen ... 113
  B. Der unbestimmte Rechtsbegriff des Kindeswohls ... 118
  C. Prinzipien und Kriterien der Bestimmung ... 122
  D. Die staatliche Interpretation des Kindeswohls ... 129
    1. Interessenlagen des Kindes ... 130
    2. Das Kindeswohl, ein »Einfallstor« ... 133
      a) Gesellschaftliche und staatliche Interessen ... 133
      b) Außerjuristische Wissenschaften ... 140

V. Der Wille des Kindes im Recht   145
  A. Zum Willensbegriff   145
  B. Der Wille des Kindes im Recht   146
    1. Historischer Rückblick   147
    2. Rechtsentwicklung im 20. Jahrhundert   150
    3. Resumée und Ausblick   160
  C. Das Rechtskonzept des Kindeswillens   163
    1. Die Grundfunktionen des Kindeswillens:
       Rationalität und Emotion   163
    2. Die »Beachtlichkeit« des Kindeswillens   166
  D. Der Kindeswille in der gerichtlichen Praxis   172
    1. Die »Anhörung« der Kinder gem. § 50b FGG   172
      a) Häufigkeit der Anhörung   174
      b) Stellungnahme zur Anhörung   182
      c) Die Anhörungssituation   193
    2. Weitere verfahrensrechtliche Gesichtspunkte   201
      a) Die Hinzuziehung Sachverständiger   201
      b) Informationsrechte des Kindes   203
      c) Auswahl, Kontrolle und Entlassung   204
    3. Der Kindeswille in richterlichen Entscheidungen   206

VI. Der Wille des Kindes in sozialwissenschaftlicher Sicht   217
  A. Wille, Vernunft und Gefühl   217
  B. Beweggründe und Begründungen   223
  C. Willensbildung als Prozess   228
  D. Selbstbestimmung und Verbundenheit   235
    1. Autonomieentwicklung in der frühen Kindheit   236
      a) Annahme, Verbundenheit, Autonomie   236
      b) Überlegungen zur Autonomieentwicklung
         geschädigter bzw. gefährdeter Kinder   244
        (1) Wille ohne Wirkung und Resonanz:
            Die Lebenserfahrung vernachlässigter Kinder   247
        (2) Angriff und Zerstörung des Willens:
            Zur Lebenserfahrung misshandelter Kinder   251
        (3) Der gebrochene und erzeugte Wille:
            Lebenserfahrung sexuell missbrauchter Kinder   257
        (4) Längerfristige Folgen   260
        (5) Zwischenbetrachtung   263
    2. Autonomieentwicklung in der mittleren Kindheit   266
      a) Die Erweiterung des Lebensraumes   267
      b) Traumatisierte Kinder   273
        (1) Der erweiterte Lebensraum als Chance?   273
        (2) Selbstwirksamkeitsüberzeugungen   275

3. Traumatische Erfahrungen und gestörte Autonomie-
entwicklung 277
4. Autonomieentwicklung in der Jugendphase 288
   a) Verbundenheit und Selbstbestimmung 288
   b) Jugendliche im Verfahren 295

VII. Konzeptionelle Aspekte der Interessenvertretung 301
A. Zur Vertretung des Kindeswillens 301
   1. Kindeswille und Kindesschutz im Konflikt 301
   2. Die Vertretung selbstgefährdender Positionen 304
   3. Legitimation durch Beratung? 307
   4. Duale Vertretungsmodelle: Ein Ausweg? 313
B. Zur Übermittlung des Kindeswillens 324
   1. Die Verständigung mit dem Kind 325
   2. »Sprachrohr« des Kindes? 332
C. Die Interessenvertretung, »Wahrerin des Kindeswohls«? ... 338
   1. Noch einmal: Der Kindeswille 340
   2. Handlungsauftrag 345
      a) Aufgabenstellung 346
      b) Kontakte zum Kind 349
      c) Vertretung im Verfahren 353
      d) Behördliche und strafrechtliche Verfahren 358
   3. Unabhängigkeit 363
      a) Justiz 364
      b) Jugendhilfe 373
      c) Geschwister 376
      d) Eltern 377
   4. Interdisziplinarität 381
   5. Professionalität 386
D. Rechtspolitische Folgerungen 393

Abkürzungsverzeichnis 397
Literaturverzeichnis 401
Stichwortverzeichnis 429

Einleitung

Im Zuge einer umfassenden Reform des Kindschaftsrechtes erfolgte im Jahr 1998 auch die Einführung einer Interessenvertretung für Kinder und Jugendliche in bestimmten Verfahren der Familien- und Vormundschaftsgerichte. »So soll für das Kind in Fällen, in denen es besonders schutzbedürftig ist, künftig ein eigener Verfahrenspfleger bestellt werden können«[1], hieß es dazu in der Begründung der amtierenden Regierung. Es stellt sich aber die Grundsatzfrage, ob sich ein solcher »Anwalt des Kindes« auf die Vertretung des Willens der Kinder beschränken, oder auch für das »Wohl des Kindes« eintreten soll.

Mit einer Entscheidung in dieser Frage verbinden sich jeweils andere Ziele und Aufgaben, Befugnisse und Pflichten der Interessenvertretung. Gleiches gilt für die fachliche Qualifikation des Verfahrenspflegers, für die Gewinnung geeigneter Personen und für die Entwicklung der Curricula von Fort- und Weiterbildungsangeboten. Nicht zuletzt gilt dies aber auch für das Verhältnis zwischen den Kindern und jenen, die ihre Interessen wahrzunehmen und im Verfahren zu vertreten haben.

Zur Zeit der Gesetzesreform war die zentrale Frage nach der Vertretung des Kindeswillens bzw. Kindeswohls zwar gestellt, wurde jedoch noch kaum diskutiert. Nunmehr ist der neue § 50 FGG seit zwei Jahren in Kraft getreten, der in dieser Frage aber keine konkreten Anhaltspunkte gibt, sondern allgemein auf die »Interessen« des Kindes abstellt. Mittlerweile ist in der Fachöffentlichkeit eine höchst kontroverse Diskussion über die Vertretung des Kindeswillens und des Kindeswohls in Gang, die in ähnlicher Weise auch in den USA geführt wird, wo die gerichtliche Interessenvertretung Minderjähriger seit Jahrzehnten praktiziert wird.

Auch haben inzwischen Wohlfahrtsverbände, Vereine und Selbstständige ein breites Spektrum an spezifischen Fort- und Weiterbildungskursen entwickelt, das in den letzten zwei Jahren auf rege Nachfrage stieß. Den Curricula dieser Qualifikationsangebote liegt allerdings mal die eine, mal die andere konzeptionelle Variante zu Grunde. Nicht minder divergent ist das Selbstverständnis praktizierender Verfahrenspfleger und Verfahrenspflegerinnen, so dass derzeit bei einem Kind ausschließlich sein Wille, beim nächsten Kind auch sein Wohl vertreten wird.

Die Rechtsprechung gelangt ebenfalls zu höchst widersprüchlichen Auffassungen, worin die Aufgabenstellung eines Verfahrenspflegers besteht. So betont *Weychardt*, Richter am OLG Frankfurt/Main, der gesetzliche Auftrag des Verfahrenspflegers entspreche »in etwa dem der von den Eltern berufenen Rechtsanwälte«. Der »Anwalt des Kindes« sei also »reiner ›Parteivertreter‹«

---

1 *BT-Drucks.* 13/4899, S. 1. Hinweis: Der gesamte Text ist aus verlagstechnischen Gründen auf die neue Rechtschreibung umgestellt worden. Zitate können somit zwar nicht dem Wortsinn, wohl aber der Orthographie nach verändert sein.

und habe insbesondere nicht die »... Aufgabe, darüber hinausgehende Ermittlungen anzustellen«.[2] *Motzer,* Richter am OLG Stuttgart, ist da ganz anderer
Auffassung. Vom gesetzlichen Leitbild her sei diese Vertretung – im Unterschied zum Gericht, dem Jugendamt oder zu Sachverständigen – allein den
Interessen des Kindes verpflichtet. Daraus folge aber nicht, dass sich diese
Vertretung »nur zum Sprachrohr« des Kindeswillens machen solle. »Bei rich-
tigem Verständnis seiner Aufgabe hat der Pfleger auch die objektiven Kriteri-
en des Kindeswohls ... ins Blickfeld zu nehmen.«[3]

So kommt es, um ein Beispiel zu geben, derzeit in der gerichtlichen Praxis
zu Situationen wie der folgenden. Das OLG Schleswig-Holstein vertrat die Auffassung, dass ...

> »... mit der Etablierung des Verfahrenspflegers nach § 50 FGG keine wei-
> tere dem objektiven Kindeswohl verpflichtete Institution geschaffen wer-
> den sollte. (...) Der Verfahrenspfleger ist ›Sprachrohr‹ des Kindes und hat
> deshalb dem Gericht die Wünsche und Vorstellungen des Minderjährigen
> so authentisch wie möglich nahe zu bringen.«[4]

Hiergegen richtete sich die Stellungnahme einer Verfahrenspflegerin. Sie sah
es als ihre Aufgabe, auch das Wohl der Kinder im Verfahren zu vertreten, und
verdeutlichte die Konsequenzen dieser Rechtsauffassung am konkreten Fall.
In diesem ging es um die Interessenvertretung für zwei vernachlässigte Kinder in einem Verfahren wegen Kindeswohlgefährdung (§ 1666 /1666 a BGB),
das vom Jugendamt angeregt worden war. Während des Verfahrens – das mit
dem Entzug des elterlichen Aufenthaltsbestimmungsrechtes endete und zur
Unterbringung der beiden Mädchen in einer Pflegefamilie führte –, hätten sich
beide Mädchen sehr bemüht, die Verfahrenspflegerin davon zu überzeugen,
dass alles »in Ordnung« sei:

> Zwar sei zum Beispiel manchmal »... nichts zu essen da, kein Frühstück
> oder so, aber dann gibt uns die Mama 50 Pfennig mit und wir kaufen uns
> was«. Ein Geldstück sei hervorgeholt worden: »Guck mal, wir haben al-
> les.«[5]

---

2 *OLG Frankfurt,* FamRZ 1999, 1293/1294.
3 *Motzer,* FamRZ 1999, 1101/1105. Vgl. auch den Vorsitzenden Richter am Familiensenat
   des OLG Stuttgart *Borth,* KindPrax 2000, 48/50 ff. Er fordert ausdrücklich eigenständige
   Ermittlungen. Die Interessenvertretung habe die in §§ 1626 ff. BGB definierten Rechte des
   Kindes (also u.a. auf Schutz, Erziehung und Selbstbestimmung) in Bezug auf den Verfahrensgegenstand zu bestimmen und das Begehren der Eltern daraufhin zu überprüfen, ob und
   in welchem Umfang die Interessen des Kindes konkret betroffen sind.
4 *OLG Schleswig,* unveröffentlicher Beschluss des Jahres 2000. Das Aktenzeichen dieses
   Verfahrens wird aus Gründen der Anonymität unter Inkaufnahme der so eingeschränkten
   Nachprüfbarkeit aus Gründen des Persönlichkeitsschutzes nicht angegeben.
5 Zit. n. einer unveröffentlichen Stellungnahme vom 16.03.2000, mit freundlicher Genehmigung der Verfahrenspflegerin.

Weder aus Sicht dieser Mädchen noch aus der ihrer Mutter, die »den Alltag nicht bewältigt bekam« und auf die Verfahrenspflegerin »hilflos wie ein Kleinkind wirkte«, sei eine Trennung in Frage gekommen.[6] Anders als das Gericht sah die Verfahrenspflegerin ihre Aufgabe darin, die »emotionale Verstrickung« sowie die »Lebenssituation der Kinder und deren Nöte« zu verstehen und zu »neuen Lösungen« beizutragen. Es könne nicht darum gehen, »nur Sprachrohr« zu sein und »keinerlei eigene Verantwortlichkeit« zu übernehmen, denn damit werde das Kind nicht entlastet »... und bleibt mit seinen Loyalitätskonflikten, mit seinen Ängsten, mit überhöhten Anforderungen weiterhin allein.«[7]

Die vorliegende Untersuchung hat nun zum Ziel, die theoretischen Grundlagen der zur Diskussion stehenden Vertretungskonzepte kritisch zu überprüfen bzw. zu entwickeln, sowie die Möglichkeiten und Grenzen ihrer Umsetzung in der Praxis zu sondieren. Zu diesem Zweck soll nicht nur Fachliteratur des Inlandes, sondern auch des Auslandes herangezogen werden, wo verschiedene Konzepte einer Interessenvertretung für Kinder seit Jahrzehnten erprobt und wissenschaftlich begleitet worden sind. Ein Schwerpunkt liegt also bei der erziehungswissenschaftlichen Untersuchung eines neuen Berufsbildes, das die Integration spezifischer rechtlicher, psychologischer und sozialpädagogischer Kenntnisse und Fähigkeiten verlangt.

Zugleich geht es darum, die Frage nach dem Wohl und Willen der Kinder im erziehungswissenschaftlichen Kontext – als Variante der pädagogischen Grundfrage: »Was will denn eigentlich die ältere Generation mit der jüngeren?«[8] – im Spiegel familienrechtlicher Theoriebildung und Praxis zu untersuchen und zu reflektieren. Problem und Herausforderung dieses Vorhabens ist, dass das Familienrecht bislang kein Gegenstand systematischer erziehungswissenschaftlicher Forschung und Reflexion ist. Anders als etwa zwischen der Familienrechtwissenschaft und der Psychologie[9] kann von einem Dialog zwischen der Disziplin der Familienrechtwissenschaft und den Erziehungswissenschaften kaum die Rede sein[10], obgleich sie sich mit ähnlichen und teils identischen Themen befassen. Die Gründe wären einer näheren Untersuchung wert. Indes, eine der »reflexion engagée«[11] sich verpflichtende Wissenschaft, die »unser Wissen über und unser Verständnis für Voraussetzungen, Abläufe und Wirkungen von Erziehungsprozessen« vermehren und »dieses

---

6 Ebd.

7 Ebd.

8 *Schleiermacher* 1983 (1826), S. 9. Vgl. hierzu *Müller* 1996, S. 304 ff.

9 Beispielhaft schon *Goldstein/Freud/Solnit* 1982, 1988, 1991, ebenso die interdisziplinäre Studie von *Simitis u.a.* 1979.

10 Einen Anfang macht die interdisziplinäre Forschungsgruppe um *Münder*, zu der auch ErziehungswissenschaftlerInnen rechnen. Vgl. zum Beispiel die Studie zur Kindesvernachlässigung (*Schone u.a.* 1997) sowie die laufende Studie zur Kooperation von Justiz und Jugendhilfe (*Münder u.a.* 1997, *dies.* 1998).

11 *Mollenhauer*, Z.f.Päd. 1996, 869/874.

Wissen zum Wohle einzelner Menschen und der Gesellschaft«[12] nutzen will, kommt nicht umhin, auch das Familienrecht in ihre Untersuchungen einzubeziehen, und seine paradigmatischen und theoretischen Prämissen wie auch seine praktischen Auswirkungen auf die Erziehungswirklichkeit zur Kenntnis zu nehmen und einer kritischen Revision zu unterziehen.

Die vorliegende Arbeit nähert sich dieser Aufgabe in einer Zusammenschau pädagogischen, soziologischen, psychologischen und rechtlichen Fachwissens, die herangezogen, miteinander in Bezug gesetzt und diskutiert werden. Unübersehbar spiegelt sich hier auf wissenschaftlicher Ebene das interdisziplinäre Anforderungsprofil der Verfahrenspflegschaft wieder, die diese Rezeption und Integration allerdings unter den erschwerten Bedingungen der Praxis verlangt. Hier wie dort gilt, dass ein solcher Zugriff auf die Wissensbestände anderer Disziplinen unter dem Vorbehalt der Korrektur und Ergänzung durch deren VertreterInnen steht.

Ein ähnlicher Vorbehalt gilt für das Verhältnis von Wissenschaft und Praxis. So sehr die vorliegende Themenstellung die Berücksichtigung der biographischen Erfahrungen, der konkreten Lebenssituation und der Sicht der in den fraglichen Verfahren zu vertretenden Kinder und Jugendlichen fordert, so wenig konnte sich diese Arbeit auf empirische Studien stützen. Soweit im Folgenden Bezug auf die Praxis genommen wird, verdankt dieser sich vor allem Gesprächen mit VerfahrenspflegerInnen und RichterInnen, Fachkräften der Jugendämter und Heimerziehung, KindertherapeutInnen und Pflegeeltern sowie mit Kindern und Jugendlichen in Heimen und Pflegefamilien.[13] Manche der anonymisierten Erfahrungsberichte und Mitteilungen beruhen auf leitfadengestützten Interviews, überwiegend aber auf Mitschriften und unmittelbar nach den Gesprächen gefertigten Niederschriften. Ein methodisches Vorgehen das hier gerechtfertigt schien, da diese Berichte allein der besseren Verständlichkeit und Illustration dienen sollen.

Im ersten Teil dieser Untersuchung geht es um eine vertiefende Einführung in die Problemstellung, konkret um die gesetzliche Regelung des § 50 FGG, die ersten Erfahrungen der Praxis sowie die Auswertung der wissenschaftlichen und rechtspolitischen Diskussion, die zur Einführung der Interessenvertretung für Kinder führte.

Im zweiten Teil der Arbeit wird das Spannungsfeld des Kindeswohls und Kindeswillens auf paradigmatisch-legitimatorischer Ebene betrachtet. Gefragt wird zunächst nach verschiedenen Sichtweisen der Kindheit bzw. des Kindes und seiner Rechte. Sichtweisen, die in den 70er Jahren im Kontext der Antipädagogik und gegenwärtig in der Kindheitsforschung und Kinderrechtsbewegung eine Rolle spielen, und sich auch in der Kontroverse um den »Anwalt des

---

12 *Deutsche Gesellschaft für Erziehungswissenschaft* 1997, S. 857 ff.
13 Diese Interviews sind Teil einer noch unveröffentlichten Studie zur Vormundschaft, die derzeit unter Leitung von Frau Prof. Zenz, Universität Frankfurt, durchgeführt wird.

Kindes« abzeichnen. In einem historischen Rückblick wird die Frage nach dem Verhältnis von Kindeswohl und Kindeswillen als pädagogische Problemstellung diskutiert und auf die sog. Willenserziehung und die Ideengeschichte der Aufklärung bezogen. Ein Schwerpunkt liegt hier bei der antinomischen Grundfigur einer Erziehung zur Mündigkeit, deren rechtliche Konturierung im Anschluss aufgezeigt wird. Ein weiterer Schwerpunkt liegt bei der ethischen Legitimation stellvertretender Entscheidungen, einer advokatorischen Ethik, die dem traditionellen anwaltlichen Berufsethos gegenübergestellt wird

Im Zentrum des dritten Teiles steht die nähere Klärung des Interessebegriffs, der u.a. aus außerrechtlicher Perspektive beleuchtet und diskutiert wird, insbesondere aber unter der Fragestellung untersucht wird, ob § 50 FGG nur die Vertretung der vom Kind definierten Interessen regelt, oder ob es hier auch um die Wahrnehmung und Vertretung seiner wohlverstandenen Interessen geht. Um dies vorwegzunehmen, zielt diese Regelung nach der hier vertretenen Auffassung auf eine Vertretung des Willens und des Wohls der vertretenen Kinder und Jugendlichen. So schließt sich in den beiden nächsten Teilen der Arbeit eine Betrachtung der Ideengeschichte und Kriterien dieser Rechtskonstrukte und ihrer Umsetzung durch die familiengerichtliche Praxis an.

Hier geht es also zum einen um die Entstehung und rechtliche Konturierung des unbestimmten Rechtsbegriffes »Kindeswohl«, dessen Problematik anhand der kindschaftsrechtlichen Generalklausel des § 1666 BGB exemplarisch aufgezeigt und mit Blick auf die Interessenvertretung der Kinder diskutiert wird. Zum anderen geht es um die Selbstbestimmungsrechte Minderjähriger und den Rechtsbegriff des »Kindeswillens«, der zugleich als integraler Bestandteil des Kindeswohls gilt, das damit also auch einer differenzierteren Betrachtung unterzogen wird. Da die Berücksichtigung des Kindeswillens weniger durch das materielle als durch das Verfahrensrecht erfolgt, liegt ein besonderer Schwerpunkt dieses Teils bei der richterlichen Kindesanhörung, an der zugleich exemplarisch Fragen der Beratung und Begleitung der Kinder und Jugendlichen aufgezeigt und diskutiert werden. Abschließend wird gefragt, aus welchen Gründen bzw. mit welchen Begründungen der Wille der Kinder und Jugendlichen in der gerichtlichen Praxis beachtet oder nicht beachtet wird, und werden Folgerungen für ihre Interessenvertretung gezogen.

Im sechsten Teil geht es zunächst noch einmal um das juristische Konstrukt des »Kindeswillens«, nunmehr aber in sozialwissenschaftlicher Perspektive. Im Zentrum stehen insbesondere die juristischen Kategorien des »emotionalen«, »rationalen« bzw. »begründeten« Kindeswillens, die einer kritischen Betrachtung unterzogen werden. Ein literarischer Streifzug in das kognitionspsychologische Gebiet der Willensforschung schließt diese Betrachtung ab.

Nachfolgend wird anhand der frühen und mittleren Kindheit sowie der Jugendphase die kindliche Autonomieentwicklung thematisiert, die das Konstrukt des kompetenten, selbstbestimmten Klienten in Frage stellt, vor allem aber der Frage nachgeht, wie sich soziale Benachteiligungen, traumatische Lebenserfahrungen und das gerichtliche Verfahren auf die zu vertretenden Kinder und Jugendlichen auswirken, und welche Folgerungen sich hieraus für ihre Willensbildung und ihre Begleitung und Vertretung ergeben.

Im letzten Teil der Arbeit geht es um die praxisbezogene Prüfung der zur Diskussion stehenden Vertretungskonzepte von Kindeswille und Kindeswohl. Zunächst um ein Konzept, das die Vertretung an den Willen der Kinder bindet, dann um duale Vertretungsmodelle, die eine getrennte Vertretung des Kindeswillens und des Kindeswohls ermöglichen, und schließlich geht es um das Konzept einer vorrangig am Wohl des Kindes orientierten Vertretung. Ein zweiter Schwerpunkt dieses Teils liegt bei der praktischen Umsetzung des hier vorgeschlagenen Konzeptes. Neben der »Ermittlung« von Kindeswille und Kindeswohl steht die Beratung und Begleitung der Kinder und Jugendlichen im Vordergrund, aber auch das Anforderungsprofil, Probleme der Unabhängigkeit und Professionalisierung und nicht zuletzt werden der gesetzliche Rahmen der Verfahrenspflegschaft kritisch beleuchtet und Nachbesserungen diskutiert.

Danksagung

An dieser Stelle ist einigen der vielen Menschen zu danken, die mir in den vergangenen Jahren mit freundlicher Unterstützung, Rat und Hilfe zur Seite standen. Zwar heißt es bei *Umberto Eco:* »Es zeugt von schlechtem Geschmack, dem Betreuer zu danken. Wenn er euch geholfen hat, dann hat er nur seine Pflicht getan.«[14] Da sich die nämliche Betreuerin, *Prof. Gisela Zenz,* aber weit über ihre »Pflicht« hinaus bereit fand, die Höhen und Tiefen des Entstehungsprozesses dieser Arbeit zu begleiten, gilt ihr gleichwohl mein persönlicher Dank. Sehr viel zu verdanken habe ich ebenso ihrem Kollegen *Prof. Ludwig Salgo.* Er hat meine Recherchen unterstützt, mir den wertvollen Kontakt zu *Prof. Mervyn Murch* und seine KollegInnen (University of Cardiff) vermittelt, und nicht nur Mut gemacht, diese Arbeit zu beginnen, sondern auch, sie zu beenden. Mein Dank gilt auch *Dr. Stefan Heilmann*, Mitarbeiter am Bundesverfassungsgericht, der mich in seinen wenigen freien Stunden vor groben juristischen Schnitzern bewahrte – für die verbleibenden trage ich allein Verantwortung. Hilfreiche Gespräche und Ermutigung verdanke ich auch *Prof. Jörg Fegert*, Direktor der Kinder- und Jugendpsychiatrie, Universität Rostock, der sich nicht nur zur fachlichen Erörterung bereit fand, sondern mir (kritische) wissenschaftliche Literatur zur »Theorie der Fußnote« lieh, die – wie sich zeigt – aber zu spät kam.

Corina Weber verdanke ich lange, anregende Diskussionen, wertvolle Informationen, Kritik und tatkräftige Unterstützung. Gleiches gilt für *Axel Bauer, Yvonne Gottschalk-Niklaus, Kerima Kostka, Christine Müller-Mahnkopp, Hildegard Niestroj, Anja Schön, Katja Schweppe, Birgit Widera, Martin Widera* und *Christa Willich-Klein.* Das Foto der Kinder auf dem Buchumschlag, das in den letzten Jahren über meinem Schreibtisch hing, konnte mit freundlicher Genehmigung von *Verena Freudenberger* verwendet werden.

Viel gelernt habe ich in den Diskussionen mit TeilnehmerInnen von Weiterbildungskursen zum/zur VerfahrenspflegerIn.[15] Nicht zuletzt gilt mein ausdrücklicher Dank den in dieser Arbeit nicht namentlich genannten VerfahrenspflegerInnen, den Fachkräften der Jugendhilfe und den RichterInnen, die meine vielen Fragen bereitwillig beantwortet und anschaulich von ihrer Praxis berichtet haben.

---

14 *Eco* 1993, S. 228.

15 KursteilnehmerInnen der Paritätische Akademie gGmbH: in Berlin und Frankfurt/Main, sowie denen der Diakonischen Akademie Deutschland gGmbH: in Berlin, Münster, Stuttgart und Tübingen.

I. Interessenvertretung für Kinder und Jugendliche im Spannungsfeld von Kindeswille und Kindeswohl

A. Die rechtspolitische Diskussion um den »Kinderanwalt«

Gegen Ende der siebziger Jahre setzte in der juristischen Fachöffentlichkeit die Diskussion ein, ob Minderjährige einer eigenständigen Vertretung bedürfen, wenn ihre Eltern oder ihr Vormund nicht fähig oder gewillt sind, den Interessen des Kindes im Verfahren hinreichend Geltung zu verschaffen. Zentrale Aufgaben, die dieser Vertretung zugewiesen wurden, waren u.a. die Begleitung und Beratung des Kindes oder Jugendlichen, die Wahrnehmung seiner Belange bei der Verfahrensgestaltung sowie unabhängige Stellungnahmen gegenüber dem Familien- oder Vormundschaftsgericht.[1]

Im Zentrum der Fachdiskussion stand zunächst die Grundsatzfrage nach der Erforderlichkeit einer solchen Vertretung. Vorbehalte gingen dahin, dass RichterInnen, Sachverständige oder JugendamtsmitarbeiterInnen ohnehin primär dem Kindeswohl verpflichtet und folglich selbst »Anwalt des Kindes«[2] seien. Deshalb bedürfe es keiner weiteren Interessenvertretung im Verfahren. Diesem Argument wurde vor allem mit dem Hinweis auf die divergierenden Handlungsaufträge der jeweiligen Professionen begegnet. RichterInnen seien auf Grund der ihnen auferlegten Allparteilichkeit bei ihren Ermittlungen und Beschlüssen nicht nur den Kindesinteressen, sondern auch denen der anderen Verfahrensbeteiligten verpflichtet.[3] Sofern das Gericht überhaupt Sachverständige hinzuziehe, hänge deren Aufgabe von der jeweiligen Fragestellung des Gerichtes ab, die mit der Ermittlung der Kindesinteressen nicht identisch sein müsse.[4] Auch sei das Jugendamt nicht zur parteilichen Wahrnehmung der Kindesinteressen berufen. Erstens könne es in Fällen, in denen es bereits zuvor für die Familie zuständig war, keine kritische Bewertung seiner eigenen

---

1 Vgl. ausführlich *Salgo* 1996, Kapitel XI.
2 Von einem »Anwalt des Kindes« war, zum Teil (!) verbunden mit der Ablehnung einer eigenständigen Interessenvertretung des Kindes, in Bezug auf folgende Berufsgruppen die Rede: RichterInnen: *Moritz*, JURA 1986, 588/590; ähnlich *Kuntze*, FamRZ 1985, 532/533; Sachverständige: *Balloff*, FuR 1991, 334/338; *Ell*, UJ 1981, 309/311; *Salzgeber,* KindPrax 1998, 43/45; Jugendamt: *Els*, ZfJ 1984, 509/511; *Luthin,* FamRZ 1986, 389. *Salgo* 1996, S. 557, merkt zu diesem Begriff treffend an, er eigne sich aus Gründen einer systematischen Präzisierung. Gegen die Bezeichnung »Anwalt des Kindes« spreche ihre idealisierende Besetzung und die hiermit verbundene Abwertung.
3 Vgl. *BVerfG*, FamRZ 1999, 85/87.
4 *Harder-Herken* 1988, S. 11 zufolge steht die wissenschaftliche Objektivität des Sachverständigen seiner Funktion als »Anwalt des Kindes« entgegen. Auch habe sich dieser als »Helfer und Berater des Gerichtes« nicht zu rechtlichen Fragen zu äußern. (S. 92 f.)

Tätigkeit gewährleisten. Zweitens bleibe die Behörde auch nach Abschluss des Verfahrens oft nicht nur für das Kind, sondern auch für seine Eltern und Geschwister zuständig. Dieser Umstand könne – ebenso wie institutionelle Eigeninteressen und die Beschränkung des behördlichen Handlungsrahmens durch politische Instanzen – einer konsequenten Wahrung der Kindesinteressen entgegenstehen.[5]

Richtungweisend für die rechtspolitische Diskussion über den »Anwalt des Kindes« waren seit dem Jahr 1986 mehrere Entscheidungen des Bundesverfassungsgerichtes[6], das die Erforderlichkeit der Vertretung Minderjähriger durch ErgänzungspflegerInnen im Verfassungsbeschwerdeverfahren in solchen Fallkonstellationen bejahte, in denen »... die sorgeberechtigten Eltern an der Wahrnehmung der Interessen des Kindes verhindert sind«[7] bzw. ein Konflikt zwischen dem gesetzlichen Vertreter – also Eltern, Vormund oder Pfleger – und dem minderjährigen Kind »nicht ausgeschlossen werden kann.«[8] In der Folge setzte sich die Ansicht durch, in diesen Fällen sei eine solche eigenständige Interessenvertretung für Minderjährige bereits auf fachgerichtlicher Ebene erforderlich und umsichtige Vormundschafts- und FamilienrichterInnen gingen dazu über, gleichfalls Ergänzungspflegschaften anzuordnen.[9]

Während also im Verlauf der Reformdiskussion ein weitgehender Konsens über die Notwendigkeit einer eigenständigen Kindesvertretung hergestellt wurde – der Rechtswissenschaftler *Coester* sprach 1995 von einer Abschichtung der Grundsatzfrage[10] – und eine gesetzliche Regelung trotz erheblicher Bedenken wegen der zu erwartenden Kosten in Entwürfe zur Kindschaftsrechtsreform einging[11], blieb die zentrale Frage nach den Aufgaben dieser Vertretung zunächst offen. Gleiches galt dementsprechend für die Anforderungen an die Qualifikation sowie die Pflichten und Befugnisse der Kindesvertretung und deren organisatorische Einbettung.

---

5 Vgl. zu diesem Absatz: *Bauer/Schaus*, BJ 1997, 162/163; *Fehmel*, ZblJugR 1982, 654/659 f; *FamGb-Fehmel* § 1671 Rz. 7, *ders.* vor § 50a ff FGG Rz. 27; *Früh* 1992, S. 88 ff u. 96; *Kleine*, FPR 1996, 236 f; *Limbach* 1983, S. 16 f; *Roth M* 1983, S. 10; *Salgo* 1996, S. 36-44, 459 ff; *Simitis* 1995, S. X; ders. 1979, S. 46 f; *BT-Drucks.* 13/4899, S. 130; *BT-Drucks.* 13/3341, S. 11 u. 16. Auch *BVerfGE* 79, 51/58.

6 *BVerfGE 72*, 122; *BVerfGE 75*, 201; *BVerfGE 79*, 51; *BVerfG*, FuR 1994, 374. Vgl. hierzu auch *Seibert*, FamRZ 1995, 1457/1462.

7 *BVerfGE 72*, 122, auch 134, 135.

8 *BVerfGE* 79, 51/58. In diesem Fall handelte es sich um einen Vormund des Jugendamtes, der das Kind von seinen Pflegeeltern herausverlangte.

9 Zum Beispiel 59. *Deutscher Juristentag*, Beschlüsse 1992, M 265; 10. *Deutscher Familiengerichtstag*, Empfehlungen 1994, S. 101; *Salgo* 1995: Frankfurter Tage der Rechtspolitik 1994. Zur Reformdiskussion und zum Meinungsspektrum *ders.* 1996, S. 459-469. Zur Gerichtspraxis vgl. *Bauer/Schaus*, BJ 1997, 162 ff.

10 Vgl. *Coester* 1995, S. 329.

11 Zu den Kosten vgl. *FR* v. 13.4.1993; *SZ* v. 29.2.1996; *taz* v. 16.10.1997; *Kleine*, FPR 1996, 236/239; *Linsler*, DAVorm 1997, 375. Zu entspr. Entwürfen vgl. *BR-Drucks.* 180/96, S. 30, 141; *BMJ* vom 28.2.1996, S. 19 ff; *BMJ* vom 24.7.1995; S. 78; *BT-Drucks.* 13/3341 § 50 Abs. 2 FGG-E S. 5, 16; *BT-Drucks.* 13/1752.

In der Fachöffentlichkeit kam es insbesondere zur kontroversen Diskussion der (meist dichotom gestellten) Frage, ob sich die Kindesvertretung am Kindeswillen oder am Kindeswohl orientieren solle. Ob sie sich also darauf zu beschränken habe, den Kindern und Jugendlichen als »Sprachrohr« und »Dolmetscher« zur Verfügung zu stehen und ihre Selbstbestimmungsrechte im gerichtlichen Verfahren zu wahren[12], oder ob sie ebenso für deren »wohlverstandene Belange«, d.h. auch für ihre Schutz- und Erziehungsrechte, eintreten solle.[13] Der Rechtswissenschaftler *Salgo* formulierte diese Frage in seiner im Auftrag des Bundesministeriums für Justiz erstellten rechtsvergleichenden Studie über die Vertretung von Kindern in zivilrechtlichen Kindesschutzverfahren in folgender Weise:

»Woran orientiert sich ein solcher Vertreter des Kindes? Am ausdrücklichen *Wunsch und Willen* oder am ›*wohlverstandenen Interesse*‹ des Kindes, und wie setzt er dieses im Verfahren durch? Wie verhält er sich, wenn ›*Kindeswille*‹ und ›*Kindeswohl*‹ aus seiner Sicht unvereinbar sind?«[14]

Hauptsächlich gaben Vertretungskonzepte des angloamerikanischen Raumes Impulse für diese Fragestellung. Sie wurden seit den 70er-Jahren in der deutschen reformpolitischen Diskussion aufgegriffen und zur Konzeptentwicklung herangezogen, wobei die tiefgreifenden Unterschiede der jeweiligen Rechtssysteme in Bezug auf diese Fragestellung nur in wenigen Beiträgen zum Thema wurden.[15] Dies gilt erstens für das im anglo-amerikanischen Raum gültige adversariale Verfahrensprinzip. Es leuchtet ein, dass diese sehr formalen streitigen Parteiverfahren juristische Anforderungen stellen, die eine anwaltliche Vertretung unabdingbar machen[16] und duale Vertretungskonzepte – wie sie in

---

12 In der hiesigen Reformdiskussion wurden diese Funktionen rezipiert bzw. diskutiert u.a. von: *Balloff* 1992, S. 83 f; *ders.*, FuR 1994, 9/14; *ders.* 1995, S. 262; *Coester* 1995, S. 330; *Eschweiler* 1995, S. 239; *FamGb-Fehmel* Vor § 50a ff FGG Rz. 33; *Frommann* 1977, S. 146 ff; *Früh* 1992, S. 123 f; *Salgo* 1996, S. 564 f, 568 f.

13 Vgl. *Coester* 1995, S. 330; *Früh* 1992, S. 120 ff; *Limbach* 1983, S. 18; *Rummel* 1983, S. 101; *Salgo* 1995, S. XXI; *ders.* 1996, S. 45, 570; *ders.*, FPR 1996, 239/240; *Schatz* 1983, S. 116; grundlegend *Steindorff-Classen* 1998*;* auch *Simitis* 1988, S. 202; *Weber* (a) 1995, S. 51 f; *Will,* ZfJ 1998, 1 ff; *Wiesner,* ZfJ 1998, 173/178; *Zenz* 1981, S. 414.

14 *Salgo* 1996, S. 45 (Hervorhebung im Original).

15 Die größte Ähnlichkeit besteht zwischen Deutschland und Frankreich, wobei die vielschichtige Frage nach der Orientierung der Kindesvertretung am Willen und Wohl des Kindes dort gleichfalls kontrovers diskutiert wird. Vgl. *Masotta* 1995; *Steindorff* 1996.

16 Entsprechende Hinweise von *Salgo* 1996, S. 257 (auch 61, 199 ff), dem zufolge britische Guardians eine anwaltliche Vertretung des Kindes insbesondere deshalb für unerlässlich halten, weil das Klima bei Gericht vom Streitverfahren beherrscht werde, wurden in der hiesigen Fachdiskussion nicht aufgegriffen. (Zum adversarialen Verfahrensprinzip vgl. auch *Salgo* 1996, S. 61, 199 ff, 257, 353).

Großbritannien oder in den USA praktiziert werden[17] – ratsam erscheinen lassen. Ob dieses Erfordernis uneingeschränkt auch für das hiesige Amtsermittlungsverfahren der Freiwilligen Gerichtsbarkeit gilt[18], ist zu bezweifeln. Ein zweiter kaum beachteter Aspekt, dem hinsichtlich der Vertretung des Kindeswillens – der für manche dieser Vertretungskonzepte den einzigen Maßstab bietet – erhebliche Bedeutung zukommen dürfte, ist die richterliche Kindesanhörung.[19] Während die deutsche Verfahrensordnung in den einschlägigen Verfahren gem. § 50b FGG in der Regel eine oder mehrere Begegnungen zwischen Kind und RichterIn vorsieht, fehlen vergleichbare Vorschriften in den anglo-amerikanischen Rechtssystemen, so dass Kinder dort in der Regel ganz auf die Fürsprache der Erwachsenen, auf ein »Sprachrohr« angewiesen sind, damit das Gericht ihren Willen überhaupt erfährt.

Neben der intensiven Bezugnahme auf das Ausland stellte sich die Frage nach der Orientierung einer Interessenvertretung am Willen bzw. Wohl des Kindes aber auch, weil keine der herkömmlichen Vertretungsrollen, weder die des Anwaltes[20] noch die des Ergänzungspflegers (§ 1909 BGB), sicherzustellen vermag, dass der Wille des jeweiligen Kindes oder Jugendliche ebenso wie seine

---

17 *Erläuterung:* In Großbritannien vertreten Guardians ad litem (SozialarbeiterInnen mit Zusatzqualifikation) und solicitors (RechtsanwältInnen mit Zusatzqualifikation) das Kind gemeinsam und repräsentieren »Kindeswohl« und den Willen der Kinder im streitigen Verfahren. Sind diese nicht in Einklang zu bringen, und gelten die Minderjährigen als verständig, instruieren die Kinder bzw. Jugendlichen ihre AnwältInnen selbst, während die Guardians weiterhin die »wohlverstandenen« Kindesbelange vertreten. (Vgl. hierzu *Salgo* 1996, S. 210 ff, 259 ff; *Masson/Oakley* 1998, S. 6, 18 ff, 56, 61 f; *Murch* 1995 (a); *Urquhart* 1995, 172 ff; *Timms* 1995 (b), S. 183 f.) In den Vereinigten Staaten praktizieren AnwältInnen oft ein am Mandatsverhältnis Erwachsener orientiertes Vertretungskonzept, d.h. sie fungieren beratend und als »Sprachrohr« und »Dolmetscher zwischen Kind und Gericht. Ergänzend werden oft geschulte Freiwillige zur Vertretung des »Kindeswohls« tätig. In 30 Staaten wird gegenwärtig ein »attorney-guardian-ad-litem« eingesetzt, der den Willen und das Wohl des Kindes – i.S. einer dualen Rolle – vertreten soll. *Department of Health and Human Services* 1999, VII-12, 18. Vgl. zu den USA auch: *Salgo* 1996, S. 55-136, insbes. S. 130 u. Fn 280; *Davidson* 1995; *Duquette* 1995; *Haralambie* 1993, S. 9, 11-14, 33, 53 f; *Koh Peters* 1997, S. 24 ff. Zur multidisziplinären Vertretung des Kindeswohls in den USA vgl. *Muhlhauser/Douglas*, North Dakota Law Review 1987, 1021-1029.

18 So erlaubt die Untersuchungsmaxime eine freiere und sensiblere Verfahrensgestaltung. Im Freibeweis können die RichterInnen Erhebungen jeder Art vornehmen, wenn die Ergebnisse erwarten lassen, dass das Gericht seine Überzeugung darauf gründet. Vgl. *Münder* 1993 (a), S. 118 f, 136. Zum Freibeweis *Fehmel*, ZblJugR 1982, 654/657.

19 Vgl. aber *Coester* 1983, S. 256, Fn. 430, der schon damals in Bezug auf die Kindesanhörung anmerkte, in den USA sei man an das »Prokrustesbett des adversary proceedings« gebunden, wodurch sich die besondere Betonung des »Kindesanwaltes« erkläre, welcher der Kindesposition im dortigen Verfahrensrecht wohl am ehesten Beachtung verschaffen könne.

20 Zur Anwaltsrolle bemerken *Finlay u.a.* (1997, S. 426) treffend »... there has been ongoing criticism and uncertainty about the role of the separate representative. At the heart of the difficulty is the fact that the requirements of a separate legal representative are unconventional from an orthodox legal point of view, in that it is often difficult or impossible for

»wohlverstandenen Interessen« gleichermaßen zur Kenntnis des Gerichtes gelangen. Vielmehr bliebe bei Anwendung des traditionellen Anwaltskonzeptes das Kindeswohl unvertreten, während bei der Führung einer traditionellen Pflegschaft die Selbstbestimmungsfähigkeit des Kindes zwar zu berücksichtigen ist, aber keine Verpflichtung besteht, den Willen des Kindes auch nur zur Kenntnis des Gerichtes zu bringen. In beiden Fällen steht die Sicherung der grundrechtlichen Stellung des Kindes durch seine Vertretung, die einerseits den wohlverstandenen Interessen des Kindes, andererseits seinem Recht auf selbstbestimmte Entfaltung seiner Persönlichkeit Rechnung zu tragen hat, in Frage.[21]

B. Verfahrenspflegschaft gemäß § 50 FGG

Mit der Kindschaftsrechtsreform erfolgte die gesetzliche Regelung einer Interessenvertretung Minderjähriger für alle Verfahren der Familien- und Vormundschaftsgerichte, »... die die Lebensführung und Lebensstellung des Kindes betreffen, soweit sie sich nicht ausschließlich auf das Vermögen beziehen.«[22] In die entsprechende Verfahrensordnung, das Gesetz über Angelegenheiten der freiwilligen Gerichtsbarkeit (FGG), wurde § 50 eingefügt und zum 1. Juli 1998 in Kraft gesetzt. Die verfassungsrechtliche Zulässigkeit dieser Norm wurde mittelbar nur wenige Monate später durch das Bundesverfassungsgericht für jene familien- und vormundschaftsgerichtlichen Verfahren bestätigt, in denen ...

> »... eine für die Zukunft des Kindes bedeutsame Entscheidung getroffen wird und wegen eines Interessenkonflikts zwischen Eltern und Kind die Interessen des Kindes nicht hinreichend durch die Eltern wahrgenommen werden können.«[23]

§ 50 FGG regelt – in Anlehnung an die Pflegschaft für Verfahren wegen Aufhebung eines Annahmeverhältnisses (§ 56 f Abs. 2 FGG) sowie für Betreuungs- und Unterbringungsverfahren (§§ 67, 70b FGG) – die Einführung eines »Pfle-

---

him or her to obtain instructions from the client. The younger the child, the greater the difficulty.« Zur Ambiguität der Vertretungsrolle vgl. auch I.C.1.

21 »Aus der verfassungsrechtlichen Verankerung des Kindeswohls in Art. 6 II und Art. 2 I GG i.V. mit dem *Anspruch auf rechtliches Gehör* (Art. 103 I GG) ergibt sich die Pflicht, das Kindeswohl verfahrensrechtlich dadurch zu sichern, dass den Kindern bereits im familiengerichtlichen Verfahren ein Pfleger zur Wahrung ihrer Interessen zur Seite gestellt wird.« *BVerfG*, FamRZ 1999, 85/88. Zur Verknüpfung des kindlichen Rechts auf Persönlichkeitsentfaltung aus Art. 2 Abs. 1 GG mit der Verantwortung von Eltern und Staat für seine »objektiven Entwicklungsinteressen« aus Art. 6 Abs. 2 GG vgl. *Steindorff-Classen* 1998, S. 40 f.

22 *BT-Drucks.* 13/4899, S. 131.

23 *BVerfGE*, FamRZ 1999, 85/87.

gers für das Verfahren«, der dem minderjährigen Kind in bestimmten Fallgestaltungen zu bestellen ist.[24] Im Wortlaut heißt es hier:

§ 50 FGG [Bestellung und Aufhebung einer Pflegschaft durch das Gericht]

(1) Das Gericht kann dem minderjährigen Kind einen Pfleger für ein seine Person betreffendes Verfahren bestellen, soweit dies zur Wahrnehmung seiner Interessen erforderlich ist.

(2) Die Bestellung ist in der Regel erforderlich, wenn
    1. das Interesse des Kindes zu dem seiner gesetzlichen Vertreter in erheblichem Gegensatz steht,
    2. Gegenstand des Verfahrens Maßnahmen wegen Gefährdung des Kindeswohls sind, mit denen die Trennung des Kindes von seiner Familie oder die Entziehung der gesamten Personensorge verbunden ist (§§ 1666, 1666a des Bürgerlichen Gesetzbuchs), oder
    3. Gegenstand des Verfahrens die Wegnahme des Kindes von der Pflegeperson (§ 1632 Abs. 4 des Bürgerlichen Gesetzbuchs) oder von dem Ehegatten oder Umgangsberechtigten (§ 1682 des Bürgerlichen Gesetzbuchs) ist.
    Sieht das Gericht in diesen Fällen von der Bestellung eines Pflegers für das Verfahren ab, so ist dies in der Entscheidung zu begründen, die die Person des Kindes betrifft.

(3) Die Bestellung soll unterbleiben oder aufgehoben werden, wenn die Interessen des Kindes von einem Rechtsanwalt oder einem anderen geeigneten Verfahrensbevollmächtigten angemessen vertreten werden.

(4) Die Bestellung endet, sofern sie nicht vorher aufgehoben wird,
    1. mit der Rechtskraft der das Verfahren abschließenden Entscheidung oder
    2. mit dem sonstigen Abschluss des Verfahrens.

(5) Der Ersatz von Aufwendungen und die Vergütung des Pflegers bestimmen sich entsprechend § 67 Abs. 3.[25]

§ 50 FGG, der hier nur kursorisch erläutert werden soll, regelt also, in welchen Fällen die Bestellung eines Verfahrenspflegers erforderlich und verpflichtend ist, wann von ihr abzusehen ist, wann sie endet und wie sie vergütet wird. Die Generalklausel des ersten Absatzes sieht vor, dass ein Verfahrenspfleger in *allen* Verfahren bestellt werden kann, welche die Person des minderjährigen Kindes betreffen, soweit dies zur Wahrnehmung seiner Interessen erforderlich ist. Im zweiten Absatz des § 50 FGG heißt es weiter unter Nr. 1: »Die Bestellung ist *in der Regel* erforderlich, wenn das Interesse des Kindes zu dem seiner gesetzlichen Vertreter in erheblichem Gegensatz steht.«[26] In einem sol-

---

24 *BT-Drucks.* 13/4899, S. 130.
25 Abs. 5 in der Fassung vom 1.1.1999.
26 »Wird das Kind durch zwei gesetzliche Vertreter vertreten, so kann ein Interessengegensatz zu einem genügen.« *Bassenge/Herbst*, § 50 FGG, Rz. 6.

chen Fall[27] ist die Bestellung eines Verfahrenspflegers für das Kind also verpflichtend.[28]

Nr. 2 und 3 des zweiten Absatzes enthalten eine exemplarische Liste von Fallkonstellationen, bei denen regelmäßig von der Erforderlichkeit der Bestellung eines Verfahrenspflegers auszugehen ist. Dies sind erstens Verfahren gemäß §§ 1666, 1666a BGB wegen Gefährdung des Kindeswohls, mit denen die Trennung des Kindes von seiner Familie oder die Entziehung der gesamten Personensorge verbunden ist. Zweitens, Verfahren gemäß § 1632 Abs. 4 BGB, in denen es darum geht, ein Kind, das seit längerer Zeit in einer Pflegefamilie lebt, von seiner Pflegeperson bzw. den Pflegeeltern zu trennen oder den Verbleib des Kindes anzuordnen. Drittens, Verfahren in denen gem. § 1682 BGB über den Verbleib bzw. die Trennung des Kindes von Stiefmutter oder Stiefvater[29] bzw. anderen umgangsberechtigten Personen entschieden wird, wenn das Kind seit längerer Zeit bei ihnen lebt.

Unterbleibt die Pflegerbestellung, obgleich ein Regelfall der in Nr. 1-3 genannten Fallkonstellationen vorliegt, ist dies in der Sorgerechtsentscheidung besonders zu begründen. Ansonsten »... besteht die Gefahr, dass die Endentscheidung bereits deshalb keinen Bestand hat.«[30]

---

27 Einschlägige Konstellationen können u.a. sein: Vaterschaftsanfechtung (§ 1600 Abs. 3 Ziff. a BGB); Ausbildungs- und Berufswahl (§ 1631a BGB); Freiheitsentziehende Unterbringung (§ 1631b BGB iVm § 70b Abs.1 FGG); Elterliches Sorgerecht nach Trennung (§ 1671 Abs. 1-3 BGB); Umgangsrecht (§ 1684 Abs. 1, 4 BGB; § 1685 BGB); Änderungen der gerichtlichen Anordnungen (§ 1696 BGB); Adoption (§ 1746 Abs. 1-3 BGB; § 1748 BGB; § 1761 BGB – vgl. hierzu auch § 56 f Abs. 2 FGG). *Wiesner-Oberloskamp* SGB VIII Anh. § 50, Rz. 112 hält die Einrichtung einer Verfahrenspflegschaft u.a. für geboten, wenn das Kind zum Beispiel sein Umgangsrecht (§ 1684 BGB) geltend machen will, eine andere Sorgerechtsregelung nach der Scheidung will als die Eltern (§ 1672 Abs. 1 BGB) oder »... wenn sich massiv streitende Eltern das Kind aus dem Blick verloren haben« (§ 1672 Abs. 2 BGB) (a.a.O. Rz. 161). Zurückhaltend zur Vertretung im Scheidungsverfahren äußern sich *Henrich-Brudermüller* § 50 FGG, Rz. 5; *Schnitzler*, FamRZ 1995 397/ 398; *Will*, ZfJ 1998, 1/5. Zu möglichen Fallkonstellationen vgl. auch *BT-Drucks.* 13/3341; *BT-Drucks.* 13/4899, S. 129 ff sowie *Bauer/Schaus*, BJ 1997, 162, 164; *Früh* 1992, S. 141 und *Salgo* 1996, S. 474.

28 Das *OLG Hamm*, FamRZ 1999, 41 stellte fest, dass Sorgeberechtigte die Rechtmäßigkeit der Bestellung eines gem. § 50 FGG bestellten Verfahrenspflegers im Beschwerdeverfahren grundsätzlich prüfen lassen können. Vgl. auch *OLG München*, FuR 1999, 232 f. A.M. ist das *OLG Brandenburg*, DAVorm 2000, 350 f. Das *OLG Celle*, KindPrax 1999, 172, sah einen Eingriff ins Elternrecht als gegeben an, doch sei er von relativ geringer Intensität. Eine isolierte Anfechtung im laufenden Verfahren sei abzulehnen, denn es »könne nicht im Interesse des minderjährigen Kindes liegen, dass ein hartnäckiger Streit der Eltern über das Sorgerecht auch noch mit einer durch mehrere Instanzen gehenden Auseinandersetzung über die Notwendigkeit einer Verfahrenspflegschaft und über die Auswahl eines geeigneten Pflegers belastet und verstärkt wird.« Vgl. hierzu auch *Salgo*, FPR 1999, 313/317 und *Storsberg*, Protokolldienst 2000, 52/55 ff.

29 Zum Begriff der »Stiefeltern« vgl. *Staudinger-Salgo* § 1682, Rz. 3.

30 So *Motzer*, FamRZ 1999, 1101/1106, Richter am OLG Stuttgart. Vgl. auch *OLG Köln*, FamRZ 1999, 314/315.

Der Zeitpunkt der Bestellung ist im Gesetzestext nicht festgelegt. Ca. ein Jahr nach Einführung des § 50 FGG stellte das Bundesverfassungsgericht jedoch klar, dass eine pro forma Bestellung, die der Interessenvertretung faktisch keine Chance lässt, Einfluss auf das Verfahren zu nehmen, unzulässig ist. Vielmehr müsse sie zu einer Zeit erfolgen, zu der »... die zur Interessenvertretung für das Kind bestellte Person auch die Möglichkeit hat, Einfluss auf die Gestaltung und den Ausgang des Verfahrens zu nehmen.«[31]

Die Bestellung endet mit der Rechtskraft der abschließenden Entscheidung (und kann somit über mehrere Instanzen hinweg dauern) oder mit dem sonstigen Abschluss des Verfahrens, zum Beispiel einer gütlichen Einigung der Verfahrensbeteiligten. Grundsätzlich hat die Interessenvertretung des Kindes die Möglichkeit, Rechtsmittel einzulegen und das Beschwerdeverfahren selbst durchzuführen.[32]

Soweit zum Gesetzestext selbst. – Obgleich die Frage nach den Aufgaben, der Qualifikation sowie den Rechten und Pflichten der Interessenvertretung für Kinder in der Reformdiskussion offen zutage lag und kontrovers diskutiert wurde, leistete der Gesetzgeber keine Klärung dieser Sachverhalte, sondern überantwortete sie faktisch der Praxis und ignorierte so nicht zuletzt Erfahrungen des Auslandes, wo ähnlich vage Vorgaben zu anhaltenden Irritationen geführt hatten.[33]

---

31 Noch unveröffentl. Beschluss: BVerfG, 1 BvR 1403/99. Beschluss vom 26.8.1999, http://www.bverfg.de. Zum Zeitpunkt der Bestellung und möglicher Auswirkungen auf die Verfahrensdauer vgl. auch *OLG München,* FamRZ 1999, 1101, 1105; *Hohmann-Dennhardt,* Protokolldienst 2000, 3/11 f; *Heilmann,* KindPrax 2000, 79/81 f.

32 Vgl. hierzu den Richter am AG Giessen *Grün,* NJ 1999, 128/129, der auch zum Zeitpunkt der Bestellung feststellt, das Gericht solle zwar Zeit zur Anfangsermittlung haben, um unnötige Bestellungen zu vermeiden, in den Regelbeispielen des § 50 FGG sei jedoch eine »frühzeitige Pflegerbestellung geboten, um dem Kind möglichst schnell einen Beistand in der für das Kind ungewissen und bedeutungsvollen Frage seines weiteren Verbleibens zur Seite zu stellen.«

33 So wurde z.B. in Australien die Interessenvertretung des Kindes schon 1975 geregelt, deren Rolle aber nicht präzisiert, was zu anhaltenden Diskussionen und Verunsicherungen führte, die nicht einmal durch höchstrichterliche Richtlinien zu beheben waren, so *Finlay u.a.* 1997, S. 426. Entsprechend dieser Richtlinien hat der »separate representative« eine mit dem Kindeswillen übereinstimmende Vertretung anzustreben, entspricht der Wille aber vermutlich nicht dem Wohl, ist dem Gericht beides vorzutragen. Vgl. die »Guidelines for Separate Representatives of Children appointed pursuant to Section 65 of the Family Law Act«, dokumentiert in *Finlay u.a.* 1997, S. 930 Nr. 2, S. 931 Nr. 12 ff (Erschj. 1983, übersetzt in: *Salgo* 1996, S. 328-332). Auch *Murch/Hunt/Macleod* (1990, S. 11, 43) stellten in ihrer Studie zur britischen Kindesvertretung fest, dass die Orientierung der britischen Kindesvertretung am Wohl bzw. den Instruktionen des Kindes in der Einführungsphase von 1975-1989 stark variierte. Erst nach Einführung des Children Act von 1989 sei die Rolle des Kindesanwaltes geklärt worden, so *Masson* und *Oakley* 1998, S. 20 f. Auch in den USA währt diese Diskussion nun schon Jahrzehnte, noch 1999 legte das *Department of Health* zwei Entwürfe vor, in denen alternativ ein anwaltliches Vertretungsmodell bzw. eine am Kindeswohl orientierte Vertretung zur Diskussion gestellt wurden.

So gibt der Gesetzestext des § 50 FGG erstens nur eine ausgesprochen pauschale Handlungsorientierung[34], der zufolge es die Aufgabe des Verfahrenspflegers ist, die *Interessen des Kindes im Verfahren* zu vertreten. Da der Rechtsbegriff des Kindesinteresses aber den Kindeswillen *und* das Kindeswohl umfasst[35], fehlt eine Klarstellung[36] der umstrittenen Kardinalfrage, woran VerfahrenspflegerInnen ihre Vertretung orientieren sollen, wenn der Wille und das Wohl eines Kindes oder Jugendlichen nicht übereinstimmen oder gar in Konflikt geraten.[37]

Zweitens wurden die aus dieser Aufgabenstellung resultierenden Rechte und Pflichten des Verfahrenspflegers von Gesetzes wegen nicht differenziert geregelt, so dass hier viele Fragen offen bleiben, zumal die Rechtstellung der Interessenvertretung uneindeutig ist.[38] Hat die Person, die das Kind vertritt, Auskunftsansprüche sowie Einsichtsrechte in Gerichts- und Behördenakten; hat sie ein Recht auf Zeugnisverweigerung und die Verpflichtung zur Verschwiegenheit gegenüber Außenstehenden? Wie steht es mit ihren Anwesenheitsrechten und -pflichten bei Verhandlungen, Vernehmungen und Anhörungen; ist sie zur Teilnahme an Fallkonferenzen des Jugendamtes berechtigt und verpflichtet, ist sie befugt, Rechtsmittel für das Kind einzulegen?[39] Ist sie es auch dann, wenn das Kind über 14 Jahre alt und damit selbst zur Beschwerdeführung berechtigt ist?[40] Hat sie eine auch strafrechtlich relevante Garantenstellung gegenüber dem Kind?[41]

---

34 Vgl. auch *Hohmann-Dennhardt,* Protokolldienst 2000, 3/6 ff.

35 *Moritz* 1989, S. 216-219; vgl. hierzu ausführlich unten S. 97 ff.

36 Siehe *Salgo* 1996, S. 570, auch S. 564 f, 568 ff. In diesem Sinne auch *Simitis* 1988, S. 202 f. Forderungen zur Ausweitung des Fallkatalogs und Präzisierung des Anforderungsprofils in § 50 FGG-E erhob und begründete auch *Weber* 1995 (a), S. 40-43.

37 Vgl. *Bracken von,* Kindprax 1999, 183; *Deutscher Familiengerichtstag* 2000, S. 118, 137; *Salgo,* Protokolldienst 1999, 16/21 f; *Stadler/Salzgeber,* FPR 1999, 329/330; *Willutzki,* KindPrax 1998, 37/39; *Zitelmann,* KindPrax 1998, 131 ff.

38 Heißt es einerseits in der regierungsamtlichen Begründung, es bedürfe keiner ausdrücklichen Entziehung der elterlichen Vertretungsmacht, um einen Verfahrenspfleger zu bestellen, wird an anderer Stelle ausgeführt, dieser trete an Stelle der gesetzlichen VertreterInnen des Kindes und habe an deren Stelle die Kindesinteressen in das Verfahren einzubringen. Vgl. *BT-Drucks.* 13/4899; S. 129 ff.

39 Vgl. *Salgo* 1996, S. 569.

40 Das *OLG Düsseldorf,* FPR 1999, 355, stellte hierzu fest: Die Bestellung müsse jedenfalls anfechtbar sein, wenn Jugendlichen ein Verfahrenspfleger »aufgezwungen« werde.

41 Dies wird ggfs. durch die Rechtsprechung zu klären sein. Eine Analogie besteht hier zur Diskussion um die Garantenfunktion des Jugendamtes: Beim Tod eines kleinen Mädchens, das unter Aufsicht des Jugendamtes vernachlässigt wurde und an Auszehrung starb, verneinte das *OLG Oldenburg* die Garantenstellung der angeklagten Sozialarbeiterin (Dokumentation in *Mörsberger* 1997). Anderer Ansicht war das *OLG Stuttgart,* NJW 1998, 3131; auch *Bringewat* 1997, das die Eröffnung eines Hauptverfahrens gegen zwei sozialpädagogische Fachkräfte zuließ, da sie sich mit hoher Wahrscheinlichkeit der fahrlässigen Körperverletzung bzw. der fahrlässigen Tötung durch Unterlassen schuldig gemacht und gegen ihre Garantenpflicht verstoßen hatten. Einer der Angeklagten wurde verurteilt. Er hatte keine Sorge getragen, das nunmehr zuständige Jugendamt hinreichend über die Gefährdung des kleinen Mädchens zu informieren.

Drittens bleibt die Frage der Qualifikation des »Pflegers für das Verfahren« offen. Zwar heißt es in der regierungsamtlichen Begründung, die Auswahl des Verfahrenspflegers liege im pflichtgemäßen Ermessen des Gerichtes. Den Besonderheiten eines jeden Falles entsprechend werde es z.B. SozialarbeiterInnen und -pädagogInnen, KinderpsychologInnen und – soweit es im Schwerpunkt auf das Gebiet des materiellen und des formellen Rechts ankomme – AnwältInnen zu bestellen haben. Unter Umständen, die nicht näher erläutert sind, könnten allerdings auch engagierte Laien bestellt werden.[42] Eine Option, die wohl primär vor dem Hintergrund der von finanziellen Bedenken maßgeblich beeinflussten Reformdiskussion zu begreifen ist.[43] Doch handelt es sich bei diesem Tätigkeitsbereich so offenkundig um eine Schnittstelle verschiedener Disziplinen, dass die hier genannten Qualifikationen schwerlich genügen werden, um den juristischen, psychologischen und pädagogischen Anforderungen dieses Handlungsfeldes hinreichend zu entsprechen. Eine umsichtige Regelung hätte von daher zwingend Maßnahmen zur spezifischen Fort- und Weiterbildung von VerfahrenspflegerInnen eingeschlossen und Beratungsansprüche abgesichert.

Ebenso kamen andere flankierende Maßnahmen zur Gewinnung, Vermittlung, fachlichen Unterstützung und Kontrolle von VerfahrenspflegerInnen, an deren Erforderlichkeit das rechtsvergleichende Gutachten von *Salgo* keinen Zweifel ließ[44], im Gesetzgebungsverfahren nicht einmal zur Sprache. Auch hier standen wohl finanzielle Erwägungen im Vordergrund, welche die Umsetzung

---

42 *BT-Drucks.* 13/4899, S. 130. Daneben nennt der OLG-Richter *Oelkers* auch Geistliche, ohne auf deren Fachkompetenz näher einzugehen. *Hdb-FamR 4,* Rz. 241.

43 Der Referentenentwurf des Bundesministeriums für Justiz sah zunächst folgende Regelung vor: »Das Gericht *bestellt* dem minderjährigen Kind einen Pfleger für ein seine Person betreffendes Verfahren« (*BMJ Referentenentwurf* § 50 FGG-E, S. 78; Hervorhebung MZ). Diese Formulierung wurde unter Verweis auf finanzielle Befürchtungen der Länder in der Vorlage zum Gesetzesentwurf des Bundesrates zur *Kann*-Bestimmung abgeschwächt. Hierzu erläutert die Süddeutsche Zeitung vom 29.2.1996: So sei die Forderung, einen »Anwalt des Kindes« zu benennen, in eine Kann-Bestimmung abgeschwächt worden, sagte sie [Leutheusser-Schnarrenberger, MZ] der SZ. Grund dafür seien die Befürchtungen der Länder wegen der Kosten.« Schließlich erfolgte ein Bundesratsbeschluss zur völligen Streichung des § 50 FGG-E, in dessen Begründung u.a. auf »... nicht unerhebliche Kosten für die Staatskasse« (*BR-Drucks.* 180/96 (Beschluss), S. 34) verwiesen wurde, der sich jedoch im weiteren Gesetzgebungsverfahren nicht durchsetzte. Gleichwohl erfolgte, noch bevor die neue Regelung überhaupt in Kraft trat, bereits eine erste Änderung des § 50 FGG, mit der die Stundensätze für VerfahrenspflegerInnen an die Stundensätze für Berufsvormünder angeglichen und auf 60 DM limitiert wurden. Vgl. hierzu kritisch auch *Grün,* NJ 1999, 128/129.

44 Vgl. *Salgo* 1996, Kap. XIII; *ders.,* FPR 1996, 239/243 f, der analog zur britischen Organisationsstruktur der Kindesvertretung die Schaffung von Gremien vorschlägt, die perspektivisch auch für Beistandschaften, Pfleg- und Vormundschaften sowie Verletztenbeistände zuständig sein könnten. Ähnliche Vorkehrungen waren in Deutschland getroffen worden, um die fachliche Umsetzung des 1992 in Kraft gesetzten Betreuungsrechts (BtR) zu gewährleisten. Hier waren Betreuungsbehörden und Betreuungsvereine geschaffen worden, denen u.a. die Gewinnung, fachliche Schulung und Unterstützung geeigneter BetreuerInnen obliegt.

der gesetzlichen Bestimmungen erheblich erschweren, wenn nicht konterkarieren dürften. Ebenso wenig wurde für eine wissenschaftliche Begleitforschung gesorgt.[45] Die Implementierungskontrolle der Kindschaftsrechtsreform beschränkt sich weitestgehend auf die kontrovers diskutierte Neuregelung der elterlichen Sorge bei Trennung und Scheidung.

C. Wissenschaftlicher Forschungs- und Meinungsstand

Eine erste empirische Untersuchung der Verfahrenspflegschaft liegt derzeit mit dem Zwischenbericht über eine Interviewstudie von *Peters* und *Schimke* vor. Eine Befragung von »etwa« zwanzig MitarbeiterInnen verschiedener Jugendämter bzw. Beratungsstellen, die im ersten Halbjahr 1999 erfolgte, habe große Unsicherheiten über die Aufgabenstellung und Arbeitsweise des Verfahrenspflegers erkennen lassen und gezeigt, »... dass die eigene Arbeitsweise auf das Bild der Verfahrenspflegerin projiziert wird.«[46] Hinsichtlich der Orientierung dieser Prozessvertretung an Kindeswohl und Kindeswille sei die Tendenz dahin gegangen, dass »... der Wille vor Gericht immer dargestellt werden soll, jedoch eingeschränkt beachtet werden muss, wenn er dem Kindeswohl nicht entspricht oder beeinflusst wurde.«[47]

Befragt wurden in dieser Studie des weiteren zehn FamilienrichterInnen, deren Verständnis der Vertretungsaufgaben ebenfalls uneinheitlich war. Manche befürchteten Überschneidungen mit der »klassischen Arbeit der Jugendhilfe«, andere hätten eben dies gefordert, um möglichst genaue Informationen über das Kind zu erhalten:

> »Bei der Überlegung, ob die Verfahrenspflegerin ausschließlich dem Kindeswohl verpflichtet sei oder die Kindesinteressen vertreten soll, wurden beide Antworten als Priorität genannt.
> Diese Unentschiedenheit findet sich in fast allen Antworten wieder.«[48]

---

45 Entgegen den Empfehlungen von *Salgo* 1996, S. 570.

46 *Peters/Schimke,* KindPrax 1999, 143/145. – Diese These mag zutreffen, ist aber nicht näher belegt. Ebenso kann es sich um fachlich begründete Einschätzungen handeln, die sich aus Überlegungen und Erfahrungen hinsichtlich der Situation und Interessen der zu vertretenden Kinder und Jugendlichen ergeben, denen diese Interpretation nicht gerecht würde. Fast alle Fachkräfte meinten jedenfalls, dass die Interessenvertretung das Kind aufklären, informieren und begleiten sowie Gespräche mit Angehörigen und Personen bzw. Fachkräften im sozialen Umfeld der Minderjährigen führen solle.

47 *Peters/Schimke,* KindPrax 1999, 143/145.

48 *Peters/Schimke,* KindPrax 1999, 143/145. (Vgl. zustimmend *Storsberg,* Protokolldienst 2000, 52/55 ff). RichterInnen die der Verfahrenspflegschaft tendenziell kritisch gegenüberstanden, erwarteten sich dabei eher juristische Kenntnisse und einige pädagogische und psychologische Grundkenntnisse des Verfahrenspflegers. Demgegenüber hielten RichterInnen, die diese Neuerung eher begrüßten, gerade die pädagogische und psychologische Ausbildung des Verfahrenspflegers für wichtig.

Diese ersten Sondierungsergebnisse erstaunen nicht, zumal die Praxis nicht nur vom Gesetzgeber im Unklaren gelassen wurde, sondern auch die Wissenschaften kaum zur Klärung der Ziele und Aufgaben einer solchen Interessenvertretung für Kinder beizutragen vermochten. Zwar wurde in der (überwiegend juristischen) Fachliteratur die zentrale Frage nach den Aufgaben des sog. »Anwalt des Kindes« im Verlauf der Reformdiskussion immer wieder angesprochen, doch vertieft behandelt wurde sie kaum je.[49]

Vielleicht war man sich der Folgen dieser Problematik nicht hinreichend bewusst, vielleicht fehlte es an konsensfähigen Kriterien, vielleicht war man aber auch durch Erfahrungen des Auslandes gewarnt – wo sich an dieser Frage anhaltende und teils heftige Kontroversen entzündet hatten[50] – und vermied das strittige Thema, um überhaupt eine Neuerung zu erzielen. Wie es allerdings angesichts dieser Situation zu erwarten war, flammte die fachliche Kontroverse schon bald nach der Einführung des Verfahrenspflegers auf und bewirkte eine »intensive Diskussion« darüber, ...

> »... inwieweit der Verfahrenspfleger sich darauf beschränken soll, die Interessen des Kindes festzustellen und im Verfahren vorzubringen oder objektive Kindesinteressen i.S.d. Kindeswohls zu vertreten.«[51]

Einigkeit besteht zwar darin, dass es eine Aufgabe der Interessenvertretung ist, die Kinder während des Verfahrens zu begleiten, zu beraten und über das Verfahren zu informieren.[52] Auch kann die Empfehlung *Limbachs*, der heutigen Präsidentin des Bundesverfassungsgerichtes, die im deutschsprachigen Raum erstmalig forderte, Vorstellungen und Wünsche des Kindes stets obligatorisch in das Verfahren einzubringen, auch wenn seine Vertretung eine abweichende Position im Verfahren einnimmt, inzwischen als ein unstrittiger Standard der Interessenvertretung gelten.[53] Jenseits dieser minimalen Über-

---

49 Einen allerdings nicht auf die vorliegende Frage konzentrierten Überblick der deutschen Reform- und Fachdiskussion zum »Anwalt des Kindes« geben *Früh* 1992, S. 110-119; *Salgo* 1996, Kap. XI und *Steindorff-Classen* 1998, S. 28.

50 USA: *Duquette* 1995, S. 115, Fn. 7; Frankreich: *Gassner-Hemmerlé* 1995, S. 217 ff; *Steindorff* 1996, S. 370 f u. *Masotta* 1995, S. 224; Großbritannien: *Salgo* 1996, S. 252 ff, 138 f; Australien: *ders.* 1996, S. 332, 337 f, 347.

51 *Stadler/Salzgeber,* FPR 1999, 329/330; *Peters/Schimke,* KindPrax 1999, 143/144 ff.

52 Vgl. auch *Stadler/Salzgeber,* FPR 1999, 329/333. Übereinstimmung besteht ferner darin, dass die Vertretung unabhängig sein soll und dass sie zur Wahrnehmung ihrer Aufgaben einer Qualifikation oder aber zumindest unterstützender und beratender Strukturen bedarf.

53 »Der Anwalt soll den seiner Auffassung entgegenstehenden Kindeswillen nicht ohne sorgfältiges Sich-Vergewissern über dessen Begründetheit übergehen und den Kindeswunsch dem Gericht zur Kenntnis bringen.« *Limbach* 1983, S. 19. Vgl. i.d.S. nur *Bauer/Schaus,* BJ 1997, 162/167; *Carl* 1995, S. 252 f; *Früh* 1992, S. 125; *Salgo* 1996, S. 564 f; 570; *ders.,* FPR 1996, 239/243; *Weber* 1995 (a), S. 48, 52; *Weber/Zitelmann* 1999, S. 19 f.

einkünfte aber beginnen die Differenzen über die Zielsetzung und Aufgaben der Interessenvertretung für Kinder. Das fragliche Spektrum an Vorschlägen erstreckt sich derzeit von der traditionellen Anwaltsrolle über duale Vertretungsmodelle von »Kindeswille und Kindeswohl« bis hin zu eher vormundschaftlichen Konzepten und stellt sich wie folgt dar:

• Das Konzept einer einzig dem Willen des Kindes verpflichteten Rechtsvertretung durch einzelne JuristInnen und/oder in Kooperation mit psychosozialen Fachkräften. Aufgaben, Rechte und Pflichten dieser Vertretung entsprechen der traditionellen Anwaltsrolle für Erwachsene.

• Das Konzept einer separaten Vertretung der vom Kind selbst definierten Position einerseits und seiner wohlverstandenen Interessen andererseits durch zwei entsprechend qualifizierte Erwachsene, bzw. bei weitgehender Übereinstimmung beider Positionen durch ein Team.

• Das Konzept einer flexibel am Wohl und Willen orientierten Vertretung durch eine Fachkraft (bzw. ein interdisziplinäres Team), die zwar stets den Willen des Kindes in das Verfahren einbringen, aber vorrangig seine wohlverstandenen Interessen bestimmen und durchsetzen soll.

Fragt man, welche theoretischen bzw. praxisbezogenen Annahmen, Kriterien und Zielsetzungen diesen Optionen in der Fachliteratur zugrundegelegt werden, ergibt sich folgendes Bild.

1. Vertretung der vom Kind bestimmten Interessen

Eine vom Kind instruierte Vertretung, die sich konzeptionell weitgehend an der anwaltlichen Prozessvertretung für Erwachsene anlehnt, wurde seitens der Praxis vor allem vom Verein »Anwalt des Kindes in Hamburg e.V.« befürwortet. Im Rahmen verschiedener Fachtagungen und in den vorliegenden Veröffentlichungen konstatierten die MitarbeiterInnen im wesentlichen, das Kind sei der/die wahre ExpertIn seiner Situation und habe das Recht, in einer von den Erwachsenen und ihren Kindeswohl-Kriterien dominierten Sphäre ein »Sprachrohr« bzw. einen »Anwalt« zu haben, das bzw. der seine subjektive Position im Verfahren vertritt. Eine solche Vertretung wirke erfahrungsgemäß als friedensstiftender Katalysator, wenn sich streitende Erwachsene das Kind aus den Augen verlören, stärke das Kind und helfe, tragfähige Konfliktlösungen zu entwickeln.[54]

Solche Auffassungen der Praxis finden ihre wissenschaftliche Fundierung in jenen Positionen, die den »Kindesanwalt« als Chance sehen, die strukturelle

---

54 *Bracken von,* KindPrax 1999, 183/185; *Werner,* epd 1998, 50/51. Vgl. auch S. 21 f.

Unterlegenheit des Kindes im gerichtlichen Verfahren auszugleichen, es bei der Wahrnehmung seiner Verfahrensrechte zu stärken und bei der Durchsetzung seines Selbstbestimmungsrechtes, einem Kernbestandteil seiner Freiheitsrechte, zu unterstützten. Eine vielbeachtete Vertreterin dieser Position ist *Steindorff-Classen,* die in ihrer Dissertation im Tenor der Reformpädagogik die Achtung des Kindes als »seiende« Persönlichkeit und ein Recht auf die selbstbestimmte Umsetzung seiner Vorstellungen in der Gegenwart forderte.[55] In der Reformdiskussion um die Interessenvertretung, so ihre Kritik, sei es zu einer »Kindeswohlfixierung« gekommen, die die Freiheitsrechte Minderjähriger unzureichend beachte und zur »Auflösung des Persönlichkeitsrechts des Kindes in der elterlichen und staatlichen Verantwortung für das Kindeswohl« führe.[56] Demgegenüber begründete *Steindorff-Classen* aus völker- und verfassungsrechtlicher sowie rechtsvergleichender Sicht[57] ein »subjektives Recht des Kindes auf seinen Anwalt«, der – wie die Prozessvertretung Erwachsener auch – der »Bindung an den Kindeswillen« unterliegen solle.[58] Hierbei beschränkte sie sich allerdings auf eine formal-juristische Argumentation, weshalb die letztlich doch wohl zentrale Frage offen blieb, ob dieser Rechtsanspruch den Kindern und Jugendlichen in der Praxis tatsächlich einen »Gefallen« bereiten oder sich als »Danaergeschenk« erweisen würde.[59]

Auch *Salgo* empfahl zunächst für den Fall, dass der Gesetzgeber nur die Bestellung einer Einzelperson vorsehen sollte, eine am Willen des Kindes ausgerichtete Vertretung.[60] Die traditionelle Anwaltsrolle sei aber »bei erhebli-

---

55 *Steindorff-Classen* 1998, S. 12. Zwar stünden weder die »spezifischen Unterschiede zwischen Erwachsenen und Kindern« noch die spezifische Schutzbedürftigkeit des in Entwicklung begriffenen Kindes in Frage. Doch rechtfertige dies weder, Kinder allein aus dem Blickwinkel ihrer »Unfertigkeit und Unselbständigkeit« wahrzunehmen, noch eine »... Tendenz zur Auflösung des kindlichen Entfaltungsrechts in ein Recht auf Schutz seiner von anderen definierten objektiven Interessen.« S. 43, vgl. auch S. 5.

56 Vgl. *Steindorff-Classen* 1998, S. 41.

57 Die juristischen Überlegungen der Verfasserin basieren auf der Grundannahme eines Autonomieanspruches des Kindes und werden aus seiner völker- und grundrechtlichen Position, insbes. aus dem verfassungsrechtlichen Gebot des rechtlichen Gehörs (Art. 103 Abs. 1 GG) abgeleitet. Aus rechtsvergleichender Sicht stellt sie zudem auf das französische Recht ab und setzt sich mit Modellversuchen auseinander.

58 *Steindorff-Classen* 1998, S. 39. Zu § 50 FGG heißt es, die Begründung des Regierungsentwurfes zeige, »dass der Verfahrenspfleger nicht etwa nur Sprachrohr des Kindes sein soll, sondern ein weiterer Garant des Kindeswohls.« Vgl. *Steindorff-Classen* 1998, S. 295 ff. Siehe hierzu unten VII.A.3.

59 Vgl. a.a.O., S. 310 f. *Steindorff-Classen* argumentiert, man solle zunächst die gesetzlichen Grundlagen schaffen und praktisch erproben. Da es hier aber um oft traumatisierte und aktuell belastete Kinder geht, sollten sie einer solchen »Erprobung doch wohl nur ausgesetzt sein, wenn das Fachwissen der außerjuristischen Disziplinen herangezogen und vorab zur Einschätzung dieser Fragestellung genutzt wird.

60 Die Vertretung des Kindes durch eine ehrenamtliche oder professionelle, nach Möglichkeit jedoch qualifizierte Einzelperson empfahl er unter dem Vorbehalt, dass sie bei Bedarf juristischen Beistand bzw. sozialpädagogische Beratung zur Wahrnehmung ihrer Aufgaben beanspruchen kann. So ist *Steindorff-Classen* 1998, S. 35, nicht zuzustimmen,

cher, nicht anders abwendbarer Kindeswohlgefährdung nicht einzuhalten.«[61] Eine »konzeptionelle Ambiguität« lasse sich im Minderjährigenbereich nicht ganz vermeiden und eine »wünschbare penible Abgrenzung zwischen advokatorischer und vormundschaftlicher Interessenvertretung« sei nicht immer möglich, wenn auch »... im Regelfall eine Interessen- und Rechtsvertretung im klassischen Sinne das gültige Orientierungsmuster sein sollte.«[62] Hauptsächlich begründete er diese Orientierung des »Kinderanwaltes« am Willen des Kindes ebenso wie *Stadler* und *Salzgeber* u.a. damit, dass »ja bereits andere auf das Kindeswohl verpflichtete Instanzen am Verfahren teilnehmen«.[63] Auch *Schimke* und *Peters,* die die Interessenvertretung »im parteilichen Sinn dem Willen des Kindes verpflichtet« sehen, argumentierten, wenn die VerfahrenspflegerIn mit demselben fachlichen Konzept arbeite wie die Jugendhilfe, sei sie im Prinzip überflüssig und führe zu unnötigen Verfahrensverlängerungen.[64]

Ein roter Faden, der sich durch viele Beiträge zieht, die sich für die ausschließliche Durchsetzung der vom Kind gewollten Gerichtsentscheidung aussprechen, ist die Befürchtung, die Vertretung des Kindeswohls könne dazu verleiten, das Kind selbst zu übergehen und die Sicht des Vertreters an seine Stelle zu setzten. *Salgo,* der kritisiert, der Gesetzgeber habe sich um die Beantwortung einer der zentralsten Fragen eigenständiger Interessenvertretung Minderjähriger »gedrückt«, beruft sich auf Erfahrungen, dass VertreterInnen der Kindesinteressen ohne diese Klarstellung ...

---

die *Salgos* Empfehlungen eher dem »Wohl« als dem Willen des Kindes verpflichtet sieht. Seine Position lässt sich vielmehr als eine dezidierte »Sowohl-als-auch-Position« charakterisieren. Dem entspricht sein Vorschlag, Wille und »Wohl« des Kindes in Form dualer Vertretungsmodelle zu repräsentieren.

61 *Salgo* 1996, S. 569, unternimmt den interessanten Versuch, Unterschiede und Gemeinsamkeiten der rechtlichen Vertretung erwachsener und kindlicher MandantInnen herauszuarbeiten. In Abgrenzung zur traditionellen vormundschaftlichen Interessenvertretung fordert er die klare Regelung der Rechte und Pflichten der Kindesvertretung in Bezug auf Zeugnisverweigerung, behördliche und gerichtliche Auskunft und Akteneinsicht, Teilnahme an behördlichen Fallkonferenzen und Gerichtsverhandlungen, Fristen und Mindeststandards der Berichte und Verschwiegenheit gegenüber Außenstehenden.

62 *Salgo*, FPR 1996, 239/244.

63 *Salgo* 1996, S. 570. So auch *Bracken von,* KindPrax 1999, 183/185; i.d.S. auch *Stadler/ Salzgeber,* FPR 1999, 329/336 ff.

64 Vgl. *Peters/Schimke,* KindPrax 1999, 143/146. Nicht immer ist die entsprechende Argumentation schlüssig. Widersprüchlich ist erstens, dass zur Begründung einer vom Kind instruierten Vertretung auf die bereits am Verfahren beteiligten Instanzen verwiesen wird, die dem Kindeswohl (nicht auch dem Willen des Kindes?) verpflichtet sind, obgleich teils dieselben Autoren aufzeigen, dass die Wahrung des Kindeswohls auf Grund deren Aufträge, Rollen, Arbeitsbedingungen und Institutionsinteressen nicht als gesichert gilt. Vgl. oben S. 17 f. Anderer Meinung ist *Will,* ZfJ 1998, 1/5, die eine Berücksichtigung des Kindeswohls und Kindeswillens zumindest in streitigen Sorgerechtsverfahren für »ausreichend sichergestellt« hält und für eine Interessenvertretung plädiert, die dafür sorgt, verfahrensbedingte Belastungen des Kindes zu reduzieren. Nicht minder widersprüchlich ist, dass der faktische Ausfall der gesetzlichen Vertretung in diesen Beiträgen zum Anknüpfungspunkt für die Bestellung eines Anwaltes erklärt wird, der allein den Willen des Kindes vertritt. Vgl. auch unten S. 56.

»... dazu neigten, das als dem Wohle des Kindes dienlich darzustellen, was sie dafür hielten, wobei sie willkürlich von Fall zu Fall darüber befanden, ob sie überhaupt sich mit den Wünschen und Vorstellungen des Minderjährigen befassten, diese überhaupt eruierten, und ob sie diese dem Gericht mitteilten.«[65]

In der Fachliteratur reicht das Spektrum solcher Bedenken von Überlegungen bezüglich der Folgen der Herausbildung einer neuen, auf die Durchsetzung ihres Kindeswohlkonzeptes bedachten Instanz[66], über Hinweise auf die Rollendiffusion[67] und mangelnde Qualifikation des Verfahrenspflegers und den Einwand, das Kindeswohl könne nicht parteilich bestimmt werden[68], bis zu polemischen Attacken. So meint *von Bracken,* das Gesetz habe mit der Verfahrenspflegschaft keine weitere »Institution und Person« schaffen wollen, »die um das Krankenbett des Kindeswohls herumsteht«[69], und *Späth,* Kinder bräuchten keine Verfahrenspflegerin, die »... sich als Obergutachterin, Sonderermittlerin, Chefin des Verfahrens, Supercasemanagerin oder alleinige Garantin für die Subjektstellung des Kindes im Verfahren versteht und aufspielt.«[70]

---

65 *Salgo,* epd 1998, 7/8.
66 Vgl. *Simitis,* der sich in dieser Frage nicht festlegte. Er griff die Frage nach der Erforderlichkeit und Ausgestaltung einer Interessenvertretung schon 1988 auf. Die Verpflichtung, Kindern eine Vertretung zu bestellen, schaffe eben noch keine Klarheit, nach welchen Kriterien sie sich richten müsse. »So stehen die einen auf dem Standpunkt, dass er sich darauf beschränken muss, die Erwartungen des Kindes zu ermitteln und so nachdrücklich wie möglich zu vertreten. Die anderen schreiben ihm hingegen die Aufgabe zu, herauszufinden, was wirklich im Interesse des Kindes liegt, um sich dann dafür einzusetzen.« *Simitis* 1988, S. 202. Im letzteren Fall gelte es zu klären, wie Kompetenzüberschreitungen vermieden und die Abgrenzung zu anderen, am Kindeswohl orientierten Verfahrensbeteiligten gewährleistet werden könne. Er betonte, die Diskussion sei nicht »abstrakt von den Kindesinteressen her« zu führen, sondern müsse nach konkreten Handlungsbedingungen fragen. »Unklarheiten darüber sind keine Sekundärprobleme, die sich nach der prinzipiellen Entscheidung einen Kindesanwalt vorzusehen, klären ließen, sondern Fragen, ohne deren zufriedenstellende Beantwortung über die Einführung eines Kindesanwalts gar nicht erst entschieden werden kann.« S. 203.
67 Vgl. *Peters/Schimke,* KindPrax 1999, 143/147.
68 *Stadler/Salzgeber,* FPR 1999, insbes. 329/331, verkennen hier das dem Kindeswohl immanente »Sperrprinzip« gegen Drittinteressen. (Näheres unten S. 122 ff.) Auch drängt sich der Eindruck auf, dass in diesem und manch anderen Beiträgen Professionsinteressen mitschwingen, die den Verfahrenspfleger gleichsam in die Nische der Willensvertretung drängen. So äußert der Sachverständige *Salzgeber* anderenorts: »Zudem ist nach unserem Verständnis der Sachverständige im wesentlichen Anwalt des Kindes, da er sein Gutachten im Sinne des Kindeswohls zu erstellen hat. Wie sich die Beziehung eines Verfahrenspflegers entwickeln wird, bleibt der zuständigen Rechtsprechung überlassen. Es ist zu hoffen, dass es nicht ein regelmäßig eingesetztes Institut wird, dass das Gerichtsverfahren um einen weiteren Teilnehmer aufbläht.« KindPrax 1998, 43/45.
69 *Bracken von*, KindPrax 1999, 183/184.
70 So *Späth,* KindPrax 1999, 50/53.

2. Die getrennte Vertretung von Wille und Wohl

Die zweite der o.g. konzeptionellen Varianten hat durch *Salgo* einen vielbeachteten Fürsprecher erhalten, der seit 1985[71] entscheidenden Einfluss auf die rechtspolitische Diskussion über den »Anwalt des Kindes« nahm. In seinem erstmalig 1993 veröffentlichten Standardwerk[72] empfahl er in Anlehnung an die britische Praxis die Vertretung des Kindes durch ein Team, das sich aus einem jeweils mit Zusatzqualifikationen versehenen Rechtsanwalt und einem Sozialarbeiter/-pädagogen zusammensetzt.

Dieses Konzept[73] sieht vor, dass sich die psychosoziale Fachkraft mit dem Kind über seine Wünsche verständigt und sie dem Gericht mitteilt. Ebenso übernimmt sie die Ermittlung und Vertretung der wohlverstandenen Interessen, die richtungsweisend für ihre Tätigkeit sind. Gilt das Kind nicht als »verständig«, etwa aufgrund seines Entwicklungsstandes oder anderweitiger Beeinträchtigungen, so ist es die Aufgabe der sozialen Fachkraft, den oder die JuristIn («solicitor») zu instruieren. In der hiesigen Fachdiskussion ist dieses Konzept mit der Metapher »Tandem-Modell« belegt, d.h. dem ...

> »... Bild eines Tandems, welches zwar von einem guardian ad litem – also von einem Sozialarbeiter – gelenkt wird, jedoch mit der Kraftanstrengung beider Fahrer, nämlich des solicitors wie des guardian ad litem fortbewegt wird ... .«[74]

Gilt das minderjährige (meist ältere oder jugendliche) Kind hingegen als »verständig«, hat es das Recht, den/die RechtsanwältIn selbst zu instruieren. Dies gilt auch, wenn sein Wille seinen wohlverstandenen Interessen bzw. seinem Schutz entgegensteht.[75] *Salgo* hält dieses Konzept insbesondere für geeignet, wenn Kindeswille und Kindeswohl in Konflikt geraten. Das mit diesem Konflikt verbundene Dilemma sei am ehesten durch duale Vertretungsformen zu mildern, denn das Gericht erhalte durch die Stellungnahmen beider VertreterInnen ein umfassendes Gesamtbild für eine fundierte Entscheidung.[76] Auch bringe die Rechtsordnung mit der Vertretung problematischer Standpunkte der Minderjährigen zum Ausdruck, dass sie diese in einer für sie außergewöhnlichen, schwierigen und Lebensweichen stellenden Situation ernst nehme.[77]

---

71 Vgl. *Salgo,* ZfJ 1985, 259 ff.
72 Vgl. im folgenden, falls nicht anders angegeben, *Salgo* 1996, S. 557-571.
73 Als weitere Möglichkeit nennt *Salgo* ein duales Vertretungsmodell, das sich an der Kindesvertretung in den USA anlehnt. In diesem »Tandem« wird die soziale Fachkraft durch einen Ehrenamtlichen ersetzt. Er oder sie soll allerdings ausgewählt, geschult und in eine Beratungs- und Supervisionsstruktur eingebunden sein. Die Orientierung beider VertreterInnen entspricht der hier skizzierten Tätigkeitsbeschreibung.
74 *Salgo* 1996, S. 192, Fn. 10.
75 Zu dieser Aufgabenteilung vgl. ausführlich *Salgo* 1996, S. 257-262.
76 Vgl. *Salgo* 1996, S. 287, 562; so auch *Weber* 1995 (a), S. 48 ff.
77 Vgl. *Salgo* 1996, S. 550.

3. Vertretung der wohlverstandenen Interessen

Die dritte o.g. konzeptionelle Option, die Vertretung der wohlverstandenen Interessen des Kindes, bei der seine subjektiven Erwartungen dem Gericht zwar immer übermittelt aber nicht unter allen Umständen durchgesetzt werden, ist in der Fachliteratur wie folgt begründet worden. *Frommann* argumentierte schon 1977 in seiner juristischen Dissertation[78], es sei »völlig unrealistisch«, dass Kinder und Jugendliche ihre prozessualen Befugnisse selbstständig ausüben und die mit rechtsverbindlichen Willenserklärungen verknüpften Folgen überblicken könnten. So solle ihnen ...

> »... immer dann ein Beistand zur Wahrnehmung ihrer Interessen beigeordnet werden, wenn sie minderjährig und deswegen regelmäßig nicht in der Lage sind, von ihren prozessualen Befugnissen selbständig zweckentsprechenden Gebrauch zu machen.«[79]

Dieser »Verfahrensbeistand« solle u.a. die Vollständigkeit und Relevanz der richterlichen Ermittlungen sowie den Stellenwert der allgemein für das »Wohl des Kindes« bedeutsamen Faktoren im konkreten Fall einschätzen und die Interpretation psychodiagnostischer Untersuchungen im Rahmen der Entscheidungsfindung überprüfen.[80] *Zenz,* die 1981 an diesen Beitrag anknüpfte, sah ebenfalls ein Problem darin, dass »... der Vertreter eines Kindes z.B. keine »Instruktionen« von seinem Mandanten einholen kann«.[81] Auch warnte sie vor

---

78 *Frommann* 1977 entwickelte ein »Alternativmodell« zur Wahrnehmung der Kindesinteressen in FGG-Verfahren durch ein »interdisziplinäres Kollegialgericht« und ging u.a. Fragen der Kindesvertretung, der Amtsermittlung und Kindesanhörung, der Verfahrensdauer und -gestaltung sowie der richterlichen Aus- und Weiterbildung nach. Zu diesem frühen Stand der Fachdiskussion sprach er die Frage der Orientierung des Beistandes am Wohl und Willen des Kindes noch nicht an. Doch wird deutlich, dass es ihm um die Wahrung der wohlverstandenen Kindesinteressen ging. Bezüglich der stellvertretenden Ausübung der prozessualen Rechte führte er z.B. *Keidel* an, wonach ein solcher Vertreter eben gerade deshalb zu bestellen sei, damit er im Interesse der Beteiligten, aber unter Umständen ohne dessen Mitwirkung bestimmte Handlungen vornehme (S. 147, Fn. 1). Jedoch rechtfertige die Beiordnung des Beistandes es nicht, »den Minderjährigen selbst generell von der Teilnahme an den Ermittlungen, der Ausschöpfung sonstiger Informationsquellen und der Stellungnahme zu allen Verfahrensvorgängen auszuschließen. Vielmehr muss er von diesen Befugnissen auf Wunsch auch *neben* seinem Verfahrensbeistand Gebrauch machen können.« S. 146, Fn. 3 (Hervorhebung im Original).
79 *Frommann* 1977, S. 145.
80 Vgl. *Frommann* 1977, S.148.
81 *Zenz* 1981, S. 414 (auch 368; 413 ff), ließ zunächst offen, ob die Vertretung sich als Helferin des Gerichtes bzw. als »Sachwalter ›objektiver‹ Kindesinteressen« verstehen sollte, und ob sie »nur« eine Kontrollfunktion gegenüber dem Jugendamt einnehmen oder auch eigene Ermittlungen durchführen und Empfehlungen aussprechen sollte. Nach Abschluss des Verfahrens sei an eine unbürokratische Kontrolle der gerichtlich angeordneten Maßnahmen zu denken, ebenso an die Einbindung in eine unabhängige Behörde, die Koordinations-, Anleitungs- und Unterstützungsfunktionen übernähme.

einer Polarisierung des Verfahrens durch die anwaltliche Vertretung der Individualinteressen von Eltern und Kindern.[82] In einem späteren Beitrag ging sie auf Parallelen der Diskussion zum Betreuungsrecht und zum »Anwalt des Kindes« ein. Beide Typen der gesetzlichen Vertretung hätten u.a. gemeinsam, dass sie manchmal die Vertretung des »Wohls« ohne oder sogar gegen den Willen der Klienten erforderten. Diese Aufgabe weiche in vielfacher Hinsicht von der traditionellen Anwaltsrolle ab und stehe der elterlichen Sorge näher.[83] 1983 warnte auch *Limbach*[84] vor einer Vertretung, die sich ausschließlich durch den Willen des Kindes lenken lässt. Eine Festlegung der Vertretung auf eine vormundschaftliche oder anwaltliche Rolle schloss sie angesichts US-amerikanischer Erfahrungen aus. Sie sei im konkreten Fall oft nicht einzulösen.

> »Ich schäme mich fast, eine Lieblingsformel der Juristen aufzubieten: Wie sich ein Anwalt gegenüber dem von ihm zu vertretenden Kind verhält, wird weitgehend von den Umständen des Falles und den Eigenschaften des Kindes abhängen.«[85]

So sei nicht unbedingt Verlass darauf, dass der geäußerte Wille auch den tatsächlichen Wünschen des Kindes entspreche. Auch sei zu fragen, in welchem Maße ein Kind ausschließlich gegenwartsbezogen urteile, ob es sich aus dem Streit völlig heraushalten wolle, und ob das Alter des Kindes Anlass zur Relativierung seiner Wünsche gebe. Jedenfalls solle der Anwalt das Kind einladen, an der zu treffenden Entscheidung Anteil zu nehmen, dessen Verweigerung allerdings strikt respektieren. Er solle dem Kind helfen, die rechtliche Situati-

---

82 Bei der Ausgestaltung und Begrenzung der Interessenvertretung sei zu beachten, dass Eltern und Kind oft eine gemeinsame zukünftige Lebensperspektive haben. Dem stehe die traditionelle Anwaltsrolle entgegen, nämlich »für seine Mandanten um jeden Preis ›den Prozess zu gewinnen‹.« *Zenz* 1981, S. 413 f. Vgl. i.d.S. auch *Limbach* 1983. Zur veränderten Richterrolle vgl. *Simitis* 1995, X. Durch den Kindesanwalt rückten adversariale Elemente in den Vordergrund, das Gericht werde auf »seine ›normale‹ von der Äquidistanz zu allen involvierten Interessen markierte Rolle zurückgedrängt«.

83 Vgl. *Zenz* 1997, S. 116. Kritisch wertet sie die fehlende Regelung der Rechte und Pflichten der Kindesvertretung nicht nur dem Gericht und anderen Personen, sondern auch den vertretenen Kindern gegenüber und empfahl u.a. die Sicherung der Unabhängigkeit, angemessener Qualifikation, Unterstützung und Kontrolle sowie die Entwicklung berufsethischer Standards (S. 113, 117). Die Aufgabenstellung des Verfahrenspflegers bestehe u.a. darin, die Wünsche, Gefühle und Vorstellungen des Kindes und sein Zeiterleben in das Zentrum des Verfahrens zu stellen und für sein Wohl, zumindest aber für die Vermeidung weiterer Schäden, sowie für eine Milderung der Folgen der bereits vorhandenen einzutreten. *Zenz*, FPR 1998, 17/21 ff.

84 Vgl. im folgenden *Limbach* 1983, S. 12-23, insbes. 18 ff. Hier griff sie einen Konzeptvorschlag des Deutschen Kinderschutzbundes auf, der die Beratung, Begleitung und Vertretung des Kindes durch ein – nicht behördlich organisiertes – multiprofessionelles Team (Psychologie, Heilpädagogik, Sozialarbeit, Pädiatrie, Jurisprudenz und Bürodienste) vorsah.

85 a.a.O., S. 19.

on zu verstehen und ihm seine Aufgabe und seine Auffassung von der zu treffenden Entscheidung erläutern. *Früh* griff diese Überlegungen in ihrer 1992 veröffentlichten juristischen Dissertation über die Verfahrenspflegschaft auf und differenzierte zwischen dem emotionalen und dem rationalen Willen. Ersterer sei insbesondere zu ermitteln und in das Verfahren einzubringen. Auch sie sah die Kindesvertretung nicht als »bloßen Stimmverstärker« des kindlichen Willens. Der geäußerte Wille müsse nicht mit dem tatsächlichen Willen des Kindes identisch sein und dieser nicht dem »objektiven Kindeswohl« entsprechen.[86]

Die Verbesserung der verfahrensrechtlichen Stellung Minderjähriger könne aber auch deshalb nicht darin bestehen, ihnen im Verfahren der freiwilligen Gerichtsbarkeit eine generelle Verfahrensfähigkeit einzuräumen, weil...

> »... es ihnen auf Grund ihres noch nicht ausgereiften Entwicklungsstandes kaum möglich sein wird, prozessuale Befugnisse und deren Reichweite richtig einzuschätzen und sich eigenverantwortlich für ihre gerichtliche Vertretung einzusetzen.«[87]

Diese Annahme bestätigte sich in dem ersten veröffentlichten Erfahrungsbericht einer Verfahrenspflegerin.[88] Die Pädagogin *Niestroj*, die ihre Rolle als eine parteiliche und verantwortliche, an den Erwartungen des Kindes orientierte Aufgabe verstand[89], hielt es in diesem Fall für notwendig, die von ihr vertretene Achtjährige »... von einer für sie naheliegenden ›Entscheidungsverantwortung‹« zu entlasten.[90] Das Mädchen allein sei weder in der Lage gewesen, ihre Interessen zu artikulieren, noch sich selbst vor weiterem Schaden zu bewahren. Sie wollte nicht im Heim bleiben, in dem ihre Bedürfnisse auch aus *Niestrojs* Sicht nicht genug wahrgenommen wurden, sondern zurück zu den alkoholkranken Eltern. Aus Sicht des Kindes sei dies die einzig wünschbare Lösung gewesen, zumal es deren volle Bedeutung, insbesondere die entsprechenden Folgen für seine eigene Entwicklung, nicht einschätzen habe können. So übermittelte und erklärte die Verfahrenspflegerin dem Gericht zwar die Wünsche des Mädchens, wies aber ebenso auf die hohen Risiken für ihre seelische Ent-

---

86 Vgl. auch im folgenden *Früh* 1992, S. 120 ff.

87 *Früh* 1992, S. 147.

88 Der Bericht ist eine lesenswerte Kurzfassung ihrer 1989 erstellten Diplomarbeit. Er wurde erstmals 1993 von *Salgo* herausgegeben, und erschien erneut in *Salgo* 1996. Vgl. *Niestroj* 1996, 503-556. Ergänzende Schilderungen gab *Niestroj*, epd 1998, 41-44 bei einer Fachtagung in Bad Boll. Vgl. zu diesem Fall auch *Zenz*, FPR 1998, 17/21 ff.

89 *Niestroj* 1996, S. 535.

90 *Niestroj* 1996, S. 518, gab der Achtjährigen Gelegenheit, sich nicht nur verbal, sondern auch mit Hilfe von Rollenspielen und Bildern zu ihrer Lebensgeschichte mit den suchtkranken Eltern, ihrer Lebenssituation im Heim und ihren Zukunftsvorstellungen zu äußern und sich über ihre Wünsche, Zweifel, Bedürfnisse und Befürchtungen zu verständigen.

wicklung hin und sprach Empfehlungen zur richterlichen Maßnahmenwahl aus.[91]

Mit ihren Überlegungen, was das schwebende Verfahren und die Verfahrensbegleitung für ein Kind bedeuten, wie psychische Überforderungen und Belastungen vermindert oder vermieden werden können, wie Kontakte der Vertretung zu wichtigen Bezugspersonen und Institutionen im Interesse des Kindes zu gestalten sind, wie das Kind bei der Umsetzung der richterlichen Maßnahmenwahl unterstützt werden kann[92], usw. beschritt *Niestroj* konsequent außerjuristisches Terrain und führte neue Kriterien zur Klärung und Ausgestaltung der Rolle des »Kindesanwaltes« in die Fachdiskussion ein.

In ähnlicher Weise setzte sich 1998 auch *Köckeritz*[93], Professorin der Psychologie, mit konzeptionellen Überlegungen auseinander. Nicht nur Säuglinge und behinderte Kinder, sondern auch externalisierende Kinder und Jugendliche sowie jene, »... die zurechtzukommen scheinen, indem sie übergefügig sind und sich Rollen zumuten, die sie keineswegs ausfüllen können«[94] bedürften einer Fürsprache, die eher als »pädagogischer Prozess« und »Verhandlungsgeschehen« denn als »punktuelle juristische Hilfestellung« zu konzipieren sei. Der Wille der Kinder sei im Unterschied zu dem des Erwachsenen schon deshalb begründeten Zweifeln ausgesetzt, weil Kinder noch nicht durch den Ablösungsprozess von den Eltern hindurchgegangen und existentiell auf diese angewiesen und bezogen seien.[95] Hier versage das von feministischer Seite kritisierte Modell autonomer Konfliktparteien vollends. Die mangelnde Autonomie des Kindes müsse vielmehr durch eine Fürsprache ausgeglichen werden,

---

91 *Niestroj* 1996, S. 521 f. Zwar habe das Mädchen trotz ihrer schmerzlichen Erfahrungen gute und nicht so gute Erfahrungen unterscheiden können, doch sei ihr Bedürfnis nach Bindungen so drängend gewesen, dass sie ihren Wunsch nicht habe in Frage stellen können. (*Sabine* äußerte u.a., sie wolle nach Hause »auch wenn es nicht so gut sei«. Bei einer anderen Begegnung schränkte sie ein, » wenn sie groß genug sei«). Vgl. *Niestroj*, epd 1998, 41/44. Die Verfahrenspflegerin signalisierte dem Mädchen Verständnis für ihre Wünsche. Nach ihrer fachlichen Einschätzung kam für *Sabine*, die in einer Familie leben wollte wie andere Kinder auch, die Integration in eine Pflegefamilie in Betracht. Sie empfahl dies dem Vormundschaftsgericht und wies auf die Erforderlichkeit einer spieltherapeutischen Begleitung hin, um sie bei der Bewältigung der zu erwartenden Schuldgefühle und Loyalitätskonflikte zu unterstützen. In ihrer Stellungnahme hieß es u.a.: »So ist hier zwischen dem Wunsch und Willen des Kindes und dem Kindeswohl eine Abwägung erforderlich. Beide Lösungsmöglichkeiten stimmen nicht überein. Die Trennung Sabines von ihren Eltern scheint im wohlverstandenen Interesse des Kindes unvermeidlich.« *Dies.* 1996, S. 522.

92 Vgl. hierzu auch *Balloff,* Praxis der Rechtspsychologie 1998, S. 157, 162. Der Verfahrenspfleger habe »die subjektiven und objektiven Interessen des Kindes wahrzunehmen«, sei »Sprachrohr und Interessenvertreter«, als »Begleiter und Beschützer des Kindes während der Familienkrise« sei er aus entwicklungspsychologischer Sicht vonnöten, bis sich die Lebensverhältnisse des Kindes stabilisieren.

93 Vgl. im folgenden: *Köckeritz,* epd 1998, 12-23.

94 *Köckeritz,* epd 1998, 12/19.

95 *Köckeritz,* epd 1998, 12/14. Vgl. hierzu auch unten VI.D.

die u.a. im Kontakt mit dem Kind seine Beziehungserfahrungen und sein Erleben nachvollzieht sowie der Verleugnung und Bagatellisierung von Konfliktsituationen oder traumatischen Ereignissen im Verfahren entgegenwirkt. Ebenso gelte es widersprüchliche, verwirrende und teils unbewusste Wünsche und Befürchtungen, Hoffnungen, Bedürfnisse und Bemühungen (auch für das Kind selbst) überhaupt sichtbar, verstehbar und verteidigbar zu machen. Sie warnte in diesem Zusammenhang sowohl vor Manipulationen und der Entwertung »heikler« Positionen als auch davor, die »Dinge einfach treiben zu lassen«.[96]

Zusammenfassend lässt sich sagen, dass die auch am Kindeswohl orientierte Interessenvertretung überwiegend in allgemeiner Form mit Hinweisen auf die unzureichende Vertretung durch die Eltern und auf die Entwicklung des Kindes begründet wurde. Für die alleinige Vertretung des Kindeswillens wurden fast ausschließlich juristische Argumente vorgebracht, die auf das Selbstbestimmungsrecht Minderjähriger abstellen.

Deutlich wird, dass der Interessenvertretung von Anfang an ein außerordentlich breites Spektrum an Zielsetzungen und Handlungsprämissen zugedacht wurde, die die Praxis teils unvereinbaren Anforderungen aussetzen. Auffällig ist, dass die fachlichen Empfehlungen zur Rolle des »Kindesanwaltes« meist unabhängig von bestimmten Fallkonstellationen erfolgen.[97] Sie erstrecken sich gleichermaßen auf Kindesschutzverfahren, Umgangs- und Sorgerechtsverfahren, Herausgabekonflikte zwischen Pflegeeltern und Sorgeberechtigten (und im Falle des § 70b FGG auch auf die mit Freiheitsentzug verbundene Unterbringung in Psychiatrien oder »geschlossenen Heimen«) etc. Außerjuristisches Fachwissen, das z.B. die spezifische Situation von Scheidungs-, Heim- und Pflegekindern bzw. traumatisierten Kindern berücksichtigte, wurde einzig in den Ausführungen von *Niestroj* und *Köckeritz* rezipiert. Psychologisches Fachwissen wurde sonst primär hinsichtlich des Entwicklungsstands der Minderjährigen herangezogen. Bestimmte Entwicklungsabschnitte, z.B. im kognitiven, sozialen, sprachlichen, psychodynamischen Bereich, fanden keine gesonderte Erwähnung. Altersgebundene Regelungsvorschläge fehlen ganz. Auch pädagogische Überlegungen hinsichtlich des Verhältnisses zwischen dem Kind und der Person, die es in der jeweils vorgeschlagenen Rolle vertritt, bleiben meist gänzlich unberücksichtigt. Die Beratung, Begleitung und Vertretung von Kindern und Jugendlichen, die sich in oft extremen Kri-

---

96 *Köckeritz*, epd-Dokumentation 1998, 12/19. Es sei darauf zu achten, dass das Expertenwissen nicht zur Manipulation des Kindes eingesetzt werde, sondern dazu diene, die Gründe nachzuvollziehen, aus denen das Kind eine bestimmte Wahl treffe. So könnten gerade ältere Kinder und Jugendliche gute Gründe haben, auf »pädagogisch heiklen Vorstellungen« zu beharren und sich »... die aus Expertensicht schlechtere Alternative – wenigstens für einen bestimmten Zeitraum zu wählen.« In diesem Fall fordert die Verfasserin eine gewissenhafte und differenzierte Vorgehensweise, bei der insbes. Möglichkeiten geprüft werden sollten, die dem Kind zur Realisierung seines Wunsches verhelfen können.

97 Eine Ausnahme bildet hier die einzelfallbezogene Darstellung *Niestrojs*.

sensituationen befinden, erscheint damit unbelastet von erzieherischen Konsequenzen.

D. Erste Erfahrungen und Tendenzen der Praxis

Schon lange vor der Einführung des § 50 FGG begannen Fachgerichte und das Bundesverfassungsgericht[98] sog. Ergänzungspflegschaften zur Interessenvertretung für Kinder in gerichtlichen Verfahren anzuordnen.[99] Die Aufgaben eines solchen Pflegers sind allerdings differenzierter geregelt, so z.B. die »treue und gewissenhafte« Führung der Pflegschaft (§ 1789 BGB), die Ausübung der elterlichen Sorge (hier: der gesetzlichen Vertretung im Verfahren)[100] und die Pflicht, das Gespräch mit dem Kind zu suchen und seine Fähigkeit und sein Bedürfnis zu selbständigem und verantwortungsbewusstem Handeln zu berücksichtigen.[101]

Gleichwohl bildeten sich bereits vor Einführung des § 50 FGG ganz unterschiedliche Praktiken heraus, in denen Konzepte der Kindesvertretung erprobt wurden. Exemplarisch lässt sich dies einerseits an Hamburg verdeutlichen, wo bereits 1987 ein an der Durchsetzung von Kinderrechten orientierter Verein »Anwalt des Kindes in Hamburg e.V. «ins Leben gerufen wurde, der als Beratungsstelle[102] für Kinder sowie als Weiterbildungs- und Vermittlungsstelle für »Kindesanwälte« fungiert. Das »Hamburger Modell« sieht vor, dass eine juristisch[103] und eine sozialpädagogisch bzw. psychologisch ausgebildete Person gemeinsam die Vertretung des Kindes oder Jugendlichen übernehmen, wobei dieses Team, so der Vereinsvorsitzende ...

> »... nichts anderes als den erklärten Willen und die Interessen des Kindes/ Jugendlichen vertritt und keine eigenständige Meinung über das Wohl des Kindes formuliert und in den Streit einbringt.«[104]

---

98 Zur fachgerichtlichen Ebene vgl. *Salgo* 1996, S. 427 ff; vgl. auch *BVerfGE 72,* 122; *75,* 201; *79,* 51; *BVerfG,* FuR 1994, 374. Vgl. hierzu auch *Seibert,* FamRZ 1995, 1457/ 1462.

99 Rechtsgrundlage: §§ 1909, 1796, 1629 Abs. 2 S. 3 BGB. Vgl. ausführl. *Oberloskamp-Brüggemann/Oberloskamp* § 10, Rz. 18 ff.

100 § 1915 Abs. 1 BGB i.V.m. § 1800, der auf §§ 1631 bis 1633 BGB verweist.

101 § 1915 Abs. 1 BGB i.V.m. § 1793 Satz 2 BGB, der auf § 1626 Abs. 2 BGB verweist.

102 »Uns ging es darum, für die Rechte der Kinder zu kämpfen«, so ein Gründungsmitglied.

103 Eine im Verein engagierte Juristin beantwortet die Frage, weshalb sie bei diesem Konzept SozialarbeiterInnen bräuchten: »Die Frage müsste eher lauten, weshalb brauchen Sie denn Juristen? Die Verfahrenspflegschaft erfordert doch vor allem, das Kind zu verstehen.«

104 *Werner,* epd 1998, 50/51. Vgl. auch *Kuleisa,* Protokolldienst 1999, 48 ff; *Späth,* Kind-Prax 1999, 50/52; *Weber* 1995 (b). Mündlichen Angaben zufolge übernahm der Verein

So entstand dort ein allein am Willen des Kindes orientiertes duales Vertretungskonzept, das (entgegen den gesetzlichen Bestimmungen) auch für Ergänzungspflegschaften zur Anwendung kam und bis heute bei der Führung von Verfahrenspflegschaften favorisiert und praktiziert wird.[105]

> »Unser Selbstverständnis als ›Anwalt des Kindes‹ ist: Sprachrohr zu sein, für das, was das Kind in das es betreffende Verfahren einbringen und was es berücksichtigt haben will. Wir lassen uns dafür ausdrücklich von ihm beauftragen und versichern ihm, dass wir nichts unternehmen werden, was wir nicht mit ihm abgesprochen haben und dem es nicht ausdrücklich zugestimmt hat.«[106]

Demgegenüber entwickelte sich zum Beispiel in Frankfurt am Main[107] eine am Kindeswohl orientierte Vertretungspraxis. Überwiegend wurden auch hier JuristInnen zur Führung von Ergänzungspflegschaften bestellt[108], die ihrer Tätigkeit aber meist kein traditionell anwaltliches Rollenverständnis zugrundelegten.[109] Viele der in diesem Gerichtsbezirk praktizierenden ErgänzungspflegerInnen, die seit dem 1.7.1998 auch Verfahrenspflegschaften führen, erläutern den Kindern und Jugendlichen ihre Rolle wie folgt: »Ich werde mit dem Richter über alles sprechen, was du für wichtig hältst und was du willst. Aber

---

bis Herbst 1999 insgesamt ca. 30 Ergänzungs- und Verfahrenspflegschaften. Dabei wurde der Wille des Kindes zwar in die Verfahren »eingebracht«, dort aber nicht im juristischen Sinne (Rechtsmittel etc.) vertreten: »Wir verstehen uns als Sprachrohr, nicht als Anwälte des Kindes.« Das Konzept wurde anscheinend primär mit Blick auf den Scheidungs- und Umgangsrechtsstreit zwischen Eltern bzw. auf das Herausgabeverfahren nach § 1632 Abs. 4 BGB entwickelt, wo größere Divergenzen zwischen Kindeswille und Kindeswohl eher selten zu erwarten sind und anscheinend auch nur in ca. 10-15% der Fälle bestanden. Im Kindesschutzverfahren wird das am Kindeswillen orientierte Prinzip nach Angabe einer Mitarbeiterin durchbrochen: »Will das sexuell missbrauchte Mädchen zum Vater zurück, sagen wir, es geht nicht. Wenn es ihn sehen will, treten wir für begleiteten Umgang ein.«

105 Kritisch *Zitelmann,* KindPrax 1998, 131/133 f, a.A. *Bracken von,* KindPrax 1999, 183 ff.

106 *Kuleisa,* Protokolldienst 1999, 48/49.

107 Frankfurt/Main ist einer der Gerichtsbezirke (zu sonstigen vgl. *Salgo* 1996, Kapitel X), wo relativ früh und häufig Ergänzungspflegschaften angeordnet wurden. Vgl. auch den Praxisbericht von *Bauer/Schaus,* BJ 1997, 162-169.

108 Die ganz überwiegende Bestellung von RechtsanwältInnen beruhte primär auf dem Umstand, dass den Gerichten keine geeigneten psychologischen bzw. sozialpädagogischen Fachkräfte bekannt waren. Vgl. *Bauer/Schaus,* BJ 1997, 162/165. So auch andere RichterInnen des Amtsgerichtes und drei RichterInnen des Familiensenates des OLGs Frankfurt im persönlichen Gespräch.

109 Ein prägnantes Beispiel gab eine Anwältin, die erzählte, eines Tages habe sie in ihrem Fach eine Benachrichtigung gefunden, sie sei als Anwältin zweier Geschwister in einem Verfahren nach § 1666 BGB bestellt worden. Sie habe sich daraufhin an den bestellenden Richter gewendet und gefragt, was sie denn nun vertreten solle, den Willen oder das Wohl der beiden Kinder? »Beides«, habe ihr der Richter geantwortet.

ich werde mir selber erst überlegen, ob ich alles, was du willst, auch selber im Verfahren vertrete.« Das heißt, diese KindesanwältInnen sehen sich primär dem persönlichen Wohl der Kinder/Jugendlichen verpflichtet, bringen aber deren Willen grundsätzlich auch zur Kenntnis des Gerichtes:

> »Ich versuche, den Willen rauszufinden und bringe den auch ein, die Vertretung orientiere ich aber am Wohl. Dazu gehört, dass ich die genauen Lebensbedingungen des Kindes kennen lerne und sehr intensiven Kontakt mit allen Beteiligten suche. Ohne den könnte ich meine Stellungnahmen gar nicht vertreten. Meine Position ist ja nicht irgendeine, sondern als Vertreter des Kindes die zentrale.«[110]

Während sich in einigen Gerichtsbezirken also im Lauf der Jahre relativ klare konzeptionelle Ansätze und erste Praxiserfahrungen im Bereich der Kindesvertretung entwickelten, traf die Einführung des Verfahrenspflegers das Gros der bundesdeutschen Familien- und Vormundschaftsgerichte unvorbereitet. Von einem Tag auf den anderen stand man vor der Aufgabe, Klarheit über die Aufgabenstellung des Verfahrenspflegers zu gewinnen und geeignete Personen zu finden, die bestellt werden könnten. Erschwerend kam hinzu, dass die einschlägigen Kindesschutzverfahren bis zum 1.7.1998 in der Zuständigkeit der Vormundschaftsgerichte lagen und nun im Zuge der Kindschaftsrechtsreform an die Familiengerichte übergingen, die bis dahin primär mit Scheidungsangelegenheiten befasst gewesen waren. Viele FamilienrichterInnen nahmen die Verfahrensvorschrift des § 50 FGG anscheinend gar nicht erst zur Kenntnis, andere griffen auf ihnen bekannte RechtsanwältInnen zurück, baten die Jugendämter um Vermittlung oder bestellten Laien und Fachkräfte, die sich ihnen selbst als VerfahrenspflegerInnen anboten.[111]

Binnen weniger Monate kam es erwartungsgemäß in der Praxis zu einer völlig heterogenen Umsetzung der gesetzlichen Bestimmungen, da jede(r) einzelne VerfahrenspflegerIn nunmehr relativ individuell vor der Frage stand, worin ihre/seine Aufgabe eigentlich bestehen sollte und was sie/er zu tun und zu lassen habe. Dass hierüber auch auf Seiten der Richterschaft, der ja eigentlich eine Kontrollaufgabe zukommt, große Unklarheiten bestanden, ist unschwer an der Bestellungspraxis der Gerichte zu erkennen: MitarbeiterInnen von Jugendämtern wurden als Pfleger für das Verfahren bestellt und waren

---

110 Mündliche Mitteilung eines Verfahrenspflegers.
111 Auch *Proksch* kommt in einem noch unveröffentlichten Zwischenbericht über eine Begleitstudie zum neuen Scheidungsrecht, die u.a. nach Kenntnissen über den Verfahrenspfleger fragte, zum dem Ergebnis, hier bestehe erheblicher Informationsbedarf. Im übrigen berichtete er, im ersten Halbjahr 1999 seien in ca. 2% aller Fälle, in denen Gerichte über die elterliche Sorge nach Trennung bzw. Scheidung der Eltern entschieden, Verfahrenspfleger bestellt worden. (Noch unveröffentl. Vortrag während der Fachtagung des »Vereins für Kommunalwissenschaften e.V.« am 12.5.2000 in Berlin.)

gefordert, das Vorgehen und die Empfehlungen ihrer KollegInnen kritisch zu prüfen.[112] In mindestens einem Bezirk übertrug das Gericht der zuständigen Jugendbehörde gleich selbst Verfahrenspflegschaften.[113] Mehrfach wurde mir von Fällen berichtet, in denen Parteivertreter der Eltern sowie fallzuständige Sachverständige als Verfahrenspfleger bestellt wurden. Auch wurden wiederholt AnwältInnen, die keinen Kontakt zu den Kindern aufnahmen und ihre Einschätzung der Situation ausschließlich auf Angaben des Jugendamtes oder Sachverständiger stützten, mit Vertretungen beauftragt. *Peters* und *Schimke* stellen auf der Basis einer, wenn auch nicht repräsentativen, Interviewstudie fest:

> »Im Moment werden die Verfahrenspflegschaften zu ca. 75% von Rechtsanwälten und Rechtsanwältinnen geführt. Aufgrund der in der Regel fehlenden pädagogischen und psychologischen Ausbildung fällt die Beschäftigung mit dem Kind, das ... eine Subjektstellung im Verfahren erhalten sollte, unterschiedlich intensiv aus. Sie reicht von mehrmaligen Treffen mit dem Kind, bis hin zur Befragung des Kindes vor der Gerichtssaaltüre oder der Niederschrift einer Stellungnahme, ohne das Kind einmal gesehen oder gesprochen zu haben.«[114]

In einem Fall wurde ein Privatdetektiv mit der Interessenvertretung eines Kindes betraut. In einem anderen Fall wurde eine von einem Sorgerechtsentzug selbst betroffene, in einer entsprechenden Elternvereinigung aktive Mutter, die über keinerlei fachliche Qualifikation verfügt, als »ehrenamtliche« Verfahrenspflegerin eingesetzt.[115] Auch *Peters* und *Schimke* berichten von einem Verfahrenspfleger, der »... auf Grund persönlicher Betroffenheit seine eigenen Wertvorstellungen (vertrat), ohne die wirklichen Interessen des Kindes herauszufinden und zu vertreten.«[116]

Entgegen diesen eher planlos-willkürlichen Tendenzen zeigten sich in der Implementierungsphase aber auch erste Anzeichen einer Professionalisierung der Verfahrenspflegschaft. Verschiedene Weiterbildungsgänge[117] entstanden

---

112 Schilderung einer Jugendamtsmitarbeiterin.
113 So *Benz*, die das Sachgebiet der Amtsvormundschaften in Chemnitz leitet und – die Minderheitenposition – vertritt, dass es sich empfehle, Verfahrenspflegschaften regelmäßig von Amtspflegern führen zu lassen. Vgl. *Benz*, DAVorm 1998, 568 ff.
114 *Peters/Schimke,* KindPrax 1999, 143/146.
115 Die Verfahrenspflegerin führte während des »Kleinen Familiengerichtstages« 1998 im persönlichen Gespräch aus, sie habe zwar keine Ausbildung, doch als Betroffene und »amputierte Mutter« könne sie die Kinder besser verstehen und vertreten als irgendwer sonst.
116 *Peters/Schimke,* KindPrax 1999, 143/144.
117 Vgl. die Übersicht bei *Salgo*, FPR 1999, 313/314, in einem Beitrag zur Implementierung der Verfahrenspflegschaft (§ 50 FGG). Vgl. auch *Balloff/Walter* 1998, 166-172; *Späth,* Protokolldienst 2000, 76 ff.

binnen weniger Monate und lösten ein starke Nachfrage aus. Unter den Weiterbildungsträgern kam eine Diskussion über Curricula sowie eine einheitliche Zertifizierung in Gang. Zeitgleich standen seit Ende 1998 berufsethische und praktische Standards einer Interessenvertretung für Kinder und Jugendliche von *Weber* und *Zitelmann* zur Diskussion, die die Resonanz der Fachöffentlichkeit fanden und lebhafte Diskussionen um das Anforderungsprofil und die Aufgabenstellung der Kindesvertretung auslösten.[118] In der Folgezeit wurden in mehreren bundesweiten Fachtagungen[119] insbesondere Fragen der Unabhängigkeit von der öffentlichen Jugendhilfe sowie der Orientierung am Wohl bzw. Willen des Kindes thematisiert und höchst kontrovers diskutiert.

In dieser Phase begannen sich VerfahrenspflegerInnen aus den alten und neuen Bundesländern zu organisieren und gründeten im Februar 2000 die »Bundesarbeitsgemeinschaft Verfahrenspflegschaft für Kinder und Jugendliche e.V.«. Die Präambel der Satzung enthält nunmehr eine Selbstverpflichtung der Mitglieder zur unabhängigen Vertretung der »wohlverstandenen« Kindesinteressen und betont die interdisziplinäre Fundierung des Tätigkeitsfeldes. Im Wortlaut heißt sie:

> »Die in der Bundesarbeitsgemeinschaft Verfahrenspflegschaft für Kinder und Jugendliche e.V. vereinigten Personen respektieren die eigenständigen und wohlverstandenen Interessen von Kindern und Jugendlichen und verpflichten sich deshalb, diese in gerichtlichen Verfahren parteilich und unabhängig zu vertreten. Dabei wird die Notwendigkeit anerkannt, das konkrete Erleben des Kindes- bzw. Jugendlichen genauso zu berücksichtigen, wie die zur Verfügung stehenden und relevanten wissenschaftlichen Erkenntnisse aus Psychologie, Pädagogik, Soziologie und Recht.«[120]

Auch während des 13. Deutschen Familiengerichtstages wurden folgende Grundsätze festgehalten: Der Verfahrenspfleger müsse unabhängig sein, das Gericht könne seine Aufgaben nicht festlegen. Er sei möglichst früh einzusetzen, ein Ermessensspielraum sei abzulehnen und die Nichtbestellung sorgfältig zu begründen. »Psychosoziale Berufe« sollten juristische und JuristInnen psychosoziale Kenntnisse nachweisen. Das Kind solle während des Verfahrens begleitet und dieses im Hinblick auf sein Zeitgefühl beschleunigt werden. Nach intensiver Diskussion, in welcher Weise der Wille und das Wohl des Kindes zu vertreten sind, kam man zu folgender Feststellung:

---

118 *Weber/Zitelmann* 1999. Vgl. hierzu u.a. *Bauer,* Protokolldienst 2000, 72/75; *Bracken von*, KindPrax 1999, 183-187; *Heilmann,* KindPrax 2000, 97 f; *Peters/Schimke,* Kind-Prax 1999, 143/146 ff; *Späth,* KindPrax 1999, 50/51 f; *Salgo,* FPR 1999, 313/314; *Stadler/Salzgeber,* FPR 1999, 331.

119 Veranstalter: Februar 1999, Ev. Akademie Bad Boll; November 1999, Paritätische Akademie und Diakonische Akademie in Berlin; Februar 2000, Ev. Akademie Bad Boll.

120 *Bundesarbeitsgemeinschaft Verfahrenspflegschaft* 2000, S. 1.

»Die schon vor Schaffung der Verfahrenspflegschaft geltenden Vorschriften ... reichen nicht aus, um die Interessen des Kindes zu sichern. Um die Interessen des Kindes im Verfahren zu wahren, bedarf es der Einbringung des Willens und des Wohls des Kindes.«[121]

Der Wille des Kindes sei »so authentisch wie möglich in das Verfahren einzubringen« und in »der Stellungnahme gesondert darzustellen«. Im Vorfeld des § 1666 BGB sollten »Einflüsse aus dem Umfeld und das Kindeswohl Berücksichtigung finden«. Je besser sich ein Kind auf Grund seines Alters und seiner sozialen Kompetenz äußern könne, desto gewichtiger sei sein Wille; bei konkretem Anlass sei sein Willensbildungsprozess darzustellen.[122]

Trotz dieser Entwicklungen, die notgedrungen überwiegend ehrenamtlich und nur von einem Teil der an spezifischer Qualifikation, fachlichen Standards, Organisation usw. interessierten Fachöffentlichkeit und Praxis vorangetrieben werden, muss man zusammenfassend sagen, dass derzeit die Interessenvertretung des einzelnen Kindes noch primär davon abhängt, bei welchem Gericht das Verfahren anhängig ist und welche Ansichten seine Vertretung bzw. der Richter oder die Richterin über die Ziele und Aufgaben des Verfahrenspflegers hat.

---

121 *Deutscher Familiengerichtstag* 2000, S. 118. (Hervorhebung MZ)
122 Dieses Ergebnis wurde in den Empfehlungen des 13. *Deutschen Familiengerichtstages* 2000, S. 133, sinnentstellend zusammengefasst und entsprechend verbreitet (vgl. nur FamRZ 2000, 273-276, FuR 2000, 113-118; ZfJ 2000, 65-69). Hier ist von der Vertretung des Kindeswohls keine Rede, sondern es heißt u.a., der Verfahrenspfleger »... hat den Willen des Kindes zu ermitteln und ihn so authentisch wie möglich in das Verfahren einzubringen. Bei konkretem Anlass hat er neben dem Kindeswillen auch den Willensbildungsprozess darzustellen. Auf dieser Grundlage [sic! MZ] gibt der Verfahrenspfleger ein Votum gegenüber dem Gericht ab.« An dem Arbeitskreis unter Leitung von Prof. Oberloskamp nahmen über 60 Fachkräfte (überwiegend RichterInnen, AnwältInnen und Sachverständige) teil. Vgl. auch den Bericht der Protokollführerin *Marquardt,* FPR 1999, 338 ff.

II. Die Kontroverse um die Vertretung von Kindeswille und Kindeswohl in erziehungswissenschaftlicher Perspektive

A. Kindheitsparadigmen und Kinderrechte

Die in der sozialwissenschaftlichen Diskussion kontrovers bewertete[1], historisch und kulturell variable Lebensphase der Kindheit nahm im 20. Jahrhundert eine qualitativ und quantitativ neue Dimension an. Gewandelte Gesellschafts- und Familienstrukturen, die Ent-Ökonomisierung und Emotionalisierung des Eltern-Kind-Verhältnisses[2], die Verlängerung der Schulzeit u.a.m. gingen mit dem Abbau asymmetrischer Macht- und Rechtsverhältnisse in der Familie einher. Die Trennung des privaten und öffentlichen Raumes wurde unter dem Primat einer individualistischen Konzeption des Familienrechts sukzessive durchbrochen. Dieses »Eindringen« des Staates in die Familie legitimiert sich aus dem Schutzbedürfnis bzw. -anspruch jeder Person und ihrer individuellen Interessen innerhalb der Familie, insbesondere aus dem der Frauen und Kinder.[3] Die Verankerung spezifischer Rechte des Kindes auf Versorgung, Bildung, Schutz, Erziehung und auf Entfaltung seiner Persönlichkeit waren Folge dieser Entwicklung[4], als deren normativer Bezugspunkt das »Wohl des Kindes« galt und bis heute gilt.[5]

Sowohl die reformpädagogische Bewegung als auch die Kindesschutzbewegung, die in dieser Epoche[6] advokatorisch für die Rechte des Kindes eintraten,

---

1 Grundlegend *Ariès* 1984 (Erschj. 1960); *de Mause* 1977 (Erschj. 1974). Zur neueren Diskussion vgl. *Nyssen/Janus* 1997 und *Honig* 1999, S. 16 ff.

2 Vgl. hierzu insbesondere *Honig* 1999, 4. Kapitel.

3 Zur »Verrechtlichung« des familialen Lebensraums vgl. *Baacke* 1999, S. 102 ff; *Baer/Berghahn* 1996, S. 251 ff; *Blandow/Gintzel/Hansbauer* 1999, S. 25 ff; *Habermas* 1997, S. 540 ff; *Honig* 1993; *Peukert* 1986; *Plewig* 1994, S. 14; *Quandt* 1978; *Riedmüller* 1981; *Schwab* 1976, S. 899 ff; *Simitis* 1986, S. 584 ff, 590 ff; *ders.* 1994, S. 414 ff; *Simitis/Zenz* 1975.

4 Vgl. *Quandt* 1978; *Honig* 1993, S. 213; *Honig/Leu/Nissen* 1996.

5 Vgl. z.B. die »Genfer Erklärung« von 1924 und die UN-Charta der Rechte des Kindes von 1959. Zur aktuellen Definition heißt es in einer »Denkschrift« der Bundesregierung zum UN-Übereinkommen über die Rechte des Kindes: »Das vorliegende Übereinkommen präzisiert zu einem wesentlichen Teil, was unter den gebotenen Schutzmaßnahmen zu verstehen ist. Pauschal als ›Recht‹ wird das Verhältnis des Kindes zu diesen Schutzmaßnahmen umschrieben, weil sie dem Wohl des Kindes dienen und weil sie ihm gebühren.« *BT-Drucks.* 12/42, S. 38.

6 Hierbei handelte es sich nicht um lineare Traditionslinien. So erfuhr die reformpädagogische Bewegung einen »eindeutigen Bruch« durch den Nationalsozialismus. (*Tenorth* 1994, S. 445; auch *Roehrs* 1980, S. 328). Ihre Anliegen wurden instrumentalisiert, sozialistische, psychoanalytische und manche konfessionelle PädagogInnen verfolgt. Die in der zweiten Jahrhunderthälfte erfolgte Bezugnahme auf reformpädagogische Positionen versuchte,

bezogen sich auf das Paradigma der kindlichen Entwicklung, das den Forderungen nach bzw. der Schaffung von »kindgerechten« Lebensbedingungen im Bereich der Sozialpolitik, der Gesetzgebung, des Bildungssektors usw. zugrunde lag. Diese historisch-spezifische Sicht auf den »Menschen in Entwicklung«, die durch verschiedene Disziplinen, wie die Entwicklungspsychologie, Psychoanalyse, Pädagogik, Anthropologie, Sozialisationsforschung und Pädiatrie wissenschaftlich fundiert, erweitert und differenziert wurde[7], ist heute eine kulturelle Selbstverständlichkeit[8] und hat wie viele andere Bereiche auch den des Familienrechtes geprägt.[9]

In diesem Rechtsgebiet hat im 20. Jahrhundert insbesondere die Psychoanalyse durch die Erforschung der seelischen Entwicklung und der Bedeutung sozialer Beziehungen und Lebensbedingungen im Kindes- und Jugendalter wesentliche Beiträge geleistet. Hierzu zählt zum Beispiel die Forschung nach den Ursachen, Auswirkungen und geeigneten Hilfen bei gestörten Entwicklungsverläufen und schädigenden Eltern-Kind-Beziehungen, insbesondere im Bereich der Kindesmisshandlung, durch die das »seelische Wohl« des Kindes in den Blickpunkt des Gesetzgebers und der Gerichte zu rücken begann. Herauszuheben sind ebenso wissenschaftliche Erkenntnisse über die zentrale Bedeutung kindlicher Bindungen und der Risiken von Trennung und Verlust sowie das kindliche Zeiterleben, die zu Bemühungen führten, die für das Kind bedeutsamen Beziehungen, insbesondere zu sozialen Eltern, rechtlich abzusichern.[10]

Im ausgehenden 20. und zu Beginn des 21. Jahrhunderts, so scheint es, wird nun einmal mehr das Kind entdeckt, das uns jetzt als kompetenter (junger) Mensch gegenübertritt. Da eröffnet uns die Säuglingsforschung Einblicke in die Welt des »kompetenten Säuglings«.[11] EntwicklungspsychologInnen nehmen das Kind als Gestalter seiner Entwicklung und Beziehungen in den Blick. Man forscht nach der Einflussnahme, ja der »Erziehung« der Eltern durch ihre Kinder und fragt nach der gegenseitigen Beeinflussung der Mitglieder des Familiensystems.[12]

Auch in soziologischer Perspektive werden Kinder als »kompetente soziale Akteure portraitiert, die ihre Lebensführung selbstständig disponieren« und als Konsumenten und Marktteilnehmer eine relative Autonomie gewinnen, die sich mit Erwartungen an ihre frühe Selbstständigkeit verschränkt.[13]

»Versprechen der bürgerlichen Gesellschaft« erneut einzufordern, auf die man sich schon zu Beginn des Jahrhunderts berufen hatte. *Tenorth* 1988, S. 243.

7 Vgl. hierzu *Depaepe* 1993.

8 Vgl. zum voranstehenden Abschnitt *Honig/Leu/Nissen* 1996, S. 9 ff.

9 Vgl. hierzu *Simitis* 1994, S. 431.

10 Vgl. hierzu ausführlicher *Zenz* 1981, S. 52 ff, 166 ff, und *Koechel* 1995, S. 2-33.

11 Vgl. hierzu *Dornes* 1992, S. 21 f.

12 Vgl. *Montada* 1995, S. 60 ff.

13 *Honig* 1999, S. 157, auch 158 f.

Mit der Frage nach der kindlichen Kompetenz, die diesen Forschungsansätzen implizit oder explizit zugrunde liegt, verbindet sich teilweise in der neueren sozialwissenschaftlichen Kindheitsforschung eine Fokussierung und Wende, mit der der Bezugspunkt der kindlichen Entwicklung tendenziell oder vollständig aus dem Blick gerät bzw. aufgegeben wird. Diese Sicht ist – neben anderen Bereichen des Familienrechtes[14] – auch für die Diskussion um die Interessenvertretung des Kindes bedeutsam, und spielt insbesondere in den Vereinigten Staaten eine Rolle.

So sieht z.B. die Rechtswissenschaftlerin *Federle* eine Benachteiligung der Kinder, wenn sich die Rechtsdiskussion auf deren entwicklungsbedingte Fähigkeiten konzentriere. Es sei kritisch zu betrachten, wenn mächtige Eliten den Rechtsstatus eines Individuums mit Inkompetenz begründeten. Die Machtlosigkeit eines Individuums, und weniger dessen Fähigkeit, intelligente oder begründete Entscheidungen zu treffen, fundiere seinen Status als RechtsinhaberIn. Die rechtliche Vertretung des Kindes sei also – wie bei der Prozessvertretung Erwachsener – auf Instruktionen von Seiten des Kindes zu verpflichten. Der Fokus einer solchen Vertretung liege in einer Stärkung (»empowerment«) des Kindes, dessen Stimme auch von denen gehört werden solle, die ihm nicht hatten zuhören wollen.[15]

Eine ähnliche Sichtweise zeigt sich im Kommentar zu den »Standards der Kindesvertretung bei Misshandlungs- und Vernachlässigungsfällen«, den die größte und auf Bundesebene einflussreichste Rechtsanwaltsvereinigung, die *American Bar Association* (ABA)[16] in den USA veröffentlichte:

> »Diese Standards akzeptieren die Vorstellung nicht, dass Kinder eines bestimmten Alters ›beeinträchtigt‹, ›behindert‹, ›inkompetent‹ sind oder ihnen die Fähigkeit fehlt, ihre Position im Rechtsstreit zu bestimmen«.[17]

So halten nicht wenige Anwälte in den USA bereits ein zwei- bis dreijähriges Kind mit dem Erwerb der menschlichen Sprache[18], nach entsprechender Be-

---

14 Vgl. nur *Kaltenborn,* Diskurs 1998, 54, der anhand der Diskussion um rechtliche Regelungen der elterliche Sorge der Frage nachgeht, wie diese von der »Relevanz, die die beteiligten Professionen den Wünschen des Kindes beimessen, beeinflusst und somit auch von ihrem Kindheitsbild geprägt werden.«

15 Vgl. *Federle* 1996, S. 1693 ff. Zum Verständnis der hier dargestellten Position könnte die Erläuterung *Salgos* (1996, S. 58) hilfreich sein, dass in den USA Freiheitsrechte und Verfahren in »untrennbarem Zusammenhang« gesehen werden, zugleich sei eine »stärker individualisierende Wahrnehmung einzelner Familienmitglieder« feststellbar.

16 Vgl. hierzu ausführlich *Salgo* 1996, S. 143 ff, auch *Duquette* 1995, S. 130.

17 *American Bar Association* 1996, S. 761: »These standards do not accept the idea that children of certain ages are ›impaired‹, ›disabled‹, ›incompetent‹, or lack capacity to determine their position in litigation«. B-3 cmt. Vgl. hierzu auch die Mitverfasserin *Elrod* 1996, S. 2004. Kritisch: *Department of Health and Human Services* 1999.

18 Dies entspricht dem Kindheitskonzept der neueren Kindheitsforschung, die ebenfalls an die Sprachfähigkeit anknüpft, ihren Schwerpunkt aber auf die 8- bis 13-Jährigen legt, vgl. *Honig* 1999, S. 79.

ratung grundsätzlich für fähig, informierte Entscheidungen zu treffen, und im Falle seiner Gefährdung einen Anwalt zu instruieren. [19]

Diese Sicht und die mit ihr verbundenen normativen Maßstäbe entsprechen dem in jüngster Zeit vor allem von sozialwissenschaftlicher Seite sowie von VertreterInnen der Kinderrechtsbewegung favorisierten wissenschaftlichen und politischen Paradigma, in dem das Entwicklungskonzept als »Metapher der Bevormundung«[20] strikt zurückgewiesen wird.

Analog zu theoretischen Annahmen der Frauenforschung über die Konstruktion des Geschlechterverhältnisses und wissenschaftlichen Androzentrismus hat in den sozialisations- und entwicklungstheoretisch fundierten Wissenschaften ein Diskurs über die Konstruktion der »Kindheit« und »adultozentristische Betrachtungsweisen« begonnen – »herkömmliches soziologisches Wissen ignoriert Kinder, es diskriminiert oder unterdrückt sie«[21], konstatiert zum Beispiel *Alanen*. Das neue Paradigma der Kindheitsforschung, dem sie sich zuwendet, sei demgegenüber kindzentriert und gegenwartsbezogen. Die Erforschung der kindlichen Lebenswelt solle von den Kindern selbst angeleitet werden, d.h. ...

»... dass Kinder nicht nur als Forschungsobjekte gesehen werden, sondern als sprachbegabte Subjekte mit eigenen Erfahrungen und Wissensformen. [Der Text lässt offen, wer dies bestreitet. MZ] Mehr noch: man sollte Kinder als kompetente und informierte Partner anerkennen, wenn es darum geht, die relevanten Forschungsfragen über Kindheit zu bestimmen.«[22]

Alanen fordert denn auch die »soziologische Gleichstellung« der Kinder, die eine Betrachtung der Gesellschaft aus der Kindesperspektive zulässt. Analog zu den soziologischen Kategorien Sex und Gender trennt sie biologische Merkmale und den rechtlich gesicherten und perpetuierten Überbau gesellschaftlicher Deutungen und Strukturen, die es zu untersuchen gelte. Eine solche Darstellung würde zudem nicht auf Kinder schauen und sie anderen zu erklären versuchen, um diesen für die Herrschaft in der generationalen Ordnung brauchbare Informationen zu vermitteln.[23]

---

19 Für jüngere oder beeinträchtigte Kinder gelten andere Bestimmungen, vgl. *Fordham University School of Law* 1996, S. 1332 ff.

20 Grundlegend hierzu *Honig/Leu/Nissen* 1996, S. 11.

21 *Alanen,* SLR 1994, 93.

22 *Alanen,* SLR 1994, 93/94.

23 Vgl. *Alanen,* SLR 1994, 93/107. Bezüglich der Kinderforschung in den USA und Europa von 1890-1940 zeigt *Depaepe* 1993 anhand zahlreicher historischer Quellen auf, wie sehr diese in der Tat von Statusinteressen der Professionellen und dem Streben nach effektiveren Erziehungsmethoden geleitet war. So »... könnte man sich sogar fragen, ob die Pädologie und die experimentelle Pädagogik (wie übrigens auch die Reformpädagogik) nicht viel eher zu neuen und subtileren Formen der Machtausübung, statt zur Befreiung und Emanzipation des Individuums beigetragen haben.« S. 350.

Die dieser Forschungsrichtung zugrundegelegte Definition des Kindheitssta-
tus negiert die entwicklungspsychologische und sozialisationstheoretische Perspektive ebenso wie Statusdifferenzen zwischen Kindern und Jugendlichen. Im
wesentlichen erscheinen Kinder hier als eine soziale Minderheit, die unter der
pädagogischen Patronage der Erwachsenen-Mehrheit zu leiden hat.[24] Einige
KindheitsforscherInnen schließen dabei umstandslos von der Forderung der
soziologischen auf das Erfordernis einer rechtlichen Gleichstellung der Kinder
mit Erwachsenen. Sie gehen dabei aus Strömungen der Kinderrechtsbewegung hervor[25] bzw. reihen sich dort ein, die das Recht des Kindes auf alle
Grundrechte und zivilen Rechte fordern, die für Erwachsene gelten.[26]

Das rechtlich-psychologische Konzept »Wohl des Kindes«, das seit den siebziger Jahren als ein Bezugspunkt der Kindheitsforschung gilt, wird dabei aufgegeben und von einer kindheitspolitischen Diskussion über die Rechte und
Teilhabechancen von Kindern abgelöst.[27] Diese »herrschaftstheoretische Variante des emanzipatorischen Diskurses«[28] knüpft an die politische Kinderrechtsbewegung an, die sich in den 70er Jahren zunächst in den USA und dann
in Skandinavien herausbildete[29] und zum Beispiel in *Holt* einen vielbeachteten
Sprecher fand, der forderte, »... jedem jungen Menschen, gleich welchen Alters, alle Rechte, Privilegien, Pflichten und Verantwortlichkeiten erwachsener
Bürger zugänglich«[30] zu machen.

Unter Bezugnahme auf soziale Bürgerrechtsbewegungen[31] werden hier
mehr oder minder radikal die Rechte des Kindes[32] proklamiert und die Sicht
des inkompetenten Kindes als diskriminierend zurückgewiesen. Das Ziel ist die
rechtliche Emanzipation des Kindes von seiner Familie, um den »Paternalismus dort heraus[zu]fordern, wo er seinen Ausgang genommen hat«, gleichsam

---

24 Vgl. hierzu *Zinnecker* 1996, S. 44 ff.
25 Vgl. hierzu *Honig* 1999, S. 122: »Die Kindheitsforschung hat auch politische Wurzeln. Die
    Studentenbewegung war mit ihren Kinderläden eine Erziehungsbewegung. In ihrer Spät-
    phase verstärkte sich ihr Interesse an Kindern, an ihren Lebensumständen, an ihren
    Rechten, an ihrer Subversivität, nicht selten gepaart mit einem heftigen antipädagogi-
    schen Affekt.«
26 Zu diesem Trend der Kinderrechtsbewegung vgl. *Verhellen* 1992, S. 80 ff.
27 Vgl. *Honig*, Z.f.Päd. 1996, 325/328, Fn. 4.
28 *Blandow/Gintzel/Hansbauer* 1999, S. 34 (ohne Hervorhebung im Original)
29 Vgl. *Zinnecker* 1996, S. 46.
30 *Holt* 1978, S. 13, ebenso *Farson* 1975. Vgl. auch die programmatische Schrift von *Braun-
    mühl/Kupffer/Ostermeyer* 1976, die allerdings nicht gänzlich vom Konzept einer am Kin-
    deswohl orientierten Sorge abrückte – vgl. hierzu S. 177 ff. Zur »children's lib« Bewe-
    gung in den USA vgl. auch *Coester* 1983, S. 92. Zum Wiederaufleben dieser Debatte, die
    dort »ohne durchgreifenden Nachhall geblieben ist«, anläßlich der Diskussion um die
    UN-Kinderrechtskonvention vgl. kritisch *Coester/Hansen* 1994, S. 31 f.
31 So z.B. bei *Wintersberger* 1993, S. 41.
32 Zum pragmatischen Trend dieser Bewegung, der das Entwicklungskonzept nicht strikt
    zurückweist, sondern für eine »Umkehr« der Beweislast der kindlichen Inkompetenz ein-
    tritt, vgl. *Verhellen* 1992, S. 80 ff; *Wintersberger* 1993, S. 42 f.

als »nächsten logischen Schritt in einem unumkehrbaren Prozess«[33] bzw. zur Freisetzung dieser »Minoritätenkategorie« aus den sie bevormundenden Abhängigkeiten:

> »Rechte und Privilegien werden Kindern von der entsprechenden dominanten Majorität (den Erwachsenen) mit der Begründung entzogen, es geschehe in ihrem ›besten Interesse‹. Die Legitimität dieser Behauptung wird allerdings durch ihre Nähe zu paternalistischen Einstellungen fraglich.«[34]

Freilich kommt auch diese Strömung der Kinderrechtsbewegung nicht umhin, unter Hinweis auf bedrückende Lebenssituationen von Kindern zu bestimmen, worin deren vermeintliche wohlverstandene Interessen bestehen.[35] Die Sozialwissenschaftlerin *Théry* begreift diese Haltung als eine postmoderne Form des Paternalismus, da »... ist nicht mehr jener, der sagt: ›Sei still, mein Kind, ich weiß, was für dich gut ist‹, sondern dieser: ›Zögere nicht, sprich dich aus, denn ich bin deine Stimme‹.«[36]

Dies unterscheidet diese politische Kinderrechtsbewegung von anderen sozialen Bewegungen, deren Interessen durch die AkteurInnen selbst (z.B. ArbeiterInnen, Frauen, ethnische Minderheiten ...) oder durch die von Betroffenen legitimierten RepräsentantInnen definiert und vertreten werden. Hiermit ist ein zweiter Aspekt verbunden. Individuelle und kollektive Prozesse der Emanzipation, wie zum Beispiel die Entfaltung einer eigenen »Bewegungskultur«, die zur gegenseitigen Verständigung und Lernprozessen sowie dem selbstbewussten Umgang mit der Differenz verhelfen kann, bleiben aus. Folgte man der Argumentation mancher KindheitsforscherInnen, würden die Kinder und Jugendlichen damit in der ihnen unterstellten »Sklavenmentalität«[37] verharren, denn eine Erziehung zur Mündigkeit scheidet in antipädagogischer Manier wie selbstverständlich aus.

Man behilft sich dagegen mit der Deklaration kindlicher Fähigkeiten und betreibt so eine – auch für die Diskussion um die Interessenvertretung des Kindes – folgenreiche Reduktion der Kategorie Mündigkeit auf die worauf auch

---

33 *Wintersberger* 1993, S. 47. Zum Vergleich der Frauen- und Kindheitsforschung: *Alanen*, SLR 1994; zum Entwicklungskonzept als wissenschaftliches und soziales Konstrukt: *Jencks* 1992; vgl. auch *Qvortrup* 1993; *Franklin* 1994.

34 *Qvortrup* 1993, S. 122. Privilegien, die Kindern eingeräumt werden (Fürsorge, Schutz, Bildung, Unverantwortlichkeit etc.), bleiben – nicht allein – in diesem Beitrag systematisch ausgeklammert.

35 *Théry* 1994, S. 96. Auch *Oelkers/Lehmann* 1990, S. 68 ff, deren Ausführungen zu den am Kindeswohl orientierten Prämissen der Antipädagogik analog zu sehen sind.

36 *Alanens* Überlegung, dass Kinder als soziale Bewegung evtl. kein öffentliches Gehör für ihre Anliegen finden, weil sie als Nicht-Erwachsene andere Bedingungen im »Kampf gegen hegemoniale Deutungen« haben, übersieht diesen Aspekt.

37 Vgl. *Wintersberger* 1993, S. 41, vom Europäischen Zentrum für Wohlfahrtspolitik und Sozialforschung, der vehement die These einer altersbedingten Diskriminierung vertritt.

immer bezogene kindliche Kompetenz. Letztere erscheint gleichsam als eine urwüchsige Gegebenheit, losgelöst von aller kognitiven, seelischen und körperlichen Entwicklung, von sozialer Erfahrung und Erziehung, von der Erprobung eigenverantwortlicher Entscheidungen usw. So stellt zum Beispiel der Kinderrechtler *Franklin* fest, Kinder seien sehr wohl fähig zum rationalen Denken und dazu, durchdachte Entscheidungen in wichtigen Fragen zu treffen. Sie verfügten beispielsweise über ...

> »... Strategien zum Umgang mit Schikaneuren in der Schule oder auch mit einem missbrauchenden Elternteil zu Hause. Kinder, die sexuell missbraucht worden sind, haben eine sehr komplizierte Abwägung der Konsequenzen vorzunehmen, die sich aus der Aufdeckung des Missbrauchs für die Familie ergeben könnten.«[38]

Über den Erfolg oder Misserfolg dieser Abwägungsprozesse und Strategien der Kinder schweigt der Verfasser sich wohl nicht grundlos aus, erklärt aber im selben Kontext, Kinder hätten nun einmal das selbe Recht wie Erwachsene, Fehler zu machen und aus ihren Fehlern zu lernen.[39]

Wie selbstverständlich erscheint es aus dieser Perspektive, dass die Interessen der Kinder jedenfalls nicht durch eine Kindheitsforschung wahrgenommen werden können, die sich auch pädagogischer, entwicklungspsychologischer und sozialisationstheoretischer Fragen annimmt. Umstandslos erklärt vielmehr zum Beispiel *Verhellen* die gesamten Wissensbestände der Entwicklungspsychologie, der Sozialisationsforschung und der Pädagogik zur »black box«, so dass diese weder zur Kenntnis genommen noch widerlegt werden müssen: Nur weil man nicht wisse, was Kinder genau sind, was sie können und wissen, lasse sich das konstante Argument, den Kindern Autonomie und Rechte abzusprechen, damit untermauern, sie seien physisch, emotional und intellektuell unreif und ihnen fehle die erforderliche Erfahrung um zu bestimmen, was gut und schlecht für sie sei.[40]

Das Spannungsfeld der Erziehungsbedürftigkeit des Kindes einerseits und seiner Unverfügbarkeit und Persönlichkeitsentfaltung andererseits, das insbe-

---

38 *Franklin* 1994, S. 46.

39 Ähnlich die Argumentation des vielbeachteten »Kinderrechtlers« *Farson* 1975, der zwar anerkennt, dass misshandelte Kinder oft beharrlich an den Eltern hängen, aber postuliert, ihr Schutz sei durch ihr Recht auf freie Wahl ihrer Umgebung zu gewährleisten (vgl. S. 33 ff). Zu inzestuösen Übergriffen, die das Kind erotisch stimulieren (und dadurch seine »Entwicklung zur sozialen Anpassung« und den »psychischen Allgemeinzustand der sogenannten Opfer« fördern), führt *Farson* in einer Proklamation des Rechtes des Kindes auf sexuelle Freiheit aus, dass »Kinder das Geheimnis sorgfältig wahren und ihre Eltern schützen. Sie scheinen zu verstehen, wie wichtig es ist, solche Vertraulichkeiten für sich zu behalten. ... Kinder begreifen, was sie sagen und tun können, ohne die Eltern in Schwierigkeiten zu bringen.« S. 107.

40 So *Verhellen* 1992, S. 81

sondere die Reformpädagogik beschäftigt hat, gerät dabei ebenso aus dem Blick wie andere Strömungen der Pädagogik, gleich ob »schwarz«, »weiß« oder antipädagogisch[41] – obgleich insbesondere antipädagogische Sichtweisen und Mentalitäten in die Grundpositionen jener Forschungsrichtung einfließen und diese maßgeblich bestimmen.[42]

> »Ein Antipädagoge dokumentiert sein ›Herz für Kinder‹, zeigt, wie gesell-schaftlich mit diesen umzugehen sei: man weist den Weg in ihre Negati-on, nimmt sie als Freunde, Erwachsene, Gleichberechtigte auf, sieht aber nicht die fundamentale Zeitdifferenz, die ihrer Existenz zugrunde liegt, dieser aber auch die bestimmende Perspektive gibt. So wird das pädago-gische Problem erledigt, indem man es als soziale Konstruktion behaup-tet und negiert, dabei die mit ihr verbundene Intention zerstört.«[43]

Mit der Negation der Pädagogik, argumentiert der hier zitierte Erziehungswis-senschaftler *Winkler,* erledige sich die erzieherische Praxis der Gesellschaft nicht, die in der Tatsache gründe, dass es Kinder und Erwachsene gibt. Sie zeuge allerdings von einem problematischen Verlust dieser Gewissheit und vom Verzicht einer Reflexion der Erziehungspraxis, die nachwachsenden Ge-nerationen eine Handlungsorientierung bei ihrer Aneignungstätigkeit und Ver-änderung der Welt biete. Indem man sich der Maßstäbe begebe, das Gesche-hen zwischen der älteren und der jüngeren Generation zu beurteilen, Kinder und Jugendliche als solche nicht mehr auftauchen, seien diese in beliebigen Formen drangsalierbar, ohne dass diese Erscheinungsformen benannt oder legitimiert werden müssen.[44]

> »Die Frage nach dem Kindeswohl beginnt also mit der nach der Existenz von Kindern. Antipädagogik verlangt somit – vermutlich wider die Inten-

---

41 Zur »schwarzen Pädagogik« vgl. *Rutschky* 1977, zur »weißen Pädagogik« vgl. *Miller* 1983. Zur Antipädagogik vgl. *von Braunmühl u.a.* 1975.

42 Vgl. hierzu *Zinnecker* 1996, 45 ff; grundlegend *Oelkers/Lehmann* 1990.

43 *Winkler* 1989, S. 45. Dieser Einwand lässt sich meines Erachtens auch hinsichtlich der erziehungswissenschaftlichen Dissertationsschrift von *Nemitz* geltend machen, der an das Paradigma der Autopoiesis anknüpft (»Erziehung beruht auf Selbsterziehung, Didak-tik auf Autodidaktik, Hilfe auf Selbsthilfe« 1996, S. 166 ff) und – freilich vergebens – nach einem *einzigen* historisch und kulturell invariablen Einschnitt in der biographischen Zeitachse fragt, der einen psychischen oder physischen Übergang beider Geschlechter vom Kind zum Erwachsenen markieren könnte. Diese Fragestellung führt ihn, da er nur graduelle entwicklungsbedingte Unterschiede zwischen Kindern und Erwachsenen zuta-ge fördert, zur Infragestellung jeglicher Generationsdifferenz.

44 So auch *Mollenhauer* 1996, S. 34 f, der Pädagogik als eine Selbstauslegungsbemühung unserer Kultur sieht: »Solange wir daran festhalten wollen, dass der geschichtliche Weg im Wechsel der Generationen (wenigstens) auch von der jeweils älteren verantwortet werden muss, in Kontinuität zur Tradition und im Vorgriff auf Künftiges, müssen wir sorgfältig beschreiben können, was das für Verhältnisse und Verhalten bedeutet.«

tionen ihrer Protagonisten –, jenes Mandat aufzunehmen, das in die Gründungsurkunde spätestens der neuzeitlichen Pädagogik eingetragen ist: Sie fordert auf, als ein Anwalt des Kindes aufzutreten und für dessen Wohl einzustehen.«[45]

Diese Überlegungen sind durchgängig auf die neuere Kindheitsforschung und die »liberationistische« Kinderrechtsbewegung zu beziehen, insoweit hier, wie *Oelkers* und *Lehmann* dies formulieren, eine der »Hauptthesen der Antipädagogik, die Ersetzung der Erziehung durch Recht«[46], verfochten und einseitig auf die Selbstbestimmung und Gleichberechtigung des Kindes abgestellt wird, während die Idee der Kindheit als Karenz, als Übungs- und Schutzraum[47] und mit ihr die Wahrnehmung der kindlichen Abhängigkeit und Angewiesenheit[48] mehr oder minder offensichtlich verabschiedet wird.

Mit dem Phänomen des kompetenten Kindes befasst sich auch die französische Sozialwissenschaftlerin *Théry*. VertreterInnen der »Ideologie der neuen Rechte des Kindes«, so die Verfasserin, skandalisierten in Tonart der 68er Jahre den Rechtsstatus des Kindes, und forderten die Aufhebung spezifischer Kinderrechte[49], da sich das Kind, wie *Théry* pointiert formuliert, » … in nichts vom Erwachsenen unterscheidet, da es sieht, denkt, urteilt und, aber ja, einen Willen hat, wie ein Erwachsener. Der Skandal ist perfekt: Er liegt im Recht, das diskriminiert …«.[50] Mit einem Appell an die Gefühle – das Kind ist ein menschliches Wesen – werde versucht, jede Debatte über die psychologische, biologi-

---

45 *Winkler* 1989, S. 50.
46 *Oelkers/Lehmann* 1990, S. 81.
47 *Oelkers/Lehmann* 1990, S. 81, vgl. auch S. 82 ff. Zu den kinderrechtlichen Positionen der Antipädagogik, die *Blandow/Gintzel/Hansbauer* als deutsche Entsprechung zur Bewegung der anglo-amerikanischen »kiddy-libbers« begreifen, vgl. *dies.* 1999, S. 33.
48 Es drängt sich der Eindruck auf, dass hier eine Abwehr gegenüber »kindlicher Abhängigkeit oder Hilflosigkeit« im Spiel ist, die die Psychoanalytikerin *Benjamin* wie folgt beschreibt: »Vielleicht weckt auch eine gesellschaftlich organisierte Fürsorge allzu bedrohliche Erinnerungen an die frühe Abhängigkeit – und zwar genau in jener äußeren Sphäre, die angeblich die Fluchtmöglichkeit aus dieser Abhängigkeit bot. Jede Art von sozialer Hilfe, die Identifikationen mit der Hilflosigkeit der Bedürftigen auslösen könnte, wird heftig bekämpft. … Die sichtbaren Konsequenzen der Unfähigkeit, eine gesellschaftlich organisierte Fürsorge … bereitzustellen, verschärfen Distanzierung und Desidentifikation von denen, die Hilfe brauchen.« *Benjamin* 1990, S. 195. Vgl. in diesem Sinne auch *Winterhager-Schmid* 1996, S. 233, die sich kritisch mit der Ausblendung des Generationsverhältnisses auseinandersetzt.
49 Wie *Théry* 1994, S. 76 ff, zu diesen Rechten ausführt, begründet die Unmündigkeit des Kindes sein Recht auf die stellvertretende Wahrung seiner Interessen, auf Unverantwortlichkeit und auf Schutz. Das Kind darf die Rechte, deren Träger es von Geburt an ist, nicht gleich selbst ausüben, sondern das Recht bezeichnet diejenigen, die über die Beachtung seiner fundamentalen Rechte wachen sollen. Bildung und Erziehung zur Verantwortlichkeit und Autonomie sollen das Kind in der Folge systematisch zur selbstständigen und eigenverantwortlichen Ausübung dieser Rechte befähigen.
50 *Théry* 1994, S. 78. Zur »Glorifizierung kindlicher Kompetenzen« vgl. *Oelkers/Lehmann* 1990, S. 26.

sche, ökonomische oder soziologische Autonomie und Abhängigkeit der Kinder von heute abzuschneiden. Argumentativ knüpfe diese Bewegung an der auch von VertreterInnen der »protektionistischen Sichtweise« geübten Kritik am Paternalismus an[51], strebe aber nicht Reformen in der »Logik des Schutzes«, sondern die rechtliche Gleichstellung, zumindest aber die Beendung der elterlichen Autorität und Verantwortung an.

Dies verlege jedoch die Sicht darauf, dass Kindheit von den sozialen Ungleichheiten, die unsere Gesellschaften reproduzieren, durchzogen ist. Für die von der Sozialordnung begünstigten Kinder sei sie ein Privileg, eine Errungenschaft der Aufklärung, für benachteiligte Kinder hingegen könne sie Misshandlung, Vergewaltigung und Ausbeutung bedeuten. Werde aber nicht die Lebenslage von Kindern, sondern ihr Rechtsstatus zum Dreh- und Angelpunkt erklärt, leugne man diese soziale Ungleichheiten und enthebe die Sozialpolitik ihrer Verantwortung für deren Beseitigung.[52]

Soweit *Théry,* deren Bedenken auch und gerade bei der Diskussion über den »Anwalt des Kindes« zu berücksichtigen sind, die gleichsam auf der Folie divergierender Vorstellungen über die Position des Kindes im Spannungsfeld seiner Selbstbestimmungs- und Schutzrechte geführt wird, welche an unterschiedliche, teils diametrale advokatorische Traditionslinien der Kinderrechtsbewegungen anknüpfen. *Honig u.a.* bemerken treffend:

> »›Anwalt des Kindes‹ ist heute ein Begriff des zivilrechtlichen Kinderschutzes, eine sozialadministrative Maxime und eine Metapher des politischen Lobbyismus; der reformpädagogische ›Mythos des leidenden Kindes‹ setzt sich derweil in einem verbreiteten antipädagogischen Ressentiment fort, das die ›Pädagogisierung‹ der Kindheit als Form der Gewalt an Kindern denunziert.«[53]

So gesehen verwundert es nicht, dass der »Anwalt des Kindes« zu einem Brennpunkt der rechtspolitischen Diskussion über die Vertretung Minderjähriger in gerichtlichen Verfahren wurde, an dem sich nunmehr protektionisti-

---

51 *Théry* weist plausibel darauf hin, dass das Problem einer Ausfüllung des unbestimmten Rechtsbegriffes Kindeswohl hierbei durch den einseitigen Bezug auf die kindlichen Bedürfnisse umgangen, aber nicht gelöst wird. Als vermeintlich bloße Vermittler dieser Belange haben sie sich scheinbar nicht mehr zu legitimieren. »Auf diese Weise errichtet die Ideologie der neuen Rechte des Kindes, indem sie ... behauptet, deren ›wirkliche‹ Interessen zu vertreten, ohne dass eine Diskussion hierüber möglich wäre, die postmoderne Form des Paternalismus.« 1994, S. 96, vgl. auch 94 f.

52 Eine vergleichbare Auffassung vertreten auch *Honig u.a.* 1996, S. 13: »Die Anwendung eines demokratischen Differenzbegriffs auf den Status von Kindern würde bedeuten, ... ihnen eine adäquate materielle Basis zur Verfügung zu stellen, gleichzeitig aber ihre Rechte auf Schutz und Förderung anzuerkennen und auszubauen.« In diesem Sinne auch *Lange* 1996, S. 82 f und *Salgo* 1995, S. 57 ff.

53 *Honig u.a.* 1996, S. 9 f.

sche und liberationistische, pädagogische und antipädagogische Positionen und Mentalitäten entzünden.

Die einen sehen in ihm eine Vorkehrung des Rechts für jene Fälle, in denen sich die »als ›Schutzverpflichtung‹ definierte [elterliche, M.Z.] Autorität in ein Versagen oder einen Missbrauch verwandelt«[54] und in denen Kinder eines »Fürsprechers«[55], »Begleiters« und »Beschützers«[56] bedürfen. Die anderen kritisieren die »Kindeswohlfixierung« dieser Position. Sie fordern das »subjektive Recht des Kindes auf seinen Anwalt«[57] Gemäßigte Stimmen stellen auf das Paradigma des kompetenten Kindes ab.[58] Andere skandalisieren die Einwände gegen die Willensvertretung[59] und warnen vor »klugscheißerischen« Erwachsenen, die mit » ... enormen Ermittlungsaufwand und Omnipotenzanspruch den Unterschied zwischen dem Kindeswillen und dem Kindeswohl herauszuarbeiten versuchen«.[60] Im Kern also geht es bei dieser Position darum, das Kind vor jenen Menschen in Schutz zu nehmen, die es zu beschützen versuchen.

Es ist allerdings bemerkenswert, dass die Infragestellung einer wohlverstandenen Interessenvertretung im zivilrechtlichen Verfahren hierzulande auch bei JuristInnen eine solche Resonanz erzeugt, obgleich sie der (vorrangig dem Kindeswohl verpflichteten) gesetzlichen Vertretung des Kindes im Verfahren durch seine Eltern oder einen Vormund bislang kaum mit grundsätzlichen Bedenken begegnen.[61]

Hier sind wohl die traditionelle anwaltliche Berufsrolle sowie berufsständische Interessen von Bedeutung, da sich mit der Kindesvertretung, ähnlich wie durch die Mediation, ein weiteres Betätigungsfeld für AnwältInnen erschließt[62], dem der Rückgriff auf das anwaltliche Vertretungskonzept Erwachsener entgegenkommen dürfte. Jenseits dieser profanen Erklärung kann die Fachdiskussion, ob sich die Interessenvertretung am Kindeswohl oder am Kindeswillen orientieren solle, aber auch als Indiz einer Entwicklung begriffen

---

54 *Théry* 1994, S. 93.

55 Vgl. grundlegend *Köckeritz,* epd 1998.

56 *Balloff,* Praxis der Rechtspsychologie 1998, 157/162 f.

57 Vgl. *Steindorff-Classen* 1998.

58 Vgl. oben S. 47.

59 So behauptet z.B. *Bracken von,* KindPrax 1999, 183/185, in Diskussionen über eine dem Willen des Kindes verpflichtete Kindesvertretung würde »immer wieder unterstellt, mit einer derartigen Bedeutung und Betonung des Kindeswillens würde einer Art Diktatur von eigensüchtigen und rücksichtslosen Kindern der Weg geebnet.« – Trotz der Teilnahme an zahlreichen Diskussionen ist mir diese Argumentation nie begegnet, wohl aber der Einwand, dass Kinder erhebliche Probleme haben, ihre eigenen Belange gegenüber rücksichtslosen Eltern wahrzunehmen.

60 *Späth,* KindPrax 1999, 50/52.

61 Vgl. aber kritisch den Rechtswissenschaftler *Ramm* 1996.

62 Vgl. *Derleder,* KJ 1998, 277/291, dem zufolge das Kindeswohl in der Kindschaftsrechtsreform als »rhetorisches Vehikel« für Professionsinteressen genutzt worden sei, durch das »Elternrechte womöglich Anwaltsrechte (Anwalt des Kindes) werden«.

werden, in der das gesamte Konzept der gesetzlichen Vertretung von Kindern und Jugendlichen vor einem Legitimationsproblem steht, das eng mit der Frage nach der Legitimität der Pädagogik überhaupt verbunden ist, die seit den 70er-Jahren durch VertreterInnen der Antipädagogik in Zweifel gezogen wird.

Denn aus juristischer Sicht bietet sich traditionell die Pflegschaft gem. § 1909 BGB an, wenn die Eltern (Sorgeberechtigten) nicht willens oder in der Lage sind, die Interessen ihres Kindes zu vertreten. Dieses Rechtsinstitut nämlich ist an der elterlichen Sorge ausgerichtet und bietet so zumindest einen gewissen Ersatz für die fehlende Vertretung der Kindesinteressen durch die Eltern. Eine Prozessvertretung, die allein am Willen des Kindes orientiert ist, kann diesen Ausfall hingegen nicht kompensieren. – Es sei denn, man spräche allen Kindern die Kompetenz zu, ihre wohlverstandenen Interessen in eigener Verantwortung zu bestimmen. Für eine solche Teilmündigkeit bietet allerdings die Ausgangslage des § 50 FGG, nämlich ein erheblicher Interessenkonflikt zwischen dem Kind und den Sorgeberechtigten, keinen Anhaltspunkt.[63] Die Fälle, in denen eine dem Willen des Kindes verpflichtete anwaltliche Vertretung einzusetzen wäre, wären konsequent gedacht doch jene, in denen Eltern den Willen ihres Kindes im Verfahren nicht oder nicht nachhaltig genug vertreten. Unter dieser Voraussetzung aber würde in Situationen, in denen ein Elternteil oder beide Eltern die elterliche Sorge verantwortlich – wenn auch gegen den Willen des Kindes – ausüben, stets ein Kindesanwalt eingesetzt. Demgegenüber blieben die wohlverstandenen Interessen des Kindes in jenen Fällen unvertreten, in denen es sich gemeinsam mit seinen Eltern für einen Verfahrensausgang einsetzt, der mit seinem Schutz bzw. Wohl unvereinbar ist.

Dass diese Ungereimtheiten und Konsequenzen in der Diskussion um den »Anwalt des Kindes« bislang geflissentlich ignoriert werden, könnte damit zusammenhängen, dass der traditionell am Kindeswohl orientierten gesetzlichen Vertretung des Kindes, gleich ob sie durch Pfleger, Vormund oder Eltern im Sorgerechtsverfahren erfolgt, mit grundsätzlicher Skepsis begegnet wird. Dafür, dass sich an der Diskussion um die Interessenvertretung des Kindes ein Trend zu einer »Sorgerechtsmündigkeit« abzeichnen könnte, gibt es in der neueren juristischen Fachdiskussion nämlich durchaus noch weitere Anhaltspunkte. So schlägt *Thomas Köster* aus juristischer Sicht für das Sorgerechtsverfahren bei der Trennung der Eltern eine »Sorgerechtsmündigkeit« für Kinder ab dem sechsten Lebensjahr vor:

> »... das Kindeswohl [sollte] im Rahmen von Sorgerechtsentscheidungen
> verstanden werden als das Recht eines Kindes, grundsätzlich *selbst* ent-

---

63 In diesem Sinne argumentieren auch *Goldstein/Freud/Solnit* 1982, S. 108 f zur Frage, ob Heranwachsende ihren Anwalt selbst beauftragen und instruieren sollten.

scheiden zu können, *wer* seinem Wohl dienen soll. Das ›Wohl des Kindes‹ wird (selbst-)bestimmt durch den Kindeswillen.«[64]

Der Wille des Kindes wird hier zum Leitstern, der einen Ausweg aus dem Dilemma der Bestimmung des Kindeswohls durch hierauf nicht weiter vorbereitete Fachkräfte zu weisen scheint.[65] Ein Dilemma, das juristischen Professionellen insbesondere durch die Bezugnahme auf nichtjuristisches Fachwissen und aufgrund der Komplexität prognostischer Entscheidungen, die ihrer traditionellen Ausbildung und Berufsrolle entgegenstehen, verständliche Schwierigkeiten bereitet.[66] Geht es hier doch gerade nicht ...

»... darum (wie etwa bei klassisch schuldrechtlichem Denken), von abstrakt formulierten und allgemein anwendbaren Konfliktlösungsgrundsätzen auf Einzelfälle zu deduzieren oder die Vorschläge des Jugendamtes allein nach formell rechtlichen Aspekten ... zu kontrollieren. Gerichtliches Handeln ist hier (stärker als sonst) problemergründende und problemanalysierende Tätigkeit, um zu einer in die Zukunft gerichteten Entscheidung zu kommen.«[67]

Eine grundsätzliche, jedoch differenziert am Kindeswohl orientierte Kritik des Rechtsinstituts der gesetzlichen Vertretung Minderjähriger übte 1996 auch der Rechtswissenschaftler *Ramm*. Die Unterstellung einer Interessenidentität zwischen den gesetzlichen VertreterInnen und dem Kind sei unzulässig. Dieses Relikt der einstigen väterlichen Gewalt berge einen Handlungsspielraum, der weit über den gebotenen Schutz der Minderjährigen hinausreiche und nicht erkennen lasse, dass das Handeln der gesetzlichen Vertretung für und im Interesse des Kindes zu erfolgen hat, also einer am Kindeswohl orientierten Konzeption dient.[68] Auch stehe die gesetzliche Vertretung durch den ihr einge-

---

64 *Köster* 1996, S. 118. Vgl auch den Reformvorschlag des Verfassers auf S. 159.
65 Vgl. auch *Mottl* 1993, S. 95: »Abhilfe könnte hier eine verstärkte Bezugnahme auf Wünsche und Bedürfnisse des Kindes bzw. die von ihm geäußerten Vorstellungen über die zukünftige Gestaltung seiner individuellen Lebensverhältnisse in allen seine Person betreffenden (gerichtlichen) Entscheidungen bieten.«
66 Vgl. hierzu z.B. *Firlei* 1993, die zu diesem Dilemma eine empirische Untersuchung zum richterlichen Entscheidungsverhalten und dessen Rahmenbedingungen bei der Konkretisierung des Kindeswohls in den Jahren 1980-1991 aus psychologischer Sicht (»Der Richter, das Kindeswohl und die Psychologie – ein Dilemma«) vornahm.
67 *Münder* 1999, S. 160.
68 Vgl. *Ramm* 1996, S. 108-117. Der Verfasser spricht sich hier für eine vertragsrechtliche Lösung aus, in der die Sorgeberechtigten im eigenen Namen Verträge mit Schutzwirkung (wie z.B. bei einer Arztbehandlung) bzw. zugunsten Dritter (wie z.B. bei einer Heimunterbringung) abschließen: »Es wird für das Kind, in dessen Interesse gehandelt, aber im eigenen Namen, so dass der Außenstehende die Wahrnehmung der Elternverantwortung nachvollziehen kann – statt wie bei der gesetzlichen Vertretung die Interessenidentität zu unterstellen« (S. 114).

räumten Handlungsspielraum der Entwicklung des Minderjährigen zur Selbstständigkeit störend entgegen. Dies sei mit dem Grundrecht der Minderjährigen auf Entfaltung der Persönlichkeit nicht vereinbar.[69] So sieht *Ramm*, der darauf verweist, dass im Zivilrecht während der vergangenen Jahrzehnte zunehmend auf die Einsichts- und Urteilsfähigkeit der Minderjährigen abgestellt wurde, in der gesetzlichen Vertretung nunmehr eine Restfigur der elterlichen Gewalt, deren zähe ideologische Verteidigung jedoch genau aus diesem Grunde mit Sicherheit erwartet werden müsse.[70] Mit diesem Widerstand ist hingegen bei der Diskussion um den »Anwalt des Kindes« nicht zu rechnen. Sie bietet damit wohl den Raum für Fragen, Zweifel und Kritik, die sich vielleicht nicht minder hinsichtlich der Vertretung des Kindes durch die sorgeberechtigten Eltern oder Vormünder stellen, aber bislang nicht gestellt werden.[71]

Vor diesem Hintergrund gewinnt die Fachdiskussion um die Interessenvertretung Minderjähriger im Verfahren an Tragweite und Bedeutung für das Rechtsinstitut der gesetzlichen Vertretung insgesamt. Sie kann eine Chance sein, die legitimen Eigenrechte der Eltern zu entflechten von denen, die sie im Interesse ihres Kindes ausüben. Und sie bietet die Chance, Klarheit zu gewinnen, ob, und wenn ja, warum Kinder einer solchen stellvertretenden Bestimmung und Wahrnehmung ihrer Interessen bedürfen und welche Bedeutung hierbei ihrer Selbstbestimmung zukommt.

Gegenwärtig ist die Kontroverse um den »Anwalt des Kindes« allerdings noch weitgehend unreflektiert beeinflusst von den Positionen radikaler Strömungen der Kinderrechtsbewegung, die die zivilrechtliche Gleichstellung der Kinder fordern, von Bemühungen um eine differenziert an der Selbstbestimmungsfähigkeit des Kindes ausgerichteten Regelung der gesetzlichen Vertretung und von Reformbestrebungen der Kinderschutzbewegung. Sie schlagen sich nicht nur in unterschiedlichen Konzeptvorschlägen, sondern auch in einer kaum überschaubaren Vielfalt explizit oder implizit vorgetragener Sichtweisen des Kindes sowie berufs-/ethischer, politischer, normativer und erzieherischer Wertvorstellungen nieder, so dass es erforderlich ist, dass die Paradigmen, die den Leitbildern und Konzeptvorschlägen der Interessenvertretung zugrunde liegen, transparent und und damit reflexions- und diskussionsfähig werden.

---

69 *Ramm* 1996, S. 117.

70 Die Diskussion um den »Anwalt des Kindes« gibt *Ramm* recht. Der Einsicht, dass es zwischen Kindern und Sorgeberechtigten auch im Bereich der Personensorge zu Interessenkollisionen kommen kann, folgte die Frage nach den Aufgaben der Vertretung, nach deren Orientierung am Wohl und Willen des Kindes oder Jugendlichen.

71 Vgl. hierzu auch *Zenz* 1997, S. 113 ff.

B. Grundfragen der Pädagogik im juristischen Diskurs

Die Fachliteratur zum »Anwalt des Kindes«[72] legt vielfach den Eindruck nahe, das Verhältnis von Kindeswille und Kindeswohl sei bislang noch kaum wissenschaftlich reflektiert worden. Dieser Eindruck täuscht. Die Kontroverse um die Mandatsfrage lässt sich vielmehr als aktuelle Variante einer originär pädagogischen Grundfrage begreifen und untersuchen.[73]

Die ethischen und fachlichen Dilemmata nämlich, die im Zentrum dieser Diskussion stehen, sind durch Antinomien, etwa zwischen der Achtung der kindlichen Selbstbestimmung und dem Erfordernis stellvertretender, antizipatorischer Entscheidungen Erwachsener, zwischen Freiheit und Zwang, Autonomie und Heteronomie charakterisiert, und gelten seit der Epoche der Aufklärung als zentrale Problemstellung der Pädagogik.[74] Eine Problemstellung, die nicht nur für den Erziehungsbereich, sondern in einem Zeitalter, in dem Herrschaft ihre Legitimät durch die zeitlich begrenzte Zustimmung, durch den Willen der Beherrschten gewinnt, auch gesellschaftspolitisch von immenser Bedeutung ist, so dass die Untersuchung der Mittel, mit denen diese Zustimmung erlangt wird, unverzichtbar ist.[75]

Der Bezugspunkt, an dem sich im Folgenden sinnvoll anknüpfen lässt, ist das Mündigkeitskonzept, welches das Generationenverhältnis gegenwärtig sowohl in der Pädagogik als auch in der Jurisprudenz maßgeblich strukturiert und zu einem angemessenen Umgang mit den o.g. Dilemmata beizutragen vermag. Dilemmata, denen ansonsten nur entgeht, wer sie negiert – sei es durch die »Dekonstruktion« der Differenzen zwischen Erwachsenen und Kindern oder durch die Sanktionierung einer despotischen, absoluten Entscheidungs- und Verfügungsgewalt der Erwachsenen über das Kind. Die Geschichte der Pädagogik, aber auch juristische Lösungsversuche, weisen demgegenüber andere, gangbare Wege zur professionellen Bewältigung dieser Dilemmata.

1. Vom Kneten und Brechen des kindlichen Willens

Im Jahr 1702 veröffentlichte *August Hermann Francke,* pietistischer Theologieprofessor und Begründer der Franckeschen Stiftungen – Waisenhäuser und Schulen – den *Kurtzen und Einfältigen Unterricht, wie die Kinder zur wahren Gottseligkeit und Klugheit anzuführen sind.* Erziehung, so das Verständnis des

---

72 Vgl. z.B. die umfangreiche Dokumentation der »Fordham Law Conference« über ethische Fragen der Kindesanwaltschaft. *Fordham University School of Law* 1996.

73 Die »Willensfrage«, so der Erziehungswissenschaftler *Oser,* stellt die » ... Urfrage der Pädagogik dar: Wie weit soll der Wille des Kindes gefördert, gestärkt, gebrochen oder in andere Bahnen gelenkt werden?« 1987, S. 280.

74 Vgl. *Oelkers/Lehmann* 1990, S. 110, 120 f; *Nielandt* 1997, S. 182 ff.

75 Vgl. hierzu *Brückner* 1983, S. 13 ff. Grundlegend auch *Adorno* 1971.

Verfassers, knüpft an die durch die Taufe verliehene Gnade Gottes an und soll das Kind befähigen, sich willentlich in die Ordnung Gottes einzufügen. So gelte es »nicht allein die *Wollust und derselben anklebende Neben-Laster* auszurotten; sondern man bemüht sich auch, den Hochmut und Geiz etc. etc. denen Kindern verhasst zu machen, und sie nach allem Vermögen davon abzugewöhnen«.[76] Für eine solche »Pflege des Gemütes« sei der »natürliche Eigenwille« des Kindes zu brechen[77]:

> »Die wahre Gemütspflege geht auf den Willen und Verstand. Wo man nur auf eines von beiden sein Absehen hat, ist nichts Gutes zu hoffen. Am meisten ist wohl daran gelegen, dass der natürliche Eigenwille gebrochen werde. Daher am allermeisten hierauf zu sehen. Wer nur deswegen die Jugend unterrichte, dass er sie gelehrter mache, sieht zwar auf die Pflege des Verstandes, welches gut, aber nicht genug ist. Denn er vergisst das Beste, nämlich den Willen unter den Gehorsam zu bringen, und wird deswegen endlich befinden, dass er ohne wahre Frucht gearbeitet.«[78]

Mit der Säkularisierung der Gesellschaft werden solche traditionellen christlichen Erziehungsauffassungen zunehmend in Frage gestellt, weltliche Erziehungsziele lösen die Vorherrschaft religiöser Erziehungsvorstellungen ab. So leitet zum Beispiel *Jules Payot* seine Abhandlung über die »Erziehung des Willens« im Jahr 1893 wie folgt ein:

> »Im 17. Jahrhundert und während eines Teiles des 18. beherrschte unbestreitbar die Religion die Geister: Die Frage der Erziehung des Willens konnte nicht in ihrer ganzen Allgemeinheit auftreten: die Kräfte, über welche die katholische Kirche, diese unvergleichliche Erzieherin der Charaktere, verfügte, genügten, um dem Leben der Gläubigen in seinen großen Linien Ziel und Richtung zu geben.
> Heute fehlt aber der Mehrzahl der denkenden Geister diese Leitung. Sie ist durch nichts ersetzt worden... .«[79]

---

76 *Francke* 1967 (Erschj. 1885), S. 224 (Hervorhebung im Original).
77 Vgl. *Ringshausen* 1991, S. 90 f. Der Verfasser führt hierzu aus, die häufig zitierte Rede von der »Brechung« des Willens bedeute nicht, wie dies *Francke* von der Nachwelt nahegelegt werde, eine sklavische Unterdrückung des Kindes, sondern eine durch Überzeugung, die Vorrang vor der körperlichen Züchtigung haben solle, »väterliche Zucht« und das Vorbild der Erziehenden bewirkte Befähigung zur willentlichen Einfügung in Gottes Ordnung, in der sich dessen Liebe vermittle. Dennoch sei festzuhalten, dass die manipulative Willenserziehung *Franckes* in die Nähe totalitärer Erziehungsprogramme gerate. So auch *Oser*, der die Kritik an *Francke* als berechtigt ansieht und von »eigenartigen, ja z.T. verwerflichen Praktiken« der Willensschulung spricht. 1987, S. 281.
78 *Francke* 1992 (Erschj. 1702), S. 140.
79 *Payot* 1921, S. 5.

Um der solchermaßen diagnostizierten allgemeinen Krankheit des Willens ab-zuhelfen, müsse das Erziehungssystem von Grund auf geändert werden, ver-mittelten die Volksschulen und Gymnasien doch nur die sittliche Erziehung und versäumten dabei die hierfür erforderliche Erziehung des Willens.

> »Man gibt sehr gute Lebensregeln Leuten, die man nicht geübt hat, sich gehörig zu führen; selbstsüchtigen, zornsüchtigen, faulen, sinnlichen, oft freilich auch solchen Leuten, die sich gern bessern möchten, die aber, dank der unheilvollen Ansicht vom freien Willen – welche den guten Wil-len überall entmutigt – nie gelernt haben, dass die Freiheit, die Selbstmei-sterung nach und nach erobert werden muss.«[80]

Dabei zeige doch die religiöse Erziehung, die »dem Kind von Jugend auf förm-lich eingeknetet« werde, was von auserlesenen jungen Leuten zu erlangen sei. Neben der Autorität und der öffentlichen Meinung sei die Erziehung das dritte Mittel, das bislang die »fürchterliche« Macht der Kirche über die Gläubigen zementiert habe. Diese Mittel gelte es nun selbst zu nutzen. Man solle an die Absichten der religiösen Erziehung anknüpfen und sich mit diesen insoweit verbünden, als sie sich den ...

> »... Kampf gegen die Natur im Menschen, das heißt im Grunde genommen doch die Erziehung des Willens, zur wesentlichen Aufgabe gemacht, in-sofern als in uns die Herrschaft der Vernunft über die rohen Mächte der selbstsüchtigen Sinnlichkeit beabsichtigt wird.«[81]

So gelte es nun der Jugend zur Selbstmeisterung zu verhelfen und ihren Wil-len im »Kampf gegen Faulheit und Sinnlichkeit« zu schulen. Er fragt:

> »Haben wir nicht ebenfalls die Erziehung des Kindes in den Händen? Und wenn unsere Methoden zusammenhängender würden, würde dann un-sere Macht nicht ungeheuer? Und könnten wir die Seele des Kindes nicht in unserem Sinne ›kneten‹?«[82]

Diese Beispiele verdeutlichen, dass die »Erziehung des Willens« eine Wand-lung ihrer Leitbilder erfahren kann, ohne dass hierdurch eine Änderung des grundlegenden Verhältnisses gegenüber dem Willen des Kindes eintritt, der »gebrochen« bzw. »geknetet« werden muss. Maßgeblich ist stets die Zurich-tung des kindlichen Willens, der nur dann anerkannt wird, wenn er absolut gesetzten, normativen Erziehungszielen entspricht. Wenn also aus der »... Be-

---

80 *Payot* 1921, S. 308.
81 *Payot* 1921, S. 306.
82 *Payot* 1921, S. 304.

herrschung Selbstbeherrschung geworden ist und der Heranwachsende seinem Gewissen so folgt, wie vordem nur der Autorität.«[83]

2. Zwang zur Freiheit: Zur Bewältigung eines Dilemmas

Von dem hier beschriebenen Verständnis der normativen Pädagogik unterschieden sich bereits sokratische und humanistische Erziehungsauffassungen[84], insbesondere aber die an der Aufklärung orientierten pädagogischen Strömungen[85] in grundlegender Weise. Um bei der Metapher vom »Kneten« des Kindeswillens zu bleiben, sei das zugrundeliegende Menschenbild einleitend an einer Bemerkung des Psychologen *Müller-Freienfels* verdeutlicht, der in seiner 1924 veröffentlichten Abhandlung »Das Gefühls- und Willensleben« schreibt:

> »Man kann nicht ein beliebiges Ideal auf jede Individualität aufpfropfen, sondern nur ein solches, dem diese sich anzupassen vermag. Die Ichregierung muss stets gleichsam parlamentarisch verfahren, sonst wird sie von dem zu regierenden Ich gestürzt. Es ist eine schlechte Erziehung, die den Menschen für beliebig knetbaren Ton nimmt, die da glaubt, jedes beliebige Ideal auf alle Menschen pfropfen zu können.«[86]

Anders als in pädagogischen Konzepten, die immer schon wissen, was das Kind wollen soll, wird seine Erziehung in der Epoche der Aufklärung zunehmend als ein Instrument verstanden, die Antinomien einer »Erziehung zur

---

83 Hierzu *Brückner* 1983, S. 19.
84 So schrieb z.B. der humanistisch orientierte Jurist und Politiker *Michel de Montaigne* (1964, S. 14) unter Berufung auf die sokratische Erziehungsmethode im Jahr 1580: »Man hört nicht auf, uns die Ohren voll zuschreien, wie wenn jemand in einen Trichter gösse, und unsere Aufgabe ist es, wieder zu sagen, was man uns gesagt hat. Ich wünschte, dass er [der Erzieher MZ] diesen Teil verbesserte. Gleich von Anfang an und gemäß der Fassungskraft der Seele, die er in der Hand hat, möge er sie auf einen Proberitt schicken, bei dem er sie die Dinge kosten, sie auswählen und von ihr selbst unterscheiden lerne, indem er ihr dabei den Weg öffnet, manchmal sie ihn öffnen lässt. Ich will nicht, dass er allein erfinde und spreche; ich will, dass er seinen Schüler sprechen lasse und ihm zuhöre, wenn dieser an der Reihe ist.«
85 Vgl. etwa den Neukantianer *Natorp* 1920, in dessen Erziehungstheorie die Willensbildung von zentraler Bedeutung war. Es sei zwar kein Zweifel, dass der »Wille des Zöglings geleitet werden (muss), solange er nicht sich selber leiten kann«, d.h. ein Bewusstsein der Verantwortung gegen sich selbst und gegen Andere geweckt werde. Zugleich aber sei offenbar, dass » ... das Leben des Erzogenen im Gehorchen, im bloßen Wollen dessen, was ein anderer vorgewollt hat, nicht aufgehen kann, sondern vor allem die Fähigkeit erfordert, selbst zu wollen und recht zu wollen, ohne dass einer es vorgemacht hat.« S. 259 f.
86 *Müller-Freienfels* 1924, S. 387 f.

Mündigkeit« zu bearbeiten, in der seine »Unverfügbarkeit«[87] nicht nur Respekt erfährt, sondern geradezu als Chance erscheint.

Der Versuch einer dialektischen Bewältigung[88], die zwischen der Gegenwart und der offen zu haltenden Zukunft des Kindes zu vermitteln sucht, findet sich noch nicht in der frühen Aufklärung, von deren Demokratiebestrebungen die historische Funktion der Mündigkeit ihren Ausgang nahm[89], bald darauf aber bei *Schleiermacher*[90], dessen Lösungsversuche bis in die Gegenwart aufgegriffen werden. Zunächst also ein Blick zurück:

Am Ende des 18. Jahrhunderts stellt *Rousseau* die Frage nach dem Ziel der Erziehung. Ist sie der Versuch der Erwachsenengeneration, der Jugend ihren Willen aufzuzwingen oder respektiert sie das Eigene im Kind und Jugendlichen und erhält so ihre Legitimation und ihren Auftrag? Mit dieser Frage nach dem Ziel der Erziehung, nach ihrer Eigenstruktur, verließ der Philosoph die Bezüge der normativen Pädagogik, so *Blankertz*:

> »Denn danach musste die Erziehung den Menschen zur Mündigkeit, zur Selbstständigkeit, zu eigenem Urteil, zur Vertretung dessen, was er selber war, wollte und nach Maßen des in ihm liegenden Gesetzes sein musste, führen. Würden die Erzogenen als Erwachsene genauso denken und handeln, wie es die Erzieher vorausgedacht und gewünscht hatten, würde die Erziehung dieses, ihr eigenes Ziel eben nicht erreicht haben.«[91]

Die kritische Analyse *Rousseaus,* die nicht nach der Zweckmäßigkeit der Gesellschaftsverhältnisse fragt, sondern deren Legitimation gegenüber der jüngeren Generation herausfordert, wurde allerdings im 19. und 20. Jahrhundert zu einem »idyllischen ›Wohl des Kindes‹« destilliert, das eine vernünftige Begründung der herrschenden Verhältnisse nicht mehr verlangt, sondern deren Verteidigung und Erhalt ermöglicht, kritisiert *Mollenhauer.*[92]

---

87 Vgl. hierzu *Baacke* 1999, insbes. S. 54 f.

88 *Blandow/Gintzel/Hansbauer* 1999, S. 46 sprechen von der »Dialektik zwischen Abhängigkeit und Unabhängigkeit«, die sich in »kommunikativen, dialogischen Akten realisiert«.

89 Vgl. hierzu *Gamm* 1997, S. 121 f. Dabei spielte die »Erziehung« von Kindern wie auch Erwachsenen als Instrument der gesellschaftlichen Umgestaltung eine bedeutsame Rolle. Einer der drei großen Kodifikatoren des Preußischen Allgemeinen Landrechts von 1794, *Klein*, formulierte dies z.B. wie folgt: »Je einsichtsvoller die Nation ist, desto weniger wird es nötig sein, ihrer Freiheit Schranken zu setzen. Schärfere Zucht ist erforderlich, wenn das Volk sich noch im Stande der Kindheit befindet. So wenig ausgebildet aber auch die Nation sein mag, so muss sie doch nach und nach gewöhnt werden, sich selbst zu beherrschen, wenn sie nicht ewig im Stande der Kindheit bleiben soll.« Zit. n. *Hattenhauer* 1994, S. 20.

90 Vgl. hierzu *Tenorth* 1988, S. 139 f, 149; *ders.*1992, S. 74 ff, 129 .

91 *Blankertz* 1982, S. 71. Zu *Rousseaus* Sicht des kindlichen Willens siehe *Oelkers/Lehmann* 1990, S. 72 f.

92 Vgl. *Mollenhauer* 1971, S. 100 f. Zur Verwertung und Deformation des individualisierten,

Auch *Kant* führte in seinen Vorlesungen des Jahres 1776/77 zum Entwurf einer Theorie der Erziehung aus, Eltern erzögen ihre Kinder meist so, dass sie in »die gegenwärtige Welt, sei sie auch verderbt, passen. Sie sollten sie aber besser so erziehen, damit ein zukünftiger besserer Zustand dadurch hervorgebracht werde.«[93] Das Kind komme »roh« in die Welt, und bedürfe der Wartung, d.h. Pflege, Unterhaltung und der »Vorsorge der Eltern, dass die Kinder keinen schädlichen Gebrauch von ihren Kräften machen«. Um den »wilden« und »unbesonnenen« Zustand zu ändern, um aus dem Kind einen Menschen zu machen, daran ließ *Kant* keinen Zweifel, brauche es allerdings »Disziplin oder Zucht«.[94] Es sei notwendig, dass dem Kind sein Wille nicht einfach gelassen werde und es »blindlings gehorchen« lerne. Gesetzt es wäre, was man aber äußerst selten annehmen könne, bei dem Kind überhaupt eine natürliche Anlage zum Eigensinne vorhanden, so müsse es von früh an Widerstand, Versagungen und angemessene Strafen erfahren, denn die späte »Brechung des Willens bringt eine sklavische Denkungsart, natürlicher Widerstand dagegen Lenksamkeit zuwege.«[95]

Zwang zum Gehorsam, auch gegenüber dem absoluten Willen des Erwachsenen, sei also nötig, doch mit Zwang allein, mit dem »Dressieren« sei es noch nicht ausgerichtet, es komme vielmehr »vorzüglich darauf an, dass Kinder denken lernen«[96] und eine praktische (d.h. auf Freiheit gerichtete) und moralische Erziehung erhalten. Eine »Erziehung zur Persönlichkeit, Erziehung eines frei handelnden Wesens, das sich selbst erhalten, und in der Gesellschaft ein Glied ausmachen, für sich selbst aber einen inneren Wert haben kann.«[97] So stellte sich für *Kant* die folgende Frage:

> »Eines der größten Probleme der Erziehung ist, wie man Unterwerfung unter den gesetzlichen Zwang mit der Fähigkeit, sich seiner Freiheit zu bedienen, vereinigen könne. Denn Zwang ist nötig! Wie kultiviere ich die Freiheit bei dem Zwange? Ich soll meinen Zögling gewöhnen, einen

---

in seinem herrschaftskritischen Begriff gebändigten Mündigkeitskonzeptes in der bürgerlichen Gesellschaft, vgl. *Koneffke* 1997. Zum Begründungsversuch einer kritischen sozialen Pädagogik einerseits und der Tendenz zur gesellschaftskonformen normalisierenden, sich nicht legitimierenden Sozialpädagogik andererseits im 20. JH., *Graf* 1996, Kap. 9.

93 Vgl. *Kant* 1997 (1803), S. 17.

94 *Kant* 1997, (1803), S. 3, 4.

95 *Kant* 1997 (1803), S. 82. Ähnlich schon *Locke* 1970 (1684), S. 121, der zwar betonte, »... dass Kinder die Freiheit lieben; daher sollte man sie dazu bringen, was für sie geeignet ist, zu tun, ohne dass sie fühlen, es werde ihnen ein Zwang auferlegt.« Noch mehr aber liebten sie das Herrschen und Besitzen. Sie »wollen, dass man sich ihren Wünschen unterwirft« und diese Neigung müsse frühzeitig »ausgejätet« werden. S. 121 f. Wer beabsichtige, »... seine Kinder anzuleiten, sollte damit anfangen, solange sie sehr klein sind, und aufpassen, dass sie sich dem Willen der Eltern völlig unterwerfen.« Denn ihr »Mangel an Urteilskraft macht Zucht und Disziplin für sie erforderlich.« S. 42 f.

96 *Kant* 1997 (1803), S. 22, zum Voranstehenden insbes. S. 3-10, 80 ff.

97 *Kant* 1997 (1803), S. 32.

Zwang seiner Freiheit zu dulden, und soll ihn selbst zugleich anführen, seine Freiheit gut zu gebrauchen. Ohne dies ist alles bloßer Mechanismus, und der der Erziehung Entlassene weiß sich seiner Freiheit nicht zu bedienen.«[98]

Kant folgerte u.a., es sei darauf zu achten, dass man die Kinder »von der ersten Kindheit an, in allen Stücken frei sein lasse«, sofern sie sich selbst oder der Freiheit der anderen nicht schaden. Wenn das Kind, was erst spät geschehe, einer argumentativen Vermittlung zugängig sei, so solle man ihm aber beweisen, dass ...

> »... man ihm einen Zwang auferlegt, der es zum Gebrauche seiner eigenen Freiheit führt, dass man es kultiviere, damit es einst frei sein könne, d.h. nicht von der Vorsorge anderer abhängen dürfe.«[99]

Erziehung, fasst der Erziehungswissenschaftler *Hermann* die Vorstellungen *Kants* zusammen, soll Einsicht in die Weltklugheit und Sittlichkeit, Mitmenschlichkeit und Gleichheit der Menschen vermitteln; sie soll Gemüt, Verstand und Vernunft kultivieren. Erziehung zur Mündigkeit erfordert die Behütung des Heranwachsenden vor Verwahrlosung, die Schulung seiner Einsicht und Urteilskraft, die Aufklärung des Verstandes und Anleitung des Vernunftgebrauchs.[100] Das Kind begreift *Kant* von seinen Potentialen, aber auch von seinen Defiziten gegenüber den Erwachsenen her. »Kinder sind damit nicht Zweck an sich, sondern stehen vor der Aufgabe sich entwickeln zu müssen. Erziehung ist der bewusst gestaltete Prozess, der Mündigkeit also Menschsein im Sinne Kants, erst hervorbringt«[101], so *Oelkers*. Dabei nimmt *Kant* eine feste Zeitgrenze an, zu der die Erziehung endet, von der an nämlich die »Natur den Menschen selbst bestimmt hat sich selbst zu führen«.[102] In diesem Lebensabschnitt legitimiert sich das paternalistische Zwangsmoment der Erziehung von der Zukunft, vom emanzipativen Erziehungsziel einer vernünftigen, moralisch autonomen Personalität her.[103]

---

98   *Kant* 1997 (1803), S. 29.
99   *Kant* 1997 (1803), S. 30.
100 *Herrmann* 1993, S. 216.
101 *Oelkers/Lehmann* 1990, S. 112.
102 Diese Zeitgrenze setzte *Kant* 1997 (1803), S. 28, an, wenn der »... Instinkt zum Geschlechte sich bei ihm entwickelt; da er selbst Vater werden kann, und selbst erziehen soll, ungefähr bis zu dem sechtzehnten Jahre.« Danach könne man allenfalls Hilfsmittel der Kultur gebrauchen und versteckte Disziplin ausüben, aber keine Erziehung i.e.S. mehr sicherstellen. Vgl. hierzu auch *Helsper* 1996.
103 Während die repressiven Erziehungsvorstellungen *Kants* vor dem heutigen sozialwissenschaftlichen, insbesondere dem psychoanalytischen Erkenntnisstand als pädagogisch obsolet angesehen werden können, besteht die Bedeutung seines emanzipatori-

Doch wäre eine solche die Gegenwart des Kindes aufopfernde Deduktion nur dann legitim, wenn das Kind zumindest retrospektiv mit diesem pädagogischen Einwirken zufrieden sei, eben dies aber kann man nicht wissen. »Und für diejenigen, für welche die Zeit der Anerkennung nicht kommt, verschwindet doch die ganze Rechtfertigung des Verfahrens«, wendet etwa zwei Dekaden später der Ethiker, Theologe und Pädagoge *Schleiermacher* in seinen pädagogischen Vorlesungen des Jahres 1826 gegen solche Begründungen des erzieherischen Zwangs ein.[104]

Sein Einwand lässt sich als »Hinweis auf die Integrität, ja die Würde der kindlichen, der unmündigen Existenz verstehen«, aus der sich neben dem Gebot einer Erziehung zur Mündigkeit auch das der Befriedigung des Kindes in der Gegenwart ergibt.[105] So befasst sich *Schleiermacher* in seinen Vorlesungen ausgiebig mit dem Problem, »... wie die Erziehung mit dem Willen des Kindes sich verhalten solle«. Er beschreibt hier einen Zielkonflikt, den er sodann einer dialektischen Auflösung in der Zeit zuzuführen sucht:

> »Auf zwei entgegengesetzte Endpunkte müssen wir in dieser Beziehung achten. Erstens, dass die Kinder noch einen langen Zeitraum im *Gehorsam* zu durchlaufen haben; zweitens, dass aber doch am Ende der Wille zur vollständigen *Selbstständigkeit und Anerkennung* gelangen muss. So scheint eine zwiefache Aufgabe gestellt zu sein, einmal den Willen in den Banden des Gehorsams festzuhalten, dann ihn aber auch zu seiner Unabhängigkeit vorzubereiten.«[106]

Der Gehorsam des Kindes beruhe auf seiner natürlichen Abhängigkeit und seinem Bedürfnis, Disharmonien mit geliebten Menschen zu vermeiden, das die Bedingung seines Wohlbefindens sei. Durch Liebe erreiche man, dass das Kind gehorsam sein wolle und seinen Willen leiten lasse. Dies solle durch zwei Methoden geschehen. Erstens, indem das Kind Gelegenheit hat, Erfahrungen zu machen, sofern sie ihm nicht wesentlich schaden, damit ihm die Folgen seines Willens einsichtig werden. Zweitens, da der anerkannte Wille durch Gründe geleitet werde, seien diese Gründe mit dem Kind zu besprechen, soweit es diese bereits verstehen könne.[107]

---

schen Erziehungsbegriffes unvermindert fort, so *Nielandt* 1997, S. 194 ff. Auch die Grundantinomie der »Verschlingung einer Erziehung zur Autonomie mit Zwang« hat sich trotz veränderter Erziehungsmethoden nicht erledigt. Vgl. *Helsper* 1996, S. 535.

104 *Schleiermacher* 1983 (1826), S. 47.

105 *Brumlik* 1992, S. 168

106 *Schleiermacher* 1983 (1826), S. 218 f; vgl. auch S. 84 ff, 239 ff.

107 *Schleiermacher* 1983 (1826), S. 219 ff. Ähnlich auch *Pestalozzi* (1954, S. 103), der 1799 schreibt: »Der Mensch will so gern das Gute, das Kind hat so gern ein offenes Ohr dafür; aber es will nicht für dich, Lehrer, es will für sich selber. Das Gute, zu dem du es hinführen sollst, darf kein Einfall deiner Laune und deiner Leidenschaft, es muss der Natur der Sache an sich gut seyn und dem Kind als gut in die Augen fallen. Es muss die

Schleiermacher ordnet in einer ausführlichen Darstellung die Willensbildung der Kinder und Jugendlichen einzelnen Entwicklungsperioden zu und erörtert seine Vorstellung eines erzieherischen Umgangs durch entsprechende »Unterstützung« und »Gegenwirkungen«, die hier nicht vertieft werden sollen. Erwähnenswert ist allerdings zumindest seine »feste, aber nur negative Vorschrift«:

> »Man darf den Willen nicht unterdrücken, denn je schwächer er sich entwickelt, desto weniger kann er nachher anerkannt werden, und er würde in dem eigentlich selbstbestimmten Leben dann noch einer Leitung bedürfen.«[108]

Die pädagogischen Überlegungen *Schleiermachers* fanden in seiner Ablehnung der staatlichen und kirchlichen Mündigkeitserklärung ihre logische Entsprechung. Die Mündigkeit des jungen Menschen, von der an »die junge Generation auf selbstständige Weise zur Erfüllung der sittlichen Aufgabe mitwirkend, der älteren Generation zur Seite steht«, will er nicht an einen festen Zeitpunkt gebunden wissen, denn »die elterliche Autorität nimmt allmählich ab, bleibt aber noch von Einfluss nach der Mündigkeitserklärung«[109], und bereits vor dieser Erklärung gibt es »partielle Endpunkte«.[110]

Schleiermachers Frage, welche Bedeutung dem Willen des Kindes in Erziehungsprozessen zukommt, die dem Ziel der Achtung des Kindes in der Gegenwart und dem Ziel seiner späteren Autonomie genügen, ist bis heute ein zentraler Anknüpfungspunkt der erziehungswissenschaftlichen Reflexion. Die pädagogischen Antworten, die im 20. Jahrhundert auf diese Frage gegeben werden, sind inzwischen allerdings ohne *Freud* und die von ihm begründete psychoanalytische Entwicklungslehre nicht mehr zu denken, die eine weitaus komplexere und differenziertere Untersuchung und Beschreibung der grundlegenden Bedürfnisse sowie der Entwicklungsaufgaben[111], mit denen sich der

---

Nothwendigkeit deines Willens nach seiner Lage und seinen Bedürfnissen fühlen, ehe es dasselbe will. / Alles, was es lieb macht, das will es. Alles, was ihm Ehre bringt, das will es. Alles, was große Erwartungen in ihm rege macht, das will es. Alles, was in ihm Kräfte erzeugt, was es aussprechen macht, ich kann es, das will es.«

108 *Schleiermacher* 1983 (1826), S. 219.

109 Beide Belegstellen *Schleiermacher* 1983 (1826), S. 15.

110 *Schleiermacher* 1983 (1826), S. 95.

111 Dies gilt z.B. für die zentrale Bedeutung der Ich-Entwicklung, die das Kind allmählich in die Lage versetzt, den Anforderungen des Es und Über-Ich sowie der Realität zu genügen. Ebenso für das Wissen über die fundamentale und sich im Lebenslauf wandelnde Bedeutung und Funktion der Eltern-Kind-Beziehung. (Ausgehend von den frühen Hilfs-Ich-Funktionen der primären Liebesobjekte über den in der prä-/ödipalen Konstellation angelegten Konflikt, der dem Kind die Anerkennung von intergenerationellen Grenzen und seiner Abhängigkeit von deren Fürsorge abverlangt, über komplexe Identifikationsprozesse und die Internalisierung von sozialen Regeln bis hin zu den Autonomiebestrebungen und Identitätsprozessen der Adoleszenz). Vgl. hierzu z.B. *S. Freud*

Mensch auf dem Weg zur Selbstständigkeit auseinandersetzt, ebenso verlangt wie ermöglicht.[112]

Dies gilt sowohl für repressives Erziehungsverhalten, (dem Übermaß an Zwang, Anpassungsforderung und Fremdbestimmung, an versagter Wunscherfüllung und abgenötigtem Triebverzicht, an mangelnder Eigenerfahrung und Wertschätzung usw.), das einer erfolgreichen Bewältigung dieser Entwicklungsaufgaben entgegensteht. Dies gilt aber auch für eine einseitige Orientierung am Lustprinzip, die dem Kind die Chance vorenthält, Anforderungen der Realität zu meistern, indem es lernt und darin unterstützt wird, Verzicht zu leisten, Bedürfnisse aufzuschieben und Frustrationen zu tolerieren. Also für ein Erziehungsverhalten, das dem Kind entwicklungsangemessene Versagungen und Grenzen vorenthält und ihm eine Fiktion von Autonomie, Macht und Größe vermittelt oder lässt, die es real noch oder überhaupt nicht hat.[113]

«Erziehung zur Mündigkeit» konkretisiert sich in der »Erziehung zum Widerspruch und zum Widerstand«[114], zur kritischen Bewusstwerdung und Auseinandersetzung mit dem Bestehenden. Sie bedingt zwangsläufig aber auch eine Anpassungsforderung an das Kind, die es zu einer kritischen Auseinandersetzung mit diesen Gegebenheiten erst im Lauf seiner Entwicklung befähigt, brachte *Adorno* diese Erkenntnis in den siebziger Jahren des 20. Jahrhunderts auf den Punkt:

> »Rationalität ist aber immer wesentlich auch Realitätsprüfung, und diese involviert regelmäßig ein Moment von Anpassung.
> Erziehung wäre ohnmächtig und ideologisch, wenn sie das Anpassungsziel ignorierte und die Menschen nicht darauf vorbereitete, in der Welt sich zurechtzufinden. Sie ist aber genauso fragwürdig, wenn sie dabei stehenbleibt und nichts anderes als ›well adjusted people‹ produziert, wodurch sich der bestehende Zustand, und zwar gerade in seinem Schlechten, erst recht durchsetzt.«[115]

So auch *Oelkers*, dem zufolge der Begriff der »Mündigkeit«, als bewusst gewählte Idealfunktion verstanden werden kann. »Das Kind soll pädagogisch so über sich selbst hinaus geführt werden, dass der spätere Erwachsene dem Kriterium der ›Mündigkeit‹ genügt.«[116] Dabei lerne das Kind die Werte seiner

---

1965 (Original 1938) und *A. Freud* 1971. Eine neuere Übersicht gibt der Band »Entwicklung des Ichs«, hrsg. v. *Döbert/Habermas/Nunner-Winkler* 1980.

112 Vgl. zu diesem Absatz insbesondere den 1996 von *Liebau* und *Wulf* herausgegebenen Band, der zahlreiche Facetten des neueren Generationsdiskurses spiegelt, in dem die pädagogische Grundfigur *Schleiermachers* nach wie vor einen ebenso zentralen Bezugspunkt bietet wie der Bezug auf die psychoanalytische Theoriebildung.

113 Vgl. hierzu *Anna Freud* 1971; näher auch unten S. 275 ff.

114 *Adorno* 1971, S. 145.

115 *Adorno* 1971, S. 109. Vgl. i.d.S. auch *Brückner* 1983, S. 24 u. 28.

116 *Oelkers* 1987, S. 63.

Umgebung zunächst als stabile, objektive Werte kennen und nicht als relatives Angebot, aus dem es nach seinem Willen wählen kann, dies nämlich könne erst gelingen, »wenn die Erziehung ihren Zweck, Ermöglichung von personaler Identität, erfüllt hat.«[117] Hiermit eng verbunden ist die traditionelle pädagogische Legitimation stellvertretender Entscheidungen, die auf folgender Erwägung beruht:

> »Der Erzieher entscheidet stellvertretend, wenngleich verantwortlich über das Wohl des Kindes, d.h. er legt in bestimmten Entscheidungssituationen fest, was für das Kind bei einer gegebenen Palette von Möglichkeiten das Beste ist. (...) Selbst Mitbestimmungsmodelle helfen hier nur bedingt weiter, denn der Wille des Kindes kann nicht ausschlaggebend sein, wenn zugleich die These richtig sein soll, dass Kinder die Wirkungen von bestimmten Entscheidungen noch nicht hinreichend absehen können.«[118]

Zusammenfassend lässt sich zunächst festhalten: Das Mündigkeitskonzept unterstellt einerseits die Unmündigkeit der Kinder und Jugendlichen durch die Annahme einer *graduell* durch Erfahrungen und Erziehung sich entwickelnden Urteilskraft, die sie zu eigen- und fremdverantwortlichem Entscheiden und Handeln in immer mehr Lebensbereichen erst befähigt. Andererseits unterstellt es eine wenn auch limitierte[119] Mündigkeit der Erwachsenen, das heißt deren potentielle Fähigkeit, sich ihrer Vermögen an Vernunft und Urteilskraft verantwortlich zu bedienen.[120] Die folgenreiche Differenz der körperlichen, seelischen und geistigen Entwicklung und dem Erfahrungs-, Wissens-, Reflexions- und Zeithorizont von Kindern und Erwachsenen, d.h. eines »ungleichen Altersvermögens«[121], fordert und legitimiert Erwachsene dementsprechend zur stellvertretenden Wahrnehmung des Kindeswohls, sie verpflichtet sie jedoch zugleich zu einer »Erziehung zur Mündigkeit«. Diesem Erziehungsprozess ist die Grenze durch die sich unterschiedlich entwickelnde Selbstbestimmungsfähigkeit des Kindes oder Jugendlichen gesetzt, die in manchen Lebensbereichen früher, in anderen erst später erreicht ist bzw. unterstellt werden kann.

---

117 *Oelkers/Lehmann* 1990, S. 122.
118 *Oelkers/Lehmann* 1990, S. 62 f.
119 Vgl. hierzu *Goldstein,* Daedalus 1976, 69/75: Der Staat – als parens patriae – billigt auch dem Erwachsenen nur in dem Maße Autonomie zu, wie dieser nicht mit dem Gesetz in Konflikt gerät. Der Verfasser verdeutlicht dies u.a. am Beispiel des Eherechts (Heirat von mehr als einer Person bzw. gleichgeschlechtlicher Partner und naher Verwandter etc.), des Drogenkonsums, des Abtreibungsrechts, des Sterberechts etc.
120 Was nicht bedeutet, dass sie sich ihres Verstandes auch tatsächlich bedienen, so *Kant:* »Es ist so bequem, unmündig zu sein. Habe ich ein Buch, das für mich Verstand hat, einen Seelsorger, der für mich Gewissen hat, einen Arzt, der für mich die Diät beurteilt, u.s.w.: so brauche ich mich ja nicht selbst zu bemühen.« 1977 (1783), S. 53.
121 *Grolle* 1988, S. 31.

3. Verordnete Autonomie: Chancen und Risiken

Mündigkeit als Ziel der Erziehung kann als aktive Teilhabefähigkeit in den verschiedenen Lebensbereichen der Arbeit, Öffentlichkeit und Politik, der Kultur und Kunst, der Wissenschaft, der Religion und des Alltags verstanden werden, so der Erziehungswissenschaftler *Liebau,* doch ...

> »... ist damit nur eine Stufe im lebensbegleitenden Bildungs- und Selbstentfaltungsprozess angegeben. Pädagogisch indessen ist die Stufe der Mündigkeit deswegen von besonderer Bedeutung, weil sie das Ende der Erziehung und damit den Übergang zur Selbsterziehung markiert, die grundsätzlich auf allen Dimensionen fortgesetzt werden kann. Je undeutlicher die Zukunftsperspektiven nicht nur für die nachwachsende Generation, sondern auch für die erwachsene Gesellschaft im ganzen werden, desto wichtiger wird ein solches breites Verständnis von Mündigkeit.«[122]

In der heutigen Gesellschaft ist eine Erziehung zur Mündigkeit durch den Umstand erschwert, dass aus der bis zu Beginn des 20. Jahrhunderts noch eher utopischen Forderung nach Mündigkeit und eigenverantwortlichem Vernunftgebrauch durch den Individualisierungsprozess eine »normalisierte Anforderung für die Selbsterhaltung der Individuen« geworden ist.[123] Eine Anforderung, zu deren gesellschaftlicher Anerkennung im Erziehungsbereich auch und gerade die Emanzipationspädagogik beitrug, die nach dem Faschismus und der westdeutschen Restauration wieder an den seit der Aufklärung maßgeblichen Erziehungszielen der Selbstbestimmung, Mündigkeit und Autonomie ansetzte und soziale Gerechtigkeit einforderte:

> »Selbstbestimmung war die zentrale programmatische Formel der Emanzipationspädagogik der sechziger und siebziger Jahre. Damals ging es um ein Befreiungsprogramm. Die Fesseln der Tradition, die Fesseln der sozialen Herkunft, die Fesseln der Kontinuität sollten gesprengt werden, selbstbestimmtes Leben sollte an die Stelle treten.«[124]

Eigenverantwortung und Selbsttätigkeit erscheinen nun als unabdingbare Voraussetzung der eigenen wie der gesellschaftlichen Reproduktion. Die pädagogische Antinomie von Autonomie und Zwang schlägt dementsprechend unmittelbar auf den Bildungs- und Erziehungsprozess durch, in dem die jüngere Ge-

---

122 *Liebau* 1999, S. 42.
123 Vgl. ähnlich aus rechtlicher Perspektive auch *Wiesner,* ZfJ 1998, 173/180, der diese gesellschaftliche Tendenz im Kontext der Forderung nach einer rechtlichen Emanzipation des Kindes von seiner Familie thematisiert und zu bedenken gibt, dass durch die Selbstbestimmung des hierzu noch nicht fähigen Kindes ein »Vakuum« entstehe, das von den Medien, der Werbung, den Religionen etc. durch »raffiniertere Formen der Fremdbestimmung« ersetzt werde.

neration systematisch zur Autonomie, Mündigkeit und Selbstständigkeit aufgefordert wird.[125]

Eine besondere Brisanz und Anfälligkeit für solche paradoxen Handlungen entsteht, wo das pädagogische Ideal der Selbstbestimmung in einem institutionellen Kontext herrscht, in dem die Heranwachsenden von den Protagonisten dieses Ideals faktisch ebenso abhängig sind, wie sie den Zwängen der Institution unterliegen.[126] Jede Aufforderung zur Selbstbestimmung riskiert hier zugleich, sich in ihr Gegenteil zu verkehren, indem Kindern und Jugendlichen eine erhöhte Selbstkontrolle zur Einordnung in heteronome Verfahrensprozeduren der Institution (»verordnete Autonomie«) abverlangt wird. Sie setzt sie damit deren schwer durchschaubaren anonymen Regeln und Zwängen aus und birgt so die Gefahr einer »Brechung von Autonomie und der Verletzung psychischer Integrität«.[127]

Den pädagogisch Handelnden verhelfen diese Autonomieaufforderungen bei unzureichender Reflexion zu einer als Emanzipationsorientierung getarnten Entlastungsstrategie beim Umgang mit der antinomischen Grundfigur der Erziehung zur Mündigkeit (»entlastende, entpädagogisierende Autonomie«).[128]

Diese paradoxe Grundfigur einer Aufforderung zur Selbstbestimmung, deren emanzipativer Gehalt sich nicht durch die Aufforderung selbst, sondern durch den Kontext bestimmt, in dem sie jeweils erfolgt, ist im aktuellen Diskurs über die »Rechte des Kindes« zu bedenken. Wird Kindern und Jugendlichen ihre Selbstbestimmung nicht zugebilligt, sondern abverlangt (und dies geschieht jedenfalls, wenn sie in die Rolle eines erwachsenen Mandanten geraten), kann sich dies faktisch als Anpassungsforderung erweisen, die zwar dem Zweck der Enkulturation[129], nicht aber zwangsläufig auch dem der Bemündigung dient, ja, dieser sogar zuwiderläuft.[130]

Dies gilt umso mehr, als der hier beschriebene Sozialisations- und Erziehungsmodus in der Mittel- und Oberschicht zwar mehr oder weniger praktiziert wird, so dass diese Kinder eher durch die »staatlich initiierte Partizipationsdebatte« angesprochen werden und auf diese ansprechen. Während diese Kinder und Jugendlichen vorbereitet werden, sich kommunikativ, organisato-

---

124 *Liebau* 1999, S. 43.
125 Vgl. *Helsper* 1996, S. 544 ff; auch *Liebau* 1999, S. 37 ff.
126 *Helsper* verdeutlicht diese Überlegungen am Beispiel des Lehrerhandelns und der Schülermitwirkung in Gesamtschulen.
127 *Helsper* 1996, S. 562, auch S. 550.
128 Vgl. *Helsper* 1996, S. 561 f.
129 Im Sinne einer Anpassung der jüngeren Generation an eine Wirtschafts- und Gesellschaftsordnung, in der sich Appelle an die Mündigkeit und Eigenverantwortlichkeit der Individuen mehren, die ideologisch sind, sobald sie dem Einzelnen solche Fähigkeiten und Möglichkeiten unterstellen, über die er faktisch nicht verfügen kann. So z.B. die ideologische Aufforderung sich als »mündiger Bürger« mit dem Abbau sozialer Sicherungssysteme und mangelnden Möglichkeiten zur Existenzsicherung zu arrangieren (Arbeitsmarkt, Krankenbehandlung, Altersversorgung etc.).
130 Vgl. hierzu unten VII.A.

risch und zielstrebig in der Welt der Postmoderne zu behaupten, bringen jedoch diejenigen, denen die Mitsprache in Jugendämtern bzw. Familien- und
Vormundschaftsgerichten zuerkannt bzw. abverlangt wird, meist andere Voraussetzungen mit, so *Blandow u.a.*:

> »Für Kinder aus ›sozial benachteiligten Familien‹, zu denen insbesondere
> auch die Kinder und Jugendlichen in Heimen gehören, zählt dagegen
> mehr, dass sie in vermutlich geringerem Umfang Eltern haben, die Dinge
> mit ihnen aushandeln, und dass es für sie kein ›Projekt‹ der Hinführung
> zur Leistungs- und Konkurrenzgesellschaft gibt. ... ›Kinderrechte‹ sind für
> sie allenfalls sekundär einzufordern, dann, wenn die Entscheidung getrof-
> fen wurde, dass diese Rechte in der Familie (und dem Regelkindergarten
> und der Regelschule) nicht garantiert werden können und sie der ›öffent-
> lichen Erziehung‹ überantwortet werden.«[131]

Das Ziel, Kindern und Jugendlichen die Mitsprache und – soweit dies zu verantworten ist – auch Entscheidungen in eigener Sache zu ermöglichen, wird
dadurch nicht obsolet. Seine Verwirklichung hängt jedoch davon ab, ob die
entsprechenden Probleme und Risiken überhaupt bedacht und bei Konzepten
zur Umsetzung von Kinderrechten beachtet werden. Soweit dies nicht geschieht, und konkrete Benachteiligungen aus dem Blick geraten, kritisieren die
Verfasser mit Recht, kommt die Aufforderung an Kinder und Jugendliche, sich
selbstbewusst als Träger eigener Rechte einzubringen, leicht der Aufforderung
gleich, sich gleichsam »am eigenen Schopfe aus dem Sumpf zu ziehen«.[132]
    Verfahren, in denen das Kind zur selbstbestimmten Mitwirkung aufgefor-
dert ist, sind in dieser Vielschichtigkeit zu untersuchen und zu begreifen. Sie
können nicht nur die Fähigkeit zur Selbstbestimmung des Kindes fördern, sondern sie ebenso verhindern bzw. in gesellschaftskonforme Bahnen lenken, indem sie seine Anpassung an heteronome und anonyme Verfahrensregeln und
Entscheidungskriterien bewirken, mit denen das Kind sich auseinandersetzen
muss und in die es sich einzuordnen gezwungen ist, wenn es seine Vorstellungen zur Geltung bringen will.[133]
    Wo immer die Äußerung eigener Interessen von der unmittelbaren Lebens-
situation gelöst und in institutionelle Bahnen gelenkt wird, besteht dieses Risiko einer »verordneten Autonomie« in erhöhtem Maße. Schülervertretung[134],
Heimrat und Kinderparlament, die Einbindung in den Prozess der Hilfeplanung und die Interessenvertretung in gerichtlichen Verfahren erscheinen ei-

---

131 *Blandow/Gintzel/Hansbauer* 1999, S. 31.
132 *Blandow/Gintzel/Hansbauer* 1999, S. 36.
133 *Simitis* 1986, S. 595 erwähnt diesen Aspekt unter dem Schlagwort der »prozessualen
    Domestizierung« des Kindes, in welcher er (neben deren Formalisierung) die Schatten-
    seite der richterlichen Kindesanhörung gemäß § 50b FGG sieht.
134 *Becker* (im Gespräch mit *Adorno* 1971, S. 144) redet von »Mündigkeitsspielereien«.

nerseits geeignet, Kinder und Jugendliche zu bemündigen und ihnen gangbare Wege zur Ausübung ihrer Selbstbestimmungs- und Mitwirkungsrechte zu weisen. Andererseits riskieren sie, Kinder und Jugendliche in eine verstärkte Abhängigkeit von heteronom verfügten und organisierten, undurchsichtigen (und deshalb schwer zu kritisierenden) anonymen (und deshalb unangreifbaren) Verfahrensprozeduren und Entscheidungskriterien zu bringen, die das Anliegen einer Erziehung zur Mündigkeit zu konterkarieren drohen und einer »Als-Ob-Mündigkeit« Vorschub leisten.

4. Das Mündigkeitskonzept im Recht

Schleiermachers Forderung, die weltliche und kirchliche Mündigkeitserklärung junger Menschen nicht an einen festen Zeitpunkt zu binden, da es bereits zuvor partielle Endpunkte gäbe und die elterliche Autorität nur allmählich abnehme, war seiner Zeit weit voraus. In der juristischen Fachwelt wurde er meines Wissens bis heute nicht zur Kenntnis genommen, obgleich hier in der zweiten Hälfte des 20. Jahrhunderts eine fast identische Diskussion begann, deren Impuls insbesondere von dem renommierten Familienrechtler *Gernhuber* ausging. So argumentierte dieser bereits im Jahr 1964:

> »Einem fremdnützigen Recht, das dem Kind den Weg zur selbstverantwortlichen Persönlichkeit zeigen und ebnen soll, ist aber die Tendenz zur allmählichen Verflüchtigung immanent. Um dem eigenen Sinn der elterlichen Gewalt Rechnung zu tragen, ist deshalb ein in Phasen verlaufender Abbau der elterlichen Gewalt in allen Lebensbereichen anzuerkennen, in denen der Rechtsverkehr keinen standardisierenden Maßstab benötigt.«[135]

Der Autor verband mit dieser These die Idee einer fremdnützigen und sich verflüchtigenden Figuration der »elterlichen Gewalt«, die teils schon gänzlich vor der Mündigkeit[136] erlösche, teils einen Wandel von einem »Direktionsrecht« zu einem »Kontrollrecht« durchlaufe, das einzig »Fehlentwicklungen« zu steuern habe.[137] *Gernhubers* Ausführungen sollten in der Folgezeit auf den fruchtbaren Boden einer durch gesellschaftspolitische Umbrüche gewandelten Erziehungswirklichkeit fallen[138], die mit einer großen Reformbereitschaft im famili-

---

135 *Gernhuber* 1964, S. 517.
136 *Moritz* 1989, S. 52, definiert »Mündigkeit« aus juristischer Sicht als einen »Zustand fehlender, fremder Bevormundung sowie das Vermögen, sich selbst zu vertreten«.
137 *Gernhuber* 1964, S. 518.
138 Die Familie erschien nicht länger als ein primär durch Herrschaft definierter Raum und im Generationsverhältnis fanden die Erziehungsleitbilder einer »partnerschaftlichen Erziehung« bzw. einer »Erziehung zur Mündigkeit« innerhalb weniger Jahre große Zu-

enrechtlichen Bereich einherging und nach den jahrzehntelangen Bemühungen um die rechtliche Gleichstellung der Frau nun auch 1979 zur Reform der »elterlichen Gewalt« führte:

> »Leitziel und Zweck der Reform war die Verbesserung der Rechtsposition des Kindes, die Aufwertung seiner Persönlichkeit im Rahmen der Ausübung der elterlichen Sorge. Dieser Reformansatz beruhte auf der vergleichsweise späten Entdeckung des Kindes als individuelle Persönlichkeit im Rahmen der ursprünglich von Vater und Mutter gemeinsam repräsentierten Familie.«[139]

So wurde gegen Ende der siebziger Jahre das neue Erziehungsleitbild des § 1626 Abs. 2 BGB normiert, das den vorherigen Grundsatz: »Das Kind hat zu gehorchen«[140] ablöste, und auf eine »wachsende Fähigkeit und das wachsende Bedürfnis des Kindes zu selbstständigem verantwortungsbewusstem Handeln« abstellte.[141] Zur Begründung dieser Regelung führte damals der Rechtsausschuss an:

> »Wichtigstes Ziel jeder Erziehung ist die Entwicklung des Kindes zur selbstverantwortlichen Persönlichkeit. Soll dieses Ziel beim Eintritt der Volljährigkeit erreicht sein, ist es notwendig, das Kind rechtzeitig darauf vorzubereiten. Eltern-Kind-Beziehungen, die bis zur Volljährigkeit des Kindes vorherrschend vom Befehl und Gehorsam geprägt sind, sind zur Bewältigung dieser Aufgabe kaum geeignet. Vielmehr muss das Kind mit zunehmendem Alter und wachsender Einsicht an die altersgemäße Selbstständigkeit herangeführt werden.«[142]

Es ist offensichtlich, dass diese Prämissen und Intentionen nahezu identisch mit dem in der Ideengeschichte der Aufklärung entwickelten Erziehungsverständnis und Mündigkeitskonzept sind,[143] dessen Maximen nun u.a. als »Konkretisierungen des Begriffs ›Kindeswohl‹« fungieren.[144]

---

stimmung der erwachsenen Bevölkerung: Noch 1951 hielten 28% der Befragten das Erziehungsziel »Selbstständigkeit und freien Willen« für erstrebenswert. Bereits 1983 waren es 49% und im Jahr 1998 befürworteten 61% der repräsentativ befragten Bevölkerung dieses Erziehungsziel. Vgl. *Emnid*, Umfrage & Analyse 1998, S. 27 ff. Siehe hierzu auch *Fend* 1988, S. 113-115; *Leu* 1996, S. 174; *Tenorth* 1992, S. 285.

139 *Staudinger-Peschel-Gutzeit,* Vorbem zu §§ 1626 ff, Rz. 18.

140 So *Staudinger-Donau (10./11. Aufl.)* zu § 1626 BGB a.F, Rz. 4. Durch die Einführung des § 1626 Abs. 2 BGB, so *Palandt-Diederichsen* § 1626, Rz. 20, »... ist ein rein auf Gehorsam ausgerichteter und auf Unterwerfung unter den Willen der Eltern abzielender autoritärer Erziehungsstil verboten und kann zu Maßnahmen nach § 1666 führen.«

141 § 1626 Abs. 2 BGB im Wortlaut: S. 102, zur Reformdiskussion vgl. unten S. 154 ff.

142 *BT-Drucks.* 8/2788, S. 34.

143 Vgl. hierzu oben S. 67 f.

144 Vgl. *Schwab* 1999, Rz. 545.

»Zwischen der Wertordnung des Rechts und einer sich emanzipatorisch verstehenden Pädagogik besteht hinsichtlich des obersten Erziehungsziels ›Mündigkeit‹ Übereinstimmung.«[145]

Dem bereits in der Verfassung angelegten Leitbild einer Erziehung zur »eigenverantwortlichen Persönlichkeit innerhalb der sozialen Gemeinschaft«[146] sowie der Vermutung einer sich mit zunehmender Lebenserfahrung entwickelnden Reife sucht das Recht derzeit auf zwei Wegen zu entsprechen:

• Erstens durch zahlreiche an das Lebensalter geknüpfte, teilweise mehrfach gestufte Mündigkeitsregelungen (Arbeits-, Ehe-, Film-, Religions-, Sport-, Strafmündigkeit) sowie altersgebundene Rechtsfolgen (vom nasciturus bis zum vollendeten 40. Lebensjahr, das u.a. als Mindestalter für RichterInnen am Bundesverfassungsgericht (BVerfGG) sowie gem. Art. 54 Abs. 1 GG für die Wählbarkeit zum Bundespräsidenten gilt). Vor diesem Hintergrund erweist sich die Volljährigkeit als nur eine, wenn auch »besonders prägnante rechtsrelevante Stufung« in einem ganzen, wenn auch nicht widerspruchsfreien System von »Kompetenzstufungen«.[147] Insgesamt sind hierbei »... die Rechte des Kindes so ausgestaltet, dass eine Fehlentscheidung sein Wohl nicht berühren kann. Bei echten Teilmündigkeiten ist das Gesetz äußerst zurückhaltend.«[148]

• Zweitens trägt das geltende Recht seit etwa zwei Jahrzehnten auch dem Willen des noch unmündigen Kindes und dem je nach Entwicklungsstand und Lebensbereich unterschiedlichem Erreichen der Mündigkeit Rechnung. So erkennt die Rechtsordnung eine individuell festzustellende Selbstbestimmungsfähigkeit Minderjähriger an und regelt deren Beachtlichkeit in § 1626 Abs. 2 BGB.[149] Dieser Vorstellung entspricht die seitens der Rechtslehre und Rechtsprechung entwickelte Figur der/des »einsichtsfähigen Minderjährigen.« Diese Rechtsfigur ermöglicht die Eigenentscheidung Minderjähriger (ca. ab dem 15. Lebensjahr) zum Beispiel bei der Ein-

---

145 *Staudinger-Salgo* § 1631, Rz. 27. Vgl. auch *Häberle* 1996, S. 143 ff. Scharfe Kritik an einer entsprechenden Festschreibung, die er als sachlich verfehlten und zudem unbotmäßigen Eingriff in die grundrechtlich geschützten Elternrechte ansah, übte *Schmitt Glaeser* 1980.

146 *BVerfGE* 24, 119/144.

147 Vgl. *Moritz* 1989, S. 261 ff, Zitat S. 268. Auch *Staudinger-Peschel-Gutzeit* § 1626, Rz. 77 ff. *Anmerkung:* Das Bürgerliche Recht verwendet den Begriff »Mündigkeit« nicht ausdrücklich. Da dieser aber in der verfassungsrechtlichen Literatur gleichbedeutend mit der Fähigkeit zur Selbstbestimmung des Menschen verwendet wird (vgl. *Stauner/Schelter* 1994, S. 124), stellt das BGB hinsichtlich der elterlichen Sorge faktisch ebenso wie das JGG, RKEG, JÖSchG und das JugArbSchG auf das Mündigkeitskonzept ab.

148 *Knöpfel* 1978, S. 200.

149 § 1626 Abs. 2 BGB soll gewährleisten, dass »... die freie Lebensgestaltung durch das Kind unter elterlicher Kontrolle eingeübt werden kann.« *Knöpfel* 1978, S. 199.

willigung in ärztliche Behandlungen oder psychiatrische Untersuchungen sowie bei der Ausübung des Zeugnisverweigerungsrechts.[150]

So ist die Volljährigkeit nicht mehr und nicht weniger als eine – wenn auch prägnante – Stufe in einem ganzen System von »Kompetenzstufungen«. Während das Bürgerliche Recht noch bis 1992 in bestimmten Fällen ein Fortbestehen der Unmündigkeit bzw. die »Entmündigung« Volljähriger regelte und diese Erwachsenen unter Vormundschaft stellte, wird nunmehr mit Vollendung des 18. Lebensjahres stets die rechtliche Mündigkeit erlangt, die – auch wenn es aufgrund einer psychischen Krankheit oder einer körperlichen, geistigen oder seelischen Behinderung zur Anordnung einer gesetzlichen Betreuung kommt – bestehen bleibt.[151]

Grundsätzlich gilt also nur für Minderjährige: Ist ein Kind oder eine Jugendlicher von Rechts wegen noch nicht in der Lage, über sich selbst zu bestimmen (Teilmündigkeit), so tritt sein bzw. ihr stellvertretend bestimmtes wohlverstandenes Interesse, also das Kindeswohl, in den Vordergrund. Zugleich bildet das Mündigkeitskonzept eine ideengeschichtliche Klammer und Voraussetzung für ein Konzept gleitender Übergänge in die Mündigkeit, das Kindeswille und Kindeswohl prozesshaft miteinander verknüpft.

> »Weil das Kindeswohl Richtschnur, Maßstab und Grenze des Elternrechts bildet, nehmen die aus der Elternverantwortung fließenden Rechtsbefugnisse der Eltern ab, je weniger das Kind der Pflege und Erziehung bedarf und je mehr es zur Eigenentscheidung fähig wird. In dem Maße, wie das Kind sich der Volljährigkeit nähert, werden Elternverantwortung und Elternrecht immer mehr zurückgedrängt und gegenstandslos bis sie mit der Mündigkeit des Kindes erlöschen.«[152]

---

150 Vgl. *Münder* 1999, S. 134 ff; *ders.* 1993 (a), S. 106.

151 Kommt es zu einem solchen Verfahren, gilt die betroffene Person ohne Rücksicht auf ihre Geschäftsfähigkeit als verfahrensfähig (§ 66 FGG). Soweit dies zur Wahrnehmung ihrer Interessen erforderlich ist, bestellt das Gericht einen Pfleger für dieses Verfahren (§ 67 FGG). Wird eine gesetzliche Betreuung eingerichtet, hat der Betreuer die Angelegenheiten des Betreuten zwar in einer Weise zu besorgen, die dessen Wohl entspricht, doch ist den mutmaßlichen bzw. gegenwärtigen Wünschen des Betreuten zu entsprechen, solange sie seinem Wohl nicht zuwiderlaufen und dem Betreuer zuzumuten sind (§ 1901 Abs. 2, 3 BGB). In der Regel nimmt der Betreute seine Angelegenheiten dabei gleichsam *neben* dem Pfleger für das Verfahren und *neben* dem gesetzlichen Betreuer wahr. Nur wenn eine erhebliche Gefahr für die Person oder das Vermögen des Betreuten zu erwarten ist, ordnet das Gericht einen Einwilligungsvorbehalt des Betreuers zu bestimmten – nicht allen – Willenserklärungen des Betreuten an (§ 1903 BGB). Einzelne besonders schutzwürdige Entscheidungsbereiche des Betreuers (bestimmte ärztliche Maßnahmen, Sterilisation, freiheitsentziehende Unterbringung, Kündigung eines Mietverhältnisses, Ausstattung) unterliegen zudem der vormundschaftsgerichtlichen Genehmigung (§§ 1904 ff BGB).

152 *Staudinger-Peschel-Gutzeit* § 1626, Rz. 10.

Während insoweit ganz offensichtlich eine weitgehende Übereinstimmung zwischen den pädagogischen und rechtlichen Prämissen besteht, die einer zunehmenden und kontextbezogenen Anerkennung des Kindeswillens zugrunde liegen und die Erforderlichkeit einer stellvertretenden Interessenwahrung und Bemündigung begründen, lässt sich zugleich eine zentrale Unterscheidung zwischen beiden Handlungsfeldern markieren:

Im Kindes- und Jugendalter erkennt die Rechtsordnung unabhängig von einem »individuellen Tatbestand der Eigenvertretungskompetenz« abstrakte Mündigkeiten an.[153] Durch feststehende »Mündigkeits-Merkmale« soll dabei insbesondere dem Schutz der Persönlichkeitsrechte sowie der Justiziabilität und Rechtssicherheit Rechnung getragen werden.[154]

Dies ist in der Pädagogik nicht der Fall. Die Beurteilung, ob ein Mensch der nachwachsenden Generation zu eigenverantwortlichem Entscheidungen fähig ist, unterliegt in diesem Handlungsfeld einer individualisierenden, situativen Beurteilung der Erziehenden – freilich innerhalb der gesetzlichen Rahmenbedingungen. Maßgeblich sind hier nicht juristisch relevante Fragen wie die des Grundrechts-/Rechtsschutzes oder der Rechtssicherheit, sondern die Eigenlogik einer Pädagogik, die an den potentiellen Möglichkeiten des jungen Menschen orientiert ist.[155] – Für den Erziehungsprozess, so *Oelkers,* ist weder ein »Defizitstatus« des Kindes entscheidend noch ein fiktiver »Endzustand«, der eine Konkretisierung der intendierten Erziehung des »Menschen zum Menschen« erlauben würde, sondern der Prozess selbst, der Versuch einer Dynamisierung der Subjektivität des Kindes.[156] Erziehung zur Mündigkeit hat sich an der Norm der Möglichkeiten und nicht an der in der Realität zu beobachtenden Durchschnittlichkeit zu orientieren, so auch der Erziehungswissenschaftler *Roth.* Sie habe dem Menschen die Chance zu geben, »zum Optimum des eigenen Selbst« durchzufinden.[157]

---

153 *Moritz* 1989, S. 52.

154 Diesbezüglich führt *Knöpfel,* 1978, S. 200, an: »... wenn man Rechte von einer konkreten Einsichtsfähigkeit abhängig macht, dann würde das zusätzliche Unsicherheiten bedeuten und zusätzlichen Konfliktstoff und zusätzliche Heranziehung von Sachverständigen, die dann möglicherweise in verschiedenen Instanzen verschieden urteilen.«

155 Vgl. oben S. 68 f.

156 Vgl. *Oelkers* 1987, S. 63. Diese Sicht des Subjekts, so der Verfasser a.a.O., ist seit der Renaissance bestimmend, in der die »willentliche Befolgung des Guten« in Übereinstimmung mit kirchlichen Dogmen durch Gelehrsamkeit sowie den Disput von bzw. der individuellen Einsicht in Themen und Thesen ersetzt wurde. – Den Subjektbegriff konkretisiert *Graf* 1996, S. 124, mit den Merkmalen der »Affekthemmung, Körperbeherrschung, Wissen über die Welt, Langzeitperspektive, Zukunftsorientierung und Zukunftsplanung«, die vom späten Mittelalter an und insbesondere auch für den Frühkapitalismus an gesellschaftlicher Bedeutung gewannen.

157 *Roth* 1976, S. 439. Der Verfasser unternahm in seiner »Pädagogischen Anthropologie« den Versuch, Merkmale der Mündigkeit zu definieren (u.a. Vollendung des körperlichen Wachstums, Differenzierung und Strukturierung der seelisch-geistigen Welt, Ich-Reife, Fähigkeit zur Realitätsprüfung, Frustrationstoleranz, Fähigkeit zum Triebverzicht und zur Selbstobjektivierung, die Fähigkeit Schuld anzuerkennen, u.a.m.). Vgl. S. 434 ff.

5. Ethische Aspekte des Mündigkeitskonzepts

a) Advokatorische Ethik

Insbesondere in den Vereinigten Staaten hat die Frage nach dem Berufsethos des Kinderanwaltes anhaltende Kontroversen ausgelöst, in deren Zentrum die Diskussion um die Vertretung des Kindeswillens bzw. des Kindeswohls steht.[158] Die Brisanz und der scheinbare Neuigkeitswert[159] dieser Fragestellung gründet wohl u.a. darin, dass sie sich gegenwärtig einer Profession stellt, zu deren Klientel bislang keine Kinder zählten, so dass dieses Verhältnis bislang keiner berufsethischen Reflexion bedurfte. Eine mit anderen Professionen (Medizin, Psychologie, Psychiatrie) vergleichbaren Spezialisierung, bei der sich eine Fachrichtung mit modifizierten und spezialisierten Behandlungs-, Beratungs- und Reflexionsmethoden herausgebildet hätte, fehlt. Mit der Frage der Vertretung von Kindern durch RechtsanwältInnen wird dieses Thema akut. Dabei ist die Frage nach einer auch bzw. vorrangig am persönlichen Wohl des Kindes orientierten Vertretung wohl deshalb geeignet, die Fundamente des professionellen Selbstverständnisses der Anwaltschaft nachhaltig zu erschüttern, weil mit ihr das habituell verinnerlichte Prinzip einer möglichst[160] vollständigen Respektierung und Unantastbarkeit der autonomen Lebenspraxis des Klientels zur Diskussion steht.

Kein erwachsener Klient würde zulassen, dass ein Anwalt seinen Fall vertritt und zugleich erklärt, warum der Klient sich irrt, argumentiert zum Beispiel die amerikanische Kindesanwältin *Haralambie* für die Vertretung der vom Kind bestimmten Position. Auch *Elrod* betont kämpferisch »A Lawyer Is A Lawyer Is A Lawyer« und begründet die am traditionellen Anwaltskonzept orientierte Position der amerikanischen Anwaltsvereinigung *American Bar Association* u.a. mit dem professionsethischen Prinzip der Unantastbarkeit der autonomen Lebenspraxis des Klientels:

> »Anwälte haben die Law School besucht ... und sind an die professionellen ethischen Regeln gebunden ... . Nichts in der Ausbildung des Anwaltes qualifiziert ihn, Entscheidungen an Stelle eines Klienten zu treffen, besonders eines kindlichen Klienten. Deshalb beinhalten die *Abuse and Neglect*

---

158 Vgl. hierzu nur die umfangreiche Dokumentation der US-amerikanischen Ethik-Konferenz der KinderanwältInnen, *Fordham University School of Law* 1996.

159 Vgl. oben S. 59.

160 *Oevermann* 1981, S. 26, meint zwar, nur dann handele der Professionelle kunstgerecht, wenn er in jedem Moment die autonome Lebenspraxis des Patienten bzw. Klienten respektiere und sich ohne jede handelnde Einmischung für deren Erhalt bzw. Wiederherstellung einsetze. Doch übersieht er, dass dieses Prinzip der Nichteinmischung in bestimmten Situationen an dem professionsethischen Prinzip bricht, eine Eigengefährdung (z.B. akute Suizidgefahr) oder die Gefährdung Dritter abzuwenden, das auch stellvertretendes Handeln legitimiert.

Standards die Position, dass Anwälte als Anwälte beigeordnet und als Anwälte arbeiten sollten, unabhängig vom Alter des Klienten.«[161]

Tatsächlich geht es beim professionellen Handeln für Erwachsene um die fachlich fundierte Erarbeitung individueller Problemlösungen, die anzunehmen oder abzulehnen der autonomen Entscheidung der von diesem Problem subjektiv Betroffenen überlassen bleibt. Diese Ausrichtung verändert sich allerdings bei der Arbeit für Kinder und Jugendliche in grundlegender Weise. In diesem Bereich können sich Professionelle nicht allein am Erhalt oder der Wiederherstellung einer autonomen Lebenspraxis des Kindes orientieren, da diese entwicklungsbedingt zunächst in allen[162] und später in vielen Lebensbereichen noch nicht vorhanden ist.[163]

Professionelles Handeln steht hier vielmehr im Dienst der Erzeugung einer solchen Autonomie bzw. der Verhinderung von Entwicklungen, die diesen Prozess gefährden. So muss die noch nicht bzw. erst partiell entwickelte Autonomie des Kindes substituiert werden, indem die möglichen Zielsetzungen und Vorgehensweisen seiner Interessenvertretung nicht nur stellvertretend gedeutet, sondern abhängig von der Selbstbestimmungsfähigkeit des Kindes oder Jugendlichen auch stellvertretend entschieden bzw. abhängig von seiner Handlungsfähigkeit auch realisiert werden.[164]

Mit der ethischen Begründung und den Prinzipien einer solchen advokatorischen Interessenvertretung für Minderjährige hat sich, wenn auch nicht explizit auf das Rechtsinstitut der Kindesvertretung bezogen, insbesondere der Erziehungswissenschaftler *Brumlik* befasst, der in verschiedenen Beiträgen das »Programm einer advokatorischen Ethik« entfaltet. Der Autor negiert die erfahrungs- und entwicklungsbedingte Differenz zwischen Kindern bzw. Jugendlichen und Erwachsenen nicht, sondern nimmt sie zum Ausgangspunkt, um der Frage nach der ethischen Legitimät stellvertretenden Entscheidens und Handelns nachzugehen.

Advokatorisch, definiert der Autor, ist eine Ethik immer dann, wenn sie die Gültigkeit ihrer Normierungsvorschläge nicht an die Zustimmung oder Ablehnung der von diesen Normierungsvorschlägen betroffenen Individuen, sondern an die »Wahrheit« des entsprechenden ethischen Systems bindet. Die wahrheitsadäquate Einsicht in die Angemessenheit einer nach Maßgabe der Um-

---

161 *Elrod* 1996, S. 2000 (Übersetzung, MZ). Die Autorin wirkte an der Erarbeitung der Standards der *American Bar Association* zur Vertretung misshandelter und vernachlässigter Kinder mit, die sich weitgehend am traditionellen Anwaltsmodell orientieren. Siehe auch *Haralambie* 1993, S. 13 ff.

162 Zu denken ist hier aber auch an Kinder und Jugendliche mit Krankheiten bzw. Behinderungen, die ihnen selbstbestimmte Entscheidungen unmöglich machen.

163 Zur Autonomieentwicklung des Kindes und Jugendlichen vgl. ausführlich unten VI.D.

164 Zum Prinzip der »stellvertretenden Deutung« und dem Prinzip der Respektierung der »autonomen Lebenspraxis« durch Professionelle sowie zum Strukturproblem pädagogischen Handelns vgl. *Oevermann* 1981 und *Oevermann* 1996, S. 142 f, 152 f.

stände gebotenen bzw. zu unterlassenden Handlung ermächtigt im Prinzip zugleich dazu, diese Handlung auszuführen bzw. zu unterdrücken.[165] *Brumlik* schlägt folgende Definition vor:

>»Eine advokatorische Ethik ist ein System von Behauptungen und Aufforderungen in bezug auf die Interessen von Menschen, die nicht dazu in der Lage sind, diesen selbst nachzugehen sowie jenen Handlungen, zu denen uns die Unfähigkeit anderer verpflichtet.«[166]

Eine solche advokatorische Ethik setzt ein systematisches Gefälle von Kenntnissen in bezug auf die Interessen des Klienten voraus, die auch und gerade dann stellvertretend wahrgenommen werden, wenn er zur eigenverantwortlichen Wahrnehmung seiner Interessen nicht willens oder in der Lage ist. Wird dieses Gefälle an Mündigkeit mit Recht bestritten oder erfolgt die Zuschreibung der Unmündigkeit aufgrund unsachlicher Motive, ist das Projekt einer advokatorischen Ethik hinfällig.[167]

Prange bringt dies prägnant auf den Punkt. Es sei die Pädagogik, die einen spezifischen sozialen Sachverhalt zu berücksichtigen und ins Spiel zu bringen habe, dem sonst keine zentrale Bedeutung zukomme, wenn es um Fragen der Gerechtigkeit gehe:

>»Die Erziehung hat es mit Kindern zu tun, die ihre Interessen und Rechte nicht nur nicht selbst wahrnehmen, sondern anfangs nicht einmal artikulieren können. So rückt wie selbstverständlich nicht nur das Problem des stellvertretenden Handelns, sondern des stellvertretenden Handelns ohne ausdrücklichen Auftrag in die Mitte der ethischen und rechtlichen Reflexion. ... Das Problem der ungefragten Anwaltschaft ist von der Natur der Sache her ein Zentralthema der pädagogischen Ethik. Sie ist wie Micha Brumlik sagt, ›advokatorische Ethik‹«.[168]

Ähnlich akzentuierte übrigens im Jahr 1968 der Erziehungswissenschaftler *Mollenhauer* das Merkmal der erzieherischen Antizipation, als er sich mit der Formel befasste, »Erziehung habe ›zum Wohle des Kindes‹ zu geschehen, habe das Kind und seine Bedürfnisse in den Mittelpunkt des Interesses zu stellen.«

---

165 *Brumlik* 1992, S. 110. Ethik definiert der Verfasser als ein System von Aussagen, Imperativen und Empfehlungen, die menschliches Handeln im Hinblick auf das Zusammenleben mit anderen Menschen sowie im Hinblick auf die individuelle Zukunft der Handelnden normieren. Ethik bezeichnet hier also nicht eine Reflexionstheorie der Moral. (vgl. S. 109 f). Vgl. hierzu kritisch *Luhmann* 1990, der der Ethik eine gänzlich andere Aufgabe zuwies, nämlich die der Limitierung der Moral auf Bereiche jenseits von z.B. Politik, Forschung, Ökonomie etc.

166 *Brumlik* 1992, S. 161.

167 *Brumlik* 1992, S. 160 ff.

168 *Prange,* ZfE 1998, 465/466.

Er schrieb:

»Tatsächlich ist das ›Wohl des Kindes‹ diesem selbst ja verborgen; es ist eine Antizipation des Erziehers; er kennt das Wohl des Kindes, bzw. es scheinen ihm, in den konkreten Situationen unter vielen Verhaltensmöglichkeiten jeweils eine oder mehrere dem Wohl zu dienen oder nicht zu dienen.«[169]

Grundlegend kann mit *Brumlik* zwischen einem pädagogisch-advokatorischen Handeln und einem caritativ-advokatorischen Handeln unterschieden werden. Ersteres hat die Herstellung von Mündigkeit und Personalität zum Ziel, und würde somit für die Mehrheit der im zivilrechtlichen Kindesschutzverfahren vertretenen Kinder gelten, letzteres nimmt die Interessen von Menschen wahr, die keine Chance haben, diesen Zustand überhaupt zu erreichen, ein solches caritativ-advokatorisches Handeln wäre zum Beispiel für Kinder und Jugendliche mit bestimmten schwerwiegenden, chronischen geistigen Behinderungen von Bedeutung.[170]

Das zentrale Ziel des pädagogisch-advokatorischen Handelns sieht *Brumlik* in der Herstellung von Mündigkeit. Diese Zielsetzung sei keineswegs beliebig, sondern ein kategorischer Imperativ zur »Bemündigung« der noch Unmündigen resultiere implizit oder explizit aus verschiedenen ethischen Sichtweisen:

Sie sei erstens nach den Maßstäben einer situationsorientierten, an Liebe, Mitleid und Wohlwollen[171] ausgerichteten Ethik, wie sie von der US-amerikanischen feministischen Psychologie und Philosophie entworfen werde, geboten. Sie ergebe sich zweitens aus Sicht einer gerechtigkeitsorientierten Güterethik, da das Nicht-Erreichen der Mündigkeit in unserer Gesellschaft eine schwere Benachteiligung darstelle. Sie sei drittens aus Sicht einer Sollensethik verpflichtend, da Mündigkeit und Personalität nicht dispensierbare Bedingungen unseres Denkens und Handelns seien. Sie bildeten den Kern unseres Selbstverständnisses, an dem wir selbst ein alternativloses Interesse haben, und das wir bei anderen zu erwirken verpflichtet seien. Die kategorische Forderung nach Bemündigung stelle sich viertens aus diskursethischer Sicht, da zwar das Interesse der noch Unmündigen am künftigen Zustand der Mündigkeit nicht antizipiert werden könne, ihnen eben deshalb aber Gelegenheit gegeben werden müsse, sich zu den sie betreffenden Maßnahmen zumindest retrospektiv zu äußern.[172]

---

169 *Mollenhauer* 1971, S. 88.

170 Vgl. *Brumlik* 1992, S. 164 f. Analog gilt übrigens für Volljährige, für die eine gesetzliche Betreuung angeordnet wurde, die in § 1901 Abs. 4 BGB geregelte »Pflicht des Betreuers«: »Innerhalb seines Aufgabenkreises hat der Betreuer dazu beizutragen, dass Möglichkeiten genutzt werden, die Krankheit oder Behinderung des Betreuten zu beseitigen, zu bessern, ihre Verschlimmerung zu verhüten oder ihre Folgen zu mildern.«

171 Zu diesem Ansatz, der auch die »Sorge« (»care«) für Kinder umfasst, vgl. auch die amerikanische Erziehungswissenschaftlerin *Noddings* 1993, S. 135 ff.

172 Vgl. hierzu ausführlich *Brumlik* 1992, S. 99 ff, 164 ff, auch 233 ff. In diesem Sinne auch

Vor diesem Hintergrund geht der Autor an anderer Stelle der Frage nach, wie sich ein solches advokatorisch-pädagogisches Handeln zum Willen der noch nicht Mündigen zu verhalten habe. *Brumlik* bestreitet, dass jemand ein implizites Wissen bezüglich eigener künftiger Zustände (der Personalität) haben kann, die für ihn bzw. sie gegenwärtig noch in keiner Weise bedeutsam sind. So könne ...

> »... allenfalls gelten, dass Noch-Nicht-Personen[173] implizit am besten wissen, was ihnen gegenwärtig (!) nützt oder schadet, und dass das Stattgeben dieser Willenskundgebungen je und je Veränderungen dieser Noch-Nicht-Person und damit eine gerichtete Veränderung auf personale Zustände hin zur Folge haben wird.«[174]

Gegen antipädagogische Selbstregulationstheoreme begründet er die Position, der Bereich der Personwerdung sei nicht als Naturprozess zu konzipieren, sondern setze ein durch zwischenmenschliche Beeinflussung gekennzeichnetes intersubjektives Handlungsfeld voraus. Ob es in diesem Handlungsfeld erlaubt oder geboten ist, unter Umständen gegen den gegenwärtigen Willen und das aktuelle Wohlbefinden derjenigen zu verstoßen, die (u.a.) noch nicht zu eigenverantwortlichem und vernünftigem Entscheiden und Handeln fähig sind, beantwortet er wie folgt:

> »Unter der Bedingung, dass unter den obwaltenden Umständen Noch-Nicht-Personen einen moralischen Anspruch auf Personwerdung haben, sind umgekehrt die jeweiligen Personen dazu verpflichtet, alles zu tun, was diesem Anspruch dient, bzw. alles zu verhindern, was diesem Anspruch entgegensteht. Wiederum lässt sich a priori nicht ausschließen, dass der aktuelle Wille einer Noch-Nicht-Person – nach bestem Wissen und Gewissen der erziehenden Person – diesem langfristigen Ziel entgegensteht: *Unter diesen Umständen sind wir dazu verpflichtet, gegen den Willen der Noch-Nicht-Person zu verstoßen.*«[175]

Hoffmann 1992, S. 295, der folgenden »kategorischen Imperativ« begründet: »Handle in einer pädagogischen Situation stets so, dass die Entwicklung zur Mündigkeit und Verantwortlichkeit gefördert wird.« Die Kategorien der Freiheit und Verantwortlichkeit aus denen heraus erzogen werde, seien zugleich Ziel des Handelns, der Erziehung.

173 Personalität, so erläutert *Brumlik* diese m.E. höchst problematische Begriffswahl, kann nur durch Lernen, Interaktion und Sozialisation von, mit und durch andere Menschen entstehen. Jugendliche und Erwachsene im Zustand der »Personalität« können sich als in Raum und Zeit kontinuierliche und abgegrenzte Wesen wahrnehmen, die u.a. in der Lage sind, begründete und überlegte Entscheidungen über ihr eigenes Leben zu treffen, deren Folgen zu bewerten, und zu verantworten. Vgl. 1992, S. 234 ff.

174 *Brumlik* 1992, S. 102 (im Original mit Hervorhebung).

175 *Brumlik* 1992, S. 103 f (Hervorhebung im Original).

Diesem zukunftsgerichteten kategorischen Imperativ der Bevormundung und Bemündigung stellt der Autor in seinen Beiträgen einen zweiten ebenbürtigen kategorischen Imperativ gegenüber, der sich aus dem Anspruch des Kindes auf die Achtung seiner psychischen, physischen und geistigen Integrität in der Gegenwart ergibt, einem Anspruch, der völlig unabhängig vom Zustand der Personalität und Mündigkeit für jedes menschliche Wesen geltend gemacht werden kann.[176]

Brumlik bezieht sich bei diesen Überlegungen auf *Schleiermacher,* der bereits 1826 die Frage aufwarf, ob wir zu zukunftsgerichteten Einwirkungen überhaupt befugt sind, die einen bestimmten Moment im Leben eines Kindes einem künftigen Moment aufopfern, von dem nicht nur ungewiss ist, ob es diesen jemals lebendig erreicht, sondern auch, ob es sich mit dieser pädagogischen Einwirkung wenn schon nicht in der Gegenwart, so doch zumindest nachträglich einverstanden erklärt. »Darf man überhaupt zugestehen, dass ein Lebensaugenblick als bloßes Mittel für einen anderen diesem anderen könne aufgeopfert werden?«[177], fragte *Schleiermacher,* der dieses ethische Problem folgendermaßen zu lösen suchte:

> »Die Lebenstätigkeit, die ihre Beziehung auf die Zukunft hat, muss zugleich auch ihre Befriedigung in der Gegenwart haben; so muss auch jeder pädagogische Moment, der als solcher seine Beziehung auf die Zukunft hat, zugleich auch Befriedigung sein für den Menschen, wie er gerade ist.«[178]

Beides, zukunfts- und gegenwartsgerichtes Handeln solle sich durchdringen, so *Schleiermacher.* Je weniger die zukunftsbezogene Handlungsorientierung die gegenwärtigen Bedürfnisse des Kindes aufopfere, aber auch umgekehrt, je weniger deren Befriedigung die künftige Entwicklung des Kindes verhindere, umso ethisch vollkommener sei pädagogisches Handeln. Vollkommen sei es, wenn das Kind, dessen Verständnis für seine Zukunft sich allmählich entwickelt, dem pädagogischen Handeln der Erziehenden im Vertrauen darauf zustimmt, dass diese seine künftigen Interessen wahrnehmen. Durch diese Zustimmung werde es möglich, beiden, den gegenwärtigen und den künftigen Bedürfnissen des Kindes, ethisch zu entsprechen.[179] Zurück zu *Brumlik,* der vor diesem Hintergrund ein zweites Prinzip einer advokatorischen Ethik postuliert:

---

176 Vgl. hierzu *Brumlik* 1992, S. 169, auch 185 f, der eine Verknüpfung der menschlichen Würde mit dem Konzept der Mündigkeit ablehnt und deren Gefahren mit dem Hinweis auf die gezielte Tötung »lebensunwerten« Lebens im Nationalsozialismus verdeutlicht.
177 Vgl. *Brumlik* 1992, S. 164. *Schleiermacher* 1983 (1826), S. 46.
178 *Schleiermacher,* 1983 (1826), S. 48 (Hervorhebung im Original).
179 Vgl. *Schleiermacher,* 1983 (1826), S. 48 f. Zu diesem »doppelten Zeitbezug« bzw. der »Dialektik der Zeit in der Pädagogik« und ihrer aktuellen Bedeutung für eine sich als »Pädagogik der Teilhabe« verstehende Programmatik, vgl. *Liebau* 1999, S. 36, 38, 178.

»Damit erweist sich das Vermeiden der Beeinträchtigung der körperlich/
geistigen Integrität des/der Anderen, wer immer sie seien, als der zweite
Imperativ einer advokatorischen Ethik neben dem kategorischen Imperativ der Bemündigung.

Dass die Unmündigen mündig werden sollen und dass hierbei ihre Integrität unbedingt schutzwürdig ist, sind jene Prinzipien, die advokatori-
sches Handeln in einem alle Mal fragilen Gleichgewicht anleiten.«[180]

Wie aber verhält es sich mit dem Zielkonflikt zwischen diesen beiden Imperativen einer advokatorischen Ethik, der entsteht, sobald der von *Schleiermacher*
geschilderte Idealfall nicht eintritt und die noch nicht Mündigen in eine stellvertretende Wahrnehmung ihrer tatsächlichen oder vermeintlichen persönlichen Interessen, die sich beispielsweise gegen ihre aktuellen Wünsche und Bedürfnisse richtet, nicht einwilligen?

Brumlik entscheidet in dieser Frage nicht, er fordert in pädagogischer Tra-
dition »Takt«, d.h. »praktisch gewordene Urteilskraft, die zwischen zwei an-
sonsten möglicherweise widersprüchlichen Prinzipien zu vermitteln weiß.«[181]
Für die Praxis dürfte dies nichts anderes bedeuten, als ein im familienrechtli-
chen Diskurs häufig zitiertes Prinzip, das *Goldstein, Anna Freud* und *Solnit* der
Kindeswohl-Formel gegenüberstellten, nämlich das der Suche nach und der
Orientierung an der »... am wenigsten schädlichen Alternative zum Schutz von
Wachstum und Entwicklung des Kindes«.[182]

Diese Überlegung lässt sich aus ethischer Sicht mit den Betrachtungen des
amerikanischen Philosophen und Rechtswissenschaftlers *Nagel* untermauern.
Er spricht von Klugheitsmotiven[183], die mit der Einnahme eines »objektiven«
und zeitlosen Standpunktes einhergehen, der sowohl gegenwärtige Interessen
eines Individuums als auch, soweit sie absehbar sind, seine künftigen Interessen zu berücksichtigen sucht. Sobald es hierbei nicht um eigene, sondern um
die Bedürfnisse anderer Menschen geht, fallen ihm zufolge die »unpersönli-
chen« Güter (z.B. Freiheit, Möglichkeiten und Grundgüter des Lebens, Lust
und Freiheit von Leiden und Schmerz) stärker ins Gewicht als jene persönlichen Gründe, die sich einzig und allein aus der spezifischen Eigenperspektive
des Subjekts als richtig erweisen.[184]

---

180 *Brumlik* 1992, S. 168 f.
181 *Brumlik* 1992, S. 169. Vgl. auch *Oelkers/Lehmann* 1990, S. 136: »Die *Qualität* der [er-
zieherischen, M.Z.] Handlungen ist also verschieden möglich. Sie ist aber nicht etwa
willkürlich, sondern richtet sich nach dem, was die pädagogische Tradition ›Takt‹
nannte. Sie ist in gewisser Weise bildbar und hängt ab von fortschreitend positiven Erfahrungen.« (Hervorhebung im Original).
182 Vgl. *Goldstein/Freud/Solnit* 1991, S. 49 ff. Vgl. zu diesem Begriff auch S. 119, Fn. 29.
183 Vgl. hierzu ausführlich auch *Nagel* 1999.
184 Vgl. *Nagel* 1992, S. 227 ff; 294 ff; 289 f. Entscheidet zum Beispiel ein Kind, bei seinen
schwer misshandelnden Eltern zu bleiben, etwa weil es seine vermeintliche Verantwortung für den Zusammenhalt der Familie über das »unpersönliche« Gut der Schmerz-

»Aus einer Perspektive von außerhalb des gegenwärtigen Zeitraums können nicht alle Beweggründe und Ziele eines jeden gegenwärtigen Zeitpunktes gleichermaßen bejaht werden, insbesondere dann nicht, wenn sie miteinander in Konflikt geraten. Affirmation aus Gründen der Klugheit wird sich demnach immer auf bestimmte basale und dauerhafte Interessen und Bedürfnisse richten und nicht auf vorübergehende Extravaganzen als solche – obgleich grundsätzlich auch die Veranlagung und die Spontaneität, deren Zusammenspiel uns zu solchen Capriccios befähigt, einen objektiven Wert haben können. (Parfit hat mich darauf hingewiesen, dass diese Unterscheidung in der Ethik wieder auftreten könnte, da wir möglicherweise gerade die Interessen, die Gegenstand von Klugheit sind, zu berücksichtigen haben, wenn wir die Interessen anderer gewichten.)«[185]

Folglich wäre das langfristige Interesse eines Kindes an fundamentalen Gütern wie Leben, Vermeidung von Schmerz und hinreichende Befriedigung seiner basalen Bedürfnisse (emotionale Zuwendung, körperliche Versorgung, geistige Förderung, soziale Kontakte, Schutz vor Gewalt und Gefahren)[186] von einer Interessenvertretung stärker zu gewichten als jene durchaus legitimen Belange des Kindes, die ausschließlich aus seinen aktuellen Bedürfnissen und Gefühlsbindungen oder anderen persönlichen Gründen resultieren, aber nicht als fundamentale Güter des Kindes gelten und deren Wahrung entgegenstehen können. Mit anderen Worten: Im Konfliktfall von Kindeswille und Kindeswohl wäre letzteres immer dann, und wohl nur dann, vorrangige Orientierung einer advokatorischen Interessenvertretung, wenn es um die Wahrung dieser basalen Lebensgüter des Kindes geht. Damit aber wäre sie nicht nur dann zur Orientierung an den wohlverstandenen Kindesinteressen aufgerufen, wenn eine lebensbedrohliche Situation für das Kind entsteht, wie dies zum Beispiel der Ethik-Kodex der *American Bar Association* vorsieht[187], sondern ihr käme die schwierige Aufgabe zu, die der Kinderpsychiater *Lempp* wie folgt beschreibt. Sie müsste sich darüber klar werden ...

---

vermeidung bzw. des Überlebens stellt, ergibt sich aus der Außenperspektive eine umgekehrte Gewichtung und damit primär die ethische Pflicht zum Schutz.

185 *Nagel* 1992, S. 230.

186 Zu den sog. basic-needs vgl. auch unten S. 126. Die britische Juristin und Philosophin *Wolfson* nennt als vitale Kindesinteressen (»welfare-interests«), die zu schützen wir verpflichtet seien, folgende Kriterien: Körperliche und geistige Gesundheit, normale intellektuelle Entwicklung, angemessene materielle Sicherheit, stabile und nicht-oberflächliche Beziehungen sowie einen fairen Grad an Freiheit. Hinzu komme die Pflicht, dem Kind zur Entwicklung seiner Fähigkeiten zum eigenverantwortlichen Handeln zu verhelfen und, soweit es bereits über diese verfüge, sein Tun zu respektieren. Vgl. *Wolfson* 1992, S. 23.

187 Vgl. ausführlicher unten VII.A.

»... ob eine Maßnahme für das Kind und seine geistigseelische und körperliche Entwicklung ein Risiko bedeutet und wieweit dieses Risiko durch besondere Maßnahmen im Einzelfall verringert werden kann. Ob im Einzelfall es dann wirklich zur Schädigung kommt, hängt von einer Unzahl unüberschaubarer Variablen und konvergierenden Faktoren ab, die sich einer Beurteilung in aller Regel entziehen.«[188]

Ähnlich wie *Nagel* befasste sich bereits zu Beginn des 20. Jahrhunderts der Philosoph, Jurist, Politiker und Pädagoge *Leonard Nelson* mit der hier aufgeworfenen Frage. Er fragte nach den Bedingungen zur objektiven Wertung von Interessen und führt zunächst aus, dass ein bestimmtes Interesse nicht unabhängig von der »praktischen Lebensansicht« derjenigen Person beurteilt werden könne, die dieses Interesse habe. Die objektive Bezugsgröße bestimme sich vielmehr durch den Wert der fraglichen Interessen in bezug auf die Gesamtheit des Lebens der jeweiligen Person[189], so dass es keine festen Regeln geben könne, »nach denen sich unmittelbar ein bestimmtes vorgelegtes Interesse bewerten ließe.«[190]

Bei der Gewichtung einzelner Interessen seien deren Stärke und Wert in Betracht zu ziehen. Bei der Bestimmung der Stärke eines Interesses habe man dessen Wert zu berücksichtigen, wie auch umgekehrt für seine Wertschätzung die Stärke des Interesses zu beachten sei. Auch wenn diese Voraussetzung faktisch im allgemeinen nicht erfüllt werde, liefere sie doch ein brauchbares Kriterium zur Bestimmung der Vorzugswürdigkeit eines Interesses. Voraussetzung hierfür sei neben der Kenntnis des für die Situation des Handelnden charakteristischen Tatbestandes die Einsicht des Beurteilers in den Wert kollidierender Interessen, die in bezug zur praktischen Lebensansicht eines Individuums gesetzt werden müsse.

»Wir können dieses Kriterium auch so formulieren, dass dasjenige Interesse vorzugswürdig ist, das eine *vollkommen gebildete* Person vorziehen würde, wenn die kollidierenden Interessen in ihr vereint wären. Denn eine vollkommen gebildete Person ist dadurch definiert, dass sie einerseits stets das Wertvollere als solches erkennt und andererseits das als wertvoller Erkannte stets dem weniger wertvoll Erkannten vorzieht. Sie ist also gerade dadurch charakterisiert, dass die Inkongruenz von Stärke und Wert der Interessen bei ihr nicht besteht.«[191]

---

188 *Lempp*, 54. DJT 1982, S. 48/50.
189 *Nelson* stellt hierbei sowohl die »objektiven« als auch die »subjektiven« Interessen des Menschen in Rechnung. »Je nach der Bedeutung, die die Befriedigung eines subjektiven Interesses für das Leben im Ganzen hat, wird sie bei der Abwägung der Interessen ihrem Werte nach mit in Anschlag gebracht und fällt also mit ins Gewicht bei der Abwägung der Interessen überhaupt.« *Nelson* 1916, S. 251.
190 *Nelson* 1916, S. 250.

Sofern eine Person sich nun aufgrund einer Verkennung der für die Situation wesentlichen Umstände in einem theoretischen Irrtum befinde oder es zu einem praktischen Irrtum über die dem objektiven Wert des Gegenstands angemessene Stärke komme, müsse aus ethischer und rechtlicher Sicht von beiden Irrtümern abstrahiert werden. »Dies heißt aber nichts anderes, als dass sich das Gewicht der Interessen nicht nach ihrer wirklichen, sondern nach der ihrem wahren Werte angemessenen Stärke bestimmt.«[192] So erkläre sich auch der »paradoxeste Beispielstypus«[193], zu dem es bei der Abwägung kollidierender Interessen kommen könne, nämlich der Einschränkung eines Interesses, dem überhaupt kein kollidierendes Interesse gegenüberstehe:

> »Die Pflicht der Eltern, ihr Kind zu erziehen, wenn es auch weder ein Bedürfnis nach Selbstständigkeit hat, noch das spontane Erwachen dieses Bedürfnisses je bei ihm zu erwarten ist, ist die Pflicht, die einem wirklichen Interesse gegenüber bestehen *würde,* wenn das Kind hinreichende Einsicht in den Wert der Selbstständigkeit seines Lebens besäße und die Stärke seines Bedürfnisses nach Selbstständigkeit dieser Einsicht entspräche. Sie ist also eine Pflicht gegenüber dem Interesse, das bestehen würde, wenn das wirkliche Interesse des behandelten Menschen mit seinem wahren Interesse übereinstimmte.
> Wir haben daher die Interessen so abzuwägen, als ob die behandelte Person außer dem Interesse, das sie wirklich hat, noch ein anderes hätte, das ihr nur nicht selbst bewusst ist, das aber nicht weniger Achtung fordert.«[194]

Bei der Bestimmung der Materie der Pflicht habe man also ebenso auf das »wahre« Interesse eines Menschen wie auf seine faktischen, d.h. die der Person selbst sinnlich oder reflektiert zugängigen Interessen Rücksicht zu nehmen.[195] Denn durch das Interesse des Menschen bestimme sich, was für ihn Wert habe, und nur »... insofern ist es für uns ein Gegenstand der Achtung, unabhängig davon, wie weit er sich selbst darüber klar ist.«[196]

> »Wir fanden auch, dass wir bei der Bestimmung der Materie der Pflicht auf das wahre Interesse der anderen Rücksicht nehmen, d.h. dass wir unsere

---

191 *Nelson* 1916, S. 252 (Hervorhebung im Original). Er bestimmt an anderer Stelle diese Fähigkeit zur hinreichenden theoretischen und praktischen Einsicht als Voraussetzung des Einwilligen-Könnens eines Menschen, d.h. der »gedanklichen Vereinigung der von der Handlung berührten Interessen in einer Person«, S. 257.

192 *Nelson* 1916, S. 257.

193 Vgl. zu weiteren Kollisionsmöglichkeiten und deren Gewichtung entsprechend ihrer Stärke und ihrem Wert, *Nelson* 1916, S. 238-242 und S. 257 f.

194 *Nelson* 1916, S. 258 (Hervorhebung im Original).

195 Vgl. *Nelson* 1916, S. 187.

196 *Nelson* 1916, S. 583.

Pflicht ihm gegenüber so beurteilen, als ob er neben dem Interesse, das er wirklich hat, ein anderes, vielleicht entgegengesetztes und größeres Interesse hätte, über das er sich nur nicht selbst klar ist, und das von uns nicht weniger Rücksicht verlangt als das, das er wirklich hat.«[197]

Versetze man sich in die Lage einer anderen Person und suche deren wohlverstandene Interessen zu bestimmen, gelte es zwar von den faktischen Irrtümern dieser Person zu abstrahieren, nicht aber von der objektiven Erkenntnis der Situation selbst, die zur Relativierung einer solchen Bestimmung Anlass geben könne:

> »Aber es ist wohl zu beachten, dass dies nur für eine Erkenntnis im strengen Sinne gilt und nicht für eine bloße Mutmaßung. Liegt keine Gewissheit, sondern nur eine bloße Wahrscheinlichkeit dafür vor, dass eine andere Person ihre Interessen falsch beurteilt, so dürfen wir diesen Fehler nur nach Maßgabe dieser Wahrscheinlichkeit berücksichtigen«.[198]

Im wesentlichen decken sich also auch *Nelsons* Ausführungen mit den bereits oben genannten Prinzipien einer advokatorischen Ethik. Bedeutsam erscheint insbesondere der Versuch, das Vorgehen und wesentliche Kriterien zur Bestimmung der» wohlverstandenen« Interessen eines Menschen zu entwickeln und zu begründen. Dies ist, verkürzt gesagt, eine an den »objektiven Interessen der Person am Wert ihres Lebens überhaupt« ausgerichtete Bestimmung ihrer »wohlverstandenen« Interessen, die von theoretischen und praktischen Irrtümern absieht, in denen sich diese Person nachweislich befindet, wobei die Stärke und der Wert in Betracht zu ziehen sind, welche die Person selbst ihren subjektiven und objektiven Interessen faktisch beimisst.[199]

Freilich ist *Nelsons* vollkommen gebildete Person, die ihre wohlverstandenen Eigeninteressen oder die einer anderen Person durch eine theoretische und praktische Einsicht korrekt zu bestimmen weiß, ein Ideal. Während man jedoch von Erwachsenen in der Regel eine mehr oder minder große, vielleicht auch nur passagere Annäherung an dieses Ideal erwarten kann, ist diese Erwartung gegenüber Kindern *regelmäßig* dadurch eingeschränkt, dass ihr Erfahrungswissen und Entwicklungsstand sie nur unzureichend in die Lage versetzen, theoretischen Irrtümern bei der Einsicht in ihre tatsächlichen Interessen sowie praktischen Irrtümern bei der Gewichtung derselben hinreichend zu begegnen.

Eine stellvertretende Orientierung Erwachsener an den wohlverstandenen Interessen des Kindes im Sinne einer advokatorisch verstandenen Ethik erscheint damit im Grundsatz gleichermaßen geboten wie legitim. Offen bleibt

---

197 *Nelson* 1916, S. 583.
198 *Nelson* 1916, S. 187.
199 Vgl. auch unten S. 108.

hingegen, ob die Schutzwürdigkeit der kindlichen Integrität darüber hinaus auch eine eigenständige Vertretung seiner subjektiven Position im Verfahren gebietet. Die Grenzen, an denen eine solche Vertretung ethisch gesehen fragwürdig wird, lassen sich aber benennen: Sie wären dort zu ziehen, wo Erwachsene nicht nur von den grundlegenden Prinzipien einer advokatorischen Ethik absehen, sondern in einer Weise handeln, die der Bemündigung des Kindes oder Jugendlichen einerseits und der Wahrung seiner fundamentalen Güter andererseits zuwiderläuft.

b) Die professionsethische Kontroverse: Ein Exkurs

Ethische Fragen stellen sich meist in Handlungssituationen, in denen alltägliche oder traditionelle Handlungsorientierungen nicht hinreichen, nicht zufriedenstellend begründet werden können oder durch Zweifel, Misserfolge und Enttäuschungen brüchig geworden sind.[200] Die berufsethische Diskussion über die Pflichten der Kindesvertretung im Ausland und die sich auch in Deutschland abzeichnende Kontroverse können wohl insoweit als Indikatoren einer solchen Situation begriffen werden, in der die traditionelle anwaltliche Vertretung Erwachsener wie auch die vormundschaftliche Interessenvertretung Einwänden ausgesetzt sind, die sie als unzureichende Orientierung für ein begründungsfähiges Handeln der Kindesvertretung in gerichtlichen Verfahren erscheinen lassen.

Betrachtet man Erfahrungen im Ausland, besonders die in den Vereinigten Staaten von JuristInnen geführte Ethik-Debatte, in der über die Vertretung des Kindeswohls bzw. des Kindeswillens auf dem Hintergrund verschiedenster rechts- und moralphilosophischer Theorien gerungen wird[201], scheint es allerdings fragwürdig, ob sich die Handlungsunsicherheit der Praxis durch einen ethischen Diskurs absehbar reduzieren lässt. Mehr noch, nach Ansicht der amerikanischen Kindesanwältin *Koh Peters* hat die dichotom geführte »akademische Diskussion«[202] (wishes vs. best interests) die Verunsicherung der PraktikerInnen erhöht und einer individualisierten Definition der Vertretungsrolle Vorschub geleistet. Sie habe zudem durch ihre Polarisierung die Gesprächsbereitschaft aller Beteiligten soweit vermindert, dass andere, wichtige

---

200 Vgl. *Hoerster* 1976, S. 10; *Brumlik* 1992, S. 159.

201 »Ethical issues have dominated the debate about children's advocacy for years, and the role of attorneys for children remains undefined and highly controversial.« *Haralambie* 1993, S. 24. Vgl. auch *Haralambie,* North Dakota Law Review 1995, 940/941 ff.

202 Auch in Deutschland ist vereinzelt die Rede davon, diese Diskussion sei »praxis- und realitätsfern«, so etwa bei *Späth,* KindPrax 1999, 50/52. Dagegen wenden *Peters* und *Schimke,* KindPrax 1999, 143/146, vor dem Hintergrund ihres Forschungsprojekts ein: »Zwar wird dieser Konflikt als akademisch bezeichnet, dennoch ist er von hoher Bedeutung, denn dahinter stehen unterschiedliche Konzepte des Kinderschutzes und vor allem die Abgrenzung zwischen Verfahrenspflegschaft und Jugendhilfe. Dies zeigen auch die Befragungen [der Praxis, MZ], in denen dieser Punkt großes Gewicht hatte.«

Fragen der Kindesvertretung nicht geklärt werden können und sei deshalb zu beenden.[203]

Dem ist entgegenzuhalten, dass ein Ende dieser Diskussion die Verlagerung auf die Ebene eines persönlich-moralischen Engagements endgültig besiegeln würde, das den Einzelnen eine keineswegs entlastende Durchdringung und Klärung dieser Fragen und Wertentscheidungen[204] unter den erschwerten Bedingungen (Entscheidungs- und Handlungszwänge) der Praxis zumuten würde.[205] Der entscheidende Einwand ist jedoch, dass sich die Frage der ethischen Begründbarkeit einzelner Vertretungskonzepte nicht primär stellt, um die professionell Handelnden zu entlasten, sondern um ihre Praxis gegenüber den zu vertretenden Kindern und Jugendlichen kritisch zu reflektieren.[206] Ob Dilemmata der Professionellen durch solche Fragen verschärft oder gemildert werden, kann deshalb nicht das maßgebliche Kriterium sein. Ausschlaggebend sind vielmehr die Interessen der vertretenen Kinder und Jugendlichen, die einen verantwortlichen Umgang mit der sich erst entwickelnden Autonomie des Kindes und mit dem »doppelten Machtgefälle« der Kindesvertretung erfordern:

»Probleme der Macht in der erzieherischen Interaktion präsentieren sich in besonderer Form im professionellen Setting, also in der Professionalität des Umgangs. Die Asymmetrie, die in jeder Erziehung liegt, verstärkt und verdoppelt sich sozusagen in der Differenz von Profis und Nicht-Profis. Nun: Diesen Unterschied nicht als Machtgewinn zu praktizieren, ist gleichsam das Ethos von Professionalität... .«[207]

Berufsethischen Problemen in der sozialen Arbeit kommt hier insbesondere die Bedeutung »kritischer Lernaufgaben« zu, die eine Selbstreflexion der Professionellen in Gang halten und auf Dauer stellen sollen.[208]

---

203 »The dichotomies of wishes versus best interests and theory versus practice have polarized rather than clarified the debate, and ended conversations that need to continue. / Given this confusion, we have become understandably preoccupied by what our role actually is, ...« *Koh Peters* 1997, S. 44, vgl. auch S. 34-45.

204 Debatten um die Rechte des Kindes im Spannungsfeld zwischen Schutz und Selbstbestimmung, so auch *Blandow/Gintzel/Hansbauer* 1999, S. 27, liegen stets Wertentscheidungen zugrunde.

205 Vgl. *Oevermann* 1981, der die persönlich belastenden und zugleich deprofessionalisierenden Folgen eines Mangels an »akademischer« Problemanalyse und einer fehlenden Professionsethik am Beispiel des LehrerInnenhandelns aufzeigt.

206 Vgl. *Löwisch* 1995, der das ethische Prinzip der »Verantwortung« als Leitprinzip aller pädagogischen Handlungsfelder – und hierzu dürfte nach seinem Verständnis auch die Interessenvertretung Minderjähriger gehören (vgl. hierzu S. 105 ff) – sowie für das Berufsethos der dort Tätigen philosophisch hergeleitet und begründet.

207 *Thiersch* 1995, S. 38 f.

208 *Münchmeier* 1996, S. 186. Diese berufsethische Reflexion, so der Autor in seinem Übersichtsbeitrag zur berufsethischen Diskussion in der Sozialarbeit/-pädagogik, soll u.a.

Gleichwohl lässt sich fragen, ob die Hoffnung, dass sich eine Handlungsorientierung der KindesvertreterInnen durch einen ethischen Diskurs gewinnen lässt, fehl geht. Es scheint zunächst so. Und zwar nicht, weil sich aus der US-amerikanischen Fachdiskussion verlässliche Prognosen für die hiesige Diskussion ableiten ließen[209], sondern weil von einem solchen Diskurs ein ausschließlich durch Einsicht und Zustimmung erzielter Konsens kaum zu erwarten ist, wenn wir mit *Brumlik* ...

> »... zur Kenntnis nehmen, dass es fast immer mehrere, miteinander konkurrierende, bisweilen auch unverträgliche Systeme der Ethik und ihrer Begründung gegeben hat und gibt, gleichviel, ob es sich um Offenbarungen oder um durch transzendentale Überlegung gewonnene Sätze handelt. Dies Faktum aber ist ein Argument. Es nimmt nämlich jeden, der pädagogisches Handeln unter Rückgriff auf ein Moralsystem allgemeingültig begründen will, in die Pflicht zu zeigen, dass seine Argumente ihre faktische Standortgebundenheit systematisch übersteigen.«[210]

So können zwar, wie *Brumlik* zeigt, mit Hilfe konstruktivistischer, vertragstheoretischer, entwicklungstheoretisch naturalistischer oder sprachtranszendentaler Ansätze divergierende Handlungsziele auch für den Konflikt Kindeswille versus Kindeswohl rational begründet und gerechtfertigt werden, doch entsteht damit das »Problem der Überprüfung ihrer Verträglichkeit, Hierarchisierung und wechselseitigen Übersetzbarkeit.«[211]

---

den Respekt vor der Autonomie und Integrität des Adressaten im Hilfeprozess schärfen; pädagogischen Takt und Respekt fördern, die Verständigungsbereitschaft und Transparenz im Verhältnis zum Klienten erhöhen und Widerstandsfähigkeit gegen institutionelle Routinen zugunsten der fachlichen Verantwortung erzeugen. Sie soll dazu beitragen, professionelle Selbstgenügsamkeit aufzubrechen und die Einmischung in gesellschaftliche Probleme ermöglichen sowie ein Bewusstsein über die Motive und Intentionen des Helfens erzeugen, das der »Klientifizierung« der AdressatInnen entgegenwirkt. Ähnlich *Niemeyer* 1990, S. 85 f, der zum einen von einer »kritischen Berufsethik« der Sozialpädagogik spricht, die »... sagt, was der Berufsträger, hier nun weniger genommen als Aggregat einer Institution denn als der Möglichkeit nach sittlich (wie fachlich) autonomes Wesen, tun darf resp. tun muss und was er besser, sei es aus Respekt, lassen sollte.« Zum anderen verweist er auf ein zweites – analoges – Topos sozialpädagogischer Theoriebildung, die »Adressatenethik«. »Einer Ethik also, die sagt, was der Adressat selbst, aller empirischen Erscheinungsform zum Trotz probeweise als ein zumindest der Möglichkeit nach sittlich autonomes Subjekt genommen, unter den gegebenen Umständen tun soll, resp. tun muss oder besser lassen können müsste.«

209 Erstens beginnt diese Diskussion hier erst, in den USA währt sie seit dreiundzwanzig Jahren. Zweitens ist die dortige Debatte ursächlich dadurch erschwert, dass gesetzliche Vorschriften und ethische Richtlinien sich von Staat zu Staat unterscheiden, *Koh Peters* 1997, S. 24 f, nennt mehr als fünfzig unterschiedliche Systeme der Kindesvertretung, die einen solchen Konsens erschweren. Drittens liefert der anscheinend weitgehend akzeptierte und als verbindlich anerkannte berufsethische und praktische Code der britischen *National Organisation of Guardians ad litem and Reporting Officers* (NAGALRO) ein überzeugendes Gegenbeispiel für diese Annahme.

210 *Brumlik* 1992, S. 31 f.

Er verweist in diesem Kontext auf die gesellschaftliche Pluralität, in der letzte, verbindliche Normen und Werte nicht vorhanden sind.[212] Auch wenn diese sehr weitgehende Aussage bezweifelt werden kann (so dürfte hinsichtlich einer Vielzahl zentraler Grundrechte, wie zum Beispiel auf Leben, Unversehrtheit, Würde und Entfaltung der Persönlichkeit, von einem gesellschaftlichen Konsens auszugehen sein), ist dem Verfasser zuzustimmen, dass Moral und Ethik primär eine Frage der persönlichen Haltung, des individuellen Gewissens geworden sind.[213] Sie sind nicht mehr gleichbedeutend mit Sitte, Brauch, Gewohnheit. Die Gesellschaft ist weniger konformistisch, die Moral der Einzelnen steht weniger im Einklang mit allgemeinen Sitten und Gebräuchen und mit dem Recht als in früheren Jahrhunderten.[214] Die Justiz hat das jüngste Gericht ersetzt, mit dem Ende okzidentaler christlicher Moralgebote wurde sie zur letzten Instanz, die objektiv, öffentlich und verbindlich über Gut und Böse entscheiden soll.[215]

Wigger, der sich mit der Relevanz und Irrelevanz pädagogischer Ethiken für das pädagogische Handeln befasst, vertritt die Auffassung, eine Ausweitung der sozialen Geltung einer bestimmten Ethik und Moral hänge unter diesen gesellschaftlichen Bedingungen von Strategien zu ihrer politischen und rechtlichen Durchsetzung ab, die sich insbesondere des Verfahrens der Mehrheitsgewinnung bedienten, sobald ein ausschließlich auf Einsicht und Überzeugung basierender Konsens nicht herzustellen sei.[216] – Hängt also die soziale Geltung einer bestimmten Ethik nicht von der Qualität ihrer Begründungen, sondern primär von den strategischen Fähigkeiten ihrer BefürworterInnen zur Herstellung einer Mehrheit ab? Nicht unbedingt.

Werden individualisierte Entscheidungsprozesse in eine öffentliche rechtspolitische und damit auch wissenschaftlich zu fundierende Diskussion überführt, ist dieser Vorgang geeignet, zugleich neue Erkenntnisse sowie veränderte Einsichten und Überzeugungen der Fachkräfte selbst zu bewirken. Ermöglicht und erzwingt er doch die argumentative Verständigung über eine Vielfalt an Erfahrungen, Erkenntnissen und Prognosen, über *Fachfragen* also[217], die zu bedenken sind, um differenzierte und praktikable Lösungen zu entwickeln

---

211 *Brumlik* 1992, S. 44, auch 34 ff, am Beispiel der Normbegründungen anlässlich eines Konfliktes zwischen Eltern und Kindern beim Verbot gewalttätiger Fernsehserien.

212 Vgl. *Brumlik* 1992, S. 32.

213 Dies führt zu einer Situation in der »... Subjekten eine Mehrzahl von Konzeptionen oder Lebensformen gleichermaßen vertraut, in ihrer Legitimität einsichtig und in ihren Gehalten *zustimmungsfähig* ist, so dass sie sich in *derselben* Situation mal so und mal anders – aber jeweils mit *gleich guten Gründen* verhalten können.« *Welsch*, Deutsche Zeitschrift für Philosophie, 347/352 (auch 354) (Hervorhebung im Original).

214 Vgl. *Wesel* 1982, S. 45 ff.

215 *Schulte* 1993, S. 310.

216 Vgl. *Wigger*, Z.f.Päd. 1990, 309/315.

217 Auf die Notwendigkeit einer Sachklärung als Voraussetzung moralischer Entscheidungen und auf das Risiko, die Klärung von Sachfragen durch moralische Postulate zu ersetzen, weist *Thiersch* 1990, S. 23 f, mit Recht hin.

oder sich qualifiziert zu Lösungs- bzw. Regelungsvorschlägen anderer zu äußern.

Als Grundlage dieser Diskussion bedarf es allerdings eines gemeinsamen Bezugspunktes, zumindest also einer minimalen Übereinkunft, mit welcher Zielsetzung die Verständigung überhaupt gesucht wird. Als ein solcher Bezugspunkt der Kontroverse um die Orientierung der Kindesvertretung kann das Wohlergehen der zu vertretenden Kinder und Jugendlichen gelten. Dieses wird nicht nur ausdrücklich zur Begründung einer am Kindeswohl orientierten Vertretung angeführt, sondern auch zur Begründung einer am Kindeswillen orientierten Vertretung herangezogen, die das Kind entlasten und garantieren soll, dass es ernst genommen, gehört und nicht zum Objekt überfürsorglicher Zwangsbevormundung und Fremdbestimmung wird.[218] Dieser Bezugspunkt entspricht dem ethischen »Prinzip des Wohlwollens«, das der Philosoph *Frankena* als »Urprinzip« der sittlichen Verpflichtung bezeichnet. Er führt hierzu aus:

> »Wenn schon nicht unsere konkreten Handlungen, so müssen zumindest unsere Handlungsregeln auf die Mehrung des Guten oder die Minderung des Schlechten abzielen. Die Moral ist für den Menschen geschaffen, nicht der Mensch für die Moral. Selbst die Gerechtigkeit hat mit der Verteilung von *Wohl* und *Übel* zu tun. Mit anderen Worten, alle unsere Pflichten, selbst die der Gerechtigkeit, setzen das Prinzip des Wohlwollens *voraus*, obzwar nicht alle aus ihm ableitbar sind.«[219]

Konzepte der Kindesvertretung sind damit, jedenfalls wenn ihnen das ethische Prinzip des »Wohlwollens« zugrunde liegt, am Wohlergehen des Kindes zu orientieren. Es wird zum Leitprinzip aller Bemühungen um eine Balance zwischen der Achtung von Selbstbestimmungsrechten und der Wahrung der Schutzrechte des Kindes, ein Leitprinzip, das ohne eine Berücksichtigung des fachlichen Wissens verschiedener mit Kindern befasster Disziplinen über wahrscheinliche oder tatsächliche Auswirkungen der Vertretungskonzepte auf die vertretenen Kinder nicht zu haben ist. Nur so scheint mir die ethische Frage zu klären sein, ob das Prinzip der Gerechtigkeit eine rechtliche Gleichbehandlung von Kindern, Jugendlichen und Erwachsenen in Hinblick auf ihre Prozessvertretung gebietet, oder ob dieses Prinzip im vorliegenden Fall durch ein anderes Prinzip, nämlich das des »Wohlwollens«, verdrängt wird.[220] Hierzu noch einmal *Frankena*:

---

218 Vgl. oben S. 24 ff.
219 *Frankena* 1994, S. 64 (Hervorhebung im Original). Zum Verhältnis von Wohlwollen und Gerechtigkeit vgl. auch *Kohlberg/Boyd/Levine* 1996, S. 205 ff (insb. S. 213).
220 Aus dieser Sicht reicht die nur aus Gerechtigkeitserwägungen deduzierte verfahrensrechtliche Gleichstellung des Kindes, die *Steindorff-Classen* 1998, S. 310 vorschlägt, nicht aus, da die Verfasserin zwar die zentrale Frage, ob den Kindern durch ein eige-

>Wir dürfen nicht vergessen, dass diese Pflicht zur Gleichbehandlung zwar grundlegenden Charakter hat, aber nur prima facie besteht und dass sie unter Umständen (wobei es eine Formel zur Bestimmung dieser Umstände nicht gibt) von den Prinzipien des Wohlwollens und der Wohltätigkeit verdrängt werden kann.«[221]

Vor diesem Hintergrund ist nun aber eine grundsätzliche Skepsis, ob ein ethischer Diskurs zur Klärung der Handlungsorientierung der Kindesvertretung überhaupt beitragen kann, wohl doch nicht, zumindest nicht von vornherein, angebracht. Er hätte allerdings zur Bedingung, dass sich die Beteiligten darauf verständigen, sich um ein durch Einsicht erzeugtes Einvernehmen hinsichtlich der Leitfrage zu bemühen, welche Vertretungskonzepte die Situation der zu vertretenden Kinder und Jugendlichen weitmöglichst verbessern, sie zumindest aber nicht gefährden. Hiermit rücken zunächst primär Fach-, und nicht Moralfragen in den Vordergrund, um zu einer differenzierten Einschätzung der un-/beabsichtigten Wirkungsweisen der jeweiligen Vertretungskonzepte zu kommen.

Mit anderen Worten: Durch eine solche Übereinkunft ergäbe sich ein sinnvolles Kriterium zur Gewichtung unterschiedlicher Handlungsorientierungen und würden Strategien, um diesen Geltung zu verschaffen, in das Bemühen um eine möglichst differenzierte und realistische Argumentation überführt, in welcher Weise sich verschiedene Vertretungsformen auf die Kinder und Jugendlichen auswirken.

Gelingt dies, dürfte es erstens darauf ankommen, welches Maß an Zustimmung bestimmten ethischen Normbegründungen im Verlauf einer entsprechenden Fachdiskussion entgegengebracht wird,[222] zweitens stellt sich die Frage nach der Kodifizierung entsprechender Richtlinien[223], die drittens mit dem geltenden Recht in Einklang stehen muss,[224] um über die Reflexion eines ethisch verantwortlichen Handelns[225] hinaus auch praktische Relevanz für das Rechtsinstitut der Interessenvertretung und die Rechtssicherheit aller Beteiligten zu zeitigen. – Durch diesen dritten Aspekt wird das geltende Recht

---

nes Instruktionsrecht ein »Gefallen« oder ein »zweifelhaftes Angebot« unterbreitet wird, aufwirft, aber ausdrücklich unbeantwortet lässt.

221 *Frankena* 1994, S. 70.

222 *Brumlik* 1992, S. 32 f, weist plausibel darauf hin, dass die Zeichen für eine solche Gesprächsbereitschaft innerhalb einer pluralistischen Gesellschaft nicht schlecht stehen, wie sich etwa am Beispiel der wissenschaftlichen Theoriebildung zeigen lässt, in der einzelne Paradigmen nicht hermetisch gegeneinander abgeschlossen sind, sondern in der es durchaus auch zu »gleichsam osmotischen« Verbindungen kommt.

223 Vgl. den Vorschlag von *Weber/Zitelmann* 1999.

224 Vgl. *Brumlik* 1992, S. 208, zur Vermittlung von Berufsethik (Sozialarbeit) und Recht.

225 Dass die Ethik einer pädagogischen Verantwortung in sich selbst begründet ist und damit unabhängig von ihrer Relevanz oder Irrelevanz für die Praxis besteht, zeigt *Hoffmann* 1992, S. 295.

gleichsam zur Nahtstelle zwischen berufsethischen Orientierungen und dem zuvor diskutierten Konzept einer »Erziehung zur Mündigkeit«. Gleich welche berufsethische Begründungen für Konzepte der Kindesvertretung in der Fachdiskussion angeführt werden, müssten diese nämlich der Prüfung standhalten, ob sie einer solchen Erziehung zur Mündigkeit, zum Beispiel dem im § 1 Abs. 1 SGB VIII normierten Recht des Kindes auf »... Förderung seiner Entwicklung und auf Erziehung zu einer eigenverantwortlichen und gemeinschaftsfähigen Persönlichkeit« sowie einer am Kindeswohl ausgerichteten Verfahrensgestaltung genügen, ihm zumindest aber nicht entgegenstehen.

III. Die Interessen des Kindes

Bei der gesetzlichen Regelung der Verfahrenspflegschaft war der Gesetzgeber gefordert, die Aufgaben, Rechte und Pflichten dieser Vertretung festzulegen. So betonte *Salgo* bereits 1993 in seiner für das Bundesministerium der Justiz erstellten Studie: »Es muss klargestellt sein, wie sich der Kindesvertreter im Konfliktfall zwischen Kindeswohl und Kindeswillen zu verhalten hat.«[1] Nun ist aber im § 50 FGG weder vom »Wohl« noch vom »Willen« des Kindes die Rede, hier werden allein die »Interessen« des Kindes erwähnt.[2] So stellt sich die Frage, ob dies eine Orientierung zur Führung der Verfahrenspflegschaft bietet – und wenn ja, welche? Genauer, wie verhalten sich die Rechtskonzepte »Kindesinteresse«, Kindeswohl und Kindeswille[3] zueinander? Und welche Konsequenzen ergeben sich für die Vertretung des Kindes?

A. § 50 FGG : Die Interessen des Kindes

Was den Wortsinn des Interessebegriffs angeht, hat dieser nicht nur umgangssprachlich und in den verschiedenen Fachrichtungen ganz unterschiedliche Sinnbezüge, sondern auch der juristische Begriff der »Kindesinteressen«[4] selbst ist mehrdeutig.

So zeigt *Moritz*[5], dass dieser Rechtsbegriff im Gesetz u.a. im Kontext der Personensorge, der gesetzlichen Vertretung, vermögensrechtlicher Positionen oder des Unterhaltsrechts gebraucht wird.[6] Vorwiegend ist dort allerdings – wie in der juristischen Fachliteratur auch – von Interessen die Rede, wenn es

---

1 *Salgo* 1996, S. 570, auch 564 f, 568 ff. In diesem Sinne auch *Simitis* 1988, S. 202 f. Forderungen zur Ausweitung des Fallkatalogs und Präzisierung des Anforderungsprofils im § 50 FGG erhob und begründete auch *Weber* 1995 (a), S. 40-43.

2 Vgl. Abs. 1: »Wahrnehmung seiner Interessen«, Abs. 2: »Das Interesse des Kindes«, Abs. 3: »... die Interessen des Kindes angemessen vertreten werden«. Eine weitergehende Präzisierung der Aufgaben fehlt. Hierzu auch: *Bauer/Schaus*, BJ 1997, 162/169.

3 Vgl. hierzu auch die rechtswissenschaftliche Abhandlung von *Moritz* 1989, in deren Zentrum jedoch die (unter Einbeziehung der Nachbardisziplinen) erörterte Frage steht, wie die Kindespositionen (Kindeswohl, Kindesinteresse, Kindeswille) in bezug zum Elternrecht und Interessen des Rechtsverkehrs gestellt werden sollten.

4 Ähnlich das britische Kindeswohl-Äquivalent »Best Interests of the Child«. »Interests« stehen für a) psychologische Phänomene, d.h. Interesse zeigen, Aufmerksamkeit, b) Interesse, etwas zu gewinnen oder zu verlieren, c) etwas (x) ist im Interesse von jemandem (y), i.S. der »welfare interests«, so *Wolfson* 1992, S. 13 ff.

5 Vgl. *Moritz* 1989, S. 215-221.

6 So schrieb *Gernhuber,* FamRZ 1973, 229 f, zur »Genesis« des Kindeswohl-Begriffes: »... (früher) sprach man mehr von den Interessen des Kindes, in ökonomisch bestimmten Zusammenhängen zunächst, aber keinesfalls in ihnen allein.« In der Folge habe die Rede vom »wohlverstandenen« Interesse, wie auch vom Interesse des Wohls des Kindes die sprachliche Brücke zum Kindeswohlbegriff gebildet, welcher den Vorrang der persönlichen vor den vermögensrechtlichen Bezügen postulieren sollte.

um vermögensrechtliche Positionen und deren Kollision geht. Auch bei Einführung des § 50 FGG kam es zur Transformation des vermögensrechtlichen in den personensorgerechtlichen Interessebegriff. Zuvor nämlich hatte sich die Rechtsprechung notgedrungen mit einer Regelung des Vormundschaftsrechts beholfen, die primär auf Interessenkollisionen im vermögensrechtlichen Bereich zielte.[7]

Gesetzgebung[8] und Fachliteratur verwenden den Interessebegriff aber auch als Synonym für das Kindeswohl. *Gernhuber* führte hierzu schon 1973 aus, auch wenn eine abschließende Bestimmung dieses unbestimmten Rechtsbegriffes nicht möglich sei, könne das Wohl des Kindes begriffen werden als »das, ›was konkret im ganzen am besten den Interessen dieses Kindes in jeder Beziehung dient‹.«[9] *Moritz* erwähnt zustimmend die Auffassung des Bundesgerichtshofs, wonach der Interessebegriff nicht in gleicher Weise für alle gesetzlichen Bestimmungen festzulegen, sondern aus dem jeweiligen, speziellen Zusammenhang zu schließen ist.[10]

> »Interesse und auch ›Kindesinteresse‹ umschreiben zunächst einfach die Bedürfnisse und Vorteile, ja die allgemeine Lage einer Person oder Personengruppe. Diese unspezifische Anwendung begreift Interesse als allgemeinen Oberbegriff. Danach wären auch die individuellen Kindeswohlpositionen als Inhalte eines Kindesinteresses zu definieren.«[11]

Mit Blick auf andere Verfahrensvorschriften des Gesetzes über die Freiwillige Gerichtsbarkeit, in denen wie etwa in § 50b FGG ausdrücklich vom »Willen« des Kindes bzw. wie etwa in § 52 FGG von seinem Wohl die Rede ist, kann in

---

7 In Fällen, in denen §§ 1909, 1796, 1629 Abs. 2 S. 3 BGB die Einsetzung eines »Ergänzungspflegers« für das Verfahren erlaubten. Vgl. *Salgo* 1996, S. 427 ff, 455. Andererseits wurde der Interessebegriff in Anlehnung an den Wortlaut der §§ 67, 70b FGG in § 50 FGG übernommen. *BT-Drucks.* 13/4899, S. 129.

8 Vgl. hierzu zum Beispiel *Lüderitz* 1977, S.86, der anhand des Scheidungsfolgerechtes aufzeigt, wie die Gesetzgebung die dem schuldrechtlichen Denken verhaftete Deduktion der Personensorgezuweisung allmählich mit Hilfe der synonym genutzten Begriffe »Wohl des Kindes«, »wohlverstandene Interessen«, »Interesse des Wohles des Kindes«, »Interesse des Kindes« einschränkte bzw. ablöste.

9 Und damit wohl auch der ebd. als »Indikator« des Kindeswohls bezeichnete Wille des Kindes. Siehe *Gernhuber,* FamRZ 1973, 229/231. Auch *Wiesner,* ZfJ 1998, 178 f, verwendet den Interessebegriff in diesem Sinne.

10 Zur Bedeutung der Interessen aus rechtsphilosophischer Sicht vgl. *Zippelius* 1997, S. 41-48. Er verwendet den Interessebegriff für ökonomische und politische Interessen wie auch für individuelle Grund-/Bedürfnisse des Menschen, die durch Recht bzw. in Rechtsnormen abgewogen, ausgeglichen bzw. gewichtet und geschützt werden.

11 *Moritz* 1989, S. 217 f. Auf die im weiteren vom Verfasser vorgeschlagene Abgrenzung des »Oberbegriffes Kindesinteresse« von einem »Kindesinteresse im eigentlichen, engeren Sinne« werde ich hier verzichten, da der § 50 FGG eindeutig auf Vertretung der persönlichen Belange des Kindes (»Kindeswohlbereich«) zielt, die *Moritz* per definitionem gerade aus dem Interessebegriff i.e.S. ausklammert. Vgl. ausführlich S. 218 f.

Bezug auf § 50 FGG zunächst unterstellt werden, dass der Gesetzgeber sich hier gerade deshalb des Interessebegriffs bediente, *weil* eine eindeutige Festlegung vermieden werden sollte.[12]

Diese Annahme wird durch die subjektive Vorstellung des Gesetzgebers untermauert. In der regierungsamtlichen Begründung zu § 50 FGG wird die Bezeichnung »Interessenvertretung« wiederholt als Synonym für die »Verfahrenspflegschaft« verwendet, der die »erforderliche Parteinahme für das Wohl des Kindes«[13] im gerichtlichen Verfahren aufgetragen wird. Ebenso ist hier vom »Schutz des von diesen Verfahren betroffenen Kindes« die Rede, der seitens einer solchen Vertretung sichergestellt werden soll.[14] Auch der Hinweis, dass sich die »Rechtsfigur« des Verfahrenspflegers an den Vorschriften der §§ 56 f Abs. 2 FGG (Vertretung im Aufhebungsverfahren eines Annahmeverhältnisses) und 70b FGG (Interessenvertretung im Unterbringungsverfahren) orientiert, lässt diesen Schluss zu. So weisen *Früh* zufolge in diesen Verfahren das ...

> »... Mandatsverhältnis und das Verhältnis zwischen Verfahrenspfleger und Kind erhebliche Unterschiede auf: Während der Rechtsanwalt weitgehend an die Wünsche und Vorstellungen seines Mandanten gebunden ist, nimmt der Verfahrenspfleger als vom Gericht bestellter Interessenvertreter des Kindes eine eher objektive Stellung ein.«[15]

Dabei ist der Verfahrenspfleger, der gem. § 70b Abs. 1 S. 1 FGG im Verfahren wegen freiheitsentziehender Unterbringung (z.B. im geschlossenen Heim oder der Kinder- und Jugendpsychiatrie) zu bestellen ist, allerdings nicht mit einem das Gericht unterstützenden Gutachter gleichzusetzen, so *Salgo*. Er beschreibt die Rolle dieser Vertretung vielmehr wie folgt:

> »... dieser (muss) ›*das Wohl des Kindes*‹ vertreten, was ihn nicht der Aufgabe enthebt, *explizite Wünsche und den Willen* des Minderjährigen so authentisch wie nur möglich *dem Gericht zu übermitteln,* und im Konfliktfall zwischen Kindeswohl und Kindeswillen dafür Sorge zu tragen, dass *beides* in das Verfahren eingebracht wird.«[16]

---

12 So auch die Richterin am BVerfG *Hohmann-Dennhardt,* Protokolldienst 2000, 3/6 f, die fragt, »wie sich auf den Erfolg der jungen verfahrensrechtlichen Errungenschaft auswirken kann, dass der Gesetzgeber bewusst davon abgesehen hat, hinsichtlich der Ausgestaltung der Verfahrenspflegschaft Vorgaben zu machen« und die Aufgabenerfüllung »allein mit der Wahrnehmung der Kindesinteressen umschrieben hat.«

13 *BT-Drucks.* 13/4899, S. 130.

14 *BT-Drucks.* 13/4899, S. 131.

15 *Früh* 1992, S. 100 f.

16 *Staudinger-Salgo* § 1631b, Rz. 38 (Hervorhebung im Original).

Neben den genannten Aspekten erhärtet aber auch der objektive Zweck des Gesetzes diese Interpretation. Obgleich das Gesetz weder eine »ausdrückliche« Entziehung der elterlichen Vertretungsmacht noch einen »besonderen Bestellungsakt« vorsieht, ist die Interessenvertretung nicht nur von ihrer Entstehungsgeschichte, sondern auch von ihrem Zweck her am Rechtsinstitut der Pflegschaft orientiert.[17] So heißt es unmissverständlich in der regierungsamtlichen Begründung:

> »Für die Durchführung des gerichtlichen Verfahrens tritt der Verfahrenspfleger an die Stelle des gesetzlichen Vertreters und hat an dessen Stelle die Kindesinteressen in das Verfahren einzubringen.«[18]

§ 50 FGG soll folglich bei erheblichen Interessenkonflikten den faktischen Ausfall der dem Wohl des Kindes verpflichteten Sorgeberechtigten ausgleichen, indem ein »Pfleger« für das Verfahren eingesetzt wird.[19] Zieht man also analog die gesetzlichen Bestimmungen zur Führung von Pflegschaften heran, so zeigt sich, dass es hier primär auf eine Vertretung des Kindeswohls ankommt, als dessen integraler Bestandteil der Wille des Kindes (im Sinne des § 1626 BGB) jedenfalls zu berücksichtigen ist.[20]

Auch das Bundesverfassungsgericht, das sich schon wenige Wochen nach Einführung des § 50 FGG zu dieser Norm äußerte, stellte im Fall eines zu besorgenden Interessenkonfliktes zwischen Eltern und Kind auf die Erforderlichkeit einer Parteinahme für das Kindeswohl durch die Bestellung eines Verfahrenspflegers ab. Dieser solle an Stelle der hierzu zuvörderst berechtigten El-

---

17 Vgl. auch *Steindorff-Classen* 1998, S. 39. Die Begründung des Regierungsentwurfes zeige, dass der Verfahrenspfleger ein weiterer Garant des Kindeswohls sei. A.M. *OLG Frankfurt,* FamRZ 1999, 1293/1294: »Der ges. Auftrag des Verfahrenspflegers entspricht also in etwa dem der von den Eltern berufenen Rechtsanwälten.«

18 Vgl. *BT-Drucks.* 13/4899, S. 76, 129 ff. *Bassenge/Herbat,* § 50 FGG, Rz. 12 kommentieren: »Der Pfleger hat die Stellung eines gesetzlichen Vertreters ...« – Mit *Bauer/Schaus,* BJ 1997, 162/169, ist die fehlende Abgrenzung der Kompetenzen der Sorgeberechtigten und des Verfahrenspflegers zu kritisieren, die Streitigkeiten, und damit erhebliche Verfahrensverzögerungen und Irritationen, insbesondere auch des Kindes, erwarten lässt. Kritisch auch *Deutscher Familiengerichtstag* 2000, S. 118, 137.

19 Diese Analogie zur elterlichen Sorge stellt auch *Stuckey* bezüglich der Rolle der Interessenvertretung in den USA her. Er wendet sich gegen die Position der *American Bar Association (ABA)* ein, das Kind bedürfe vorrangig einer Vertretung seiner wohlverstandenen Interessen (S. 1813, Fn. 80). Die Kindesvertretung übernehme – für den begrenzten Zweck der Vertretung – die Aufgabe der Eltern und solle das Kind so einbeziehen und vertreten, wie es verantwortliche Eltern tun würden. Bei älteren Kindern sollte der Wille des Kindes dem Gericht mitgeteilt werden. Entsprechend folgert *Stuckey,* im dualen Modell solle der *guardian* und nicht der Anwalt oder das Kind die Vertretungsziele bestimmen. Vgl. *Stuckey* 1996, S. 1785-1818. Vgl. auch *Duquette* 1995, S. 115, 126.

20 Vgl. § 50 FGG i.V.m. § 1915 Abs. 1 BGB i.V.m. § 1793 Satz 2 BGB, der auf § 1626 Abs. 2 BGB verweist. Dieser Paragraphenpfad, der sich juristischen Laien wohl kaum erschließt, macht die Dringlichkeit einer Klarstellung im Gesetzestext selbst deutlich.

tern sicherstellen, dass der verfassungsrechtliche Grundrechtsschutz des Kindes und sein Anspruch auf rechtliches Gehör[21] im Verfahren gewahrt würden, wenn das Alter und die Reife des Kindes eine eigene Wahrnehmung seiner Verfahrensrechte nicht erlaubten.[22] Zur Sicht des Bundesverfassungsgerichtes (BVerfG) hatte im übrigen bereits 1995 *Seibert* folgende Feststellungen getroffen:

> »Zu der Diskussion über den ›Anwalt des Kindes‹ kann ich aus der Sicht des BVerfG daher nur sagen, dass es manchmal sicher hilfreich wäre und das BVerfG entlasten könnte, wenn die Belange des Kindes schon im Ausgangsverfahren durch einen Vertreter seiner Interessen deutlich gemacht würden. Das gilt insbesondere für Fälle, in denen sich auch das Jugendamt in einem Interessenkonflikt befindet. Allerdings würde das voraussetzen, dass die Verfahrenspfleger eine *hinreichende Vorstellung von ihrer Aufgabe* haben. Insbesondere müssen sie bereit sein, sich zunächst ein *eigenes Bild von der Situation des Kindes* zu verschaffen und *selbst zu beurteilen, was dem Wohl des Kindes dient.*«[23]

Ähnlich auch die Kommentierung von *Engelhardt*. In Verfahren nach §1666, 1666a BGB, in denen es häufig um die Klärung eines »Fehlverhaltens gegenüber dem Kind (Misshandlung/Missbrauch)« geht.

> »... daher steht das Kind in diesen Verfahren oft in einem Loyalitätskonflikt, der es daran hindert, die eigenen Interessen hinreichend wahrzunehmen – das Kind zeigt nicht selten Überanpassungsbereitschaft und will trotz schweren Fehlverhaltens der Eltern bei ihnen bleiben – und zum Ausdruck zu bringen. Zum Schutz des Kindes ist daher regelmäßig ein Verfahrenspfleger zu bestellen.«[24]

Borth, Vorsitzender des Familiensenates am OLG Stuttgart, stellt fest: Aus der Abgrenzung von der Rolle der Eltern, des Richters, des Jugendamtes und Sachverständigen folge:

---

21 Auf diesen Anspruch i.S. d. Art. 103 GG wurde im übrigen auch in einem Fall verwiesen, in dem es um die Vertretung eines Säuglings ging (http://www.bverfg.de, 1 BvR 1403/99 vom 26.8.1999), so dass es also nicht nur um das unmittelbar Gehör, sondern auch um die stellvertretende Geltendmachung der Kindesinteressen im Verfahren geht.

22 Vgl. *BVerfG*, FamRZ 1999, 85/88. »*Ohne Verfahrenspfleger* wäre das betroffene Kind auf den Vortrag der Eltern und die Ermittlungen des Gerichts angewiesen, während beide Eltern ihre Interessen eigenständig wahrnehmen und vertreten können. Eine solche Verfahrensgestaltung würde nicht hinreichend sicherstellen, dass das Kindeswohl beachtet wird, wenn die Eltern das Verfahren zur Wahrung ihrer eigenen Interessen führen.« (85/87, Hervorhebung im Original).

23 *Seibert,* FamRZ 1995, 1457/1462 (Hervorhebung MZ).

24 *Keidel-Engelhardt* § 50 FGG, Rz. 11.

»(1) *Der Verfahrenspfleger muss* in Bezug auf den jeweiligen Verfahrensgegenstand ... *die in §§ 1626 ff. BGB definierten Rechte des Kindes bestimmen* und
(2) das jeweilige Begehren der Eltern daraufhin überprüfen, ob und in
welchem Umfang die Interessen des Kindes konkret betroffen sind.«[25]

Noch deutlicher argumentiert sein Kollege *Motzer,* Richter am selben Oberlandesgericht. Vom gesetzlichen Leitbild her habe die Interessenvertretung auch
die »objektiven Kriterien des Kindeswohls« ins Blickfeld zu nehmen.[26] Zu einem vergleichbaren Ergebnis kam man auch während des 13. Deutschen Familiengerichtstages im Herbst 1999: »Um die Interessen des Kindes im Verfahren zu wahren, bedarf es der Einbringung des Willens und des Wohls des
Kindes in das gerichtliche Verfahren.«[27]
    Der Begriff der Kindesinteressen im § 50 FGG ist folglich mit *Moritz* als »all-
gemeiner Oberbegriff« zu definieren, der »auch die individuellen Kindeswohl-
positionen als Inhalte eines Kindesinteresses« umfasst.[28] § 1626 Abs. 2 BGB,
der wie oben dargelegt sinngemäß die Führung der Verfahrenspflegschaft anleiten dürfte, gibt ferner Auskunft, welcher Bezug zwischen dem »Willen« und
den »Interessen« des Kindes besteht:

»Bei der Pflege und Erziehung berücksichtigen die Eltern die wachsende
Fähigkeit und das wachsende Bedürfnis des Kindes zu selbständigem verantwortungsbewusstem Handeln. Sie besprechen mit dem Kind, soweit es
nach dessen Entwicklungsstand angezeigt ist, Fragen der elterlichen Sorge und streben Einvernehmen an.«

Die eigenen Präferenzen des Kindes zählen demnach zweifellos zu seinen Interessen und sind bei der Bestimmung und Vertretung der »wohlverstandenen« Kindesinteressen zu berücksichtigen und in das Verfahren einzubringen.
Auch diese Auffassung wird von der regierungsamtlichen Begründung des
§ 50 FGG gestützt. Die Interessen des Kindes, heißt es hier, sollen in einer
Weise in das Verfahren eingebracht werden, die der grundrechtlichen Position des Kindes hinreichend Rechnung trägt. Während Eltern einen Rechtsanwalt beauftragen können, ist das Kind darauf angewiesen, seine »Vorstellungen und Wünsche bei der richterlichen Anhörung geltend zu machen.« Folglich bedürfe es einer Person, die allein die Kindesinteressen (hier also: Kindeswohl *und* Kindeswille) im Verfahren wahrnimmt.[29] Noch deutlicher wird die
Begründung an anderer Stelle, die den möglichen Konfliktfall zwischen dem

---

25 *Borth,* KindPrax 2000, 48/50. (Hervorhebung MZ)..
26 *Motzer,* FamRZ 1999, 1101/1105.
27 *Deutscher Familiengerichtstag* 2000, S. 118; *Marquardt,* FPR 1999, 338.
28 *Moritz* 1989, S. 219 f. Dagegen *Stadler/Salzgeber,* FPR 1999, 329/331, Fn. 25.
29 *BR-Drucks.* 180/96, S. 139 f.

Willen und Wohl eines Kindes im Verfahren nach §§ 1666, 1666a BGB nennt, in dem es um die Maßnahmenwahl der Trennung des Kindes und seiner Eltern geht.

> »Oftmals wird die Anregung ... vom Jugendamt ausgehen. Aus der Sicht des Kindes, das nicht selten auch dann, wenn die Vorwürfe zutreffend sind, in seiner Familie verbleiben möchte, werden seine Interessen von dem Jugendamt nicht hinreichend wahrgenommen werden können. Wegen der Schwere des Eingriffs ist bei dieser Fallkonstellation in der Regel eine Verfahrenspflegerbestellung erforderlich.«[30]

Hier ist nun eindeutig von den selbst definierten Interessen des Kindes die Rede, die durch die Einführung der Verfahrenspflegschaft für Minderjährige geschützt werden sollen und ebenso wie das Kindeswohl durch die Interessenvertretung wahrzunehmen sind. In welchem Verhältnis Wohl und Wille stehen, ob es genügt, die Position des Kindes gemäß § 1626 Abs. 2 BGB zu berücksichtigen oder ob sie zur Absicherung der richterlichen Entscheidungsgrundlagen gesondert in das Verfahren einzubringen und unter welchen Voraussetzungen sie zu vertreten sind, ist offen.

B. Der Interessebegriff in anderen Disziplinen

Ein literarischer Streifzug durch die Psychologie, Pädagogik und Soziologie zeigt, dass die Rede von den Interessen (des Kindes) nicht nur im Recht, sondern auch zwischen und in diesen Disziplinen vielfältige Sinnbezüge hat. So erlauben zwar manche der nachstehende Ansätze Bezüge zum rechtlichen Konstrukt der Kindesinteressen und können Impulse geben, über dieses nachzudenken; als simple »Füllmasse« des unbestimmten Rechtsbegriffes der Kindesinteressen eignen sie sich aber nicht.

Neben einem Ansatz, der Interesse als eine Emotion beschreibt[31] wird in der Psychologie auch die Auffassung vertreten, Interesse sei als motivationstheoretisches Konzept zu begreifen.[32] Demnach steht Interesse für längerfristige

---

30 *BR-Drucks.* 180/96, S. 141.

31 Beide Ansätze gelten als strittig. Vgl. *Geppert/Heckhausen* 1990, S. 130 f. Interesse als basale Emotion trägt, kurz gesagt, zur Adaption des Kindes an die Umwelt und zu seiner kompetenten Interaktion mit dieser bei (S. 134). Die Entwicklung dieses informationsverarbeitenden Affektes setzt die Erwartung des Subjektes voraus, dass es Neues angemessen verarbeiten kann, was zu erhöhtem Wohlbefinden führt. Ist eine Person mit dieser Verarbeitung (Assimilation, Coping) überfordert, kann eine Haltung entstehen, bei der das »Subjekt immer schon (weiß), dass es nichts weiß« und eine erhöhte Ordnungsbildung der Welt bewirken, die allerdings in »wesentlichen Bereichen undifferenziert, falsch und vor allem nicht modifizierbar ist«. *Krause* 1990, S. 670.

32 Vgl. *Geppert/Heckhausen* 1990, S. 170.

und relativ stabile Beziehungen des Selbst zu Objekten und kann sich auf Menschen, Dinge, Objektklassen, Aktivitäten u.a.m. beziehen.[33] Interesse entsteht, wenn die Grundrichtung der Strebungen des jeweiligen Menschen ein Objekt findet, dem er in einer spezifischen Situation Bedeutung zuerkennt. Den Zusammenhang, der so zwischen der Persönlichkeit des Menschen und seinen subjektiven Interessen besteht, bringt *Revers* so auf den Punkt: »Es ist eine psychologische Selbstverständlichkeit, dass wir an seinen Interessen den Menschen erkennen.« [34]

Aus psychoanalytischer Sicht wurden Interessen zunächst unter den Begriff des Triebderivats subsumiert. Nachdem ihr »Ich-Aspekt« jedoch stärker betont wurde, werden sie nun als prinzipiell erlebbare und differenzierte Erlebensqualität beschrieben: »... das Ich (ist) der Ort, in dem konkrete Bedürfnisse und Interessen sich bilden und erlebbar werden«, so *Mentzos*.[35] In der psychoanalytischen Theoriebildung[36] ist das »Ich-Interesse« besonders hinsichtlich der Konfliktverarbeitung durch die sog. Gegenbesetzung bedeutsam. Ich-Interessen werden mobilisiert, um abgewehrten Wünschen zur Befriedigung zu verhelfen. Je authentischer das »Ich-Interesse« des Menschen an einer Sache ist und je mehr sie dem Ich an Befriedigung verspricht, desto mehr eignet es sich zur Gegenbesetzung abgewehrter Wünsche und zur sublimierten oder auch neurotischen Ersatzbildung.[37]

In der Pädagogik bezeichnet der Interessebegriff ähnlich wie in der Psychologie u.a. eine dauerhafte Disposition des Subjekts zur erhöhten Aufmerksamkeit und regen Anteilnahme[38], zuweilen auch zum Handeln als »Tunsbereitschaft«. Der Entwicklung von Interessen wird in Hinblick auf Erziehungs- und Bildungsprozesse eine bedeutsame Rolle zugeschrieben. Sie gilt als zentrales Moment der Persönlichkeitsentfaltung des Kindes.

Schleiermacher sah im Interesse, in der »Liebe zur Sache«, die unabdingbare Voraussetzung, um momentan aufgefasste Vorstellungen dauerhaft zu behalten, aber auch um eine starke Urteilskraft auszubilden.[39] Ebenso befasste sich sein Zeitgenosse *Herbart* intensiv mit dem Interesse. Er wies der Entwicklung und Förderung eines »vielseitigen Interesses« einen zentralen Stellenwert in seiner didaktischen Konzeption zu, das den Schüler in die Lage ver-

---

33 Vgl. hierzu *Oerter* 1995 (c), S. 772-786.

34 *Revers* 1949, S. 47; vgl. auch S. 40-49.

35 *Mentzos* 1984, S. 29.

36 *Balint* 1969 (1938), S. 202 ff, diskutierte die Ich-Interessen und die Ich-Stärke aus anderer Sicht. Er sah deren Förderung durch Lernprozesse als immanentes Moment der Analyse (im Prozess des Durcharbeitens), wie auch der Pädagogik – soweit sie nicht mit einer Über-Ich Erziehung gleichgesetzt wird, sondern dem Ich dazu verhilft, Verdrängtes ertragen zu lernen und die Erfahrung neuer Zusammenhänge zu machen.

37 Vgl. *Müller-Pozzi* 1995, S. 172-183.

38 Vgl. *Neuendorff* 1973, S. 20 f. Zum Interessebegriff in der Pädagogik vgl. auch *Schiefele/ Prenzel* 1991, S. 818-823.

39 »... das Gedächtnis selbst ist nichts anderes als das momentane Produkt des natürlichen Interesses.« *Schleiermacher* 1983 (1826), S. 322.

setzen sollte, selbständig und ausdauernd, sachgerecht und kritisch zu lernen.[40] »Das Interesse«, so *Herbart,* »geht aus von interessanten *Gegenständen* und *Beschäftigungen.* Durch den *Reichtum* derselben entsteht das *vielseitige* Interesse.«[41] Der Schüler solle befähigt werden, sein Interesse in vielerlei Richtungen zu lenken, welche »ebenso bunt auseinanderfahren sollen, als ihre Gegenstände uns bunt und mannigfaltig erscheinen« und diese vielen Seiten in seiner Person vereinen.[42] Die Vielfalt an Interessen verschaffe dem Kind den zur Persönlichkeitsentfaltung erforderlichen Raum. Deshalb sei es die Förderung vielseitiger Interessen, die es dem Zögling erlaube, den persönlichen Interessen nachzugehen, was der Erzieher, der den »künftigen Mann beim Knaben« vertritt, zu beachten habe.[43] Neben diesem mannigfaltigem »Interesse der Erkenntnis«, das das Kind zum eigenen Umgang mit Urteils-, Geschmacks- und Wertfragen befähigen solle, stellte *Herbart* das »Interesse der Teilnahme«. Ausgehend von den Gemütsregungen Sympathie und Antipathie solle es weitergebildet werden und in ein Interesse an den dem Einzelinteresse übergeordneten gesellschaftlichen Forderungen und religiösen Fragen münden.[44]

An dieser Einteilung der Interessen in solche der Erkenntnis und solche der Teilnahme knüpfte zu Beginn des 20. Jahrhunderts auch der Pädagoge und Bildungstheoretiker *Kerschensteiner* an[45], der der Interessentheorie ebenfalls maßgebliche Bedeutung für die Pädagogik zuerkannte. Doch kritisierte *Kerschensteiner* zunächst den geringeren Stellenwert, den *Herbart* dem »Interesse der Erkenntnis« in der kindlichen Entwicklung zuwies. Später verwarf er »... Herbarts Lehre, weil sie den Sachverhalt auf den Kopf stelle und Interessen aus Gedanken hervorgehen lasse, statt umgekehrt die bestimmende Rolle des Interesses für die Gesamtgestalt der Person zuzugeben«.[46] Das pädagogische Anliegen, ein möglichst vielseitiges Interesse auszubilden, sei nämlich »... da verloren, wo kein in der Seele nach außen Drängendes, d.h. mit anderen Worten keine Funktionsanlage oder Neigung, vorhanden ist.«[47]

---

40 Vgl. hierzu ausführlich: *Geißler* 1991, S. 242 ff.

41 *Herbart* 1887 1. Buch 2. Cap. (Erschj. 1806), S. 35. (Hervorhebung im Original).

42 *Herbart* 1887 2. Buch 1. Cap. (Erschj. 1806), S. 37.

43 *Herbart* 1887 1. Buch 2. Cap. (Erschj. 1806), S. 27. Vgl. auch *Roth* 1976, S. 277.

44 Vgl. *Roth* 1976, S. 278 f.

45 So *Wilhelm* 1957, S. 162, in einem Abriss über *Kerschensteiners* Interessenlehre. Auf die Habilitationsschrift dieses Verfassers stützen sich auch folgende Ausführungen, da eine umfassende Auseinandersetzung mit *Kerschensteiners* Schriften zum Interessebegriff (z.B. Charakterbildung 1915, Theorie der Bildung 1928) den Rahmen dieser Arbeit sprengen würde.

46 *Wilhelm* 1957, S. 167.

47 *Kerschensteiner* 1915, S. 164. »Interesse«, so *Kerschensteiner,* ist »... ein Seelenzustand, in welchem eine wachgewordene Neigung (Trieb, Instinkt) einem Gegenstand und allen Handlungen zugewendet ist, die als Mittel zu einem Ziele dieser Neigung dienen.« Diese Interessentheorie sei von pädagogischer Tragweite, da sie »den Erzieher vor allem auf die *angeborenen* Neigungen, Begabungen, Wachstumsbedürfnisse (weist)«. *Kerschensteiner,* Vortragsdisposition »Der Interessebegriff in der Pädagogik«, Wiesbaden 1921 (Hervorhebung im Original), dokumentiert in: *Wilhelm* 1957, S. 240 ff. Hierzu führt *Roth*

Eine neuere Definition des pädagogischen Interessebegriffs, die beide Sichtweisen vereint, findet sich in der 1976 veröffentlichten »Pädagogischen Anthropologie« des Erziehungswissenschaftlers *Roth*. Er sah im Interesse ein angeborenes, maßgeblich durch Umwelt und Erziehung beeinflusstes – dem Antriebssystem des Menschen zuzurechnendes – dauerhaftes Wollen, eine »Tunsbereitschaft«:

> »Die *Interessen* müssen wir verstehen als den Erfahrungsniederschlag unseres Begehrens und Wollens. Gemeint sind damit alle erworbenen Bedürfnisse, ... alle Strebungen und Interessen, die sich gemäß unserem Sach- und Werterleben in uns gebildet und formiert haben. Die Interessen sind in der Regel Tunsbereitschaften, die sich zwischen unseren Pflichten und Neigungen als ›Interessenwelt‹ aufgebaut haben. Wir müssen sie als Triebfedern, Energiespender und Energieraffer verstehen, die sich in der Auseinandersetzung mit der Welt aus angeborenen Bedürfnissen heraus entwickelt und abgezweigt haben und keines jeweils neuen Willensanstoßes mehr bedürfen, sondern leicht, wie von selbst, auf bestimmte Objekte, Aufforderungen und Aufgaben anspringen.«[48]

Mit Interessen, folgert *Roth* abschließend, »sind all unsere Vorlieben und Abneigungen gemeint, die sich in uns verfestigt und bereitgestellt haben«. Sie gehen über »wohlwollende, bejahende erfreuende Gefühle« und Gesinnungen hinaus, und setzen Energie zur aktiven Pflege des Objektes frei, an die sie gebunden sind.[49]

Aus gesellschaftswissenschaftlicher Sicht, die wohl die größte Nähe zum Rechtsbegriff der Kindesinteressen aufweist, definiert *Neuendorff* interesseorientiertes Handeln als Versuch einer Absicherung gegen resultatmindernde, unvorhersehbare Risiken, die einer Situation infolge der »zeitlichen Erstreckung der Handlung« innewohnen. Seine Abhandlung zeigt – nebenbei bemerkt – eindrucksvoll, wie sich der rechtliche Interessebegriff in seiner sachlichen und sozialen Bedeutung geschichtlich ins Gegenteil verkehrte, bis er schließlich »Vorteil« und »Nutzen« bezeichnete, wohingegen die zeitliche Dimension dieses Begriffes erhalten blieb.[50]

---

aus: »Was der Mensch mit seinem Interesse ergreife, stelle sich nicht als »Reaktion« auf interessante Gegenstände oder Beschäftigungen heraus, sondern sei das Ergebnis eines Vorgangs, bei dem die Seele ›sua sponte‹ handle. In deutlicher Anlehnung an Dewey wird die Herbartsche Lehre, die Erziehung habe durch Pflege des Vorstellungskreises Interessen *hervorzurufen,* abgewiesen und durch die Lehre ersetzt, dass die Erziehung Interessen nur *wahrnehmen* könne. Interessen haben die Kraft der Triebe, sie ›drängen nach außen‹ und ›gestalten nach innen‹. Interesse ist Selbsttätigkeit.« *Roth* 1976, S. 165 (Hervorhebung im Original).

48 *Roth* 1976, S. 405 f (Hervorhebung im Original), vgl. auch S. 266.
49 *Roth* 1976, S. 406.
50 *Neuendorff* 1973, S. 15. Wortursprung dieses Interessebegriffs ist das lateinische Verb

Auch weist *Neuendorff* darauf hin, dass sich im Interesse[51] zugleich ein Drittes konstituiert, das zwischen Person und Handlung oder auch Person und Objekt fungiert. Er veranschaulicht dies an einer polemischen Äußerung von *Marx* und *Engels,* die dies wie folgt auf die Spitze trieben:

> »... im Interesse schiebt der reflektierende Bourgeois immer ein Drittes zwischen sich und seine Lebensäußerung, eine Manier, die wahrhaft klassisch bei Bentham erscheint, dessen Nase erst ein Interesse haben muss, ehe sie sich zum Riechen entschließt.«[52]

Die unpersönliche grammatikalische Konstruktion bringt die Person, die ein Interesse hat, zum Verschwinden. Sie setzt sie zumindest nicht notwendig als diejenige voraus, die das Interesse, auch wenn es ihr höchstpersönliches ist, definiert. Der Gesellschaftswissenschaftler *Ritsert* schlägt diesem Sachverhalt entsprechend vor, den Interessebegriff[53] aufzuspalten. Er unterscheidet zwischen »Interessen im engeren Sinne«, die sich mit dem Standpunkt (handlungsleitenden Orientierungen, Erwartungen, Wissenskomponenten) des Akteurs decken, während die »Interessenlage« eines Subjekts oder einer Interessengruppe auch oder sogar ausschließlich vom Beobachterstandpunkt aus feststellbar wäre.[54]

»inter-esse«, d.h.: »Dazwischen-sein in Raum und Zeit«. Das römische Recht verwendete den Begriff zunächst für den aus einer Ersatzpflicht resultierenden Schaden. Im Mittelalter wurde er i.d.S. auch in der deutschen juristischen Fachsprache gebraucht und umgangssprachlich mit »Schaden« verdeutscht. Ab dem 15. Jahrhundert bezeichnete »Interesse« den Zins bzw. die Gebühr, die beim Geldverleih zum Vorteil des Gläubigers zu zahlen war. Von dem aus Sicht des Geldverleihers entstehenden Vorteil dürfte sich die heutige Bedeutung von Interesse als Vorteil und Nutzen herleiten, wobei sich der Begriff in der Neuzeit auf der sozialen und sachlichen Ebene in sein Gegenteil verkehrte: von der Sicht des Geldleihers zu der des Gläubigers. Vgl. *Neuendorff* 1973, S. 10-30. De lege lata »steht ›Interesse‹ vorwiegend als Bezeichnung des Umfangs des Schadensersatzes«, so auch *Moritz* 1989, S. 217.

51 Diese verdinglichende Eigenschaft klingt im lateinischen Terminus »interest« an, den *Neuendorff* mit »es ist von Wichtigkeit, es ist von Bedeutung, es ist daran gelegen« übersetzt. Vgl. 1973, S. 10, 16 ff.

52 *Marx* und *Engels* 1845/1846, S. 194, befassen sich hier mit dem Gegensatz von Pflichten und Interessen, die als zwei sich ergänzende Seiten der bürgerlichen nicht aber der kommunistischen Gesellschaft zu begreifen seien. Im o.g. Zitat polemisieren sie gegen *Bentham,* einen bürgerlichen Soziologen, der (hierzu *Nagel* 1992, S. 335 f) das menschliche Verhalten ausschließlich durch das Lustprinzip determiniert sah. Nur in einem Weltzustand, in dem das Glück der Person zugleich auch dem Gemeinwohl zuträglich sei, könne diese Person dem allgemeinen Nützlichkeitsprinzip gemäß wirken.

53 Definition des Interessebegriffs von *Ritsert* 1988, S. 323: »Eine Handlung oder Handlungsstrategie ist im Interesse von A, wenn sie – die Motive und Orientierungen von A gegeben – die tatsächliche Situation (Interessenlage) den Motiven von A gemäß verbessert oder wenigstens auf dem gleichen Niveau stabilisiert wie bisher.«

54 *Ritsert* 1988, S. 325 f. Zur Problematik einer Annahme von »real interests« bzw. einem »false consciousness« in Bezug auf die Interessenlage im soziologischen Diskurs, vgl. *Barry* 1989, S. 303-306.

Ähnlich unterschied bereits *Nelson* den Interessebegriff in seiner Grundlegung für eine ethische Wissenschaft, der »Kritik der praktischen Vernunft«:

> »Wir wollen ein Interesse *objektiv* nennen, wenn es von seinem Gegenstand einen Wert erhält, der ihm unabhängig davon zukommt, dass er Gegenstand eines Interesses ist, und *subjektiv,* wenn diese Bedingung nicht erfüllt ist.«[55]

Subjektive Interessen bezeichnete er als von der Einsicht des Menschen unabhängige Gegebenheiten. Da sie nichts behaupten, was ihr Dasein übersteigt, können sie weder wahr noch falsch sein und sich logisch auch nicht widersprechen, sondern allenfalls miteinander kollidieren. Ihre Abwägung erfolgt durch das Subjekt selbst und bestimmt sich unabhängig von dem Gegenstand, auf den sie sich richten. Objektive Interessen behaupten hingegen einen objektiven Wert und leiten sich von diesem her. Da sie auf Behauptungen beruhen, können sie falsch oder wahr sein. Zur Definition eines »wahren Interesses« abstrahierte *Nelson* von zwei möglichen Irrtümern: vom theoretischen Irrtum, der aus einer unzulänglichen Beurteilung der Situation resultiert sowie vom praktischen Irrtum, bei dem einem Interesse nicht die dem objektiven Wert seines Gegenstandes angemessene Stärke zukommt (Wertvolleres wird nicht erkannt bzw. dem weniger Wertvollen vorgezogen).[56] Er schlug folglich vor, zwischen »faktischen Interessen« einerseits und »wahren Interessen« andererseits zu unterscheiden, so dass kein Widerspruch sei, »... wenn wir sagen: jemand interessiert sich für etwas, was nicht in seinem wahren und wohlverstandenen Interesse liegt.«[57] Der Begriff der »wohlverstandenen Interessen« bringe zum Ausdruck, ...

> »... dass der Mensch sie haben würde, wenn er seine Situation recht verstünde, und dass er sie also nur darum nicht hat, weil er seine Situation missversteht, d.h. weil er in einem Irrtum befangen ist.«[58]

---

55 *Nelson* 1916, S. 246. Daneben unterschied der Verfasser unmittelbare Interessen, die sich direkt auf ihren Gegenstand richten (z.B. ein Frierender, der sich zu wärmen wünscht), und mittelbare Interessen. Diese seien entweder auf andere zweckmäßige Interessen (z.B. Arbeit zu finden, um den Lohn für etwas auszugeben) oder auf einen Teil einer als solche interessierenden Klasse von Gegenständen gerichtet. Sie setzten stets einen Reflexionsakt voraus, seien *reflektierte* Interessen, während unmittelbare Interessen »dunkel« blieben oder durch Reflexion erhellt werden könnten. Vgl. S. 355 ff.

56 *Nelson* 1916, S. 246-249, 256 f.

57 Vgl. *Nelson* 1916, S. 583. Die ethische Bestimmung der Materie der Pflicht habe dementsprechend die wohlverstandenen Interessen zu berücksichtigen.

58 *Nelson* 1916, S. 187.

C. Versuch eines fächerübergreifenden Brückenschlags

Wie sich zeigt, ist der in § 50 FGG nicht näher bestimmte Interessebegriff ungeeignet, die Aufgaben der Kindesvertretung zu klären. Auf dem Weg der Auslegung, ergibt sich allerdings zumindest, dass dieser vieldeutige Begriff hier das Kindeswohl und den Kindeswillen umfasst. Die unspezifische Verwendung des vieldeutigen Interessebegriffs im Gesetzestext lässt allerdings Probleme in der Praxis erwarten.

So ist einerseits zu befürchten, dass insbes. RechtsanwältInnen (ihrem professionellen Selbstverständnis entsprechend) eine Gleichsetzung des »Kindeswillens« mit den »Interessen des Kindes« vornehmen und die vom Gesetzgeber intendierte »erforderliche Parteinahme für das Wohl des Kindes«[59] ausbleibt.[60] Nicht minder problematisch ist andererseits, dass § 50 FGG in seiner gegenwärtigen Fassung keineswegs sicherstellt, dass der Kindeswille (von sich primär vormundschaftlich verstehenden pädagogischen Fachkräften) überhaupt in das Verfahren eingebracht und dort präsent gehalten wird, wie dies die Fachöffentlichkeit einhellig befürwortet.[61]

Indes, es ist der *unspezifische* Gebrauch des Interessebegriffes im § 50 FGG und nicht der Terminus selbst, der Kritik verdient. Abgesehen von seiner mangelnden Konkretion ist er als Oberbegriff durchaus geeignet, um die Aufgaben einer Vertretung zu bezeichnen, die sich – in welcher Weise auch immer konkret – am Wohl *und* am Willen des Kindes orientieren und diese im Verfahren zur Geltung bringen soll. Im Rückgriff auf *Nelson* möchte ich also vorschlagen, den Begriff beizubehalten und ihn zunächst ...

> »... in dem weitest möglichen Sinn zu gebrauchen. Denn wir haben zwar manche Worte, die engere Begriffe bezeichnen; es würde uns aber ein Wort fehlen, das den weiteren Begriff bezeichnet, und ein solches brauchen wir, um uns über den Begriff, auf den es uns hier ankommt, zu verständigen.«[62]

---

59 *BR-Drucks.* 180/96, S. 140.

60 Von dieser Praxis zeugten schon Vertretungskonzepte im Vorfeld der Kindschaftsrechtsreform, in denen sich KindesanwältInnen den expliziten (!) gesetzlichen Bestimmungen über die Führung von Ergänzungspflegschaften zum Trotz ausschließlich am Kindeswillen orientierten. Vgl. oben S. 39 ff.

61 Mit *Nelsons* Definition des Begriffs der »wohlverstandenen Interessen« lässt sich diese Forderung untermauern. Eröffnet sie doch dem Gericht die Möglichkeit, deutlich zwischen dem Sachverhalt (Ermittlung des Kindeswillens sowie der sonstigen relevanten Gegebenheiten des Einzelfalles) und den hieraus gefolgerten Schlüssen zu trennen und Empfehlungen der Interessenvertretung auf Irrtümer zu prüfen.

62 *Nelson* 1916, S. 346 f (§ 168).

Verdichten sich doch gerade in diesem vieldeutigen Begriff wichtige Belange des Kindes, die für die Verfahrensgestaltung sowie der Vertretung der Kindesinteressen im Verfahren von Bedeutung sind.

Der Versuch, hier einen ersten interdisziplinären Brückenschlag zu wagen, könnte wie folgt aussehen. Erstens, die Kindesvertretung handelt parteilich zum »Vorteil« und »Nutzen«, also im Interesse des Kindes. Bei der prognostischen Aufgabe dieser Tätigkeit wird die dem Interesse inhärente zeitliche Dimension relevant. Risiken, die dem Kind aus einer unzureichenden ziel- und zeitgerichteten Planung, aber auch aus der Verfahrensdauer selbst entstehen, müssen erkannt und soweit wie möglich verringert werden. So ist z.B. zu prüfen, ob die Verfahrensdauer die richterliche Entscheidung zu Ungunsten des Kindes präjudiziert[63] und ob sie das betroffene Kind unnötig schädigenden Ängsten und Ungewissheiten über seine Zukunft ausliefert oder notwendige Maßnahmen zur Abwendung von Gefahren verzögert.[64]

Zieht man zweitens den pädagogischen und psychologischen Interessebegriff heran, ist von jenen Interessen des Kindes die Rede, die seine Persönlichkeitsentwicklung und -entfaltung gleichsam anleiten und deren Beachtlichkeit sich somit unmittelbar aus dem allgemeinen Persönlichkeitsschutz gemäß Art. 2 Abs. 1 und Art. 1 Abs. 1 GG ergibt.[65] In ihrer Eigenschaft als eine »Tunsbereitschaft« des Menschen sind diese Interessen zugleich maßgeblich für die Frage, ob und wie sich das jeweilige Kind auf bestimmte Entscheidungen bzw. Maßnahmen des Gerichtes überhaupt einzulassen vermag. Die Kindesinteressen, von denen hier die Rede ist, konstituieren sich durch die individuellen motivationalen bzw. emotionalen Bezüge des Kindes zu seiner Umwelt. Sie umfassen somit erstens die durch das Kind selbst definierten Interessen sowie zweitens jene Interessen, die das Erleben und Verhalten des Kindes bestimmen, ohne ihm selbst bewusst bzw. überhaupt bewusstseinsfähig zu sein.

Bei der Ermittlung der erstgenannten Interessen durch VerfahrenspflegerInnen ist zu bedenken: Eine wirkliche Kenntnis, wie das Kind seine eigenen Interessen wissentlich bestimmt und gewichtet, was es also will, hat nur das Kind selbst. Eine Verständigung hierüber ist a priori nur annähernd möglich und wird durch die entwicklungsbedingte Differenz kindlicher und erwachsener Erlebens- und Kommunikationsweisen erschwert. Auch kann unterstellt werden, dass das, was ein Mensch wissentlich will, nicht per se mit dem identisch ist, was er anderen Menschen mitzuteilen wagt oder wünscht. Um darüber hinaus in Erfahrung zu bringen, wie es sich mit jenen Interessen des Kindes verhält, die es nicht mitzuteilen wagt oder wünscht (!) und jenen Interessen, die seiner Reflexion nicht unbedingt zugänglich, aber dem Außenste-

---

63 Vgl. hierzu z.B. *BVerfG*, FamRZ 2000, 413 f.

64 Siehe nur *Heilmann* 1998: Grundlegend zum kindlichen Zeiterleben S. 7-33, zur Anforderung der Verfahrensbeschleunigung durch die Bestellung von VerfahrenspflegerInnen, vgl. S. 264 ff. Zum Zeitfaktor auch *Harder-Herken* 1988, S. 37, 43.

65 Vgl. nur *BVerfGE* 24, 119/144.

henden ersichtlich sind (z.B. Bindungen und Neigungen), bleibt Außenstehenden letztlich nur die stellvertretende Deutung. Bei dieser Bestimmung kommt es, wie gezeigt, insbesondere auf eine Berücksichtigung der individuellen Lebenserfahrung des Kindes, seines Entwicklungsstandes sowie seiner innerpsychischen Konfliktbearbeitung an.

Drittens steht der Interessebegriff für die »wohlverstandenen Interessen« des Kindes. Um sie zu bestimmen und zu vertreten, bedarf es gleichsam einer stellvertretenden Abwägung und Gewichtung der gegenwärtigen und künftigen, subjektiven und objektiven Belange des Kindes, die vom fachlichen Standpunkt des erwachsenen Vertreters aus erfolgt.

Dieses »wohlverstandene Interesse« lässt sich auch als »Kindeswohl« bezeichnen[66], der Interessebegriff bietet sich hier jedoch eher an, weil er kein Wohlergehen suggeriert, wo tatsächlich nur noch verschiedene Schädigungen des Kindes festgestellt bzw. prognostiziert und gegeneinander abgewogen werden können. Im Unterschied zum Kindeswohl stellt der umfassendere Begriff des »Interesses« zudem deutlicher auf den Willen des Kindes ab, er beinhaltet insbesondere auch solche Positionen des Kindes, die mit dem »Kindeswohl« nicht vereinbar sind.

So kann der Interessebegriff durch entsprechende Sinnbezüge angemessen zur Klärung der Aufgaben der Kindesvertretung verhelfen. Sein unspezifischer Gebrauch in der Gesetzesnorm § 50 FGG riskiert hingegen unnötige Missverständnisse, durch die sich der Interessebegriff als ein kindschaftsrechtliches Trojanisches Pferd erweist.

---

66 So forderte z.B. der BGH schon 1954 zur Feststellung der »wohlverstandenen« Kindesinteressen die (offensichtlich stellvertretende) Prüfung der häuslichen, erzieherischen, seelischen und finanziellen Scheidungsfolgen für das Kind. *BGHZ* 12, 111-115. *Moritz* 1989, S. 191, zufolge bezeichnen die Begriffe »Wohl des Kindes« bzw. »wohlverstandene Interessen des Kindes« einen identischen Regelungsgehalt.

IV. Das Rechtskonzept des Kindeswohls

A. Entstehungsgeschichte und Problemstellungen

Das Rechtskonzept des Kindeswohls gilt erst seit wenigen Dekaden als das zentrale familienrechtliche Leitprinzip und ist insbesondere hinsichtlich der konsequenten Bezugnahme auf die Persönlichkeitsrechte des Kindes sowie auf außerjuristisches Fachwissen als zeitgeschichtliches Phänomen des ausgehenden 20. Jahrhunderts zu betrachten.[1]

Nach dem Nationalsozialismus waren die Familienautonomie und damit indirekt die elterlichen bzw. väterlichen Rechte deutlich gestärkt worden, das Familienrecht wurde in das Privatrecht eingeordnet, um es vor staatlichen Interventionsversuchen zu schützen[2], bis es schließlich in den siebziger Jahren zu tiefgreifenden Veränderungen kam. In dieser Zeit, in der sich (u.a. vor dem Hintergrund der ökonomischen Umstrukturierung[3], der Einflussnahme sozialer Bewegungen und der Emanzipationspädagogik) neue Denkmodelle der Geschlechter- und Generationsverhältnisse durchsetzten[4], waren eigennützige Elternrechte und eine uniforme staatliche Jugenderziehung gleichermaßen suspekt geworden. An ihre Stelle trat das Wohl des Kindes und wurde allmäh-

---

1 Das juristische Konstrukt des Kindeswohls knüpft gleichwohl an eine jahrhundertelange Rechtstradition an, in denen Interessen des Kindes rechtlich geschützt wurden, wobei sich die Auffassungen wandelten, *welche* Interessen dies sind, *wem* ihre Interpretation zukommt und *wie* sie gegenüber den Interessen der Eltern und des Staates zu gewichten sind. – Zur Entwicklung des Kindschaftsrechts vom germanischen und römischen über das gemeine und preußische Recht vgl. *Coester-Waltjen* 1998, S. XI-XVIII; *Hasenclever* 1978; *Münder* 1972, S. 3-15; *Schwab* 1971; *Zenz* 1981, S. 21 ff; *Zitelmann* 2000. Zum preußischen Recht und dem Code Civil auch *Ramm* 1996, S. 154 ff. Zur Interessenvertretung des Kindes in Verfahren vgl. *Salgo* 1996, S. 393-404.
2 Vgl. hierzu *Simitis* 1994, S. 392 ff; auch *Hasenclever* 1978, S. 162.
3 *Heinsohn/Knieper* 1974, 157 ff interpretierten diese Rechtsentwicklung vor dem Hintergrund der Interessen des Kapitals. Die Grundrechtsmündigkeit des Kindes und die Anerkennung der Selbstbestimmungsrechte Jugendlicher diene einzig der Kompensation eines ökonomisch nicht vorhandenen und real nachlassenden Interesses lohnabhängiger Eltern an der Erziehung ihrer Kinder. So gehe z.B. die durch Absenkung der Volljährigkeitsgrenze bewirkte territoriale Mobilität (Wohnsitzwahl) und die durch die Neuregelung der Berufswahl bewirkte sektorale Flexibilität primär auf Interessen des Arbeitsmarktes zurück, nicht auf die der aufbegehrenden Jugend. »Der loyalitätsstiftende Aspekt zunehmender Autonomie stellt sich so als erwünschter Zusatzeffekt der Reform dar, nicht als ihre Ursache.« S. 163. Vgl. aber kritisch *Fieseler* 1978, S. 58 f, der bemerkt, diese Argumentation überzeichne die objektive Situation, vernachlässige subjektive Faktoren (Bewusstsein der Beteiligten) und könne die Vermittlung von beidem nicht befriedigend erklären. – Zur Herabsetzung des Volljährigkeitsalters auf 18 Jahre, die also nicht nur, aber auch im Lichte ökonomischer und militärischer Interessen gesehen werden kann, vgl. auch *Goldstein, Daedalus* 1976, 69/71.
4 Vgl. *Kaufmann* 1988, S. 392 ff; *Rabe-Kleberg* 1985, S. 230.

lich zum entscheidenden Maßstab für eine Ordnung der Rechtsbeziehungen zwischen Kind, Eltern und Staat.[5]

Diese Entwicklung verband sich unmittelbar mit der Abkehr vom sog. Verschuldensprinzip. Hatte bislang primär elterliches Verschulden die staatlichen Eingriffe in die Elternrechte legitimiert, rückten nun die Kindesinteressen selbst ins Zentrum. So hieß es 1968 in einer vielbeachteten Entscheidung des Bundesverfassungsgerichtes: »Art und Ausmaß des Eingriffs bestimmen sich nach dem Ausmaß des Versagens der Eltern und danach, was im Interesse des Kindes geboten ist.« Die verfassungsrichterliche Rechtsprechung rückte damit von einer Anknüpfung der staatlichen Eingriffslegitimation an ein Verschulden der Eltern ab und bekräftigte, dass das »Wohl des Kindes« den Richtpunkt für das staatliche Wächteramt bilde, um den Schutz der Würde und der Person des Kindes zu gewährleisten. [6]

Diese Sicht korrespondierte mit den Reformbestrebungen bzw. -entwicklungen im Bereich des Ehescheidungsrechtes, durch die 1977 das Schuldprinzip abgeschafft und durch das sog. Zerrüttungsprinzip abgelöst wurde, so dass in der Folgezeit für die Sorgerechtsregelung nach Trennung und Scheidung »zwangsläufig auch der Begriff des Kindeswohls einer neuen Bewertung unterzogen werden« musste.[7] *Coester* spricht hier vom ...

> »... Verfall bisheriger Entscheidungskriterien im Kindschaftsrecht, etwa dem nahezu absoluten Vorrang der biologischen Eltern oder dem Vorrang der Mutter oder etwa des schuldlosen Ehegatten im Verhältnis der Eltern zueinander. Solange diese Kriterien als Konkretisierung des Kindeswohls galten, hatte man mit dem Kindeswohlbegriff wenig Probleme. Nunmehr musste man unvermittelt auf die Interessen und Bedürfnisse des Kindes durchgreifen, und als erster Befund ergab sich das weitgehende Fehlen konsensgetragener Ersatzgesichtspunkte – jedenfalls in den USA, aus denen wesentliche Impulse der Kindeswohl-Kritik stammen, und in der Bundesrepublik.«[8]

Rechtspolitisch bereitete die hier skizzierte Entwicklung einer weitreichenden Reform des Kindschaftsrechts den Weg. 1977 trat das neugeregelte Adoptionsrecht in Kraft, übergeordnetes Ziel der staatlich überwachten Vermittlung und der Entscheidungen über die Kindesannahme ist nunmehr das persönliche Wohl des Kindes, sind seine Interessen und Wünsche.[9] 1979 kam es erstmals zur rechtlichen Absicherung der sozialen Beziehung des Kindes zu seiner Pflegefamilie. Ebenso wurde die elterliche »Gewalt« durch ein an der Situation,

---

5 Vgl. *Lüderitz* 1977, S. 85 f.

6 *BVerfGE* 24, 119/144.

7 Vgl. *Lempp* 1987, S. 9. Zum Scheidungsrecht vgl. *Schwab* 1997 (a), S. 812 ff.

8 *Coester*, Protokolldienst 1983, 60/61.

9 Vgl. hierzu ausführlicher *Oberloskamp* 1993, S. 13 ff.

Entwicklung und am Willen des Kindes orientiertes Sorgerecht ersetzt. Im Verfahrensrecht, einem Indikator der wirksamen Durchsetzung der Selbstbestimmungsrechte des Kindes, kam es zur Neuregelung der Kindesanhörung.[10] Nunmehr war das Konzept des Kindeswohls – und mit ihm der Versuch einer rechtlichen Bestimmung der Kindesinteressen – fest verankert und wurde von den in den 70er Jahren eingerichteten Familiengerichten, vor allem aber aufgrund stetiger Mahnungen des Bundesverfassungsgerichtes, das bis heute als entscheidender Schrittmacher dieser Entwicklung gelten kann, fortgeschrieben.[11]

Auf die Sorgerechtsreform von 1979 folgten weitere Gesetzesänderungen. Anders als in den 70er und 80er Jahren leiteten sie indes einen tendenziellen Rückzug des staatlichen Wächteramts ein. Nach eigenem Bekunden setzte der Gesetzgeber nunmehr verstärkt auf eine Verwirklichung des Kindeswohls durch die Stärkung der Elternrechte, also auf eine Deregulierung, die riskiert, sich zu Lasten des in der Gesellschaft und Familie systematisch schwächer gestellten Kindes auszuwirken.[12] So wurde 1990 nach langwierigen Diskussionen das Kinder und Jugendhilfegesetz (SGB VIII) verabschiedet, das vorrangig präventiven Charakter haben soll, und die Inanspruchnahme des Jugendamtes nunmehr bis zur Grenze der Kindeswohlgefährdung der Verantwortung der Sorgeberechtigten überlässt.[13] 1997 folgte die umfassende Reform des Kindschaftsrechts, bei der insbesondere die Neuregelung des Sorgerechts nach Trennung und Scheidung erfolgte, das jetzt in der Regel ohne Entscheidung der Gerichte bei beiden Eltern verbleibt, sowie die Einführung des gemeinsamen Sorgerechtes für Kinder nicht miteinander verheirateter Eltern.[14]

So wurden im ausgehenden 20. Jahrhundert Verschuldenskriterien und die Deduktion allgemein anwendbarer Konfliktlösungsgrundsätze und Wertentscheidungen auf den Einzelfall, die das Denken der JuristInnen im kindschaftsrechtlichen Bereich bislang bestimmt hatten,[15] weitgehend beseitigt. Das rechtliche Konzept des Kindeswohls und mit ihm der Versuch einer rechtlichen Bestimmung der Kindesinteressen gewannen an richtungsweisender Bedeutung für die Gesetzgebung und Rechtsprechung. Auf die erste Welle, bei der durch die Kodifizierung eines Erziehungsrechtes im RJWG das väterliche Interpretationsmonopol des Kindeswohls gebrochen wurde, war nunmehr eine zweite Welle gefolgt, die *Simitis* als »Verstaatlichung des Kindeswohls« beschreibt:

---

10 Vgl. hierzu *Staudinger-Peschel-Gutzeit* § 1626, Rz. 32 ff, 113 ff; *Simitis* 1988, S. 194, *Salgo* 1987, S.71. *Staudinger-Salgo* § 1631, Rz. 26 ff. Zur Reform von 1979 siehe auch S. 74 und S. 154 ff.

11 Zur Rolle des Bundesverfassungsgerichtes im Überblick: *Salgo,* KritV 1994.

12 Vgl. *Schwab* 1997 (b), S. 728; *Salgo,* FamRZ 1996, 449 ff.

13 Vgl. zum Paradigmenwechsel: *Wiesner-SGB VIII Einleitung,* Rz. 37 ff.

14 Vgl. auch unten V.B.2.

15 Vgl. hierzu *Lüderitz* 1977, S. 86; *Münder,* ZfJ 1988, 10 ff; *Simitis* 1994, S. 430.

»Die Tatsache der biologischen Elternschaft reicht nicht mehr aus, um elterliche Entscheidungen zu legitimieren. Sie müssen vielmehr zugleich
dem vom Staat aufgestellten und verfeinerten Verhaltenskodex entsprechen. Die Berufung auf das Kindeswohl drückt insofern die Sicherheit aus,
über die richtigen, d.h. der weiteren Entwicklung des Kindes förderlichen
Maßnahmen befinden zu können.«[16]

Folgerichtig setzte bereits in den siebziger Jahren eine intensive Suche nach
Kriterien und Auslegungsprinzipien ein, die sich zunehmend an der Entwicklung und den Bedürfnissen des einzelnen Kindes, seinem Willen und seiner
familialen Lebenssituation orientierte.[17] Damit aber waren die »Grenzen juristischer traditioneller Kompetenz« unübersehbar markiert, die eine Öffnung
gegenüber nichtjuristischen Disziplinen als einzig überzeugenden Ausweg erscheinen ließen[18], von denen man sich die Ermöglichung einer »korrekten
Konfliktdiagnose« und die Präzision von Entscheidungsmaßstäben erhoffte.[19]
Zwar blieb die Interpretation des Kindeswohls auch weiterhin de jure der Gerichtsbarkeit vorbehalten, doch entwickelte sich dieser Sektor in zunehmender Abhängigkeit von der Legitimation pädagogischer und psychologischer Instanzen, von denen man sich mehr denn je[20] das erforderliche Wissen über die
Erziehung und die kindliche Entwicklung erhoffte.[21]

»Nichts dürfte für die weitere Entwicklung des Familienrechts folgenreicher
sein, als diese Abhängigkeit«, die eine Verlagerung des Entscheidungsprozesses von der richterlichen auf die administrative Ebene bewirkt, so *Simitis*
schon im Jahre 1975. Während die Administration die entscheidenden Informationen erhebe und strukturiere[22], beschränke sich das Gericht »darauf, einen administrativ bereits abgeschlossenen Vorgang abzuzeichnen«. Eine ef-
fektive Kontrolle durch RichterInnen, denen es an ausreichendem Einblick in
den Sachverhalt sowie an Wissen um die Methoden und Kriterien der einschlä-

---

16 *Simitis* 1991, S. 103.
17 Hierzu bemerkte *Quambusch* schon 1973: »Wenn zur Wertausfüllung eines natürlichen
   Erziehungsrechts psychologische und pädagogische Gesichtspunkte bestimmend sind,
   dann ist schwerlich einzusehen, wie ein psychologischer und pädagogischer Laie, der ein
   Vormundschaftsrichter im Regelfall ist, ein erzieherisches Übermaß im Einzelfall bestimmen soll. [...] Der Jurist kann sich in solchen Fällen zunächst einmal helfen, indem er die
   ihm fremden Methoden der hier einschlägigen Wissenschaften in Frage zieht ...«. S. 99.
18 *Simitis* 1988, S. 193 f.
19 *Simitis* 1994, S. 431.
20 Vgl. schon § 43 RJWG. Hierzu *Wiesner-Mörsberger,* SGB VIII, vor § 50, Rz, 2.
21 Vgl. u.v.a. *Bosch,* FamRZ 1980, 739f ; *Coester* 1983, *Coester,* Protokolldienst 1983, 60/
   67; *Derleder,* FuR 1994, 146; *Keiser* 1998, 84; *Lüderitz* 1977; *Münder* 1977; *Münder,* ZfJ
   1988, 10/12; *Quambusch* 1973, S. 99 ff; *Zenz,* Fragmente 1986, 115/120 ff.
22 Zur organisatorischen Eigenlogik, bei der individuelle Problemlagen in verwaltungskon-
   forme und amtsintern kommunikationsfähige Fallrekonstruktionen übersetzt werden,
   vgl. *Hansbauer,* np 1995, 12/14.

gigen Disziplinen[23] fehle, sei dabei nicht zu erhoffen.[24] Dieser Befund ist umso bedenklicher, als der Gesetzgeber im Laufe des 20. Jahrhunderts die Verrechtlichung der Familienbeziehungen und Kindesinteressen weniger auf dem Wege der Vergesetzlichung, sondern auf dem der Justizialisierung familialer Konflikte regelte[25], bei der dem Kindeswohl zentrale Bedeutung zukam und zukommt.

Angesichts der durch die Verstaatlichung, Vervielfältigung und Verlagerung der Interpretationsinstanzen des Kindeswohls geprägten Entwicklung des vergangenen Jahrhunderts lässt sich die Einführung des Verfahrenspflegers teils als deren Fortschreibung, teils als deren Korrektur beschreiben.

Die (auch) am persönlichen Wohl des Kindes ausgerichtete Interessenvertretung gem. § 50 FGG setzt eine Entwicklung fort, die sich durch die vermehrte Verrechtlichung der familalen Sphäre auszeichnet. Sie wird durch den Schutz der Individualinteressen des Kindes in der Familie legitimiert. Diese Vertretung steht zugleich im Zeichen einer vermehrten Justizialisierung familialer Konflikte und der verstärkten Beachtung der Interessen der Person des Kindes im gerichtlichen Entscheidungsfindungs- und Wertungsprozess. Hierdurch gewinnen adversariale Tendenzen, im Sinne des anglo-amerikanischen Verfahrensprinzips, auch im hiesigen Untersuchungverfahren an Bedeutung.[26]

Zugleich lässt sich die Einführung des Verfahrenspflegers aber auch als gegenläufige Etappe einer Entwicklung begreifen, in deren Verlauf das väterliche bzw. elterliche Monopol zur Bestimmung des Kindeswohls gebrochen und verstaatlicht und in der Folge vom juristisch-gerichtlichen auf den sozialpädagogisch-administrativen Sektor verlagert wurde.[27]

---

23 *Harder-Herken* 1988, S. 5, stellt fest, die »... Fragen der Juristen an die Sachverständigen erscheinen ... ebenso kompakt wie die diversen juristischen Vorschriften für die medizinischen und psychologischen Gutachter«. Die einschlägige Literatur sei fragmentiert und selbst bei entsprechenden juristischen und medizinischen Vorkenntnissen »schwierig und zeitaufwendig«. Es gäbe eine »Fülle von Irrtümern, Mißverständnissen und falschen Bewertungen«, die nicht zuletzt auf Unkenntnis der jeweiligen Sicht- und Arbeitsweisen basierten. Zur Problematik der mangelnden richterlichen Qualifikation siehe auch unten S. 194, Fn. 214 und S. 386, Fn. 370 f.

24 Vgl. *Simitis* 1975, S. 56 f; *ders.* 1986, S. 596 ff. Noch 1995 bestätigte *Mörsberger*, Leiter des Landesjugendamtes Baden, diesen Befund erneut:»Die Justiz gibt in der bislang üblichen Verfahrensweise tendenziell die gesetzlich vorgegebene Rolle der Entscheidungsinstanz auf, während Hilfeinstitutionen faktisch zu Entscheidungsinstanzen werden.« *Wiesner-Mörsberger,* SGB VIII, vor § 50, Rz. 12.

25 Vgl. *Simitis* 1986, S. 593.

26 Vgl. zu diesem Aspekt ausführlicher *Salgo* 1996, 199 ff.

27 Folgende Überlegungen stehen unter dem Vorbehalt, dass die Verfahrenspflege nicht von der Jugendbehörde vereinnahmt wird, was einer Verlagerung der Entscheidungsinstanzen freilich noch Vorschub leisten würde. Einer Bestellung von Fachkräften der öffentlichen Jugendhilfe wird im übrigen auch von der h.M. mit Skepsis begegnet bzw. eine klare Absage erteilt. Vgl. nur *Bauer/Schaus,* BJ 1997, 162/163; *Carl,* FamRZ 1995, 1183/1190; *Deutscher Verein,* NDV 1999, 245/255; *DIV,* DAVorm 1999, 40/41ff; *Fricke,* ZfJ 1999, 51/52 f; *Marquardt* 1999, S. 147, 150; *Münder,* np 1998, 335/349; *Münder* 1999,

Hierfür sprechen folgende Überlegungen: Der erste Kontrapunkt, den die Verfahrenspflegschaft zu dieser Entwicklung setzt, bestimmt sich durch ihren privatrechtlichen Charakter. Durch die Orientierung am Rechtsinstitut der gesetzlichen Vertretung bildet sie eine Gegenstruktur zur Alleinzuständigkeit der staatlichen Interpretationsinstanzen des Kindeswohls (Gericht und Jugendamt), die bislang eintrat, wenn es zu Interessenkollisionen zwischen Kindern und ihren gesetzlichen VertreterInnen kam.

Ein zweiter Aspekt betrifft die in der Fachwelt unumstrittene Aufgabe der Interessenvertretung, den Kindeswillen in möglichst authentischer Weise zu dokumentieren und in das gerichtliche Verfahren einzubringen. Die Position des Kindes, das in diesem Kontext auch als Interpret bzw. Interpretin seines/ ihres Wohls zu sehen ist, rückt somit als eine weitere juristisch beachtliche und ggf. zu berücksichtigende Interpretationsinstanz verstärkt in das Zentrum des Verfahrens.

Drittens bildet die Tätigkeit hinreichend qualifizierter VerfahrenspflegerInnen ein sozialpädagogisches Pendant zur Jugendbehörde, so dass beide Interpretationsinstanzen des Kindeswohls künftig auf einem gegenseitigen fachlichen Prüfstand stehen. An den Mängeln der juristischen Ausbildung ändert dies zwar nichts. Doch werden RichterInnen kaum umhinkommen, widersprüchliche Sachverhaltsdarstellungen von Amts wegen zu erhellen und bei unterschiedlich begründeten Entscheidungsempfehlungen zu einer eigenständigen Entscheidungsfindung zu kommen, die der anschließenden Prüfung dieser Beteiligten (die ggf. Rechtsmittel einlegen können) stand hält. Hierdurch verringert sich das Risiko einer routinierten Absegnung administrativer Empfehlungen und erhöht sich die Chance einer vermehrten Rückverlagerung der Entscheidungsfindung von der Exekutive auf die Judikative und fachlich begründungsfähiger Entscheidungen derselben.

B. Der unbestimmte Rechtsbegriff des Kindeswohls

Der unbestimmte Rechtsbegriff des Kindeswohls[28] ist nicht nur berechtigter Kritik wegen der die tatsächliche Situation des Kindes oft verharmlosenden

---

S. 163; *Peters/Schimke,* KindPrax 1999, 143/148; *Pfeifle,* Jugendhilfe 1998, 161/163; *Richter/Kreuznacht,* ZfJ 1999, 32 ff. *Salgo* 1996, 566; *ders,* FPR 1999, 313/318; *Wiesner-Mörsberger* SGB VIII, § 50 Rz. 71; *Weber/Zitelmann* 1999, S. 1 f. Vgl. auch das *OLG Naumburg* (Beschluss vom 10.3.1999), DAVorm 1999, 713: »Das Jugendamt bzw. dessen Mitarbeiter können nicht als Pfleger iSv §§ 50, 70 bestellt werden« (Leitsatz); vgl. auch unten S. 373 ff. A.M.: *Benz,* DAVorm 1998, 567ff. Die Arbeitsgemeinschaft für Jugendhilfe (AGJ) begrüßte 1998 die »Möglichkeit eines unabhängigen Verfahrenspflegers«, sprach sich aber dafür aus, »in geeigneten Fällen« auf weiterqualifizierte MitarbeiterInnen der (öffentlichen?) Jugendhilfe zurückzugreifen.

28 Mit *Coester,* Protokolldienst 1983, 60, kann der »Rechtsbegriff des Kindeswohls« definiert werden als ein »vom *Gesetz verwendeter Begriff*«, der dem Gericht in einem nor-

Wortwahl[29] ausgesetzt. Sondern das Kindeswohl steht aufgrund seiner Ausfüllungsbedürftigkeit bei seinen KritikerInnen im Ruf, unbestimmbar, d.h. eine »mystifizierende«[30] Leerformel, ja eine »jedes Motiv deckende Generalklausel«[31] zu sein, die die Entwicklung konkreter Entscheidungshilfen für den Richter nicht zulasse.[32] – Dies scheint plausibel, wenn man z.B. die rechtspolitische Debatte betrachtet. Gleich ob Elterninteressen durchgesetzt oder Kinderrechte abgebaut[33] werden: Das Kindeswohl wird um seines Nimbus willen proklamiert und jeglicher Substanz beraubt. So einleuchtend die »Leerformel«-These auf den ersten Blick aber auch sein mag, sie geht am Problem vorbei und ist geeignet, es zu verschärfen. Anstatt die instrumentalisierende Inanspruchnahme des Kindeswohl-Konzeptes zurückzuweisen, leistet sie seiner Trivialisierung Vorschub[34] und verkennt, dass einer willkürlichen und fremdnützigen Definition dieses unbestimmten Rechtsbegriffes durchaus Grenzen gesetzt sind.

Der Rechtsbegriff »Kindeswohl« kommt auf internationaler Ebene (UN-KRK, Haager MSA, Haager KiEntÜ, EÜAK), im innerstaatlichen Privatrecht (BGB) sowie im öffentlichen Jugendhilferecht (SGB VIII) zur Anwendung.[35] Die Regelungszusammenhänge, in denen dieser Begriff hier jeweils gebraucht wird, sind ausgesprochen vielfältig, wie sich – ohne Anspruch auf Vollständigkeit – an der elterlichen Sorge[36], dem staatlichen Wächteramt sowie dem Jugendhilferecht verdeutlicht lässt:

---

mativen Zusammenhang« eine »Handlungsanweisung und Entscheidungsrichtlinie« zur »institutionell *ihm* zugeschobenen Lösung sozialer Konflikte« gibt (Hervorhebung im Original).

29 *Anna Freud, Goldstein* und *Solnit* kritisierten den die Schädigungen der Kinder verleugnenden Begriff des Kindeswohls (»in-the-best-interests-of the child«) und schlugen die Formulierung: »the least detrimental available alternative for the child's growth and development« (1973, S. 53 ff) vor, die als die Redewendung der »am wenigsten schädlichen Alternative« in die juristische Terminologie einging. Vgl. hierzu auch *GK-SGB VIII-Häbel* § 36, Rz. 24. Kritisch allerdings *Derleder,* FuR 2994, 144/146: Aus psychologischer Sicht sei hier ein »sozial abgehobenes Ideal apostrophiert [worden], hinter dem der Praxis offiziell zurückzubleiben erlaubt wurde.«

30 *Mnookin,* FamRZ 1975.

31 *Plewig* 1994, S.14.

32 Übersicht der einschlägigen kritischen Literatur gibt *Coester* 1983, S. 1 ff; *ders.,* Protokolldienst 1983, 60/61. *Mottl* 1993, S. 94 ff. Zur Kritik am Kindeswohl-Konzept, die bis zur Forderung nach seiner Abschaffung reicht, auch *Steindorff* 1994, S. 2, 4.

33 Jüngstes Beispiel ist die Kindschaftsrechtsreform von 1997: Die zuvor am Wohl des Kindes (§ 1671 Abs. 2 BGB aF) zu orientierende gerichtliche Sorgerechtsregelung im Scheidungsfall entfiel ebenso wie die richterliche Anhörung der betroffenen Kinder. Dessen ungeachtet lautete ihre »Zielsetzung«: »Die Rechte der Kinder sollen verbessert und das Kindeswohl soll auf bestmöglichste Art und Weise gefördert werden.« *BT-Drucks.* 13/4899, S. 1. Vgl. auch *Schwab* 1997 (b), S. 728; *Salgo,* FamRZ 1996, 449 ff.

34 Vgl. auch *Coester* 1983, S. 240: »Das Missverständnis der Kindeswohl-Norm als inhaltsleere, bestenfalls vage Generalklausel eröffnet Fehltendenzen richterlichen Denkens breiten Wirkungsraum ... .«

35 Zur verfassungsrechtlichen Grundlegung vgl. *Jean d'Heur*, 1991.

36 Vgl. *Staudinger-Peschel-Gutzeit,* § 1626 BGB, Rz. 8: »*Oberste Richtschnur* für Pflege und

- Das Wohl des Kindes ist Leitprinzip der elterlichen Sorge (§ 1627 BGB) und entsprechender Gerichtsentscheidungen (§ 1697a BGB). Dieses Prinzip gilt u.a. für die Adoption (§ 1741 BGB), die Entscheidung über Anträge auf Alleinsorge (§ 1671 Abs. 2 S. 2 BGB), Umgangsregelungen (§§ 1626 Abs. 3; 1684 Abs. 3; 1685 Abs. 1 BGB) und die Auskunftsansprüche eines Elternteils (§ 1686 BGB).

- Die Gefährdung des Kindeswohls ist Kernstück des § 1666 BGB, der Generalklausel des Kindesschutzrechtes, die stets greift, wenn den Problemlagen des Kindes nicht durch andere, gleichsam ausgelagerte spezielle Schutzvorschriften begegnet wird.[37]

- Das Kindeswohl hat weiterhin Leitbildfunktion für die öffentliche Jugendhilfe. Z.B. für die Gewährung von Hilfen zur Erziehung (§ 27 SGB VIII) und für die Wahrnehmung »anderer Aufgaben« (vgl. insb. § 1 Abs. 3 S. 2 SGB VIII; Inobhutnahme § 42 SGB VIII; Anrufung des Gerichtes durch das Jugendamt § 50 Abs. 3 SGB VIII).

All diese Regelungen basieren auf der Annahme, dass das Kindeswohl eine »Ersatzfunktion für den Willen des Kindes (hat), solange dieser rechtlich nicht anerkannt wird«, weshalb diese »Rechtsfigur auch weit und allgemein gehalten werden muss, um für möglichst viele Fälle fungibel zu bleiben.«[38] Dabei sind die »Unmündigen« auch gegen ihren Willen zu schützen, denn wer » ... den Schutz der Kinder auf den Schutz derer beschränken wollte, die sich gegen ihre Eltern nach außen hin auflehnen, würde den Schutz der Kinder weitgehend aufheben.«[39]

Dem jeweiligen Regelungsbereich entsprechend, fallen spezifische Kriterien zur Bestimmung des Kindeswohls ins Gewicht, die teils durch den Gesetzgeber, teils durch die Rechtsprechung entwickelt bzw. fortgebildet werden.[40] Eine dem britischen Recht vergleichbare »Welfare Checklist«[41], die eine posi-

---

Erziehung durch die Eltern bildet das *Kindeswohl*. ... Befugnisse, die das Wohl des Kindes gefährden oder vereiteln können, sind im Elternrecht nicht enthalten« (Hervorhebung d. Verf.). Zum Kindeswohlbegriff des § 1627 BGB vgl. *dies.* § 1627 BGB, Rz. 18-20.

37 *Staudinger-Coester* § 1666 BGB, Rz. 36. Zum verfassungsrechtlichen Bezug (Art. 6 II GG) vgl. auch *Jean d'Heur*, 1991; *Heilmann,* ZfJ 2000.

38 *Münder* 1977, S. 99.

39 *Pawlowski* 1996, S. 100.

40 Vgl. hierzu *Coester* 1983, S. 143 u. 162. Exemplarisch lässt sich dies anhand des Kindeswohl-Begriffes in § 1666 BGB im Vergleich zum § 27 oder zum § 44 SGB VIII aufzeigen. Vgl. hierzu *Frankfurter LPK* 1998 § 44, Rz. 9, auch § 27, Rz. 5. Die Unterschiede zwischen elterlichen bzw. staatlichen Kriterien für die Bestimmung des Kindeswohls thematisiert *Staudinger-Peschel-Gutzeit* § 1627 BGB, Rz. 18.f. Siehe auch *Schwab* 1999, § 55 Rz. 545 ff, der dies an § 1626 BGB verdeutlicht und *Rummel,* DAVorm 1998, 753, der den Kindeswohl-Begriff in § 1671 aF BGB und nF vergleicht.

41 Gerichte und Guardians ad Litem haben insbes. zu beachten: »... (a) die zu ermittelnden Wünsche und Gefühle des Kindes (unter Beachtung seines Alters und Verstehens); (b)

tive gesetzliche Definition des Kindeswohls vornimmt, um die kindschaftsrechtliche Generalklausel durch Konkretisierungen bestimmter Konfliktsituationen zu entlasten[42], kennt das deutsche Recht allerdings nicht. Neben der intendierten Orientierung am Einzelfall wird diese fehlende Positivierung ebenso wie die Schwierigkeit einer negativen Begrenzung des Kindeswohls im juristischen Schrifttum nicht zuletzt auf einen »Mangel an erziehungswissenschaftlich abgesicherten Regeln und übereinstimmenden Wertvorstellungen in der pluralistischen Gesellschaft« zurückgeführt.[43]

Da es im Rahmen dieser Arbeit weder erforderlich noch möglich ist, die für die einzelnen Fallkonstellationen relevanten Kriterien herauszuarbeiten, sollen sie hier nur exemplarisch am § 1666 BGB aufgezeigt werden. Für diese Wahl spricht die rechtliche Tragweite dieser Generalklausel wie auch deren praktische Relevanz für das Handlungsfeld der Interessenvertretung, obwohl deren Bestellung grundsätzlich in allen eingangs genannten Regelungsbereichen erforderlich sein kann.[44]

Anlass eines Verfahrens nach § 1666 BGB[45] ist die aktuelle oder künftige Gefährdung des Kindeswohls, die den staatlichen Eingriff legitimiert und erfordert. Der Schutz des Kindes und seiner Rechte ist durch Art. 6 Abs. 2 S. 1 GG zuvörderst den Eltern überantwortet.[46] Sind diese hierzu jedoch nicht willens oder in der Lage, ist er unverkürzt vom Staat zu gewährleisten – dies ge-

---

seine physischen, emotionalen und erzieherischen Bedürfnisse; (c) die voraussichtlichen Auswirkungen jeglicher Veränderung seiner Umstände; (d) Alter, Geschlecht und Herkunft und jedes andere vom Gericht für relevant erachtete Charakteristikum des Kindes; (e) Jede Schädigung, die es erlitten hat oder, durch die es gefährdet ist; (f) wie fähig jedes Elternteil und jede andere Bezugsperson, die das Gericht für bedeutsam hält, in der Lage ist, seine Bedürfnisse zu befriedigen; (g) das Spektrum an Befugnissen, die dem Gericht auf der Grundlage dieses Gesetzes zur Verfügung stehen« [Sec. 1(3) Children Act 1989]. Übersetzung MZ, angelehnt an *Salgo* 1996, S. 268.

42 Vgl. *Staudinger-Salgo* § 1631, Rz.10. Diese »Checklist« wird nicht als abschließend betrachtet und zielt auf eine größere Konsistenz und Klarheit im Rahmen einer systematischen Herangehensweise bei der Entscheidungsfindung über Kindesinteressen, so *Salgo* 1996, S. 268. Zur Intention des britischen Gesetzgebers und der Auslegung der »Checklist« durch die Rechtsprechung auch *White/Carr/Lowe* 1995, S. 11-32.

43 *Ehring* 1996, S. 5, führt an, nur im Kernbereich bestehe Einigkeit, was dem Kindeswohl diene (körperliches Wohl, Wert höherer Bildung und eine harmonische Umgebung), auch eine negative Begrenzung sei allenfalls in »krassen Fällen« möglich.

44 Hierfür spricht auch, dass die anderen in § 50 FGG normierten »Regelfälle« gleichsam »ausgelagerte« Schutzvorschriften sind. *Staudinger-Coester* § 1666, Rz. 47, auch 27 ff. Gemäß § 1632 Abs. 4 BGB und § 1682 S. 1 BGB ist ein Verbleiben des Kindes anzuordnen, »... wenn und solange das Kindeswohl durch die Wegnahme gefährdet würde«.

45 Zur Vorgeschichte und Entwicklung der Norm, vgl. *Zenz* 1981, S. 311 ff. Zur Neufassung bei der Sorgerechtsneuregelung von 1979 auch *Röchling* 1997, S. 5-27. Mit dem KindRG von 1997 wurde § 1666 BGB geringfügig geändert und um die Gefährdung des Kindesvermögens ergänzt. Auch ermächtigt Abs. 4 das Familiengericht nun dazu, unmittelbar Maßnahmen gegen Dritte zu treffen.

46 So auch *Staudinger-Göppinger,* Vorbem. § 1666 BGB, (10./11. Aufl.) Rz. 8: »Es stellt ... eine eigenartige Form der Betätigung der menschlichen Persönlichkeit dar um der ihm

bietet das im Art. 6 Abs. 2 S. 2 GG verankerte staatliche Wächteramt, denn das Kind steht als ein Wesen mit eigener Menschenwürde und einem eigenen Recht auf freie Entfaltung seiner Persönlichkeit unter dem besonderen Schutz[47] des Staates.[48] Das primäre Recht der Eltern, das Wohl ihres Kindes zu definieren[49] und Gefahren von ihm abzuwenden[50], findet hier also seine Schranke. § 1666 BGB konkretisiert nun diesen Verfassungsauftrag[51] und sichert dem Kind »Rechtsschutz als eigenständige, nicht-mediatisierte Rechtspersönlichkeit«[52] zu.

C. Prinzipien und Kriterien der Bestimmung

Das »Wohl des Kindes«, so *Coester,* fungiert als *Eingriffslegitimation* des Staates, als *verfahrensleitendes Prinzip* und gibt den *Entscheidungsmaßstab* der Gerichte vor.[53] Zugleich gibt das Kindeswohl-Konzept zwei zentrale Grundrichtungen vor:

- Erstens den Vorrang der Kindesinteressen vor allen anderen Interessen, d.h. dem Kindeswohl ist eine »*Leit- und Sperrfunktion*« (!) eigen, die zur kindzentrierten Sicht und Bewertung der Gesamtsituation zwingt und kindeswohlfremde oder -widrige Gesichtspunkte abwehrt.[54]

- Zweitens den *Vorrang einer dem Einzelfall angepassten Gerechtigkeit* vor allgemeinen Regeln, d.h. der Kindeswohlbegriff ist nach Intention des Gesetzes kein deskriptives Tatbestandsmerkmal, sondern seine Definition setzt eine »hermeneutische Betrachtungsweise«[55] voraus und beruht auf einem »heuristischen Prinzip«.[56]

---

innewohnenden Verpflichtung der Eltern willen, zum *Wohle der Kinder* zu handeln. Die Eltern sind, anders ausgedrückt, Sachwalter des in Art. 2 Abs. 1 GG gewährten Persönlichkeitsrechts der Kinder« (Hervorhebung im Original). Vgl. auch *Zenz,* AcP 1973, 527/537.

47 »Das Wohl des Kindes ist Schutzgegenstand des § 1666, weil das Kind zu einer Selbstbestimmung seiner Interessen rechtlich nicht in der Lage ist und deshalb sein objektiv bestimmtes ›wohlverstandenes Interesse‹ in den Vordergrund tritt.« *Staudinger-Coester* § 1666, Rz. 71.

48 *BVerfGE* 55, 171/179. Die Grundrechtsfähigkeit des Kindes beinhaltet insbesondere das Recht auf Leben, Unversehrtheit, menschenwürdiges Dasein und Freiheit. Vgl. *Kunz,* ZfJ 1986, 187/188.

49 Vgl. *Giesen* 1997, Rz. 619.

50 Vgl. *Staudinger-Coester* § 1666, Rz. 56, Rz. 151.

51 *Keiser* 1998, S. 85, merkt an, dass es sich bei dem Kindeswohl »... zwar nicht um ein (Kindes-)Grundrecht im formellen Sinne handelt, aber eben doch um eine verfassungsrechtliche Kategorie, unter deren Bezeichnung die unterschiedlichen Einzelrechte ›Menschenwürde‹, ›Leben‹, ›Leib ‹ und ›Freiheit‹ firmieren.« Vgl. auch *Kunz,* ZfJ 1986, 187/188.

52 *Staudinger-Coester* § 1666, Rz. 56.

53 Vgl. *Staudinger-Coester* § 1666, Rz. 63.

54 Vgl. *Coester* 1983, S. 240 ff, 252, 254; *Staudinger-Coester* § 1666, Rz. 64 Auch *Hansen* 1993, S. 123 ff.

55 Vgl. *Wiesner* SGB VIII § 36, Rz. 20, und *Staudinger-Coester* § 1666, Rz. 83.

Die hier interessierende Zentralnorm des § 1666 BGB[57] knüpft, wie *Hinz* treffend formuliert, an eine ...

»... Kombination von rechtsgutbezogener Unrechtsbetrachtung (Gefährdung des Kindeswohls), handlungsbezogener Rechtswidrigkeit (Sorgerechtsmissbrauch, Kindesvernachlässigung, Gefährdung durch das Verhalten Dritter) oder eine Art Zustands- oder Risikozurechnung bei rechtswidriger Gefährdung von Kindesrechten (unverschuldetes Elternversagen) an.«[58]

Liegt dementsprechend eine Gefährdung des »körperlichen, geistigen oder seelischen Wohles« des Kindes vor, hat das Familiengericht sie unter Wahrung des Verhältnismäßigkeitsprinzips[59] durch geeignete Maßnahmen abzuwenden.[60] Die Aufzählung dieser in der Rechtsprechungspraxis meist kumulativ gefährdeten Schutzgüter stellt klar, dass die Gefährdung auch nur einer Komponente den gerichtlichen Eingriff legitimiert und die Wahl der gerichtlichen Maßnahmen anleiten sollte.[61] Sie ist als Absage an die »Oberflächlichkeit einer somatisierenden Betrachtungsweise«, insbesondere der Kindesmisshandlung, zu begreifen und als Anforderung zu lesen, sich auch und gerade psychischen Konflikten sowie ihren möglichen Auswirkungen zuzuwenden, die besondere Beachtung fordern.[62] Das Wohl des Kindes umfasst seine subjektive

---

56 Vgl. *Staudinger-Coester* § 1666, Rz. 64; *Coester* 1983, S. 143: Die Orientierung an der Einzelfallgerechtigkeit sei ein internationaler Trend. Einen Rechtsvergleich zum Kindeswohl bei Trennung und Scheidung nahm *Dopffel* 1994, S. 581, vor: Großbritannien: S. 419, Italien: S. 226 f, Österreich: S. 12 (dazu auch *Mottl* 1993, S. 92 ff).

57 Abs. 1 im Wortlaut: »Wird das körperliche, geistige oder seelische Wohl des Kindes oder sein Vermögen durch mißbräuchliche Ausübung der elterlichen Sorge, durch Vernachlässigung des Kindes, durch unverschuldetes Versagen der Eltern oder durch das Verhalten Dritter gefährdet, so hat das Familiengericht, wenn die Eltern nicht gewillt oder in der Lage sind, die Gefahr abzuwenden, die zur Abwendung der Gefahr erforderlichen Maßnahmen zu treffen.«

58 *Münch-Komm-Hinz* § 1666, Rz. 20. Vgl. auch *Heilmann,* Protokolldienst 2000, 2/6 f.

59 Vgl. *Palandt-Diederichsen* § 1666, Rz. 20. Konkretisiert wird dieses Prinzip insbesondere durch die Regelung des § 1666a BGB, vgl. hierzu *Röchling* 1997, S. 9 ff.

60 Während § 1666 BGB zunächst nur die Gefährdung des körperlichen bzw. geistigen Wohls nannte, wurde 1979 auch das »seelische Wohl« (u.a. aufgrund neuerer wissenschaftlicher Erkenntnisse, der mangelnden Berücksichtigung durch die Rechtsprechung und veränderter Erziehungspraktiken) eingefügt. Ein weiterer Hintergrund ist die Erkenntnis, dass sich »heute die Aggressionen von Eltern und Erwachsenenwelt gegen Kinder vom körperlichen zum psychischen Bereich verlagert haben.« *Staudinger-Coester* § 1666, Rz. 67.

61 Vgl. *Zenz* 1981, S. 341. Sie betonte, dass diese Belange in der Praxis (z.B. im Fall einer Misshandlung) vielfach unmittelbar aufeinander bezogen sind, ihre gesonderte Beachtung jedoch sinnvoll ist, insofern diese nicht nur zur Legitimation, sondern auch zur Indikation der gerichtlichen Maßnahmenwahl dienen. Vgl. zustimmend auch *Münch-Komm-Hinz* § 1666, Rz. 22; *Staudinger-Coester* § 1666, Rz. 69.

62 *Simitis* 1986, S. 606.

Sicht, sein Wohlbefinden und seine Zukunftsperspektive, die eine »allseitige und harmonische Entwicklung der Gesamtpersönlichkeit« ermöglichen soll. [63]

Seitens der wissenschaftlichen Fachöffentlichkeit werden die allgemeinen gesetzlichen Vorgaben des § 1666 BGB konkretisiert und Fallgruppen unterschieden (d.h. typische von der Rechtsprechung behandelte soziale Problem- bzw. Risikolagen von Kindern benannt), die häufig unter diese Generalklausel fallen. Dies sind vor allem: Kindesmisshandlung und Vernachlässigung, sexueller Missbrauch, Autonomiekonflikte sowie Beziehungs- und Zuordnungskonflikte. [64] Die Fachliteratur zu § 1666 BGB [65] nennt weitere Kriterien, die bei der Bestimmung des Kindeswohls zu beachten sind: Das im Grundgesetz verankerte Erziehungsziel zur selbständigen, eigenverantwortlichen und zum sozialen Zusammenleben fähigen Persönlichkeit, [66] der rationale und emotionale Wille des Kindes [67], die Beachtlichkeit seiner Bindungen [68] sowie die Kontinuität und Stabilität der Betreuungs- und Erziehungsverhältnisse. [69] Zur Vervollständi-

---

63 Vgl. hierzu *Münch-Komm-Hinz* § 1666 BGB, Rz. 23. Vgl. auch die Richterin am BVerfG *Hohmann-Dennhardt*, Protokolldienst 2000, 3/7, der zufolge das Kindeswohl seine inhaltliche Prägung u.a. durch die Gewichtung subjektiver und objektiver, individueller wie gemeinschaftsbezogener, punktueller und perspektivischer Momente gewinnt, die wechselseitig aufeinander wirken.

64 Vgl. *Zenz* 1981, S. 83-103; *Simitis u.a.* 1979; *AK-BGB–Münder* §§ 1666-/1666a, Rz. 20 ff; *Münder* 1999, S. 154-158; *ders* auch 1993 (a), S. 113 ff; *Münder u.a.* 1998; *Schone u.a.* 1997, S. 159 ff. *Staudinger-Coester* nennt folgende »Fallgruppen«: Gesundheitsgefährdung (insb. psychische und/oder physische Vernachlässigung bzw. Misshandlung, sexuellen Missbrauch, Verweigerung notwendiger Heilbehandlung), Störungen der Bindungs- und Erziehungskontinuität (insb. durch den Abbruch von Bindungen an Betreuungspersonen und Wechsel der Lebensumgebung), Beschränkung von Entwicklungs- und Entfaltungsmöglichkeiten (z.B. Abhalten vom Schulbesuch, Versagen geistig behinderter Eltern), Beschneidung sozialer Kontakte (insb. zur Peer-Group und wichtigen Betreuungspersonen), Adoleszenzkonflikte (z.B. wegen ärztlichen Eingriffen, persönlichem Umgang, Zerrüttung der Beziehungen), Konflikte in Familien mit abweichendem kulturellen Hintergrund (z.B. im Bereich der Erziehung von Mädchen aus islamischen Kulturkreisen), vgl. § 1666, Rz. 92-150.

65 Zur »großen Kindeswohlprüfung« in Verfahren des § 1671 bzw. 1697a BGB gehören nach *Oelkers* die Grundsätze der Kontinuität und Förderung, die Bindungen an Eltern und Geschwister sowie der Wille des Kindes. Vgl. ausführlicher *Hdb-FamR-Oelkers* 4 Rz. 145 ff. Zur Rechtsprechung von 1995-1997, *Oelkers*, FamRZ 1997, 780 ff.

66 Vgl. *MünchKomm-Hinz* § 1666, Rz. 24. Vgl. *Staudinger-Coester* § 1666, Rz. 68. A.M. ist *Gernhuber* 1980, § 49 III Nr. 3, dem zufolge das Grundgesetz zwar Richtpunkte für das Kindeswohl setzt, aber kein Erziehungsziel formuliert.

67 Vgl. hierzu insbes. *Staudinger-Coester* § 1666, Rz. 71-77. Vgl. auch unten S. 163 ff.

68 Mit *Rutter* 1978, S. 109 sei an dieser Stelle zum (im weiteren Text noch häufig verwendeten) Bindungsbegriff angemerkt, dass er es zwar ermöglicht, das wissenschaftliche Interesse auf die Einzelelemente der Interaktion zwischen Eltern und Kind zu konzentrieren, man sich jedoch der Tatsache bewusst sein sollte, dass es sich hier nur um ein Hilfsmittel (ähnlich wie »Trieb« und »Instinkt«) handelt, aus dem sich ohne weitere Spezifikation keine Aussagen ableiten lassen.

69 Eine ausführlichere Übersicht der Rechtsprechung und Fachliteratur zum Kontinuitätsprinzip und dem – insbesondere bei Sorgerechtsentscheidungen nach Trennung und Scheidung relevanten – Förderungsprinzip bzw. der »Erziehungsuntauglichkeit« bietet

gung sind auch außerrechtliche Maßstäbe, insbesondere wissenschaftliche Erkenntnisse, heranzuziehen und für das jeweilige Kind zu »individualisieren«.[70] Für das Kindesschutzverfahren nach § 1666 BGB, so *Münder,* erfordert dies ...

> »... die konkrete und sorgfältige Auslotung des Einzelfalls und die detaillierte, auf sozialpädagogischer und human- und sozialwissenschaftlicher Basis nachvollziehbare *Feststellung der konkreten Gefahr* für das Wohl des Kindes – nicht die Deduktion abstrakter Normen, Wertvorstellungen auf konkrete Einzelfälle.«[71]

Anders ausgedrückt fordert das Konzept des Kindeswohls, ohne dabei im Einzelnen positivistisch auf das Fachwissen der Nachbardisziplinen zu verweisen, den Richter oder die Richterin auf, »... unter Beachtung des maßgeblichen Erfahrungswissens vom Kind die konkreten Lebensverhältnisse verantwortlich zu ordnen.«[72] In diesem Bemühen werden die Gerichte im Einzelfall derzeit sowohl durch fachliche Stellungnahmen des Jugendamtes (§ 49 FGG), durch psychologische Sachverständige – und ggf. nunmehr auch durch entsprechend qualifizierte VerfahrenspflegerInnen unterstützt. Hilfestellungen verspricht hier freilich auch die Fachliteratur, die sich allerdings – was das Wohl ebenso wie den Willen des Kindes angeht – ganz überwiegend auf die Situation und Beteiligung von Scheidungskindern konzentriert.[73]

Dieser Fokus entspricht dem Arbeitsalltag von Gerichten und Sachverständigen, in dem Scheidungs- und Umgangsstreitigkeiten weit häufiger sind als das Pflegekindschafts- oder Kindesschutzverfahren. Zur Diskussion steht damit aber meist die Sorgerechtsregelung zwischen zwei dem Kind vertrauten Personen, die *beide* willens und in der Lage sind, für ihr Kind zu sorgen und die Beteiligung von Kindern, die in der Regel nicht in ihrer Familie geschädigt wurden und gefährdet sind.

Die spezifische Situation und die Interessen jener Kinder, die aufgrund einer Gefährdung in der Familie oder durch ein Herausgabeverlangen ihrer leiblichen Eltern in den Regelfallkonstellationen des § 50 FGG zu vertreten sind, finden demgegenüber relativ wenig Beachtung. Die anhand der Scheidungsproblematik gewonnenen Einsichten und Kriterien, (die ebenfalls nicht unkri-

---

Ehring 1996, S. 6-11. Eine Auswertung der in der älteren juristischen Fachliteratur genannten Kriterien für die Sorgerechtsentscheidung bei Trennung und Scheidung findet sich auch bei *Harder-Herken* 1988, S. 64 ff. Vgl. zum Kontinuitätsprinzip auch die Kindeswohl-Trilogie von *Goldstein/Freud/Solnit.*

70 Vgl. zum voranstehenden *Staudinger-Coester* § 1666, Rz. 64 ff; auch *Neddenriep-Hanke* 1987, S. 16-22.

71 *Münder* 1999, S. 151 (Hervorhebung im Original); *AK-BGB – Münder* §§ 1666-/1666a, Rz. 18.

72 *Coester,* Protokolldienst 1983, 60/63.

73 Eine Ausnahme bilden *Marquardts* 1999, S. 153-165, Ausführungen zur Anhörung im Verfahren nach § 1666 BGB.

tisch zu sehen sind), werden vielmehr zuweilen unbesehen auf Kinder und Jugendliche übertragen, die sich überwiegend vor dem Hintergrund traumatischer Beziehungs- und Trennungserfahrungen mit anderen psychischen Konflikten und Entscheidungssituationen, insbesondere dem möglichen Verlust ihrer (sozialen) Eltern und einer noch völlig ungewissen Zukunft im Heim oder bei fremden Leuten konfrontiert sehen. – Die einseitige Betonung (der zweifellos auch für gefährdete Kinder bedeutsamen) Kontinuität und des Erhalts von Bindungen gegenüber anderen Kriterien wie zum Beispiel weitgehender Freiheit von Angst, Belastung und Konflikten[74] oder die allzu pauschale Annahme, dass der Wille des Kindes Ausdruck seiner Geborgenheit bei wichtigen Bezugspersonen indiziere und damit *kongruent* mit dem Kindeswohl sei, werden in diesem Licht verständlich. Sie sind aber insbesondere in Bezug auf Verfahren gemäß § 1666/1666a BGB fachlich problematisch bzw. nicht begründungsfähig.[75] So kann es als eine der vorrangigen Aufgaben der Interessenvertretung gelten, die gerichtliche Praxis für die konkreten Problemlagen und Bedürfnisse des einzelnen Kindes zu sensibilisieren und unzulässigen Übertragungen der gängigen Kindeswohl-Kriterien entgegenzuwirken, indem die spezifischen Interessen des Kindes erkannt und wirksam vorgebracht werden.

Die Beachtung dieser Interessen von z.B. traumatisierten bzw. gefährdeten Kindern und Jugendlichen oder von Pflegekindern erübrigt dabei aber nicht die Entwicklung allgemeiner ...

> »... Grundprinzipen, deren Ziel es ist, den Respekt vor den Interessen der Kinder ohne Rücksicht auf ihren partikulären Status zu garantieren und eine ihren Belangen entsprechende Entwicklung zu ermöglichen.«[76]

Vielmehr scheint der Vorschlag von *Simitis* durchaus sinnvoll, jenseits statusorientierter Barrieren (z.B. zwischen ehelichen und nichtehelichen, adoptierten und in Pflege gegebenen Kindern) zunächst ...

> »... die für alle Kinder relevanten Fragen anzusprechen, um erst dann differenzierende Regelungen in Betracht zu ziehen, und zwar lediglich dort, wo es aus der Perspektive des Kindes unumgänglich erscheint, ohne die Priorität seiner Interessen anzutasten.«[77]

Dem entspricht insbesondere der Versuch, Grundbedürfnisse[78] von Kindern und Jugendlichen zu benennen, die zum gegenwärtigen Zeitpunkt in unserer

---

74 Dieses Kriterium nennt z.B. *Marquardt* 1999, S. 44.
75 Vgl. ausführlicher S. 286 f.
76 *Simitis* 1994, S. 447.
77 *Simitis* 1994, S. 447.
78 *Koechel,* der entsprechende Beiträge zum Scheidungsrecht auswertete, stellt hierzu fest: »Das von der Kinderheilkunde, vor allem aber von den psychologischen Wissenschaften

Gesellschaft als verbindlicher, minimaler Standard des Kindeswohls gelten können.[79] Zu nennen sind in diesem Kontext insbesondere die interdisziplinären Veröffentlichungen von *Goldstein, Freud* und *Solnit*, die ausgehend von den Entwicklungsbedürfnissen des (jüngeren?) Kindes Standards zur Bestimmung der weniger schädlichen Alternativen im Unterbringungsverfahren ausarbeiteten. Hier heißt es u.a.:

> »Der kindliche Körper braucht Nahrung, Schutz und Pflege. Der kindliche Intellekt entwickelt sich nicht spontan, sondern in Reaktion auf die Einwirkungen von außen. Das Kind braucht Hilfe, um die Reize, die aus der Innenwelt, und die Wahrnehmungen, die aus der Außenwelt anlangen, für sein Verständnis einzuordnen. Es braucht Menschen, die seine positiven Gefühle empfangen und erwidern und sich seine negativen Äußerungen und Hassregungen gefallen lassen. Es braucht die aktive Stütze und Beteiligung der Erwachsenen, um sein primitives Triebleben (Sexualität und Aggression) in Schach zu halten und in sozial anerkannte Bahnen zu lenken. Seine spätere Ethik und Moral ist abhängig von den Vorbildern, die ihm in den frühen Jahren von den Eltern geboten werden. Erst recht bleiben sein Selbstgefühl und seine Selbstsicherheit im späteren Leben abhängig von seiner Stellung innerhalb der Familie, d.h. von dem Gefühl geschätzt, anerkannt und als vollwertiges Familienmitglied betrachtet zu werden.«[80]

In Deutschland[81] wurde auf die kindlichen Grundbedürfnisse in jüngerer Zeit insbesondere von *Schone u.a* hinsichtlich rechtlicher und sozialpolitischer Konsequenzen im Bereich der Kindesvernachlässigung sowie aus kinderpsychiatrischer Sicht von *Fegert* Bezug genommen. Zentrale Anknüpfungspunkte dieser Beiträge bilden die UN-Konvention über die Rechte des Kindes und das entwicklungspsychologische Konzept der sog. »basic needs«, also der Grundbedürfnisse von Kindern und Jugendlichen. *Fegert* nennt folgende – auch für die Interessenvertretung des Kindes bedeutsame – Bedürfnisbereiche, deren mangelnde Befriedigung aus psychosozialer Sicht als rechtlich relevant gelten kann[82]:

---

in den letzten Jahrzehnten zusammengetragene, über die Grenzen von Schulen und Richtungen hinausreichende, übereinstimmende Basiswissen über die kindlichen Lebens- und Entwicklungsbedingungen sowie über die Dynamik familiärer Konflikte und deren Auswirkungen auf Heranwachsende wird nicht kontrovers diskutiert.« *Koechel* 1995, S. 134. Zum Konzept der *basic needs* vgl. auch *Keilson* 1979, insbes. S. 60, der diese im Kontext entwicklungsspezifischer Belastung und Traumatisierung diskutiert.

79 Vgl. hierzu *Schone u.a.* 1997, S. 22 ff.

80 *Goldstein/Freud/Solnit* 1991, S. 19 f.

81 Zur britischen Welfare-Checklist, die einen ähnlichen Ansatz verfolgt, vgl. S. 120, Fn. 41. Vgl. auch die niederländischen Kriterien der Basisfürsorge (Basiszorg) bei *Schone u.a.* 1997, S. 26 f.

82 Vgl. ausführlich *Fegert* 1997, S. 68 f; *ders.* auch 1999 (a), S. 9 f; *ders*, Protokolldienst 1999, 1/11 f und ders. 2000, S. 38 f, 41 ff. Zum Konzept der Grundbedürfnisse vgl. auch

- Das Bedürfnis nach Liebe, Akzeptanz und Zuwendung.
- Die Möglichkeit, stabile Bindungen einzugehen[83].
- Das Bedürfnis nach Ernährung und Versorgung.
- Das Bedürfnis nach Gesundheit.
- Den Schutz vor Gefahren von materieller und sexueller Ausbeutung.
- Das Bedürfnis nach Wissen, Bildung und Vermittlung hinreichender Erfahrung.

Mit dem Ansatz zur Konkretisierung jener Entwicklungsbedürfnisse, deren gerade noch hinreichende Befriedigung gleichsam oberhalb der Schwelle staatlicher Eingriffe liegt, korrespondieren in allen o.g. Beiträgen[84] auch Beschreibungen der Haltungen und Handlungen der Eltern, die direkt oder indirekt zur Befriedigung dieser Bedürfnisse beitragen bzw. diese versagen. Hier beschreibt *Fegert* aus kinder- und jugendpsychiatrischer Sicht fünf Kerndimensionen der für das Kindeswohl und die Wahrnehmung der kindlichen Interessen notwendigen Fertigkeiten. Hierzu zählen:
- Die emotionale Verfügbarkeit für das Kind.
- Die Kontrolldimension (Flexibilität und Angemessenheit von Erziehungsmaßnahmen und Verboten).
- Die Persönlichkeitsebene (insbes. psychische Erkrankungen).
- Das erzieherische Wissen um entwicklungsabhängige Bedürfnisse und Versorgungsprinzipien.
- Eine angemessene Prioritätensetzung bei der Versorgung der Kinder, gemessen an anderen Aufgaben.[85]

Der Autor, der die Beschreibung von Basisbedürfnissen durchaus für sinnvoll hält, um eine Grenze zur Schwelle der Kindeswohlgefährdung zu ziehen, betont allerdings, dass in der Praxis eine Einschätzung von protektiven Faktoren und Risikofaktoren auch in Hinblick auf den Entwicklungsstand, d.h. in Bezug auf die individuelle Bedürfnislage des einzelnen Kindes erforderlich ist. Der Kindeswohl-Begriff sei dementsprechend weder generell noch statisch beschaffen.[86] Auch *Schone u.a.,* die sich eingehender mit der Problematik einer Normierung geschichts- und gesellschaftsabhängiger Standards auseinandersetzen, bei der sich – unvermeidlich – eine Wertfrage an die andere reiht[87],

---

Harnach-Beck 1995, S. 44; *Schone u.a.* 1997, S. 22 ff; *Schone* 1997, S. 78 ff; *ders.,* ajs 2000, 7 f. Vgl. auch S. 85, Fn. 186.

83 *Goldstein/Freud/Solnit* 1988, S.18, sprechen diesbezüglich von einem »universellen Hauptkriterium für das Kindeswohl«. Vgl. *dies.* auch 1991, S. 33.

84 Vgl. hierzu *Goldstein/Freud/Solnit* 1991, S. 19 f; *Schone u.a.* 1997, S. 27.

85 *Fegert* 1999 (a), S. 9 f.

86 Vgl. *Fegert* 1999 (a), S. 9.

87 Vgl. hierzu *Schone u.a.* 1997, S. 22 ff, die auf die prekäre Balance der Entwicklung von Kriterien und Prinzipien einer Basisfürsorge eingehen, die sowohl dem gesellschaftlichen Entwicklungsstand entsprechen als auch schichtenneutral, d.h. allgemeingültig sind.

weisen auf die Schwierigkeit hin, allgemeinverbindliche Aussagen zu treffen. Gleichwohl halten sie es für erforderlich, solche Basisfürsorgekriterien zu entwickeln, die sie als »Prüfkriterien der Selbstreflexion und der kollegialen Beratung in den Arbeitsfeldern der Sozialarbeit und der angrenzenden Disziplinen« verstanden wissen wollen, aber nicht »als Meßlatte für die einfache Einstufung von Erziehungssituationen«.[88] Ebenso mahnten *Goldstein, Freud* und *Solnit*, ihre Richtlinien und Lösungsformeln umsichtig zu handhaben. Es gelte die außerordentlich schwierigen Verhältnisse und komplizierten menschlichen Beziehungen aufzuhellen, die im Verfahren zur Unterbringung von Kindern eine Rolle spielen, statt sie durch zu Schlagworten geronnene Lösungsformeln zu verdunkeln.[89]

D. Die staatliche Interpretation des Kindeswohls

Es bleibt festzuhalten: Eine vage »Leerformel« ist der Rechtsbegriff des Kindeswohls mitnichten. Gleichwohl gewinnt er »... gewiss nicht die Qualität bestimmten Rechts, das zur unmittelbaren Anwendung auf den Einzelfall geeignet wäre«.[90] Seine Unbestimmtheit zwingt, entsprechend der »Regel, dass gesteigerte Unbestimmtheit des Normtatbestandes gesteigerte Ermittlungspflichten nach sich zieht«[91], vielmehr zur umfassenden Aufklärung des Sachverhaltes und seiner fachlichen Interpretation, zu der nicht nur weitere interpretationsbedürftige Begriffe herangezogen, sondern bei der ebenso komplexe Entwicklungsverläufe und Beziehungen eingeschätzt sowie kurz- und langfristige Prognosen erstellt werden müssen.[92]

Je weniger sinnvoll und möglich[93] nun aber eine präzise Definition des Kin-

---

88 *Schone u.a.* 1997, S. 26.

89 *Goldstein/Freud/Solnit* 1991, S. 30. An anderer Stelle führen sie aus: »Vom Gefühlsleben aus gesehen, ist das Gesetz ein plumpes Instrument, fähig menschliche Beziehungen zu zerstören, aber unfähig, ihre Herstellung zu erzwingen. Das Gesetz hat weder die Fähigkeit noch die Möglichkeit, in die täglichen Vorgänge zwischen Eltern und Kind ständig regelnd einzugreifen, aber gerade diese Vorgänge sind es, die über die Erfüllung oder Versagung der kindlichen Entwicklungsbedürfnisse entscheiden.« S. 46.

90 *Gernhuber* 1980, § 49 III Nr. 3.

91 *Münch-Komm-Hinz* § 1666, Rz. 24.

92 Vgl. hierzu insbes. *Mnookin*, FamRZ 1975, 1 ff, der sich schon in den 70er Jahren kritisch mit Fragen der richterlichen Qualifikation, der Unwägbarkeit prognostischer Einschätzungen sowie der Problematik einer Entscheidungsverlagerung auf psychologische und sozialpädagogische Fachkräfte u.a. befasste.

93 »Wenn Juristen und Angehörige einschlägiger Hilfswissenschaften trotz jahrelanger mühevoller Kleinarbeit wenig erfolgreich waren, diesen Begriff so zu präzisieren, dass er von allen Beteiligten in einem einheitlichen Sinn verwendet werden konnte, so ist es vielleicht schon als Erfolg zu werten, dass die Erkenntnis wächst, dass eine allseits befriedigende abstrakte Definition hier weder möglich noch wünschenswert ist.« *Arndt* 1993, S. 8.

deswohlbegriffes ist[94], umso mehr sind die mit seiner Interpretation verbundenen Risiken zu bedenken. Im folgenden sollen zunächst Risiken aufgezeigt werden, die mit der Bestimmung des Kindeswohls durch die Legislative sowie jugendbehördliche und justizielle Interventionsinstanzen einhergehen, wobei dieser Gesichtspunkt hier insofern interessiert, als die Kindesvertretung ihnen gegenüber ein »Gegengewicht« bilden bzw. ihr eine Kontrollfunktion zukommen soll.[95]

1. Interessenlagen des Kindes

Mit der Interpretation des Kindeswohls legt der Staat die Qualität einer Grundversorgung, die Kinder in dieser Gesellschaft beanspruchen können, und deren Grenzen fest.[96] Eine besondere Bedeutung kommt dabei der öffentlichen Jugendhilfe zu, die, so *Wiesner,* der von einer »besonderen Anwaltsfunktion« spricht, gefordert ist, ...

> »... alle staatliche Tätigkeit auf ihre Relevanz für die Lebensverhältnisse des Kindes zu prüfen und dementsprechend Einfluss auf die Gestaltung der Politik zu nehmen.«[97]

Justizielle Verfahren, in denen diese Festsetzung über den Einzelfall hinaus auch einer gesellschaftspolitischen Revision unterzogen wird, wie dies in den USA durch sog. »Class-Action-Cases« geschieht[98], sind der deutschen Rechtsordnung allerdings fremd. Die für das jugendbehördliche und zivilrechtliche Verfahren zentrale Frage nach dem persönlichen Wohl bzw. der am wenigsten schädliche Alternative für ein bestimmtes Kind führt also unweigerlich zur Individualisierung der gesellschaftlichen Lebenslage des Kindes bzw. seiner Familie.[99] Politisch sanktionierte und ökonomisch verankerte gesellschaft-

---

94 Dies gilt jedoch auch im Umkehrschluss: »In den siebziger Jahren wurde der Kindeswohlbegriff teilweise noch wegen seiner Diffusion angegriffen. Heute wird er vom *BVerfG* als entscheidendes Rechtsprinzip gewertet und vom *BGH* zum Kernbestand der Rechts- und Sittenordnung gerechnet. Je anspruchsvoller das Kindeswohl definiert wird, desto niedriger ist die Schwelle für die staatliche Intervention in das elterliche Handeln.« *Derleder,* FuR 1994, 144/146.

95 Vgl. *Salgo* 1996, S. 564.

96 Vgl. *Plewig* 1994, S. 15, der sich – auch im historischen Rückblick – mit dem Zusammenhang von Kindeswohl und Sozialpolitik befasst.

97 *Wiesner* § 1 SGB VIII, Rz. 41. Ebenso *GK-SGB VIII-Fieseler* § 1, Rz. 27 ff, 37 ff, der ein »offensives« Eintreten der Jugendhilfe fordert.

98 Vgl. hierzu *Matthews* 1996, S. 1435; *Dunn* 1996, S. 1991. Auch *Salgo* 1996, S. 162.

99 Aus dem Blick gerät z.B., dass bei der Vernachlässigung (vgl. *Schone u.a.* 1997) wie auch bei der Misshandlung von Kindern »... die gesellschaftlichen Ungleichheitsverhältnisse vielleicht in ihrer brutalsten Form zum Ausdruck kommen« (*Petri* 1989, S. 62, kritisch: *Rothe,* FuR 1996, 55/56), oder sexueller Missbrauch im Kontext eines veränderungsbe-

liche Macht- und Gewaltverhältnisse, die sich im Binnenraum der Familie zwischen den Geschlechtern und Generationen reproduzieren[100], geraten damit leicht aus dem Blick. Sozialpolitische Interessenlagen, die sich aus dem sozialen Status des Kindes bzw. seiner sonstigen Lebenssituation (z.B. im Verfahren, im Heim oder in der Familienpflege) ergeben, bleiben unbeachtet. Im »Interesse des Kindes« ist nur mehr das, was individualisiert in das Verfahren eingebracht werden kann und sich dort zur justiziellen Bearbeitung eignet.

Ein anderes Verständnis ist denkbar. Denn so wenig sich eine Parteinahme für die Interessenlagen von Kindern und Jugendlichen mit deren politischer Instrumentalisierung verträgt, so wenig duldet sie die Ignoranz sozialpolitischer Missstände, die bedingt durch z.B. Wohnverhältnisse, Armut, geschlechtsspezifische Benachteiligungen, Aufenthaltsstatus, usw. ursächlich zur Lebenssituation der Kinder und Jugendlichen in vielen sogenannten »multifaktoral belasteten Familienverhältnissen« beitragen. Dies gilt umso mehr für Missstände, die eine kindzentrierte Verfahrensgestaltung erschweren oder verhindern, wie z.B. zeitverschleißende bürokratische Routinen oder eine unzureichende Qualifikation und hohe Fallbelastungen der am Verfahren beteiligten Professionellen. Zu denken ist ebenso an fehlende Ressourcen, mit denen VerfahrenspflegerInnen im Einzelfall konfrontiert sind, wenn geeignete und erforderliche öffentliche Hilfen für Kinder oder Sorgeberechtigte – z.B. wegen des Kostendrucks der Jugendbehörden und freier Träger – nicht in dem Zeitrahmen und Umfang verfügbar sind, wie sie im Interesse des einzelnen Kindes oder Jugendlichen geboten wären.

Ganz in diesem Sinne erweitert der ethische Kodex der britischen *National Organisation of Guardians ad litem and Reporting Officers* (NAGALRO)[101] die einzelfallbezogene Interessenvertretung für Kinder und Jugendliche in gerichtlichen Verfahren um die öffentliche Fürsprache bei sozial- und rechtspolitischen Problemlagen sowie strukturell bzw. institutionell bedingten Schwierigkeiten von Kindern. Hier heißt es programmatisch:

> »Ein GALRO kann Entscheidungsträgern nützliche Hinweise geben, welches Verhalten einer Gesellschaft, einer Regierung, von Behörden oder Einzelpersonen zu den Schwierigkeiten eines Kindes beitragen. Ein GALRO kann weiterhin nützliche Vorschläge machen, wie gesellschaftliche Ressourcen zum Wohl des Kindes kreativ eingesetzt werden können«.[102]

---

dürftigen gesellschaftlichen Machtgefälles zwischen den Geschlechtern zu thematisieren ist (*Weber, M.* 1995, S. 34 f).

100 Vgl. *Honig* 1992, S. 282 ff; auch *Rauchfleisch* 1992, S. 82 ff, 99.

101 GALRO ist eine Abkürzung für die *G*uardian *Ad L*item, die die wohlverstandenen Interessen des Kindes vertreten und für die *Report Of*ficers, welche sicherstellen sollen, dass Adoptionseinwilligungen aus freien Stücken erfolgen.

102 Ethischer Kodex der NAGALRO dokumentiert in *Salgo* 1996, S. 304. Vgl. auch *Department of Health*, Manual of Practice 1992, S. 88, wonach sich die britischen Guardians

Ein entsprechendes Problem- und Selbstverständnis erscheint nicht nur aus gesellschaftspolitischer Sicht empfehlenswert. Es könnte auch im Einzelfall dazu beitragen, dass Professionelle ihre Problembeschreibungen nicht allein auf den verengten Horizont begrenzter, vermeintlich auf Jugendhilfeleistungen fixierter[103] Handlungsmöglichkeiten des Familiengerichtes im Sinne des § 1666a BGB einschränken. Somit also eigene Ohnmacht vermeidend ggf. an der Ver-Klärung des tatsächlichen Sachverhaltes gegenüber dem Gericht, den Eltern, aber eben auch dem Kind selbst mitwirken und sich mit den – scheinbar oder tatsächlich – unabänderlichen Gegebenheiten des Einzelfalles erst gar nicht befassen:

> »Ganz unbefriedigend ... sind Eltern-Kind-Trennungen in Fällen, in denen das elterliche Versagen offenkundig auch auf der ökonomischen Mangellage der Familie beruht und in denen nicht einmal der Versuch öffentlicher Hilfen unternommen wurde.«[104]

Fachlich geboten wäre in solchen Fällen freilich ein anderes Vorgehen: Erstens eine Klarstellung, durch welche Umstände und Lebensbedingungen die Probleme des Kindes maßgeblich verursacht sind. Zweitens eine Prüfung, ob dieselben – wenn schon nicht mit dem traditionellen Angebotsspektrum der Jugendhilfe, so doch durch andere öffentliche Hilfen gem. § 1666a BGB, z.B. in Kooperation mit den Wohnungs-, Sozial- oder Ausländerbehörden – zu beheben sind.

---

ggf. mit grundlegenden Verbesserungsvorschlägen bezüglich genereller Praktiken und Angelegenheiten der Jugendbehörden nach Abschluss des Falles schriftlich an deren DirektorIn oder an das Familiengerichtskomitee wenden sollen.

103 Das Familiengericht hat nach § 1666a BGB zu prüfen, ob eine Trennung des Kindes von seinen Eltern durch »öffentliche Hilfen« zu vermeiden ist. Damit stellte der Gesetzgeber erstmalig eine ausdrückliche Beziehung zwischen familiengerichtlichen Kinderschutzmaßnahmen und dem System öffentlicher und privater Sozialleistungen her, die insbes. durch § 11-40 KJHG konkretisiert werden. Vgl. *Staudinger-Coester* § /1666a, Rz. 1, 10. Allerdings: die Anordnungsbefugnis des Gerichtes ist bei Ermessensleistungen öffentlicher Leistungsträger (auch der Jugendhilfe) umstritten. *Röchling* 1997, insb. S. 102 ff, 239 f, 284 ff, 290, lehnt diese Befugnis generell ab. Anders *Staudinger-Coester* § 1666a, Rz. 13. Zwar könne nicht von einer »generellen *Befugnis des Familiengerichts* ausgegangen werden, *Hilfe zur Erziehung* über den Kopf des Jugendamtes hinweg oder gar gegen dessen Votum ex cathedra *anzuordnen* – praktisch würden solche Anweisungen ins Leere laufen und das Kind möglicherweise schutzlos lassen.« Über § 50 Abs. 1, 2 KJHG bestehe eine gemeinsame Verantwortung und eine Mitverpflichtung der Jugendhilfe. Lehne diese Hilfen aus »anderen als sozialpädagogischen Gründen«, etwa verwaltungsrechtlicher, organisatorischer oder finanzieller Art ab, könne das Familiengericht Hilfen nach § 27 KJHG anordnen (Hervorhebung im Original).

104 So *Staudinger-Coester* § 1666a (12. Aufl.), Rz. 14 (vgl. auch Rz. 10-14), zu Entscheidungen des LG Frankenthal (enge Wohnverhältnisse) und des BayObLG (schlechte Kleidung und Ernährung).

Dem kommt entgegen, dass in den vergangenen Jahrzehnten ein geschärftes Bewusstsein für das Risiko, Moral- und Wertvorstellungen der Mittelschicht gegenüber ökonomisch/sozial deklassierten Familien[105] anzuwenden bzw. gesellschaftliche Normierungs- und Disziplinierungsbestrebungen durch Defizitzuschreibungen als Erziehungsbedarf zu markieren und als Kindeswohl auszugeben[106] zu verzeichnen ist. Ein hochproblematischer Effekt ist jedoch, dass diese Sensibilität gegenüber staatlichen Eingriffen in sozial benachteiligte Familien nun auch das Risiko einer doppelten Benachteiligung der Kinder birgt. Wenn nämlich das sozial engagierte Selbstverständnis und der verständliche Wunsch, lieber (den Eltern?) zu helfen statt zu kontrollieren und einzugreifen, darauf hinausläuft, auch dann noch zu beraten und familienunterstützende Hilfen anzubieten, wenn die Schädigung eines Kindes auf diesem Wege eben nicht, auch durch öffentliche Hilfen gem. § 1666a BGB nicht, abzuwenden ist.

2. Das Kindeswohl, ein »Einfallstor«

a) Gesellschaftliche und staatliche Interessen

Ein anderer Aspekt mit gesellschafts-/politischer Tragweite, der die juristische Fachöffentlichkeit immer wieder beschäftigt, ist, dass das Kindeswohl sich seitens der Legislative, Justiz und Administration als »staatliches Einfallstor in das private Erziehungskonzept«[107] anbietet. So ist es nicht ausgeschlossen, dass parteipolitische oder staatliche Interessen[108] zur politisch-moralischen

---

105 Vgl. *Simitis* 1986, S. 580 f. In Bezug auf das Pflegekinderwesen merkt auch *Faltermeier* 1989, S. 220-223, an, dass Kinder aus unterprivilegierten (Ein-Eltern) Familien mit geringem Einkommen oder Sozialhilfeabhängigkeit, ungünstigen Wohnbedingungen und vielen Geschwistern, die einer relativen Dichte staatlicher Kontrolle ausgesetzt sind, besonders häufig fremduntergebracht sind. Auch *Münders* 1993 (a), S. 157, Hinweis, dass Minderjährige, die außerhalb des Elternhauses erzogen werden, zu 80 % aus ›Multiproblemfamilien‹ kommen, wurde durch seine jüngste Studie (vgl. 1998, S. 20 f) und von *Schone* (1997, S. 169 ff) erneut bestätigt. Die Staatsintervention in sozio-ökonomisch bessergestellte Familien, die sich eher gegen eine Sozialkontrolle abschirmen, sich aber auch durch die Inanspruchnahme von Betreuung, Erziehungsberatung u.a.m. entlasten können, ist damit weitaus seltener – was nicht bedeutet, dass Kinder in diesen Familien nicht auch auf solche Eingriffe angewiesen sind. Ein Sozialarbeiter kommentierte dazu: »Bei solchen Familien kommt man bei Gericht nicht durch.«

106 Hierzu *Peukert* 1986; *Plewig* 1994; *Wortmann* 1996.

107 *Münder* 1997, S. 18. Vgl. hierzu auch *Goldstein u.a.* 1982, S. 24 ff; sowie *Coester* 1983, der sich u.a. auch mit der Kindeswohl-Interpretation in der Deutschen Demokratischen Republik (DDR) auseinandersetzte.

108 Zur Problematik des dem Rechtsbegriff Kindeswohl immanenten Erziehungsziels »Gemeinschaftsfähigkeit«, das zum Anknüpfungspunkt »staatlichen Wert- und Institutionenschutzes« entscheidungsleitendes Kriterium werden kann, das andere Kindesinteressen (Bindungen, Kontinuität etc.) verdrängt, vgl. *Staudinger-Coester* § 1666, Rz. 112.

Legitimation als das Interesse und Wohl des Kindes ausgegeben werden. Neben den in den einschlägigen Verfahren bedeutsamen Interessenkonflikten zwischen Eltern und Kindern ergeben sich – durch die Missachtung des mit dem Kindeswohl-Konzept verbundenen Sperrprinzips – dann sowohl auf legislativer wie auch auf justizieller Ebene auch solche zwischen Kind und Staat, die eine Interessenvertretung des Kindes aufzudecken und auszutragen hätte.[109]

> »Richterliche Entscheidungsreihen (insbesondere zu § 1666) decouvrieren Richtermacht vergangener Zeiten zuweilen als willige Vollstreckerin herrschender Meinungen und ideologisch fixierten staatlichen Wollens; der Notwendigkeit, das kindliche Psychogramm und das Soziogramm seiner Umgebung detailliert festzustellen (weil das elterliche Verhalten auf sie zu projizieren ist), wurde vielfach nicht in ausreichendem Maße genügt. Die Zukunft wird diesen Gefahren (weil sie bekannt geworden sind) besser entgehen können als die Vergangenheit (wenn auch um den Preis zunehmender Herrschaft von Sachverständigen); ihnen ganz zu entgehen, wird auch ihr nicht gelingen.«[110]

Die Problematik, die *Gernhuber* hier anspricht, ist in der Tat mehr als nur ein hypothetisches Risiko, sie ist bittere Realität, insbesondere[111] deutscher Geschichte: Gerichte, Jugendämter und Fachkräfte einschlägiger Nachbardisziplinen[112] setzten wirtschaftliche und politische Interessen mit denen der Kinder gleich. Staatliche Erziehungsvorstellungen leiteten die moralische und politische Disziplinierung von Kindern und ihren Familien an bzw. »legitimierten« ihre Verfolgung im deutschen Faschismus.

Entsprechende Fälle wurden schon bei der Kodifikation des BGB diskutiert[113] und sollten auch in der Weimarer Zeit eine Rolle spielen. So etwa der Sorgerechtsentzug einer Mutter, die nach dem Tod ihres Mannes nach kurzem Aufenthalt in Deutschland mit ihrem Kind nach Brasilien zurückkehren wollte. Ihr entzog im Jahr 1911 das Kammergericht Berlin die elterliche Gewalt

---

109 So stellten die GRÜNEN 1995 anläßlich der Reform des Kindschaftsrechts fest: »Bis heute wird dieses ›Wohl des Kindes‹ ... weitestgehend entweder mit den Rechten eines Elternteils gleichgesetzt, oder es wird eine Identität von Staats- und Kindesinteressen zugrundegelegt.« *BT-Drucks.* 13/3341, S. 1.

110 *Gernhuber* 1980, § 49 III Nr. 3. Auch *Staudinger-Coester* §§ 1666/1666a, Rz. 4 weist auf »illegitime« bzw. in den veröffentlichen Entscheidungen nicht hinreichend begründete, »Sanktionstendenzen gegenüber Eltern, die in der Vergangenheit versagt haben« hin.

111 Vgl. zu den USA: *Goldstein u.a.* 1982, 24 ff.

112 Zur Kinderpsychiatrie im deutschen Faschismus *Müller-Küppers* 1990, 103 ff; zur Tötung psychisch kranker Kinder auch *Richarz* 1987, S. 177-188. Zur Sozialen Arbeit und Pädagogik, vgl. nur *Otto/Sünker* 1989 bzw. 1991.

113 Zum Fall eines Sorgerechtsentzuges, weil der Vater eines 16-Jährigen dessen Beitritt in einen sozialdemokratischen Sportverein geduldet hatte, vgl. schon *Mugdan,* Band IV, S. 1381. Hierzu auch *Hirsch* 1965, S. 47 und *Zenz* 1981, S. 311 f.

mit der Begründung: »Die Mutter habe ›die Pflicht, dem Kinde eine deutsche Erziehung zu geben‹.«[114] In einem anderen Fall wurde dem Vater eines jungen Arbeiters, letzterer hatte sich aktiv den Sozialdemokraten angeschlossen, 1917 das Personensorgerecht entzogen, weil »die Gefahr sittlicher Verwahrlosung« ohne weiteres gegeben sei, wenn sich zeige, »dass der Minderjährige bei dem gegenwärtigen Stand seiner Erziehung dem Vaterland entfremdet ist oder gar feindlich gegenübersteht.«[115]

Das nationalsozialistische Regime, das die in der Weimarer Republik durch die Schutzfunktion des bürgerlichen Rechts gesetzte Schranke des sozialdisziplinierenden Durchgriffes auf das Subjekt weitgehend beseitigte[116], setzte die Individualrechte von Erwachsenen wie Kindern durch deren systematische Selektion, Verfolgung und Ermordung[117] ganz außer Kraft. Der »funktionale Erziehungsstaat"[118] beanspruchte das primäre Recht an der Jugend und nahm die Rolle als »Lehensherr"[119] der Eltern ein. Einschneidende *gesetzliche* Änderungen erfolgten im Familienrecht[120] aber nur bei der Eheschließung und -auflösung. Im übrigen ...

»... vollzog sich der Wandel der herrschenden Rechtsanschauung über die Propaganda und fand über die für Wertungen und Wertewandel grundsätzlich offenen Generalklauseln des BGB und des neuen Ehegesetzes in nicht unbeträchtlichem Maße Eingang ins Recht.«[121]

---

114 Hierzu *Hirsch* 1965, S. 50.

115 *Münder,* RdJB 1981, 82/86, mit weiteren Beispielen. Zu diesem Fall, der noch 1955 in der juristischen Kommentierung »vorbehaltlos« zitiert worden sei, vgl. schon *Hirsch* 1965, S. 52. Zu ähnlichen Fällen der Rechtsprechungsgeschichte der Weimarer Republik *Plewig* 1994, S. 7-19; Hirsch 1965, S. 48-55.

116 Vgl. *Schnurr* 1991, S. 138. Vgl. auch *Hirsch/Majer/Meinck* 1997, S. 243 -247. Hiermit verband sich eine Absage an die zu Beginn des Jahrhunderts auch in Deutschland feststellbaren Gleichberechtigungs- und Individualisierungstendenzen, die in der Folge das Familienrecht der Nachbarländer prägten, während sie »am deutschen Reich spurlos« vorübergingen. *Coester-Waltjen* 1998, S. XV.

117 Zu den Selektionsprinzipien der Jugendfürsorge, die größtenteils gem. § 11 RJWG vom Jugendamt auf die NS-Volkswohlfahrt übertragen wurde, vgl. *Jordan* 1987, S. 27 f.

118 Hierzu *Otto/Sünker* 1991.

119 *Hirsch* 1965, S. 59.

120 Anders im Jugendhilferecht. Hier lautete der 1933 verfasste programmatische Entwurf zur »Reform des Reichsjugendwohlfahrtsgesetzes«, der 1939 fast wörtlich in den sudetendeutschen Gebieten und Danzig, 1940 auch in der Ostmark in Kraft trat: »Die Erziehung der Jugend ist Erziehung zur deutschen Volksgemeinschaft. Ziel der Erziehung ist der körperlich und seelisch gesunde, sittlich gefestigte, geistig entwickelte, beruflich tüchtige deutsche Mensch, der rassebewusst in Blut und Boden wurzelt und, getragen von den lebendigen Kräften des Christentums, Volk und Staat verpflichtet und verbunden ist.« Vgl. § 1 JugendwohlfahrtsVO. Hierzu *Hasenclever* 1978, S. 129, *Müller* 1994, S. 50 ff; aus juristischer Sicht auch *Ramm* 1996, S. 185 ff, letzterer auch zum Hilter-Jugend-Gesetz (dokumentiert in *Hirsch/Majer/Meinck* 1997, S. 288-291).

121 *Coester-Waltjen* 1998, S. XIV f. Auch *Neumann,* der sich 1937 kritisch mit der Bedeutung von Generalklauseln in der nationalsozialistischen Rechtsprechung befasste.

Dies galt auch für die Generalklausel des § 1666 BGB. So wurde 1935 der letzte Beschluss publiziert, der die Erziehung eines nicht-jüdischen Kindes durch eine jüdische Stiefmutter als Eingriffstatbestand des § 1666 ablehnte, berichtet *Hirsch*. Fortan folgten nur noch antisemitische Veröffentlichungen, wie z.B. der Beschluss des Amtsgerichts Bremen, ..

> »... der genau dem entsprach, was die nationalsozialistischen Jugendämter immer gefordert und behauptet hatten: dass die Erziehung durch einen jüdischen Stiefvater die Tochter gefährde, dass das Interesse der ›deutschen Volksgemeinschaft‹, welches dem Einzelinteresse stets vorgehe, eine nationalsozialistische Erziehung erfordere, die allein dem Wohl des Kindes entspreche, usw. ... dass die Mutter noch Ende 1933 einen Juden geheiratet habe, ›zeigt, dass auch ihr selbst die Eignung fehlt, das Kind zu einem art- und rassebewussten Volksgenossen zu erziehen. Das Erbieten der Mutter bzw. des Stiefvaters sich zu trennen, würde deshalb auch nicht genügen, um die rechte Erziehung des Kindes zu gewährleisten‹.«[122]

Im selben Jahr wurde dem von der Gestapo verhafteten Vater eines siebenjährigen Kindes das Sorgerecht im wesentlichen mit der antikommunistischen Begründung entzogen, eine ...

> »... politische Gesinnung wie die kommunistische ... ist aber nicht geeignet, deutschen Kindern eine Erziehung im deutschen Sinne zu geben. Es ist ... Aufgabe des Vormundschaftsgerichts, dafür zu sorgen, dass auf den Minderjährigen im nationaldeutschen Sinne eingewirkt wird.«[123]

Ebenso diente § 1666 BGB als Hebel zur Durchsetzung rassistischer Bestrebungen, nämlich um die Verschleppung »rassisch wertvoller« Kinder zu rechtfertigen. So wurde einer polnischen ledigen Mutter das Sorgerecht entzogen, weil sie sich weigerte, ihr zweijähriges Kind, der Vater war staatsangehöriger »Volksdeutscher«, in eine deutsche Pflegestelle zu geben. Das Landgericht folgte damit dem Antrag der örtlichen Dienststelle der NS-Volkswohlwahrt (NSV), deren Leiter Vormund wurde. Die NSV-Führung sandte diesen »Musterfall« 1941 an alle Dienststellen im Reich. Die Begründung des Landgerichtes, das die Voraussetzungen des § 1666 BGB als gegeben sah, fasst *Lilienthal* wie folgt zusammen:

---

122 *Hirsch* 1965, S. 64 f; m.w.N. zu ähnlichen Entscheidungen.
123 *Hirsch* 1965, S. 55, zitiert hier das AG Berlin-Lichterfelde, Beschl. v. 15.4.1935, ZfJ 27, 232. Dem Autor ist im übrigen die meines Wissens einzige eingehendere Darstellung der Rechtsprechung zu § 1666 BGB während des Faschismus zu verdanken.

»Erstens habe eine objektive Gefährdung des Kindes vorgelegen. Als Mischling könne es aufgrund seines noch geringen Alters je nach Erziehung Pole oder Deutscher werden. Da aber die Polen als Staatenlose ›in jeder insbesondere sozialer und geistig-kultureller Beziehung den Reichsangehörigen‹ ›nachstünden‹, werde sein leibliches und geistiges Wohl ›benachteiligt‹, wenn es ›in polnischer Umgebung festgehalten‹ werde, obwohl es die Möglichkeit einer Erziehung bei Deutschen habe. Zweitens sei das schuldhafte Verhalten der Sorgeberechtigten festgestellt. Obwohl die Mutter gewusst habe, dass ihre ›Belange‹ als Staatenlose hinter den deutschen Interessen zurückzustehen hätten, habe sie die Übergabe in deutsche Pflege verweigert und ›dadurch die Eindeutschung des Kindes erschweren oder unmöglich machen‹ wollen. Sie habe damit gegen das Wohl des Kindes gehandelt, also ihr Sorgerecht ›missbraucht‹.«[124]

Ein ähnlicher »Musterfall« des § 1666 BGB betraf die »Ernsten Bilbelforscher«, deren Kinder den »Hitler-Gruß« und das Singen von »Nationalliedern« verweigerten. Viele der Kinder wurden von ihren Eltern getrennt und in nationalsozialistische Heime gebracht.[125] Ein »Richterbrief« des Jahres 1942 führte hierzu im Grundsatz aus, das Sorgerecht sei mit der »einfachen Erwägung« zu entziehen, »dass Eltern, die sich offen zu den Ideen der ›Bibelforscher‹ bekennen, zur Erziehung ihrer Kinder im nationalsozialistischen Sinn nicht geeignet sind.« Man erwarte von den Eltern nämlich ...

»... aktive Mitarbeit. Zurückhaltende Neutralität ist hier ebenso schädlich wie eine Bekämpfung der nationalsozialistischen Idee. (...) Die Gefährdung des Kindes tritt offen zutage, wenn die Eltern sich bewusst in Gegensatz zu der Erziehungsarbeit der Gemeinschaft stellen.«[126]

Grundsätzlich, so *Münder*, ist die Möglichkeit einer politisch motivierten Instrumentalisierung staatlicher Erziehungsvorschriften bis heute gegeben. Er verweist hier z.B. auf das OLG Hamm, das eine »Erziehung zur Gemeinschaftsfeindlichkeit« und die Gefahr, dass die Kinder keine »Achtung vor der Schule und dem Gesetz« mehr haben, als Verfahrensanlass nach § 1666 BGB gewer-

---

124 Hauptamt für Volkswohlfahrt der NSDAP an die NSV-Dienststellen. Unveröffentl. Quelle, *Lilienthal* 1985, S. 221 (Hervorhebung im Original).

125 Vgl. *Hirsch* 1965, S. 64 f. Auch *Vent*, RdJB 1981, 97/100 f.

126 Dieser *Richterbrief* Nr. 3, 1942, dokumentiert in *Staff* 1978, S. 71 f, diskutierte den Fall eines elfjährigen Mädchens, das in der Schule »auffiel«, weil es fortgesetzt den »Deutschen Gruß« verweigerte. Es »begründete dies mit seiner religiösen Überzeugung« und zeigte sich »bei Fragen, die den Führer betreffen ... völlig uninteressiert«. Dem vom Jugendamt beantragten Sorgerechtsentzug für die Elfjährige und ihre sechsjährige Schwester wurde vom VormG, das Schutzaufsicht anordnete, nicht stattgegeben, was der Richterbrief scharf kritisierte. In zweiter Instanz wurde den Eltern das Sorgerecht für beide Kinder genommen, vgl. S. 69-72.

tet habe. In Kommentaren und Lehrbüchern werde eine »Erziehung zur Staatsfeindlichkeit« noch immer als Option genannt, die zur Entziehung des Personensorgerechts führen könne. Ebenso zeigt *Münder* kritisch Rechtsprechungstendenzen zur moralisch motivierten Kontrolle der Lebensgestaltung der Eltern (z.B. Sanktionierung des Ehebruchs) sowie der Disziplinierung Jugendlicher auf, beispielsweise bei von den Eltern nicht tolerierten Liebesbeziehungen oder Berufswünschen.[127]

Angesichts des wohl tatsächlich nie ganz auszuschließenden Risikos, dass das Kindeswohl durch staatliche Interpretationsinstanzen instrumentalisiert wird, kommt einer eigenständigen Interessenvertretung des Kindes eine zusätzliche Aufgabe zu. Nämlich die des Rechtsschutzes des Kindes bei Interessenkonflikten zwischen Kind und Staat. So ist der Empfehlung des 10. Deutschen Familiengerichtes wohl nur zustimmen:

> »In Fällen erheblicher Interessenkollision zwischen Kind und Eltern oder *Kind und Staat* sollten zur Sicherung der eigenständigen Vertretung des Kindes die Möglichkeiten zur Pflegerbestellung voll ausgeschöpft werden.«[128]

Dass solche Interessenkollisonen auch in der Gegenwart bedeutsam sein können, sei abschließend an der Ende der 90er Jahre entbrannten Debatte um »kriminelle Kinder«[129] und deren Unterbringung in »geschlossenen Heimen«[130] verdeutlicht, die sich auch auf rechtspolitischer Ebene manifestiert hat. So ging eine Gesetzesinitiative des Freistaates Bayern aus dem Jahr 1998, deren Begründung auf die »steigende« Kriminalität von Kindern und Jugendlichen abstellt, dahin, das Jugendstrafverfahren sowie das (am Kindeswohl zu orientierende) Unterbringungsverfahren nach § 1631b BGB mit einem Kindesschutzverfahren nach § 1666 BGB zu verbinden, wenn ...

---

127 Vgl. *Münder*, RdJB 1981, 82/86, auch 86-91. Weitere Fälle *ders.* 1993 (a), S. 113. *Schone* 1997, S. 166. Man bedenke hier auch die Möglichkeit von Interessenkonflikten der Eltern und Kinder einerseits sowie des Staates andererseits. Problematisch: *Staudinger-Coester* § 1666 BGB, Rz. 116, der eine Beeinträchtigung der kindlichen Wertbildung u.a. durch Erziehung zum »Anarchismus« gegeben sieht. Vgl. auch die Kommentierung von *Staudinger-Göppinger*, der noch 1966 (Vorbem. § 1666, Rz. 6) zwar auf »Grundprinzipien des freiheitlich-demokratischen und sozialen Rechtsstaates« und »Grundsätze der Humanität« hinwies, aber auch auf den unbestimmten Rechtsbegriff des »Sittengesetzes« (der »Kulturvölker«, insbes. der »Allgemeinheit des deutschen Volkes«, vgl. hierzu Rz. 209) abstellte. Eben dieses »Sittengesetz« war kaum zwanzig Jahre zuvor z.B. als Instrument gegen »Fremdrassige, Staatsfeinde, Ausgebürgerte, feindliche Ausländer« verwendet worden, um sie z.B. als erbunmündig zu erklären. Vgl. *Hirsch/Majer/Meinck* 1997, S. 397.

128 *Deutscher Familiengerichtstag* 1994, S. 101 (Hervorhebung MZ).

129 Man denke nur an die exzessive Berichterstattung zum »Fall Mehmet« im Jahr 1998.

130 Zur Problematik der geschlossenen Heimerziehung vgl. grundlegend *von Wolffersdorff/Sprau-Kuhlen* 1990, auch *Ahrbeck* 1997. Zur Orientierung des Verfahrenspflegers gem. § 70b FGG am Kindeswohl, vgl. *Früh* 1992, S. 100 f.

»... das Kind wiederholt in erheblicher Weise gegen Strafgesetze verstoßen hat oder Anzeichen einer drohenden Abhängigkeit von Betäubungsmitteln oder anderen Suchtmitteln erkennen lässt.«[131]

Für diese Fälle solle die gesetzliche Vermutung einer Kindeswohlgefährung aufgestellt und in den o.g. Normen verankert werden. De lege ferenda solle das Familiengericht also nach Feststellung eines solchen Tatbestandes eine Kindeswohlprüfung vornehmen und ggf. »Weisungen« an Kind und Eltern erteilen. Hierzu zählt nach Vorstellung der Initiatoren z.B. die Verpflichtung des Kindes an einem »sozialen Trainingskurs« teilzunehmen oder die Verpflichtung der Eltern, bestimmte erzieherische Hilfen zu beanspruchen. Dies ist nicht wirklich neu, hat doch das Gericht heute schon »erforderliche Maßnahmen« zu ergreifen, um Gefährdungen des Kindeswohls abzuwenden. Die Nachdrücklichkeit, mit der hier allerdings kriminalisierte Verhaltensweisen des Kindes zum Anknüpfungspunkt für richterliche Eingriffe genommen und auf eine im Jugendstrafverfahren übliche Maßnahmenwahl[132] hingewiesen wird, zielt jedoch wohl auf eine Änderung der Rechtsprechungspraxis, auf ein Amalgam aus Strafermittlung und Kindeswohlprüfung, richterlichen Hilfsmaßnahmen und Sanktionen, Kindesschutz- und Kindesstrafverfahren.[133] Wobei Kinder, die das 14. Lebensjahr nicht vollendet haben, ohne die verfahrensrechtlichen Schutzgarantien des JGG bzw. der StPO seitens des Familiengerichtes erheblicher Straftaten bezichtigt und sanktioniert würden. Nahtlos fügt sich in dieses Streben nach einer (wie auch immer verstandenen) »Inneren Sicherheit«[134] der Novellierungsvorschlag zu § 1631b BGB ein, durch den die Rechtsgrundlage der freiheitsentziehenden Unterbringung von Kindern »verbessert« werden soll.

Sollten sich solche Tendenzen durchsetzen, wird allerdings ernsthaft zu fragen sein, ob es in diesen Fällen nicht einer anwaltlichen Strafverteidigung für Kinder bedarf. Derzeit jedoch kann es wohl als vorrangige Aufgabe der im Verfahren gem. § 1631b BGB vorgesehenen wohlverstandenen Interessenvertretung gelten[135], das dem Kindeswohl-Konzept immanente Sperrprinzip ge-

---

131 Gesetzesinitiative des Freistaates Bayern, KindPrax 1998, 151 (= BT Drucks. 645/98). Vgl. hierzu auch die Kritik von *Bode,* KindPrax 1998, 183-185.

132 Die geschlossene Heimunterbringung kann auch nach den §§ 71 Abs. 2 und 72 Abs. 3 JGG im Jugendstrafverfahren angeordnet werden. Vgl. *Fegert* 1996, S. 78.

133 Vgl. auch *Staudinger-Coester* § 1666, Rz. 5, der Antrag habe zum »Ziel, Kindesschutzmaßnahmen nach § 1666 zur Bekämpfung der Jugendkriminalität einzusetzen.« Ähnliches gilt übrigens auch für jene Landesgesetze, die Maßnahmen gegen Eltern erlauben, deren Kinder wegen unzureichender Beaufsichtigung und Erziehung Straftaten begehen. »Im Zentrum dieser Regelung steht nicht der Schutz des Kindes, sondern der öffentlichen Ordnung vor dem Kind«. Vgl. a.a.O., Rz. 2.

134 Zur vergleichbaren Problematik in den USA vgl. *Salgo* 1996, S. 158.

135 Zur Rolle dieser Vertretung (§ 70b Abs. 1 S. 1 FGG) vgl. *Staudinger-Salgo,* § 1631b BGB, Rz. 38.

genüber solchen Instrumentalisierungstendenzen zur Geltung zu bringen. Also fachliche Begründungen zu fordern bzw. (selbst-)kritisch zu prüfen, ob und inwieweit die zur Rede stehenden gerichtlichen Maßnahmen tatsächlich im individuellen Interesse dieses Kindes oder Jugendlichen liegen und allen Argumenten und Entscheidungen entgegenzutreten, die mit diesen von Gesetzes wegen maßgeblichen Individualinteressen nicht zu vereinbaren sind.

b) Außerjuristische Wissenschaften

Vom Kindeswohl als »Einfallstor« ist allerdings in der juristischen Fachliteratur aus gutem Grund nicht nur in Bezug auf staatliche Interessen die Rede, sondern ebenso hinsichtlich jener außerjuristischen Professionen und Wissenschaften, die auf theoretischer und praktischer Ebene im Einzelfall maßgeblich an der Konkretion dieses unbestimmten Rechtsbegriffes teilhaben, um »Spannungen zwischen Recht und Lebenswirklichkeit« [136] befriedigend zu lösen.[137] Bei diesen Vorbehalten geht es um die wohl unvermeidbaren, deshalb aber umso aufklärungsbedürftigeren Schattenseiten der Rezeption außerjuristischen Fachwissens bei der Konkretion des Kindeswohls:

> »Juristen, die nach Orientierung suchen, und Wissenschaftler, die das Recht zu beeinflussen suchen, sind ... gleichermaßen versucht, die vorhandenen Gewissheitsdefizite und Vorbehalte im Hinblick auf die Kompliziertheit der Materie zu ignorieren. Dieser praktische Fehlgebrauch wissenschaftlicher Autorität beeinträchtigt jedoch nicht den grundsätzlichen Umstand, dass die Fachwissenschaften für ihren Teilbereich den fortgeschrittensten menschlichen Erkenntnisstand einer Zeit repräsentieren. Ihre Heranziehung unter Beachtung ihrer generellen Leistungsmöglichkeiten und –grenzen ist deshalb unmittelbares Gebot der Sachgerechtigkeit. Das Urteil des Laien generell für gleichwertig oder gar überlegen zu halten, ist nicht nur vermessen, sondern entbehrt jeder sachlichen Begründung.«[138]

Die an und für sich begrüßenswerte Entwicklung, dass die Definition des Kindeswohls nicht mehr allein dem »gesunden Menschenverstand« des Gesetzgebers oder Richters überlassen bleibt[139], zeitigt auch und gerade in diesem Bereich unerwünschte Nebenwirkungen, die es zu vermeiden, zumindest aber zu begrenzen und aufzuhellen gilt.

---

136 *Staudinger-Salgo* § 1632 BGB, Rz. 43.

137 Vgl. allerdings die oben erwähnte Literatur (auf S. 135 ff) zur historischen Rolle dieser »Kindeswohl«-Disziplinen, die dem Nationalsozialismus perfide Argumentationshilfen lieferten und sich aktiv und mordend in den Dienst dieses Regimes stellten.

138 *Coester,* Protokolldienst 1983, 60/67.

139 Hierzu *Coester,* Protokolldienst 1983, 60/68, auch *Marquardt* 1999, S. 43 f.

Auf rechtswissenschaftlicher Ebene trug die interdisziplinäre Zusammenarbeit, als deren »genuiner Wegbereiter« das Kindeswohl gilt, zwar entscheidend dazu bei, die Familie von ihren Mitgliedern und deren individuellen Situationen her zu begreifen, und verhalf zu Einsichten in die realen Abläufe familiärer Beziehungen, die eine »Humanisierung des Familienrechts« bewirkten, so *Simitis*.[140] Ebenso erhoffte man sich objektive und wissenschaftlich erhärtete, ideologiefreie Ergebnisse der empirischen Sozialwissenschaften und sozialgeschichtlicher Analysen, denen »eine von Vorurteilen unbelastete, exakte Diagnose der ›wirklichen‹ Probleme ebenso zugetraut (wurde) wie die Diagnose der ›richtigen‹ Lösungen«.[141] Inzwischen aber habe ...

»... sich die anfängliche Hoffnung längst als trügerisch erwiesen, die eigenen Schwierigkeiten nun endgültig mit Hilfe der den außerjuristischen Disziplinen zu entnehmenden, ebenso klaren wie unanfechtbaren Entscheidungskriterien überwinden zu können.«[142]

Auch in der familien- und vormundschaftsgerichtlichen Praxis erzeugt der mit der sozialwissenschaftlichen Wende des Familienrechts verbundene intensive Import fachfremder und z.T. widerstreitender Theorien[143] und Methoden aus den erfahrungswissenschaftlich orientierten Referenzdisziplinen ein für fachliche Irrtümer, professionelle Dilemmata und Paradoxien extrem anfälliges Handlungsfeld[144], auf das das Jurastudium die Richterschaft[145] mitnichten vorbereitet. Das hiermit verbundene Problem der Jurisprudenz, Kriterien zur Rezeption außerjuristischen Wissens zu entwickeln, ist offensichtlich, doch ist diese Rezeptionspraxis bislang noch kaum Gegenstand systematischer Forschung.[146] Es spricht aber viel dafür, dass sich hier zum Beispiel die Konjunkturen bestimmter »Schulen« und Paradigmen des Wissenschaftsmarktes niederschlagen, die ihrerseits durch politisch-gesellschaftliche Bewegungen und Gruppenmentalitäten der außerwissenschaftlichen Umwelt beeinflusst werden.[147] Auch spielen vermutlich die Rahmenbedingungen und Eigeninteressen

---

140 *Simitis* 1994, S. 431.
141 Dabei habe jedoch vor allem die Kritik, die in soziologischen und ökonomischen Ansätzen an der »juristischen« Dogmatik geübt wurde, lediglich dazu geführt, »deren Ergebnisse durch die Folgerungen einer nicht minder ›dogmatisierten‹ ›außerjuristischen‹ Methode oder Disziplin zu substituieren.« *Simitis* 1994, S. 434, 435.
142 *Simitis* 1994, S. 441.
143 Vgl. beispielsweise *Derleder*, FuR 1994, 144/146, der den in der familienrechtlichen Fachöffentlichkeit ausgetragenen »sozialwissenschaftlichen Zweikampf« zwischen systemisch und psychoanalaytisch orientierten Sichtweisen thematisiert.
144 Vgl. *Schütze* 1992. Ausführlicher unten S. 386 ff.
145 Kritisch schon *BVerfGE* 55, 171/180.
146 Vgl. insbesondere *Koechel* 1995, Kap. 2; auch *Koechel/Heider*, ZfJ 1989, 79 f.
147 »Politisch-gesellschaftliche Bewegungen und die Geschichte von Gruppenmentalitäten schlagen sich relativ direkt in den Konjunkturen von Wissenschaftsparadigmen nieder und bewirken deren Veralten mit. Es besteht unter diesen Umständen durchaus die

der in diesem Feld tätigen Professionen, Verbände, Institutionen usw. eine zentrale Rolle.

Fegert konfrontiert die These, das Kindeswohl sei ein »Einfallstor« der Psychologie in das Recht, hingegen mit der Frage, ob nicht vielmehr der Kindeswohlbegriff eine Eintrittspforte in einen Bereich der Wissenschaft und Behandlungskunst biete ...

> »... der vor allem beobachten, beschreiben und aus dem Wissen um normale Entwicklung und Psychopathologie Schlüsse ziehen kann. Vielleicht wird über den Kindeswohlbegriff gar nicht die Psychologie ins Verfahren verlagert, sondern besteht vielmehr die Versuchung, die Entscheidung des Verfahrens aus dem Verfahren heraus an ein durch seine Sachkunde legitimiertes ›Orakel‹ zu verlagern.«[148]

Dies gelte u.a. auch für die Gesetzgebung selbst. Der Gesetzestext sei zwar an einigen Stellen von psychologischen Begriffen und Techniken infiltriert, doch eher in Form »vorgelagerter Anhängsel«, während außerrechtliche Lösungsstrategien und »eine Infiltration des Wissens um Entwicklung von Kindern und um Familiensysteme in das Recht« kaum erfolgt seien.[149]

Gleich, ob man aber davon ausgeht und es begrüßen mag, dass das Kindeswohl ein »Einfallstor für außerjuristische Erfahrungen und damit auch für neuere Erkenntnisse der Psychologie, Pädagogik, Pädiatrie etc.«[150] bietet, oder ob man wie *Fegert* in diesem Begriff eine Eintrittspforte zur Entscheidungsverlagerung in die familienrechtlichen Nachbardisziplinen sieht – wobei sich beides nicht ausschließt –, festzuhalten ist jedenfalls, dass auf diesem Gebiet massive Defizite an einer interdisziplinären, auch empirischen Forschung bestehen.[151]

Mit welch schwieriger interdisziplinärer Gratwanderung[152] sie sich zu befassen hätte, deutet sich in den Warnungen *Koechels* an. Das Kindeswohl verbiete es, die zuständigen Disziplinen voneinander abzuschotten. Doch bestehe einerseits das Risiko, das Fachwissen der Nachbardisziplinen so aufzubereiten, dass es in den Sog eines festen, gesetzgeberischen Normgefüges gerät, das vorgibt, »zweifelsfrei bestimmen zu können, was dem ›Wohle des Kindes‹ dient«. Andererseits sei davor zu warnen, die Spezialisierung, die die schwie-

---

Möglichkeit, dass wissenschaftliche Paradigmen als ›unerledigt‹ ad acta gelegt, unausgeschöpft liegengelassen werden. Man wendet sich der neuen Forschungsrichtung zu, nicht weil sich etwas erledigt hätte oder weil ein Programm der Forschung fehlgeschlagen wäre, sondern den Zwängen und Anregungen der außerwissenschaftlichen Umwelt folgend.« *Zinnecker* 1996, S. 37.

148 *Fegert* 2000, S. 43.
149 *Fegert* 2000, S. 44.
150 *Heilmann/Salgo* 1998, S. 184.
151 Zum Forschungsbedarf vgl. auch *Fegert* 2000, S. 47 ff.
152 Vgl. schon *Goldstein/Freud/Solnit* 1998. Vgl. auch unten S. 381 ff.

rige Verständigung nur noch schwieriger mache, immer weiter zu treiben. Was die Praxis anbelange, bestehe das Risiko, dass »pragmatische Zweckmäßigkeitserwägungen von Juristen« auf »verborgene unternehmerische Motive« der beteiligten Experten treffen.[153]

Wie komplex also die fachlichen und praktischen Fragen sind, die durch eine solche Forschung aufzuhellen wären, und wie sehr ihre Klärung den Dialog in und zwischen den Disziplinen erfordert, wird auch die folgende Betrachtung zeigen, bei der es um nur *ein*, wenn auch zentrales, Kriterium der Bestimmung des Kindeswohls geht: Den Kindeswillen.

---

153 *Koechel* 1995, S. 135 und 136, auch 230 ff.

V. Der Wille des Kindes im Recht

A. Zum Willensbegriff

Der Begriff des Willens ist alltagssprachlich leicht vermittelbar, hat aber in der Philosophie, Psychologie, Pädagogik, Jurisprudenz, Psychiatrie oder Biologie eine facetten- und variationsreiche Geschichte. Er gilt als wissenschaftlich ungeklärt und umstritten und fungiert in der Theoriebildung in unterschiedlichster Weise, z.B. als juristisches Konstrukt, als psychologisches Problem, als anthropologische Setzung, als ethische Begründung, als metaphysische Kategorie oder als biologisch verankertes Resultat der Evolution.[1] Nicht selten wird das Definitionsproblem umgangen, indem zwar spezifische Fragen wie z.B. die »Willensfreiheit« oder »Willenserziehung« bearbeitet werden, ohne aber den Begriff näher zu klären.[2]

In Anlehnung an den juristischen Sprachgebrauch verwende ich den Begriff »Kindeswille« zunächst einfach als Synonym all jener Interessen[3], deren Wahrung oder Durchsetzung das Kind – gleich aus welchen Motiven und in welcher Weise – anstrebt oder mit hoher Wahrscheinlichkeit anzustreben scheint.[4] Diese sehr weit gefasste Definition bezieht sich auf das Kind als Rechtssubjekt und Individuum[5], dem eine durch den Staat und vor dem Staat zu schützende Freiheitssphäre zusteht[6], um seine Persönlichkeit entfalten zu können. Wenn also in der Folge vom »Kindeswillen« die Rede ist, geht es zwar primär um das, was das Kind ausdrücklich als seinen Willen äußert, aber eben auch um seine für das Verfahren bedeutsamen Beziehungstendenzen[7], Empfindungen[8], Bedürfnisse[9], Neigungen[10], Wünsche[11] sowie sicher auch um Aversionen[12], Befürch-

---

1 Vgl. *Weinert* 1987, S. 10 f, 25.

2 »Verglichen mit dem diffusen Begriff von ›Willen‹ ist ›Bewusstsein‹ ein geradezu mathematisch gesehener Begriff« stellt *Walter*, philosophia naturalis 1997, 147/148, mit Verweisen auf verschiedene Definitionsversuche treffend fest.

3 In Anlehnung an *Nelsons* Definition entspräche dies den »faktischen Interessen« des Kindes, also seinen »subjektiven« und ggf. auch »objektiven« Interessen, wobei letztere nicht mit den »wohlverstandenen« Interessen identisch sind. Vgl. hierzu III.B. bzw. 0.

4 Hierzu zähle ich neben der verbalen Kommunikation auch nonverbale, aber relativ *eindeutige* Botschaften und Bestrebungen, die sich aus einem intentionalen Verhalten bzw. aus der Interaktion mit dem Kind schließen lassen. Vgl. in diesem Sinne auch *Fricke,* ZfJ 1998, 53/54; *Moritz* 1989, S. 247. Auch *Lempp u.a.* 1987, S.35, berichten in ihrer rechtstatsächlichen Studie zur Kindesanhörung: »Mehrfach verweisen auch Richter darauf, dass sie auch das a-verbale Verhalten der Kinder beobachten, ihren Umgang mit den Eltern, die emotionalen Äußerungen.«

5 Ähnlich auch *Moritz* 1989, S. 239, der den Kindeswillen auf die »Persönlichkeitsbelange« des Kindes bezieht.

6 Vgl. hierzu insbes. *Smid* 1998.

7 Vgl. hierzu *Lempp* 1987, S. 9.

8 *OLG FFM,* FamRZ 1998, 1042/1043; *OLG Saarbrücken,* FamRZ 1996, 561/562; *BayObLG,* FamRZ 1987, 223/224.

tungen, Ängste[13], etc. Kurz gesagt, es geht um nichts weniger als die subjektive Sicht und Haltung[14] des minderjährigen Kindes in Bezug auf ein Verfahren, das seine persönliche Lebensführung und seine Zukunft betrifft.

Gleichwohl wird aber insbesondere auch vom Willen des Kindes im engeren Sinne zu sprechen sein, und zwar bezogen auf juristisch relevante Willenserklärungen der Minderjährigen wie auch auf pädagogische und entwicklungs-/psychologische Theoreme über die Willensbildung und den Willen. Vielfach wird hier der Begriff der Willensäußerungen zur Anwendung kommen, der in diesem Kontext treffender ist; denn erstens sind die im Verfahren zu klärenden Fragen in der Regel vielfältig und veränderlich, so dass die Rede von *dem* Willen des Kindes in die Irre führt. Zweitens scheint mir diese Begriffsverwendung geeigneter, um den Prozesscharakter und die Komplexität der Willensbildung anzudeuten. Drittens soll diese Begriffswahl betonen, dass gerade Kinder ihren Willen nicht nur verbal ausdrücken, sondern es unter Umständen vorziehen oder ganz darauf angewiesen sind, sich anderweitig mitzuteilen.

B. Der Wille des Kindes im Recht

Während die juristische An- bzw. Aberkennung des Willens von Minderjährigen über Jahrhunderte relativ unverändert tradiert wurde, entwickelte sich im 20. Jahrhundert eine neue Sichtweise. Nicht nur die mangelnde Würdigung jener Mitsprache- und Selbstbestimmungsfähigkeiten Minderjähriger, die in einzelnen Lebensbereichen schon vor den rechtlich normierten Mündigkeitsgrenzen vorhanden sind, geriet in die Kritik und leitete Überlegungen zur Normierung selbstständiger Kindesrechte[15] ein, sondern auch die zweifelhaft gewordene Fixierung auf einen »vernünftigen« Willen, die der subjektiven Sicht und Haltung von Kindern nicht genügend Rechnung trug. Der folgende histo-

---

9 *OLG FFM,* FamRZ 1998, 1042/1043; *BayObLG* FamRZ 1983, 761/762.

10 *Moritz* 1989, S. 241, der auf verschiedene Gerichtsentscheidungen und Fachveröffentlichungen verweist, konstatiert, es sei zunehmend Praxis, »... anstelle des Willens von Einstellung oder Neigung des Minderjährigen zu sprechen, bzw. eine Willensartikulation erst für ältere Minderjährige anzuerkennen.« Der Wille diene u.a. der Artikulation eines bedürfnisgeleiteten Veränderungsbegehrens, (S. 221). Einen entsprechenden Zusammenhang zwischen »Neigungen«, »subjektiven Wünschen«, »Zielvorstellungen« und dem »Willen des Kindes« stellt auch *Staudinger-Salgo* § 1631a BGB, Rz. 14 her.

11 Vgl. nur *Ehring* 1996, die nicht weiter zwischen »Wünsche« des Kindes und seinem »Willen« differenziert. Vgl. auch *Lempp* 1987, S. 19 ff; *Lidle-Haas* 1989, S. 87.

12 *AmtsG Holzminden,* FamRZ 1998, 979/980; *Keidel-Engelhardt,* § 50b FGG, Rz. 9.

13 *AmtsG Pankow/Weißensee,* FamRZ 1998, 1593/1594.

14 So auch *Coester* 1983, S. 257.

15 Zur Mehrdeutigkeit dieses Begriffes, der neben der ihm innewohnenden politischen Dimension einer Politik für bzw. mit Kindern auch auf die Interessen des Kindes (i.S. des Kindeswohls) und auf eigenständige Rechtspositionen des Kindes abstellt, vgl. *Wiesner,* ZfJ 1989, 173/175 ff.

rische Abriss soll dies kursorisch und ohne Anspruch auf Vollständigkeit exemplarisch anhand verschiedener Rechtsmaterien (Verfassungsrecht, Bürgerliches Recht, Öffentliches Recht, Internationale Übereinkommen und Verfahrensrecht) verdeutlichen.

1. Historischer Rückblick

Erste Tendenzen zur Normierung eigenständiger Kindesrechte werden bereits in der Fränkischen Zeit verzeichnet, zu der ein Junge seine »Emanzipation« von der väterlichen Gewalt im Alter von 12 Jahren betreiben konnte, sofern er dessen Haushalt verließ. Während die Mündigkeitsgrenze[16] im Hoch- und Spätmittelalter vielerorts bis zum 25. Lebensjahr angehoben wurde, hielt der Sachsenspiegel weiterhin an dieser Regelung fest. Dabei war dem Sohn nunmehr bis zum 21. Lebensjahr freigestellt, ob er die »Selbstmündigkeit« verlangen oder weiter unter Vormundschaft stehen wollte, auch konnte die Beendung der väterlichen Gewalt durch eine »Scheinadoption« erfolgen. Die Tochter erhielt in dieser Zeit unter Einfluss des Kirchenrechts den Schutz vor ungewollter Verheiratung, die »väterliche Gewalt« wandelte sich zu einem Ehebewilligungsrecht, das durch die »heimliche Ehe« auch ganz außer Kraft gesetzt werden konnte.[17]

Im Recht des aufgeklärt-absolutistischen preußischen Staates erfolgte durch die bevormundende Verrechtlichung der familialen Privatsphäre eine indirekte Aufwertung der Individualrechte der Familienmitglieder.[18] Der Staat überließ die Erziehungs- und Bestimmungsrechte über die Kinder den Eltern bzw. dem Vater nur noch im Rahmen strenger Richtlinien und Grenzen[19], die nunmehr das Vormundschaftsgericht kontrollierte (Preuß. Allgemeines Landrecht von 1794). Damit war ...

> »... das Kind gegenüber seinen Eltern geschützt; sowohl bei Meinungsverschiedenheiten, deren Entscheidung ausnahmsweise nicht dem Vater zugewiesen ist, wie auch bei Misshandlung der Kinder, Verleitung zum Bösen oder Versagen des Unterhalts greift das Vormundschaftsgericht ein ..., das den Eltern das Erziehungsrecht auch ganz nehmen kann.«[20]

---

16 Anders als im Zeitalter der Aufklärung (Preußisches Allgemeines Landrecht, Code Civil) kannte das ältere Recht kein »automatisches Erlöschen der väterlichen Gewalt, ..., es bedurfte darüber hinaus der elterlichen Zustimmung.« *Schwab* 1999, Rz. 433.

17 Zum vorgenannten vgl. *Schwab* 1971, S. 380 f.

18 Z.B. die Verpflichtung der gesunden Mutter, ihr Kind selbst zu stillen, solange der Vater dies verlangt, §§ 67, 68 II PrALR, und ihre Berechtigung, die »Beywohnung« während dieses Zeitraums zu verweigern, § 180 PrALR. Vgl. *Salgo* 1996, S. 395.

19 Ein bleibendes Ergebnis dieser Rechtsentwicklung war die Einführung eines festen Mündigkeitsalters. *Schwab* 1999, Rz. 433

20 *Schwab* 1971, S. 383.

Obgleich der preußische Staat ansonsten noch weit davon entfernt war, Kinder als Rechtssubjekte anzuerkennen[21], und Bildungs- und Erziehungsziele an der Staatsraison des aufgeklärten Absolutismus ausgerichtet waren (»standesgemäße Erziehung«, »brauchbare Mitglieder des Staates«), fand im Preußischen Allgemeinen Landrecht (PrALR) von 1794 auch die Idee einer Selbstentfaltung des Kindes ihren Niederschlag im Gesetzestext. Danach hatte der Vater bei der Bestimmung der »Lebensart« seines Sohnes u.a. auf dessen »Neigung« Rücksicht zu nehmen. Dieser konnte seinerseits ab dem 15. Lebensjahr selbstständig das Vormundschaftsgericht anrufen.[22]

Ansonsten spielte der Wille Minderjähriger vom Zeitalter der Aufklärung an bis weit ins 20. Jahrhundert hinein im Zivilrecht hauptsächlich im Bereich der sog. »Willenserklärungen« bei Rechtsgeschäften[23] eine Rolle. – Um eine solche Willenserklärung abzugeben, die das Preußische Allgemeine Landrecht als »Aeußerung dessen« definierte, »was nach Absicht des Erklärenden geschehen, oder nicht geschehen soll« (§ 1 I Tit. 4), musste der/die Erklärende u.a. »das Vermögen besitzen, mit Vernunft und Ueberlegung zu handeln«, und die Erklärung musste »frey, ernstlich, und gewiß, oder zuverläßig sein.«[24] Diese »Persönliche Fähigkeit« erkannten die Kodfikatoren des Preußischen Landrechtes Jugendlichen bis auf wenige Einschränkungen[25] grundsätzlich zu, während sie für Jüngere folgende Regelungen trafen:[26]

---

21 Vgl. *Salgo* 1996, S. 394. Zeigen lässt sich dies mit *Dreßen* 1982, S. 287 ff, z.B. an den preußischen Erziehungsanstalten für »verwahrloste« Kinder: Isolierung, Arrest, Prügel, Nahrungsentzug, Militärübungen etc. sollten den Eigenwillen der Kinder brechen und sie für die preußische Staats- und Gesellschaftsordnung zurichten. – Die Einführung der Schulpflicht und Einschränkungen der gewerblichen Kinderarbeit im 19. Jahrhundert standen dazu nicht im Widerspruch. Sie verwirklichten primär »... Nützlichkeitsgesichtspunkte einer werdenden Industriegesellschaft und nicht das Interesse an Erziehung und Entwicklung des einzelnen Kindes.« *Hasenclever* 1978, S. 20; *Wortmann* 1996, S. 19 ff.
22 Vgl. §§ 109 ff II 2 PrALR. Hierzu *Schwab* 1971, S. 384. Zur Normgeschichte (auch zu ähnlichen Bestimmungen im Sächsischen BGB sowie im schweizerischen ZGB und dem österreichischen ABGB) vgl. *Staudinger-Salgo* § 1631a, Rz. 1 ff.
23 Hierunter fallen nicht nur vermögensrechtliche Verfügungen und schriftliche Verträge (z.B. Mietvertrag, Lehr- oder Arbeitsvertrag oder der Beitritt in einen Verein etc.), sondern auch mündliche bzw. stillschweigende Verträge, wie sie z.B. beim Kauf oder der Inanspruchnahme einer ärztlichen Dienstleistung abgeschlossen werden können.
24 § 4 I 4 PrALR, vgl. auch §§ 1, 3 I 4 PrALR.
25 Vom 15. Lebensjahr an galten z.B. noch Zusagen als nichtig, »... wodurch eine Mannsperson bis über das dreyßigste, und eine Frauensperson bis über das fünf und zwanzigste Jahr hinaus, zum ehelosen Stande verpflichtet werden soll.« § 10 I 4 PrALR.
26 Die hier genannten Altersstufen finden sich schon im Römische Recht. Dieses unterschied zwischen den infantes (0-6 Jahre), impuberes (7-14 Jahre) und minores (15-24 Jahre). Es wurde bis zur Herabsetzung des Volljährigkeitsalters (1875 auf 21, und im Jahr 1974 auf 18 Jahre) im deutschen Rechtsgebiet (u.a. bei der Regelung der beschränkten Geschäftsfähigkeit, heute §§ 104 Nr. 1, 107 BGB) übernommen. Vgl. hierzu *Wesel* 1997, Rz. 143. Vgl. auch *Hommers* 1987, S. 352 ff.
27 An die vorstehenden Regelungen lehnte sich auch das Vertragsrecht – wenn auch mit einigen gesonderten Bestimmungen – an. Vgl. hierzu § 9 ff, Tit. 5, I PrALR.

»§ 20. Alle Willensäußerungen der Kinder, welche das siebente Jahr noch nicht zurückgelegt haben, sind nichtig.

§ 21. Willenserklärungen der Unmündigen, welche das vierzehnte Jahr noch nicht zurückgelegt haben, sind nur in so fern gültig, als sie dadurch einen Vortheil erwerben.

§ 22. Sind mit dem Vortheil, den ein solcher Unmündiger durch seine Willensäußerung erwerben soll, zugleich Pflichten und Lasten verbunden, so erlangt die Willenserklärung ohne Einwilligung seines Vorgesetzten keine rechtliche Wirkung.«[27]

Grundsätzlich waren ebenso Willenserklärungen, die »unter physischer Gewalt genötigt worden«, nichtig. Gleiches galt, wenn sie unter dem Eindruck einer Bedrohung insbesondere »des Lebens, der Gesundheit, der Freyheit und Ehre« erfolgten, sofern der Bedrohte objektiv oder seinem subjektiven Empfinden nach in der Gewalt des Drohenden stand.[28] Auch ein »Irrthum in ausdrücklich vorausgesetzten Eigenschaften der Person oder Sache« vereitelte die Rechtskraft der Willenserklärung, selbst wenn er vermeidbar gewesen wäre.[29]

Der Rechtsstatus der Kinder unter sieben Jahren glich damit dem der entmündigten »Rasenden und Wahnsinnigen« bzw. »Blödsinnigen« sowie dem von Personen, die »durch den Trunk des Gebrauchs ihrer Vernunft beraubt« bzw. »welche durch Schrecken, Furcht, Zorn, oder andere heftige Leidenschaft, in einen Zustand versetzt worden, worin sie ihrer Vernunft nicht mächtig waren«.[30] Die so zementierte Entscheidungsmacht des Vaters bzw. Vormundes, dessen Wille den des jüngeren Kindes vollkommen verdrängen und ersetzen konnte, resultierte offenbar nicht nur aus einer patriarchalen Rechtstradition, sondern zugleich aus einem »Schutzgedanken«[31], der eine Entwicklungs- bzw. Bildungs- und / oder Erziehungsbedürftigkeit Minderjähriger unterstellte und rechtlich anerkannte.

Offensichtlich ging man davon aus, dass ein Kind die o.g. Voraussetzungen zur Willensbildung, – also Einsicht, Überlegung, Vernunft, Ernsthaftigkeit, Affektkontrolle, Freiheit von Irrtum und Zwang – erst erwerben oder entwickeln muss, so dass ihm ein *Recht* auf juristische Unverantwortlichkeit zusteht. Dieser »Schutzgedanke«, so *Hommers* über die implizite Willenstheorie des Rechts, zeige sich z.B. an der Regelung, nach der Willenserklärungen der Sieben- bis Dreizehnjährigen nichtig waren, wenn sich aus ihnen Nachteile für die Kinder ergaben. Dieser Vorbehalt lässt zugleich auf die Annahme schließen, dass die Befähigung zur Vorteilserlangung andere Anforderungen an die

---

28 Dabei war »... bei der Bestimmung des Einflusses der Drohung in den Willen des Bedroheten, zugleich auf dessen Leibes- und Gemütsbeschaffenheit Rücksicht zu nehmen.« § 37, vgl. auch §§ 31-34 I 4 PrALR.

29 Vgl. §§ 75 ff PrALR.

30 Vgl. §§ 23-29 I PrALR.

31 *Hommers* 1987, S. 354.

Erwägungsfähigkeit stellt, als die Befähigung, die Nachteile oder Gefahren einer Willenserklärung abzuschätzen.

Im Verfahrensrecht, das 1794 erstmals eine eigenständige Vertretung Minderjähriger in gerichtlichen Verfahren vorsah[32], war schon damals bei Interessenkollisionen zwischen Eltern und Kindern ein sog. »Curator«, d.h. Pfleger zu bestellen.[33] Von Gesetzes wegen war dieser nicht an den Willen des Kindes gebunden. Einen Anhaltspunkt, dass es hierbei jedoch auch um die subjektive Position des Minderjährigen ging, ergibt sich aus der von *Salgo* angeführten Rechtsprechung des Reichsgerichts, das sich zu Beginn des 20. Jahrhunderts anscheinend zu dem Hinweis genötigt sah, eine Pflegerbestellung sei u.a. deshalb nicht erforderlich, weil das vormundschaftsgerichtliche Verfahren keiner »Mitwirkung des Kindes« bedürfe, das schließlich ein »Gegenstand amtlicher Fürsorge« sei.[34]

2. Rechtsentwicklung im 20. Jahrhundert

Ganz in diesem Geiste brach das angehende 20. Jahrhundert an, ohne dass es zu nennenswerten Änderungen in der zivilrechtlichen Stellung Minderjähriger kam. Im Bereich der Willenserklärungen wurde die o.g. Regelung weitgehend ins BGB übernommen, wenn auch die Altersgrenze zur selbstständigen Abgabe von Willenserklärungen vom 14. auf den 21. Geburtstag (seit 1875: Volljährigkeit) angehoben und erst mit Senkung des Volljährigkeitsalters im Jahr 1975 auf den 18. Geburtstag festgelegt wurde.

In diesem Regelungsbereich und den ihm zugeordneten Akten richtete und richtet sich die Selbstbestimmung des Kindes im Bürgerlichen Recht – ebenso wie seine Verfahrensfähigkeit[35] – weitgehend nach den starren Altersansät-

---

32 Zur Geschichte der Interessenwahrnehmung des Kindes im Verfahren vgl. im Folgenden *Salgo* 1996, S. 393-404.

33 Auch die Allgemeine Gerichtsordnung der Preußischen Staaten von 1875 sah die Bestellung von Pflegern vor, welche die Kindesinteressen wahrnehmen und im gerichtlichen Verfahren vertreten sollten. Diese Vorschriften kamen im 19. Jahrhundert anscheinend öfter zur Anwendung, erst im 20. Jahrhundert setzte die Rechtsprechung des Reichsgerichts dieser Praxis ein (vorläufiges) Ende. Vgl. *Salgo* 1996, S. 403.

34 *Salgo* zufolge bestimmten drei Argumente die Entscheidungspraxis des Reichsgerichtes: »Erstens: Eine Sorgerechtsangelegenheit sei ›nicht eine Angelegenheit [...], zu deren Besorgung der gesetzliche Vertreter des Kindes berufen wäre‹; zweitens: ›Der Mitwirkung des Kindes bei dem Verfahren des Vormundschaftsgerichts bedarf es aber nicht. Das Interesse des Kindes hat der Richter von Amts wegen wahrzunehmen‹; und drittens: ›Das Kind ist Gegenstand amtlicher Fürsorge.‹« *Salgo* 1996, S. 403.

35 Geschäftsunfähige und beschränkt geschäftsfähige Kinder (§ 104 ff BGB) sind nach »ganz herrschender Meinung« nicht verfahrensfähig und bedürfen dementsprechend der gesetzlichen Vertretung. Ab dem vollendeten 14. Lebensjahr sind nicht geschäftsunfähige Minderjährige selbstständig beschwerdefähig und können zumindest für die Beschwerdeinstanz einen Anwalt beauftragen, der ihren Willen vertritt. Ab diesem Alter sind Min-

zen der Geschäftsfähigkeit.[36] Bis zum vollendeten siebten Lebensjahr gelten Kinder gem. § 104 BGB als geschäftsunfähig und ihre Willenserklärungen gem. § 105 BGB als nichtig. Ältere Kinder und Jugendliche[37] gelten als beschränkt geschäftsfähig; zur Abgabe von Willenserklärungen, durch die sie nicht lediglich einen rechtlichen Vorteil erlangen, bedarf es wie schon im preußischen Recht bis zur Volljährigkeit gem. § 107 BGB der Einwilligung der Gesetzlichen Vertreter.[38]

Auch nach Bürgerlichem Recht hatten Minderjährige zunächst weiterhin kein Mitspracherecht bei Erziehungsfragen. Man nahm zudem ausdrücklich Abstand von der o.g. Regelung des Preußischen Rechtes, nach der die Neigungen des Sohnes bei der Bestimmung seiner Lebensart zu berücksichtigen waren:

»Das BGB von 1900 distanzierte sich von solchem liberalen Gedankengut mit der Begründung, dass ein Bedürfnis für ein Eingreifen des Vormundschaftsgerichts in das den Eltern zustehende Recht der Berufsentscheidung nicht besteht und mit Rücksicht auf die regelmäßig den Eltern gegenüber den Kindern obliegende Unterhaltspflicht im Interesse der Autorität der Eltern auch nicht als angemessen zu betrachten sei.«[39]

Dieser Konflikt fiel nunmehr stillschweigend unter die – weitaus höhere Schwelle – des § 1666 aF BGB, der fortan auch bei einer »Bestimmung des Kindes zu einem den Neigungen, Fähigkeiten oder den sonstigen Verhältnissen desselben nicht entsprechenden Berufe«[40] greifen sollte.

---

derjährige im Unterbringungsverfahren auch ohne Rücksicht auf ihre Geschäftsfähigkeit verfahrensfähig. Vgl. *Früh* 1992, S. 1, 136 f.

36 Vgl. *Staudinger-Peschel-Gutzeit* § 1626, Rz. 78.

37 In einigen Regelungsbereichen gibt es heute eine gesonderte Altersstufe nach dem vollendeten 14. Lebensjahr. So zum Beispiel bei der Einwilligung des Kindes gegenüber dem Vormundschaftsgericht in seine Adoption (§ 1764 Abs. 1 BGB) sowie für die Zustimmung in die Anerkennung der Vaterschaft (§ 1596 Abs. 2 BGB) und zur Namensänderung (§ 1617c BGB). Diese Willenserklärungen sind erst ab dem vollendeten 14. Lebensjahr selbst zu erteilen und bedürfen alle der Zustimmung des gesetzlichen Vertreters. Um die Sterilisation Minderjähriger auszuschließen, wurde mit dem Betreuungsgesetz (BtG) zudem eine gesetzlich bestimmte Einwilligungsunfähigkeit für Minderjährige (§ 1631c BGB) festgelegt, weil erhebliche Bedenken bzw. Erfahrungen bestanden, dass offen oder manipulativ, sanft oder bedrängend auf das Kind eingewirkt wird und eine solche Entscheidung auf Grund ihrer Irreversibilität die Zukunft des sich entwickelnden Kindes nicht mehr offen hält. Die Entscheidungsbefugnis des Minderjährigen wurde also eingeschränkt, um die Entscheidungsrechte des Volljährigen zu wahren. Vgl. *Staudinger-Salgo* § 1631c BGB, Rz. 2, 5.

38 Diese Altersgrenzen gelten übrigens auch für die Haftung Minderjähriger. Das Kind ist bis zu seinem achten Geburtstag gem. § 828 Abs. 1 BGB für einen Schaden, den es einem anderen zufügt, »nicht verantwortlich.« Gleiches gilt gem. Abs. 2, wenn das ältere Kind« nicht die zur Erkenntnis der Verantwortlichkeit erforderliche Einsicht« hat.

39 *Staudinger-Salgo* § 1631a BGB Rz. 1. Zur Diskussion um die Regelung der Entscheidung Minderjähriger in Ausbidlungs- und Berufsangelegenheiten vgl. auch *Zenz* 1975.

40 Zu den Fallgruppen des § 1666 BGB führte zumindest *Mugdan* 1899 (Motive), S. 804 aus:

Eine erste Neuerung des hier skizzierten Rechtsverständnisses bildete das Gesetz über die religiöse Kindererziehung bzw. Erziehung zur Weltanschauung[41], welches ...

> »... das Selbstbestimmungsrecht des Kindes bereits sehr früh (1921) in diesem äußerst sensiblen Bereich anerkannte und damit als Vorbild in der Diskussion um die elterliche Sorge diente.«[42]

Dieses Gesetz sollte u.a. die Vielfalt der bis dahin bestehenden – und der Volljährigkeit weit vorgelagerten – Altersgrenzen der Religionsmündigkeit vereinheitlichen und sah eine stufenweise vorgezogene »echte Teilmündigkeit« des Kindes vor, die nach herrschender Meinung die Individualität und »das sich in Phasen vollziehende Heranreifen des Kindes zur Selbstbestimmung« in vorbildlicher Weise berücksichtigte.[43] Sollte das Gericht über die religiöse Erziehung des Kindes entscheiden, waren das Mädchen oder der Junge ab dem 10. Geburtstag stets persönlich zu hören,[44] und zwar ohne Rücksicht auf den Grad der geistigen Entwicklung, auf die mögliche Unerheblichkeit des Willens für die Entscheidung, erhebliche Verzögerungen oder unverhältnismäßige Mehrkosten.[45] Für Jugendliche ab 14 Jahren wurde gem. § 5 RKEG die vollständige Teilmündigkeit normiert:

> »Nach der Vollendung des vierzehnten Lebensjahres steht dem Kinde die Entscheidung darüber zu, zu welchem religiösen Bekenntnis es sich halten will. Hat das Kind das zwölfte Lebensjahr vollendet, so kann es nicht gegen seinen Willen in einem anderen Bekenntnis als bisher erzogen werden.«

»Zur ersten Kategorie von Fällen gehören insbes. auch Mißhandlung des Kindes, Verleitung desselben zum Bösen, Bestimmung des Kindes zu einem den Neigungen, Fähigkeiten oder den sonstigen Verhältnissen desselben nicht entsprechenden Berufe, Vernachlässigung der Sorge für die Ernährung und Pflege des Kindes. Ferner soll nach § 1546 ein Einschreiten des Gerichtes statthaft sein, wenn eine Gefährdung des geistigen oder leiblichen Wohles des Kindes in Folge ehrlosen oder unsittlichen Verhaltens des Gewalthabers für die Zukunft zu besorgen ist.«

41 Dieses Gesetz fand gem. § 6 RKEG schon 1921 auch Anwendung auf die »Erziehung zu einer nicht bekenntnismäßigen Weltanschauung«. Es garantierte im weitesten Sinne die Glaubens- und Gewissensfreiheit u.a. in Bezug auf den »Sinn des Lebens« und die »Stellung des Menschen in der Welt.« *Staudinger-Salgo* § 6 RKEG, Rz. 2. Zur Entstehungsgeschichte des Gesetzes vgl. *ders.* Vorbem. zum RKEG, Rz. 1-7

42 *Coester-Waltjen* 1999, S. XIX.

43 *Staudinger-Salgo* Vorbem. zum RKEG, Rz. 9.

44 Siehe § 3 Abs. 3 S. 5 RKEG: »Das Kind ist zu hören, wenn es das zehnte Lebensjahr vollendet hat.« (i.d.S. auch § 2 Abs. 3 S. 5). Der »Kerngedanke« dieser Vorschrift, kommentiert *Staudinger-Salgo* Vorbem. zum RKEG, Rz. 9, erfuhr erst ein halbes Jahrhundert später (1979) mit Einführung des § 50b FGG eine allgemeine Anerkennung.

45 So die Erläuterung von *Engelmann* 1922, S. 59.

Das Reichsjugendwohlfahrtsgesetz von 1922[46] blieb hingegen ganz der traditionellen Sicht der Rechtstellung Minderjähriger verhaftet und sah keine Anerkennung von Mitsprache-, Antrags- oder gar Selbstbestimmungsrechten vor. Das »Recht auf Erziehung« war, wie es in der Gesetzesbegründung hieß, kein »klagbares Recht« des Kindes, sondern sollte lediglich die Verantwortung des Staates klarstellen.[47] Das insbes. von jugendfürsorgerischer Seite geforderte Kindesrecht auf Erziehung leitete sich so, wie *Peukert* ausführt, »gerade nicht von der Persönlichkeit des Kindes ... her, sondern aus dem Staatsinteresse«[48] und regelte damit u.a die Befugnis zur staatlichen Zwangserziehung Minderjähriger.[49]

Das Recht der Eltern, Jugendbehörden und Gerichte, weitestgehend über den Kopf der Kinder und Jugendlichen hinweg über deren höchstpersönliche Angelegenheiten zu entscheiden, überdauerte die Weimarer Republik, den deutschen Faschismus und die Nachkriegszeit. Erst als man sich in der BRD[50] mehr und mehr an der Lebenssituation, der Entwicklung und den Bedürfnissen des Kindes selbst orientierte und das heutige Rechtskonzept des Kindeswohls entstand, setzten sowohl eine interdisziplinäre Diskussion über die Anerkennung der Selbstbestimmungsrechte der Kinder und Jugendlichen als auch eine *qualitativ* neue Wahrnehmung der emotionalen Tendenzen und des Willens der zu einer Eigenverantwortung noch nicht fähigen Kinder ein.

Die kaum differenzierte Ausgestaltung der Willenserklärungen Minderjähriger und der mit ihnen verbundenen Akte geriet hierbei in die Kritik, und führte zu rechtspolitischen Forderungen nach einer verfeinerten Regelung der »relativ plumpen elterlichen Gewalt«.[51] Während diese Diskussionen sich im

---

46 Zum Willensbegriff, der zwischen 1924 und 1943 nach § 3 des Jugendgerichtsgesetzes (JGG) bedeutsam war, wenn ein Minderjähriger »nach seiner geistigen oder sittlichen Entwicklung unfähig war, das Ungesetzliche der Tat einzusehen oder seinen Willen dieser Einsicht gemäß zu bestimmen«, vgl. *Hommers* 1987, S. 344.

47 Vgl. *Hasenclever* 1978, S. 63; auch *Tenorth* 1992, S. 249 f.

48 *Peukert* 1986, S. 131, auch 128 ff. So auch *Wortmann* 1996, S. 25 ff, der zudem betont, mit der Kodifizierung des RJWG sei es zu einer »Pädagogisierung der Armut« gekommen, indem ökonomisch-strukturell verursachte Probleme pädagogisch und psychologisch zum persönlichen Unvermögen umdefiniert worden seien.

49 Vgl. *Wiesner,* ZfJ 1998, 173/178.

50 Eine vergleichbare Tendenz ist auch dem Rechtsvergleich von *Coester* 1983 zu entnehmen. Sie führte zur Kindesrechtreform von 1976 in der Schweiz (vgl. S. 55 f), beeinflusste die Rechtsprechung in den USA (vgl. S. 91 f) und wurde auch von der Rechtsprechung der DDR anerkannt, wo sich z.B. 1968 das Bezirksgericht Potsdam auf die Rechtspersönlichkeit des Kindes bezog (S. 22).

51 *Gernhuber* 1971, § 49 VI 3. So auch *Bosch,* FamRZ 1973, 489/499 ff. Seit den 50er-Jahren wurde auch über die Idee einer (über die Grundrechtsfähigkeit des Kindes – hierzu *BVerfGE* 24, 119 – hinausgehenden) Grundrechtsmündigkeit des Kindes diskutiert, die sich aber nicht durchsetzte und heute »überwiegend als Irrweg angesehen« werde, vgl. *Coester/Hansen* 1994, S. 31. *Salgo* 1994, S. 69, sieht indes in jüngerer Zeit einen Wandel durch Auffassungen, die bei Einschränkungen der selbständigen Ausübung von Grundrechten eine Umkehr der Beweislast fordern, um dem Machtgefälle zwischen Kindern und Erwachsenen Rechnung zu tragen.

Wesentlichen um die Frage nach der Einsichts- und Selbstbestimmungsfähigkeit der Kinder bzw. Jugendlichen – von der aus man u.a. die Beachtlichkeit seines Willens bewerten zu können glaubte – drehten, gab *Lempp* im Jahr 1963 den ersten Impuls, diese Fixierung auf das traditionelle Willenskonzept grundsätzlich zu überdenken.

Der Kinderpsychiater meldete sich damals in der juristischen Fachöffentlichkeit zu Wort, und forderte, Kinder sollten Gelegenheit erhalten, ihren Willen bei Gericht zu äußern. Als juristischer Laie sei er verwundert, nirgendwo auch nur eine Andeutung darüber zu finden, dass auch das Kind, über dessen weiteres Schicksal entschieden wird, einmal gehört werden solle. In patriarchaler Tradition ginge man wohl noch immer davon aus, ein Kind habe keinen eigenen Willen, dürfe keinen haben, und wenn es ihn habe, müsse er zwangsläufig unvernünftig sein.

> »Das ›Jahrhundert des Kindes‹, das auf anderen Gebieten bereits wieder ausklingt, hat auf zivilrechtlichem Sektor noch nicht begonnen, zumindest nicht in der vormundschaftsgerichtlichen Praxis.«[52]

Mit dieser Auffassung blieb *Lempp* nicht allein. Auch von juristischer Seite regte sich Kritik an der mangelnden Beteiligung der vom Verfahren betroffenen Kinder und Jugendlichen. Im Laufe der 70er-Jahre setzte sich mit ihr die Überzeugung durch, der vernunftgeleitete, sog. »rationale«, wie auch der sog. »emotionale« Wille des Kindes hätten »als rechtlich beachtlicher Faktor des Kindeswohls« zu gelten, und als solcher ein materielles Gewicht für die zu treffende Entscheidung.[53]

Als ein erster Kristallisationspunkt der rechtspolitischen Diskussion um die Mitsprache- und Selbstbestimmungsansprüche des Kindes, wie auch als Geburtsstunde des noch näher zu erläuternden Rechtskonzeptes Kindeswille, kann die Sorgerechtsreform von 1979 gelten.[54] Ihr lag erstmalig das Verständnis zu Grunde, dass den Willensäußerungen der Kinder *aller* Altersstufen sowohl bei Entscheidungen der Eltern als auch der Familien- und Vormundschaftsgerichte ein materielles und verfahrensrechtlich abzusicherndes Gewicht zukommt. Dieses drückte sich zum einen durch die elterliche Pflicht zur »Beachtung des Kindeswillens«[55] (§ 1626 Abs. 2 BGB) und zur Berücksichtigung der »Eignung und Neigung« des Kindes in Ausbildungs- und Berufsan-

---

52 *Lempp,* NJW 1963, 1659/1659; a.M.: *Schwoerer,* NJW 1964, 5/6, hierzu *Lempp,* NJW 1964, 440 f.

53 *Coester* 1983, S. 255.

54 Vgl. zum SorgeRG auch oben S. 74. Mit *Staudinger-Peschel-Gutzeit* § 1626, Rz. 77 ist anzumerken, dass eine problemorientierte und altersangemessene Anerkennung von Eigenentscheidungskompetenzen auch dieser Reform nicht gelang.

55 *Schmitt Glaeser* 1980, S. 13, spricht bezüglich § 1626 Abs. 2 BGB von einem »Erziehungsverfahren«, das nun den elterlichen Entscheidungen vorauszugehen habe.

gelegenheiten (§ 1631a BGB)[56] aus. Zum anderen durch die Verfahrensvorschrift, das Kind im Verfahren persönlich zu Wort kommen zu lassen, wenn seine Bindungen, Neigungen oder sein Wille für die Entscheidung von Bedeutung sind (§ 50b FGG), die ihm den »Status eines nicht vertretbaren Verfahrensbeteiligten«[57] verschaffte.[58]

Unumstritten waren diese und andere Regelungsvorschläge allerdings mitnichten. So ging ein zentraler Einwand gegen die Einführung des § 1626 Abs. 2 BGB dahin, dass es verfassungsmäßig nicht zulässig sei, Eltern Erziehungsleitbilder, Erziehungsziele und Erziehungsmethoden vorzuschreiben: »Erziehung lässt sich von Staats wegen nicht reglementieren, sondern nur von den Eltern verantworten.«[59] Die Idee der »Emanzipation des Kindes in der Familie, d.h. auf Kosten der Eltern mit der notwendigen Verstärkung der Wächterfunktion der staatlichen Gemeinschaft« würde gestörte Familienverhältnisse zur Regel erklären, wodurch sich letztlich nur das eigene gestörte Verhältnis zum Phänomen der Familie dokumentiere.[60]

Ein weiterer – und im Kontext der hier interessierenden Fragestellung sehr viel bedeutsamerer[61] - Fokus der Diskussion lag auf dem Verhältnis von Kindeswille und Kindeswohl. Hierbei ging es um die Frage, was das Recht auf Mitsprache und Beteiligung sowie auf eigenverantwortliche Entscheidungen des Kindes in einzelnen Rechtsbereichen – mit und ohne Einwilligungsvorbehalt der Sorgeberechtigten – für das Befinden des Kindes selbst, also für sein persönliches Wohl bedeuten. Die Überlegungen konzentrierten sich hierbei auf zwei unterschiedliche Gesichtspunkte, die jeweils orientiert am Kindeswohl erwogen wurden. Einerseits war unumstritten, dass der Kindeswille als ein Indikator bzw. als zentrale Komponente seines Wohles zu gelten habe. Denn es ist das Kind selbst, für das die stellvertretenden Entscheidungen der Er-

---

56 Zur jüngeren Entstehungsgeschichte dieser Norm, die als spezielle Schutzvorschrift des § 1666 BGB bzw. als Konkretisierung des § 1626 Abs. 2 BGB und des § 1631 Abs. 1 BGB gewertet wird, vgl. *Staudinger-Salgo* 1631a BGB, Rz. 2-4, 20. Verstöße gegen diese Norm werden von Amts wegen ermittelt, »... worin der Rechtsausschuss gegenüber einem Antrags-, Veto- oder Mitentscheidungsrecht des Kindes einen Vorteil zu erkennen glaubte.« (Rz. 25, auch Rz. 4).

57 *Lempp* 1987, S. 105.

58 Zur Entstehung des § 50b FGG und den Intentionen des Gesetzgebers vgl. auch *Früh* 1992, S. 1 ff, *Lidle-Haas* 1989, S. 78 ff. Vgl. im Übrigen ergänzend auch die 1990 durch das BtG gesondert geregelten Unterrichtungs- und Anhörungsrechte des Kindes gegenüber dem Gericht im Verfahren über die Genehmigung seiner freiheitsentziehenden Unterbringung gem. § 70 c. Hierzu *Früh* 1992, S. 74 ff.

59 Diese Mindermeinung vertrat u.a. *Schmitt Glaeser* 1980, S. 63. Zur verfassungsrechtlichen Kontroverse vgl. auch *Staudinger-Peschel-Gutzeit* § 1626, Rz. 109 ff.

60 *Schmitt Glaeser* 1980, S. 3 f.

61 Der vorgenannte Aspekt braucht hier nicht vertieft zu werden, weil die Interessenvertretung des Kindes zwar Elternpflichten im Sinne der gesetzlichen Vertretung, nicht aber Elternrechte ausübt, die eine Interessenabwägung verlangen würden. Auch die Risiken einer staatlichen Interpretation des Kindeswohls wurden bereits aufgezeigt und gelten in vergleichbarer Weise für die Festschreibung von Erziehungsrechten.

wachsenen akzeptabel sein müssen, das mit ihnen zu leben hat und das zur Mündigkeit erzogen werden soll. Andererseits stellte sich wegen des an die Eigenverantwortung appellierenden Charakters der Mitwirkungs- und Selbstbestimmungsrechte von Kindern, das bis heute aktuelle und auch für diese Arbeit zentrale ...

> »... Problem der Beschränkung von Verfahrens- und Beteiligungsrechten, allgemeiner gesprochen von Handlungsmacht und Autonomieansprüchen Minderjähriger im Namen des Kindeswohls ... .«[62]

Das Meinungsspektrum, wie diese konfligierenden Rechtsgüter des Kindes gegebenenfalls zu gewichten seien, reichte in der – vorrangig am Scheidungsverfahren – orientierten Diskussion um die Sorgerechtsreform von Vorschlägen für eine weitestgehende Einbeziehung des Kindes durch die Erwähnung seines Willens als Entscheidungskriterium im Gesetzestext bis hin zu dem Standpunkt, seine Haltung solle überhaupt nicht erforscht und in die Abwägung einbezogen werden, um es nicht in den Rechtsstreit der Erwachsenen hineinzuziehen und zu überfordern.[63]

Beide Vorschläge wurden verworfen. Gegen die erste Option sprach die Befürchtung, das Kind in einer ohnehin seelisch schwierigen und zerrissenen Lebenssituation mit einer formellen Entscheidungskompetenz zu belasten, aber auch, es dem Risiko der Manipulation auszusetzen. Gegen die zweite Option, seinen Wunsch und Willen weiterhin außer Acht zu lassen, stand der Einwand, das Kind sei in der Regel ohnehin bereits in den Streit der Erwachsenen involviert und habe seine Haltung zu den betreffenden Fragen gebildet. Solle die Anerkennung seiner individuellen Persönlichkeit keine »dekorative Floskel« sein, sei diese Haltung als fundamentales, konstitutives Element der Gerichtsentscheidung zu berücksichtigen. Das keineswegs abwegige Problem einer Belastung, Überforderung und Manipulierung des Kindes erfordere allerdings eine differenzierte Ausgestaltung der Ermittlung und Beachtung seines Willens im Einzelnen – so bald darauf *Coester,* der 1983 bemerkte: »Insoweit bewegen sich die Überlegungen und Erfahrungen erst im Anfangsstadium.«[64]

---

62 *Steindorff* 1994, S. 2.

63 Die Gesetzesentwürfe zum SorgeRG (1973/74, 1977 und 1979) sahen zunächst vor, den Willen des Kindes bei der Umgangsregelung gem. § 1634 BGB aF und bei der Sorgerechtsregelung gem. § 1671 BGB aF als formelles Entscheidungselement zu normieren. Ihm sollte im Scheidungsverfahren die gleiche Bedeutung zukommen, wie einem gemeinsamen Elternvorschlag. Vgl. hierzu und zum folgenden *Früh* 1992, S. 30, und *Coester* 1983, S. 256.

64 Vgl. *Coester* 1983, S. 257. Im SorgeRG wählte man dementsprechend den Weg, bei Entscheidungen gem. § 1671 BGB nicht auf den Willen, sondern auf die Bindungen des Kindes abzustellen, es jedoch regelmäßig anzuhören. Nur dem über 14-jährigen Kind wurde ein Widerspruchsrecht gegen den gemeinsamen Elternvorschlag eingeräumt. *Hansen* 1993, S. 152 f schlug eine Altersgrenze von ca. 12 Jahren vor.

Die mit der Sorgerechtsreform von 1979 aufgeworfenen Fragen sollten die mit wenigen Ausnahmen[65] nicht sonderlich intensiv geführte Diskussion um den Willen der vom Verfahren betroffenen Kinder und Jugendlichen in den kommenden Jahrzehnten maßgeblich bestimmen. Es ging, kurz gesagt, nicht mehr um die Frage, *ob* Kinder und Jugendliche an Entscheidungen über ihre persönlichen Angelegenheiten beteiligt werden sollten oder gar rechtsfähig sind[66], sondern um Art, Ausmaß und Gegenstand einer Partizipation bzw. der selbstständigen Ausübung ihrer Rechte, bei der sich die o.g. Bedenken immer wieder als bedeutsam erwiesen, teilweise jedoch auch warnende Stimmen auf den Plan riefen. Das Argument der fehlenden Lebenserfahrung von Kindern und der berechtigte Hinweis auf ihre Überforderung oder Instrumentalisierung dürfe ...

> »... nicht zum Vorwand genommen werden, sich der notwendigen Diskussion über die Ausweitung der Partizipations- und Mitgestaltungsrechte von Kindern auf allen Entscheidungsebenen zu entziehen.«[67]

Die Rechtsentwicklung der 80er- und 90er-Jahre sollte, was die Beachtlichkeit bzw. Anerkennung selbstständiger Rechte des Kindes angeht, überwiegend den 1979 vorgenommenen Weichenstellungen folgen. Bei der Reform des Jugendhilferechts kam es – aus Rücksicht auf die Elternrechte – nur zur Verankerung minimaler eigenständiger Rechtsansprüche der Kinder und Jugendlichen, die im Wesentlichen als Mitsprache-, nicht aber als Selbstbestimmungsrechte ausgestaltet waren. Die Minderjährigen erhielten Anspruch auf Information, Beratung[68] und auf eine ihrem Entwicklungsstand entsprechende Beteiligung an sie betreffenden Entscheidungen der öffentlichen Jugendhilfe (§§ 8, 9 KJHG). Sie erhielten das Recht auf Mitwirkung im Hilfeplanverfahren sowie auf Beteiligung bei der Auswahl eines Heimes oder einer Pflegestelle und der Erarbeitung dauerhafter Perspektiven (§§ 36, 37 KJHG) und nicht zuletzt einen Anspruch auf Inobhutnahme durch das Jugendamt (§ 42 KJHG). Das Recht, Leistungen der Jugendhilfe auszuwählen und zu beantragen, blieb hingegen den Personensorgeberechtigten und jungen Menschen ab der Volljährigkeit vorbehalten (§ 5, 6 KJHG). Das KJHG suchte damit den Ansatz einer ...

---

65 Vgl. insbesondere *Coester* 1983; *Ehring* 1996; *Hansen* 1993; *Köster* 1996; *Lempp* u.a. 1987; *Moritz* 1989; *Steindorff* (Hg.) 1994; *Steindorff-Classen* 1998.

66 Zu letzterem vgl. *Wiesner,* ZfJ 1998, 173/179.

67 *Steindorff* 1994, S. 4.

68 Hierzu zählt neben dem Beratungsanspruch gem. § 36 Abs. 1 KJHG ein Anspruch auf Beratung in Not- und Konfliktsituationen, die unter bestimmten Bedingungen ohne Kenntnis der Sorgeberechtigten erfolgen kann, sowie die Pflicht, Kinder und Jugendliche in »geeigneter Weise« über ihre Rechte im Verwaltungs- und FGG-Verfahren hinzuweisen (§ 8 Abs. 1 und 3 KJHG). Vgl. auch die mit dem im Jahre 1998 eingeführten Umgangsrecht des Kindes (§ 1684 Abs. 1 BGB) korrespondierenden Beratungs- und Unterstützungsansprüche gegenüber dem Jugendamt (§ 18 Abs. 3 KJHG).

»... Verbesserung der rechtlichen und sozialen Stellung der Kinder *über die Eltern,* d.h. in ... stets vom Willen der Erziehungsberechtigten abhängigen Sozialisations- und Hilfsangeboten.«[69]

Auch das 1992 ratifizierte UN-Übereinkommen über die Rechte des Kindes von 1989 brachte keine durchgreifende Neuerung, dafür jedoch eine Intensivierung der Diskussion um die Rechtstellung des Kindes.[70] Was die Selbstbestimmungsrechte des Kindes betrifft, lässt sich der Grundrechtskatalog der Art. 12 bis 17 wegen seiner unklaren Konzeption ebenso als emanzipatorische Deklaration im Sinne einer Grundrechtsmündigkeit[71] auslegen, wie auch als »... Konkretisierung des Kindeswohls verstehen, auf das Eltern wie Staat ausdrücklich verpflichtet werden.«[72] Wie auch immer, die Bundesregierung versah die Ratifikation mit einem Vorbehalt, der über das interne deutsche Recht hinausgehende Handlungsmöglichkeiten des Kindes verneint, und die Wahrnehmung und Geltendmachung seiner Rechte im Außenbereich explizit in die Zuständigkeit der gesetzlichen Vertreter legt. Aus Art. 12 der UN-KRK, welcher das Recht des Kindes auf Meinungsäußerung und rechtliches Gehör regelt, ergeben sich »nicht wegen dem perfekten Zustand unseres Rechts, sondern wegen der äußerst zurückhaltenden Formulierung« keine tief greifenden Änderungspflichten.[73] Der zweite Absatz des Art.12 setzt, anders als § 50b FGG, die Fähigkeit, sich »eine eigene Meinung zu bilden«, voraus[74] und verlangt keine persönliche Anhörung des Kindes[75]:

»(1) Die Vertragsstaaten sichern dem Kind, das fähig ist, sich seine eigene Meinung zu bilden, das Recht zu, diese Meinung in allen das Kind berührenden Angelegenheiten frei zu äußern, und berücksichtigen die Meinung des Kindes angemessen und entsprechend seinem Alter und seiner Reife.

---

69 Vgl. insges. *Coester/Hansen* 1994, zu den Zitaten S. 22 u. 36.

70 Vgl. grundlegend den 1994 von *Steindorff* herausgegebenen Band.

71 Nach geltender Rechtsauffassung gelten Kinder zwar als grundrechtsfähig, d.h. als Träger von Grundrechten, jedoch nicht als grundrechtsmündig, das heißt, sie können ihre Rechte noch nicht selbstständig ausüben. Vgl. grundlegend *Roell* 1984.

72 *Coester/Hansen* 1994, S. 22, die u.a. auf das Risiko hinweisen, dass eine Zuerkennung von Individualrechten des Kindes zum »Danaergeschenk« werden kann, wenn es damit seinen Anspruch auf Schutz und Fürsorge sowie auf das »fundamentale Privileg« eines Schutzraumes, insbes. der rechtlichen Unverantwortlichkeit, einbüßt.

73 *Coester/Hansen* 1994, S. 30. *Dies.* auch zu den Artikeln der Konvention über die Gemeinsame Sorge, die Umgangsrechte des Kindes und die Kenntnis der eigenen Abstammung.

74 *Salgo,* KindPrax 1999, 179-182, stellt hierzu fest: »Die Konvention geht davon aus, dass Kinder bereits in einem frühen Lebensalter im Stande sind, sich eine Meinung zu bilden und unterstützt die Einführung von festgelegten Altersstufen bewusst nicht.«

75 Insgesamt besteht in vielen europäischen Ländern allerdings eine »wachsende Bereitschaft zur amtlichen Anhörung von Kindern, grundsätzlich unabhängig vom Alter«, so *Dopffel* in einer rechtsvergleichenden Studie zur Sorge- bzw. Umgangsrechtsregelung. Dagegen sei man jedoch bislang »... im Ganzen wenig geneigt, Kindern ein eigenes Antragsrecht in Sorgerechtssachen einzuräumen.« *Dopffel* 1994, S. 582 f.

»(2) Zu diesem Zweck wird dem Kind insbesondere Gelegenheit gegeben, in allen das Kind berührenden Gerichts- und Verwaltungsverfahren entweder unmittelbar oder durch einen Vertreter oder eine geeignete Stelle im Einklang mit den innerstaatlichen Verfahrensvorschriften gehört zu werden.«

Ein ähnliches Verständnis lag auch anderen, im letzten Jahrzehnt ratifizierten internationalen Übereinkommen zu Grunde, auch wenn diese sehr unterschiedliche Regelungsbereiche erfassen. So sieht das Haager Übereinkommen v. 25.10.1980 über die zivilrechtlichen Aspekte internationaler Kindesentführung (HKiEntÜ), das am 1.12.1990 in Deutschland in Kraft trat, vor, dass das Kind nach einer unberechtigten Mitnahme oder Entführung durch einen Sorgeberechtigten wieder in das Herkunftsland verbracht wird, bis es dort zu einer Sorgerechtsregelung kommt. Art.13 HKiEntÜ, der auf den Einzelfall abgestimmte Ausnahmetatbestände regelt, stellt auf die drohende Schädigung des Wohls, aber auch auf den Willen des Kindes ab, fordert jedoch keine persönliche Anhörung und macht die Berücksichtigung ihres Willens u.a. vom Alter und der Reife der Minderjährigen abhängig, deren Konkretion den Vertragsstaaten überlassen bleibt.[76]

Vergleichbare Einschränkungen enthält auch das 1995 vom Europarat verabschiedete Übereinkommen über die Ausübung von Kinderrechten (EÜAK)[77], das Minderjährigen u.a. prozessuale Auskunfts-, Vertretungs- und Teilnahmerechte zuerkennt. Auch dieses Übereinkommen bleibt, was die unmittelbare Beteiligung des Kindes am Verfahren angeht, hinter dem geltenden nationalen Recht zurück.[78] Es überlässt den einzelnen Staaten, zu beurteilen, welche Minderjährigen als »hinreichend verständig« (sufficient understanding) gelten, um diese Rechte auszuüben und enthält damit, wie *Salgo* zutreffend kritisiert, eine »gefährliche ›Einladung‹ für eine restriktiv zu handhabende Praxis der Anhörung«.[79]

Auch die Kindschaftsrechtsreform von 1997 brachte – abgesehen von der Einführung eines eigenständigen Umgangsrechtes des Kindes (§ 1684 Abs. 1 BGB) und entsprechenden Unterstützungs- und Beratungsansprüchen gegen-

---

76 Vgl. zur nationalen Rechtsprechung auch unten V.D.3., insbesondere aber die (noch unveröffentl.) Dissertation von *Schweppe*.

77 Voller Titel: »Übereinkommen über die Zuständigkeit, das anzuwendende Recht, die Anerkennung, die Vollstreckung und die Zusammenarbeit auf dem Gebiet der elterlichen Verantwortung und der Maßnahmen zum Schutz der Kinder.«

78 Vgl. *Baer/Marx*, FamRZ 1997, 1185 ff. Hinsichtlich der Bestellung eines besonderen Vertreters für das Kind, die in Art. 9 EÜAK geregelt ist, merken die VerfasserInnen an, der Text der Konvention sei insoweit fortschrittlich, als das verständige Kind ein Antragsrecht auf die Bestellung eines Verfahrenspflegers sowie ein Mitspracherecht bei seiner Auswahl zugestanden wird. Ansonsten bemängeln sie jedoch die »unverbindliche Formulierung«, die »nicht einmal Appellcharakter« aufweise.

79 *Salgo* 1996, S. 578; vgl. hierzu auch *ders.* 1996 (a).

über der Jugendhilfe (§ 18 Abs. 3 KJHG)[80] – keinen nennenswerten Zuwachs an Mitsprache- oder Selbstbestimmungsrechten für Kinder und Jugendliche.[81] Wie gezeigt, gilt dies auch – bis auf weiteres – für die Einführung des Verfahrenspflegers, dessen Pflichten zur Repräsentation des Willens und des Wohles der Kinder und Jugendlichen nicht klargestellt wurden.[82] Erwähnenswert ist allerdings, dass der Rückzug des Staates aus seiner Verantwortung für tragfähige Sorgerechtsregelungen bei Trennung und Scheidung trotz erheblicher Bedenken[83] dazu führte, dass die Kindesanhörung entfällt, wenn Eltern sich für die gemeinsame Sorge entscheiden bzw. aus anderen Gründen von einem Antrag auf Alleinsorge absehen.[84]

3. Resumée und Ausblick

Mit einer Anerkennung des Willens von Kindern und Jugendlichen tut sich die Rechtsordnung im materiellen Recht wie auch im Verfahrensrecht sichtbar schwer. Und zwar nicht nur aus Gründen der Tradition, des Desinteresses oder einer intendierten Sicherung der Vormachtstellung Erwachsener sowie der Sicherheit des Rechtsverkehrs[85] (die allesamt im Spiel sein mögen, für die hier zu klärende Frage jedoch unerheblich sind), sondern auch mit Rücksicht auf die »wohlverstandenen« Interessen der Kinder selbst. Hierzu zählt u.a. der Schutz vor belastenden oder überfordernden Entscheidungszwängen »für oder gegen« Mitglieder der eigenen Familie oder andere Bezugspersonen sowie das

---

80 Der Regierungsentwurf hatte hiervon zunächst auf Grund des Problems der Vollstreckbarkeit sowie der »Gefahr einer nicht wünschenswerten Verlagerung der Elternkonflikte auf das Kind« abgesehen. Man entschloss sich dann aber doch, dieses Recht zu verankern, wobei sich die Position durchgesetzt habe, die das Recht auf Umgang zwar für klagbar, aber nicht mit Hilfe von Sanktionen für durchsetzbar hielten, so dass ihm im Wesentlichen »symbolische Bedeutung« zukomme. *Hdb-FamR-Oelkers* 4, Rz. 329 f.

81 Hier mögen ähnliche Erwägungen wie die bereits in der Sorgerechtsreform von 1979 vorgebrachten Bedenken gegen eine formalisierte Entscheidungskompetenz des Kindes eine Rolle gespielt haben, so *Staudinger-Coester* § 1671, Rz. 233.

82 *Staudinger-Coester* § 1671, Rz. 233, sieht die Einführung des Verfahrenspflegers allerdings als Garantie, dass das Familiengericht die »Individualität« und »Wünsche« des Kindes zur Kenntnis zu nehmen hat.

83 Vgl. *Bergmann/Gutdeutsch*, FamRZ 1999, 422-426. Die in § 17 Abs. 2 KJHG vorgesehene »angemessene Beteiligung des Kindes oder Jugendlichen« bei der Entwicklung eines Konzeptes für die Wahrnehmung der elterlichen Sorge steht und fällt faktisch mit der Bereitschaft der Eltern, sich vom Jugendamt beraten zu lassen, die ersten Praxisberichten zufolge eher die seltene Ausnahme als die Regel darstellt. Zur »Anhörung« des Kindes durch das Jugendamt vgl. ausführlich *Fricke*, ZfJ 1998, 53-62.

84 Kritisch auch *Bergmann*, KindPrax 1999, 78 ff; *Salgo*, FamRZ 1996, *GK-SGB VIII-Fieseler* § 1 Rz. 35.

85 Hierzu schon *Gernhuber* (1971, § 49 VI 1.): »Der jeweilige Reifegrad des Kindes ist kein Maßstab, dem jene Offenkundigkeit eignet, die der Rechtsverkehr vielfach benötigt. Wo klare, jedermann zugängliche Maßstäbe erforderlich sind, bleibt daher nur die Suche nach einem Standard, der Sachrichtigkeit nurmehr in typischer Sicht verbürgt.«

Risiko einer schädigenden Manipulation des Kindes oder Jugendlichen. So behalf und behilft sich der Gesetzgeber mit einer Individualisierung des Problems, indem das Kind seinem Entwicklungsstand gemäß an Entscheidungen der Sorgeberechtigten und Gerichte beteiligt, und seine Selbstbestimmungsfähigkeit berücksichtigt werden soll.[86] Das gesetzgeberische Konzept folgt insoweit dem Grundsatz: »Beachtlichkeit des Kindeswillens als wesentliches Entscheidungskriterium, aber weitestmögliche Schonung und Schutz des Kindes bei Ermittlung und Berücksichtigung seiner Haltung.«[87] Zu dieser Entscheidung stellt *Früh* fest:

> »Damit wurde der Weg über das Verfahrensrecht gewählt und es dem Richter anheimgestellt, in welchem Maße er den im Wege der Kindesanhörung ermittelten Kindeswillen bzw. Widerwillen in der Entscheidungsfindung selbst berücksichtigt.«[88]

Was die Einführung einer allein an den Instruktionen der Kinder orientierten anwaltlichen Vertretung angeht, würde der oben genannte Grundsatz ohne Zweifel durchbrochen bzw. konterkariert. Was nämlich nützte die schonende und schützende richterliche Ermittlung des Kindeswillens, wenn dasselbe Kind zugleich gefordert würde, Position zu beziehen und diese im Verfahren anwaltlich vertreten zu lassen?

Ein weiterer Gesichtspunkt ist, dass die Forderung, allgemein gültige, jedoch differenzierte Teilmündigkeiten in unterschiedlichen Lebensbereichen und nach Art der zu lösenden Probleme einzuführen, (auch auf Grund mangelnder Kritik und Hilfestellungen seitens der Kindesdisziplinen[89]) im 20. Jahrhundert nur rudimentär eingelöst wurde. Noch immer durchziehen das geltende Recht relativ starre und pauschalisierende Altersgrenzen, die vielfach an die Geschäftsfähigkeit des Kindes anknüpfen. Dies gilt auch für die hier interessierende Ausgestaltung der Verfahren, in denen über persönliche Angelegenheiten des Kindes entschieden wird. Damit Minderjährige als formell Verfahrensbeteiligte – mit dem korrespondierenden Recht zur Bevollmächtigung eines Anwaltes, der ihren Willen vertritt – Rechtsmittel einlegen bzw. am Beschwerdeverfahren[90] teilnehmen können, müssen das 14. Lebensjahr vollendet sein

---

86 Zur Problematik einer »verordneten Autonomie« vgl. schon II.B.3.

87 Staudinger-Coester § 1671, Rz. 233.

88 *Früh* 1992, S. 31.

89 Vgl. nur *Hommers* 1987, S. 344, der sich mit der Erforderlichkeit »hilfswissenschaftlicher Beiträge« zu den Altersgrenzen im Zivilrecht (Willenserklärung, Haftung) und im Strafrecht (Willensfreiheit, Schuld) sowohl de lege lata als auch de lege ferenda auseinander setzt.

90 In Verfahren der ersten Instanz korrespondiert zwar kein formelles Antragsrecht mit dem Beschwerderecht der Vierzehnjährigen, doch kommt die in § 50b Abs. 2 FGG »verschärfte« Anhörungsvorschrift des vierzehnjährigen, nicht geschäftsunfähigen Kindes einer formellen Beteiligung am Verfahren gleich, so *Schwab* 1999, Rz. 582 f. Ähnlich auch *Keidel-Engelhardt,* § 59 Rz. 5.

und eine beschränkte Geschäftsfähigkeit[91] vorliegen.[92] Die Tatsache, dass Kinder längst vor ihrem 14. Geburtstag eine »beachtliche« Haltung gegenüber den im Verfahren zu treffenden Entscheidungen entwickeln können (und die Geschäftsfähigkeit des Kindes einen zweifelhaften Indikator für sein Recht auf Mitsprache und gerichtliches Gehör darstellt), steht allerdings inzwischen außer Frage.

Zwar findet das Selbstbestimmungsrecht des Kindes im materiellen Recht bei den für die Verfahrenspflegschaft besonders relevanten Normen (§§ 1666/ 1666a, 1632 Abs. 4, 1682 BGB) keine ausdrückliche Erwähnung.[93] Es besteht jedoch Übereinstimmung, dass die Grundrechte des Kindes, also auch das Recht auf freie Entfaltung der Persönlichkeit (gemäß Art. 2 Abs. 1 und Art. 1 Abs. 1 GG) durch die einfachgesetzlichen Normen konkretisiert werden und diese stets in Übereinstimmung mit der Verfassung auszulegen sind. Die Sicherung dieses Grundrechtes soll auch und gerade durch die im Verfahrensrecht verankerten Anhörungs- und Beschwerderechte Minderjähriger sowie nunmehr auch durch die Einführung des Verfahrenspflegers erfolgen, der, wie unter III.A gezeigt, die objektiven *und* subjektiven Interessen des Kindes wahren soll. Das Schweigen des Gesetzgebers zu der Frage, in welcher Weise VerfahrenspflegerInnen an Kindeswille und Kindeswohl gebunden sein sollten, ist dabei, wenn schon nicht als Desinteresse, so wohl doch als konsequente Fortsetzung einer Vermeidungs- bzw. Individualisierungsstrategie zu sehen, die u.a. in der Unklarheit begründet sein dürfte, wie eine solche Festlegung aussehen könnte, und ob sie sich – auch im Interesse der Kinder – überhaupt empfiehlt.

Grundsätzlich bietet diese Situation die Chance, dem Gericht und den Verfahrensbeteiligten die subjektiven Belange des Kindes in einer dem Einzelfall angemessenen, also das Verhältnis zwischen VerfahrenspflegerIn und Kind sowie dessen Problem- und Konfliktlagen berücksichtigenden Weise nahe zu bringen. Doch besteht ebenso das Risiko, dass VerfahrenspflegerInnen auf Grund fachlicher Fehleinschätzungen oder schlichter Ignoranz über den Kopf

---

91 Ausgenommen sind somit »geschäftsunfähige Jugendliche«, die sich nach Auffassung des Gerichtes in einem (in § 104 Abs. 2 BGB definierten) »die freie Willensbestimmung« ausschließenden Zustand »krankhafter Störung der Geistestätigkeit« befinden.

92 Die Unterrichtungspflicht steht unter dem Vorbehalt des Kindeswohls: Zwar ist dem beschwerdeberechtigten »Kind« die Entscheidung des Gerichtes bekannt zu machen, sie soll aber nicht begründet werden, »... wenn Nachteile für dessen Erziehung, Entwicklung oder Gesundheitszustand zu befürchten sind.« Vgl. § 59 Abs. 2 FGG. Zur Pflicht des Richters, das Kind bei der Anhörung über den Gegenstand und möglichen Ausgang des Verfahrens in »geeigneter Weise« zu unterrichten, sofern »nicht Nachteile für seine Entwicklung oder Erziehung zu befürchten sind«, vgl. § 50b Abs. 2 FGG.

93 Etwas anders gelagert ist das in der Praxis der Verfahrenspflegschaft durchaus bedeutsame Sorgerechtsverfahren. Gem. § 1671 Abs. 2 BGB, der an die Altersschwelle des vollendeten 14. Lebensjahres anknüpft, können Jugendliche der Übertragung der elterlichen Sorge auf einen Elternteil formell widersprechen.

des Kindes hinweg handeln und seine Willensäußerungen nicht einmal zur Kenntnis des Gerichtes bringen.[94]

Hier setzen zentrale Fragestellungen an: Welche Chancen haben Kinder und Jugendliche derzeit, ihre persönlichen Wünsche, Vorstellungen und Entscheidungen in das Verfahren einzubringen und dort durchzusetzen? Was folgt hieraus für die Interessenvertretung? Lassen sich Aussagen darüber treffen, was es (soweit sich dies ohne eine empirische Untersuchung sagen lässt) aus pädagogischer und psychologischer Sicht für die Kinder und Jugendlichen bedeutet, wenn ihre persönlichen Wünsche und Entscheidungen seitens ihrer Vertretung in den einschlägigen Verfahren angefragt, übergangen, eingebracht, berücksichtigt bzw. auch partiell oder ganz vertreten werden?

Ein zentraler Maßstab dieser Betrachtung ist und bleibt dabei das Kindeswohl, das – wie sich in der obigen Betrachtung bereits andeutete – in Bezug zum Kindeswillen in zweifacher Dimension relevant ist: Zum einen stellt sich die Frage nach der Wahrnehmung und Bedeutung des Kindeswillens hinsichtlich der wohlverstandenen Interessen des Kindes. Zum anderen stellt sich die Frage nach der Vereinbarkeit einer nur am Willen der Kinder orientierten Vertretung bzw. einer auch am Kindeswohl orientierten Vertretung mit den wohlverstandenen Interessen der vom Verfahren betroffenen Kinder und Jugendlichen.

C. Das Rechtskonzept des Kindeswillens

1. Die Grundfunktionen des Kindeswillens: Rationalität und Emotion

Der gegenwärtige juristische Diskurs um den Kindeswillen ist die aktuelle Variation eines im Grunde sehr alten Themas, das Generationen von Philosophen und Theologen während der letzten Jahrhunderte beschäftigen und intensiv geführte Debatten auslösen sollte.

Bereits Philosophen der griechischen Antike befassten sich mit dem menschlichen Wollen. Der Wille wurde als ein Entschluss zum Handeln gesehen, der innerer Beratung und dialogisch intellektuellen Erwägungen folgte. Ihm kam deshalb keine selbstständige Stellung gegenüber der Vernunft zu, und er wurde scharf vom sinnlichen Begehren unterschieden. Eine Gegenüberstellung von Wille und Vernunft erfolgte erst in christlichen Vorstellungen. So sah Augustinus den Willen als das Selbstbestimmungselement der Seele – und damit als eigenständige Instanz zur Orientierung des menschlichen Handelns und Lebens.[95] Diese Unterscheidung zwischen Vernunft und Wille setzte sich

---

94 Vgl. hierzu schon oben S. 20 f.
95 Zur Herkunft des Willensbegriffs und seinem Bedeutungswandel vgl. *Mittelstraß* 1987 (a), S. 35, und *Dihle* 1987, S. 30 f.

bis in das neuzeitliche, säkularisierte Denken hinein fort. Sie organisierte nicht nur den Diskurs der PhilosophInnen über den Willen[96], sondern findet sich, wie gesagt, nun auch im Recht.

Dem inneren Beratungsmodell der griechischen Philosophen entspricht in der zivilrechtlichen Willenstheorie der Begriff der »Erwägungsfähigkeit«. Sie besteht in einer kognitiven, sachlichen Abwägung und Prüfung der fraglichen Gesichtspunkte.[97] Es handelt sich also um einen auf Rationalität ausgerichteten Willensbegriff, der in der juristischen Fachliteratur und der Rechtsprechung oft zu Grunde gelegt wird[98], etwa wenn es um die Einsichts- bzw. Einwilligungsfähigkeit Minderjähriger bzw. die Zuerkennung geht, Rechtswirkungen zu erzeugen.[99]

Doch ist im Familienrecht[100] insbesondere seitens der Sozialwissenschaften diese Fixierung auf einen rational nachvollziehbaren und begründeten Willen in Zweifel gezogen und darauf verwiesen worden, der Wille sei im Wesentlichen vom Gefühl bestimmt, so dass auch der nicht rational erwogene Wille junger Kinder in Personensorgeangelegenheiten nicht ohne weiteres übergangen werden dürfe. Statt der Frage, ob das Kind das Für und Wider angesichts aller Umstände und Möglichkeiten vernünftig abgewogen und berücksichtigt habe, seien die Vorstellungswelt und die emotional bestimmte Tendenz des Kindes zu beachten.[101]

Coester, der sich neben *Moritz* aus juristischer Sicht wohl am differenziertesten mit den Willenstheorien des Familienrechtes befasst hat, formulierte diesem Verständnis entsprechend zwei vielbeachtete[102] »Grundfunktionen« des Kindeswillens, in denen diese beiden Tendenzen (Rationalität und Emoti-

---

96 Vgl. *Mittelstraß* 1987(a), *S.* 36; vgl. auch *Eisler* 1922, S. 747 ff.

97 Vgl. *Hommers* 1987, S. 352 ff.

98 Vgl. hierzu *Coester* 1983, S. 257 f, Fn. 437.

99 Vgl. *Moritz* 1989, S. 239.

100 Diesem Verständnis entspricht auch die reformierte Vormundschaft über Erwachsene, das Betreuungsrecht, in dem von einer Willensfähigkeit im herkömmlichen Sinne nicht die Rede ist: Zwar wird gerade deshalb eine Betreuung angeordnet, wenn Personen bestimmte Angelegenheiten u.a. auf Grund einer psychischen Krankheit bzw. einer geistigen oder seelischen Behinderung ganz oder teilweise nicht besorgen können, gleichwohl stellt der Gesetzestext nachdrücklich auf ihren Willen ab. Nach § 1901 Abs. 2 gehört zum »Wohl des Betreuten« grundsätzlich »... auch die Möglichkeit, im Rahmen seiner Fähigkeiten sein Leben nach seinen eigenen Wünschen und Vorstellungen zu gestalten.« Nach Abs. 2 hat der Betreuer diesen Wünschen »... zu entsprechen, soweit dies dessen Wohl nicht zuwiderläuft und dem Betreuer zuzumuten ist.«

101 Vgl. zusammenfassend *Lempp* 1987, S. 19 ff; auch *Salzgeber* 1992, S. 155. Zustimmend aus juristischer Sicht: *Ehring* 1996, S. 69; *Köster* 1996, S. 113; *Moritz* 1989, S. 42. Vgl. auch unten S. 223 ff.

102 Aufgegriffen wird diese Kategorie u.a. vom *OLG Celle,* FamRZ 1992, 465/466, das »zur Ausfüllung des Begriffs ›Kindeswohl‹« in Anlehnung an *Coester* feststellt, »dass der Wunsch eines Kindes grundsätzlich eine doppelte Funktion« habe«, »nämlich einerseits der verbale Ausdruck für die relativ stärkste Personenbindung, die das Kind empfindet, ist, andererseits aber ab einem gewissen Alter auch der Akt der Selbstbestimmung des Kindes ist«. Ebenso von *Früh* 1992, S. 31 ff; *Ehring* 1996, S. 64; *Köster* 1996,

on) erfasst werden. Sie sollen im richterlichen Entscheidungsprozess idealty-
pisch auseinander gehalten und gewürdigt werden.[103] Der übergreifende Leit-
gedanke beider Aspekte, so *Coester,* ist die Achtung der Persönlichkeit des Kindes[104] bzw. – wie dies *Moritz* formuliert – das »Ziel der selbstbestimmten Persönlichkeit von morgen.«[105]

- Der Kindeswille ist als *Akt der Selbstbestimmung* und der kindlichen Autonomie zu berücksichtigen. Er entspricht den von der »... Rechtsprechung
  nahezu einhellig geforderten Kriterien der ›Reife‹, ›Urteilskraft‹, ›Kritik-
  fähigkeit‹ oder ›Entscheidungsfähigkeit‹ ...«.[106] An die Stelle eines starren
  Dualismus der Mündigkeit oder Unmündigkeit tritt hier die Vorstellung
  einer kontinuierlich wachsenden Selbstverantwortlichkeit – und Vernunftfähigkeit – des minderjährigen Kindes.[107]

- Der Kindeswille kann zugleich auch *Indiz besonderer Verbundenheit* des
  Kindes und damit ein – wichtiger – Teilaspekt des Kindeswohls[108] sein.
  Ihm gilt im Hinblick auf den Kindesschutz die Achtung vor der psychisch-
  emotionalen Beziehungswelt des Kindes. Insbesondere bei jüngeren Kindern gewinnt der Aspekt der psychologischen Bindung an Gewicht, deshalb ist eine untere Altersgrenze für die Beachtlichkeit des Kindeswillens
  ausgeschlossen.[109]

»Der Kindeswille existiert als zunächst emotionaler, später als rationaler Wille quasi von Anfang an«[110], stellt in diesem Sinne auch der Jurist *Moritz* fest.
Beim emotional geleiteten Wollen sei von einer Kongruenz von Kindeswillen
und Kindeswohl auszugehen, zeige es doch, wo das Kind sich geborgen fühle.
Dieses Wollen beginne bereits in den ersten Lebenswochen des Menschen und
könne das menschliche Verhalten bis hinein ins Erwachsenenalter leiten.[111]
Der »rationale Wille« hingegen hänge insbesondere von den kognitiven Fähigkeiten des Kindes ab, mit deren Herausbildung erst ca. ab dem 11. bis 12. Lebensjahr – bzw. abhängig vom Entwicklungsstand spätestens bis zum 15. Ge-

---

S. 112 ff; *Moritz* 1989, S. 245 ff; *Neddenriep-Hanke* 1987, S. 29 ff. Aus kinderpsychiatrischer Perspektive vgl. auch *Lempp* 1987, S. 19.

103 Vgl. *Coester* 1983, S. 276.
104 Vgl. *Staudinger-Coester* § 1666, Rz. 71.
105 *Moritz* 1989, S. 246.
106 Vgl. *Coester* 1983, S. 258.
107 Vgl. *Staudinger-Coester* § 1666, Rz. 73, auch § 1671, Rz. 235, Rz. 241 ff.
108 Ebenso gilt, dass »... nach allgemeiner Meinung der auf beachtlichen Gründen beru-
     hende Wille des Kindes auch für die Bestimmung des Kindeswohls von Bedeutung ist.«
     BayObLG, DAVorm 1997, 523/526 (ohne die Hervorhebung im Original).
109 Vgl. *Coester* 1983, S. 259-261; *Staudinger-Coester* § 1671, Rz. 235-240; *ders.* § 1666,
     Rz. 73, 215.
110 *Moritz* 1989, S. 248.
111 Vgl. *Moritz* 1989, S. 247, Fn. 43.

burtstag – zu rechnen sei.[112] Dabei sei der »rationale Wille« – und nur dieser – ca. erst mit dem Beginn des 11. Lebensjahrs[113] verbalisierbar, doch unterlägen entsprechende Entscheidungen des Kindes auf Grund seiner psychischen Entwicklung zunächst noch Schwankungen.[114]

Auch wenn insoweit Übereinstimmung besteht, fällt auf, dass die Diskussion um den Kindeswillen in der Regel ohne Rücksicht auf den jeweiligen Verfahrensanlass geführt und ganz offenkundig durch die von der Scheidungsproblematik betroffenen Kinder und Jugendlichen dominiert wird. Nicht selten werden hierdurch Erkenntnisse der Entwicklungspsychologie ohne nähere Differenzierung auf kaum vergleichbare Problemlagen und Sozialkompetenzen von Kindern übertragen. So stellt zum Beispiel *Moritz* für das Verfahren bezüglich des Aufenthaltes und Umgangs des Kindes nach Trennung bzw. Scheidung der Eltern, aber auch in Bezug auf seine Herausnahme oder Wiederintegration wegen Kindeswohlgefährdung, und bezüglich der Aufnahme oder Beendung eines Pflegeverhältnisses sowie der Adoption fest, der Kindeswille sei »... Hinweis auf die Sozialisationsbeziehung, bei welcher Geborgensein existiert. Der begründete Kindeswille ist insoweit kongruent mit dem Kindeswohl.«[115]

2. Die »Beachtlichkeit« des Kindeswillens

Grundsätzlich ist es verfassungsrechtlich bei Sorgerechtsentscheidungen geboten, den Willen des Kindes zu berücksichtigen, soweit dies mit seinem Wohl vereinbar ist.[116] Dabei können die Willensäußerungen der Kinder und Jugendlichen die familien- oder vormundschaftsgerichtliche Entscheidung maßgeb-

---

112 *Moritz* 1989, S. 259. *Keidel-Engelhardt,* § 50b FGG, Rz. 9, spricht jungen Kindern hingegen den »Willen« im engeren Sinne ab, führt aber aus »Kleine Kinder haben zwar noch keinen eigenen Willen, aber durchaus schon beachtenswerte Wünsche, Tendenzen, Präferenzen und als Gegenstück Aversionen gegenüber einem Elternteil, die in der Verhaltensweise gegenüber den Eltern erkennbar werden können und die für die Entscheidung wichtig sind.«

113 Auch *Hdb-FamR-Oelkers* 4, Rz. 174, trifft in seiner Auswertung der neueren Rechtsprechung zum Kindeswillen die Feststellung: »Der Wunsch eines 11-jährigen Kindes wird allgemein als im Rahmen der maßgeblichen Kriterien als beachtlich angesehen. In diesem Alter wird der vorher noch emotional bestimmte Wille schon rational bestimmt. Aber auch unter 10 Jahren kann der Kindeswille im Einzelfall ein ernst zu nehmender Faktor für die gebotene Gesamtwürdigung aller Faktoren sein« (ohne die Hervorhebung im Original). Vgl. zu dieser Altersgrenze auch *Ell,* ZblJugR 1980, 321/322, *Neddenriep-Hanke* 1987, S. 30. Ähnlich *Staudinger-Coester* § 1666, Rz. 74, der eine konkrete Entscheidungsfähigkeit des Kindes schon vor der gesetzlichen Altersgrenze des 14. Lebensjahres für ab dem 10. Lebensjahr für möglich und prüfenswert hält.

114 *Moritz* 1989, S. 259.

115 *Moritz* 1989, S. 248, auch 245 ff. Vgl. hierzu kritisch unten S. 286 ff.

116 Vgl. *BVerfGE* 55, 171/172.

lich anleiten oder auch ganz unberücksichtigt bleiben.[117] Der Wille fällt als Selbstbestimmungsrecht und integrale Komponente des Kindeswohls ins Gewicht, ist aber nur zu berücksichtigen, soweit er noch mit dem persönlichen Wohl des Kindes vereinbar[118] ist und wird gegen die Rechtsansprüche der anderen Beteiligten (Eltern, Geschwister etc.) abgewogen.

>»Der Kindeswille als Ausdruck des ›subjektiven Kindesinteresses‹ bleibt *Gesichtspunkt im Rahmen des übergeordneten Entscheidungsmaßstabs Kindeswohl*, d.h. des ›wohlverstandenen Kindesinteresses‹. Dem gemäß muß die Verträglichkeit der vom Kind gewünschten Lösung mit seinem ›Wohl‹ geprüft werden. Der Kindeswille bindet das Gericht nicht. Die »wohlverstandenen Kindesinteressen« können es rechtfertigen, auch von einem grundsätzlich nachvollziehbaren Kindeswillen abzuweichen. ... Im Übrigen kann das *Gewicht des Kindeswillens* im Einzelfall sehr verschieden sein ... .«[119]

Oelkers, Vorsitzender Richter am OLG Rostock, stellt hierzu fest, dem Kind komme mit der Ermittlung und Berücksichtigung des Kindeswillens der im Verfahren angemessene Anteil an der Entscheidung zu. Allerdings sei der Wille des Kindes an und für sich »regelmäßig nicht streitentscheidend«, es sei denn, dass er nicht übergangen werden könne, ohne das Kind in seiner Existenz zu gefährden. Weil ein Kind die volle Reife einer eigenverantwortlichen Person noch nicht besitze, sondern von seinen Eltern oder, wenn diese versagen, vom »Wächter Staat« an dieses Ziel heranzuführen sei, habe es auch eine von ihm abgelehnte Fremdbestimmung hinzunehmen, wenn diese objektiv seinem Schutz und seinem Wohl diene.[120] Den grundlegenden Entwicklungsgedanken führt er folgendermaßen aus:

>»Der Mensch wird nicht mit der Fähigkeit geboren, sich eigenverantwortlich zu entscheiden. Vielmehr nimmt die Beachtlichkeit des Kindeswillens erst im Verlaufe des Reifungsprozesses zu. Dabei ist stets zu prüfen ob der vom Kind geäußerte Wille stabil ist und sich objektiv mit seinem Wohl vereinbaren lässt. ... Dann ist der Wille beachtlich.«[121]

---

117 Vgl. *Staudinger-Coester* § 1671, Rz. 234.

118 Der Wille des Kindes kann andere rechtliche Komponenten des Kindeswohls freilich ebenso verstärken. So stellt *Staudinger-Coester* § 1666, Rz. 118, zum Beispiel zum sog. »Kontinuitätsgrundsatz« fest: »Der Kontinuitätsaspekt kann verstärkt werden durch den strikten Willen des Kindes zum Verbleib bei der bisherigen Betreuungsperson; anders bei einem ›aufgesetzten Willen‹, der eine im Kern unberührte Bindung zu den herausverlangenden Eltern überdeckt, oder bei einem schwankenden Kindeswillen, der Ausdruck eines Loyalitätskonflikts zwischen Eltern und Pflegeeltern ist.«

119 *Staudinger-Coester* § 1671, Rz. 234 (Hervorhebung im Original).

120 *HdB-FamR-Oelkers* 4, Rz. 172.

121 *HdB-FamR-Oelkers* 4, Rz. 172 (ohne die Hervorhebung im Original). So auch *Nedden-*

167

Die so genannte »Beachtlichkeit«[122] des Kindeswillens wird in der juristischen Fachliteratur unter verschiedenen Gesichtspunkten diskutiert. Dies sind insbesondere das »Alter« bzw. die »Reife« des Kindes, Kollisionen zwischen Kindeswohl und Kindeswille, die Begründetheit des Kindeswillens, die Frage der Beeinflussung bzw. Manipulation des Kindes sowie Diskrepanzen zwischen geäußertem und seinem tatsächlichen Willen. In Bezug auf das Alter bzw. die »Reife« des Kindes, so *Ehring* zur Sorgerechtsänderungsrechtsprechung und der entsprechenden Fachliteratur, besteht »keine Einigkeit darüber, von welchem Alter oder Reifegrad an ein geäußerter Wille eine Rolle spielen kann. Die Angaben schwanken zwischen zwei Jahren und Beinahe-Volljährigkeit.[123] Auch *Coester* zufolge fehlt es an gesicherten Daten für eine begründete altersbezogene Grenzziehung. Soweit der Wille als Bindungsindiz fungiere, seien Kriterien wie die »Reife« oder »Urteilsfähigkeit« des Kindes ...

> »... unpassend, da es allein darauf ankommt, ab wann bei einem Kind *Mitteilungsfähigkeit* bezüglich seiner emotionalen Bindung erwartet werden kann. Hierbei genügen Artikulationsmöglichkeiten, die für einen in der Kommunikation mit Kindern erfahrenen Erwachsenen verständlich sind; ggf. ist hierfür ein Sachverständiger hinzuziehen. Verbale und indirekte Ausdrucksformen stehen gleichwertig nebeneinander und ergänzen sich, vor allem beim kleineren Kind.«[124]

Diesbezüglich macht *Neddenriep-Hanke* bei seiner Auswertung der einschlägigen Fachliteratur zum Kindeswillen auf einen interessanten Zusammenhang aufmerksam. Den »entscheidenden Unterschied« in den Ansichten zur »Beachtung« des Kindeswillens sieht er in der Akzeptanz gegenüber der Art und Weise seiner Erforschung:

> »Während Vertreter der eingeschränkten Beachtung des Kindeswillen hinsichtlich der Exploration des Willens keinerlei Differenzierung nach dem Kindesalter angeben, betont die Gegenmeinung die Erfassung des Kindeswillen über die Befragung hinaus durch das gesamte psychologische Instrumentarium.«[125]

---

riep-Hanke (1987, S. 23), der feststellt: »Die Frage der Beachtung des Kindeswillens wird überwiegend vom Lebensalter des Kindes abhängig gemacht.«

122 Die juristische Terminologie der »Beachtlichkeit« bzw. »Nichtbeachtlichkeit« des Kindeswillens ist problematisch, da sie dem Wortsinn (nicht unbedingt der Bedeutung) nach davon zeugt, dass dem betroffenen Kind die Achtung versagt wird, wovon ja wohl schon mit Blick auf Art. 1 GG nicht die Rede sein sollte. Längerfristig empfiehlt sich m.E. eine andere Sprachregelung, etwa die der Berücksichtigung oder Nichtberücksichtigung.

123 *Ehring* 1996, S. 68. So auch *Salzgeber* 1992, S. 154, der die Diskussion um Altersgrenzen als »recht willkürlich und kontrovers« bezeichnet.

124 *Staudinger-Coester* § 1671, Rz. 238 (auch Rz. 242 f mit weiteren Literaturhinweisen).

125 *Neddenriep-Hanke* 1987, S. 28.

Die Bereitschaft, den »Kindeswillen unter Einsatz interdisziplinärer Methoden, insbesondere aus der Psychologie und Pädagogik, zu erforschen« entscheidet danach auch über seine Beachtung. Dem Kindeswohl, das eine umfassende Würdigung der kindlichen Willensäußerungen verlange, so der Verfasser, diene allein dieses Vorgehen. Wichtig sei aber »die von dieser Auffassung vorgenommene Unterscheidung in den emotionalen und den rationalen Kindeswillen.«[126]

Folgt man dieser These, ist festzuhalten, dass insoweit die entwicklungsbedingt von Erwachsenen verschiedene Verständigungsmöglichkeit der Kinder und Jugendlichen und nicht ihre Fähigkeit bzw. das Bedürfnis, über sich selbst zu bestimmen, eine gleichermaßen zentrale wie fragwürdige Kategorie für die Beachtung ihres Willens bilden. Einer Interessenvertretung des Kindes wird in solchen Fällen nicht nur die Aufgabe zukommen, den Verständigungsprozess zwischen RichterIn und Kind zu ermöglichen oder zu erleichtern, sondern auch die Aufgabe, sich kritisch mit pauschalen Anknüpfungen an das Alter oder die Sprachfähigkeit des von der Entscheidung betroffenen Kindes auseinander zusetzen.

Wie bereits erwähnt, hat das Kindeswohl eine »Ersatzfunktion«[127] für den Willen des Kindes, solange dieser rechtlich nicht anerkannt wird. Zugleich entscheidet das persönliche Wohl über den Rahmen bzw. die Grenzen einer solchen Berücksichtigung. So stellte das Bundesverfassungsgericht schon kurz nach Einführung des § 50b FGG fest, es sei ein ...

> »... verfassungsrechtliches Gebot, bei Sorgerechtsentscheidungen den Willen des Kindes zu berücksichtigen, soweit dies mit seinem Wohl vereinbar ist.«[128]

Die Vereinbarkeit mit dem Kindeswohl, oder realistischer, die im Konfliktfall von Kindeswille und Kindeswohl weniger schädliche Alternative für das Kind ist demnach der entscheidende Maßstab dafür, ob und inwieweit der Wunsch und Wille des Kindes in der gerichtlichen Entscheidungsfindung berücksichtigt wird. Hierzu führt *Moritz* aus, obgleich es »grundsätzlich« für das Kind »keine Hilfe« sei, »entgegen seinem erklärten emotionalen oder rationalen Willen, die empfundene und erklärte Emotionalbindung zu zerstören«[129], werde dieser doch durch »... objektive physische Gefahren für das Kind, bei denen irreparable Schäden für das Kind zu befürchten sind« sowie entgegenstehende allgemeine gesetzliche Verbote begrenzt.[130] Einen »›Schutz vor sich selbst‹ d.h. die Ignorierung [sic! MZ] des Kindeswillens« beschränkt der Verfasser auf

---

126 *Neddenriep-Hanke* 1987, S. 29.
127 Vgl. oben II.B.4; IV.B.
128 *BVerfGE* 55, 171/172 (= *BVerfG,* FamRZ 1981, 126).
129 *Moritz* 1989, S. 250.
130 *Moritz* 1989, S. 254 f.

jene Fälle, in denen die Projektion der Entscheidungsalternativen in die Zukunft hinein dem Kind rational oder emotional nicht zugängig sind. Gleiches gelte für die objektivierbare Gefahr, dass es im Rahmen der Erwachsenen-Kind-Beziehung zu straf- oder ordnungsrechtlichen Verstößen komme oder das Kind zu diesen angeleitet werde. Dieser Vorbehalt gelte u.a. für Tatbestände der körperlichen oder seelischen Misshandlung (Einwirkung in die Persönlichkeits- und/oder Körperintegrität), »... selbst wenn der Minderjährige trotz dieser Situation für einen Verbleib bei seinem Peiniger plädiert.«[131]

Auch das Kriterium, der Wille des Kindes müsse auf »beachtlichen Gründen« beruhen, um zur Anerkennung zu gelangen, ist umstritten. Diese Kontroverse geht allerdings im Wesentlichen darum, was als ein beachtlicher Grund gelten kann, ob hierunter also nur vernunftbezogene Erwägungen fallen, oder ob auch die Gefühle und Beziehungen des Kindes an und für sich ein beachtlicher Grund sind.[132] *Moritz* differenziert hierbei zwischen dem »bloßen Willen« und einem nicht auf Willkür beruhenden »begründeten Kindeswillen«, der unter Projektion auf die entwicklungspsychologische Situation des Kindes in gerichtlichen Verfahren – mit Unterstützung Sachverständiger – durch den Richter festzustellen sei und ggf. als »oberster Maßstab für die Erkenntnis des Kindeswohls« gelten könne. Ausdrücklich bezieht der Verfasser dies auf den rationalen *und* emotionalen Willen des Kindes, denn um die Begründetheit des Willens festzustellen, komme es nicht auf die entwicklungs- oder auch schichtbedingte Artikulationsfähigkeit des Kindes an, sondern auf seine Plausibilität aus der Perspektive des Betrachters.[133]

Die Beeinflussung des Kindes durch wichtige Bezugspersonen ist ebenfalls ein zentrales, in der Fachliteratur oft angesprochenes Thema. In jüngster Zeit wurden die Überidentifikation von Kindern und eine extreme Loyalitätshaltung im Sorge- bzw. Umgangsrechtsstreit unter dem Schlagwort eines sog. »PAS-Syndroms« (parental-alienation-syndrome) diskutiert, das vor allem mit dem Erstarken der Väterrechtsbewegung eine deutliche Konjunktur in Sorge- und Umgangsrechtsstreitigkeiten erfahren hat.[134] In der psychologischen Fachwelt ist dieses Konzept jedoch derzeit heftig umstritten. So warnen etwa *Stadler* und *Salzgeber,* der Fokus dieses eher simplifizierenden Konzeptes lasse u.a. den eigenen Beitrag des Kindes in den Hintergrund geraten und entwerte, ja verletze

---

131 *Moritz* 1989, S. 251, auch 249 f.

132 Vgl. hierzu *Coester*. Er lehnt dieses Kriterium als »sachfremd« ab, weil es bei den Bindungen des Kindes um ein psychisch-emotionales Faktum ginge, »das rationaler Erwägung durch das Kind nicht bedarf und auch kaum zugänglich ist.« 1983, S. 263 f. Auch *Staudinger-Coester* § 1666, Rz. 73; § 1671, Rz. 238. Für die Anerkennung der Eigenentscheidungskompetenz des Kindes komme es also nicht zwingend darauf an, ob es »beachtliche Gründe« nennen kann oder will. § 1671, Rz. 244.

133 Vgl. *Moritz* 1989, S. 245 f.

134 Vgl. hierzu nur die Übersicht auf der Internet-Seite von http://www.pappa.com/cgi-local/tiger.cgi (Stand: 13. Juni 2000).

ihn durch die ihm unterstellte »Gehirnwäsche«.[135] Auch *Lehmkuhl* und *Lehmkuhl* betonen diesen Aspekt: »Nach heutigem Kenntnisstand ist der kindliche
Wille von entwicklungspsychologischen und familiendynamischen Aspekten
abhängig« bzw. werde durch diese beeinflusst und geprägt:

> »Diese Aspekte sollen mit juristischen Argumenten gebrochen werden. Der
> Kindeswille wird als Symptom einer Krankheit verstanden: die Kinder
> treffen ihre Entscheidungen nicht aus freien Stücken, sondern werden
> vom betreuenden Elternteil dem anderen entfremdet.«[136]

Als mögliche Hinweise, dass das Kind nicht seinen »wahren Willen« äußert,
und ihm der »verbale Wille« suggestiv von einem Elternteil (oder auch beiden
Eltern?) nahe gelegt wurde, gelten dem Sachverständigen *Klosinski* zufolge
»ein nicht altersadäquater Wortschatz des Kindes, widersprüchliche Äußerungen oder erhebliche Ambivalenzkonflikte«, die sich aus dem Gespräch oder der
Testpsychologie ergeben.[137]

Coester zufolge ist es gefestigte Rechtspraxis, in extremen Fällen der Beeinflussung den Kindeswillen als Ausdruck der Selbstbestimmung nicht zu beachten. Aber auch bei Beeinflussung des vom Sorgerechtsstreit betroffenen Kindes durch einen Elternteil neige die Rechtsprechung überwiegend dazu, den
Kindeswunsch nicht als Ausdruck seiner wirklichen Bindung anzusehen und
deshalb zu ignorieren. Andere Auffassungen gingen dahin, dass Erziehung und
Zuwendung stets Beeinflussung enthalten und zudem auch bei Erwachsenen
keine persönliche Entscheidung ohne Beeinflussung entsteht.[138] Selbst wenn
eine illegitime (eigennützige oder aufhetzende) Einflussnahme zu einer psychischen Prägung des Kindes führe, müsse diese – soll das Kind ernst genommen
werden – hingenommen werden. Eine Disqualifizierung des Kindeswillens sei
nur im Falle der Manipulation angebracht. Nämlich, wenn Fremdbestimmung
die Selbstbestimmung verdränge und Indizien vorlägen, dass der geäußerte
Wille im Erleben des Kindes keine Entsprechung fände. Sei der Wille insoweit
»einstudiert« oder ein »rationalisierter Überbau«, der seine eigentliche see-
lisch-emotionale Haltung eher verdecke, sei er nicht als Kindeswille im materiellen Sinn zu werten und »unbeachtlich«. Diese Feststellung sei in der Regel
mit Hilfe eines psychologischen Sachverständigen zu treffen.[139]

---

135 *Stadler/Salzgeber,* KindPrax 1999, 167/169. Vgl. auch *Rexilius,* KindPrax 1999, 149 ff,
    der ebenfalls auf den Eigenbeitrag des Kindes hinweist und das pathologisierende PAS-
    Konzept für überflüssig hält.
136 Aus kinderpsychiatrischer Sicht warnen *Lehmkuhl/Lehmkuhl,* KindPrax 1999, 159/
    161, vor einem »moralischen und emotionalen Dauerkonflikt«, der gerade für jüngere
    Kinder »chronischen Stress« und in der Folge manifeste Störungen und Konflikte be-
    wirken kann.
137 *Klosinski* 1999, S. 45.
138 Vgl. hierzu auch unten S. 271 f.
139 Vgl. *Staudinger-Coester* § 1671, Rz. 239, 244. *Staudinger-Coester* § 1666, Rz. 63, 74,

D. Der Kindeswille in der gerichtlichen Praxis

1. Die »Anhörung« der Kinder gem. § 50b FGG

Die obigen Grundfunktionen des Kindeswillens finden sich auch in der Vorschrift zur richterlichen Anhörung des Kindes. Sie dient zum einen als »Erkenntnismittel« und zum anderen als »Instrument der Kindesbeteiligung«. Beiden Zielen muss auch die Art der Kindesanhörung dienen, die im Gesetz nicht näher geregelt ist.[140] Dabei soll das Kind Gelegenheit haben, seinen Willen, seine Neigungen und Bindungen deutlich werden zu lassen. So sind die Gerichte nicht allein zur Berücksichtigung eines »vernünftigen« Willens, sondern auch zur Wahrnehmung und Beachtung[141] der Gefühls- und Beziehungswelt des Kindes aufgefordert, damit lebenswichtige Entscheidungen weder über die Köpfe noch die Gefühle der Kinder hinweg getroffen werden.[142] Zugleich sollen die RichterInnen gerade bei jüngeren Kindern einen unmittelbaren persönlichen Eindruck gewinnen. Aber auch ...

> »... bei größeren Kindern kann es erforderlich sein, dass das Gericht einen Eindruck von dem Kind gewinnt. Hierauf kann es insbesondere ankommen, wenn beurteilt werden soll, ob das Kind bereits in der Lage ist, einen eigenen Willen zu bilden und zu äußern.«[143]

---

77. Bei *Jugendlichen* käme es nur dann, wenn Fremdsteuerung die eigenen Entscheidungen praktisch verdrängt habe, auf den geäußerten Willen nicht an. Doch setze eine verhärtete Kindesposition, dem Grundsatz der Verhältnismäßigkeit entsprechend, auf der Durchsetzungsebene gegebenenfalls beachtliche Grenzen. Auch *Schwab* meint, ein durch Beeinflussung gebildeter Wille sei die psychische Realität des Kindes und als solche beachtlich. Er warnt davor, den Kindeswillen »psychologisch wegzuinterpretieren«. Vgl. *Schwab* 1995, § 59, Rz. 523, vgl. auch *Ell* 1990, S. 54 ff.

140 *Bergmann,* KindPrax 1999, 78/79.

141 »§ 50b FGG *impliziert* die materiellrechtliche Beachtlichkeit des Kindeswillens.« *Coester* 1983, S. 257 Fn. 431 (Hervorhebung im Original).

142 Vgl. *Zenz,* Fragmente 1986, 115/129. Bezeichnend war im Übrigen schon die Formulierung des § 1695 aF BGB, der die Kindesanhörung allerdings in das richterliche Ermessen stellte. Diese 1957 eingeführte und 1976 leicht veränderte Vorschrift lautete: »Die Gerichte können mit dem Kind persönlich Fühlung aufnehmen.« Hiervon ist in Bezug auf die Anhörung jüngerer Kinder auch nach wie vor die Rede. So führt das *OLG FFM,* FamRZ 1998, 1042/1043, aus, es habe sich in Anlehnung an das *OLG Köln* und das *BayObLG* »... für eine Anhörung von Kindern ab etwa drei Jahren ausgesprochen, weil, auch wenn sich Kinder in dieser Altersstufe noch nicht ausreichend artikulieren können, die Fühlungnahme mit ihnen und ihren Eltern Aufschlüsse über ihre Bedürfnisse und Empfindungen geben kann.«

143 *BT-Drucks.* 8/2788, S. 73. Vgl. hierzu u.a. *Fehmel,* ZblJugR 1982, 654 ff; auch *Neddenriep-Hanke* 1987, S. 32, fordert die »nahezu ausnahmslose« Kindesanhörung; *Prestien,* RdJB 1988, 431/436, stellt fest, das Kind sei »... in jedem Fall, ob es drei Monate oder 14 Jahre alt ist, vom Gericht einzubeziehen«. Zur Anhörung drei- bis vierjähriger Kinder: *Fricke,* ZfJ 1998, 53/54; *FamGb-Fehmel* § 50b FGG, Rz. 19; *Fehmel,* ZblJugR 1982, 654/657; *Lidle-Haas* 1989, S. 85 ff; *Münch-Komm-Hinz* § 1666, Rz. 64; *OLG Frankfurt,* FamRZ 1997, 571; *OLG Zweibrücken,* FamRZ 1998, 960/961.

In Deutschland können Kinder und Jugendliche sich also in den einschlägigen Verfahren in eigener Sache äußern und *sind* von den Gerichten anzuhören. Somit unterscheidet sich ihre Rechtstellung im Verfahren wesentlich von der ihrer Altersgefährten, die im eher adversarial strukturierten anglo-amerikanischen[144] Verfahrenssystem zu vertreten sind. Diese nämlich haben *regelmäßig* keinen persönlichen Kontakt zum Gericht und sind davon abhängig, dass ihre Position durch die Kindesvertretung[145] an das Gericht übermittelt wird.[146] Sie sind also notgedrungen darauf angewiesen, unter den am Verfahren beteiligten Erwachsenen jemanden zu haben, der ihre Position überhaupt zur Kenntnis des Gerichtes bringt:

»Natürlich wünschen sich die meisten misshandelten oder vernachlässigten Kinder, nach Hause zurückzugehen, aber wer artikuliert die Sehnsüchte oder Wünsche des Kindes, wie irrational sie den Erwachsenen auch immer erscheinen, wenn die Anwälte der Kinder dies nicht tun?«[147]

Eben diese »Sprachrohr-Funktion« hat in der deutschen, am Ausland orientierten, Reformdiskussion viel Beachtung gefunden, aber ohne die unterschiedlich geregelte Beteiligung der Kinder zu berücksichtigen. So ist, was die *Verwirklichung* der zumindest theoretisch vorgesehenen Mitsprache des Kindes

---

144 Vgl. hierzu ausführlich *Salgo* 1996, 199 ff, der allerdings darauf hinweist, dass der Einsatz der auch am Kindeswohl orientierten britischen guardians zu einer stärkeren Orientierung des Verfahrenssystems am Untersuchungsgrundsatz geführt hat. In Frankreich sind RichterInnen allerdings zur Anhörung verpflichtet, wenn das als einsichtsfähig geltende (!) Kind einen entsprechenden Wunsch äußert, es sei denn, es sprechen außergewöhnliche Gründe dagegen. Auch hat das Kind ein Recht, sich durch seinen Anwalt oder eine andere geeignete Vertrauensperson seiner Wahl unterstützen zu lassen. Vgl. *Steindorff* 1996, S. 360 f.

145 Die Funktion des Gerichtsverfahrens in einem adversarialen System hängt weitgehend von den Anwälten (»representatives«) ab, die dem Gericht erst einen schriftlichen Eindruck vom Gegenstand des Verfahrens ermöglichen und ihm in den Verhandlungen nahe legen, Teilinformationen in einer bestimmten Weise in den Fall einzuordnen, so *Masson* und *Oakley* 1998, S. 22.

146 »However, how should the judge know about the child's wishes and concerns, if they aren't represented by his or her lawyer?«, fragte mich die britische Rechtswissenschaftlerin *Macleod* erstaunt, als ich mit ihr das Thema dieser Arbeit diskutierte. In der Tat ist dort nur in bestimmten kindschaftsrechtlichen Verfahren sichergestellt, dass dem Gericht die Sicht des Kindes durch einen GALRO, Solicitor oder Welfare Officer, der nicht immer mit dem Kind alleine spricht, übermittelt wird. Und noch seltener schreiben oder sprechen die Kinder und Jugendlichen mit dem Richter in Person, so *Masson* und *Oakley* 1998, S. 15. Selbst wenn das Kind im Verfahren anwesend ist, »... findet die Kommunikation des Gerichtes mit dem Klienten nur durch seinen Vertreter statt, er übermittelt und übersetzt die Wünsche des Kindes und die Entscheidungen des Gerichtes.« S. 16 (Übersetzung MZ), vgl. auch S. 110 ff. Vgl. hierzu auch die Studie, die *Hunt* und *Macleod* (1997, S. 119) zum britischen Kindesschutzverfahren durchführten.

147 *Shepherd/England* 1996, S. 1942. Die Autoren sprechen sich hier für die duale Vertretung des Kindeswohls *und* des Willens der Kinder im Kindesschutzverfahren aus.

im deutschen Recht angeht, zunächst zu fragen warum eigentlich ein Erwachsener für ein Kind sprechen soll, wenn dieses für sich selbst sprechen kann und von Gesetzes wegen anzuhören ist? Ein nahe liegender Einwand ist, dass das noch nicht verfahrensfähige Kind nicht an den Verhandlungen teilnimmt und deshalb keinen direkten Einfluss nehmen kann. Weiterhin ist zu untersuchen, ob eine Diskrepanz zwischen Rechtsansprüchen Minderjähriger und deren Wahrnehmung durch die gerichtliche Praxis besteht. Spielt der Kindeswille also nicht nur in der Theoriebildung, sondern – und dies zählt letztendlich – auch in der Praxis eine bedeutsame Rolle? Wird er in den Entscheidungen der Gerichte so berücksichtigt, wie dies das Gesetz fordert und die Fachliteratur diskutiert – und was folgt daraus für eine Interessenvertretung des Kindes?

a)   Häufigkeit der Anhörung

Als *Simitis u.a.* 1979 ihre Untersuchung zur Verwirklichung des Kindeswohls in der vormundschaftsgerichtlichen Praxis vorlegten, stellten sie fest, es sei frappierend, dass die Richter und Richterinnen kaum persönlichen Kontakt zu den Kindern suchten:

> »Es ergab sich, dass bei Sorgerechts- und Besuchsregelungen Kinder lediglich in 7-9% der Fälle vom Richter gehört wurden. Von den 297 in diesen Verfahren betroffenen Kindern waren allein 90 über 9 Jahre alt, insgesamt 162 über 6 Jahre.
> In Verfahren des § 1666 BGB wurden Kinder in 6% der Fälle gehört. 42 der insgesamt 109 betroffenen Kinder waren über 9 Jahre alt, insgesamt 62 über 6 Jahre alt. Von den angehörten Kindern waren nur 2 Kinder unter 15 Jahre alt.«[148]

Zugleich war den Jugendamtsberichten, die zumindest Auskunft aus »zweiter Hand« hätten geben können, kaum etwas über die wichtigsten Beziehungen des Kindes zu entnehmen, auch dann nicht, wenn es um die Trennung des Kindes von seiner Familie ging.[149] Auch nach Einführung der Anhörungsvorschrift

---

148 *Simitis u.a.* 1979, S. 38.
149 Vgl. *Simitis u.a.* 1979, S. 36, 38. Zu einem ähnlichen Ergebnis kam auch die nach der Sorgerechtsreform von 1979 durchgeführte Stichprobenuntersuchung des Richters *Beres,* ZblJugR 1982, 449 ff. Er wertete 11 Erst- und 19 Folgeberichte zu § 1666 BGB sowie 55 Stellungnahmen des Jugendamtes im Sorgerechts- bzw. Abänderungsverfahren aus den Jahren 1980-1982 aus. U.a. war den Stellungnahmen im Sorgerechtsverfahren oft nicht zu entnehmen, ob die Angaben über die Kinder auf Gesprächen mit den Eltern oder einer Anhörung des Kindes beruhten; insgesamt nahm das Amt nur zu 48,5% der Kinder Kontakt auf, der Kindeswunsch war nur in 8 Fällen dokumentiert, vgl. S. 455, 474. Zum Kindesschutzverfahren stellte er fest: »Da – vor allem in Misshandlungsfällen – die Tatsachen für sich sprechen, wird oft auf die Angaben zum psychischen Befinden verzichtet« (S. 470). Vgl. zum Zeitraum 1980-1983 auch die Aktenstudie von 112 Stel-

des § 50b FGG kam längst nicht jedes Kind, das von Gesetzes wegen gehört werden sollte, zu Wort, und nicht jeder Jugendamtsbericht[150] enthält Angaben über die Beziehungen und Willensäußerungen des Kindes. Eine vom Bundesjustizministerium in Jahr 1982 in Auftrag gegebene rechtstatsächliche Studie, die *Lempp u.a.* durchführten, ergab zwar, dass sich bis 1985 die Altersgrenzen der Kindesanhörung in familien- und vormundschaftsgerichtlichen Verfahren insgesamt deutlich nach unten verlagert haben. Mehr als die Hälfte der RichterInnen sprachen mit Kindern unter sechs Jahren und etwa jede/r dritte RichterIn suchte die Begegnung mit Kindern unter vier Jahren.[151] Vice versa bedeutete dies aber noch immer: Fast die Hälfte der Kinder im Vorschulalter hatte auch nach Einführung des § 50b FGG keine Chance, ihrer Sicht und ihren Erwartungen in einer Begegnung mit dem Richter Ausdruck zu geben.[152]

Von den in dieser Studie insgesamt 328 bundesweit durch Fragebogen befragten FamilienrichterInnen äußerten sich 39% konsistent positiv, aber auch 17% konsistent negativ über eine Anhörung von Kindern. 40% unterließen sie eigenen Angaben zufolge sehr selten, 35% aber sehr oft. Der am häufigsten genannte Grund war das Alter des Kindes, gefolgt vom Kriterium eines gemeinsamen Elternvorschlages im Sorgerechtsverfahren. Die Begründung, der Jugendamtsbericht sei ausreichend gewesen, wurde am dritthäufigsten angeführt, gefolgt vom Hinweis auf Belastungen der Kinder. Bei näherer Hinsicht[153] wählten die FamilienrichterInnen die anzuhörenden Kinder nach eigenen, *gesetzlich nicht vorgesehenen*, Kriterien aus.

Hier überwogen neben dem Kriterium des Alters juristisch gut fassbare Anhaltspunkte, insbesondere die Un-/Streitigkeit des Verfahrens, ein früherer

---

lungnahmen des Jugendamtes einer kreisfreien Stadt zum Umgangsrecht bei *Neddenriep-Hanke* 1987, S. 65 ff. Danach kam es lediglich in 33,9% der untersuchten Fälle zum persönlichen Kontakt mit dem Kind.

150 »Die Praxis hat gezeigt, dass die Teilnahme der eigentlich Betroffenen die große Ausnahme ist«, so das *Jugendamt Kassel* noch 1994, S. 175. Eine Hamburger Studie ergab, dass bei nur 40% aller Hilfen die Vorstellungen und Wünsche der Minderjährigen dokumentiert worden waren. *Trauernicht* 1994, S. 122. Vgl. zu weiteren Einzeluntersuchungen auch *GK-SGB VIII-Nothacker* § 36, Rz.2. Kommt es zum gerichtlichen Verfahren, mag dies häufiger geschehen, doch auch RichterInnen berichten, dass manche SozialarbeiterInnen die Kinder nur aus den Akten kennen. Zu diesem Problem tragen nicht nur die Fallbelastung, sondern auch häufige Wechsel der zuständigen JugendamtsmitarbeiterInnen bei. Auch das Problem fehlender DolmetscherInnen führt dazu, dass Eltern und Kinder zuweilen an der Hilfeplanung zwar formal teilnehmen, faktisch aber ausgegrenzt werden.

151 Siehe den Vergleich mit einer 1981/82 von *Thalmann* durchgeführten Studie im selben Bundesland bei *Lempp u.a.* 1987, S. 38, vgl. auch S. 13, 101.

152 Hierbei waren deutliche Unterschiede zwischen einzelnen Bundesländern festzustellen, so dass in einigen Gerichtsbezirken wesentlich häufiger, in anderen sehr wenig angehört wurde. Zur Methodik der bundesweiten Fragebogenerhebung sowie der auslesefreien Beobachtungs-Stichprobe in Baden-Württemberg und ausgewählten anderen Gerichtsbezirken vgl. *Lempp u.a.* 1987, S. 24-29, 122.

153 44 FamilienrichterInnen wurden u.a. über ihre Auswahlkriterien interviewt.

Streit um das Sorgerecht, Finanzen, Umgang etc., ergänzt durch andere Kriterien wie: unklare Verhältnisse, unklare Berichte des Jugendamtes, mangelnde Begründung oder eigene Bedenken gegen den Elternvorschlag, »ein Gespür dafür, das etwas nicht stimmt« sowie die psychische Erkrankung eines Elternteils oder der Verzicht einer Mutter auf das Kind. [154]

Ebenso wie *Lempp u.a.* stellte auch *Lidle-Haas* in ihrer 1989 veröffentlichten Studie eine deutliche Senkung der Altersgrenze gegenüber der Rechtslage nach § 1695 aF BGB fest. Auch sie kam sie bezüglich der von ihr untersuchten Familiengerichtspraxis in Westberlin zu dem Ergebnis, dass ein Teil der Richterschaft relativ viele Kinder unter 14 Jahren nicht oder nicht regelmäßig anhörte.[155] »Schwerwiegende Gründe«, aus denen nach § 50b Abs. 3 FGG von einer Anhörung abgesehen werden kann, waren nach Angaben der befragten RichterInnen u.a., dass sie eine Verständigung mit dem Kind für ausgeschlossen hielten, z.B. bei behinderten Kindern. Auch das Vorliegen eines ärztlichen Attestes sowie schwere längere Krankheit bzw. bereits eingetretene gesundheitliche Störungen des Kindes wurden genannt. Manche RichterInnen orientierten sich an psychologischen Sachverständigengutachten bzw. glaubhaften Versicherungen der Jugendämter oder anderer Verfahrensbeteiligter, dass eine seelische Beeinträchtigung des Kindes zu erwarten sei. Erwähnung fanden auch durch die Konfliktsituation des Kindes hervorgerufene Symptome wie Bettnässen, Albträume etc. Nicht zuletzt spielten organisatorische Gründe (Auslandsbeteiligung, andere Bundesländer) eine Rolle.

Darüber hinaus stellten die RichterInnen bei der Auswahl der anzuhörenden Kinder auch Erwägungen grundsätzlicher Art an, die im Wesentlichen mit den von *Lempp* benannten Motiven übereinstimmten: Das Alter des Kindes lasse allenfalls Aufschlüsse über seinen Entwicklungsstand und seine Interaktion mit den Eltern zu. Die Anhörung belaste die Kinder. Dies gelte insbesondere für formalisierte Routine-Anhörungen. Es fehle an der nötigen Zeit und an Qualifikation.[156] Ob eine Anhörung überhaupt erforderlich sei, lasse sich durch den Bericht des Jugendamtes einschätzen. Eine Anhörung sei nicht erforderlich, weil sich das Kind bereits gegenüber dem Jugendamt oder Sachverständigen geäußert habe. Das Kammergericht sah teilweise von einer Anhörung ab, wenn das Kind bereits in erster Instanz gehört worden war.[157] Die

---

154 Vgl. *Lempp u.a.* 1987, S. 37 f, 101.

155 In erster Instanz wurden 24 RichterInnen durch Fragebogen befragt. Neun erklärten, nur über 14-jährige »regelmäßig« anzuhören. *Lidle-Haas* 1989, S. 91, auch S. 114.

156 Neun der befragten RichterInnen erster und zweiter Instanz (22%) erklärten, dass sie allein wegen der Belastung der Kinder durch die Anhörung kein Gespräch mit dem Kind selbst führen. *Lidle-Haas* 1989, S. 94. Zu dieser und der vorgenannten Annahme vgl. auch die Angaben der von *Lempp u.a.,* 1987, S. 99, befragten RichterInnen.

157 Zur Kontroverse um die Anhörungspflicht in der Beschwerdeinstanz vgl. den Überblick bei *Fehmel,* ZblJugR 1982, 654/660: Der Verfasser, selbst Richter am Kammergericht stellt hier fest: Die Anhörung ist grundsätzlich zu wiederholen, und *FamGb-Fehmel,* § 50b FGG, Rz. 32: Die Nichtanhörung sollte jedenfalls die Ausnahme darstellen.

»Zwangsanhörung« von Kindern unter zwölf bis vierzehn Jahren störe und sei grundsätzlich abzulehnen. Man könne sich auf Kinder unter 14 Jahren nicht verlassen. So habe ein Kind zum Beispiel jedweden Kontakt mit der Mutter heftigst abgelehnt, sei aber tags darauf mit ihr vom Gericht weg fröhlich zum Eis essen gegangen.[158] Als Ergebnis, so *Lidle-Haas,* lässt sich feststellen, dass die Ausnahmeregelung des § 50 Abs. 3 FGG nicht nur sehr subjektiv, sondern auch weit ausgelegt und »überstrapaziert« wurde.[159]

Während in der Tat einige der hier genannten Gründe völlig plausibel sind, und es im *konkreten* Interesse des einzelnen Kindes gerechtfertigt erscheinen lassen, von einer Anhörung abzusehen, sind andere Motive teils fragwürdig, teils auch gar nicht hinzunehmen und würden kritische Stellungnahmen bzw. Rügen der Kindesvertretung erfordern. So fällt auf, dass die Frage, ob die Kinder selbst angehört werden wollen, und die Tatsache, dass sich nicht absehen lässt, was sie dem Richter selbst mitteilen wollen[160], *kein* Kriterium war, das bei der Entscheidung über die Durchführung bzw. den Verzicht auf die Anhörung auch nur bedacht, geschweige denn berücksichtigt wurde.[161] Ebenso, dass sich nur wenige RichterInnen um einen »persönlichen Eindruck« der jüngeren Kinder bemühten, die ergo »Aktengeschöpfe« blieben. Vielfach wurden jüngere Kinder *altersbedingt* nicht angehört. Auch unterblieb eine differenzierte, auf die Problemlagen, Persönlichkeit und den Entwicklungsstand des Kindes bezogene Abwägung der kurz- und längerfristigen, belastenden und entlastenden Faktoren.[162] Auch ging man im Beschwerdeverfahren von einer

---

158 *Lidle-Haas* 1989, S. 91, 106 f, 110, 117.

159 Vgl. *Lidle-Haas* 1989, S. 96-98.

160 So stellte zum Beispiel das Bayerische Oberste Landesgericht »entscheidend« darauf ab, »... das Kind könne nach dem eingeholten Gutachten ausschließlich die Liebe zu seinen Pflegeeltern bekunden. Mit der Verfassungsbeschwerde wird nicht ansatzweise vorgetragen, was die Beschwerdeführerin darüber hinaus dem Gericht hätte mitteilen können.« Die Beschwerde war in diesem konkreten Fall jedoch nicht hinreichend substantiiert vorgetragen worden, ein Verstoß gegen Art. 103 Abs. 1 GG konnte nicht überprüft und entschieden werden. *BVerfGE* 75, 201/216.

161 Dies verkennt m.E. auch *Staudinger-Coester* § 1666, Rz. 216, der u.a. ausführt, wegen der mit »... einer Anhörung verbundenen Kindesbelastung« dürfe von ihr »abgesehen werden, wenn eine Gefährdung von vornherein ausscheidet«. Gleiches gelte, wenn der »Sachverhalt in anderer Weise schon ausreichend ermittelt worden ist und demnach schon feststeht, dass das objektive Wohl des Kindes – unabhängig vom Kindeswillen – eine bestimmte Entscheidung erfordert« bzw. eine »erneute Anhörung voraussichtlich nichts Neues bringt«. Warnend verweist er jedoch im selben Kontext auf die hiermit verbundene Gefahr, »dass die grundsätzliche Anhörungspflicht durch stereotype Floskeln in ihr Gegenteil verkehrt wird.«

162 *Staudinger-Coester* § 1666, Rz. 217, kommentiert, es sei davon »... auszugehen, dass *jede* Anhörung für das Kind belastend ist, der Gesetzgeber dies aber bei der Statuierung der Anhörungspflicht grundsätzlich in Kauf genommen hat« (Hervorhebung im Original). Von den 85 von *Lempp u.a.* beobachteten Kindern zeigten zwar 30% beim Ansprechen der kritischen Thematik eine starke, 55% eine mittelgroße und nur 15% eine geringe Belastung, am Ende der Anhörung schienen aber noch 21% der Kinder stark, 41% mittelgradig und 38% gering belastet zu sein, wobei die Belastung sehr oft mit der

Konstanz des Kindeswillens aus, die schon auf Grund der Erfahrung des Kindes mit der Umsetzung des erstinstanzlichen Entschlusses keineswegs gegeben sein muss. Nicht zuletzt wurden die Arbeitsbelastung der RichterInnen oder ihre mangelnde Qualifikation dem einzelnen Kind zur Last gelegt, womit die Justiz seine ohnehin zurückhaltend zuerkannten Selbstbestimmungsrechte im Verfahren verletzt.[163]

Die o.g. Studien sind jedoch aus mehreren Gründen für die Themenstellung dieser Arbeit nur begrenzt aussagefähig. Erstens ging es bei *Lempp* überwiegend und *Lidle-Haas* ausschließlich um die Anhörung von Kindern, deren Eltern sich scheiden ließen bzw. über den Umgang stritten sowie um Abänderungsverfahren nach § 1696 BGB. Obwohl gegenwärtig auch für diese Kinder und Jugendlichen Verfahrenspflegschaften angeordnet werden, geschieht dies Praxisberichten zufolge wohl (noch?) primär durch RichterInnen, die der Kindesposition ohnehin Beachtung schenken und relativ »anhörungsfreudig« sind. Ihre weniger engagierten oder skeptischeren KollegInnen, denen gegenüber eine Vertretung der Kindesinteressen umso dringlicher wäre, werden vermutlich eher davon absehen, überhaupt eine Vertretung des Kindes im Sorge- oder Umgangsrechtsstreit anzuordnen. Auch waren für die in § 50 FGG aufgelisteten Regelfallkonstellationen §§ 1666/1666a; 1632 Abs. 4 BGB bis zur Kindschaftsrechtsreform allein die Vormundschaftsgerichte zuständig, deren Praxis allein in den Studien von *Simitis u.a.* und von *Lempp u.a.* erhoben wurde.

Ob die jetzt zuständigen RichterInnen am Familiengericht der Kindesanhörung im Kindesschutzverfahren ähnlich gegenüber stehen, ist zu klären. Dies gilt umso mehr, als die Gerichte mittlerweile über zwei Jahrzehnte Praxiserfahrung mit der Verwirklichung des § 50b FGG verfügen, und die Rechtsprechung der oberen Instanzen in dieser Frage immer wieder eindeutig Stellung auch für die Anhörung jüngerer Kinder bezog. So könnte man annehmen, dass sich die Bereitschaft zur Anhörung von Kindern wesentlich erhöht haben dürfte. Die in jüngster Zeit erhobenen Daten bestätigen dies *nicht*. Die von *Münder u.a.* durchgeführte Kindeswohl-Studie zum Verfahren nach §§ 1666/1666a BGB zeigt vielmehr, dass es nur bei 135 von insgesamt 318 Kindern und Jugendlichen zum persönlichen Kontakt mit dem Gericht kam.

---

insgesamt belasteten Situation des Kindes korrelierte. Ebenso wiesen die VerfasserInnen aber auf die Chance für das Kind hin, Verständnis für seine Probleme und Hilfe zu erfahren. Vgl. 1987, S. 104.

163 Zu den Gründen, von einer Anhörung abzusehen, vgl. *Fehmel* § 50b FGG, Rz. 47, 48 – fragwürdig ist allerdings die Maßgabe von einer Anhörung nur deshalb abzusehen, weil ein Kind (hier im Adoptionsverfahren) die Eltern gar nicht kennt, da sie die Bedeutung der Anhörung für das Kind selbst (hierzu Rz. 8, 16) unberücksichtigt lässt.

Persönliche Anhörung des Kindes nach Alter

Altersgruppen	Anzahl der Minderjährigen	Davon: persönlich angehört	
		abs.	%
0 < 1 Jahr	39	–	–
1 < 3 Jahre	40	4	10,0
3 < 6 Jahre	58	15	25,9
6 < 9 Jahre	49	21	42,9
9 < 12 Jahre	46	29	63,0
12 < 15 Jahre	42	31	73,8
15-18 Jahre	39	31	79,5
Keine Angabe	5	4	80,0
Gesamt	**318**	**135**	**42,6**

(Quelle: *Münder u.a.* 1998, S. 54, Tabelle 5.5)[164]

Man wird das Datenmaterial etwas relativieren müssen, weil für die Studie nur ein Kind pro Familie ausgewählt wurde, und zwar das Kind, welches am offensichtlichsten gefährdet war. So sind die jüngeren, vernachlässigten Kinder wohl auf Grund ihrer besonders ausgeprägten Vulnerabilität in dieser Studie sehr häufig vertreten. Auf Grund dieses Alters, aber auch der besonders offensichtlichen Gefährdung, die entsprechende Annahmen über die Schädigungen und Belastungen des Kindes nahe gelegt haben mögen, haben die Gerichte vielleicht häufiger »schwerwiegende Gründe« geltend gemacht und von der Anhörung bzw. Begegnung mit dem Kind abgesehen. Wieweit andererseits aber gerade auch Anhörungen jüngerer Kinder nur deshalb erfolgten, weil zugleich ältere Geschwister gehört wurden, steht dahin.[165] Auch ist anzumerken, dass sich diese Daten ebenfalls ganz überwiegend auf Verfahren beziehen, die inzwischen in die Zuständigkeit der Familiengerichte fallen. In den 53 der von der obigen Tabelle miterfassten Fällen, in denen das Familiengericht gem. §§ 1672, 1671 Abs. 5 aF BGB wegen einer Gefährdung des Kindeswohls ermittelte, seien die Kinder aber »deutlich häufiger« angehört worden.[166]

---

164 Diese Angaben stützen sich auf eine Fallerhebung in Jugendämtern, umfassen also nur die Anhörungen, die nach Wissen der befragten Fachkräfte durchgeführt wurden. Da diese jedoch als Verfahrensbeteiligte nicht nur Akteneinsicht nehmen konnten, sondern auch zu 90,9% persönlich mit dem Gericht sprachen, dürften sie mit Einschränkungen um diesen Sachverhalt wissen.

165 Bei Kindern unter neun Jahren waren immerhin über 80% der Geschwister oder Halbgeschwister (soweit vorhanden) betroffen, wobei die Verfahren zum Teil zeitlich und inhaltlich getrennt erfolgt sein können. Vgl. *Münder u.a.* 1998, S. 19.

166 Die entsprechende Aufschlüsselung der Daten ist nicht veröffentlicht. Vgl. auch im Folgenden *Münder u.a.* 1998, S. 54.

Diese Überlegungen mögen den Befund, dass die Bereitschaft der Gerichte, die Kinder selbst zu hören, nach wie vor eher gering ist, zwar relativieren, stellen ihn jedoch kaum grundsätzlich in Frage. Zu betonen ist noch, dass es bei vier von fünf der hier erfassten Kinder und Jugendlichen auch um die weit reichende Entscheidung über die Unterbringung in einem Heim oder einer Pflegefamilie bzw. um die rechtliche Absicherung einer bereits erfolgten Trennung ging.[167] Ganz ohne Zweifel handelte es sich also um Verfahren, in denen die Gerichte die Bindungen, Neigungen und den Willen der Minderjährigen zu ermitteln und das Kind anzuhören hatten.[168]

Gleichwohl gewannen die RichterInnen von kaum einem der als gefährdet geltenden Säuglinge und Kleinkinder einen persönlichen Eindruck, und nur jedes vierte Kind im Kindergartenalter lernte die Person kennen, die solch einschneidende Entscheidungen traf. Dass zudem fast jedes zweite Kind im Grundschulalter und jedes vierte ältere Kind vor dieser gravierenden Entscheidung ungehört blieb, ist ebenso unverständlich wie die Tatsache, dass immerhin über 20% der Jugendlichen trotz der verschärften Anhörungspflicht in § 50 Abs. 2 FGG nicht angehört wurden. Die von *Münder u.a.* konstatierte »ausgesprochene Zurückhaltung der RichterInnen« ist eine milde Beschreibung dieser Situation.

Fragt man wiederum, inwieweit sich die Gerichte zumindest beim Jugendamt aus zweiter Hand über die Sicht und den Willen des betroffenen Kindes oder Jugendlichen hätten informieren können, verschärft sich das Problem: Bei 131 der über Achtjährigen, von denen ein durchaus erheblicher Teil im gerichtlichen Verfahren nicht zu Wort kam, stimmte gut die Hälfte (54%) den Vorschlägen des Jugendamtes »eindeutig« zu. Jedes dritte ältere minderjährige Kind (29,6%) stand den Vorschlägen der Fachkraft – ihrer eigenen Einschätzung nach – jedoch ambivalent gegenüber und 8,4% der betroffenen Minderjährigen lehnten sie eindeutig ab.[169] Hier mag die dem Jugendamt gegenüber direkt gezeigte oder auch nur durch Dritte berichtete Einstellung der Kin-

---

167 Schon im Vorfeld des Verfahrens lebte etwa jedes vierte Kind außerhalb der Familie (S. 37). Von den 240 Kindern und Jugendlichen, bei denen das Jugendamt das Gericht selbst informierte, intendierten die Fachkräfte zu 80,8% (n = 240) eine Unterbringung in Vollzeitpflege oder im Heim. Bei 122 der 319 Kinder erging die rechtliche Entscheidung über diese Trennung durch einstweilige Anordnungen (S. 58), und in mehr als drei Viertel der Fälle (n = 242), über die zum Zeitpunkt der Untersuchung bereits in der Hauptsache entschieden wurde, waren die Kinder und Jugendlichen von ihren Eltern getrennt und überwiegend in Heimen oder Pflegefamilien untergebracht worden (S. 64).

168 Vgl. *Carl,* FamRZ 1995, 1183/1190.

169 Ob zu den rechnerisch verbleibenden 7,8% der Minderjährigen keine Angaben gemacht werden konnten, wird nicht ersichtlich. Vgl. *Münder u.a.* 1998, S. 47. Evtl. war es ihnen zum Teil auch schlichtweg nicht möglich, sich in die Hilfeplanung einzubringen, die junge Menschen »oft« überfordert. (»Ich hab gar nichts mehr gehört, die haben alle an mir vorbei geredet, ich hab nichts mehr gehört, ich hab mich einfach abgeschaltet.«) *BMFJS* 1998, S. 440.

der und Jugendlichen also in vielen Fällen, in denen keine Anhörung stattfand, zumindest nach Aktenlage bekannt gewesen sein und bei einer deutlichen Ablehnung auch zur Anhörung geführt haben.

Bei den 187 Kindern unter acht Jahren konnten von den befragten Fachkräften in knapp drei Vierteln (n = 134) der Fälle keine Angaben gemacht werden. Von den verbleibenden 53 Fällen wurde jedoch ebenfalls weitgehend Zustimmung der Kinder zu den vorgeschlagenen Maßnahmen konstatiert (n = 34). Als ambivalent wurden 16 und als ablehnend drei Kinder eingestuft.[170] Zieht man die 79 Kinder ab, die das dritte Lebensjahr noch nicht vollendet hatten und wahrscheinlich unter die Gruppe fallen, zu der keine Angaben gemacht werden konnten, ist festzustellen, dass die zuständigen Fachkräfte bei 55 von 108 Kindern über drei Jahren *keine* Auskunft geben konnten, was das Kind selbst wollte. Hinzu kommen 19 Fälle, in denen das Kind den Vorschlägen der Fachkräfte nach deren eigener Einschätzung[171] ambivalent oder ablehnend gegenüberstand. Beides sollte doch wohl als Anlass gewertet werden, zumindest diese 74 Kinder im gerichtlichen Verfahren zu hören. Die Tatsache, dass aber überhaupt nur 36 der insgesamt 108 Kinder dieser Altersstufe angehört wurden, lässt darauf schließen, dass der Kindeswille der meisten unter Achtjährigen unbekannt blieb bzw. die Gerichte ihre fehlende Zustimmung einfach ignorierten. Ob dies wirklich stets aus »schwerwiegenden Gründen« geschah, muss bezweifelt werden.

Angesichts dieser Befunde ist es nicht nur eine zentrale Aufgabe der Interessenvertretung, das Gericht über den Kindeswillen in Kenntnis zu setzen, sondern ebenso für die Verwirklichung der gesetzlich garantierten Verfahrensrechte der Kinder und Jugendlichen einzutreten, damit sie selbst bei Gericht zu Wort kommen. Die Begleitforschung mag zeigen, ob Gerichte aber die Tätigkeit der Interessenvertretung zum Anlass nehmen, noch öfter von Anhörungen abzusehen als bislang. Immerhin äußern sich unter Umständen nicht nur der/die VerfahrenspflegerIn, sondern auch das Jugendamt, psychologische Sachverständige, Eltern, Pflegeeltern etc., was das Kind will. Denkbar ist freilich auch, dass diese Mitteilungen Interesse wecken, Fragen aufwerfen oder sich widersprechen, so dass das Gericht eine Anhörung gerade deshalb für erforderlich hält. Nicht zuletzt steht zu hoffen, dass VerfahrenspflegerInnen ihren Einfluss (ggf. auch unter Hinweis auf entsprechende Beschwerden) gel-

---

170 *Münder u.a.* 1998, S. 47. Die Gesamtzahl dieser Kinder entspricht der obigen Tabelle.

171 *Münder u.a.* 1998, S. 47 f, relativieren diese Angaben entsprechend und wollen »gewünschte Ergebnisse« nicht ausschließen. Sie heben deshalb insbesondere die dezidierte Ablehnung der Kinder und Jugendlichen hervor, merken jedoch zutreffend an, dass die Ambivalenz des Kindes nicht unbedingt Ausdruck seiner Ablehnung sein muss, sondern ihm die ausdrückliche Zustimmung zu den Vorschlägen des Jugendamtes auch wegen der Loyalität gegenüber den Eltern schwer fallen kann. Gleiches gilt m.E. aber auch für die deutlich geäußerte Ablehnung, die von einem Kind gegenüber der Autorität der erwachsenen Fachkraft viel Selbstbewusstsein erfordert.

tend machen, um den Kindern und Jugendlichen das persönliche Gehör der Gerichte zu verschaffen.

b) Stellungnahme zur Anhörung

Anregungen bzw. Stellungnahmen der Interessenvertretung geben dem Gericht gewiss einen wichtigen Anhaltspunkt, ob das Kind zu hören oder ob die Anhörung aus schwer wiegenden Gründen zu unterlassen ist. Bei der »Ob«-Frage kann schon die Anregung selbst hilfreich sein.

> Die Kinderpsychologin eines Notaufnahmeheims berichtet: »Wir haben sehr unterschiedliche Erfahrungen mit Richtern. Manche sind sehr bereitwillig.« So sei sie z.B. bei der Anhörung einer Mutter anwesend gewesen und habe den Richter ermuntert, auch mit der Tochter im Heim zu sprechen. Dieser ging gerne auf ihren Vorschlag ein. Er habe gefürchtet, so die Therapeutin, »ein Schrecken« für das Kind zu sein, und sei nicht auf die Idee gekommen, die Anhörung könne im Interesse des Mädchens selbst liegen.[172]

Neben der Erforderlichkeit der Anhörung und möglichen Belastungen des Kindes stellt sich hier die Frage, welche Bedeutung der Bereitschaft des Kindes beizulegen ist, sich mit dem Richter oder der Richterin zu treffen. Wenn das Kind sich die Anhörung wünscht und keine schwer wiegenden (!) Gründe dagegen sprechen, ist die Sachlage unproblematisch. Setzt das Gericht keine Anhörung fest, wird sie im Interesse des Kindes anzuregen sein. So berichtete eine Verfahrenspflegerin, die von ihr meist im Sorge- und Umgangsrechtsverfahren vertretenen zwölf Kinder und Jugendlichen hätten in der Regel zugestimmt, wenn sie gefragt habe: »Kannst du dir vorstellen, das auch dem Richter zu erzählen?« Sie berichtete aber auch, dass drei dieser Kinder, 4-7 Jahre alt, nicht angehört wurden.

> »Manchmal war keine Anhörung und da habe ich nichts unternommen, hatte einen hinreichenden Eindruck.« Auf die Frage, was die Anhörung denn vermutlich aus Sicht dieser drei Kinder bedeutet hätte, wird sie nachdenklich. Wenn sie sich das so überlege, sei die Anhörung für die anderen Kinder meistens sehr wichtig gewesen. Einige der Kinder bezo-

---

172 Mündliche Mitteilung der Psychologin. *Balloff* 1992, S. 84, berichtet, er habe bei Tagungen und Fortbildungen »immer wieder erlebt, dass gerade bei Richtern erhebliche Verunsicherungen in Bezug auf eine kindgerechte, wenig belastende Anhörung des Kindes bei Gericht bestehen«. Die mangelhafte Ausbildung und kontroverse humanwissenschaftliche Vorschläge leisteten Ängsten vermutlich Vorschub. Zuweilen wird hier m.E. wohl schon, wie die obige Schilderung zeigt, die Information an das Gericht, dass das Kind sich eine Begegnung wünscht oder dass diese nicht schaden muss, den »Durchbruch« erzielen können.

gen sich auch im Gespräch darauf: »Das hab' ich auch schon dem Richter erzählt«, viele erwähnten danach auch seinen Namen: »Da war ich beim Herrn Meier, der ist nett.«[173] Weiter berichtete sie: »Also in meinen Fällen, da gab es eigentlich nur positive Erfahrungen, die Kinder waren nicht belastet.« In der Regel seien die Kinder sehr bereitwillig gewesen, der Richter sei für sie schon deshalb wichtig, weil er die Entscheidung trifft, was sie den Kindern gegenüber bei der Erklärung ihrer eigenen Aufgabe auch immer betone.[174]

Schön, Mitarbeiterin einer kommunalen Notaufnahme, die erste Erfahrungen (1.7-31.12.1998) mit der Verfahrenspflegschaft für Kinder auswertete, berichtet, bei fünf der sieben durch RechtsanwältInnen vertretenen Kinder kam es in diesem Zeitraum zu einer das Verfahren abschließenden Entscheidung. In allen Verfahren regten die VertreterInnen an, die Kinder *nicht* persönlich zu hören »... auf Grund von Abwägungen durch den ausdrücklich geäußerten Kindeswillen und wohlverstandenen Interessen der Kinder.«[175] Zwei Brüder wussten am Tag der Anhörung ihrer Eltern nicht, ob auch sie gehört würden. Da sie in einem »enormen Loyalitätskonflikt gegenüber verschiedenen Familienmitgliedern steckten«, habe sich dies »sehr verwirrend« ausgewirkt:

> »Die VFP [Verfahrenspflegerin MZ] hatte auf Grund dieses Konfliktes angeregt, die Kinder nicht persönlich anzuhören. Das Gericht folgte der Anregung. Die Vermittlung dieser Entscheidung unterblieb oder misslang. Stefan fühlte sich in dieser Situation extrem ausgeliefert, was er aus seinen familiären Beziehungen kannte. Er begegnete der Verfahrenspflegerin mit höchstem Misstrauen.«[176]

Bedenklich ist der Umstand, dass bei diesen Verfahrenspflegschaften zuvor nur *ein* Kontakt mit den Kindern stattfand und für ein weiteres Mädchen

---

173 So auch eine andere Verfahrenspflegerin. Nach der Anhörung in der Familiengruppe habe die Achtjährige ihr bei der nächsten Begegnung sehr lebhaft mitgeteilt, was sie der nun von ihr namentlich benannten Frau Richterin sagen solle. Obwohl diese »in Zivil« gekommen sei, sei sich das Mädchen über die Rolle der Frau klar gewesen.

174 Mündliche Mitteilung einer Verfahrenspflegerin.

175 *Schön,* Protokolldienst 1999, 58/64. Im Wesentlichen befürchteten die RechtsanwältInnen eine Belastung des Kindes durch die Anhörung, wobei offen blieb, wie sie jeweils zu dieser fachlichen Einschätzung kamen, so die Verfasserin (mündliche Auskunft).

176 *Schön,* Protokolldienst 1999, 58/62. Bei sechs der unter zwölfjährigen Kinder, darunter zwei Geschwistern, entzog das Familiengericht vorläufig die elterliche Sorge. In einem Verfahren ging es um eine Sorgerechtsübertragung nach § 1672 BGB. Dass auch hier der Wille, Bindungen und Neigungen der Kinder von großer Bedeutung waren, zeigt sich daran, dass sie während des Verfahrens von ihren Eltern getrennt lebten, und am Ausgang: In zwei Verfahren verblieb das Sorgerecht bei den Eltern, in zwei anderen wurde es auf das Jugendamt übertragen. Drei Kinder lebten nach dieser Entscheidung in einem Heim, eines in einer Pflegefamilie, und eines zu Hause.

die Anhörung angeregt wurde, ohne dass der Verfahrenspfleger sie kannte.[177]

Es ist also weder anzunehmen, dass die VerfahrenspflegerInnen in der Lage waren, die Be- und Entlastungen der Kinder adäquat einzuschätzen, noch dass die Kinder selbst hinreichend informiert und unterstützt wurden, um ihre eigene Entscheidung zu treffen. Grundsätzlich ist nämlich damit zu rechnen, dass Kinder oft keine[178] oder auch unzutreffende Vorstellungen vom Verfahren und der Person des Richters haben.

Ein Anwalt kam in Begleitung seines neunjährigen Sohnes ins Richterzimmer, um die Richterin wegen eines Mandanten zu sprechen. Der Junge nahm an ihrem Schreibtisch Platz; auf die Aufforderung seines Vaters, sich anderswo hinzusetzen, antwortete er, er setze sich erst um, wenn der Richter da sei. Als die Richterin ihm sagte: »Der Richter, das bin ich«, habe er sie von oben bis unten gemustert und gesagt: »*Nee*, das *glaub* ich dir nicht, das glaub ich einfach nicht.« Trotz Ermahnungen des verlegenen Vaters sei der Junge zunächst bei seiner Meinung geblieben. Als die Richterin ihn fragte, wie er sich denn einen »richtigen« Richter vorstelle, sagte der Junge, er dachte: »Der Richter ist ein Mann, der ein schwarzes Kleid trägt wie im Fernsehen und weiße Haare hat.«[179]

Immer wieder berichten PraktikerInnen, dass Kinder, Jugendliche, teils auch Erwachsene, mit einem Gerichtsverfahren das in Spielfilmen gezeigte Szena-

---

177 *Schön,* Protokolldienst 1999, 58/61. Der Anwalt meinte, er sei nach einem Gespräch mit dem Jugendamt informiert genug, um die Anhörung des Kindes anzuregen. Das Vorgehen des Verfahrenspflegers wirkte sich in diesem Fall jedoch nicht nachteilig aus, weil das Kind sich, und auch dies kommt selbstverständlich vor, ein Gespräch mit dem Richter wünschte: »Für Susanne (8) war die Erfahrung der Interessenvertretung dennoch existenziell, denn sie fühlte sich durch die fehlende Kindesanhörung missachtet und hatte Angst vor einer ihren Bedürfnissen nicht entsprechenden Sorgerechtsentscheidung. Sie war trotz fehlendem Kontakt froh über das vorläufige Ergebnis.«

178 So berichtet *Niestroj* 1996, S. 518 Fn. 11, die achtjährige Sabine habe sich »... unter ›Gericht‹ nichts genaues vorstellen konnte. Deshalb sprach ich dann vom Richter als einer konkreten Person.« Zu erwähnen ist in diesem Kontext eine Befragung von 300 Kindern in den USA, die in verschiedenen sozialen Milieus sowie in städtischen und ländlichen Gebieten lebten. Die Studie zeigte, dass bereits Vierjährige verstanden, was der Begriff Polizei bedeutet, im Alter von acht Jahren sei eine teilweise Konzeptualisierung der Begriffe Arrest, Anwalt, Richter und Staatsanwalt erreicht, Elfjährige zeigten ein Verständnis der Begriffe Eid, Aussage und Jury. Befragt wurden 90 Kinder in Massachusetts (1.-7. Klasse), 300 Kinder in Nebraska (Vorschule – 8. Klasse), über 100 Kinder in Washington, die als kindliche Opferzeugen in Strafverfahren wegen sexuellen Missbrauchs aussagten (4-13 Jahre) sowie 192 norwegische Schulkinder der 1.-8. Klasse. Vgl. ausführlich *Melton* 1992, S. 169, 174 f. *Wolf* 1997 berichtet, bis zum Alter von 8 Jahren konnten die von ihr befragten 50 GrundschülerInnen i.d.R. nicht zwischen der Polizei und dem Gericht differenzieren, welches im Übrigen primär mit negativen Attributen (Bestrafung, Gefängnis etc.) verbunden wurde. Vgl. S. 212.

179 Mündliche Mitteilung der Richterin.

rio des anglo-amerikanischen *Straf*verfahrens verbinden. Mitarbeiterinnen aus Heimen und Verfahrenspflegerinnen berichteten von Kindern, die davon ausgingen, der Richter trage eine Perücke, schlage mit seinem Hammer, es gäbe Geschworene etc.[180]

> Eine Heimerzieherin erzählte von einem Jungen, der massive Angst vor der Anhörung hatte. Im Gespräch zeigte sich, dass er einen amerikanischen Spielfilm über einen sexuell missbrauchten Jungen gesehen hatte, der im Kreuzverhör in Anwesenheit des Täters aussagen musste, und sich nun, da es sich auch in diesem Sorgerechtsverfahren um einen solchen Verdacht handelte, selbst einer solchen Situation ausgeliefert sah.[181]

Die beängstigende Vorstellung, irgendwie angeklagt zu sein oder selbst im »Zeugenstand« zu stehen und ein Kreuzverhör auszuhalten, oder auch nur allein mit dem völlig fremden Richter reden zu müssen, scheint bei gefährdeten Kindern öfter aufzutreten. Vermutlich versuchen sie, sich durch das Fernsehen über mögliche Folgen einer Offenlegung ihrer Situation zu informieren und sind entsprechend mit den ProtagonistInnen identifiziert. Wie sehr die kindliche Vorstellungswelt durch die medial erzeugte Welt geprägt ist und welche unerwarteten Schlüsse dabei erfolgen, sei abschließend an der Äußerung einer Schülerin der 5. Klasse (USA) verdeutlicht, die über ihre Erfahrung als Opferzeugin in einem Strafverfahren berichtete: »Sie hören sich die Geschichte an. Dann ist eine Pause für die Werbung. Dann kommen sie zurück und sagen, wer es getan hat.«[182]

Neben diesen medial erzeugten Vorstellungen ist insbesondere bei Kindern und Jugendlichen, die sich selbst die Schuld an dem Streit, Versagen oder misshandelnden Verhalten der Erwachsenen geben[183], in Betracht zu ziehen, dass sie meinen, es ginge im Verfahren, so auch bei ihrer Anhörung, um ihre eigene Schuld oder Bestrafung. So gibt *Wolf,* in einer Studie, die sich mit dem Wissen von Kindern und Jugendlichen über Gerichtsverhandlungen befasst, beispielsweise folgende Aussage wieder:

> »Dann (wenn Daniel die Unwahrheit sagt) kann es passieren, dass er erwischt wird; dann kommt er ins Kinderheim, und den Eltern, denen wird

---

180 Hierzu auch *Köhnken* 1999 (b), S. 365. Vgl. auch *Lempp u.a.* 1987, S. 50: »Die zehnjährige Gisela meinte im Anschluss [an ihre 90 Sekunden (!) dauernde Anhörung im Scheidungsverfahren, MZ], es sei nicht so schlimm gewesen, sie hätte sich einen Richter in Robe in einem grauen Gericht vorgestellt, wie sie es vom Fernsehen her kenne.« Zur Wirkung der Medien auf die Erwartungen der Kinder auch *Wolf* 1997, S. 47, 209.
181 Mündlicher Bericht.
182 *Melton* 1992, S. 181 (Übersetzung MZ).
183 Vgl. hierzu unten VI.D.3.

gesagt, er wurde nicht gut erzogen, und dann kommen die Eltern ins Kittchen.«[184]

Des weiteren fasst *Wolf* ähnliche Studien des anglo-amerikanischen Raumes dahingehend zusammen, dass auch »das Ausmaß eigener Erfahrungen mit dem Gericht ... als irrelevant in Bezug auf die Fähigkeit, gerichtsbezogene Begriffe zutreffend zu definieren« sei. Kinder mit eigener Erfahrung (auch in Sorgerechtsverfahren) demonstrierten sogar geringere Kenntnisse als Kinder ohne diese, was u.a. mit der Komplexität der Verfahren, der geringeren kognitiven Förderung in »Multiproblemfamilien« und mit der Auswirkung traumatischer Erlebnisse erklärt werden könne.[185]

Von solchen Erwartungshaltungen und Ängsten berichten auch *Masson* und *Oakley,* die insgesamt 20 über neunjährige Kinder und Jugendliche interviewten, die größtenteils im britischen Kindesschutzverfahren vertreten wurden. Einige der jungen Leute, so die Verfasserinnen, assoziierten mit dem Gericht die Vorstellung, selbst kriminell und angeklagt zu sein.

> »Wissen Sie, es brauchte zwei Beschlüsse (›orders‹), bis ich begriff, dass ich nicht kriminell bin. Ich dachte: ›Oh Gott, ich bin ein Krimineller. Nur Kriminelle gehen ins Gericht ‹.«[186]

Ebenso können Kinder und Jugendliche Angst haben, strafrechtliche Sanktionen gegen ihre Eltern oder andere wichtige Erwachsene auszulösen.[187] Besonders verwirrend dürften insbesondere Situationen sein, in denen tatsächlich zugleich ein straf- und ein zivilrechtliches Verfahren anhängig ist. Grundsätzlich ist weiterhin zu bedenken, dass nicht wenige gefährdete Kinder gezwungen sind, Misshandlungen, elterliche Sucht und Delinquenz usw. zu verheimlichen und mit der Angst oder massiven Ablehnung ihrer Eltern vor Polizei und Gericht aufwachsen, die damit als negative, angstbesetzte Instanz verinnerlicht sind. Gerade bei sexuell missbrauchten Kindern und Jugendlichen können massive Drohungen des Täters hinzukommen.

---

184 *Wolf* 1997, S. 110. Von 125 Kindern (je 25 Kinder der 1., 3., 5., 7. und 9. Klasse) gaben bis auf zwei Kinder alle an, dass ein Zeuge die Wahrheit sagen muss. Vor allem die Grundschüler meinten aber zu einer fiktiven Fallgeschichte, bei einer Falschaussage drohten dem Kind Strafen, Gefängnis oder das Kinderheim. Einer der zwei Schüler, die die Wahrheitspflicht verneinten, meinte zu der den Kindern vorgelegten Fallgeschichte: »Wenn sie (Daniela) Angst hat vor dem Mann, der hat ihr ja gesagt, dass sie das nicht sagen soll, das soll ein Geheimnis bleiben, dann muss sie es nicht sagen.« S. 109.

185 *Wolf* 1997, S. 48.

186 *Masson/Oakley* 1998, S. 114 (Übersetzung MZ).

187 Vgl. hierzu auch *Wolf* 1997, S. 217. In diesem Kontext fordert *Staudinger-Coester* § 1666, Rz. 216, dazu auf, das Kind darauf hinzuweisen, dass ein »strafprozessuales Verwertungsverbot« seiner Mitteilungen besteht. Durch die Einführung der Verfahrenspflegschaft besteht nunmehr die Chance, dass das Kind hiervon bereits im Vorfeld seiner Anhörung erfährt und entsprechende Ängste gemildert werden.

Aber auch in weniger extremen Situationen ist zu beachten, dass Eltern, Pflegeeltern oder andere Bezugspersonen in den entsprechenden Verfahren verständlicherweise oft belastet, erschüttert, beunruhigt, gekränkt und um das Kind besorgt sind. So berichten VerfahrenspflegerInnen von Tränen und Ängsten der sichtlich um Fassung bemühten Eltern oder Pflegeeltern anlässlich der Anhörung ihrer Kinder. Auch kommt es im Vorfeld der Anhörung neben direkten Versuchen der Einflussnahme zu wenig hilfreichen Gesprächen. So erklärte beispielsweise der neunjährige Guido nach einer stockend verlaufenen Anhörung, »... dass ihm die Mutter bei seinem letzten Besuch ... erklärt habe: ›da kommt ein schwarzer Mann‹.«[188]

All dies weist nicht nur auf einen erheblichen Informationsbedarf hin, sondern zeigt auch, dass *ein* Gespräch mit einem noch völlig unbekannten Kind schwerlich ausreicht[189], um seine Reaktionen und mögliche Belastungen durch die Anhörung abzuschätzen bzw. die Beweggründe zu verstehen, aus denen es diese ablehnt. Dass dieses Verständnis nicht nur als Grundlage entsprechender Stellungnahmen an das Gericht, sondern auch als Ausgangspunkt eines weitaus komplexeren Beratungs-, Begleitungs- und Entscheidungsprozesses bedeutsam ist, sei am folgenden Fall verdeutlicht:

> Joachim, der in seiner Pflegefamilie eine neue Eltern-Kind-Beziehung entwickelt hatte und nun durch das von den leiblichen Eltern initiierte Verfahren nach 1632 Abs. 4 BGB massiv belastet wurde, sollte angehört werden. Als der Junge die Mitteilung erhielt, dass der Richter ihn kennen lernen wolle, war er verstört und hatte Angst. Die Verfahrenspflegerin erzählte ihm daraufhin von anderen Kindern, die mit dem Richter gesprochen hatten, und dass die Richter früher einfach Entscheidungen hatten treffen dürfen, ohne die Kinder zu fragen. Dass es jetzt die Kindesanhörung gibt, damit die Richter wissen, was dem Kind alles selber wichtig ist und nicht nur den Erwachsenen zuhören. Dass man dem Richter nichts sagen muss, aber *alles* sagen darf, alles was man will, ganz egal, was es auch ist.
>
> Der Junge ließ sich darauf ein, zunächst zusammen zum Gericht zu gehen, und erst mal zu gucken, wie das überhaupt dort aussieht. Gemeinsam »überwanden« sie die an diesem Gericht übliche Einlasskontrolle und schauten sich das Gebäudeinnere an. Als der Tag kam, an dem er angehört wurde, ging Joachim immer noch ängstlich, aber entschieden in das Gespräch mit dem Richter. Hinterher sei er stolz auf seinen Mut gewesen, und habe, insbesondere da der Beschluss in seinem Sinne ausfiel, das Gefühl gehabt, dass seine Wünsche ernst genommen wurden.[190]

---

188 *Lempp u. a.* 1987, S. 77.
189 Vgl. aber die von *Schön*, Protokolldienst 1999, 58/61, berichtete Praxis.
190 Mündlicher Bericht der Verfahrenspflegerin.

Wie hier deutlich wird, bedurfte der Junge zunächst einer für seine Sorgen und Gefühle sensiblen Person, die ihm erklärt, weshalb der Richter oder die Richterin ihn überhaupt kennen lernen will, wie solche Gespräche bei anderen Kindern abliefen, welche Chancen die Anhörung bietet und ihm deutlich macht, dass das Kind keine Entscheidungsverantwortung hat.[191] Auch sollte das Kind die Möglichkeit haben, Wünsche zur Gestaltung der Anhörung auszusprechen und zu sagen, ob seine Vertretung und/oder eine geeignete Person seines Vertrauens mitkommen, vielleicht auch anwesend sein soll.[192] Eine Verfahrenspflegerin berichtete von der zehnjährigen Meike, die zunächst nicht angehört werden wollte.

> Es stellte sich heraus, dass Meike »höllische Angst« hatte, ihrem gewalttätigen Vater, der sein Umgangsrecht gegen ihren Willen durchsetzen wollte, im Gericht zu begegnen. Sie habe ihr angeboten, dem Richter zu sagen, dass sie dem Vater nicht begegnen will und zu dritt, mit einer Heimerzieherin, zur Anhörung zu fahren. »Als klar war zu dritt, da wollte sie mitkommen. Ich habe ihr gesagt, sie kann sich das noch überlegen, aber sie blieb auch weiterhin dabei.«[193]

RichterInnen sind an solche Anregungen zwar nicht gebunden, jedoch nicht selten für entsprechende Vorschläge und Empfehlungen offen und zeigen Verständnis. – Die »Ob«-Frage verbindet sich also vielfach unweigerlich mit der Frage nach dem »Was« und dem »Wie«, die mit dem Kind zu klären eine Aufgabe seiner Interessenvertretung ist, wenn sie zur Anhörung Stellung nimmt. Wer ein gefährdetes Kind hingegen »einfach« fragt, ob es zu einer Anhörung bereit ist, sollte sich vielfach auf ein »Nein« gefasst machen, das diese Art zu fragen geradezu hervorbringt und auf ein Pseudo-Recht der Eigenentscheidung hinauslaufen kann. Lässt sich dieses »Nein« zudem nicht verwirklichen, sind die denkbar schlechtesten Gesprächsbedingungen für die Anhörung bereitet.

Es ist also *nicht* angebracht, VerfahrenspflegerInnen von vornherein auf die Vertretung einer *ablehnenden* Position des Kindes zu verpflichten. Erstens, weil es sich bei der erforderlichen Information und pädagogischen Begleitung um ein prozesshaftes Geschehen handelt, das Kindern ihre Mitsprache über-

---

191 Dies zu wissen, so *Harnach-Beck* 1995, S. 196, »kann insbesondere für einen Jugendlichen gewissensentlastend wirken.« PraktikerInnen in der Heimerziehung betonen diesen Gesichtspunkt aber auch in Bezug auf sehr viel jüngere Kinder.

192 So berichtete der Kinderpsychiater *Fegert* zum Beispiel in einem Vortrag auf dem 13. Deutschen Familiengerichtstag, es habe sich bewährt, wenn Jugendliche von ihren Freunden oder Freundinnen begleitet werden, die bei der ersten Gesprächssequenz, in der es um allgemeine Informationen ginge, zunächst anwesend seien. Nach einer kurzen Pause, die er so einrichte, dass sich die Jugendlichen verständigen können, ob »der Mann oder die Frau da o.k.« sei, werde das Gespräch dann zu zweit fortgeführt.

193 Mündlicher Bericht der Verfahrenspflegerin.

haupt erst ermöglicht. Zu welchem Zeitpunkt und aus welchen Gründen dabei Angst, Ablehnung und Belastungen des einzelnen Kindes zum Anlass genommen werden sollten, dem Gericht von der Anhörung abzuraten, ist wohl nur im Einzelfall zu entscheiden. Zweitens wäre eine Vertretung, die sich blindlings an dieser Verweigerung orientiert, geeignet, die Haltung des Kindes zu fixieren und damit jede Gesprächsgrundlage zu zerstören, wenn das Gericht seinen (primär der Sachaufklärung dienenden![194]) Anhörungspflichten dennoch nachkommt. Drittens fordert die Verfahrenspflegschaft nach dem hier vertretenen Verständnis die Bestimmung und Gewichtung der »wohlverstandenen« Interessen des Kindes, bei der auch andere Überlegungen in die Waagschale fallen. So kann das Gespräch mit der Person des Richters eine Entlastung von der überfordernden Verantwortungsübernahme für die Lösung der familiären Probleme bedeuten. Auch wird gerade jüngeren Kindern nur so erlebbar, wer »der Richter« ist, über den die Erwachsenen reden und auf dessen Beschluss es wartet. Wenn es gut geht, erfährt es, dass er sich wirklich für seine Person, seine Situation, Erwartungen und Befürchtungen interessiert und sich Mühe gibt, alles Wichtige ernsthaft zu bedenken.[195] Hierzu bemerkte *Lempp,* der den »nicht sehr geglückten« Begriff der »Anhörung« kritisierte*:*

> »Tatsächlich ist wohl der Sinn der Anhörung nicht nur eine Verpflichtung des Richters, sich einen persönlichen Eindruck von dem Kinde und seiner Situation zu machen, sondern auch dem Kinde schon frühzeitig die Erfahrung zu vermitteln, dass es in einer so wichtigen, seine eigene Person betreffenden Angelegenheit auch als eigene Person respektiert und angehört wird.«[196]

---

194 Grundsätzlich fallen bei der richterlichen Entscheidung über die Kindesanhörung sowohl das Recht auf richterliches Gehör als auch die Amtsermittlung des Gerichtes in die Waage, wobei letzterer mehr Gewicht beigelegt wird: »Nach der heute gefestigten Rechtsauffassung, gegen die von Verfassungs wegen nichts einzuwenden ist, wird im Verfahren nach dem Gesetz über die freiwillige Gerichtsbarkeit unterschieden zwischen der Anhörung der Beteiligten zur Aufklärung des Sachverhalts und ihrer Anhörung zur Gewährung rechtlichen Gehörs ... . Dabei soll § 50b FGG nach der Rechtsprechung des Bundesgerichtshofs wohl der Sicherstellung des rechtlichen Gehörs des Kindes, in erster Linie aber der nach § 12 FGG gebotenen Sachaufklärung dienen ... .« *BVerfGE* 75, 201/215 f.

195 *Lempp u.a.* 1987, S. 106, stellen aus kinderpsychologischer Sicht zum Scheidungsverfahren fest: »Die anhörende Richterin oder der anhörende Richter können für das Kind, gerade weil sie weder von Vater noch Mutter abhängig sind, eine Person des Vertrauens werden, wenn die Chance der persönlichen Anhörung genutzt wird.«

196 *Lempp* 1983, S. 126. – Das *OLG Karlsruhe,* FamRZ 1994, 915/916, hob einen Beschluss auf, dem die Beobachtung eines fast siebenjährigen Kindes durch eine Einwegscheibe vorausging, um die Anhörung zu ersetzen. Diese, wendete das *OLG* ein*,* diene aber u.a. dazu, »... dem Kind als Rechtssubjekt die Möglichkeit zu geben, dem Richter im persönlichen Gespräch seine Haltung und Einstellung zu den für das Kind anstehenden wichtigen Fragen – je nach Alter und Fähigkeit – zum Ausdruck zu bringen.«

Grundsätzlich wird abzuschätzen sein, was die Durchführung oder Unterlassung der Anhörung für das jeweilige Kind und für seine Akzeptanz der gerichtlichen Entscheidung bedeutet und mit welchen kurz- *und* längerfristigen Belastungen, aber auch Entlastungen zu rechnen ist.

> So erzählte ein Verfahrenspfleger in einem Beschwerdeverfahren, das seit dem KindRG unter den § 1682 BGB fallen würde, die wiederholten Anhörungen einer Neunjährigen durch das Amtsgericht und das Oberlandesgericht seien ohne Zweifel eine Belastung für das Mädchen gewesen. Als das Gericht aber – nicht zuletzt auf Grund dieser Willensäußerungen – eine Sorge- und Umgangsregelung traf, die ihren Vorstellungen entsprach, war das Mädchen rückblickend sichtlich stolz und selbstbewusst, weil sie selbst diese Entscheidung aktiv auf den Weg gebracht hatte.[197]

Ebenso kann es im Rahmen der Vertretung notwendig werden, dass der Richter oder die Richterin sich nicht nur mit den Belangen der erwachsenen Verfahrensbeteiligten befasst, sondern auch das individuelle Kind, seine Nöte, Bedürfnisse, Wünsche und Meinungen persönlich kennen lernt, die erst dann nicht mehr allzu leicht zu ignorieren sind.

> So berichtete eine Verfahrenspflegerin von der Anhörung der neunjährigen Regina in einem Verfahren, in dem die Eltern Beschwerde gegen den Sorgerechtsentzug eingelegt hatten. Zur Kindesanhörung unterbrachen die RichterInnen die Verhandlung, um sich mit dem im »Spielzimmer« wartenden Kind zu unterhalten. Nach einem »einfühlsamen« Gesprächsanfang über ihre Situation im neuen Kinderheim, habe der Vorsitzende das Gespräch »geschickt« auf die Möglichkeit eines begleiteten Umgangs gelenkt. Bis dahin sei das Mädchen gefasst gewesen und ließ sich auf das Gespräch ein, nun weinte es. Eine Richterin versicherte ihr schon zu diesem Zeitpunkt: »Wenn du das so gar nicht willst, brauchst du das dann auch nicht.« Nach der Anhörung habe sich der zweite Teil der Verhandlung »schlagartig« zu Gunsten des Kindes gewendet. Während die Konfliktsituation und Interessen des Kindes vorher kein Thema waren und der Vertreterin »mit Eiseskälte« begegnet worden sei, stellten die RichterInnen das Mädchen nun selbst in den Mittelpunkt der Verhandlung und konfrontierten die Eltern mit ihrem problematischen Verhalten.[198]

Die mögliche Belastung des Kindes während der Anhörungssituation und eine eher ablehnende Haltung des Kindes sind damit wichtige, aber nicht die einzig relevanten Gesichtspunkte, die bei der Stellungnahme zu bedenken sind.

---

197 Mündliche Mitteilung des Verfahrenspflegers.
198 Mündliche Mitteilung der Verfahrenspflegerin.

Auch besteht die Chance, dass sich Kinder in der Anhörungssituation selbst mit Unterstützung des Richters öffnen. Einem von *Lempp u.a.* beobachteten Richter gelang dies gegenüber dem dreizehnjährigen Hans, der zunächst nicht befragt werden wollte, und seinem siebenjährigen Bruder Rainer in einem Verfahren nach § 1666 BGB, ...

»... indem er sich auch als Verbindungsperson zu dem Heimatort der Kinder und den Eltern anbot. Er versprach Grüße auszurichten an die Eltern aber auch an einen von dem Jungen als besonders freundlich erlebten Polizisten. Er nahm das Bedürfnis des Jungen nach Kontakten zu seinem Elternhaus verständnisvoll zur Kenntnis und fragte auch nach diesbezüglichen Wünschen der Kinder. Dadurch wurden beide Jungen allmählich dem Richter gegenüber offener und konnten schließlich auch über die Erlebnisse in der Familie berichten.«[199]

Nicht zuletzt kann das Kind in problematischen Fällen durch das Gericht selbst eine Entlastung erfahren, die ihm *keine* andere Person während des Verfahrens so verschaffen kann, wie diejenige Person, die entscheidet:

»Ein Richter besprach mit zwei Mädchen den Vorwurf der Mutter, der Vater nähere sich ihnen in ›unsittlicher Weise‹. Beide Mädchen bestätigten diesen Vorwurf, die Jüngere war noch sehr ambivalent, ob sie nicht doch lieber mit dem Vater zusammen das Haus verlassen wolle. Der Richter sagte sehr bestimmt, bei dieser Sachlage käme das gar nicht in Frage. Die Verständigung zwischen Richter und dem Mädchen war ausgesprochen gut, das Mädchen schien sichtlich erleichtert, in den chaotischen Familienbeziehungen nunmehr eine Orientierung erfahren zu haben.«[200]

Eine andere Ausgangslage ergibt sich hingegen, wenn das Kind selbst den Richter oder die Richterin sprechen will.[201] In diesen Fällen sollte der Wunsch und Wille des Kindes seine Interessenvertretung in der Regel *verpflichten*, sich für eine Anhörung einzusetzen, was jedoch nicht bedeuten kann, schwer wiegende Bedenken, die gegen die Anhörung sprechen, zu verschweigen.[202] Gera-

---

199 *Lempp u.a.* 1987, S. 93.
200 *Lempp u.a.* 1987, S. 40.
201 Obwohl, wie gesagt, das englische Recht keine persönliche Anhörung vorsieht, berichten dies auch *Masson* und *Oakley* (1998). Einige der 20 von ihnen interviewten Kinder und Jugendlichen wünschten sich, mit dem Richter sprechen zu können: » [Der Richter] würde verstehen, ... weil er es von mir gehört hat. Er versteht das, weil es das ist, was Richter tun.« (S. 115, Übersetzung MZ) Andere Kinder waren froh, dass ihre Sicht vertreten wurde: »Wenn ich da reingehe, dann sage ich gar nichts. Ich hab meinen [Solicitor] um alles für mich zu sagen. ... ... sie sagt alles was ich will. ... Ich werde zu nervös« (S. 115, Übersetzung MZ).
202 Zu denken ist z.B. an massive Manipulationen, die das Kind nötigen, Positionen der Er-

de wenn die Interessenvertretung ihre Vertretungsziele nicht nur am Willen des Kindes ausrichtet, sollte sich dieses direkt überzeugen können, ob das Gericht zutreffend über seine Situation und Vorstellungen informiert ist und die Chance haben, sich zu beschweren, wenn es sich schlecht vertreten fühlt. Auch ist es eine Frage »subjektiven Verfahrensgerechtigkeit«[203], dass Kinder und Jugendlichen sich den entscheidenden Erwachsenen gegenüber äußern können, gleichgültig ob die Anhörung neue Erkenntnisse verspricht oder nicht.[204] Gehört zu werden, so der nordamerikanische Psychologe und Jurist *Melton,* ist so grundlegend für das Gefühl, ernst genommen zu werden, dass dieser Persönlichkeitsschutz für Kinder nicht minder gelten sollte wie für Erwachsene.[205] Auch inhaltliche Bedenken des Verfahrenspflegers, wie sie folgende Schilderung zum Ausdruck bringt, können in diesen Fällen nicht zählen.

> »Was die Kinder wollen, das ist für mich oberstes Gebot. Es ist so schwer und so wichtig, beim Kind zu bleiben, wenn alle anderen dauernd Einfluss nehmen wollen. Aber diese Fälle sind es, die wirklich Magenschmerzen bereiten. Und da ist dann auch die Anhörung ein Problem, wenn das Kind sagt, es will nach Hause. Und nach der Entscheidung beschwert es sich: ›Ich hab' dir und der Richterin aber was ganz anderes gesagt.‹«[206]

Wenn das Gericht dem Willen des Kindes schon nicht entsprechen kann, kann dies zwar Enttäuschung, Ohnmacht und Wut auslösen, aber wäre es erträglicher, die entscheidende Person nicht einmal zu kennen? Aus pädagogischer Sicht sind doch wohl *gerade* solche Entscheidungen durch die zuständigen Personen zu verantworten, statt die Autorität und Zuständigkeit der Eltern durch eine anonyme Instanz zu untergraben bzw. einzuschränken, die das Kind nicht einmal zu Gesicht bekommt. Nur so lässt sich auch im Verfahren selbst ein dialogisches Erziehungsverständnis[207] einlösen. Anstatt die Minderjährigen der Verfügungsgewalt einer obrigkeitsorientierten anonymen Staatsgewalt zu unterwerfen, mögen sie so erfahren, dass und wie das Gericht ihre Vorstellun-

---

wachsenen gegenüber dem Gericht als seinen Willen zu vertreten. Hier stellt sich nicht nur die Frage, wie das Kind vor solchen Einflussnahmen zu schützen ist, sondern auch, ob es so unter Druck steht, dass es primär der Erlaubnis bedarf, sich dem Gericht gegenüber *nicht* zu äußern. Hierüber wäre das Gericht jedenfalls ebenso zu informieren wie über den Wunsch des Kindes, mit dem Richter/der Richterin zu sprechen.

203 *Gütthof* 1994, S. 95.

204 So auch *Balloff* 1992, S. 91. Vgl. auch *Lempp u.a.* 1987, S. 21, 81 ff.

205 Der Verfasser berichtet, schon Achtjährige betrachteten die Mitsprache als zentrales Element der Fairness bei Konfliktlösungen. Vgl. *Melton* 1992, S. 174, 180.

206 Mündliche Mitteilung eines Verfahrenspflegers.

207 Hier scheint es mir berechtigt, von Erziehung zu sprechen, während die Definition von *Pawlowski* 1996, S. 100, auch S. 97 ff, demzufolge dem Gericht »Aufgaben der Erziehung obliegen – und nicht etwa Aufgaben der Rechtsprechung«, und das damit gleichsam selbst in die Rolle eines Beteiligten gerate, zu weit gefasst scheint.

gen und Erwartungen zur Kenntnis nimmt und können versuchen, auf die Entscheidung einzuwirken.

c) Die Anhörungssituation

Die bloße Tatsache einer quantitativ steigenden Zahl von Anhörungen, die sich wohl auch daraus erklärt, dass eine nicht hinreichend begründete Unterlassung als erheblicher[208] Verfahrensverstoß gewertet wird, der in der Regel zur Aufhebung der erstinstanzlichen Entscheidung und Zurückverweisung führt[209], lässt freilich weder Schlüsse über die Qualität einer solchen Begegnung von Kind und RichterIn noch über das Gewicht zu, das der Kindeswille für die richterliche Entscheidung hat.

Zur Gestaltung der Anhörung durch das Gericht haben *Lempp u.a.* 1987 Empfehlungen ausgesprochen, die auch der Interessenvertretung des Kindes Orientierung bieten dürften. Dabei ist grundsätzlich davon auszugehen, dass gerade die von den hier interessierenden Pflegekindschafts- und Kindesschutzverfahren sowie von (hoch-) streitigen Sorgerechts- und Umgangsverfahren betroffenen Kinder während der richterlichen Anhörung erheblichen Belastungen ausgesetzt sein können.[210] Doch nur wenn der Richter bzw. die Richterin sich in die Situation und Vorstellungswelt des Kindes einfühlen kann, und ...

> »... eine kommunikative Situation herzustellen vermag, ohne dass es zu sehr belastet wird, kann das Kind sich in seinen Beziehungen darstellen und damit überhaupt von seinem ihm eingeräumten Recht Gebrauch machen.«[211]

Soll dem Kind die Verständigung erleichtert werden, ist sowohl eine Kenntnis bzw. Sensibilisierung des Richters gegenüber der Lebensgeschichte, Konfliktsituation und Perspektive des Kindes erforderlich, zu der seine Interessenvertretung beitragen kann, wie auch eine am individuellen Kind zu orientierende Gestaltung der Anhörungssituation.[212] Hierzu zählen u.a. der Zeitpunkt und Ort der Anhörung, die Anwesenheit anderer Personen, eine nicht bedrängende, einfühlsame Gesprächsführung, insbesondere wenn Beziehungen abgeklärt werden und kritische Themen zur Sprache kommen, eine Akzeptanz gegenüber dem Unvermögen des Kindes, sich zu entscheiden oder seine Wünsche zu äußern, und wo möglich, Hilfe bei der Konfliktverarbeitung.[213]

---

208 Vgl. *OLG Zweibrücken,* FamRZ 1998, 960.
209 Vgl. *Bassenge/Herbst* § 50b FGG, Rz. 1; *Keidel-Engelhardt* § 50b FGG, Rz. 12.
210 Vgl. *Lempp u.a.* 1987, S. 89, 92 ff, 107 f. Zur Gestaltung der Anhörungsumgebung siehe auch *Fricke,* ZfJ 1998, 53 ff, und *Lidle-Haas* 1989, S. 102 ff.
211 *Lempp u.a.* 1987, S. 106.
212 Vgl. grundlegend auch *Fehmel,* ZblJugR 1982, 654/657 ff.
213 Ein Beispiel berichten *Lempp u.a.* 1987 auf S. 47: »»Mit dir schimpft er ja nicht.‹ Kind: ›Nee, aber wo er noch daheim war, da hat er geschumpfen.‹ Richter: ›Da warst du mit-

Dementsprechend wird seit nunmehr zwei Jahrzehnten eine berufsbegleitende Weiterbildung der Vormundschafts- und FamilienrichterInnen gefordert, die nicht nur eine Vermittlung pädagogischer und psychologischer Kenntnisse, sondern auch selbsterfahrungsbezogene Komponenten und die Möglichkeit zur Reflexion im Kollegenkreis umfassen sollte.[214] Eingelöst ist diese Forderung aber erst in Ansätzen. Sofern überhaupt entsprechende Fortbildungen angeboten werden, ist die Teilnahme nicht verpflichtend und dürfte eher von RichterInnen beansprucht werden, die der Kindesanhörung ohnehin aufgeschlossen gegenüberstehen.[215] Aus der Praxis wird denn auch von Anhörungen berichtet, die wie der Familienrichter *Prestien* feststellt, mit der Intention des Grundgesetzes, die das Verfassungsgericht in seiner Entscheidung zur Kindesanhörung konkretisierte[216], »nichts gemein« haben:

> »Allein auf Grund meiner eigenen Beobachtungen, die aus der Anwaltstätigkeit in Sorgerechtssachen seit 1983 an einer Vielzahl von Familien- und Vormundschaftsgerichten herrühren, lässt sich folgende Feststellung treffen: Bis zum Alter von drei Jahren werden die Kinder in der Regel überhaupt nicht angehört. ... / Ältere Kinder haben schon eher die Chance, vom Richter zur Kenntnis genommen zu werden, allerdings läuft dies in der Regel nach folgendem Muster ab: Die Kinder werden an dem Verhandlungstag, bei dem es auch um die Einbeziehung der Eltern geht, mit vorgeladen. / Sie warten dann voller Spannung und Unruhe auf dem Flur, in Ausnahmefällen in dafür eingerichteten Spielzimmern, bis es soweit ist, dass der Richter sich mit ihnen beschäftigen will. Es erfolgt sodann ein isolierter verbaler Austausch zwischen Richter und Kind, wobei dieser Austausch dahin zielt, dass der Richter nach Argumenten sucht, die aus den Worten des Kindes für ihn ablesbar machen könnten, in welche Richtung die Kindestendenzen oder der Kindeswille weisen. Das Ergebnis der

---

ten drin. Ach, weißt du, wenn die jetzt ein wenig länger auseinander sind, dann streiten die auch nicht mehr so, meistens beruhigt sich das dann und sie können in Ruhe darüber reden‹.«

214 Aus verfassungsgerichtlicher Sicht *BVerfGE 55*, 171/180.; aus richterlicher Sicht: *Carl* 1995, S. 243, *Eschweiler* 1995, S. 238; *Fehmel,* Zbl.JugR 1982, 654/658; *FamGb-Fehmel* § 50 FGG, Rz. 10; *Rotax,* DRiZ 1982, 466 ff, auch Fn. 76. Aus kinderpsychiatrischer Sicht *Lempp u.a.* 1987, S. 108. Zum Ausbildungsbedarf vgl. auch Fn. 1467. Bei den Beratungen des Sorgerechtsgesetzes war man einig, dass RichterInnen durch Aus- und Weiterbildungen mit »Grundzügen der Pädagogik und Psychologie vertraut gemacht«, und zur Anhörung der Kinder befähigt werden sollen, *BT-Drucks.* 8/2788, S. 42.

215 Hierzu ein für Familien- und Vormundschaftssachen zuständiger Richter: »Ich finde die interdisziplinäre Aus- und Weiterbildung sehr wichtig. Am besten regelmäßig an einem festen Tag statt im Block. Ich habe an einer Weiterbildung über Anhörungstechniken teilgenommen. Wünschenswert wäre – ist – eine andere Technik im Umgang mit den Perspektiven der verschiedenen Verfahrensbeteiligten. Vielleicht bräuchte es da öfter Offenheit, anstatt den Fall innerlich gleich zu strukturieren.«

216 Vgl. *BVerfGE 55,* 171.

Anhörung wird den Eltern in verkürzter Fassung präsentiert. Daran schließt sodann häufig die Entscheidung an.«[217]

Die in meinen Sondierungsgesprächen von Richtern und Richterinnen oft geäußerte Erwartung, dass VerfahrenspflegerInnen ihnen auf das einzelne Kind bezogene Empfehlungen zur Gestaltung der Anhörungssituation geben, ist verständlich und deckt sich mit einer »wohlverstandenen« Interessenvertretung für Kinder. Dass dem Gericht hierbei die persönlichen Vorstellungen der Minderjährigen so genau wie möglich mitgeteilt und auch selbst berücksichtigt werden sollten, versteht sich von selbst. Wiederum scheint es jedoch wenig sinnvoll, sich auf diese Mitteilung zu beschränken, ist doch das Gericht zunächst noch ganz auf die Informationen Dritter angewiesen, um zu entscheiden, ob und wie es das Kind anhört.

> »Ich hatte zwei Kinder zu vertreten, die ins Heim kamen. Beide verhaltensauffällig, so wie man das eben kennt und sich vorstellen kann. Die beiden waren fünf und sieben Jahre alt, und als ich bestellt wurde, wurde auch ein Anhörungstermin gemacht. Da hab' ich angerufen, und gesagt, die Anhörung soll besser nicht stattfinden. In der Regel seh' ich das ja positiv, aber die beiden waren gerade erst ins Heim gebracht, und jetzt sollten sie schon wieder weg auf's Gericht gebracht werden. Die Richterin rief mich zurück, und sagte, das leuchtet ihr völlig ein, und war so nett, dass sie ins Heim kommt. Das lief dann auch gut.«[218]

So können und sollten sich VerfahrenspflegerInnen durchaus auch über den Zeitpunkt, die Tageszeit und Dauer der Anhörung Gedanken machen und einen Ort vorschlagen, etwa wenn die vertraute Umgebung (Elternhaus, Kindergarten, Heim etc.) weniger belastend wäre oder aber gerade das Gericht, weil sich das Kind in seiner gewohnten Umgebung durch einen ihm völlig fremden Menschen verunsichert und bedroht[219] fühlen würde.[220] Auch ist zu klären, ob die Anhörung in der Beschwerdeinstanz durch einen beauftragten Richter oder den gesamten Senat durchgeführt wird.[221] Ebenso, ob Eltern, Geschwis-

---

217 *Prestien,* RdJB 1988, 431/437.

218 Mündliche Mitteilung der Verfahrenspflegerin.

219 Vgl. *Fehmel,* ZblJugR 1982, 654/659; *Lempp* 1983, S. 128; *Lempp u.a.* 1987, S. 107.

220 Ein Familienrichter am Oberlandesgericht erzählte, Kindesanhörungen außerhalb des Gerichtes seien »Arbeit am Feierabend« (so übrigens auch *Lidle-Haas* 1989, S. 104) und da gäbe es auch noch die eigene Familie. Dennoch höre er zuweilen im Kinderzimmer, in der Schule oder im Kindergarten an.

221 Vgl. hierzu *OLG FFM,* FamRZ 1998, 1042/1043: »Die Anhörung muss nicht zwingend durch die vollbesetzte Kammer erfolgen. Es kann sogar zweckmäßig sein, die Anhörung, wenn es nicht entscheidend auf den persönlichen Eindruck ankommt, von einem beauftragten Richter durchführen zu lassen, weil sich das Kind dann wohl weniger eingeschüchtert und eher frei zum Verfahrensgegenstand äußern kann.«

ter oder anderen Personen anwesend oder auch nur in der Nähe sein sollten. Nicht zuletzt können Hinweise zur Gesprächsführung gegeben werden, welche Themen sich z.B. anbieten, um ins Gespräch zu kommen, welche Fragen oder Themen das Kind wahrscheinlich als besonders belastend erlebt, welche Mitteilungen des Gerichtes zu seiner Entlastung beitragen können, usw.

Wie wichtig, aber auch schwierig eine solche Vertretung in der Praxis sein kann, zeigt das folgende Beispiel: Manuela, ein im Heim lebendes zehnjähriges Mädchen, war trotz massiver Ängste, ihren Eltern auch nur zu begegnen, zum selben Zeitpunkt wie diese ins Gericht bestellt worden. Das Gericht folgte auch der vorherigen telefonischen Anregung nicht, die Kindesanhörung vor die Verhandlung zu legen, um ihr das Warten zu ersparen. Die Verfahrenspflegerin erzählt[222]:

> »Die Verhandlung lief und lief. Und ich wusste, Manuela sitzt da im Spielzimmer und wartet. Da habe ich mich ungefragt zu Wort gemeldet, aber der Senat wollte erst die Verhandlung weiterführen. Die Eltern nahmen schließlich ihre Beschwerde zurück. Da habe ich mich noch mal zu Wort gemeldet und gesagt, Manuela ist extra hierher gekommen und hat die ganze Zeit gewartet. Sie sollten ihr wenigstens selbst mitteilen, wie die Verhandlung ausging. Darauf hat sich der Vorsitzende eingelassen.«[223]

Manuela hatte in den 45 Minuten Wartezeit »das ganze Spielzimmer zerlegt«, der anwesende Heimerzieher konnte sie nicht beruhigen. Nun kam sie in den großen Gerichtssaal, und ...

> »... traute sich nicht, stand hinter mir und guckte von da aus die Richter an, die wie hinter einer Schranke viele Meter von uns weg saßen. Der Vorsitzende sah sie nicht einmal direkt an, guckte auf den Boden und erzählte, wie die Verhandlung ausgegangen war.«

Hinterher, beim Aufräumen des Spielzimmers, bei dem der Erzieher Manuela heftige Vorhaltungen wegen ihres Wutanfalles machte, habe die Verfahrenspflegerin sie in Schutz genommen: Das sei auch nicht in Ordnung gewesen und ihre Wut schon zu verstehen, sie selbst sei auch sauer geworden. Auf der einstündigen Heimfahrt schlief die Zehnjährige erschöpft ein. Nach drei Monaten wurde wieder eine Anhörung festgesetzt, weil Manuelas Eltern Widerruf eingelegt hatten.

> »Diesmal habe ich wirklich darauf insistiert, dass Manuela vorher gehört wird, konnte mich aber nicht durchsetzen. Da haben wir besprochen, dass

---

222 Mündliche Mitteilung der Verfahrenspflegerin.
223 Diese und folgende Aussagen beruhen auf einer mündlichen Mitteilung.

ich jede Viertelstunde vorbeikomme, haben uns das auf ihrer Uhr ange-
schaut, aber sie kannte die Uhr ja schon. Jedenfalls habe ich gesagt, ich
komme, egal was in der Verhandlung los ist. Als ich zu ihr kam, sang sie
mir ein Lied, da war ich richtig gerührt, wohl um zu zeigen, es ist alles o.k.
Nach Rücksprache mit den Richtern habe ich ihr da aber schon sagen können, es dauert nur noch eine Viertelstunde, dann kommen wir zusammen
hierher. Die Anhörung fand dann in der Spielstube statt. Die Richter kamen ohne Robe ins Zimmer und saßen auf den Kinderstühlen, Manuela
saß bei ihrer Erzieherin auf dem Schoß, und ich direkt neben ihr.«

Was das Oberlandesgericht zu diesem Vorgehen bewog, muss offen bleiben.
Für die Zehnjährige dürfte die Haltung ihrer Vertreterin jedoch eine wichtige
Erfahrung gewesen sein. Dass sie mit ihrer Angst, Ohnmacht und Wut nicht
alleine blieb, mag sich dabei auch auf ihre Bereitschaft ausgewirkt haben, sich
nach erneutem Zögern ein zweites Mal auf die Anhörung einzulassen, in der
sie dem Senat anscheinend sehr offen begegnete.

Angesichts solcher Berichte, die sich ohne weiteres um die Schilderung von
hochproblematisch verlaufenden Anhörungssituationen[224] ergänzen ließen,
wird – freilich auf der Grundlage einer entsprechenden Begleitforschung –
ernsthaft zu fragen sein, ob die Interessenvertretung des Kindes ein Recht auf
Anwesenheit bei der Kindesanhörung haben sollte. *Steindorff-Classen* befürwortet dies in Bezug auf das von ihr vorgeschlagene anwaltliche Vertretungskonzept, und fordert u.a. die Möglichkeit, Anhörungsfehler, zum Beispiel den
suggestiven Charakter einer Fragestellung oder einen wenig kindgemäßen
Fragestil zu rügen.

---

224 So schildern z.B. *Lempp u.a.:* Die Mutter zweier Jugendlicher, 13 und 16 Jahre, war
wenige Wochen vorher gestorben, zum leiblichen Vater bestand seit 10 Jahren kein
Kontakt. Er war zeitgleich von der Richterin zur Anhörung einbestellt worden, aber
nicht gekommen. »Die Richterin begründete das Vorgehen damit, dass auch der Stiefvater sterben könne und dann das Sorgerecht auf den leiblichen Vater übertragen werden könne. Für die vom Tod der Mutter noch sehr betroffene Familie war diese Anhörung sehr belastend und dies wurde vor allem auch vom Stiefvater und dem 13-Jähri-
gen ausgedrückt, denen die Tränen in den Augen standen.« *Lempp u.a.* 1987, S. 93.
Auch die Leiterin eines Notaufnahmeheimes berichtete: »In manchen Fälle gäbe es besser keine Anhörung.« Sie denke da an einen Jungen, der wiederholt zwischen dem
Heim und seiner Mutter hin und her wechselte. Als Siebenjähriger erlebte er, dass andere Kinder in Pflegestellen vermittelt wurden und wünschte sich das auch. »Wir konnten da ja nichts machen, mussten uns wieder mal der Hinhaltetechnik bedienen.« Er
kam immer wieder »zu uns geflüchtet, sogar nachts und barfuss«. Als er neun Jahre alt
war und die Mutter wieder seine Herausgabe verlangte, kam es erstmalig zur Anhörung des Jungen. Er ging, von einem Erzieher begleitet, zum Gericht und sagte dem
Richter, dass er zu Pflegeeltern wolle. Dieser habe Vorhaltungen gemacht und gefragt:
»Willst Du Deiner Mama so einen Kummer machen? Die weint ja dann.« Der Junge war
sichtlich mitgenommen, der Richter schickte ihn später zu seiner Mutter zurück.

»Erstes und primäres Recht des Anwalts des Kindes muss das Recht des Anwalts auf Anwesenheit bei der Anhörung des Minderjährigen sein. Dieses Anwesenheitsrecht ist durch entsprechende Ladungspflichten des Gerichtes zu untermauern und abzusichern. Mit der physischen Präsenz des Anwalts allein wird dem Minderjährigen jedoch vielfach noch nicht entscheidend geholfen sein. Der Anwalt des Kindes muss vielmehr das Recht haben, den Minderjährigen zu beraten, Missverständnisse aufzuklären, Artikulationshilfen für den Minderjährigen zu leisten und Ähnliches mehr.«[225]

So einleuchtend dieser Vorschlag wirkt, er verliert die Schattenseiten aus dem Blick. So ist zu befürchten, dass die regelmäßige Anwesenheit zu einer Formalisierung der Anhörungssituation führt, die zu Lasten einer einfühlsamen, lebendigen, spontanen – und dadurch erst aufschlussreichen – Interaktion zwischen der Person des Kindes und der des Richters gehen dürfte.[226] Auch sind die Warnungen von *Lempp u.a.* zu bedenken, die in ihrer Studie zumindest eine *aktive* Beteiligung eines Beauftragten des Jugendamtes – und dies dürfte analog auch für VerfahrenspflegerInnen gelten – an der Anhörung »grundsätzlich« ablehnten. Das Kind müsse sich gegenüber zwei und mehr Personen »hilflos und überwältigt« fühlen und werde sich nicht in gleicher Weise frei äußern können.[227] Eine Begleitung des Kindes durch eine Person, die während der Anhörung eine *emotional unterstützende* Rolle übernimmt, schlossen die ForscherInnen hingegen nicht aus:

»Während sich Referendar und Protokollführer völlig im Hintergrund hielten, beteiligten sich die Sozialarbeiter des Jugendamts am Gespräch. Sie begaben sich durch ihre Art zu fragen in eine ähnliche Position wie der Richter und konnten so vom Kind nicht als eine Unterstützung gesehen werden. Dadurch war das Kind einer Übermacht von Erwachsenen ausgesetzt, die mit ihren Fragen eher zu seiner Verunsicherung beitrugen. Auch die in drei weiteren Verfahren beobachteten Sozialarbeiter, die das Kind zum Gericht begleitet hatten, konnten kaum eine unterstützende Funktion wahrnehmen, weil sie ... beordert waren, ohne das Kind und seine Familienproblematik zu kennen.«[228]

Um in dieser Frage zu entscheiden, bedarf es einer genaueren Untersuchung der Chancen und Risiken der Anwesenheit des Verfahrenspflegers während

---

225 *Steindorff-Classen* 1998, S. 261.

226 Zur Rechtmäßigkeit der Anhörung des Kindes in Abwesenheit der Eltern, Parteien und ihrer Prozessvertreter, die der BGH mit dem »Interesse der Kinder und der besseren Wahrheitsfindung« begründete, vgl. *BGH*, FamRZ 1986, 896/896. Vgl. auch *FamGb-Fehmel* § 50b FGG, Rz. 21-24.

227 Vgl. *Lempp u.a.* 1987, S. 107.

228 *Lempp u.a.* 1987, S. 56.

der Anhörung. Jedenfalls aber sollte dem Kind oder Jugendlichen ein Veto-Recht zustehen. Was er oder sie dem Gericht persönlich mitzuteilen hat, weiß im Zweifel nur das Kind selbst und diese Chance sollte ihm bleiben. Gerade weil sich VerfahrenspflegerInnen nicht nur am Willen des Kindes orientieren, und es zu entsprechenden Konflikten kommen kann, sollten die Kinder und Jugendlichen die Möglichkeit haben, sich gegenüber dem Gericht kritisch oder ablehnend über ihre Vertretung bzw. deren Empfehlungen zu äußern, ohne durch die Anwesenheit Dritter[229] daran gehindert zu sein. In diesem Sinne rät auch *Hohmann-Dennhardt*, Richterin am *BVerfG*, von einer generellen Beteiligung des Verfahrenspflegers während der Anhörung ab:

> »So richtig betont werden muss, dass der Verfahrenspfleger keinesfalls die unmittelbare Anhörung des Kindes vor Gericht ersetzen kann und darf, so schwierig ist es gerade hier, für alle Beteiligten eine Situation zu schaffen, die es ihnen jeweils ermöglicht, ihrer Aufgabe im Verfahren gerecht zu werden. Weder darf eine Beteiligung des Verfahrenspflegers bei der Anhörung dazu führen, dass das Kind seine Wünsche nicht mehr ›ungefiltert‹ ausdrücken kann, noch sollte die Chance ungenützt bleiben, sich seitens des Gerichtes der Hilfe des Verfahrenspflegers zu bedienen, wenn es darum geht, das vom Kind zum Ausdruck gebrachte zu verstehen, auf dieser Grundlage präzisere Fragen an das Kind richten zu können, und so den Erkenntnisgewinn zu steigern.«[230]

Anders steht es mit der Begleitung der Kinder und Jugendlichen *vor* und *nach* der Anhörungssituation, die in der Regel[231] ebenso *verpflichtend* sein sollte wie Empfehlungen zu deren Gestaltung, um Belastungen der Minderjährigen so weit wie möglich zu reduzieren. Die Anhörungssituation, so *Lempp u.a.,* appelliert an die Eigenverantwortung und Identität der Kinder und regt sie zur nachträglichen Reflexion ihrer Willensäußerungen an. Unmittelbar *nach* der Anhörungssituation beobachteten die ForscherInnen sehr unterschiedliche Reaktionen der Kinder, die – teils schwankend – von einer Selbstwertsteigerung und einem Hochgefühl über die eigene Leistung bis hin zu Versagensgefühlen und Selbstzweifeln reichten. Kinder, die sich noch ganz in Abhängigkeit ihrer Eltern erleben, seien nach einem solchen Gespräch darauf angewie-

---

229 Ähnliches gilt auch für die Anwesenheit anderer Personen (SozialarbeiterInnen, HeimerzieherInnen etc.) Auch die gemeinsame Anhörung von Geschwistern kann hochproblematisch sein. So bestand z.B. eine Zehnjährige in Anwesenheit ihrer jüngeren Schwester darauf, sie wolle »auf keinen Fall mit der da« zusammen in einem Heim leben, während sich die jüngere Schwester gerade dies erwünschte.

230 *Hohmann-Dennhardt,* Protokolldienst 2000, 3/8. Ganz abwegig dagegen *OLG Brandenburg,* DAVorm 2000, 351/352: der persönliche Kontakt des Verfahrenspflegers zum Kind könne sich allein auf die richterliche Anhörung beschränken.

231 Bei manchen Kindern wird sich auch die gemeinsame Begleitung mit einer anderen geeigneten Vertrauensperson, etwa aus dem Heim oder Hort, usw. anbieten.

sen, sich bei Bedarf zurückziehen zu können bzw. einen einfühlsamen Gesprächspartner zu haben. Zuweilen scheinen die Kinder die Tragweite ihrer Äußerungen erst in der Anhörungssituation zu realisieren, zuweilen haben sie dort nicht genügend Zeit, sich verständlich zu machen oder bleiben mit ihren Gefühlen allein. In diesen Situationen sind die dem Kind vertrauten Angehörigen oder Pflegepersonen vielfach nicht unbedingt hilfreich, teilweise reagieren sie auf Grund ihrer eigenen, verständlichen emotionalen Betroffenheit auch mit Vorwürfen oder Wut.[232]

Wie erwähnt handelte es sich bei den von *Lempp u.a.* beobachteten Kindern in der Regel zwar um durch die Scheidungsproblematik belastete Kinder, aber mehrheitlich nicht um schwer traumatisierte Kinder, deren Befinden und Problemlagen eine fachlich kompetente und einfühlsame Begleitung freilich umso dringlicher erscheinen lassen. Die Problematik, um die es in diesen Anhörungen geht, berührt oder thematisiert die Unzulänglichkeit der Eltern und anderer wichtiger Erwachsener und die Möglichkeit einer Trennung bzw. die bereits erfolgte Herausnahme. Sie rührt zugleich an traumatische Geschehnisse (Misshandlung, sexuelle Übergriffe) und kann das Kind oder den/die Jugendliche/n zu einer Zeit und in einer Weise mit entsprechenden Erinnerungen und Gefühlen konfrontieren, die sehr belastend oder sogar überwältigend sein können. Umso bedeutsamer kann hierbei die Ansprechbarkeit und emotionale Verfügbarkeit einer Person sein, die das Kind in dieser Situation begleitet.

Wird das Kind durch seine Vertretung oder eine andere Person seines Vertrauens begleitet, kann diese dazu beitragen, Unbehagen, Selbstzweifel oder auch Schuldgefühle (»haben wir was Falsches gesagt?«) zu vermindern. Bietet ihre Anwesenheit doch den Kindern und Jugendlichen die Möglichkeit, das Gericht wissen zu lassen, dass sie ihre Entscheidung während der Anhörung spontan veränderten[233], wichtige Dinge nicht sagen konnten, Fragen nicht richtig verstanden haben, Missverständnisse befürchten, Angst oder Wut hatten usw. Das Kind muss seine während der Anhörung mitgeteilte Position damit nicht als unumstößliche Entscheidung und das Geschehen als unwiderruflich verarbeiten, sondern kann aktiv Einfluss nehmen, ob nun mittelbar durch seine Vertretung oder unmittelbar, z.B. durch einen Brief an das Gericht oder die Anregung zur erneuten Anhörung.

Gespräche zwischen VerfahrenspflegerInnen und den Bezugspersonen des Kindes können zugleich dazu beitragen, ihm die Vorbereitung auf und die Er-

---

232 »Schon auf der Heimfahrt vom Anhörungstermin hatte Eva [4 Jahre, MZ] – offensichtlich mit einem feinen Gespür für die Erwartungen der Mutter, vielleicht auch auf Grund der provozierten Trennungsängste – mit Nachdruck geäußert, sie wolle den Vater nicht mehr besuchen, was ihr den Vorwurf der Mutter einbrachte, warum sie das nicht dem Richter gesagt habe«. Während Eva in der Anhörungssituation vom Richter und Beobachter als gering belastet eingestuft wurde, entwickelte sie nach dem Termin Schlafstörungen und massive Ängste vor einer Entführung durch den Vater. *Lempp u.a.* 1987, S. 84, zum vorherstehenden auch S. 81 ff.

233 Vgl. hierzu auch unten Fn. 262.

lebnisverarbeitung nach der Anhörung im Elternhaus oder der Pflegefamilie zu erleichtern. Gelingt dies nicht, kann sich dies unter Umständen in Ängsten, Schlafstörungen und Albträumen ausdrücken, die im Wechselspiel mit der emotionalen Betroffenheit der Pflege-/Eltern ineinanderwirken:

»Die kindliche Erlebnisverarbeitung spiegelt die Befürchtungen und Ängste der Eltern wider, die dann ihrerseits durch die Beunruhigung des Kindes Bestätigung erhalten, dass ihre Befürchtungen berechtigt sind.«[234]

Grundsätzlich ist zu wünschen, dass dem Kind nicht nur durch das Gericht, sondern auch durch seine Interessenvertretung bestätigt wird, dass es das Gericht und nicht das Kind ist, das den Verfahrensausgang bestimmt und man verstanden hat, was es mitteilte. Selbstzweifeln des Kindes, es habe seinen Willen vielleicht nicht klar genug gesagt oder ungenügend durchzusetzen vermocht, kann so vielleicht schon frühzeitig begegnet werden, bevor sie sich zu nagenden Selbstvorwürfen verdichten. Zugleich wird die Verantwortung der Erwachsenen für die zu treffende Entscheidung klargestellt, was, gerade weil das Kind durch die Anhörung in seiner Eigenverantwortung angesprochen wird, erforderlich ist.

2. Weitere verfahrensrechtliche Gesichtspunkte

a) Die Hinzuziehung Sachverständiger

Hinsichtlich der Vertretung von Kindeswille und Kindeswohl ist mit Blick auf das Verfahrensrecht zu fragen, ob ersterer immer vertreten werden soll, wenn ein Sachverständiger hinzugezogen werden soll. Insbesondere, wenn es um eine körperliche bzw. kinderpsychologische Begutachtung des Kindes geht, die ggf. auch mit einer stationären Unterbringung verbunden sein kann.[235] Solche Untersuchungen, die als Zwischenentscheidung im FGG-Verfahren angeordnet werden können, sind Eingriffe in das Persönlichkeitsrecht des Kindes und

---

234 *Lempp u.a.* 1987, S. 83, zum voranstehenden auch S. 88.

235 Zur näheren Klärung dieser Frage bedürfte es der systematischen Aufbereitung der Fachdiskussion um das Selbstbestimmungsrecht des Kindes bei medizinischen Eingriffen. Vgl. hierzu insbes. *Belling/Eberl/Michlik,* S. 128 ff, deren Arbeit sich aber vorrangig mit Fragen des materiellen Rechts, d.h. mit der Einwilligungsfähigkeit Minderjähriger in ärztliche Heilbehandlungen bzw. den Schwangerschaftsabbruch, befasst. Sie sprechen sich für eine einzelfallorientierte Feststellung der Einwilligungsfähigkeit des Kindes aus. Juristisch relevante Kriterien sind danach die Fähigkeiten des Kindes, relevante Fakten und Kausalverläufe zu übersehen, den Konflikt anhand eines eigenen, autonomen und nicht durch psychiatrische Erkrankung verzerrten Wertesystems zu entscheiden, die Fähigkeit zur Selbststeuerung, d.h. den eigenen Willen an Einsichten ausrichten zu können, und die Schwere des Eingriffes selbst.

bedürfen – neben der Zustimmung der Sorgeberechtigten – auch der Zustimmung des Kindes selbst und können mit einer Beschwerde angefochten werden, so *Marquardt*.[236]

Ähnlich wie bei der Kindesanhörung setzt die Einwilligung des Kindes vor allem eine verständliche Information, pädagogische Begleitung[237] und emotionale Unterstützung[238] voraus. So kommt *Wolf* zu dem Ergebnis, dass 40 von ihr befragte Erst- und DrittklässlerInnen nicht sagen konnten, was ein Sachverständiger/Gutachter tut, die übrigen 10 Kinder gaben falsche Erklärungen.[239] Auch von 50 Kindern der fünften und siebten Klasse gaben nur 10 Kinder eine zutreffende Beschreibung der Rolle, 13 Kinder machten fehlerhafte, und 27 Kinder keine Angaben. Auch in der neunten Klasse wusste die Mehrheit der 25 ProbandInnen keine oder nur unzutreffende Angaben zu machen. Die Kinder, für deren Alltag dieses Wissen ja in der Tat normalerweise bedeutungslos ist, beschrieben zum Teil andere Berufsbilder (z.B. Polizist, Dolmetscher, Gerichtsvollzieher, Detektiv) oder meinten, dass der/die GutachterIn bzw. Sachverständige die Hauptverhandlung bzw. die bei Gericht tätigen Personen und den Verfahrensausgang zu begutachten habe:

> »Wenn da so ein neuer Richter kommt, dann guckt der (Gutachter) zu, ob der (Richter) das gut macht bei Gericht, das ist dann so eine Probe.‹ ›Der begutachtet, ob der Protokollschreiber das auch richtig schreibt, ob die Protokolle richtig gemacht sind.‹ ›Der betrachtet die einzelnen Leute, wie z.B. den Verteidiger und guckt, ob die das gut machen oder nicht.‹ ›Der guckt die Strafen an, ob die gerecht verteilt sind, nicht dass der (Angeklagte) jetzt lebenslänglich kriegt, obwohl er nur was geklaut hat.‹ ›Das ist einer, der dabei ist, damit keine Lügen erzählt werden.‹ ›Er guckt zu, ob nicht jemand lügt‹«.[240]

Gegen die pauschale Verpflichtung zur Vertretung des Kindeswillens, d.h. Gutachten nur dann anzuregen, wenn das Kind dies will bzw. bei seiner Ablehnung stets Rechtsmittel einzulegen, spricht aber auch, dass manche Kinder und Jugendlichen in diesem Falle unter massiven Einfluss von Verfahrensbeteiligten geraten könnten, die zu verhindern suchen, dass ein (vielleicht sogar strafrechtlich relevanter) Verdacht erhärtet wird.

---

236 Vgl. hierzu *Marquardt* 1999, S. 180.
237 Vgl. hierzu ausführlicher *Wolf* 1997, S. 228.
238 Zum Beispiel, wenn die Glaubwürdigkeit des Kindes durch das Gericht angezweifelt wird, was viele Kinder als »diskriminierendes Misstrauen« erleben, *Fegert* 1993, S. 13.
239 »Hier wurde es als ausreichend bewertet, wenn ein Proband die Rolle des Gutachters an einem Beispiel (z.B. ein Gerichtsmediziner) illustrierte«. Vorrangig wurden bei zutreffenden Schilderungen die Rolle des Straßenverkehrsexperten und Gerichtsmediziners beschrieben, die Beurteilung der Glaubhaftigkeit von Zeugen stellte – übrigens auch bei den 25 befragten Erwachsenen – eine Ausnahme dar. *Wolf* 1997, S. 101 (f).
240 *Wolf* 1997, S. 101 f.

Mindestens so ausschlaggebend ist auch der Umstand, dass es in diesen Verfahren in der Regel um einen sachverständigen Beitrag zu der Frage geht, welche gerichtliche Regelung den Bedürfnissen des jeweiligen Kindes am ehesten entspricht. Befunde also, die nicht nur zur Wahrnehmung der Kindesinteressen im laufenden Verfahren bedeutsam sind, sondern die es ihm ggf. zu späterer Zeit ermöglichen können, Strafantrag zu stellen oder Schadensersatz zu verlangen.

So sollte die Interessenvertretung des Kindes im Einzelfall ebenso dafür eintreten können, »... im Sinne des Kindeswohls wiederholte Untersuchungen des Kindes zu vermeiden und sich um Schutz und Durchführung von sinnvollen Maßnahmen für die Kinder zu kümmern«[241], wie auch im Sinne des Kindeswohls eine solche Begutachtung anzuregen sowie im Interesse des Kindes ihren Einfluss bei der Auswahl der/des Sachverständigen und der Präzisierung von Fragestellungen geltend zu machen.

b) Informationsrechte des Kindes

Ein weiterer verfahrensrelevanter Gesichtspunkt betrifft die Informations- und Mitspracherechte, die das Kind gegenüber seiner Vertretung geltend machen kann. Die Kinder selbst haben ja, da sie nicht als Verfahrensbeteiligte gelten, weder Zugang zu den Verhandlungen, noch stehen ihnen gem. § 34 FGG Einsichtsrechte in die Gerichtsakten zu. Selbst beschwerdeberechtigten Jugendlichen – die also nicht geschäftsunfähig sind und zum Zeitpunkt der Entscheidung das 14. Lebensjahr vollendet haben – sind die Gründe einer Entscheidung vom Gericht nur dann mitzuteilen, wenn keine Nachteile für ihre Erziehung, Entwicklung oder ihren Gesundheitszustand zu befürchten sind (§ 59 Abs. 2 FGG). In Anbetracht der nicht selten defizitorientierten und stigmatisierenden Darstellungen des Sachverhaltes in Akten und Beschlüssen ist dies gerechtfertigt.

So wurde zwei Mädchen im Grundschulalter, die die zuständige Richterin persönlich nicht kannte, und die sie auch später nicht anhörte, eine einstweilige Anordnung zum Entzug des Aufenthaltsbestimmungsberichtes ihrer Mutter persönlich in die Bereitschaftspflegestelle zugestellt. In den Briefen wurde detailliert auf die Drogenabhängigkeit und Suizidversuche der Mutter, die Vermüllung der Wohnung, auf aus dem Hort und der Schule berichtete Verhaltensauffälligkeiten der beiden Geschwister – Einnässen, sexualisiertes Verhalten, Schulversagen, fehlende Integration in der Peer-Group u.a.m. – eingegangen.[242]

---

241 So *Fegert* 1993, S. 19 f, zur Aufgabenstellung des Verfahrenspflegers/Vormundes bzw. der Nebenklage im Kindesschutzverfahren wegen sexuellen Missbrauchs.

242 Mitteilung der Bereitschaftspflegemutter. In diesem Fall intervenierte die Rechtsabteilung des Jugendamtes bei Gericht, die Richterin blieb jedoch bei ihrer Auffassung, dass sie Kinder ab der ersten Klasse grundsätzlich »in Kenntnis« setze, berichtete der zuständige Sozialarbeiter.

Es bedarf wohl keiner näheren Erörterung, warum das Lesen solcher Beschlüsse sich negativ auf das Selbstbild und den Selbstwert der Minderjährigen sowie auf ihre aktuellen Beziehungen (Mutter, Hort, Schule etc.) auswirken kann. Andererseits sind aber kaum das Kind betreffende Fragen, Sachverhalte oder Vorgänge im Verfahren denkbar, die mit ihm nicht auf verständliche und einfühlsame Weise besprochen werden können. Es liegt also nahe, dem Kind ein Mindestmaß an Kontrolle und Mitsprache bei seiner Vertretung durch eine entsprechende Informationspflicht des Verfahrenspflegers zu garantieren. Da es aber Kinder und Jugendliche gibt, die »in Ruhe« gelassen, d.h. nicht dauernd durch um die Erfüllung ihrer Informationspflicht bemühte VerfahrenspflegerInnen an das Verfahren erinnert bzw. in Entscheidungen der Erwachsenen verwickelt werden wollen, ist es ratsam, dieses Recht als eines der Kinder und Jugendlichen auszugestalten, auf Wunsch über alle bedeutsamen Vorgänge im Verfahren unverzüglich auf dem Laufenden gehalten und bei Bedarf beraten zu werden.

Im Prinzip gelten die vorgenannten Überlegungen ebenso für jene Anregungen und Stellungnahmen, die VerfahrenspflegerInnen gegenüber dem Gericht abgeben. Auch hier sollte analog zu § 1626 Abs. 2 BGB dem Kind ein Anspruch auf unverzügliche Information, Mitsprache und auf Berücksichtigung seiner Vorstellungen zustehen. Soweit es um die Abfassung von Stellungnahmen geht, in denen die Sicht und die eigenen Wünsche der Minderjährigen dokumentiert werden, sollten diese stets das Recht haben, sich an der Abfassung dieser Darstellung zu beteiligen bzw. sich zu vergewissern, dass sie ihren Vorstellungen entspricht.

c) Auswahl, Kontrolle und Entlassung

Steindorff-Classen fordert ein Recht des Kindes, dem Gericht einen Vertreter oder eine Vertreterin aus einem Kreis qualifizierter Personen vorzuschlagen oder eine andere Person seines Vertrauens zu nennen, deren fachliche und persönliche Eignung das Gericht überprüfen soll.[243]

Die Umsetzung der ersten Option wirft praktische Probleme und damit fachliche Bedenken auf, wenn man den Kindern nicht zumuten will, zunächst ein

---

243 Vgl. *Steindorff-Classen* 1998, S. 257 ff. Vgl. auch *Marquardt,* FPR 1999, 338/340 f. Ähnlich schlug *Frommann*, 1977, S. 148, aus juristischer Sicht vor, dass Minderjährige sich eine Person ihres Vertrauens wählen, die ihre Interessen im Verfahren vertritt. Dies könnten LehrerInnen, ErziehungsberaterInnen, SozialarbeiterInnen oder RechtsanwältInnen sein, wegen möglicher Interessenkonflikte nicht jedoch Eltern, Verwandte oder deren Prozessvertretung. Sofern es den von den Minderjährigen benannten Personen nach der pflichtgemäßen Einschätzung des Gerichts an nötigen Kenntnissen mangele, sei diesen ein fachlicher Beistand zur Seite zu stellen, der über die notwendigen Qualifikationen verfügt. Hiermit ist eingedenk des in dieser Arbeit skizzierten Anforderungsprofils bei dem o.g. Personenkreis allerdings *regelmäßig* zu rechnen. Vgl. hierzu auch *Salgo* 1996, S. 560 ff.

Anzahl »Erstgespräche« zu führen, die in dieser Krisensituation nicht nur belastend sein, sondern auch erhebliche Verzögerungen bewirken können. Realistischer ist es wohl, Richter und Richterinnen dafür zu sensibilisieren, die Wünsche der Kinder (evtl. auch telefonisch) in Erfahrung zu bringen. Etwa, ob das Kind von einem Mann oder einer Frau durch das Verfahren begleitet werden will oder dies ablehnt. Oder ob ein Kind zum Beispiel im Verfahren nach § 1696 BGB erneut von derselben Person vertreten werden möchte oder nicht. Es kommt auch vor, dass in Heimen lebende Kinder Kontakt zu oder Kenntnis von bestimmten VerfahrenspflegerInnen haben, und von ihnen vertreten werden wollen, hier empfehlen sich Anfragen »vor Ort«.

Im Wesentlichen geht es hier also um Informations- bzw. Fortbildungsbedarf, während eine spezifische gesetzliche Regelung wohl nicht erforderlich ist. Die zweite Option, die Bestellung einer Vertrauensperson des Kindes, ist fachlich nur zu befürworten, wenn sie bedarfsgerechte juristische bzw. psychosoziale Beratung oder die Unterstützung durch eine/n VerfahrenspflegerIn (mit entsprechender Qualifikation und Erfahrung) in Anspruch nehmen kann, die selbstredend zu vergüten wäre. Angesichts der Tatsache, dass von Seiten der Politik bislang jegliche Anstrengung fehlt, um die Gewinnung, Qualifikation und Unabhängigkeit geeigneter Fachkräfte in diesem hochsensiblen Bereich des zivilrechtlichen Kinderschutzes zu sichern, ist auch hier eine rechtliche Regelung – zumindest derzeit – abzulehnen.

Weiter stellt sich die Frage, ob Kinder und Jugendliche das Recht haben sollten, vom Gericht die Aufhebung der Bestellung der sie vertretenden Person zu verlangen. Hierfür gibt es zweifellos gute Gründe, allen voran ein gestörtes persönliches Verhältnis zwischen dem Kind und seiner Vertretung, sowie deren Untätigkeit oder Fehlverhalten. Hier ist aber erstens zu bedenken, dass eine gesetzliche Regelung andere Verfahrensbeteiligte veranlassen kann, massiven Einfluss auf das Kind ausüben, damit es seinen Rechtsanspruch in ihrem Sinne geltend macht. Zweitens können im Konzept einer auch am Schutz bzw. Wohl des Kindes orientierten Interessenvertretung inhaltliche Konflikte zwischen den Wünschen der Kinder und den Empfehlungen der Erwachsenen unvermeidlich sein. In diesem Fall bedarf es einer konkreten Einschätzung, ob derselbe Konflikt aus dem das Kind die Vertretung ablehnt, bei der Bestellung einer anderen Person (die sich zeitaufwändig erneut einzuarbeiten hätte) zu erwarten ist. Es erscheint also angemessener, das Gericht zu verpflichten, sobald ihm Beschwerden der Minderjährigen – auf deren Initiative oder durch Dritte – bekannt werden, umgehend das Gespräch mit dem Kind oder Jugendlichen zu suchen und zu prüfen, auf welchen Gründen die Ablehnung beruht, und ob ihr zu entsprechen ist.

Wie auch immer die Auswahl-, Informations-, Beteiligungs- und Beschwerderechte der Kinder und Jugendlichen im Einzelnen ausgestaltet werden, stellt sich stets die Frage nach der konkreten Umsetzung. Neben Informationsmaterialien, die Kindern verschiedener Altersstufen und ihren Bezugspersonen

Auskunft über das Verfahren[244] und über die Befugnisse und Pflichten des Verfahrenspflegers geben, sollte dieses Thema auch bei der Kindesanhörung besprochen und die Kinder ermutigt werden, sich direkt oder über eine Vertrauensperson an das Gericht zu wenden, wenn sie sich schlecht vertreten fühlen.[245]

3. Der Kindeswille in richterlichen Entscheidungen

In der gerichtlichen Praxis, so *Früh* 1992, werde der von *Coester* geforderten Differenzierung zwischen den beiden Funktionen des rationalen und emotionalen Kindeswillens (als Akt der Selbstbestimmung bzw. als Teilaspekt des Kindeswohls) vielfach nicht entsprochen. Da die Rechtsprechung beim Alter der anzuhörenden Kinder überwiegend auf Altersgrenzen von ca. 9 Jahren abstelle und der emotionale Wille des Kindes oft außer Acht gelassen werde, folgert sie, es sei der »primäre Wirkungskreis« des Verfahrenspflegers, die persönliche, von rationalen Begründungen unabhängige Haltung des Kindes zu ermitteln und in das Verfahren einzubringen.[246]

Ihre Einschätzung wird durch eine systematische Auswertung der veröffentlichten Rechtsprechung zur Berücksichtigung des Kindeswunsches bei der Abänderung von Sorgerechtsentscheidungen (§§ 1696, 1671 BGB) aus den Jahren 1976-1990 gestützt. Zwar bestehe in jüngerer Zeit[247] eine stärkere Tendenz zur Berücksichtigung des Kindeswillens, stellte *Ehring* fest, doch seien die Durchsetzungschancen gering, wenn das Kind jünger als 10 Jahre alt ist. In den von ihr ausgewerteten Entscheidungen über die Abänderung der zuvor getroffenen Sorgerechtsregelung fand der Wille von 21 Kindern[248] *überhaupt keine* Erwähnung und dem Willen von 18 Kindern[249] wurde *ausdrücklich keine oder nur geringe Bedeutung* zugemessen. Nur dem Willen von 11 Kindern[250] wurde größere Bedeutung, und zwar im Sinne eines Kindeswohl-

---

244 Zur Informationsliteratur für Kinder vgl. *Wolf* 1997, S. 220-228.
245 Zur Erforderlichkeit niedrigschwelliger Beschwerdemöglichkeiten für Kinder und Jugendliche sowie für Personen aus ihrem sozialen Umfeld vgl. näher auf S. 370 f.
246 *Früh* 1992, S. 37 ff (mit ausführlichen Belegen), auch S. 42, S. 122. *Arntzen* 1994, S. 12, berichtet, erhebliche Bedeutung messe die gerichtliche Praxis dem Willen ab dem zwölften Lebensjahr zu. Vgl. auch *Klußmann* 1981, S. 41.
247 Vgl. *Ehring* 1996, S. 125. Eine etwas aktuellere, wenngleich weniger umfangreiche und übersichtliche Auswertung zur Berücksichtigung des Kindeswillens bei der Regelung des Umgangs gibt *Rummel,* FuR 1995, 130/133. Zur Berücksichtigung des Kindeswillens in Sorge- und Umgangsrechtsverfahren durch die neuere Rechtsprechung vgl. die systematische Auswertung von *Oelkers,* FamRZ 1997, 779 ff.
248 1-13 Jahre, im Durchschnitt 7 Jahre alt.
249 4-12 Jahre, im Durchschnitt 9 Jahre alt. Hier wich der Wille des Kindes in 11 der 15 Fälle »... von der Entscheidung eines der befassten Gerichte ab; von einem Fall abgesehen wollte es zum nichtsorgeberechtigten Elternteil wechseln.« *Ehring* 1996, S. 66.
250 7-13 Jahre, im Durchschnitt 11 Jahre alt. Zwei der Kinder waren aus eigener Initiative zum nichtsorgeberechtigten Elternteil gezogen und hatten das Verfahren in Gang gebracht.

kriteriums in den letztinstanzlichen Entscheidungen (überwiegend OLG-Entscheidungen), zuerkannt. In diesen Fällen wurde in Übereinstimmung mit dem Kind entschieden.[251]

Um die Aussagekraft einer solchen Untersuchung zu beurteilen[252], ist zu beachten, dass die entscheidenden Gerichte ihre Beschlüsse selbst an die juristischen Periodika senden. Diese Auswahl spiegelt somit wohl eine von den Gerichten zur öffentlichen Selbstdarstellung für geeignet gehaltene, aus ihrer Sicht vorzeigbare oder diskussionswürdige, zumindest aber juristisch vertretbare Praxis. Dementsprechend ist kaum anzunehmen, dass dem Kindeswillen im Alltagshandeln der Gerichte eine größere Beachtung zukam – und vielleicht noch zukommt. Einschränkend ist nämlich anzumerken, dass die Untersuchung auch den Zeitraum von 1976-1980 umfasst[253], in dem noch § 1695 aF BGB galt, und dass sich auch nach 1980 trotz der expliziten Regelung des § 50b FGG die Kindesanhörung erst allmählich durchzusetzen begann. Auch haben die Gerichte in manchen Fällen vielleicht darauf verzichtet, in der Entscheidung ausdrücklich auf den Willen der Kinder abzustellen, um ihre Beziehungen zu den Eltern oder Geschwistern nicht unnötig zu stören. Soweit die Sicht und Wünsche der betroffenen Kinder nicht einmal erwähnt wurden, ist aber wohl in der Regel davon auszugehen, dass auch keine Anhörung erfolgte.

Anzumerken ist, dass *Ehring* in ihrer Auswertung alle Fälle nach §§ 1696, 1671 Abs. 5 BGB ausklammerte, also gerade jene Fälle, in denen während des Verfahrens wegen einer Gefährdung des Kindeswohls ermittelt wurde.[254] In den fraglichen Abänderungsverfahren ging es zwar u.a. auch um neu vermutete oder erkannte Gefährdungstatbestände (schwer wiegende Mängel in der Betreuung und Förderung, psychische Erkrankung des Sorgeberechtigten, sexueller Missbrauch etc.), das Gros der Fälle bildeten jedoch anderweitige Aspekte (Kontinuität, Förderung, Bindung, veränderte Erziehungsverhältnisse oder -vereinbarungen der Eltern usw.).[255] Das Dilemma eines seinem Schutz entgegenstehenden Willens des Kindes dürfte somit kaum eine Rolle gespielt haben. Umso befremdlicher ist dementsprechend die geringe Zahl der Fälle, in denen der Kindeswille als »beachtlich« galt, da dieser vielfach zumindest ein wichtiger Indikator für die Bestimmung des Kindeswohls hätte sein müssen.

---

251 Vgl. auch im Folgenden *Ehring* 1996, S. 65 f.
252 *Ehring* 1996, S. 22, weist darauf hin, sie habe eine möglichst große Zeitspanne und ein breiteres Spektrum an Gerichten untersuchen wollen. Sie merkt auch an, die Auswahl der Veröffentlichungen würde von den »... Schriftleitungen danach untersucht, ob sie über den entschiedenen Einzelfall hinaus Informationen von allgemeinem Interesse enthalten oder auf die allgemeinen und speziellen Sorgerechtskriterien eingehen.« Es verwundert allerdings, dass die nachstehenden Überlegungen in ihrer ansonsten sehr aufschlussreichen Analyse nicht thematisiert und berücksichtigt werden.
253 Einige der ausgewerteten Entscheidungen ergingen zu einem noch früheren Zeitraum, die am längsten zurückliegende datiert auf das Jahr 1972. Vgl. die Tabelle auf S. 128 ff.
254 Vgl. *Ehring* 1996, S. 70.
255 Vgl. die Tabellen auf S. 120 f.

Fragt man, aus welchen Gründen die Richter und Richterinnen dem Willen des Kindes nur geringe Beachtung zollten, sind die Manipulation und Beeinflussung des Kindes; der Widerspruch seiner Wünsche zu den Kindeswohl-Aspekten der Kontinuität, Förderung und Bindung; das geringe Alter des Kindes, das noch keine vernünftigen Überlegungen gestatte sowie seine emotionale Zerissenheit zwischen den Eltern zu nennen. Als beachtlich galt der Wille demgegenüber insbesondere, wenn das Kind ein bestimmtes Alter erreicht hatte; seine Vorstellungen plausibel begründen konnte; nicht als manipuliert galt; keine Widersprüche zu anderen Kindeswohlkriterien bestanden und wenn es seinen Willen nachhaltig äußerte bzw. die Umsetzung der Entscheidung (z.B. Rückkehr/Umzug ...) verweigerte.[256]

Das Gesetz selbst nennt freilich kaum eines der hier genannten Kriterien, von einem zu geringen Alter, der Unvernunft des Kindes, der Unbegründetheit, mangelnden Plausibilität, Unbeständigkeit oder der Manipulation seines Willens ist weder im materiellen Recht noch im Verfahrensrecht die Rede. Die Entscheidung über die »Beachtlichkeit« bzw. Berücksichtigung des Kindeswillens obliegt stattdessen den Gerichten, die sich um eine entsprechende Konkretisierung bemühen.

Einen Kristallisationspunkt dieser Diskussion bildet hierbei die Rechtsprechung zu Art. 13 des Haager Übereinkommen über die zivilrechtlichen Aspekte internationaler Kindesentführung (HKiEntÜ).[257] Bei dieser restriktiv anzuwendenden Ausnahmeregelung, die im Einzelfall auch dem Willen des Kindes Rechnung zu tragen sucht, sind die Gerichte ausdrücklich gefordert, sich zur »Beachtlichkeit« zu äußern, so dass hier die Kriterien, die dem sog. »rationalen Willen« entsprechen, relativ klar benannt werden. Nach Art.13 Abs. 2 HKiEntÜ kann die Anordnung einer Rückgabe des Kindes abgelehnt werden, wenn ...

> »... festgestellt wird, dass sich das Kind der Rückgabe widersetzt und daß es ein Alter oder eine Reife erreicht hat, angesichts derer es angebracht scheint, seine Meinung zu berücksichtigen.«

Anhand der hiesigen Rechtsprechung zu dieser Norm lässt sich exemplarisch verdeutlichen, dass die Gerichte in dieser Frage ganz ähnliche Kriterien entwickeln, wie die von *Ehring* gefundenen Auffassungen.

So war es nach Dafürhalten des Bundesverfassungsgerichtes rechtmäßig, den Willen eines ca. Zehnjährigen zu berücksichtigen, hinsichtlich seines siebenjährigen Bruders äußerte sich bereits das OLG zurückhaltender. Auf jeden Fall sei sein Verbleib beim Bruder auf Grund einer zu befürchtenden Schädigung seines Wohle zu rechtfertigen. Die zu Grunde liegenden Kriterien des OLG werden folgendermaßen benannt:

---

256 Vgl. *Ehring* 1996, S. 66 ff.
257 Vgl. hierzu aus juristischer Sicht die noch unveröffentlichte Dissertation von *Schweppe*.

»Dazu müsse das Kind aus freien Stücken und nicht erkennbar durch den entführenden Elternteil beeinflusst mit Nachdruck die Rückkehr in den Staat seines gewöhnlichen Aufenthaltes ablehnen und sich dagegen in ungewöhnlichem Maße sträuben. Zudem müsse festgestellt werden, dass das Kind angesichts seines Alters und seiner Reife dies auf Grund einer verantwortungsbewußten Entscheidung tue.«[258]

Beiden Jungen wurde in der zu Grunde liegenden OLG-Entscheidung ausdrücklich bestätigt, sie hätten kontinuierlich ihre nachvollziehbar begründete und ohne erkennbare Beeinflussung getroffene Entscheidung verbalisiert, so dass die Zurückhaltung bezüglich des jüngeren Bruders wohl primär altersbezogenen Erwägungen folgte.

In einem anderen Verfahren erkannte das *OLG Frankfurt* – entgegen dem erstinstanzlichen Beschluss[259] – einem ungefähr neun Jahre alten Mädchen zu, sie habe das erforderliche Alter und die Reife erreicht. Ihr Wille bei der Mutter zu bleiben, die die Kinder widerrechtlich von Amerika nach Deutschland mitgenommen hatte, sei entsprechend zu berücksichtigen. Von der etwa sechsjährigen Schwester könne dies hingegen nicht angenommen werden. Wie im o.g. Fall machte das Gericht jedoch die schwer wiegende Gefahr dauerhafter seelischer Schäden geltend, wenn das Kind von der Mutter und der älteren Schwester getrennt werde. Obgleich das ältere Mädchen durch ihre Mutter beeinflusst sei, so das Gericht, sei ersichtlich, dass sie über die erforderliche Reife verfüge. Das OLG führt hierzu u.a. aus:

»Insbesondere S. hat in der weiteren Anhörung sowohl im Einzelgespräch als auch im Gespräch mit ihrem Vater in Deutlichkeit und Klarheit zu verstehen gegeben, daß sie keinesfalls die Mutter verlassen will. Sie hat versucht, ihren Vater durch eine Vielzahl von Angeboten zu dem Versprechen zu veranlassen, daß sie nicht mitfahren müsse. Die Differenziertheit ihrer Argumentation, ihre Ausdrucksweise und die Festigkeit und Geradlinigkeit ihrer Willensbildung und Willensbekundung waren beeindruckend. (...) Auch wenn angenommen werden kann, daß S. durch die Mutter und deren Ängste beeinflusst ist und sich weitgehend mit ihr und ihrem Schicksal identifiziert hat, so zeigen doch ihre sprachlichen Fähigkeiten und die Bestimmtheit ihrer Haltung, daß sie ein Alter und eine Reife erreicht hat, die es verbieten, ihre Meinungsäußerungen zu übergehen

---

258 *BVerfG*, FamRZ 1999, 1053 ff.

259 Das Familiengericht hatte die Rückverbringung der 1985 und 1989 geborenen Kinder nach Amerika beschlossen, zur Durchsetzung der Herausgabepflicht hatte es den Gerichtsvollzieher beauftragt und Gewaltanwendung gestattet. »In dem entgegenstehenden Willen der Kinder sah es keine schwere Gefahr gemäß Art. 13 1b HKiEntÜ. Deren Wünsche bei der Mutter bleiben zu können, könnten erst im Rahmen einer Sorgerechtsentscheidung berücksichtigt werden.« *OLG Frankfurt/M*, FamRZ 1996, 689/690.

und ihren Willen durch eine gewaltsame Rückführung nach Amerika zu beugen.«[260]

»Demgegenüber«, so das Gericht, »lassen es Alter und Reife der sechsjährigen D. noch nicht geboten erscheinen, ihren Äußerungen vergleichbares Gewicht beizumessen.« Eine Begründung dieser Annahme lässt der hier zitierte Beschluss vermissen. Allerdings wird berichtet, dass sich das jüngere Kind im Beisein ihrer Schwester »locker« und »freudig« auf den Vater einließ, den sie jedoch nach der Anhörung auch »völlig selbstverständlich« wieder verließ. Über die Haltung dieses Mädchen wird jedoch auch berichtet:

> »Beide Kinder haben bereits zu Beginn der Anhörung vehement deutlich gemacht, dass sie nicht mit dem Vater nach Amerika fahren wollen. Angst und Panik waren aus ihrem Verhalten, ihrer Körpersprache und ihren Äußerungen deutlich herauszuhören. Besonders intensiv spürbar war dies vor allem deshalb, weil die Kinder unter der Erwartung standen, sie müßten möglicherweise unmittelbar nach dem Anhörungstermin ihre Mutter verlassen und mit dem Vater abreisen. Erst nachdem diese Befürchtung genommen werden konnte, vermochten sie sich etwas zu entspannen.«[261]

Neben der Bereitschaft der jüngeren Schwester, sich spontan auf die Begegnung mit ihrem Vater einzulassen, die nicht a priori im Widerspruch zur Bestimmtheit ihrer *die Entscheidung* betreffenden Haltung stehen muss[262], wird in der Begründung lediglich auf die Sprach- und Argumentationsfähigkeit der Älteren abgestellt. Dass dies allein hinreichen soll, dem einen Kind die erforderliche Reife abzuerkennen und dem anderen Kind die erforderliche Reife zuzusprechen, ist erstaunlich.

---

260 *OLG OLG Frankfurt/M,* FamRZ 1996, 689/691.
261 *OLG FFM,* FamRZ 1996, 689/691. Von einer ähnlichen Desinformation und Verunsicherung zeugt übrigens auch der nachstehende Fallbericht des *OLG Celle.* Hier vergrub der Neunjährige, nachdem er auf seine Frage, ob er nun wieder zu seiner Mutter *müsse,* nur verhaltene Antworten bekam, sein Gesicht in den Armen und schluchzte, ohne sich ansprechen zu lassen. Erst eine »vereinfachte Darstellung des Verfahrensablaufes« und die Zusicherung, dass an diesem Tag nur eine vorläufige Regelung erfolge, weil die endgültige Entscheidung in einem anderen Verfahren fallen werde, konnten ihn etwas beruhigen, wobei er sofort wissen wollte, wie lange dies sei. Vgl. *OLG Celle,* FamRZ 1995, 955/956.
262 Dass eine solche spontane Reaktion eines Kindes auf den lange Zeit nicht mehr gesehenen Elternteil nicht unbedingt ein Indiz für seine eigentliche Entscheidung ist, zeigt die von *Lempp u.a.* 1987 beobachtete Reaktion von Jan, 6 Jahre alt, dem erst *unmittelbar* nach der Anhörung bewusst wurde, dass seine spontane Freude über die Wiederbegegnung mit seinem Vater so vorherrschend war, dass er seine zu Hause gefasste Absicht bei der Anhörung nicht mitgeteilt hatte. *Lempp u.a.* 1987, S. 81 f.

Eine für den weiteren Gang dieser Arbeit zentrale Feststellung traf das *OLG Celle*, das in einem Verfahren angerufen wurde, in dem der Vater ein sieben und ein neun Jahre altes Kind widerrechtlich von Großbritannien nach Deutschland mitgenommen hatte. Anders als das Familiengericht in der ersten Instanz sprach das Oberlandesgericht ihrem Willen, beim Vater zu bleiben, »Beachtlichkeit« zu. Das OLG stellte hierbei bemerkenswerte Erwägungen grundsätzlicher Art an:

> »Soweit ... ausgeführt wird, die Kinder seien erst sieben und neun Jahre alt, so daß von einem beachtlichen Kindeswillen hier nicht die Rede sein könne, kann dem nicht gefolgt werden. Zunächst steht auch dieser Satz im Zusammenhang mit den Ausführungen, die sich gegen das vom AGg. [Antragsgegner] eingeholte Gutachten wenden, so daß unklar erscheint, ob das FamG überhaupt den Kindeswillen selbst und seine Beachtlichkeit geprüft hat oder nur seine zutreffende Schilderung durch den Privatgutachter. Im Übrigen wird aber, sollte ersteres der Fall sein, nicht deutlich, ob das FamG dem Willen der sieben und neun Jahre alten Kinder generell die Beachtlichkeit absprechen will, oder ob es konkret das Alter und die Reife der hier betroffenen Kinder nicht für ausreichend erachtet, ihren Wunsch zu berücksichtigen – wofür es in beiden Fällen allerdings an einer Begründung ermangelt. Denn eine feste Altersgrenze, vor deren Erreichen die Beachtlichkeit des Kindeswillens ausgeschlossen ist, existiert nicht, wovon ersichtlich auch sonst in der Rechtsprechung ausgegangen wird.«[263]

Dass eine solche feste Altersgrenze nicht existiere, folge schon daraus, dass diese an anderer Stelle im HKiEntÜ gezogen worden sei, während man von dieser Möglichkeit in der Normierung des Art. 13 absah.[264] Weiter führt das OLG aus:

> »Zum anderen wird auch durch die zusätzliche Forderung nach einer ausreichenden ›Reife‹ wegen des bekanntermaßen unterschiedlich verlaufenden menschlichen Reifungsprozesses das Merkmal ›Alter‹ relativiert und individualisiert. Schließlich versteht sich von selbst, daß bei der Prüfung, ob der von einem Kind geäußerte Wille als ernsthaft anzusehen ist, und der Entscheidung, ihn zu berücksichtigen, unabdingbar auf den Gegenstand des Willens abzustellen ist. Während etwa ein neunjähriges Kind in aller Regel nach Abschluß der Grundschule nicht über die erforderliche

---

263 *OLG Celle,* FamRZ 1995, 955.
264 Vgl. zustimmend das *BVerfG,* FamRZ 1999, 1053 ff. – Gleiches lässt sich freilich auch bezüglich der hier interessierenden FGG-Verfahren von § 50b Abs. 1 FGG sagen, der im Übrigen nicht einmal auf das Alter und die Reife des Kindes abstellt.

Reife verfügen wird, für seine künftige Ausbildung die Wahl zwischen einer allgemein bildenden oder einer weiterführenden Schule zu treffen, wird andererseits ein siebenjähriges Kind in der Regel, vor die Wahl gestellt, entweder in den Judo- oder den Fußballverein einzutreten, sich zu entscheiden wissen.«[265]

Der Reifegrad der Jungen sei dementsprechend nicht abstrakt zu bestimmen, sondern nur »im Bezug auf die hier zu treffende Entscheidung ihrer Rückgabe.« Dass beide Kinder »ein Alter und eine zur Beurteilung dieses Vorgangs ausreichende Reife« erreicht haben, stehe für den Senat »außer Frage«. Nach einer außergewöhnlich detaillierten Schilderung der Anhörung des Neunjährigen resümiert der Senat, seine Weigerung zur Mutter zurückzukehren, ...

»... ist, soweit sich das mit den im Rahmen dieses Verfahrens verfügbaren Erkenntnismöglichkeiten feststellen lässt, weder auf eine plötzliche Eingebung oder vorübergehende Laune, wie sie bei jüngeren Kindern öfter vorkommt, noch auf ›emotionale Beeinflussung‹ durch den AGg. zurückzuführen, auch nicht auf eine anhaltende Ferienstimmung, nachdem die Ferien fast zwei Monate beendet sind. A. hat sich seine Entscheidung vielmehr ernstlich überlegt und den Senat mit aller ihm zur Verfügung stehenden Kraft versucht, den Senat von der Ernsthaftigkeit seines Entschlusses zu überzeugen. ... Gemessen jedenfalls an dem Gegenstand der hier zu treffenden Entscheidung, die sich allein auf die Rückgabe bezieht, käme es einer Vergewaltigung gleich, A's Weigerung nicht zu berücksichtigen.«[266]

Für den siebenjährigen Bruder gelte sinngemäß dasselbe. Er könne sich zwar seinem Alter entsprechend noch nicht so differenziert ausdrücken wie der Ältere, aber auch er verweigere die Rückkehr »ausdrücklich« und »entschieden« und gebe dabei, wie sich im Gespräch bei mehrfachen Nachfragen und Aktenvorhalten gezeigt habe, ersichtlich »seine eigene Meinung« wieder. Diese entspringe nach Überzeugung des Senates keiner »kindlichen Laune, sondern altersentsprechender, reiflicher Überlegung.« C.'s Wunsch, der seinen Entschluss anhand seiner konkreten Lebensumstände ähnlich begründete wie der Bruder, sei dementsprechend beachtlich.[267]

Der zentrale Gesichtspunkt in diesem Beschluss ist die völlig plausible Feststellung, dass die Reife eines Kindes (d.h. die am individuellen Entwicklungsstand zu orientierende Berücksichtigung seines Willens als Ausdruck seiner

265 *OLG Celle,* FamRZ 1995, 955.
266 *OLG Celle,* FamRZ 1995, 955/956.
267 *OLG Celle,* FamRZ 1995, 955/956.

Selbstbestimmung) nicht pauschal festgestellt werden kann, sondern unabdingbar auf den Gegenstand des Verfahrens zu beziehen ist. Die o.g. Entscheidungen berühren nun in der Regel tatsächlich nur *einen* Gegenstand, nämlich die Frage des Verbleibs oder der Rückverbringung der widerrechtlich mitgenommen oder entführten Kinder und Jugendlichen, während die in dieser Arbeit interessierenden FGG-Verfahren eine Vielzahl an unterschiedlichen Regelungsbereichen umfassen können, die dieser Rechtsauffassung zufolge eine entsprechend *differenzierte* Berücksichtigung der Willensäußerungen des Kinde erfordern würden. Grundsätzlich gilt dies schon für alle das Kind betreffende Verfahrensschritte, wie zum Beispiel seine medizinische oder kinderpsychologische Begutachtung, darüber hinaus werfen die hier bedeutsamen Sorgerechts- und Kindesschutzverfahren eine Vielzahl an Einzelfragen auf, die eine differenzierte Prüfung erfordern, ob und inwieweit der Wille des Kindes zu berücksichtigen ist und eine bestimmte richterliche Maßnahmenwahl im Einzelnen indiziert.

Verlangen die aufenthaltsbestimmungsberechtigten Eltern das Kind zum Beispiel gem. § 1632 Abs. 4 BGB bzw. § 1682 BGB aus seiner Pflege- oder Stieffamilie heraus, geht es unter Umständen nicht nur um die Anordnung einer solchen »Herausgabe« oder um eine isolierte Verbleibensanordnung. Vielmehr wird es von Amts wegen bzw. auf Antrag oft erforderlich sein, die rechtlichen Handlungskompetenzen der Pflege- oder Stiefeltern eindeutig zu klären, sowie die Kontakte des Kindes zu Eltern, Geschwistern, Großeltern etc. hinsichtlich der Dauer, Häufigkeit, Örtlichkeit und Ziele festzulegen. Wird dem Antrag der Eltern hingegen stattgegeben, wird sich vielfach die Frage nach einer im Interesse des Kindes zu treffenden Besuchsregelung für die früheren Pflege- oder Stiefeltern stellen. *Salgo* geht in beiden Fallkonstellationen von einer Verpflichtung zur Konkretisierung der Interventionsmaßnahmen aus.[268]

Während das Kind nun zum Beispiel die Entscheidung, ob es weiterhin in der Pflegefamilie leben oder zu seiner Herkunftsfamilie zurückkehren soll, im Einzelfall überfordern kann, und seine Willensäußerungen im Sinne einer Kindeswohlkomponente berücksichtigt werden, ist es vielleicht durchaus schon in der Lage, selbstbestimmt und eigenverantwortlich zu entscheiden, wer es wann und wo besuchen oder nicht besuchen soll. Dass einer solchen Entscheidung in der Gesamtabwägung besonderes Gewicht beizulegen wäre, um seine Persönlichkeitsrechte zu schützen, ist offenkundig.

---

268 Vgl. hierzu *Staudinger-Salgo* § 1632, Rz. 76, 94 ff. – Ob der Umgang in einem gesonderten Verfahren zu regeln ist oder ob die Verpflichtung zur Konkretisierung von Interventionsmaßnahmen eine entsprechende Regelung im Verfahren gem. § 1632 Abs. 4 BGB erfordert, ist juristisch zwar umstritten. Im Interesse des durch das schwebende Verfahren ohnehin oft belasteten und verunsicherten Kindes wird freilich in der Regel die letztgenannte Option anzustreben sein. Zur Beachtlichkeit des Kindeswillens im Verfahren nach § 1682 BGB vgl. auch *Staudinger-Salgo* § 1682, Rz. 17, auch Rz. 25 (m.w.N.). Zur Konkretisierung der Interventionsmaßnahme vgl. Rz. 31.

Ähnliches gilt für die vom Sorgerechtsverfahren nach der Trennung bzw. Scheidung der Eltern betroffenen Kinder und Jugendlichen. Auch hier stellt sich in der Regel neben der zentralen Frage, wo das Kind leben und wer für es sorgen soll, insbesondere auch die nach der Gestaltung seiner Beziehungen zu umgangsberechtigten Personen sowie nach der Verwirklichung seiner eigenständigen Umgangsrechte. Der sog. »Beachtlichkeit«[269] des Kindeswillens wäre auch hier in Bezug auf den jeweiligen Regelungsgegenstand differenziert Rechnung zu tragen.

»Unzweifelhaft«, so auch *Heilmann* und *Salgo* zum Kindesschutzverfahren nach § 1666 BGB, beeinflusst der Wille des Kindes ...

> »... nicht nur die Frage, ob die für ein gerichtliches Tätigwerden zu erfüllenden Voraussetzungen des § 1666 BGB zu bejahen sind, sondern auch die Art der zu treffenden Maßnahmen.«[270]

In der Tat ist es auch und gerade im Kindesschutzverfahren nach § 1666/1666a BGB in der Regel nicht mit der Entscheidung für oder gegen einen Entzug des elterlichen Aufenthaltsbestimmungsrechtes getan.[271] Scheint eine Trennung des Kindes etwa mit öffentlichen Hilfen abzuwenden sein, zum Beispiel durch eine sozialpädagogische Familienhilfe, eine Familientherapie, eine intensive Einzelfallhilfe, den Besuch einer Tagesgruppe etc., kann das Kind hierzu – vielleicht auch aus eigener Erfahrung – im Einzelnen eine durchaus »beachtliche« Position einnehmen, während es die Entscheidung über die Erforderlichkeit einer solchen Trennung an und für sich vielleicht noch nicht selbstbestimmt zu treffen vermag.[272]

Ist eine Trennung hingegen erforderlich, kann sich zum Beispiel die Frage stellen, wie der Umgang mit den Eltern, ggfs. auch mit den Geschwistern und Großeltern geregelt werden sollte und wer die Pflegschaft oder Vormundschaft übernehmen könnte. Juristisch umstrittener, aber wohl nicht rechtswidrig, ist auch die Anordnung bestimmter erzieherischer Hilfen, insbesondere die Ent-

---

269 Mit Bezug auf die Rechtsprechung des BGH stellt *Hdb-FamR-Oelkers*, Rz. 411 auch zum Umgangsrecht fest: »Soll der Wille des Kindes beachtlich sein, muss er auf verständlichen, berechtigten und subjektiv wie objektiv nachvollziehbaren Beweggründen beruhen.« Vgl. auch *BayObLG*, FamRZ 1998, 1040-1042: »Denn das Persönlichkeitsrecht des Kindes erfordert, bei einer gerichtlichen Regelung des Umgangs den Willen des Kindes im Rahmen seines wohlverstandenen Interesses und das Interesse des um die Regelung nachsuchenden Elternteils gegeneinander abzuwägen. Beruht die Einstellung des Kindes auf subjektiv beachtlichen und verständlichen Beweggründen, wäre eine Durchsetzung des Verkehrsrechts mit dessen Zweck und mit dem Persönlichkeitsrecht des Kindes unvereinbar, wenn das Kind in der Entwicklung seiner Persönlichkeit bereits so fortgeschritten ist, dass eine dem Willen des Kindes zuwiderlaufende Ausübung des Umgangs zu einer Gefährdung seiner Entwicklung führen könnte.«

270 *Heilmann/Salgo* 1998, S. 184.

271 Vgl. hierzu auch *Staudinger-Coester* § 1666, Rz. 188.

272 So auch *Staudinger-Coester* § 1666, Rz. 216.

scheidung, ob für das Kind ein Platz in einer Pflegefamilie oder im Heim gesucht werden sollte.[273] Dass die Fähigkeit der Kinder und Jugendlichen zur eigenverantwortlichen Entscheidung in *einzelnen* Bereichen unterschiedlich gegeben sein kann wird wohl nicht ernsthaft zu bezweifeln sein, findet jedoch in der Fachdiskussion und Rechtsprechung kaum Berücksichtigung.

Wenn man aber davon ausgeht, dass der Kindeswille in den für die Kindesvertretung bedeutsamen Verfahren nicht nur *stets* als Indiz seines Wohls zu beachten und zu berücksichtigen ist, sondern ein und das selbe Kind einzelne Entscheidungen bereits eigenverantwortlich und selbstbestimmt zu treffen vermag und andere eben (noch) nicht, ist es Aufgabe der Interessenvertretung des Kindes, seinen Rechtspositionen insoweit Beachtung verschaffen.

Abschließend ist ein weiterer, in der gegenwärtigen Fachdiskussion völlig unbeachteter Gesichtspunkt zu thematisieren. Er betrifft die Frage, wer dem Kind die abschließende Entscheidung des Gerichtes mitteilt und ihm verständlich macht, inwieweit seine eigenen Vorstellungen hierbei berücksichtigt werden konnten oder aus welchen Gründen das Gericht hiervon abweichen musste.

Eine dem Kind verständliche mündliche Bekanntgabe und Erläuterung der Entscheidungen durch das Gericht ist in § 59 Abs. 3 FGG nur für Minderjährige ab Vollendung des 14. Lebensjahres vorgesehen.[274] Kinder unter vierzehn Jahren erfahren vom Ausgang des Verfahrens in der Regel nur durch Dritte, etwa durch Eltern, Pflegepersonen, das Jugendamt und nun auch durch VerfahrenspflegerInnen. Die genannten Personen haben diese gerichtliche Entscheidung freilich weder zu verantworten, noch ist gesagt, dass sie sie inhaltlich befürworten und entsprechend übermitteln. Auch kann – soweit das Kind selbst sich dies nicht wünscht – die Annahme dieses Delegates durch den Verfahrenspfleger in einen Widerspruch zu der Erwartung geraten, die »Subjektstellung des Kindes im Verfahren«[275] zu garantieren.

Bei näherer Betrachtung zeichnet sich hier eine – die Übermittlerrolle des Verfahrenspflegers grundsätzlich berührende – Problematik ab, wie sie *Goffman* exemplarisch am Arzt-PatientIn-Verhältnis aufzeigt: Während man im medizinischen Bereich in der Regel mit einem für seinen Körper verantwortlichen, mit eigenem Willen begabten Individuum rechne, trete eine radikale Veränderung ein, wenn es um sehr alte, sehr junge oder seelisch kranke Personen ginge, die zu ihrem »eigenen Besten« der ärztlichen Fürsorge unterstellt

---

273 Vgl. hierzu nur den von *Niestroj* 1996 geschilderten Fallbericht. Während dem ambivalenten Wunsch des Kindes, zu den Eltern zurückzukehren, nicht gefolgt werden konnte, entsprach das Gericht ihrem Wunsch, in einer Pflegefamilie zu leben und sorgte dafür, dass Sabine in der Eingewöhnungsphase die erforderliche therapeutische Hilfe erhielt. Vgl. insbes. S. 529.

274 Die »Entscheidungsformel« ist dem/der beschwerdeberechtigten Jugendlichen stets bekannt zumachen, die Bekanntgabe der Gründe und eine Akteneinsicht kann das Gericht hingegen begründet einschränken. Vgl. *Bassenge/Herbst,* § 59, Rz. 7.

275 Vgl. *BVerfGE* 72, 122/134.

werden müssen. Häufig werde versucht, solche Situationen dem Modell des freien Agenten anzupassen, indem der Patient durch jemanden eingeliefert werde, dem man zutraue, dass er »das wohlverstandene Interesse seines Schützlings vertritt.«[276] Dieser Vorgang fördere die Tendenz, dass das Individuum selbst als Objekt erscheine, während seine Begleitperson in die Rolle des mit einem Subjektstatus versehenen Patienten gerate, der zum Ansprechpartner des Arztes bzw. der Institution werde. Wolle der Arzt zum Beispiel die unmittelbare Konfrontation mit den Reaktionen eines Patienten vermeiden, sei damit zu rechnen ...

> »... dass der Patient, sobald ihm schlimme Nachrichten übermittelt werden müssen, unter Umständen feststellen wird, dass seine Eigenschaften als Objekt und als Klient voneinander getrennt werden. Er behält seinen Status als Objekt, aber seine Rolle als Klient wird subtil auf jemand anderen, ihm nahestehenden übertragen.«[277]

Nicht nur in dieser Hinsicht, sondern auch in Bezug auf die Akzeptanz des Kindes und die Wahrnehmung der persönlichen Verantwortung des Richters, welcher bei Entscheidungen über das Sorgerecht ja tief in sein Leben eingreift, scheint die mit der pauschalen Altersgrenze des § 59 Abs. 3 FGG verbundene Delegationspraxis zumindest fragwürdig. Vielmehr wird die Interessenvertretung des Kindes im Einzelfall zu prüfen haben, ob diesem der Ausgang des Verfahrens mündlich mitgeteilt werden sollte, damit es Gelegenheit hat, den Richter / die Richterin selbst zu fragen, warum so und nicht anders über seine Zukunft entschieden wurde, und seinen Gefühlen, Hoffnungen oder Enttäuschungen der real entscheidenden Person gegenüber Ausdruck zu verleihen.

---

276 *Goffman* 1972, S. 327.
277 *Goffman* 1972, S. 327.

VI. Der Wille des Kindes in sozialwissenschaftlicher Sicht

A. Wille, Vernunft und Gefühl

Das in der Gerichtspraxis gebräuchliche Konstrukt des »rationalen« Willens, der den normativen Anknüpfungspunkt für die Berücksichtigung der Selbstbestimmung des Kindes bildet, spielt auch in anderen Fachrichtungen, insbesondere der Philosophie[1], eine bedeutende Rolle. »Rationalität« steht hier in der Regel für die »Wohlbegründetheit« von Handlungen, Meinungen, Wünschen und Normen, deren Minimalbedingung die logisch korrekte Deduktion aus den rechtfertigenden Gründen ist.[2] Meist impliziert diese Kategorienbildung eine mehr oder minder ausgeprägte Bipolarität, wenn nicht eine Gegnerschaft von Emotion und Rationalität – um der Vernunft den Weg zu bahnen, so die gängige Auffassung, sind die eigenen Gefühle zu überwinden und zu beherrschen.[3] Diese Betrachtungsweise, so der Literaturwissenschaftler *Stadler,* setzte insbesondere in der frühen Aufklärung ein und wurde für die großen Nachschlagewerke dieser Zeit verbindlich:

> »Man kann [...] den Wunsch eintheilen in einen vernünftigen, und unvernünftigen: jener ist, wenn man sich dabei nach der Vorschrift der gesunden Vernunft richtet und eine solche Sache wünschet, die zur Glückseligkeit und Vollkommenheit des Menschen was beyträgt; dieser hingegen, wenn man nicht der Vernunft: sondern dem verderbten Willen und dessen Affecten hierinnen nachgeht, da man etwas verlangt, welches mehr schädlich, als nützlich ist.«[4]

---

1 Siehe auch oben S. 163.

2 Im philosophischen Diskurs unterscheidet man zwischen Rationalität (Vernunft), Irrationalität (Unvernunft) und Arationalität (Vernunftlosigkeit). Zur Definition vgl. ausführlich *Gosepath* 1999, S. 8 ff. Der von diesem Verfasser herausgegebene Band bietet im Übrigen einen interessanten und aktuellen Überblick über die in verschiedenen philosophischen Strömungen vertretenen Ansichten zur praktischen Vernunft.

3 Vgl. *Walter,* philosophia naturalis 1997, 147/160. Hierzu auch die Rezension von *Lenzen* FAZ v. 24.9.1997. Vgl. auch *Damasio* 1997, 85 ff.

4 Georg Wachs, Philosophisches Lexikon (1653), zit. n. *Stadler* 1998, S. 18. *Ders.* ausführlich auch zur Wertigkeit von Rationalität und Emotion im 18. Jahrhundert, vgl. S. 18 ff. Ähnliche Einteilungen zwischen einem niederen und höheren Sinnesvermögen, sinnlichen Begierden und einer am Guten orientierten Vernunfttätigkeit währten bis in das 20. Jahrhundert. So unterschied z.B. *Nelson* 1916, S. 608 ff, zwischen dem »triebhaften« Willen (Antriebe bestimmen »nach ihrer unmittelbaren Lebhaftigkeit den Willen«) und einem »besonnenen« bzw. »verständigen« Entschluss (hier tritt ein Reflexionsakt dazwischen). »Wollen« im engeren Sinne definierte er als besonnenen – nicht unbedingt voll reflektierten – Entschluss, der sich an einer Maxime ausrichtet und der in den Mechanismus der inneren Antriebe eingreift, also Selbstbeherrschung ermögliche und über die Zurechnungsfähigkeit entscheide.

Dort, wo das Konstrukt des rationalen Willens seinen Ausgang nahm, also in der Philosophie, wird diese Auffassung anscheinend spätestens seit *Hume*[5] in Frage gestellt. Von einem *normativen* Standpunkt, so der Neurophilosoph[6] *Walter,* ließe sich zwar postulieren, dass eine Entscheidung schon dann nicht mehr »gut« sei, wenn sie nicht allein der Vernunft bzw. der Einsicht in ein Sittengesetz, sondern anderen, subjektiven Gründen folge. Tatsächlich sei diese Sicht aber nicht haltbar.[7] Ihr stehe insbesondere die empirisch belegte Bedeutsamkeit der Gefühle entgegen, die bei Entscheidungen eine hilfreiche und unersetzbare Rolle spielen.[8]

> »Das intuitive Gefühl, dass ›etwas faul ist‹, das Sichunwohlfühlen beim Durchdenken einer Entscheidung, das sichere Gefühl, die richtige Entscheidung getroffen zu haben, die empfundene Ahnung, auf dem richtigen Weg zu sein, spielen in Entscheidungsprozessen eine wesentliche Rolle. Authentische Entscheidungen werden nicht allein durch Reflexion oder rationale Abwägung, sondern immer auch in Übereinstimmung mit den eigenen Gefühlen getroffen. Gefühle lösen in vielen Entscheidungsfällen das Festlegungsproblem.«[9]

---

5 Sehr verkürzt gesagt postulierte *Hume*, die Vernunft diene und gehorche allein der Befriedigung menschlicher Affekte (insbes. Selbstliebe und Sympathie), indem sie die Mittel zu ihrer Befriedigung bestimmen helfe. Neohumeaner haben diese Auffassung relativiert und u.a. dahingehend modifiziert, dass die Zufriedenheit und Freude bei der Erreichung von Zielen (deren Prioritäten und Relation zueinander vernünftig erwogen und einer Realitätsprüfung unterzogen werden) oberstes Bewertungskriterium sei. Vgl. *Gosepath* 1999, S. 33 ff. Auch: *Kunzmann/Burkard/Wiedmann* 1991, S. 125 f

6 Neurophilosophie, so definiert *Walter,* philosophia naturalis 1997, 147/148, sei der Versuch, mit Hilfe der Neurowissenschaft sehr allgemeine Vorstellungen in Frage zu stellen oder zu verstehen, die sich jeder von uns alltäglich macht, ohne über sie nachzudenken. Die sog. minimale Neurophilosophie ginge dabei »von der konsensfähigen Prämisse« aus, dass, was immer die Natur menschlicher und mentaler Probleme sein mag, diese im – oder durch – das Gehirn realisiert wird.

7 Der Verfasser befasst sich hier kritisch mit *Frankfurt,* der annimmt, dass Wünsche auf einer »ersten Stufe« zwar zum Willen werden können, ob dieser Wille aber frei ist, soll davon abhängen, ob man sich auf »zweiter Stufe« positiv oder negativ auf diesen Willen zu beziehen vermag. Wie aber kommt die Volition zweiter Stufe, also der auf den Wunsch bezogene Wille oder Widerwille zustande, fragt *Walter,* und was geschieht, wenn es mehrere Volitionen zweiter Art gibt. Müsse ein dritte, vierte, etc. Stufe angenommen werden, eine endlose Kette also? *Frankfurt* löse dieses Problem durch die Annahme, dass den Menschen die Erschöpfung oder aber die Einsicht innehalten lasse, dass jede weitere Stufe keine neue Lösung bringen wird – so wie der x-ten Überprüfung einer arithmetischen Berechnung der Entschluss folgt, aufzuhören. Allein die Vernunft führt also dazu, den drohenden Regress höherer Stufen zu vermeiden. Hierzu stellt *Walter* fest: »Ich halte Frankfurts Ansatz für geeignet, um ein Modell dafür zu entwickeln, was es heißt, eigene Entscheidungen zu treffen. ... Das rationalistische Modell, das Frankfurt entwirft, halte ich jedoch für völlig falsch. Der Grund liegt darin, dass authentische Entscheidungen bei Menschen nicht wie arithmetische Berechnungen getroffen werden.« *Walter,* philosophia naturalis 1997, 147/158, auch 155 ff.

8 *Walter,* philosophia naturalis 1997, 147/160.

9 *Walter,* philosophia naturalis 1997, 147/165.

Der Verfasser legt seiner Argumentation im Wesentlichen die Forschungen des Neurologen *Damasio* zu Grunde, der sich – insbesondere anhand klinischer Studien – mit der »Neurobiologie der Rationalität«[10] befasst.[11]

Damasio geht davon aus, dass biologische Triebe und Emotionen unter bestimmten Umständen zwar Irrationalität bewirken können, zugleich aber insbesondere im persönlichen und sozialen Bereich (anders als in manchen anderen Bereichen) unabdingbar sind, um überhaupt angemessene Entscheidungen zu treffen.[12] Er veranschaulicht dies u.a. an präfrontal hirngeschädigten Patienten und Patientinnen, deren Gefühlsverarbeitung[13] gestört ist, während ihre Wahrnehmungsfähigkeit, ihr Arbeits-, Lang- und Kurzzeitgedächtnis, ihre Lern-, Sprach- und Rechenfähigkeit sowie Intelligenz ebenso unbeeinträchtigt sind wie ihr Wissen um soziale Zusammenhänge. – Obgleich man also erwarten könnte, dass diese Menschen zu dem, was gemeinhin als »rationale« Entscheidungsfindung gilt, besonders befähigt oder zumindest doch in der Lage sind, vermögen sie insbesondere im persönlichen und sozialen Bereich keine authentischen und klugen Entscheidungen zu treffen, die für die eigene Zukunft Auswirkungen haben.[14]

Damasio folgert auf Grund dieser und anderer Befunde der Hirnforschung, dass Gefühle (emotions) und die Repräsentanz eigener Körperempfindungen (feeling) ein unverzichtbarer Orientierungsmaßstab sind, der dem zielgerichteten, schlussfolgernden und urteilenden Denken unterliegt und dieses insbesondere bei der komplexen Entscheidungsfindung im persönlichen und sozialen Bereich anleitet.

Das »rationale« Denken und Entscheiden des Erwachsenen wird – was aus psychoanalytischer Sicht freilich kein Neuentdeckung ist – demnach gerade im Bereich der Persönlichkeitsentfaltung in einem bislang kaum beachteten Umfang von Gefühlen ermöglicht, bestimmt und angeleitet. Wie aber steht es mit den Kindern und Jugendlichen? Geht der Entwicklung des »rationalen« Willens tatsächlich etwas voraus, was man als einen »emotionalen Willen« bezeichnen könnte, oder ist diese Sicht antiquiert? Ist es gerechtfertigt, nur dem erstgenannten Phänomen das Etikett als Indikator der Selbstbestimmung des

---

10 *Damasio* 1997, S. 125. Vgl. hierzu auch *Nuber,* Psychologie heute 2000, 20-27.

11 *Damasio* 1997, S. 71-85, 88.

12 *Damasio* 1997, S. 86 f; 261 f .

13 »Diese Patienten können zu den Vorstellungsbildern, die durch bestimmte Kategorien von Reizen und Situationen heraufbeschworen werden, nicht die entsprechenden Gefühle erzeugen und aus diesem Grund auch nicht die darauf resultierenden Empfindungen verspüren.« *Damasio* 1997, S. 129, auch 284.

14 Vgl. *Damasio* 1997, S. 71-85, 88. *Damasio* bezieht sich auf grundlegende persönliche Entscheidungen, die z.B. das Überleben des Individuums und seiner Angehörigen sichern, körperliche und geistige Gesundheit erhalten, Heim und Arbeitsplatz erhalten oder die Stellung in der sozialen Gruppe bewahren. (Vgl. hierzu S. 233; zur eingeschränkten antizipatorischen Fähigkeit dieser Patienten, die ähnlich wie sehr junge Kinder an der Gegenwart orientiert und »kurzsichtig für die Zukunft sind«, vgl. S. 192 ff).

Kindes zu verleihen, wenn auch die Entscheidungen Erwachsener maßgeblich auf Gefühlen beruhen?

So sehr sich diese Fragen auch aufdrängen, so wenig lässt sich die hier klaffende Kenntnislücke freilich im Rahmen dieser Arbeit schließen. Interdisziplinärer Austausch und Forschung der einschlägigen, insbesondere mit dem kindlichen Willen befassten Fächer scheint geboten, um zu verlässlicheren Aussagen über die Selbstbestimmungs- und Partizipationsmöglichkeiten von Kindern[15] zu kommen. Die von *Damasio* geschilderten Befunde liefern dabei, gerade was Kinder angeht, nur erste Anhaltspunkte einer solchen Diskussion. Der Verfasser selbst konstatiert einen dringenden Bedarf an neurologischen Entwicklungsstudien. Dass sich die an Erwachsenen gewonnen Erkenntnisse nicht einfach auf Kinder übertragen lassen, scheint allerdings gewiss. So ist anscheinend »einigermaßen gesichert«, dass zahlreiche wichtige Systeme und Schaltkreise[16] in evolutionär älteren Teilen des Gehirns die Überlebenssicherung des Kindes von Geburt an unterstützen, die (fast) allein durch das Genom bestimmt sind. Neben der Körperregulation seien diese Schaltkreise auch an der »Entwicklung und an der erwachsenen Aktivität der evolutionär modernen Strukturen des Gehirns« beteiligt. Schon der Säugling verfügt danach über »fundamentale Präferenzen«, die im Laufe der Kindheit Einfluss auf die allgemeine Formung der restlichen Hirnteile haben und diesen signalisieren, ob Situationen »gut« oder »schlecht« sind. Die (auch hierdurch) beeinflussten evolutionär moderneren, weitgehend erfahrungsbedingten Schaltkreise des menschlichen Gehirns entwickeln sich anscheinend aber erst später:

> »Das Äquivalent der spezifischen Merkmale, zu deren Festlegung in den Schaltkreisen von Gehirnstamm oder Hypothalamus die Gene wesentlich beitragen, tritt erst lange nach der Geburt zum restlichen Gehirn hinzu, während das Individuum in seiner Entwicklung Säuglingsalter, Kindheit und Jugend durchläuft und dabei mit der physischen Umwelt und anderen Individuen interagiert.«[17]

Die entwicklungs- und erfahrungsbedingte Ausbildung dieser Schaltkreise ist *Damasio* zufolge »unentbehrlich« für die Herstellung einer bestimmten Kate-

---

15 *Blandow/Gintzel/Hansbauer* 1999, S. 13 f, stellen fest, die Partizipation Minderjähriger werfe Fragen auf, denen ein »neuralgisches Theoriedefizit« und fragmentierte, teils unzureichende und methodologisch oft unvereinbare, widersprüchliche Untersuchungsergebnisse gegenüberstehen. Der mit diesen Ungewissheiten behaftete sozialwissenschaftliche Diskurs stehe deshalb unter dem Gebot der Selbstbeschränkung.

16 Diese Schaltkreise regulieren u.a. homöostatische Mechanismen wie Atmen, Herzschlag, Stoffwechsel, Nahrung und Zuflucht, Gefahrvermeidung und Fortpflanzung und stehen anscheinend lebenslänglich in Wechselwirkung mit den eher erfahrungsbestimmten »moderneren« Teilen unseres Gehirns. Vgl. auch im Folgenden *Damasio* 1997, S. 156 ff.

17 *Damasio* 1997, S. 157.

gorie von neuronalen Repräsentationen, auf denen unser Geist und geistige Aktivitäten beruhen.[18] Die bei der rationalen Erwägung erzeugten Vorstellungsbilder[19], die durch bestimmte Kategorien von Situationen und Reizen heraufbeschworen werden, sind normalerweise bei Erwachsenen mit spezifischen Gefühlen verbunden, die als eine Art Kompass dienen, wenn zu entscheiden ist, welche Ziele und Handlungen im persönlichen und sozialen Bereich (insbesondere auf Dauer gesehen) angemessen und vorteilhaft sind.[20] Bei diesen Gefühlen, die sich im präfrontalen Hirnbereich lokalisieren lassen, handelt es sich, wie *Damasio* annimmt, um »erwachsene«, sekundäre Gefühle, die sich im Laufe der Entwicklung ausbilden, indem ...

> »... wir Empfindungen haben und systematische Verknüpfungen zwischen Kategorien von Situationen auf der einen Seite und primären Emotionen auf der anderen herstellen.«[21]

Die sekundären Gefühle (die bestimmte Klassen von Reizen mit bestimmten Klassen von somatischen Zuständen verknüpfen) und das ihnen zugehörige Präferenzsystem werden, so *Damasio*, entscheidend im Lauf der kindlichen Entwicklung, Erziehung und Sozialisation erworben bzw. geprägt und im Erwachsenenalter modifiziert und akkumuliert. In der zugehörigen Hirnregion wird erwiesenermaßen die persönliche Relevanz festgelegt, die Dinge und

---

18 *Damasio* 1997, S. 157.

19 *Damasio* 1997, S. 154, nimmt an, dass sich Denken »weitgehend in Vorstellungsbildern« vollzieht und zwar »... unabhängig von der Sinnesmodalität, in der sie erzeugt werden, und unabhängig davon, ob sie konkreten Gegenständen gelten, ob sie sich auf einen Prozess mit Gegenständen beziehen oder ob sie mit Wörtern oder anderen Symbolen in einer bestimmten Sprache zu tun haben, die einem Gegenstand oder Prozess entsprechen.« Die Hervorbringung und Entfaltung der Bilder in Raum und Zeit unterliege dispositionellen Repräsentationen, die zwar kein Inhalt unserer Gedanken, aber für diese wesentlich seien.

20 Der Autor weist darauf hin, dass diese Entscheidungen die größte persönliche Bedeutsamkeit wie auch die größte Ungewissheit und Komplexität mit sich bringen. Er definiert: »Grundsätzlich bedeutet in diesem Bereich eine gute Entscheidung, dass man eine Reaktion auswählt, die sich – mittelbar oder unmittelbar – für das Überleben des Organismus oder die Qualität dieses Überlebens letztlich als vorteilhaft erweist. Eine gute Entscheidung heißt auch ..., dass man eine Entscheidung in dem zeitlichen Rahmen trifft, der für das betreffende Problem als angemessen gilt.« *Damasio* 1997, S. 233.

21 *Damasio* (1997) differenziert zwischen angeborenen, »frühen«, also primären Gefühlen, i.S. einer wahrgenommenen und empfundenen Verknüpfung zwischen Objekt und gefühlsbedingtem Körperzustand, die den Grundapparat der »erwachsenen«, sekundären Gefühle bilden. Letztere sind erworben und in einer anderen Hirnregion repräsentiert. Sie bewirken einen emotionalen Körperzustand, der sich tatsächlich oder auch nur imaginiert einstellt, wenn wir uns bestimmte Personen, Gegenstände, Situationen usw. vorstellen. Vgl. ausführlich S. 182-193. Zur Kategorie der primären und sekundären Emotionen, deren Ausdruck im Verhalten des Kindes und deren Relevanz für die Interessenvertretung des Kindes vgl. auch *Fegert*, Protokolldienst 1999, 1/4 ff.

22 Vgl. *Damasio* 1997, S. 243-247, 249, 252.

(auch zufallsbedingte) Ereignisse für den einzelnen Menschen haben.[22] Diese Kategorisierung ermöglicht die ...

> »... Erzeugung vielfältiger Szenarien von künftigen Handlungsergebnissen, die erforderlich sind, um Vorhersagen zu machen und zu planen. Dabei berücksichtigt unser schlussfolgerndes Denken die Zielsetzungen und die Zeit, die zur Verwirklichung dieser Zielsetzung zur Verfügung steht. Um vorwegzunehmen, wie sich die Szenarien von bestimmten Zielsetzungen unter angemessenen zeitlichen Vorgaben entwickeln, brauchen wir eine Vielzahl persönlich kategorisierter Erkenntnisse.«[23]

Zusammenfassend ist zunächst festzustellen: Was die eigenverantwortliche Entscheidungsfindung Minderjähriger in komplexen persönlichen Angelegenheiten angeht, sind sowohl der Entwicklungsfaktor[24] als auch der Erfahrungsfaktor bedeutsam. Kinder entscheiden, so viel kann man sagen, reifungs- und entwicklungsbedingt anders und erfahrungsbedingt auf anderen Grundlagen als Erwachsene. Wie rational Kinder im Vergleich mit Erwachsenen zu entscheiden vermögen, ist offen – und wohl nicht unabhängig von anderen Faktoren wie dem Entscheidungskontext und dem Entwicklungsstand des Kindes oder Jugendlichen zu untersuchen. Nimmt man jene Stimmen ernst, die meinen, dass Gefühle von Haus aus rational sind, zumindest aber zu einer rationalen Organisation des Handelns beitragen[25], scheint die juristische Polarisierung zwischen einem »rationalen« und einem »emotionalen« Willen von Kindern und Jugendlichen äußerst fragwürdig. Dies gilt, angesichts des anscheinend noch sehr ungesicherten empirischen Wissens über die physischen, psychischen und erfahrungsbedingten Entscheidungskompetenzen in einem jeweiligen situativen Kontext, erst recht für die Altersgrenze des 11. Lebensjahres, von der die familienrechtliche Fachdiskussion die rationale Willensbildung des Kindes pauschal abhängig machen zu können glaubt.[26]

Sollen die Kategorien des »rationalen« und des »emotionalen« Willens nicht nur zur Pseudo-Legitimation einer gleichsam »unter der Hand« verwendeten Mündigkeitsgrenze dienen, sind Forschung erforderlich und der Dialog verschiedener Disziplinen, der vielleicht zur kritischen Prüfung der Eignung dieser Kategorien beizutragen vermag. Für die Interessenvertretung des Kindes im Verfahren kann dies gegenwärtig wohl nur bedeuten, die allzu häufige Fi-

---

23 *Damasio* 1997, S. 250. Wie der Autor vermutet, fungieren die durch sekundäre Emotionen erzeugten Körperempfindungen als somatische Marker, die entsprechende Entscheidungsprozesse ermöglichen und erleichtern, sofern das erforderliche faktische Wissen kategorisiert ist und der Mensch über andere Fähigkeiten wie logische Kompetenz, basale Aufmerksamkeit, Arbeitsgedächtnis u.a.m. verfügt. Vgl. S. 266 ff.

24 Vgl. hierzu auch unten S. 235 ff.

25 Vgl. hierzu *Damasio* 1997, S. 273, mit weiteren Nachweisen.

26 Vgl. oben S. 165 f.

xierung auf die angeblich oder tatsächlich fehlende Rationalität des jüngeren Kindes kritisch zu hinterfragen, die, wie gezeigt[27], in der Praxis anscheinend allzu oft dazu führt, dass seine Präferenzen entweder gar nicht ermittelt oder übergangen werden. Hierzu stellt die Entwicklungspsychologin *Köckeritz*, die eine zentrale Aufgabe der Interessenvertretung darin sieht, die Vorbehalte gegen den kindlichen Standpunkt zu hinterfragen, fest:

> »Für das Zu-Wort-Kommen von Kindern bedeutet der immer kritische Blick auf ihre Willensäußerungen eine Einschränkung. Im Gegensatz zu ihnen wird nämlich Erwachsenen ohne weiteres zugetraut, ihren Willen in vernünftiger Weise zu erkennen und zu äußern. Auch ein noch so egozentrisches, vielleicht auch selbstschädigendes Anliegen wird selten auf seine Vernünftigkeit, sondern eher auf seine Rechtmäßigkeit geprüft.«[28]

Ich nehme allerdings an, dass es in vielen Fällen nur vordergründig um eine Prüfung der »Vernunftfähigkeit« des Kindes geht, eigentlich aber auch hier um die »Rechtmäßigkeit« seiner Anliegen, ohne dass dies beim Namen genannt wird. Das würde bedeuten, dass die Kategorien des »emotionalen« und »rationalen« Kindeswillens auch, wenn nicht sogar primär, zur Legitimation von tief greifenden und weit reichenden Entscheidungen »herhalten«, die zu treffen das Kind unter Umständen tatsächlich noch nicht in der Lage ist. Jedoch nicht, weil ihm die erforderliche Vernunft fehlt oder sein Gefühl im Wege steht, was zwar beides sein kann, sondern auf Grund der Entwicklungstatsache selbst. Und legitimiert durch ein Erziehungsverständnis, das die Kindheit und Jugendphase auch als Schutz- und Proberaum sieht, in der Mitglieder der jüngeren Generation vor nachteiligen oder gar selbstschädigenden und irreversiblen Entscheidungen zu schützen sind und ihnen die Zukunft nach Möglichkeit offen zu halten ist.

B. Beweggründe und Begründungen

»Eine Menge Kinder erzählen Dir etwas, sie sagen nur ein Weniges, aber sie meinen etwas aktuell Großes. So ist das«, berichtet der siebzehnjährige Curtis, der sich in New York in einer Rechtsberatungsstelle für Minderjährige engagiert.[29] Diese Erfahrung wird wohl niemand ernsthaft bezweifeln: Das ge-

---

27 Vgl. V.D.3. Unhaltbar, weil allzu pauschal, sind Lehrsätze, wie der, dass »der kindliche Wille rein emotional« sei, oder dass das Kind ca. bis zum 12. Lebensjahr »nur in Schwarz:Weiß- oder Gut:Böse-Manier unterscheiden« könne. *Klußmann* 1981, S. 40 f.

28 Vgl. *Köckeritz,* epd-dokumentation 1998, 12/13.

29 *Curtis* arbeitet als so genannter Youth Advocate im Youth Advocate Center in New York. Dort berät er mit anderen Jugendlichen, die außerhalb ihres Elternhauses aufwachsen, seine Peers über ihre Rechte und versucht herauszufinden, welche Probleme rechtlicher

sprochene Wort und die eigentlichen Beweggründe der zu vertretenden Kinder und Jugendlichen können, aber müssen nicht, in Einklang stehen. – Wie *Ehrings* Studie zeigt, haben Kinder und Jugendliche eher Chancen, Richter und Richterinnen zur Beachtung ihres Willens zu bewegen, wenn sie den Erwachsenen nachvollziehbare und plausible Gründe zu »liefern« vermögen.

Dies leuchtet in jenen Fällen sofort ein, in denen es Kindern und Jugendlichen gelingt, den Ermittlungsstand des Gerichtes zu verbessern oder zu korrigieren bzw. zu zeigen, dass sie die fraglichen Entscheidungsalternativen und deren Folgen hinreichend einschätzen können, um eigenverantwortliche Entscheidungen zu treffen. Doch allein vom Vorliegen oder einem Mangel an solchen rationalen Begründungsleistungen auf die »Beachtlichkeit« oder »Unbeachtlichkcit« dcr Willcnsäußerungen bzw. unmittelbar auf die Selbstbestimmungsfähigkeit des Kindes oder Jugendlichen zu schließen, greift zu kurz.

So besteht u.a. die Möglichkeit, dass das Kind sehr gute Gründe hat, die es im Rahmen des Verfahrens aber nur teilweise benennen kann, möchte oder darf. Ebenso kann es sein, dass es seine Wünsche mit zusätzlichen oder auch völlig anderen Begründungen versieht, von denen es hofft, dass sie seine erwachsenen GesprächspartnerInnen zu überzeugen vermögen. Auch sagt die kognitive Fähigkeit, sich mit dem Für und Wider einer Entscheidung auseinander zu setzen, kaum etwas darüber aus, ob diese dem Kind oder Jugendlichen zum Beispiel tatsächlich in ihrer zeitlichen Dimension sowie ihrer emotionalen und sozialen Bedeutung und Tragweite vorstellbar ist. Gerade solche Gesichtspunkte sind aber maßgeblich, denn es geht in den einschlägigen Verfahren ja nicht um mathematisch kalkulierbare Kosten-Nutzen-Rechnungen, sondern um die Gestaltung der wichtigsten Sozialbeziehungen des Kindes bzw. um existenzielle Entscheidungen wie die Abwendung von Gefahren und die (Wieder-)Herstellung persönlich befriedigender Lebensumstände und Perspektiven.

Das große Gewicht, das die Rechtsprechung den verbalen Begründungsleistungen Minderjähriger beimisst, ist schon deshalb kritisch zu betrachten. Umso mehr, als damit in ihren Kommunikationsmöglichkeiten beschränkte jüngere, sozial benachteiligte[30] sowie behinderte Kinder und Jugendliche im Verfahren rechtlich schlechter gestellt werden – gleich wie fundiert der von ihnen gewünschte Verfahrensausgang de facto begründet sein mag.

Lösungen bedürfen. Zuweilen sind Youth Advocates auch bei Gesprächen ihrer Peers mit deren Anwälten dabei, und helfen ihnen kommunizieren. Vgl. *Chaplan* 1996, S. 1778, Zitat S. 1779 (Übersetzung MZ).

30 Einen Überblick über neuere Studien zum Zusammenhang zwischen dem Sozialstatus und der Sprachentwicklung des Kindes gibt *Grimm* 1995, S. 754 ff. Sie berichtet hier u.a. von einer Längsschnittstudie, nach der ein restriktives, von Verboten geprägtes Erziehungsverhalten eine »toxische Funktion« für die Sprachentwicklung des Kindes entfaltet. Ebenso sei bei Kindern aus Familien mit geringem sozio-ökonomischen Status damit zu rechnen, dass sie weniger Benennungen sowie konsistente, informative Reaktionen auf eigene Benennungsversuche erhalten, so dass ihr produktiver Wortschatz – verglichen mit Kindern aus Familien der Mittelschicht – geringer ist.

Hinzu kommt ein weiteres, grundlegenderes Problem. Implizit unterstellt das Kriterium des »begründeten Kindeswillens« ja, dass Menschen sich ihrer Motive, bestimmte komplexe, weit reichende persönliche Entscheidungen zu treffen, bewusst sind und diese entsprechend begründen können. Hierbei handelt es sich um eine Prämisse, die mit Blick auf die neuere Motivationspsychologie so nicht zu halten ist. – Während die »Gründergeneration« dieser Forschungsrichtung sich in den 50er-Jahren noch systematisch für die unbewussten Ursachen und Gründe der Person (z.B. durch die Anwendung projektiver Testverfahren) interessierte, kam es dort zunächst zu einer »kognitiven Wende«. Auf Grund der von ProbandInnen berichteten Zuschreibungen, Bewertungen, Einschätzungen und Erwartungen entwickelte man kognitive Modelle der Motivation, die die Theoriebildung in diesem Bereich nachhaltig prägten – und das Kriterium des »begründeten Kindeswillens« fachlich zu untermauern vermochten.

In jüngerer Zeit wird dieses Verständnis jedoch wieder kritisch gesehen, einzelne Stimmen sprechen bereits vom »Aufstieg und Fall« kognitiver Erklärungsansätze des motivierten Verhaltens. Es gilt nunmehr als relativ gut belegt, dass die Motive des Menschen nur unwillkürlich bewusstseinsfähig und typischerweise unbewusst sind, weil den Emotionen generierenden Prozessen – ähnlich wie den kognitiven Prozessen – der direkte Zugang ins Bewusstsein versperrt ist, so dass nicht alle zielausrichtenden kognitiven, affektiven und motivationalen Prozesse bewusst repräsentiert sind. Auch ist davon auszugehen, dass die bewussten Repräsentationen nicht ausschließlich der Realitätsabbildung verpflichtet sind. Vielmehr lassen sich deutlich verzerrende Einflüsse von angeregten Emotionen auf Wahrnehmungen, Gedächtnisleistungen, Erwartungen und Attributionen nachweisen. Die Selbstauskünfte einer Person, so der Psychologe *Sokolowski*, der über Motivation und Bewusstsein forscht, sind dementsprechend ...

> »... häufig fehlerhaft oder nicht hinreichend – ein gesundes Misstrauen ist hier angemessen, da im Falle nicht beachteter Einflüsse oder ungenügender Repräsentation Alltagswissen ergänzend eingefügt wird.«[31]

Das gesunde Misstrauen, zu dem hier von motivationspsychologischer Seite gegenüber rational(isiert)en Begründungsleistungen und Selbstauskünften geraten wird, steht somit in deutlichem Kontrast zu dem seitens der Rechtsprechung oft unkritisch präferierten Kriterium des rational nachvollziehbaren und plausibel begründeten Willens des Kindes. Hinzu kommt der entwicklungspsychologische Faktor, der dieses eingeengte Verständnis noch fragwürdiger werden lässt. Schon *Anna Freud* wies 1965 darauf hin, dass die ohnehin begrenzte menschliche Fähigkeit, sich über die eigenen wirklichen

---

31 Vgl. (auch zum voranstehenden) *Sokolowski* 1996, S. 517 f, auch 511 f.

Gefühle und Motive klar zuwerden, bei Kindern entwicklungsbedingt wesentlich eingeschränkter ist. Sie forderte deshalb besondere Fähigkeiten bei der Befragung und beim Verstehen der verbalen und nonverbalen Mitteilungen der vom gerichtlichen Verfahren betroffenen Kinder. Es gelte, einen Zugang zu ihrer inneren Welt der Emotionen, Fantasien und Urteile zu finden, und zwar egal, ob diese nur dem/der InterviewerIn oder auch dem Kind selbst verborgen ist.[32]

Dies ist gewiss eine hohe Anforderung für Richter und Richterinnen, die weder für eine entsprechende Kommunikation ausgebildet sind, noch über das erforderliche entwicklungspsychologische Wissen verfügen. Wenn es aber im Ermittlungsverfahren darum geht, die eigentlichen Beweggründe des Kindes in Erfahrung zu bringen und sie bei der gerichtlichen Entscheidung zu berücksichtigen, kommt man um den hier vorgeschlagenen Zugang – der auch die Wahrnehmung und Überprüfung intuitiv gewonnener Erkenntnisse umfasst – wohl nicht umhin. Die vom Kind genannten Gründe werden damit um begründete und für wahr erscheinende Annahmen über verbal nicht mitgeteilte Motive erweitert, die seinen Willen begründen. Diese Aufgabe kann auch und gerade Bestandteil einer – entsprechend qualifizierten – Interessenvertretung für Kinder sein, die dem Gericht ein differenzierteres Verständnis der Motive des Kindes ermöglichen und somit entsprechend Fürsprache leisten kann.

> Ein solches Beispiel berichtete eine Verfahrenspflegerin, die die Interessen eines Neunjährigen nach dem Tod seiner Mutter in einem langwierigen und konfliktreichen Sorge- und Umgangsstreit zwischen seiner als Vormund bestellten Oma und seinem Vater vertrat. Der Junge habe in mehreren Anhörungen gesagt, dass er nicht umziehen, sondern lieber in seinem Stadtteil wohnen bleiben wolle. Dort habe er Freunde. Auch wolle er in seinem Sportverein bleiben. Die Verfahrenspflegerin hob gegenüber dem Gericht nicht nur die Relevanz des in diesem Alter wichtigen örtlichen und sozialen Umfeldes (insbes. zur Peer-Group) hervor, sondern ging auch auf die noch kaum verarbeiteten Verlusterfahrung des Jungen und sein Bedürfnis nach einem stabilen sozialen Umfeld ein. Ebenfalls verstand sie die »lokale Willensäußerung« des Jungen – vor dem Hinter-

---

32 *Freud* 1969 (Erschj. 1965), S. 437 f: »On the contrary, children of all ages have a natural tendency to deceive themselves about their motivations, to rationalize their actions, and to shy back from full awareness of their feelings, especially where conflicts of loyalty come into question. To pierce through these defenses demands more than usual skill from the investigator. Verbal and nonverbal communications (attitudes, behavior) have to be scrutinized, assessed, and translated into their underlying meaning; openings offered by the child, all unknowingly, have to be pursued and utilized. In short, an entry has to be found into the child's inner world of emotions, fantasies, and judgements, irrespective of the fact whether this is hidden only from the interviewer or from the child himself as well. The ability to make such contacts is demanded from psychiatric diagnosticians or child analysts as part of their professional equipment. In a legal investigation ..., it also becomes the Judge's task.«

grund langjähriger erbitterter Streitigkeiten der Verfahrensbeteiligten, die bis zu körperlichen Attacken reichten – als Resultat eines Loyalitätskonfliktes, der es ihm unmöglich machte, sich gegen einen Umzug zum Vater auszusprechen, zu dem er sich weiterhin Kontakte wünschte.[33]

Hätte das Gericht in diesem Fall allein auf die Fähigkeit des Jungen abgestellt, gute Gründe für seine Entscheidung zu »liefern«, wäre »nur« die Abneigung des Jungen, seine Schule, seinen Sportverein und seinen Stadtteil zu wechseln, berücksichtigt worden. So aber gelang es seiner Vertretung, dem Gericht plausibel aufzuzeigen, dass die Begründungen des Jungen wahrscheinlich auch auf von ihm nicht benannten Motiven beruhten, die angesichts seiner Lebensgeschichte, seines Alters und seiner aktuellen Situation ebenso nachvollziehbar wie gewichtig waren.

Das hier geschilderte Vorgehen der Kindesvertretung setzt allerdings voraus, dass solche Annahmen und Erklärungen im Einzelfall auf konkreten Anhaltspunkten beruhen, vor dem Hintergrund eines hinreichend fundierten (entwicklungs-)psychologischen Fachwissens getroffen werden, und von den anderen Verfahrensbeteiligten nachvollzogen werden können. Umso mehr, als es in der Sache selbst liegt, dass diese Erklärungen oft nicht oder nicht im vollen Umfang mit dem Kind oder Jugendlichen besprochen und Irrtümer berichtigt bzw. vermindert werden können.

Dies gilt, wenn aus Sicht des Verfahrenspflegers entwicklungsbedingte Faktoren eine ausschlaggebende Rolle spielen, wie z.B. das spezifische Zeiterleben und Zeitverstehen, das noch unzureichende Verständnis der handlungsleitenden Interessen anderer, die existenziellen Abhängigkeiten des Kindes von deren Interessen, usw. Dies gilt auch, wenn die Einschätzungen und Wünsche des Kindes deutlich erkennbar (!) auf psychischen Strukturen beruhen, die ihm selbst nicht bewusst sind und mit denen es nicht unbedacht konfrontiert werden sollte. Dies kann beispielsweise sein, wenn ein Kind mit den Problemen, die ihm die Realität zumutet, so überfordert ist, dass es an unrealisierbaren Wünschen festhält (Mama und Papa sollen zusammenbleiben). Aber auch, wenn ein Kind traumatische Erfahrungen durchlebt und zu verarbeiten hat, ist damit zu rechnen, dass es sein seelisches Überleben z.B. nur um den Preis der Verdrängung, Überanpassung oder dysfunktional ausgeprägter Abwehrmechanismen (Verleugnung, Spaltung, Identifikation mit dem Aggressor, Schuldübernahme, Verkehrung ins Gegenteil etc.) hat sichern können, die sich auf seine Einschätzung der Situation und seine Willensbildung auswirken.

Mit dieser Feststellung soll freilich nicht eine Durchführung von kinderpsychologischen oder -psychiatrischen Anamnesen und Diagnosen durch – hier-

---

33 Mündliche Mitteilung der Verfahrenspflegerin. Vgl. in diesem Sinne auch *Anna Freud*, 1965, S. 438 ff, zum Fallbeispiel der Anhörung der Geschwister Lesser.

zu meist nicht qualifizierte und faktisch auch nicht beauftragte – VerfahrenspflegerInnen vorgeschlagen werden. Zu hoffen ist aber vielleicht doch auf ihre
kritische Auseinandersetzung mit einer gerichtlichen Praxis, die zu »blinden«,
weil hochselektiven Be- und Entwertungen der verbalen Mitteilungen des Kindes zu neigen scheint, und die Entscheidungsgründe des Kindes selbst dann
nicht anerkennt, wenn diese relativ offen zu Tage liegen. Der Ansatzpunkt zur
Vermeidung unzulässiger psychologischer Spekulationen bei gleichzeitiger
Aufforderung zur umsichtigen Wahrnehmung der gesamten Persönlichkeit des
Kindes liegt indes vermutlich bei einer Qualifikation des Verfahrenspflegers,
die sowohl die Fähigkeit zum Fallverstehen als auch – und gerade – die Kenntnis der eigenen Rolle und fachlichen Grenzen umfassen sollte.[34]

Unter dieser Bedingung ist nach meinem Dafürhalten ein Zugang, der die
Sicht und Wünsche des Kindes vor seinem Erfahrungs- und Entwicklungsho-
rizont zu verstehen sucht, gegenüber einer auf verbale Begründungsleistungen fixierten (und damit wohl noch irrtumsanfälligeren) Vorgehensweise vorzuziehen.[35] Im Ergebnis ist also dem Juristen *Moritz* zuzustimmen, der davor
warnt, im gerichtlichen Verfahren allein auf verbale Begründungen des Kindes abzustellen, sondern den »begründeten Kindeswillen« dahingehend verstanden wissen will, das Augenmerk auch (!) auf die unausgesprochenen Beweggründe des Kindes zu lenken, aus denen heraus es seine Wünsche und
Vorstellungen äußert.[36] – Hiervon abgesehen, scheint es sinnvoller, dass die
am Verfahren teilnehmenden Erwachsenen ihr Augenmerk weniger auf die
Motive und Gründe der Kinder richten, als sich verstärkt mit den eigenen
Gründen auseinander zusetzen, aus denen deren Wünsche erfüllt werden können oder versagt werden müssen.

C. Willensbildung als Prozess

Zu Beginn dieses Jahrhunderts, so der Psychologe *Heckhausen,* wurde der
menschliche Wille in der psychologischen Fachliteratur noch rege erörtert. Im
Jahr 1927 ergab seine Auswertung der Psychological Abstracts immerhin noch
4 Promille aller Nennungen, in der Folgezeit sank diese Zahl rapide, bis
schließlich 1970 (außer in der Sowjetunion) alles getilgt war, was begrifflich
auch nur an den Willen erinnern könnte. Die Aufmerksamkeit psychologischer
Forschung wendete sich stattdessen seit den 50er-Jahren der neu etablierten
Motivationspsychologie und damit der Hypothesenbildung über die bewusste
und unbewusste dispositionelle und situativ angeregte Zielgerichtetheit des

---

34 Wesentlich ist hier insbes. das Wissen, welche Fragen mit Hilfe Sachverständiger geklärt
   werden können, die sich im Unterschied zu VerfahrenspflegerInnen auch auf anerkannte Test- bzw. Untersuchungsmethoden stützen können.
35 Vgl. zu dieser Problemstellung auch VII.B.1.
36 Vgl. *Moritz* 1989, S. 245 f (hierzu auch oben S. 170).

Menschen zu.[37] Diese motivationstheoretische Perspektive, für die sehr unterschiedliche Konzepte wie Trieb, Instinkt, Motiv, Bedürfnis, Anreiz etc. verwendet wurden[38], richtete sich damit nicht mehr auf den Willen im engeren Sinne, der sich zwar auf Motive stützen kann, aus diesen aber nicht zwingend resultiert.[39] Erst in den 80er-Jahren kam es aus verstärktem Interesse an handlungspsychologischen Problemen zu einer »Renaissance des Willens«.[40]

Im Zuge dieser Forschung arbeiteten damals *Heckhausen u.a.* das sog. »Rubikon-Modell«[41] aus. Hierbei handelt es sich um ein Phasenmodell, das die Willensbildung als Prozess beschreibt und verschiedene Sequenzen[42] des Wünschen, Wählens und Wollens abzugrenzen sucht. Es umfasst die emotional-motivationalen Strebungen und kognitiven Orientierungen des Menschen beim Zielsetzen und Zielstreben innerhalb einer zeitlichen Perspektive vom Erwachen der Wünsche vor der Zielsetzung bis hin zu bewertenden Gedanken nach der Zielerreichung.[43] Danach erfolgt der Prozess der Willensbildung kurz gesagt in einer ersten, eher rational orientierten Abwägung der Wünsche und Bedürfnisse sowie einer anschließenden Überprüfung und Planung verschiedener Zielsetzungen und ihrer möglichen Verwirklichung bzw. Unterlassung.[44]

In der Regel beherbergt und erzeugt unsere Psyche stets aufs Neue eine große Vielfalt an Wünschen und Befürchtungen, wobei erstere gleichsam als

---

37 Vgl. *Heckhausen* 1980, S. 27 ff; *ders.* 1987 (a), V ff; *ders.* 1987 (d), S. 122.

38 Vgl. – auch zum nachfolgend skizzierten »Rubikon-Modell« – *Rink* 1998, S. 110.

39 Vgl. *Gollwitzer* 1996, S. 53 f; *Rohmer* 1964, S. 50.

40 *Sokolowski* 1996, S. 486.

41 Die Metapher spielt auf die Überquerung des Rubikon (eines schmalen Flusses) durch G.J. Cäsar und seine Legionen an, der mit dieser Überschreitung willens und entschlossen war, Rom anzugreifen und den Bürgerkrieg zu gewinnen »iacta alea est« – »Die Würfel sind gefallen«, vgl. *Heckhausen* 1987 (b), S. 6 f.

42 In der Willensforschung unterscheidet man derzeit zwei Ansätze, von denen hier der erste referiert wird: Erstens Willenskonzepte, bei denen Motivation (Wählen) und Wille (Planen und Handeln) phasisch-sequenziell aufeinander folgen. Hier steht der Wille im Dienst der Durchsetzung eines Zieles, Willensvorgänge sorgen im passenden Augenblick für die Umsetzung eines Zieles und stellen gleichsam »handlungsbezogene Problemlöseagenturen« dar. Zweitens Theorien, die den Willen als eine – typischerweise bewusste – »befehlsartige« Instanz konzipieren, die konkurrierenden aktuellen motivationalen und habituellen Emotions- und Motivlagen entgegengesetzt wird, um künftige antizipierte Bedürfniszustände zu berücksichtigen. Hier dienen Willensvorgänge dazu, ein bestimmtes Ziel präsent zu halten und gegen konkurrierende gleichzeitig bestehende, aktuelle Ziele abzuschirmen und willkürlich anzusteuern. Zur Unterscheidung zwischen dem sequenziellen »Rubikon-Modell« und dem »imperativen Willensmodell« vgl. ausführlich *Sokolowski* 1996, S. 492-500.

43 Vgl. hierzu und im Folgenden auch *Gollwitzer* 1996 und *Sokolowski* 1996, S. 494 ff. Das »Rubikon-Modell« bildet phänomenologisch kognitive Orientierungen des Menschen nach (S. 542) und differenziert zwischen der (prädezisionalen) Phase des Abwägens, der des (postdezisionalen und präaktionalen) Planens, der des (aktionalen) Handelns sowie der des (postaktionalen) Bewertens. Von Interesse sind hier primär die ersten zwei Phasen, die im Folgenden näher referiert werden sollen.

44 Vgl. *Oerter* 1995 (c), S. 806 f; auch *Roth* 1976, S. 372-388.

»Spielmaterial des Willens« verstanden werden können.[45] Die Fülle dieser Wunschproduktion, so *Heckhausen,* die Unvereinbarkeit mancher Wünsche, deren Realisierbarkeit und deren mögliche negativen Auswirkungen zwingen uns zur Überprüfung und Auswahl. Über den psychischen Prozess dieses Wägens und Wählens berichtet er:

> »Nachdem unseren Versuchsteilnehmern zuerst, aber nur sehr kurz, der eigene Herzenswunsch vor Augen stand, beschäftigte sie zunehmend, was alles gegen dessen Wünschbarkeit und Realisierbarkeit ins Feld zu führen war, als würden sie für solche negativen Gedanken bezahlt. Sie zogen also alle Register, die ein advocatus diaboli nur ziehen kann. Dann erst bedachten sie, welche negativen Folgen eine unterlassene Realisierung ihres Wunsches haben könnte. Erst wenn der Wunsch beide Feuerproben überstanden hatte, erwärmte man sich wieder an seinen positiven Aspekten.«[46]

Der seelische Zustand des prüfenden Menschen in dieser so genannten *prädezisionalen Phase* lasse sich deutlich von dem des Wünschens unterscheiden. Die kognitive Aufmerksamkeit der Person sei auf alle neuen Informationen gerichtet, die für ihre Entscheidung von Belang sein könnten. Negative Aspekte unterlägen einer unbestechlichen Würdigung und die Vorzüge weniger präferierter Alternativen würden anerkannt. Erst im Anschluss an dieses »Gegenrede-Phänomen«[47] setze sie sich mit der Überlegung auseinander, welche Folgen der Verzicht auf die Realisierung des Wunsches zeitigen könnte.[48] Die eigenen Einflussmöglichkeiten zur Durchsetzung eines erwünschten Zieles unterlägen hierbei einer realistischen Prüfung.[49] Entschlussfördernd erweise sich sowohl die gründliche Ausführung aller Abwägungsprozesse, als auch die intensive antizipatorische Als-Ob-Vorstellung einer bereits getroffenen Wahl, die nun zu bestimmende Schritte erfordere.[50]

Führe dieses Wägen zur Herausbildung einer Zielintention, bei der die *Wünschbarkeit* (Wert eines Wunsches) und *Realisierbarkeit* (Handlungsmög-

---

45 Vgl. *Herrmann* 1999, S. 49.

46 *Heckhausen* 1987 (b), S. 5.

47 *Heckhausen* und *Gollwitzer* beobachteten dieses Phänomen u.a. bei Studierenden, die sie baten, ein noch offenes, ungelöstes Entscheidungsproblem zu nennen. Thematisiert wurden Probleme wie der Auszug aus dem Elternhaus, der Wechsel der Studienrichtung, ein mögliches Auslandsstudium usw. (*Gollwitzer* 1996, S. 556 f). Problemlagen also von einer persönlichen Tragweite, denen zumindest eine gewisse Ähnlichkeit mit den im Kindesschutzverfahren zu treffenden Entscheidungen unterstellt werden kann.

48 Vgl. *Heckhausen* 1987 (b), S. 4 ff, *ders.* 1987 (d), S. 130 ff.

49 Vgl. *Gollwitzer* 1996, S. 561.

50 Diese sog. »Vornahmen« sind eher bewusstseinsfähig, während übergeordnete identitätsbezogene Zielintentionen, auf die ich weiter unten eingehen werde, oft unbewusst bleiben und ein lebenslanges, realisierungsförderndes Handeln bewirken. Vgl. *Heckhausen* 1987 (b), S. 4 f; *ders.* 1987 (c), S. 98; *ders.* 1987 (d), S. 133 ff; auch *Reilmann* 1989, S. 14 ff.

lichkeit)[51] die zentrale Rolle spiele[52], sei der Rubikon überschritten. Mit dieser Zäsur verbinde sich zwar kein »point-of-no-return«, wohl aber ein »radikaler Abbruch« jeglichen Abwägens[53] der Zielsetzung selbst. Wiederum verändere sich der seelische Zustand des Menschen in bemerkenswerter Weise:

> »Wollen heißt entschlossen sein. Waren wir zuvor beim Wählen realitäts-orientiert, so sind wir jetzt realisierungsorientiert. Wir sehen nicht mehr recht hin, wir hören nicht mehr recht zu, wenn es unser Wollen schwä-chen könnte. Ja, wir scheuen nicht einmal davor zurück, uns selber et-was vorzumachen, um besser bei der Stange zu bleiben. Von abwägen-den Moderatoren des Wählens sind wir im Handumdrehen zu einseitigen Partisanen unseres Wollens geworden.«[54]

Anscheinend bestätigt eine Vielzahl an Studien, dass in dieser *volitionalen Pha-se* der psychische Zugriff auf entscheidungskonsistente (also den Entschluss bestätigende) Informationen sehr viel leichter ist als die Erinnerung an gegen-läufige Informationen, und zugleich die Bereitschaft sinkt, sich neuem, wider-sprüchlichem Wissen auszusetzen. Auch ist die Tendenz zur Umbewertung und Verzerrung entscheidungsrelevanten Wissens mit Beginn der volitionalen Phase erheblich stärker ausgeprägt.[55] Die Attraktivität des Zieles wird gegen-über möglichen Zweifeln parteiisch, anstatt kritisch ausgewogen, beurteilt und die Realisierungsmöglichkeiten – so auch der eigenen Einflussnahme (i. S. ei-

---

51 »Beim Abwägen von Wünschen ist die Wahrscheinlichkeit, mit der diese sich realisieren lassen, ein zentrales Auswahlkriterium. Die Realisierbarkeit wird zum Teil über Hand-lungs-Ergebnis-Erwartungen bestimmt, d.h. wie sicher man sich ist, erwünschte Ergeb-nisse durch eigenes Handeln verwirklichen zu können. Aber es gibt noch weitere Ge-sichtspunkte, die hier ebenfalls eine Rolle spielen. Zum einen die allgemeine Einschät-zung, ob man über ein relevantes Handlungspotenzial verfügt (d.h. Selbstkonzepte rele-vanter Begabung); zum anderen mehr spezifische Einschätzungen, die sich auf die In-strumentalität ganz konkreter Handlungen beziehen (d.h. wie sicher man sich ist, dass eine bestimmte ins Auge gefasste Handlung x zum erwünschten Ergebnis führt).« *Gollwitzer* 1996, S. 563.

52 Vgl. hierzu *Gollwitzer* 1996, S. 534, 563.

53 Vgl. *Gollwitzer* 1996, S. 541.

54 *Heckhausen* 1987 (b), S. 6.

55 Eine Vielzahl der angeführten Versuche entstammt Laborsituationen. Andere Studien werteten jedoch auch Entscheidungen aus, die z.B. die geplante Trennung von dem/der PartnerIn, die Berufstätigkeit, Wohnungswahl oder die Informationsverarbeitung vor und nach dem Erwerb eines bestimmten Autos betreffen. Vgl. hierzu *Kuhl* 1987, S. 101 ff; *Ehrlich* 1965, S. 405 ff, ausführlich *Reilmann* 1989. Einen umfassenden und relativ aktuellen Überblick über verschiedene Studien der neueren Willensforschung gibt *Gollwitzer* 1996, S. 548-571. Nach *Frey* 1981, S. 275 f, 282 ff, sollten die o.g. Aussagen hinsichtlich der Reversibilität von Entscheidungen relativiert werden. Bei irreversiblen Entscheidungen scheint die Bereitschaft zur selektiven Wahrnehmung und zu Verzerrun-gen vor und nach Entscheidungen zuzunehmen. (Dies dürfte auch für so weitgehend ir-reversiblen Entscheidungen, wie sie im Kindesschutzverfahren zu treffen sind, z.B. in Bezug auf die Kontrolle der Maßnahmenwahl, bedeutsam sein.)

ner Kontrollillusion) – werden optimistisch überschätzt.[56] Kommt es in dieser Phase zu Unterbrechungen des Planungsprozesses (Wo, Wann, Wie und Wie lange), der die angestrebten Zielsetzungen zu realisieren sucht, werden sie nicht mehr genutzt, um positive oder negative Konsequenzen der Zielerreichung abzuwägen, sondern um realisierungsorientierte zwischengeschaltete Handlungsvorsätze zu fassen.[57] Die Person, so *Gollwitzer,* ist damit eine relativ dauerhafte Zielverpflichtung eingegangen, wie sie in Untersuchungen zur Aufrechterhaltung sozialer Beziehungen, zur Identifikation mit Organisationen, zu Identitätszielen u.a. angenommen werde.[58]

Bis zu welchem Grad diese – von *Gollwitzer u.a.* – als »Bewusstseinslage« konzipierten Effekte intensiviert werden, hängt in der prädezisionalen Phase anscheinend nicht nur von den Qualitäten der fraglichen Wünsche, sondern auch vom situativen Kontext (z.B. dem Maß an eigener Verantwortlichkeit und individueller Entscheidungsfreiheit, dem Einfluss von Selbst- und Fremdinstruktionen, der Menge relevanter verfügbarer Informationen) und individuellen Persönlichkeitsmerkmalen (u.a. Lageorientierung, Misserfolgsangst, Depression, chronisch hohe Selbstaufmerksamkeit) ab.[59]

Mit dem hier beschriebenen Modell, so *Gollwitzer,* lässt sich auch die Herausbildung langfristiger, oft unbewusster Identitätsziele und Selbstergänzungsprozesse – insbesondere in der Adoleszenz – erklären. Der Realitätsorientierung in der Abwägungsphase entspreche z.B. die selbstkritische Auseinandersetzung Jugendlicher mit ihren Berufswünschen. Worden solche Identitätsabsichten einmal gefasst, führen sie »ohne erneutes Abwägen der Wünsch- und Realisierbarkeit des implizierten Identitätsziels zur Initiierung relevanter Handlungen«.[60] Jugendliche, denen es hingegen an Entscheidungsfreudigkeit zur Rubikonpassage (der sog. Fiat-Tendenz) fehle, seien den von *Erikson* beschriebenen motivationalen Identitätskrisen ausgesetzt. Zu ähnlichen Krisen könne es aber auch in der volitionalen Phase kommen. Ursächlich sei hier die misslingende Implementierung der Identitätsziele. Diese könne auf einer unglücklichen Identitätswahl oder auf widerstreitenden Identitätsabsichten beruhen. Als weiteren Faktor nennt der Autor die verweigerte Anerkennung einer Identitätswahl durch das soziale Umfeld, die »das Aufgeben einer Identitätsabsicht vorprogrammiert«.[61]

---

56 Vgl. *Gollwitzer* 1996, S. 546, auch 561 f. Der Zusammenhang von Selbstverpflichtung und der Kontrollüberzeugung einer Person, vermutet der Verfasser, wirke sich bei depressiven Menschen, die sich auf Grund pessimistischer bzw. negativer Selbsteinstellung schwer täten, verbindliche Zielintentionen zu fassen, dahingehend aus, dass sie keine Kontrollillusionen entwickeln.

57 Vgl. *Gollwitzer* 1996, S. 535 f.

58 Vgl. *Gollwitzer* 1996, S. 541.

59 Vgl. *Gollwitzer* 1996, S. 569.

60 Vgl. *Gollwitzer* 1996, S. 540.

61 Vgl. *Gollwitzer* 1987, S. 187, auch S. 176 ff.

Die Fähigkeit zum formalen Denken jedoch, die den Heranwachsenden die Möglichkeit gibt, ihre gedanklichen Operationen zunehmend von der konkreten, wahrnehmbaren Wirklichkeit zu lösen, Hypothesen zu bilden und sich mit Optionen ihrer weiteren Zukunft zu befassen, fanden die EntwicklungspsychologInnen *Piaget* und *Inhelder* zwar in Ansätzen zwischen dem 12. und 15. Lebensjahr, voll entwickelt jedoch erst in der späten Adoleszenz vor.[62] Ähnliches gilt für die Fähigkeit von Kindern, ferner liegende Situationen zu antizipieren und emotionale Zustände vorwegzunehmen sowie den eigenen Willen einzusetzen, um aktuelle akttraktive Ziele zu Gunsten längerfristiger Zielsetzungen aufzuschieben.[63]

So stellt sich die Frage nach Unterschieden zwischen der Intentionsbildung Erwachsener und entsprechenden Entscheidungsprozessen des Kindes. *Oerter* nimmt in seinem Standardwerk der Entwicklungspsychologie einen Transfer der hier dargestellten Theorien *Gollwitzers* und *Heckhausens* auf die Kindesentwicklung vor. Willensprozesse und intentionale Identitätsziele beschreibt er als Entwicklungsaufgaben. Er geht dabei zwar u.a. auf die zunehmende Fähigkeit des Kindes ein, die Sprache als Steuerungsfunktion bei Handlungen einzusetzen sowie Handlungen aufzuschieben und Bedenkzeit für Planungen zu gewinnen, doch findet sich weder bei *Oerter* noch in der sonstigen Literatur eine vertiefte Auseinandersetzung mit möglicherweise erforderlichen entwicklungspsychologisch begründeten Modifikationen des »Rubikon-Modells«.[64]

Trotz dieser Einschränkung dürfte die hier dargelegte Forschung den *Prozesscharakter* des menschlichen Willens hinreichend belegen. Sollte das von *Heckhausen u.a.* entwickelte Rubikon-Modell auch für Entscheidungsprozesse gelten, die das Kind in weit reichenden persönlichen Fragen vollzieht, bleibt vorläufig festzuhalten, dass es nicht gleichgültig sein kann, in welcher Phase der inneren Entscheidungsfindung sich Kinder und Jugendliche über ihre Zukunftswünsche äußern. Für die Interessenvertretung des Kindes im Verfahren – aber wohl auch für GutachterInnen und JuristInnen, die der neueren Willensforschung bislang, soweit ich erkennen konnte, kaum Aufmerksamkeit zollen – ist es sinnvoll und geboten, um die unterschiedliche Realitätsprüfung in den einzelnen Sequenzen des Willensprozesses zu wissen und der Existenz übergeordneter Zielintentionen Aufmerksamkeit zu widmen. Beide Faktoren sollten bei der Interaktion mit dem Kind und der Erarbeitung von Empfehlungen Berücksichtigung finden.

Wahrscheinlich bedarf das Kind in der motivationalen Phase, in der es mit der Prüfung und dem Abwägen seiner Wünsche beschäftigt ist, einer anderen Beratung und Begleitung als in der volitionalen Phase, in der es sich der Realisierung seiner Wünsche verschrieben hat. – Festzuhalten bleibt jedenfalls,

---

62 Vgl. *Piaget/Inhelder* 1972 (Erschj. 1966), S. 133 ff.
63 Vgl. *Oerter* 1995 (c), S. 759 ff.
64 Vgl. *Oerter* 1995 (c), S. 806 f, 811 f.

dass die wissenschaftliche Erkenntnis, wie Kinder und Jugendliche in komplexen persönlichen Angelegenheiten entscheiden und hierbei begleitet und unterstützt werden können, erstaunlich gering ist. Um die Ungesichertheit der hier referierten Erkenntnisse über die kindliche Willensbildung in Betracht zu ziehen, gilt es, das eingangs erörterte Zusammenspiel von Emotion und Kognition sowie das hier skizzierte theoretische »Rubikon-Modell« nicht über zu bewerten. Sie mögen gleichwohl als »professionelle Landkarten« dienen, die ein annäherndes Verständnis des Kindeswillens und die Verständigung mit dem Kind etwas erleichtern.

Zugleich ist festzuhalten, dass die Praxis mancher VerfahrenspflegerInnen, nur ein *einziges* Gespräch mit dem Kind zu führen, nicht nur seine Information, Beratung und Begleitung vernachlässigt, sondern auch ein ganz unzulängliches Verständnis seiner Position riskiert[65] und im Lichte der neueren Willensforschung den prozesshaften Charakter der Willensbildung verfehlt. Hinzu kommt, dass solche »Momentaufnahmen« Änderungen der Lebensumstände ignorieren, die während des Verfahrens eher die Regel als die Ausnahme zu sein scheinen, und jene Erfahrungen unberücksichtigt lassen, die das Kind in dieser Zeit (z.B. mit dem Heimalltag oder Besuchsregelungen) macht und in seinen Entscheidungsprozess einbezieht.

So stellten die Sozialwissenschaftlerin *Hunt* und die Juristin *Macleod* in einer empirischen Untersuchung von 83 britischen Kindesschutzverfahren fest, das Verfahren selbst könne – u.a. durch den Einsatz der guardian ad litem – eine katalytische Wirkung in scheinbar festgefahrenen Fällen zeitigen. Während der durchschnittlich sechsmonatigen Dauer sei es nur in wenigen Fällen zu keiner Änderung der Familienzusammensetzung, der Umstände und Einstellungen oder der Informationsbasis gekommen. (Wie die Autorinnen erläuterten[66], zählten hierzu insbesondere Trennungen der Eltern, neue Partnerschaften eines oder beider Elternteile sowie Umzüge.) In 11 von 28 Fällen, bei denen die Zielsetzung zu Beginn des Verfahrens fest stand, hätte sie sich eindeutig verändert.[67]

Zu den genannten Gesichtspunkten kommt verschärfend noch hinzu, dass auch die Kindesanhörung während der sich monate- oder auch jahrelang hinziehenden Verfahren oft nur ein einziges Mal stattfindet, womit endgültig fraglich ist, ob Interessenvertretung und Familiengericht hinreichend oder zumindest annähernd wissen und nachvollziehen können, welche Position das jewei-

---

65 Diese (in Explorationsgesprächen nicht selten berichtete) Praxis ließe sich meines Erachtens nur dann rechtfertigen, wenn das Kind selbst jeden (weiteren) Kontakt zu seiner Interessenvertretung ablehnt oder durch ihn geschädigt würde. In diesem Fall hätten sich VerfahrenspflegerInnen dennoch intensiv mit den Bezugspersonen des Kindes und den Akten zu befassen, um so gut wie möglich zu einer Einschätzung zu kommen, welchen Verfahrensausgang das Kind selbst präferiert.

66 Diese Angaben beruhen auf einem mündlichen Gespräch mit den Autorinnen.

67 Vgl. *Hunt/Macleod,* Thematic Summary 1997, S. 17 ff.

lige Kind gegenüber der anstehenden Entscheidung überhaupt einnimmt. Die kontinuierliche Begleitung des Kindes während des Verfahrens und entsprechende Mitteilungen an das Gericht, ggf. auch die Anregung zur erneuten Anhörung, zählen somit zweifellos zu dem Aufgabenbereich des Verfahrenspflegers.

Im Übrigen ist auch die Regelung des § 50 Abs. 4 FGG, nach der die Verfahrenspflegschaft automatisch mit Abschluss des Verfahrens endet, nicht nur hinsichtlich der wohlverstandenen Belange des Kindes[68], sondern ebenso vor dem Hintergrund des prozesshaften Charakters der Willensbildung kritisch zu sehen. Die Folgen der gerichtlichen Entscheidung werden aus Sicht der Kinder vermutlich oft erst zu beurteilen sein, wenn die gerichtlichen Maßnahmen praktisch umgesetzt und damit konkret erfahrbar werden. Wie soll ein Kind vorher abschätzen, was etwa ein Leben im Heim oder bei Pflegeeltern bedeutet oder wie es ihm bei der Umsetzung einer – abstrakt besprochenen – Umgangsregelung geht? Wie soll es sich ggf. die schwierige Anbahnung von Kontakten und den oft sehr belastenden Umzug zu den leiblichen Eltern vorstellen, wenn es längere Zeit mit seinen Stief- oder Pflegeeltern gelebt hat? Nimmt ein Vormund, eine Familienhilfe oder Einzelbetreuung nicht erst dann Gestalt an, wenn das Kind diese Personen persönlich kennen lernt? – Wenn es stimmt, dass diese und ähnliche konkrete Erfahrungen als zentrale Voraussetzung gelten können, damit (gerade jüngere Kinder) eigene Bedenken und Wünsche, Ablehnung und Widerspruch überhaupt entwickeln können, lässt sich die derzeitige Regelung des § 50 Abs. 4 FGG wohl kaum mit dem Anspruch vereinbaren, ihre Mitsprache- und Selbstbestimmungsrechte zu schützen. Der tatsächlichen Situation vieler Kinder entspräche es vielmehr, auch in der ersten Phase nach der gerichtlichen Entscheidung in ihrer Interessenvertretung noch eine ansprechbare Person zu haben, die sich ihrer Wünsche, Sorgen, Nöte und Bedenken annimmt, um zu einer tragfähigen, stabilen und für das Kind akzeptablen Lösung zu kommen.

D. Selbstbestimmung und Verbundenheit

Der juristische Begriff des »Kindeswillens« korrespondiert mit psychologischen Definitionen, die den menschlichen Willen als eine »zentrale steuernde Instanz« des Selbst beschreiben. So stellt zum Beispiel der Entwicklungspsychologe *Oerter* fest: »Nicht nur von unserem Erlebnis (phänomenologisch), sondern auch von der Theorienbildung her ist es das Selbst, das Willensakte

---

68 *Balloff,* Praxis der Rechtspsychologie 1998, 157/162 f, stellt hierzu fest: »Der Verfahrenspfleger ist somit Begleiter und Beschützer des Kindes während der Familienkrise, wobei aus entwicklungspsychologischer Sicht sogar zu fordern wäre, dass das Kind entgegen der Vorgabe des § 50 FGG solange begleitet und beschützt werden wird, bis sich die Lebensverhältnisse des Kindes stabilisieren.«

durchführt«.[69] Auch in der erziehungswissenschaftlichen Literatur ist vom Willen nicht nur als Manifestation der eigenen Person[70], sondern auch des »Selbstseins« und »Selbstwerdens« die Rede. Erziehung, im Sinne einer »positiven Willenspädagogik«, beginnt danach mit der Zuschreibung eines eigenen Willens, mit der Bereitstellung von Aktivitätsraum, mit Übungen der Selbstbeherrschung und einer Umgebung, die den Selbstwerdungsprozess des Kindes antizipiert, empathisch fördert und selektiv auf gewisse angeborene Möglichkeiten eingeht.[71]

Das dieser Betrachtungsweise zugrundegelegte Selbst-Konzept beinhaltet eine Sichtweise, die den Menschen von den frühesten Stadien des Säuglingsalters an in seiner Bezogenheit auf andere Menschen und Objekte[72] und seinem grundlegenden Bedürfnis nach Autonomie[73] wahrnimmt. Die Entwicklung des Selbst wird also unter dem Gesichtspunkt der »Selbst-Erzeugung« bzw. Autopoiesis betrachtet, zugleich aber auch unter dem der »Integration des Individuums mit anderen Menschen (Bezogenheit)«.[74] Insoweit finden die juristischen Grundfunktionen des Kindeswillens in der psychologischen Theoriebildung ihre Entsprechung: Der Wille kann Manifest der kindlichen Selbst-Bestimmung und ebenso Indikator der Bindungen des Kindes an bzw. seiner Beziehungen zu andere(n) Menschen sein.[75]

1. Autonomieentwicklung in der frühen Kindheit

a) Annahme, Verbundenheit, Autonomie

Die folgende Betrachtung setzt in der »frühen Kindheit« ein, jenem Lebens- und Entwicklungsabschnitt also, in dem – etwa nach Auffassung der *American Bar Association* – das Kind ab Erwerb der Sprache für kompetent gehalten wird, seine Position im Kindesschutzverfahren zu bestimmen und seine Vertretung dementsprechend anzuweisen.[76]

In der Tat, die Anfänge kindlicher Selbst-Bestimmung datieren bereits in der Zeit vor dem Spracherwerb, so eingeschränkt der Wirkungsbereich des

---

69 Vgl. *Oerter* 1995 (c), S. 806. Präziser definiert m.E. *Scharfetter* 1998, S. 37, den Willen als ich-syntonen intentionalen Akt des Wünschens (i.S. des bewussten Erreichen und Habenwollens bzw. unbewusster Strebungen und Tendenzen). Gleichwohl bezieht auch er sich später auf das Selbst-Konzept, um die Auswirkung psychopathologischer Persönlichkeitsstörungen (Borderline) auf das Wünschen und Wollen zu beschreiben.

70 Vgl. *Oser* 1987, S. 281.

71 Vgl. *Bittner*, Z.f.Päd. 1982, 262 ff, 269 f.

72 Vgl. *Reiche* 1991, S. 16.

73 Vgl. *Oerter* 1995 (c), S. 775.

74 Vgl. *Oerter* 1995 (c), S. 809.

75 Vgl. hierzu *Lempp* 1987, S. 19; *Balloff* 1992, S. 81.

76 Vgl. oben S. 47. (Standards der *American Bar Association*, B-3 cmt.).

Säuglings zunächst auch sein mag. Schon wenige Wochen nach der Geburt zeigen Kinder ihren Willen und verfügen über eine Selbstgeschichtlichkeit, stellt zum Beispiel der Säuglingsforscher *Stern* fest.[77] Das Empfinden, UrheberIn eigener sensomotorischer Erfahrungen zu sein, gilt dabei als eine der wichtigsten Invarianten des frühkindlichen Selbsterlebens. Auch das Entdecken, Bewirken und Erkennen sinnvoller Zusammenhänge in der Außenwelt zählt zu den wesentlichen Motivationen des Säuglings.[78] Diese »Freude am Effekt« wird auch als »Effect Motivation« gesehen, zu der im zweiten Lebensjahr das Selbermachenwollen hinzukommt.[79] Kurz gesagt: »Die Lust der Kinder besteht einfach darin, ›eine Ursache zu sein‹«.[80] Dabei sind Säuglinge und Kleinkinder während der ersten 12 bis 18 Lebensmonate[81] noch strikt realitätsbezogen und unterscheiden sich so grundlegend von älteren Kindern und Erwachsenen. Die Wirklichkeit ist, wie sie ist, und kann vom Säugling nicht anders fantasiert und gewünscht werden.[82] Das Kind kann zwar somatische oder motorische Abwehrmaßnahmen einsetzen, verfügt aber noch über keine psychischen Abwehrmechanismen, bis es zur Symbolisierung fähig wird.[83]

> »Vorher ist das Denken kleiner Kinder nicht wie das der Erwachsenen oder älterer Kinder, die über das Abwesende nachdenken können, indem sie es symbolisch repräsentieren und dann die Symbole und Phantasien im Sinne ihrer Wünsche und Ängste verändern. Mentale Inhalte können intrapsychisch erst manipuliert werden, wenn sie symbolisch encodiert sind.«[84]

In dieser frühen Phase entwickelt das Kind zu Personen, mit denen es lebt, intensive wenn auch qualitativ[85] sehr unterschiedliche Bindungsbeziehungen. Der noch ganz von seinen Bezugspersonen abhängige Säugling erlebt in dieser

---

77 Vgl. *Stern* 1993, S. 106; auch *Dornes* 1992, S. 90-92.
78 Vgl. *Stern* 1993, S. 114, 115, 118; auch *Dornes* 1992, S. 239.
79 *Oerter* 1995 (c), S. 809.
80 *Baumgart*, Psyche 1991, 780/794.
81 Sämtliche Altersangaben der Entwicklungspsychologie sind stets als durchschnittliche Werte zu lesen, in denen bestimmte Entwicklungsphänomene beobachtet wurden.
82 Mit dieser Feststellung nimmt *Dornes* eine (empirisch gut belegte) Korrektur der psychoanalytischen Entwicklungslehre vor, in der zum Teil die Ansicht vertreten wird, der Säugling sei zur Fantasietätigkeit und damit auch zum Wünschen in der Lage. – Vgl. hierzu z.B. *Boothe* 1998, S. 212, die davon ausgeht, der Säugling könne sich bei negativen Erregungs- und unlustvollen Spannungszuständen nicht nur durch expressive und motorische Äußerungen entlasten, sondern diese auch hedonisch überblenden.
83 Vgl. hierzu auch unten, S. 328, Fn. 68.
84 *Dornes* 1997, S. 49.
85 Die qualitative Ausformung dieser Bindungen hängt zunächst insbesondere von der Promptheit und Kontingenz der elterlichen Signale ab, aber auch von der Responsivität und Wärme, die dem Kind vermittelt wird. In ihrem Arbeitsbereich, so die EntwicklungspsychologInnen *Hammer* und *Keller* 1997, S. 167, war festzustellen, dass auch die Missachtung der kindlichen Autonomie, etwa durch erzwungenen Blickkontakt, eine große Rolle bei der Genese der Bindungs- und Beziehungsqualitäten des Säuglings spielen. Die

affektiven Bindung, dass und wie sich sein eigenes Verhalten auswirkt (oder nicht!) und beginnt, sich an ihren Erwartungen zu orientieren, um sich die für ihn existenzielle Fürsorge und Zuwendung, Stimulation und Regulation zu sichern. Indem das Kind so beginnt, seine Bedürfnisstruktur zu überformen, wird auch die »Konformität mit herrschenden Normen und Standards ... zu einem persönlichen Bedürfnis des Aktors«, so *Nunner-Winkler*. Sofern das Kind hinreichend auf die spontanen Reaktionsweisen und Emotionen seiner Bezugspersonen vertrauen kann, um sich angenommen, geachtet und geschätzt zu fühlen, wird ihm eine sog. »autonom sichere Bindung« ermöglicht, die auf einer »zwanglosen Folgebereitschaft« bzw. auf dem »Konzept der Freiwilligkeit« beruht.[86] Diese Möglichkeit haben ungefähr zwei Drittel aller kleinen Kinder.[87] Aus bindungstheoretischer Sicht entwickelt das Kind im ersten Lebensjahr Arbeitsmodelle von Bindung, die auf seinen frühen Erfahrungen mit den ersten Bezugspersonen beruhen und zunehmend auch in deren Abwesenheit wirken:

> »Dies sind Vorstellungen des Kindes über sich selbst (eigene Selbstwert- und Kompetenzeinschätzung) und über seine Bezugspersonen, sowie deren Verfügbarkeit und damit verbundenen Erwartungen und Gefühlen, welche wesentlich an der Verhaltensregulation vor allem in emotional anfordernden Situationen beteiligt sind. Diese psychologische Repräsentation enthält sowohl emotionale als auch kognitive Komponenten. Sie stellt in gewissem Sinne zielkorrigierte Pläne oder kognitive Landkarten dar, die das individuelle Verhalten in spezifischen (insbesondere belastenden) Situationen beeinflussen.«[88]

Etwa ab dem 12. Lebensmonat, wenn das Kind sich eigenständig fortzubewegen beginnt, wird ihm planendes Handeln – wenn auch erst über *kurze Zeitstrecken* hinweg – möglich. Die emotionalen Reaktionen seiner Bezugspersonen werden nun als Hilfe zur Einschätzung von Ereignissen und eigenen Vorhaben genutzt.[89] Auf deren Seite scheint in diesem Lebensalter eine »massive« Regelvermittlung und Kontrolle einzusetzen[90], die das Kind nun zunehmend in Form sozialer Versagungen mit den Grenzen seines – zuvor eher körperlich eingeschränkten – Willens konfrontiert. Diese unweigerlichen Frustrationen entfesseln innerseelische und zwischenmenschliche Willenskonflikte

---

Verfasser gehen in diesem Beitrag ebenso wie *Kreppner* 1997 auf den Zusammenhang zwischen der Entwicklung des kindlichen Rechtsempfindens und der maßgeblichen Bedeutung innerfamilialer Codizes sowie Bindungsqualitäten ein.

86 *Nunner-Winkler* 1999, S. 309.
87 Vgl. *Spangler* 1996, S. 58.
88 *Spangler* 1996, S. 55.
89 Zur Kontingenz *Rauh* 1995, S. 204, 219, 230; auch *Dornes* 1992, S. 239.
90 Dies gilt zumindest für die von *Kreppner* 1997, S. 361 ff, zwei Jahre beobachteten 16 Familien, in denen allerdings bereits jeweils bereits ein älteres Kind vorhanden war, so dass sich vielfach die Notwendigkeit ergab, zwischen den Geschwistern zu regulieren.

des Kindes, meist mit der Mutter, die nun zur »versagenden Beschützerin« wird, wodurch das Kind allmählich lernt, sein »eigener Hüter und Beobachter zu sein«. Dabei sind die Personen, ...

> »... die seinem Willen jetzt Hindernisse in den Weg legen, die gleichen, die vorher, als es noch nicht laufen konnte, alle seine Wünsche erfüllten; zweitens sind die Personen, die ihm jetzt Versagungen bereiten, im Laufe der Entwicklung der Objektbeziehungen zu seinen Liebesobjekten geworden.«[91]

In der darauf folgenden Zeit, etwa im zweiten und dritten Lebensjahr, erwirbt das Kind in seiner Familie, mit der ihr eigenen Interaktions- und Kommunikationskultur, die zunächst der Kosmos seiner interaktiven Erfahrungen ist, ...

> » ... grundlegende Muster des sozialen Umgangs, der Sanktionierung von Regelübertretungen, der Verantwortlichkeit für eigenes Handeln, der Auslegung von Abmachungen, der Bewertungen von Ungleichbehandlung und der Einforderung von Eigentum ... .«[92]

So werden die Wünsche des Kindes von dieser frühen Phase der Autonomieentwicklung an in einem soziokulturellen Kontext geformt, wobei dem Kind die gezielte Einflussnahme der Erziehenden nur teils bewusst wird. Zugleich prägen Familienstrukturen, Kommunikationsmuster und Interaktionsstile sowie kulturbedingte alltagsweltliche Selbstverständlichkeiten sein Denken und Fühlen, seine Wünsche und Strebungen. Freilich ist das Kind aber nicht nur »EmpfängerIn«, sondern aktiv an der Entwicklung und Herausbildung seiner Wünsche beteiligt, indem es unter zwar begrenzten, aber doch verschiedenen Möglichkeiten wählt und Vorgefundenes neu interpretiert.[93] Die Wünsche und der Wille des Kindes, so könnte man sagen, bilden sich in einer aktiven Auseinandersetzung mit und Aneignung von den je gegebenen spezifischen Erziehungs- und Sozialisationsbedingungen heraus, in denen es aufwächst. Die Zeit, von der an das kleine Mädchen oder der kleine Junge eigene Wünsche verbalisiert, ist indes individuell unterschiedlich, und hängt u.a. von persönlichen Eigenschaften, erworbenen und angeborenen geschlechtlichen Faktoren, dem sozialen Milieu und wesentlich von der Qualität der Interaktion mit den primären Bezugspersonen ab.[94] Etwa ab dem Alter von zwei Jahren ist aber davon auszugehen, dass ein Kind spontan über eigene und fremde Wünsche, Gefühle und Gedanken spricht[95], wobei es zunächst ...

---

91 *Spitz* 1970 (Erschj. 1957), S. 117.
92 *Kreppner* 1997, S. 365 .
93 Vgl. *Nunner-Winkler* 1998, S. 67 f.
94 Vgl. *Grimm* 1995, S. 751 ff.
95 Vgl. *Sodian* 1995, S. 648.

»... das verbalisiert, was für den Zuhörer den höchsten Informationsgehalt hat, worüber also die größte Ungewissheit besteht. Wenn es einen Wunsch hat, kann es durch sein Ausdrucksverhalten klar machen, *dass* es etwas will. Ungewiss ist dagegen, *was* es will, also formuliert es das.«[96]

Spätestens jetzt[97] hat das Kind ein Selbstkonzept entwickelt, das ganz wesentlich auf seinen bisherigen Interaktionserfahrungen und Erfahrungsmustern beruht, die es internalisiert, also in sich hinein genommen hat und nunmehr als mentales Konzept von Beziehung ausbildet.[98] Die neu erworbene Fähigkeit zur Selbstobjektivierung durch die psychische Repräsentation des eigenen Körpers und seelischer Vorgänge (Gedanken, Gefühle, Absichten, Erinnerungen) ermöglicht dem Kind nun, in seiner Vorstellung neben sich zu treten und auf sich selbst zu schauen bzw. sich an einen anderen Ort zu versetzen und gleichsam mit den Augen der anderen zu betrachten.[99] Nunmehr steht es auch den von ihm bewirkten Effekten abgetrennt gegenüber, was aus entwicklungspsychologischer Sicht als »wichtiger Schritt ... für die Entwicklung des Wollens überhaupt« gilt.[100]

Eine weitere wichtige Konsequenz des Ichbewusstseins ist auch die nun zu beobachtende Empathiefähigkeit[101] des Kindes. Es beginnt, die Situation anderer Personen mit zu vollziehen, sich mit ihnen zu identifizieren und nutzt deren »stellvertretende« Erfahrungen für eigene ergebnisorientierte Nachahmungsprozesse.[102] Das Selbst des Kindes, stellt *Oerter* fest, ist nun ...

»... organisierender Akteur, der das Aufsuchen, Explorieren und Bearbeiten des Interessenobjektes bewerkstelligt. Spätestens von nun an zeigt sich bei der Interessenbildung wie generell beim selbstmotivierten Handeln ein korrumpierender Effekt externer Einflüsse.«[103]

---

96 *Bischof-Köhler* 1998, S. 343 (Hervorhebung im Original).

97 Als Vorläuferin späterer kognitiver Fähigkeiten und der Ich-Entwicklung kann die von Geburt an vorhandene Affektdifferenzierung des Kindes betrachtet werden. Ein reflexives Ich-Bewusstsein entsteht aber wohl erst ab dem 15. bis 18. Lebensmonat des Kindes. Vgl. *Dornes* 1992, S. 88, 101, 146 ff.

98 Vgl. *Hammer/Keller* 1997, S. 167.

99 *Bischof-Köhler* 1998, S. 344.

100 *Bischof-Köhler* 1998, S. 344.

101 Auch der Säugling wird von den mimisch und stimmlich geäußerten Affekten seiner Bezugspersonen »angesteckt«, denen das Kind nahezu »schutzlos preisgegeben« ist. Empathie unterscheidet sich hiervon durch eine intentionale Steuerungsfunktion, die Identifizierung mit den Affektzuständen bleibt partiell und passager und kann willentlich beeinflusst werden. Vgl. *Mertens* 1998, S. 13 f.

102 *Bischof-Köhler* 1998, S. 354. Allerdings ist das Kind zu diesem Zeitpunkt bis etwa zum 4.–6. Lebensjahr noch »... unfähig, zwischen der persönlichen Interpretation einer sozialen Handlung (der eigenen oder einer fremden) und dem, was es für die wahre oder falsche Perzeption hält, zu unterscheiden. Das Kind kann also zwischen ego und alter als Entitäten, nicht aber zwischen ihren verschiedenen Standpunkten differenzieren.« *Selmann/Byrne* 1980 (Erschj. 1974), S. 110.

Gegen Ende des zweiten und zu Beginn des dritten Lebensjahres, im Sinne psychoanalytischer Theorie während der analen Phase[104], wird der Konflikt zwischen gesteigerten Autonomiewünschen und dem Selbstständigkeitsstreben versus dem Wunsch nach Geborgenheit und Bezogenheit, d.h. zwischen »Bindung und Individuation«[105] zum zentralen Entwicklungsthema des Kindes.[106]

> »Die Entdeckung, dass ›man wollen kann‹, führt zunächst dazu, dass das ›Wollenkönnen‹ zum Selbstzweck wird. Nicht selten sagen Kinder in diesem Altersabschnitt ›Ich will‹, ohne eine Vorstellung zu haben, was sie eigentlich wollen. Das hat zur Konsequenz, dass die soziale Interaktion recht konfliktgeladen sein kann. Gebote, Verbote, ja generell jede Art von Intention eines anderen, selbst wenn gar nicht gegen das Kind gerichtet, werden von ihm als Beeinträchtigung erlebt, gegen die es aufbegehrt. Die Reaktion besteht dann im ›Ich will nicht‹, also im Trotz.«[107]

Das frühkindliche »Nein« lässt sich mit *Spitz* als »Unabhängigkeitsmanifest« des Kindes begreifen, das es den Versagungen und Begrenzungen, die ihm seine »Liebesobjekte« bereiten, entgegensetzt. Das Kind, so *Spitz*, ...

> »... will damit sagen: ›Ich will meinen eigenen Willen tun; und selbst wenn ich dasselbe will wie du, so ist es doch etwas anderes, weil es mein eigener Wille ist. Ich tue es nicht, weil du es willst, sondern weil ich es will‹.«[108]

Dieser gesteigerte Autonomieanspruch des Kindes bewirkt allerdings zunächst keine größere Unabhängigkeit von den Bezugspersonen. Es ist im Gegenteil enorm verletzlich, anlehnungsbedürftig und seine Erregungstoleranz geht zurück.[109] Die psychische Distanzierung von den Bezugspersonen »... aktiviert die Sicherheitsappetenz, denn Autonomie wäre in diesem Alter dysfunktional«,

---

103 Vgl. *Oerter* 1995 (c), S. 775.

104 *Mertens* 1998, S. 27, weist im Übrigen zu Recht darauf hin, dass die Konzentration auf die Ich-Psychologie, Narzissmustheorien und den Affekt nicht dazu führen sollte, die körperzentrierten Vorgänge der analen Phase, u.a. »die im Leiblichen wurzelnden Erfahrungen des Produzierens, des Hergebens, des Verweigerns« zu unterschätzen.

105 Vgl. hierzu *Mertens* 1998, S. 290.

106 Vgl. *Erikson* 1966 (1959), S. 75 ff. Ähnlich wie *Hartmann*, *Spitz* und *Mahler* verortet *Erikson* den Beginn dieser Phase bereits im zweiten Lebensjahr. Zu den verschiedenen epigenetischen Theorien über die frühkindliche Autonomieentwicklung vgl. auch den Überblick von *Dietl* 1987, S. 201, wobei diese allerdings zum Teil im Lichte der neueren Säuglingsforschung zu revidieren sind, wie *Dornes* 1992 überzeugend darlegte.

107 *Bischof-Köhler* 1998, S. 347.

108 *Spitz* 1970 (Erschj. 1957), S. 119.

109 *Mertens* 1998, S. 290 f, verweist allerdings mit Blick auf die neuere Bindungsforschung darauf, dass intensive ambitendente Verhaltensweisen – anders als noch von *Mahler* angenommen – nicht entwicklungsnormativ, sondern primär von unsicher gebundenen Kindern zu erwarten seien. Im Konflikt zwischen »Bindung und Individuation« seien

dieses Bedürfnis aber kollidiert wiederum mit dem erhöhten Autonomiean-spruch des Kindes.[110]

Das Kind selbst entwickelt in dieser Zeit die Fähigkeit, seine Handlungen nicht mehr primär in Bezug auf seine Gefühle (Ärger, Kummer) zu rechtferti-gen, sondern auch deren materielle Folgen und soziale Regeln zu berücksich-tigen.[111] Indem sich das Kleinkind nun verschiedene Handlungsalternativen vorstellen kann, wird es erforderlich, widerstrebende oder einander ausschlie-ßende Motive zu regulieren, also eine »willentliche Entscheidung zu treffen, welches den Vorrang haben soll.« Bis diese Fähigkeit im vierten Lebensjahr ausgebildet wird, orientiert sich das Kind an der Stärke seiner Motive, bei gleich starken Motiven kann es zu Handlungsblockaden kommen.[112] Mit dem Einsetzen der Vorstellungsfähigkeit, fasst die Entwicklungspsychologin *Bi-schof-Köhler* zusammen, fangen die Kinder somit ...

> »... zwar an, einen eigenen Willen zu bekunden, sie vermögen aber noch nicht, mehrere gleichzeitig aktivierte Motive in ein zeitliches Nacheinan-der zu organisieren. Auch spricht nichts dafür, dass sie zukünftige Bedürf-nislagen antizipieren und für diese vorausplanen. Ebenso sind sie kaum in der Lage, ein aktuelles Bedürfnis nicht sofort zu erfüllen, ohne frustriert zu sein.«[113]

Erst in der Folgezeit beginnt das Kind allmählich, sich von seinen unmittelba-ren Bedürfnissen und Impulsen zu distanzieren, sie reflexiv zu beurteilen, sich damit von ihrem Druck zu befreien, und strategisch zu handeln.[114]

Psychoanalytisch betrachtet beginnt das Ich des Kindes nun, seine innere Welt zu kontrollieren und einzuschätzen, welche Wünsche in welchem Aus-maß und zu welchem Zeitpunkt gefahrlos befriedigt werden können, und wel-che zurückgewiesen oder aufgeschoben werden müssen. Es ist nicht mehr völ-lig darauf angewiesen, dass seine Eltern sich als Hilfs-Ich bereitstellen und die-se Funktionen ausüben.[115] Bezogen auf das Säuglings- und Kleinkindalter for-muliert der Erziehungswissenschaftler *Roth* die entsprechende Erziehungsauf-gabe wie folgt:

> »Das Problem einer Erziehung zur mündigen Handlungsfähigkeit spitzt sich dann auf die Fragen zu, wie das Erwünschte mit dem Wünschens-

---

Kinder »... normalerweise bemüht, eine Interaktion herzustellen und Bindung aufrecht-zuerhalten, sich immer wieder Trost und emotionale Rückversicherung zu holen, wenn gleich sie auch innerhalb dieser sicheren Bindung eigene Ziele verwirklichen wollen.«

110 Vgl. *Bischof-Köhler* 1998, S. 347 f.
111 Vgl. die empirische Studie von *Kreppner* 1997, S. 355 ff.
112 *Bischof-Köhler* 1998, S. 347 f.
113 *Bischof-Köhler* 1998, S. 364.
114 *Nunner-Winkler* 1998, S. 68. Zum Voranstehenden S. 69.
115 *Freud, A.* 1993, S. 39 ff, auch 44.

werten und das Wünschenswerte mit dem Realisierbaren in der Entwicklung des Kindes von Anfang an durch Erziehung als eine Reihe von zu lösenden Konflikten bewusst gemacht und wie beides produktiv aufeinander bezogen werden kann.«[116]

Die Fähigkeit des Kindes zu einem flexibleren Motivmanagement und kompetenter Planung, die im vierten Lebensjahr einsetzt, korreliert anscheinend eng mit der Fähigkeit des Kindes zur Zeitvergegenwärtigung sowie zur »Theory of Mind«.[117] Indes bleibt der Aufschub von Bedürfnissen und Handlungszielen entwicklungspsychologisch noch lange Zeit hindurch bis zum Erwachsenenalter eine der »wichtigsten Leistungen«, die Kinder und Jugendliche im Lauf ihrer Entwicklung erbringen müssen und mit zunehmender Reife auch erbringen können.[118] Mit dieser Fähigkeit zum Bedürfnisaufschub hängt auch die Fähigkeit des Kindes zusammen, Dauer zu erleben, Zeit zu konzeptualisieren und mit der seiner Mitmenschen zu synchronisieren.[119] Trotz der »dünn gesäten« Befunde zum kindlichen Zeitverstehen und -erleben in der frühen Kindheit ist davon auszugehen, dass Kinder ...

> »... überwiegend in der Gegenwart leben; sie erinnern sich zwar zunehmend an vergangene Ereignisse, haben aber nur ein minimales Verständnis für die Zukunft. Erst Dreieinhalb- bis Vierjährige beginnen Begriffe mit Zeitbezug richtig zu verwenden, wobei die Zukunft größere Probleme bereitet als die Vergangenheit. Ebenfalls in diesem Altersabschnitt treten Hinweise auf, dass Kinder anfangen, sich Zeitspannen vorzustellen und dass sie über ein basales Zeitverständnis verfügen.«[120]

Mit anderen Worten: die psychische Repräsentation eines Zeitbegriffes, der dem Kind länger- oder gar langfristige zukunftsbezogene Planungen und Ent-

---

116 *Roth* 1976, S. 454 (ohne die Hervorhebung im Original).
117 Vgl. *Bischof-Köhler* 1998, S. 365 f. Zur »Zeitvergegenwärtigung« rechnen: Verwendung von Begriffen mit Zeitbezug, basales komparatives Zeiturteil, Verständnis von Dauer als Ursache, Vergegenwärtigung vergangener und künftiger Bedürfnislagen, Bedürfnisaufschub, Selbstkontrolle, Verselbstständigung, Geschlechtspermanenz, Rangbewusstsein. Die »Theory of Mind« wird indiziert durch das Erkennen falscher Meinungen, von Lüge und Täuschung, die Fähigkeit zur Perspektivenübernahme, die Vergegenwärtigung von Gefühlen und Bedürfnissen, die Unterscheidung zwischen Wirklichkeit und Schein, Zufall und Absicht. (Vgl. hierzu S. 370). Die Verfasserin definiert sie als: »Annahmen über Bewusstseinsvorgänge, von denen der ›gesunde Menschenverstand‹ ausgeht, um Verhalten zu erklären.« Hierzu zählen »desires«, Bedürfnisse, Wünsche, Motive, Absichten, Intentionen sowie »beliefs«, also Erwartungen, Meinungen, Ansichten, Überzeugungen und Sachverhalte sowie Wahrnehmungen und Emotionen. Vgl. S. 354 (ff).
118 Vgl. hierzu und zum Wissen älterer Kinder um mögliche Strategien zur Steuerung des Bedürfnisaufschubes *Oerter* 1995 (c), S. 818 (ff).
119 *Hartocollis* 1986, S. 216.
120 *Bischof-Köhler* 1998, S. 363 (ohne Hervorhebung im Original). Die Verfasserin definiert das »basale Zeitverständnis« als Fähigkeit, sich Zeitspannen vorzustellen und diese bei der Handlungsplanung berücksichtigen zu können.

scheidungen ermöglicht, wie sie im Verfahren getroffen werden müssen, *beginnt* sich in der Regel erst im Vorschulalter zu entwickeln.[121]

b) Überlegungen zur Autonomieentwicklung
    geschädigter bzw. gefährdeter Kinder

Es ist also davon auszugehen, dass das Fundament für die Autonomieentwicklung bereits in der frühen Kindheit gelegt und ganz entscheidend durch die frühen Beziehungserfahrungen zu den Eltern bestimmt wird. Was aber, so ist zu fragen, bedeutet dies für die Entwicklung jener Kinder, die im Kindesschutzverfahren zu vertreten sind?

Ob die Zeit kurz nach der Geburt ein »Gipfelpunkt in der Häufigkeitsverteilung auftretender Misshandlungen«[122] ist, gilt als nicht gesichert. Andere Studien setzen den »Häufigkeitsgipfel« körperlicher Misshandlungen – abhängig vom Anzeigeverhalten, den Definitionen und Erfassungsmethoden etc. – zwischen dem dritten Lebensmonat und dem dritten Lebensjahr der Kinder an, wieder andere Studien gehen davon aus, dass Kinder eher zwischen dem dritten und achten Lebensjahr körperlich vernachlässigt bzw. misshandelt werden und manche Studien berichten von einer höheren Rate der Misshandlungsfälle im Jugendalter. Die Wahrscheinlichkeit, dass gerade kleine Kinder[123] misshandelt oder vernachlässigt werden, gründet u.a. in ihrer physischen und psychischen Abhängigkeit und der Zeit, die sie in und mit der Familie verbringen, ihrer körperlichen Unterlegenheit und Verletzungsanfälligkeit, ihren Schwierigkeiten, negative Gefühle zu kontrollieren und feindselige Reaktionen zu vermeiden, aber auch in den »... teilweise trotzigen Anstrengungen von Kleinkindern in Richtung größerer Selbstständigkeit.«[124] So disponiert

---

121 Der Soziologe *Elias* 1992 (Erschj. 1984), begreift Zeit als eine von Menschen geschaffene symbolische Übereinkunft bzw. Institution, die einen Bezugsrahmen sozialer Gruppen bilde. Ein »Zeitgefühl« müsse vom Kind erst erworben und seine begriffliche Vermittlung assoziativ durch Erfahrungswissen ausgefüllt werden. Im Laufe der Entwicklung werde dieses Zeitgefühl (auch als Zeitgewissen) so verinnerlicht, dass es gleichsam zur zweiten Natur werde und keiner bewussten Steuerung mehr zugänglich sei. Vgl. S. XVIII, 120 ff, 134, 167. Das Planen in Zeitbegriffen setze die Fähigkeit voraus, »... zwei oder mehr verschiedene Sequenzen kontinuierlicher Veränderungen miteinander zu verknüpfen, von denen eine als Zeitmaßstab für die andere(n) gilt. Es ist eine Leistung der intellektuellen Synthese, die alles andere als einfach ist.« S. 42.

122 *Amendt* 1992, S. 142.

123 Auf die Situation und Interessenvertretung (geistig) behinderter Kinder kann in dieser Arbeit nicht näher eingegangen werden. Gleichwohl muss in Anlehnung an den 10. Kinder- und Jugendbericht *BT-Drucks.* 13/11368, S. 119, von einer »hohen Dunkelziffer« über die Häufigkeit von Kindesmisshandlung als Ursache und als Folge der Behinderungen ausgegangen werden, die eine solche Untersuchung nahe legt. Gleiches gilt auch für suchtgeschädigte Kinder. So ist zum Beispiel das Vollbild einer Alkoholembryoapathie mit einer Häufigkeit von einem unter 300 Neugeborenen etwa doppelt so häufig wie das Down-Syndrom, vgl. *Löser* 1990, S. 91.

anscheinend gerade die Phase der Sauberkeitsgewöhnung zu Erziehungsgewalt, weil sie »... bevorzugt mit der Entwicklung und Durchsetzung von eigenem Willen, von Autonomie und Impulsen der Abgrenzung des Kindes von den Eltern verbunden ist.«[125]

Wie oft auch immer Kinder der verschiedenen Altersstufen tatsächlich betroffen sind, zur Häufigkeitsverteilung im Kindesschutzverfahren nach § 1666 BGB lassen sich durchaus Aussagen treffen. *Simitis u.a.* stellten hierzu in ihrer 1979 veröffentlichten Studie zu diesen Verfahren fest:

> »Von den insgesamt 109 betroffenen Kindern sind immerhin 46, d.h. fast 42%, unter 6 Jahre alt, d.h. Kleinkinder, für die die Ungewissheit ihres Verbleibens, ein vorläufiger Heimaufenthalt ebenso wie das Verbleiben in einer schädigenden Umgebung oder ein eventuell nötiger (erneuter) Wechsel der Umgebung eine schwere Belastung bedeutet. In abgeschwächtem Maße gilt das aber auch für die 45 Kinder zwischen 6 und 15 Jahren.«[126]

Münder u.a. fanden in ihrer Studie zum zivilrechtlichen Kindesschutzverfahren, dass 79 der insgesamt 318 Kinder (und Jugendlichen) ihr drittes Lebensjahr noch nicht vollendet hatten. Überwiegend ging es in diesen Verfahren um die Vernachlässigung, zum Teil aber auch um die Misshandlung der betroffenen Säuglinge und Kleinkinder.[127] Es ist also anzunehmen, dass die Interessenvertretung auch und gerade in Verfahren eingesetzt wird, die auf Grund fortgesetzter Vernachlässigung und/oder Misshandlung von Säuglingen und Kleinkindern eingeleitet wurden.[128]

---

124 Vgl. auch zum Voranstehenden *Bender/Lösel* 1997, S. 43.

125 *Petri* 1989, S. 48. Vgl. hierzu auch aus psychiatrisch-pädiatrischer Sicht *Kempe/Kempe* 1978, S. 28, die aus ihrer langjährigen Arbeit mit misshandelnden Eltern und misshandelten Kindern berichteten, neben Misshandlungssituationen, die auf das Schreien oder auf die schwierige Fütterung des Kindes reagieren, sei die Sauberkeitserziehung vermutlich die zweithäufigste misshandlungsauslösende Situation, die im Zusammenspiel mit normalem autonomen Verhalten des Kleinkindes auf Seiten der Eltern Kontrollverlust, Hilflosigkeit und Wut (»rage«) auslöse, die gegen das Kind ausagiert wird. Vgl. auch *Beiderwieden/Windaus/Wolff* 1986, S. 168, denen zufolge misshandelnde Eltern dahin tendieren, sich den Willen der Kinder rigoros zu unterwerfen oder seinen Willen als »den bloß eines Kindes« zu denunzieren.

126 *Simitis u.a.* 1979, S. 156.

127 Vgl. *Münder u.a.* 1998, S. 11. In 5 Fällen fehlte die Altersangabe. *Engfer* (1995, S. 962) zufolge machen Vernachlässigungsfälle ca. ¾ aller betreuten Misshandlungsfälle der Jugendämter aus. Hier bewirke Beratung oft wenig, es seien einschneidende praktische und materielle Hilfen oder die Herausnahme des Kindes notwendig. Vernachlässigung erfolge oftmals im Kontext extremer Armut bzw. sozialer Randständigkeit der Eltern sowie psychischer Erkrankungen und Drogenmissbrauch. Vgl. auch die Übersicht im 10. Kinder- und Jugendbericht *BT-Drucks.* 13/11368, S. 107 ff.

128 Ich verwende die Begriffe der Kindesmisshandlung, Vernachlässigung und des sexuellen Missbrauchs hier in einem *engeren* Sinne (also ohne die im Kontext des Kindes-

245

Gleichzeitig ist damit zu rechnen, dass sich in manchen Kinderbiografien seelische und körperliche Misshandlungen, sexuelle Übergriffe und Vernachlässigung zum Teil über Jahre erstrecken, bis dies dem Jugendamt bekannt wird oder dieses die Einleitung eines gerichtlichen Verfahrens anregt, um den Schutz des nunmehr älteren Kindes zu gewährleisten. In diesen Fällen, wie auch bei Herausgabestreitigkeiten im Bereich der Pflegekindschaft, der nicht selten ähnliche Lebenserfahrungen vorausgehen, sind nicht nur kurz-, sondern auch *längerfristige* Risiken zu beachten, die frühkindliche Mangel- und Gewalterfahrungen in Bezug auf die kindliche Autonomie-/Entwicklung sowie die Verständigungsmöglichkeiten des Kindes über seinen Willen zeitigen können.

Verhaltensweisen wie das Misshandeln, Vernachlässigen oder die sexuelle Ausbeutung des Kindes sind zunächst als Hinweis auf eine wesentlich komplexere problematische Interaktion der Familienmitglieder zu sehen, die in der Gesamtheit elterlicher Haltungen, alltäglichen Verhaltensweisen und Einstellungen eine Gefahr für das Kind sein können.[129] *Münder u.a.* führen hierzu aus:

>»Es lässt sich erkennen, dass alle Hauptgefährdungslagen mehr oder weniger stark mit anderen Gefährdungen verknüpft sind. Dabei korrespondieren sehr häufig seelische Misshandlung und Vernachlässigung, seelische und körperliche Misshandlung, sowie seelische Misshandlung und Elternkonflikte, die jeweils wechselseitig in über 30% der Fälle miteinander verbunden sind.«[130]

Sämtliche Verhaltensweisen können das kleine Kind vor ungeheuer schwierige Entwicklungsbedingungen stellen, die die amerikanische Psychiaterin *Herman* wie folgt charakterisiert:

>»Das Kind muss Primärbeziehungen zu Eltern herstellen, die entweder gefährlich oder aus kindlicher Sicht gleichgültig sind. Es muss Urvertrauen und Geborgenheit bei Eltern suchen, die nicht vertrauenswürdig sind und keinen Schutz bieten. Es muss die eigenen Grenzen im Verhältnis zu Mit-

---

schutzes notwendige Beachtung *struktureller* gewaltförmiger Lebensbedingungen und auch ohne die durchaus erforderliche Diskussion der Macht- und Gewaltverhältnisse zwischen sozialen Schichten, Geschlechtern und Generationen). Zur Definition o.g. Begriffe: *Engfer* 1986, S. 1-8; *dies.* 1990, S. 59 f; *Schone u.a.* 1997, S. 21; *Rothe,* FuR 1996, 55/56 f; *Stumpf* 1995, S. 18-22.

129 Die Unterscheidung verschiedener Formen der emotionalen und körperlichen Misshandlung, des sexuellen Missbrauchs und der Vernachlässigung spiegelt insoweit oft nicht die Lebenserfahrung des Kindes wieder, da diese sich teilweise bedingen, ergänzen und kumulieren, beschreibt aber »Schwerpunkte« der elterlichen Verhaltensweisen. Vgl. hierzu *Dornes* 1997 (a), S. 66; *Hirsch* 1990, Kapitel 5 und 7; *Martin* 1976, S. 151 ff; *Kempe/Kempe* 1978, S. 30; *Martinius* 1989, S. 92 f; *Zenz* 1981, S. 328 f.

130 *Münder u.a.* 1998, S. 27.

menschen finden, die ohnmächtig, nachlässig oder grausam sind. Es muss Kontrolle über den eigenen Körper in einer Umgebung erlernen, in der andere nach ihren Bedürfnissen über seinen Körper verfügen. In einer Umgebung, die keinen Trost bietet, muss es lernen, sich selbst zu trösten. Es muss Initiative entwickeln in einer Umgebung, die verlangt, dass es seinen Willen dem Willen des misshandelnden Elternteils vollständig unterwirft.«[131]

Im Kontext kindlicher Autonomieentwicklung dürfte es gleichwohl ein wichtiger Anhaltspunkt sein, dass Misshandlung, sexueller Missbrauch und Vernachlässigung zwar allesamt erhebliche Risiken der kurz- und langfristigen Schädigung bergen, jedoch verschiedene *Handlungsmodalitäten* der Erwachsenen bezeichnen, nämlich eher aktive und eher passive Verhaltensweisen, »... die sich nach Intention, Umständen und Folgen überschneiden oder auch kumulieren können.«[132] Für das auf Zuwendung, Affektregulation, Nahrung und Pflege angewiesene Kind kann Vernachlässigung zwar ebenso ängstigend und vernichtend sein wie seelische und körperliche Misshandlungen oder seine physisch-psychische Überwältigung bei sexuellen Übergriffen. Gleichwohl lassen sich spezifische Zusammenhänge zwischen der kindlichen Autonomieentwicklung und den jeweiligen Misshandlungsformen aufzeigen.

(1) Wille ohne Wirkung und Resonanz:
    Die Lebenserfahrung vernachlässigter Kinder

Vernachlässigte Kinder, die wie *Münder u.a.* berichteten, zu 70,9% in der Altersgruppe der unter Dreijährigen im Kindesschutzverfahren nach § 1666 BGB repräsentiert sind[133], müssen früh erfahren, dass ihre lebenswichtigen Bedürfnisse, Wünsche und Willensäußerungen ohne die für sie so wichtige Resonanz bleiben. Sie erfahren zu wenig oder keine Stimulation und erhalten weniger Reaktionen auf ihre Signale sowie emotionale und körperliche Zuwendung und Ansprache[134], unter Umständen haben sie auch unter mangelnder Sorge für

---

131 *Herman* 1994, S. 142. Zur Problematik des mangelnden oder zerstörten Urvertrauens misshandelter Kinder vgl. auch *Zenz* 1981, S. 233, 255; auch *Shengold* 1995, S. 376 ff.

132 *Zenz* 1981, S. 96. Vgl. auch *Schone u.a.* 1997, S. 18. *Anmerkung:* Stichproben in einer Poliklinik in den Jahren 1992 und 1993 an einer Population von 698 Kindern wiesen auf einen hochsignifikanten Zusammenhang zwischen sexuellen Missbrauchserfahrungen, Misshandlungen und Deprivationszuständen hin. Vgl. *Fegert*, FPR 1995, 62/67.

133 Vgl. *Münder u.a.* 1998, S. 26. Auch bei ältere Kindern muss die Vernachlässigung als »zentrale Gefährdungskategorie« gelten. Sie wurde von den befragten Fachkräften, die u.a. gebeten wurden *ein* zentrales Gefährdungsmerkmal zu nennen, bei zwei von drei Kindern und Jugendlichen (65,1%) genannt. Vgl. S. 24 f.

134 Zu psychischen Formen der Misshandlung und Vernachlässigung, insbesondere zu den Risiken durch die passiv ablehnende Haltung »emotional nicht verfügbarer Mütter« vgl. *Engfer* 1997, S. 24.

ihren Körper z.B. Ernährung, Körperpflege, Wickeln, medizinische Behandlung etc. zu leiden, werden ohne jede Anregung, Beruhigung und Versorgung von den Eltern allein gelassen, sind durch fehlende Aufsicht gefährdet usw. Im Extremfall scheint den Eltern die Existenz des Kindes nicht bewusst zu sein.[135]

Bei extremen Formen familialer oder institutioneller Vernachlässigung, wie sie *René Spitz* in seinen Studien der anaklitischen Depression und des Hospitalismus-Syndroms beschrieb, kommt der totale Entzug affektiver Zufuhr »einem emotionellen Verhungern gleich«.[136] Die deprivierten Kinder fielen *Spitz* durch Inaktivität und Mattigkeit, leeren Gesichtsausdruck, verlangsamte und verzögerte motorische Reaktionen und eine verzögerte Entwicklung auf. Auch aus der neueren Säuglingsforschung wird berichtet, dass vernachlässigte Säuglinge schon früh einen blanken, affektlosen Gesichtsausdruck zeigten[137] und eher inaktiv und kraftlos wirken. *Dornes* sieht in der Apathie der Säuglinge ein »Depressionsäquivalent«, das durch sprachlich vermittelte Affektkommunikation induziert wurde.[138]

Wenn dem Kind überhaupt eine Bezugsperson zur Verfügung steht[139], kommt es auf jeden Fall zu einer Bindung, über deren Qualität damit jedoch noch nichts gesagt ist. Fehlt ihm die Möglichkeit, eine feinfühlige Beziehung mit den Eltern oder anderen Erwachsenen zu erleben, muss die Entwicklung des Bindungsverhaltens bzw. der Aufbau innerer Bindungsrepräsentanzen als gefährdet gelten. Bei vielen vernachlässigten und misshandelten Kindern wurden in der sog. Fremden Situation[140] eine »desorientiert/desorganisierte« Bindung an ihre Bezugspersonen bzw. Mischformen von Vermeidung und Ambi-

---

135 Vgl. *Gil* 1993 (Erschj. 1991), S. 19 f.

136 Vgl. *Spitz* 1987 (Erschj. 1965), S. 292.

137 Vgl. *Dornes* 1992, S. 116, 124, 125, 145; *Rauh* 1995, S. 204, 233. *Erläuterung*: Für ein Verständnis des Kindes misst die Säuglingsforschung Körperhaltungen und Vokalisierungen weniger Bedeutung zu als dem kindlichen Mienenspiel. Die noch unverstellten Gesichtsausdrücke berechtigen zum Rückschluss auf ein entsprechendes Gefühl. Sie haben eine Signal- und Kommunikationsfunktion für Affekte, die im sinnvollen Zusammenhang mit aktuellen Anlässen und lebensgeschichtlichen Erfahrungen stehen.

138 *Dornes* 1997, S. 228.

139 Bei vielfachen Beziehungsabbrüchen oder einem Heimaufenthalt in der frühen Kindheit ist dagegen mit Bindungsstörungen zu rechnen, durch die das Kind überhaupt kein Bindungsverhalten zeigt. In Bedrohungssituationen wendet es sich z.B. nicht an die primären Bezugspersonen oder reagiert auf Trennungen nicht mit Protest bzw. bei der Trennung von beliebigen Personen undifferenziert. »Es gibt keine Bindungsperson, die für sie eine besondere Bedeutung als Ort der Sicherheit hat und die sie bei Angst oder Bedrohung zum Schutz aufsuchen.« *Brisch* 1999, S. 84.

140 Zur (Weiter-)Entwicklung dieser standardisierten Beobachtungssituation durch *Harlow*, *Ainsworth* und *Wittig* vgl. *Rauh* 1995, S. 241. *Grossmann/Grossmann*, GwG 1994, 26/ 39 fassen das Setting wie folgt zusammen. »In der Fremden Situation wird das Bindungssystem durch zwei Trennungen der Bindungsperson vom einjährigen Kind aktiviert. Dabei wird beobachtet, wie sich das Spielverhalten der Kinder verändert und wie das Kind, nach der Wiedervereinigung, die Mutter als Sicherheitsbasis braucht und verwendet, um die Balance des durch die Trennung aktivierten Bindungssystems wieder zu Gunsten von Erkundung und Spiel zu verändern.«

valenz festgestellt. Hierbei handelt es sich um Verhaltens-[141] bzw. Bindungsmuster, die als Ausdruck traumatisierender und/oder hochgradig inkonsistenter Beziehungserfahrungen und als am wenigsten adaptiv gelten. Die Bindungsforschung stimmt anscheinend überein, dass die unsichere Bindung, die auch in Folge kritischer Lebensereignisse entstehen kann[142], selbst zwar nicht psychopathologisch ist, jedoch als disponierender Faktor für (die hier zur Rede stehenden) Kinder aus sog. High-Risk-Samples wirkt, die bis zum Schulalter vor allem im Bereich des Sozialverhaltens und der Impulskontrolle als beeinträchtigt gelten. Vernachlässigte Kinder zeigen in der weiteren Entwicklung oft weniger adäquates Sozialverhalten im Kindergarten und der Schule, weniger Fantasie und positive Affekte im Freispiel und haben kleinere und kürzere Aufmerksamkeitsspannen sowie ein geringeres Selbstwertgefühl als sicher gebundene Kinder.[143]

Ein Mangel an feinfühligen Bindungsangeboten kann bewirken, dass Kinder nur wahllose und gefühlsarme Beziehungen aufbauen. Die beeinträchtigte Bindungsfähigkeit kann sich in einer nur schwer reversiblen Anklammerung (allzu leichter Auslösung eines ängstlichen Bindungsverhaltens), scheinbarer Gleichgültigkeit, aber auch in freundlicher Anpassung ausdrücken, die als Angstbindung und Warnsignal, aber nicht als Persönlichkeitswachstum interpretiert werden muss.[144] Die Gruppe der fortwährend vernachlässigten Kinder im Alter von 2 bis 6 Jahren zeigt zudem im Vergleich mit (auch misshandelten) Gleichaltrigen »... die meisten negativen und die wenigsten positiven Affekte in der sozialen Interaktion, verfügt über die geringste Impulskontrolle und hat in IQ-Tests die niedrigsten Werte.«[145] Häufig leiden die motorische Entwicklung und die Sprachentwicklung des kleinen Mädchens oder Jungen unter der minimalen Stimulation, dem fehlenden Feed-Back und mangelnden Gelegenheiten, solche Fähigkeiten einzuüben.[146]

---

141 *Spangler* 1996, S. 55 f, trifft andere Unterscheidungen als die hier referierte Theorie. Danach können desorganisierten Verhaltensmustern (unterbrochene Bewegungen, widersprüchliche Verhaltensweisen, Verwirrung oder Furcht vor den Bezugspersonen) sowohl sichere, unsicher-vermeidende und unsicher-ambivalente Bindungsmuster unterliegen, die sich unabhängig voneinander beschreiben ließen.

142 Unsichere Bindungsrepräsentationen zeigten besonders häufig Kinder aus Scheidungsfamilien und aus Familien mit schweren körperlichen oder psychischen Krankheiten oder Todesfällen. *Spangler* 1996, S. 60.

143 Vgl. *Dornes* 1997, S. 226 ff, demzufolge der Anteil der desorganisiert gebundenen Jungen anscheinend höher ist als der der Mädchen, insbesondere wenn der Vater fehlt. Als sicher gebunden gelten nur 5 bis 18% der vernachlässigten/misshandelten Kinder. Eine Übersicht über neuere klinische Studien, die den engen Zusammenhang von traumatischen Beziehungserfahrungen und desorganisierten bzw. unsicheren Bindungsmustern belegen, gibt auch *Scheuerer-Englisch* 1998.

144 Vgl. *Bowlby* 1973 (Erschj. 1951), S. 16, 22, 45 f; *ders.* 1983, S. 60; *Rutter* 1978 (Erschj. 1972), S. 34, 71, 99 ff.

145 *Dornes* 1997, S. 231.

146 Vgl. *Martin* 1976, S. 80.

Bei fortgesetzt vernachlässigten – wie bei misshandelten und sexuell missbrauchten Kindern auch – ist ebenso damit zu rechnen, dass sie schlechtere Voraussetzungen haben, ihre Fähigkeit zur introspektiven Auseinandersetzung mit der eigenen Person auszubilden. Denn das Fundament für Einsichten in die eigenen Gründe, Intentionen und die Auswirkungen eigener Handlungen wird gelegt, indem die primären Bezugspersonen des Kindes sich zunächst stellvertretend um die Klassifikation und Einordnung der psychischen Vorgänge des Kindes bemühen[147], so dass es allmählich diese – für das eigenverantwortliche Handeln so wichtige – Fähigkeit entwickeln kann. Ähnliches gilt für die Selbstbewertungsfähigkeiten der Kinder. Ab dem Ende des zweiten Lebensjahres sind sie auf (angemessene) Reaktionen der Erwachsenen bei Erfolg oder Misserfolg ihrer Handlungen angewiesen, die nach und nach internalisiert und zum Maßstab der eigenen emotionalen Bewertung ihrer Aktivität werden.[148]

Angesichts der zentralen Bedeutung, die frühkindlichen Erfahrungen wie der Urheberschaft und Wirkmächtigkeit, der angemessenen Stimulation und Regulation seiner Affekte sowie der empathischen Resonanz auf die Bindungs- und Individuationsbedürfnisse des Säuglings bzw. Kleinkindes zukommen, sind die Voraussetzungen vernachlässigter Kinder folglich extrem ungünstig. Die beeinträchtigte Affektentwicklung, die vergleichsweise geringere Fähigkeit zur Impulskontrolle, die immer wieder beschriebene Passivität und der Rückzug der Kinder aus Beziehungen, ihr relativ geringes Selbstwertgefühl u.a.m. sind (auch) was ihre Autonomieentwicklung angeht, als Alarmzeichen zu werten. Es ist wohl anzunehmen, dass es für viele Kinder dieser Fallgruppe ein im Vergleich zu Gleichaltrigen sehr großes, wenn nicht unüberwindbares Problem darstellt, sich aktiv mit der eigenen Situation auseinander zusetzen, d.h. sich überhaupt über die eigenen Gefühle, Wünsche und Präferenzen klar zu werden und erst recht, sich hierüber mit anderen Menschen zu verständigen.

Ein Hinweis – mehr nicht – ist in diesem Zusammenhang, dass die mir in Sondierungsgesprächen berichteten Praxiserfahrungen, in denen sich Kinder gegenüber VerfahrenspflegerInnen *überhaupt nicht* über ihre Erwartungen an das Gericht zu äußern vermochten, vernachlässigte Klein- und Vorschulkinder betrafen. Bei einigen Kindern kam zu den ohnehin gravierenden Mangelerfahrungen nun auch noch die akute Trennung von den Eltern und die Unterbringung im Heim oder der Pflegefamilie hinzu, die sie zu bewältigen hatten.

Ein Verfahrenspfleger, der als einen seiner ersten Fälle zwei fortgesetzt vernachlässigte Kinder vertrat, berichtete zum Beispiel, er habe alles versucht, um die beiden Kinder kennen zu lernen, die seit einigen Wochen in ei-

---

147 Vgl. *Mertens* 1998, S. 106 f.
148 Vgl. *Oerter* 1995 (c), S. 796.

ner Familiengruppe lebten. Diese hätten sich zwar bereitwillig auf seine Besuche eingelassen, gingen mit ihm spazieren usw., wichen aber jeglicher Kommunikation aus, die Wünsche hinsichtlich des Zusammenlebens mit ihrer Mutter oder auch nur die Möglichkeit von Besuchen berührte. Auch die in der Gruppe tätigen Betreuungspersonen berichteten von ähnlichen Erfahrungen. Der Verfahrenspfleger wertete die Reaktionen der Kinder schließlich als das Bedürfnis, sich nicht für oder gegen irgendetwas entscheiden zu müssen, als Notlage und Überforderung, sich aktiv und eigenverantwortlich zu der gegenwärtigen Situation verhalten zu müssen. Er signalisierte dies den Kindern, die sein Hinweis auf die Verantwortung der Erwachsenen seinem Eindruck nach ebenso deutlich entlastete wie die beendeten Versuche, irgendetwas aus den beiden »herauszubekommen«, das er dem Gericht hätte mitteilen können.[149]

(2) Angriff und Zerstörung des Willens:
    Zur Lebenserfahrung misshandelter Kinder

Anders als bei der Vernachlässigung ist ein zentrales Moment des Misshandlungsgeschehens, dass das Kind in der direkten Interaktion mit und von wichtigen Bezugspersonen verletzt wird. Diese nehmen also, anders als vernachlässigende Eltern, eine intensive, wenn auch unangemessene, überstimulierende und verletzende, vielleicht auch inkonsistente Beziehung zum Kind auf. Anlass der Misshandlungen sind oft vitale, seelische und körperliche Willens- und Bedürfnisäußerungen des Säuglings und Kleinkindes, z.B. Nicht-Essen-Wollen, anhaltendes Schreien und Weinen, Ess- und Schlafstörungen[150], auf die diese Eltern mit Hilflosigkeit, Ohnmacht und Wut reagieren, die in Gewalt gegen das Kind münden.[151]

Man kann sich das ganz einfach so vorstellen, schreibt *Martin,* ein amerikanischer Pädiater und Psychoanalytiker, der langjährig mit misshandelten Kindern und deren Eltern arbeitete, dass das Kind in Gefahr gerät, sobald es Dinge anstellt, herumrennt, zu aktiv ist. Im selben Alter kämen die Kinder aber auch wegen dem, was sie sagen, in Schwierigkeiten. Das von *Spitz* beschriebene Wort »Nein«, wie auch die einige Jahre später ebenso wichtige Frage nach dem »Warum« seien häufig Anlässe der Misshandlung.

---

149 Mündliche Mitteilung des Verfahrenspflegers.
150 Vgl. *Amendt* 1992, S. 141 f; *Zenz* 1981, S. 201 ff; *Petri* 1989, S. 34 f, 40 f; *Stumpf* 1995, S. 22 ff. Zu Motiven der Eltern und möglichen Hilfen: *Petri* 1989; *Steele* und *Pollock* 1978 (Erschj. 1968), S. 161. Entgegen früheren Annahmen kann wohl nicht davon ausgegangen werden, dass es sich bei misshandelten Kindern von Geburt an eher um »Problemkinder« handelt (Mannheim Studie). Vgl. *Laucht* 1990, S. 45. So auch *Engfer* 1995, S. 966. *Hinrichs* 1999, S. 306, zufolge weisen jedoch früh- und untergewichtig geborene Kinder ein erhöhtes Misshandlungsrisiko auf.
151 Vgl. *Dornes* 1997, S. 235.

»In einer misshandelnden Familie wird das Kind geschlagen, weil es ›frech‹ ist, weil es Dinge fragt, weil es sich über Dinge beschwert, weil es seine Gefühle der Aggression, des Ärgers oder der Enttäuschung zeigt.«[152]

Ähnlich führt *Hutz* in einem Beitrag über die Erfahrungen der Kinderschutzzentren zu den Misshandlungsanlässen aus:

»Der Misshandelnde schlägt das, was ihn am meisten beunruhigt und fordert, was er wegschaffen und unterdrücken muss: Die Lebendigkeit des Kindes, seine Bedürftigkeit nach Zuwendung, nach Fürsorge des Erwachsenen und seinen Willen. Alles, was den Erwachsenen fordert, nach ihm greift, von ihm wegläuft, sich ihm widersetzt, muss er schlagen, weshalb Mund und Hände, Arme und Beine, Kopf und Genitalien von Verletzungen am meisten betroffen sind.«[153]

Auch *Beiderwieden u.a.,* die die wissenschaftliche Begleitung einer Kindergruppe in einem Kinderschutzzentrum übernahmen, beschreiben das unmittelbare Misshandlungsgeschehen in ähnlicher Weise als eine Reaktion auf die Aktivitäten und Willensäußerungen[154] der betroffenen Kinder. »Misshandlung«, führen die Verfasser aus, »ist immer Misshandlung des Körpers und der Wünsche.« Die Außenwelt der misshandelten Kinder sei so gefahrvoll und die der vernachlässigten Kinder so anregungsarm, dass mangelnde Förderung und gewaltsame Einwirkung »… die Neugier hemmen und damit früh den Aufbau der Ich-Funktionen stören.«[155]

Misshandelnde Eltern zeigten bei Videoaufzeichnungen von schreienden und von lächelnden Säuglingen mehr Stress und fühlten sich durch Szenen, in denen Kinder nicht ins Bett gehen wollten oder sich verletzt hatten, signifikant belasteter als eine Kontrollgruppe.[156] Auch ist es wahrscheinlicher, dass sie Missgeschicke des Kindes oder die Nichtbefolgung von Aufforderungen seinem schlechten Charakter, seine Erfolge dagegen eher äußeren Faktoren (Zufall, glückliche Umstände) zuschreiben und sein Verhalten als absichtlich gegen sie selbst gerichtet erleben.[157] – Wie noch zu zeigen ist, wird diese Sicht übrigens später von sehr vielen der Kinder selbst geteilt, die sich als »böse« und zugleich als wenig wirkmächtig erleben.

Bei misshandelten Babys wurden anscheinend seltener Freude und Interesse, dafür sehr viel häufiger und zu einem früheren Zeitpunkt negative Af-

---

152 *Martin* 1976, S. 80 (Übersetzung, MZ).
153 *Hutz* 1990, S. 89.
154 Die meisten der in diesem Modellversuch beobachteten 29 Kinder äußerten »… vehement ihren *Willen* und wollten ihre Wünsche oft rigoros durchsetzen«. Eine Minderzahl reagierte aber auch mit Rückzug und äußerte ihren Willen kaum. S. 165 (f).
155 *Beiderwieden/Windaus/Wolff* 1986, S. 201.
156 Vgl. *Dornes* 1997, S. 235.
157 Vgl. *Dornes* 1997, S. 236.

fektausdrücke beobachtet, als sie eine Vergleichsgruppe nicht misshandelter oder missbrauchter Babys zeigte.[158] Während misshandelte Babys und Kleinkinder ebenso wie vernachlässigte Kinder mehrheitlich desorganisierte Bindungsmuster entwickeln, tendieren sie – wie vergleichende Interaktionsstudien zeigen – zu aggressiven und »schwierigen« Reaktionen auf das eher (nicht immer) kontrollierende, insensitive und irritierende Interaktionsverhalten ihrer Mütter.[159] *Kempe* und *Kempe* berichteten aus ihrer langjährigen pädiatrischen bzw. psychiatrischen Praxis mit misshandelten Kindern und deren Eltern, etwa ein Viertel der kleinen Kinder und noch mehr unter den älteren tendiere zu negativem, aggressivem und oft auch hyperaktivem Verhalten, das primär negative Aufmerksamkeit auf sich ziehe. Vielfach, so die Verfasser, haben diese Kinder in ihren Familien erlebt, dass der ...

> »... einzig akzeptable verbale Ausdruck jeglichen Gefühles, gleich ob Angst, Unentschiedenheit, Freude oder Ärger, ein aggressiver Ausbruch ist – ein Abbau der Spannung in einem begrenzten emotionalen Repertoire.«[160]

Sehr häufig sei auf der anderen Seite eine »totale Unterwerfung« der misshandelten Kinder zu beobachten. Diese Kinder, so die *Kempes,* wirken stoisch, zeigen kaum oder keine Gefühle, nicht einmal Schmerz. Bei vielen von ihnen ist ein Zustand zu beobachten, der in der Fachliteratur als »frozen watchfulness« beschrieben wird. Die Kinder sind stumm und bewegen sich nicht (»stone silent«[161]). Ihr Blickverhalten wirkt starr und »eingefroren« und sie zeigen, wenn sie zu sprechen beginnen, ein bemerkenswertes Gedächtnis für ihre physische Umgebung und Ereignisse. »Ihre Augen tasten die Umgebung konstant auf Gefahren hin ab, während ihre Gesichter unbeweglich sind; da ist kein spontanes Lächeln und meist auch kein Augenkontakt«. Es sei, als wären sie ausschließlich bestrebt, jeden Ärger zu vermeiden – als vielleicht einzige Möglichkeit, die Beziehung zu den Eltern zu verbessern. Was immer auch geschieht, zeigen viele früh misshandelte Kinder eine ungewöhnliche Gefügigkeit und Willfährigkeit.

> »Sie sind passiv und folgsam, selbst wenn sie sich im Krankenhaus schmerzhaften Prozeduren unterziehen müssen oder bei einem Untersuchungsvorgang von ihren Eltern getrennt und von einem Fremden genommen werden. Wenn sie dazu aufgefordert werden, bleiben sie lange in unbequemen Positionen oder sitzen still, während ihre Mütter lange Gespräche führen. Dass dies eigentlich Willfährigkeit ist, beweist der gra-

---

158 Vgl. *Dornes* 1992, S. 145.
159 Vgl. *Dornes* 1997, S. 225 ff.
160 *Kempe/Kempe* 1978, S. 35 (Übersetzung MZ).
161 *Martin* 1976, S. 133.

duelle Zuwachs an Selbstbehauptung und Widerstand, wenn sie in ein gewährenderes Umfeld wechseln.«[162]

Misshandelte Kleinkinder, fassen die *Kempes* ihre Beobachtungen zusammen, sind oft ängstlich bemüht, nichts falsch zu machen. Sie versuchen, den Erwachsenen keinen Anlass für Ärger zu geben und zu gefallen, und brauchen Zeit, um zumindest etwas Vertrauen zu entwickeln. Sie halten sich selbst meist für schlecht, nicht liebenswert und dumm.[163] Sie stellen hohe Erwartungen an sich, wenn es darum geht, etwas richtig zu machen, dafür verlangen sie wenig von sich, wenn es darum geht, sich wohl zu fühlen oder wirkliche Interessen zu entwickeln. Oft haben sie enorme Schwierigkeiten, ihre Gefühle, insbesondere Zuneigung, Einsamkeit, Angst und Freude, wahrzunehmen und zu verbalisieren. Oft müssen sie erst mit therapeutischer Hilfe erfahren, dass ihre Gefühle erlaubt sind und ermutigt werden, bevor sie sich verbal oder im Spiel auszudrücken vermögen. Erst dann wird das Ausmaß ihrer Ängste und ihres Ärgers sichtbar und man erhält Einblicke in eine Welt, in der verschiedenste Gefahren lauern und in der Vorstellungen von Gewalt, Verlust und Trennung dominieren.[164]

Auch *Martin*, der ebenso wie die *Kempes* längerfristig mit misshandelten Kindern arbeitete und mehrere follow up-Studien durchführte, berichtete von einem spezifischen Anpassungsverhalten und Problemen der Sprachentwicklung: Wenn man mit den Kindern zusammensitze, spiele und sie untersuche, sei man von ihren recht guten Kommunikationsfähigkeiten beeindruckt. Manche der von ihm untersuchten Kinder, so *Martin*, hatten leichte Artikulationsprobleme, aber nicht eindrucksvollere, als man sie sonst in jeder Vorschulpopulation antreffe. So habe er meistens das Gefühl gehabt, dass er wusste, was das Kind ihm mitteilte und fühlte sich selbst gleichermaßen verstanden. Als ihm bei formalen Tests bewusst wurde, dass der Sprachbereich signifikant schwach entwickelt war, habe er die spontanen Mitteilungen der Kinder kritischer zu betrachten begonnen und sei auf drei auffällige Faktoren gestoßen:

»Erstens nutzte das Kind seine nonverbalen Kommunikationsfähigkeiten, um seine spärlichen verbalen Fähigkeiten aufzubessern. Zweitens übertrafen konkretistische Fähigkeiten, wie das Benennen von Bildern, die eher abstrakten Sprachaufgaben. (...) Der dritte Faktor in der Sprache dieser Kinder betraf die adaptive Natur mancher Verbalisierungen. Einige Kinder reagierten auf ihre Angst, die Preschool zu verlassen und bei mir zu sein, indem sie mir unverzüglich sehr persönliche Fragen stellten,

---

162 *Kempe/Kempe* 1978, S. 32 (f) (Übersetzung MZ).
163 Dass dieses Selbstbild der Kinder mit den oben beschriebenen Attributionen ihrer Eltern übereinstimmt, ist augenfällig.
164 Vgl. *Kempe/Kempe* 1978, S. 33, 36 ff.

so als hätten sie ein genuines Interesse an mir. Sie wollten wissen, wie ich zur Arbeit gehe, welches Auto ich fahre, wie viele Kinder ich habe, etc.«[165]

Dieser Eindruck, den der Verfasser bei einer ersten Studie an 42 misshandelten Kindern gewonnen hatte, bestätigte sich auch in einer follow up-Studie an 50 weiteren Zwei- bis Dreizehnjährigen. Auch wenn die Kinder sich in ihren Persönlichkeitsprofilen stark unterschieden, sei ihre Anpassungsfähigkeit auffällig:

»Misshandelte Kinder passen sich wie ein Chamäleon an verschiedene Personen und Settings an. ... Einer der wichtigsten Überlebensmechanismen des gefährdeten Kindes besteht darin, dass es sein Verhalten entsprechend seiner Umgebung modifiziert. Ihr Verhalten zu Hause, in der Schule und in Untersuchungsräumen weist größere Schwankungen auf als das Verhalten anderer Kinder.«[166]

Obwohl grundsätzlich davon auszugehen ist, dass misshandelte Kinder – ebenso wie übrigens sexuell missbrauchte[167] – keine spezielle psychische Symptomatik zeigen, so auch der Psychologe *Hinrichs,* finde man oft Angst- und Rückzugsverhalten, aber auch Aggression und Ausagieren. Hinzu kämen die aus der Hospitalismusforschung bekannten Symptome wie Apathie und eine gestörte Körperwahrnehmung mit autodestruktiven Tendenzen. Später sei mit Sprachentwicklungsverzögerungen sowie Lern- und Leistungsproblemen zu rechnen.[168] *Dornes* zufolge kann es als einer der empirisch am besten gesicherten Befunde der Entwicklungspsychologie gelten, dass diese Kinder schon im Vorschulalter ein gestörteres, insbesondere aggressiveres Verhalten gegenüber ihren Peers zeigen als nicht misshandelte Kinder:

»Die älteren misshandelten Kinder waren, ebenso wie die jüngeren, bei ihren Kameraden unbeliebter, sehr viel aggressiver, und wurden von den Lehrern als am schwersten gestört eingeschätzt. Im Unterschied zu misshandelten Kindern sind vernachlässigte weniger aggressiv als vielmehr

---

165 *Martin* 1976, S. 79 (Übersetzung MZ).
166 *Martin* 1976, S. 107 (Übersetzung MZ).
167 Vgl. *Fegert,* FPR 1995, 62. *Erläuterung*: Ursächlich für die Schädigung können z.B. Überstimulation, Drohungen und Gewaltanwendung, das Überschreiten der Generationsgrenzen, die Geheimhaltungspflicht, die Realisierung ödipaler Fantasien, die Konfrontation mit erwachsener Erregung, die Introjektion der Schuldgefühle des Täters, die Identifikation mit ihm, der narzisstische Missbrauch u.a.m. sein, die unter Umständen eine Vielfalt an altersspezifischen Kurz- und Langzeitfolgen bewirken.
168 *Hinrichs* 1999, S. 306. In gleicher Weise beschreibt *Motzkau* 1997, S. 57, Leiter einer ärztlichen Ambulanz bei Vernachlässigung und Misshandlung, das Verhalten misshandelter Kinder außerhalb der Untersuchungssituation aus kinderpsychiatrischer Sicht.

passiv und zurückgezogen. Die sozialen Beziehungen beider Gruppen zu Gleichaltrigen sind dadurch außerordentlich beeinträchtigt.«[169]

Das misshandelte kleine Kind erlebt also, dass seine selbstinitiierten Aktivitäten und insbesondere seine phasenadäquaten elementaren Bedürfnisse nach Exploration, Initiative und Autonomie, sein Trotz und das Recht, »Nein« zu sagen, oder sich die Welt durch »Warum-Fragen« zu erschließen, unerwünscht, schmerzhaft oder sogar lebensbedrohlich sein können und die so wichtige Sicherheit innerhalb der Primärbeziehung gefährden, verhindern oder zerstören, die sich in diesen Situationen in einen Körper und Psyche überwältigenden Angriff wandelt. Wenn aber die Äußerung der eigenen Bedürfnisse und des eigenen Willens und das Explorationsverhalten immer wieder zu traumatischen Beziehungsepisoden führen, beeinträchtigen diese Lebenserfahrungen die Autonomieentwicklung des misshandelten Kindes. *Nienstedt* und *Westermann* bringen dies aus kinderpsychologischer Sicht in ihren Ausführungen zur »gestörten Autonomie- und Ich-Entwicklung« misshandelter Kinder auf den Punkt:

> »Das tief verwurzelte Misstrauen in die eigenen Fähigkeiten und den eigenen Wert, die Erfahrung, dass man den gestellten Anforderungen nicht gerecht wird, die Erfahrung, dass die Entwicklung von Eigeninitiative, die beim Kleinkind zwangsläufig mit Ungeschicklichkeiten wie Stolpern, Sachen-Umstoßen, usw. verbunden ist, schon zu erheblichen Strafen führen kann, d.h. bedrohlich ist, die Erfahrung, dass Schreien oder verbale Äußerungen wie Nein-Sagen, Warum-Fragen die Eltern aus der Fassung bringen und zur Ablehnung und Misshandlung führen können, bedingen, dass die Kinder in der Entwicklung ihrer Ich-Fähigkeiten oft erheblich behindert werden.«[170]

Eine Folge ist, dass Aggression und Freude nicht gezeigt werden dürfen und schon die fehlende Übereinstimmung mit den Erwartungen der Eltern und erst recht der Dissens und Konflikte zu Straf- und Überwältigungsängsten führen können.[171]

Aus Sicht der Kinder, lässt sich zusammenfassend sagen, sind mit hoher Wahrscheinlichkeit gerade jene Interaktionen gefährlich und ängstigend, in denen es darum geht, einen eigenen Willen zu haben und zu artikulieren, insbesondere wenn das Kind damit rechnen muss, dass dieser nicht die Zustimmung der Eltern findet oder gar als Kritik oder Angriff interpretiert wird. Auch ist damit zu rechnen, dass sich das Kind in einem solchen Maße an die Eltern angepasst hat, dass ihm ein Zugang zu seinen ureigensten Wünschen, Bedürf-

---

169 *Dornes* 1997, S. 231.
170 *Nienstedt/Westermann* 1995, S. 115 f.
171 Vgl. *Nienstedt/Westermann* 1995, S. 116.

nissen, Gefühlen und Interessen verwehrt und damit erst recht nicht Dritten gegenüber mitteilbar ist.

(3) Der gebrochene und erzeugte Wille:
Lebenserfahrung sexuell missbrauchter Kinder

Die bisherige Betrachtung lässt erkennen, wie das vernachlässigte Kind erlebt, dass seine Grundbedürfnisse und seine Willensäußerungen ignoriert bzw. missachtet werden und diese Erfahrung fehlender Resonanz verinnerlicht. Das misshandelte Kind sieht sich demgegenüber schutzlos überwältigenden oder vernichtenden Angriffen ausgesetzt, und zwar gerade dann, wenn es Initiative entwickelt und seinen Willen ausdrückt. Auch sexuelle Übergriffe werden oft mit physischer und psychischer Gewalt gegen den Willen des Kindes erzwungen und beinhalten insoweit ein Moment des »Willensbrechens«.[172]

»Ein Teil der Männer, die Kinder missbrauchen«, so etwa *Wyre,* der therapeutisch mit verurteilten Straftätern arbeitet, »sind Sadisten«. Einer beschrieb, wie er seine kindlichen Opfer bewusst auf rauem Beton oder Kies vergewaltigte, um den Schmerz, den er ihnen zufügte, noch zu steigern.«[173] Auch *Bange,* der beratend und therapeutisch mit den Opfern sexueller Übergriffe und deren Angehörigen arbeitet, berichtet:

> »›Deine Eltern sterben, wenn Du was erzählst‹, ›Du kommst ins Heim und
> ich ins Gefängnis‹, usw. sind übliche Drohungen. Bei längerfristigem se-
> xuellen Missbrauch steigern sich die Drohungen und die eingesetzte Ge-
> walt vielfach mit dem Alter der Kinder.«[174]

Ähnlich wie bei der Misshandlung geht dieses »Willensbrechen«, der Angriff auf die seelische, körperliche und geistige Integrität und Autonomie des Kindes, mit überwältigender Angst, Ohnmacht und mit erschüttertem oder zerstörtem Vertrauen einher. Es kann den Glauben des Kindes zerstören, dass man »... in Beziehung zu anderen *ein eigenständiges Selbst* bewahren kann.«[175] Zugleich stellt die intrusive und manipulative Erzeugung und Ausrichtung eines Willens, der sich gegen die elementaren Bedürfnisse und Interessen des Kindes bzw. Jugendlichen richtet, ein Charakteristikum des sexuellen Missbrauchs in sehr vielen Täter-Opfer-Beziehungen dar, die im sozialen Nahraum geschehen.[176]

---

172 *Warzecha* 1995, S. 67.
173 *Wyre* 1991, S. 67.
174 *Bange* 1995 (a), S. 75.
175 *Herman* 1994, S. 79. (Hervorhebung im Original).
176 Der Deutlichkeit wegen wähle ich im Folgenden die männliche Form für die Täter, die unbestritten den allergrößten Teil der sexuell missbrauchten Kinder schädigen. Verlässliche Statistiken über die Häufigkeit und Umstände des Verdachts/Bekanntwerdens sexuellen Missbrauchs im Verfahren nach §§ 1666, 1666a BGB liegen mir nicht vor. *Stel-ler,* FPR 1995, 60, berichtet bezüglich seiner gutachtlichen Tätigkeit in Verfahren nach

Auf gesellschaftspolitischer Ebene zeigt sich dieses Phänomen in der Forderung der »Liberalisten« des Sexualstrafrechts, die als »Anwalt des Kindes«[177] für deren »Recht auf selbstbestimmte sexuelle Handlungen mit Erwachsenen« eintreten, für einen Freibrief also zur Zurichtung des Kindes zur
Befriedigung erwachsener Sexualbedürfnisse. Der Wille des Kindes wird hier
zur Bagatellisierung und Legitimation der sexuellen Ausbeutung missbraucht
und seine »Rechte« und »Selbstbestimmung« sollen herhalten, um das Machtgefälle zwischen Kindern und Erwachsenen ebenso zu leugnen wie ihre nicht
abgeschlossene psychosexuelle Entwicklung, ihr fehlendes Verständnis der
sozialen Bedeutung der Erwachsenen-Sexualität und die hieraus resultierende Unfähigkeit, ihr wirksam zuzustimmen.[178]

Dem entspricht im Einzelfall vielfach exakt das Vorgehen der Täter in der
Beziehung zu den Kindern, die sie sexuell missbrauchen. Nicht selten soll das
Mädchen oder der Junge die sexuellen Handlungen wollen oder gewollt haben,
und fördert ein Missbraucher jede entsprechende Initiative des Kindes, das
seinerseits oft als Folge der Übergriffe sexualisierte, generationsüberschreiten-
de Verhaltensweisen entwickelt[179] und die Sexualität des Erwachsenen als
Mittel benutzt, die verzweifelt benötigte Zuwendung zu bekommen.[180] Denn:
»Opfer zu sein, und das ist das Kind in jedem Fall, bedeutet nicht, unbeteiligt
zu sein.«[181] Bei einem Teil der Inzestopfer, so der Psychoanalytiker *Hirsch,* sei
die Ambivalenz dem Angriff und dem Täter gegenüber vielmehr derart ausgeprägt, dass die sexuelle Handlung ebenso gewollt wie verabscheut werde.[182]

Hat das Mädchen oder der Junge, dem die für seine psychosexuelle Entwicklung zwingend notwendige Frustration ihrer bzw. seiner (prä-)ödipalen
Wünsche und Fantasien vorenthalten wird, eine Gratifikation aus dem »Bündnis«[183] mit dem Täter ziehen können, seine Aufmerksamkeit und Zärtlichkei-
ten genossen, waren die Übergriffe sexuell erregend, konnten Belohnungen
ausgehandelt oder die sexuelle Beziehung für Vergünstigungen ausgenutzt
werden, wird die ...

---

§ 1666 BGB, in allen Fällen richtete sich der Verdacht gegen die Väter. In Fällen, in denen die Trennung des Kindes von der Familie zur Entscheidung stand (§ 1666a BGB),
lautete die Begründung entweder, die Mutter habe beim sexuellen Missbrauch koope-
riert, oder sie sei nicht in der Lage, das Kind in Zukunft zu schützen.

177 »Es springt ins Auge, dass es sich bei den so genannten ›Anwälten für das Kind‹ vor allem um Männer handelt, die ja bekanntlich in unserer Kultur nicht gerade im Ruf stehen, für die emotionalen und physischen Bedürfnisse des Kindes besonders zuständig
zu sein.« *Wirtz* 1992, S. 79.

178 Vgl. hierzu u.v.a. *Brockhaus/Kolshorn* 1993, S. 23 ff; *Gröning,* np 1989, 195 ff; *Enders*
1995, S. 307 ff; *Hirsch* 1990, S. 14 f.

179 Vgl. *Fegert,* FPR 1995, 63 ff.

180 Vgl. *Hirsch* 1990, S. 99.

181 *Hirsch* 1990, S. 91.

182 *Hirsch* 1990, S. 91, vgl. auch S. 99.

183 Vgl. hierzu *Hirsch* 1990, S. 138 f.

»... Befriedigung, die das Kind aus der Missbrauchssituation ziehen kann, ... innerlich als Beweis dafür interpretiert, dass es der Anstifter zum Missbrauch ist und die volle Verantwortung dafür trägt.«[184]

Die Täter tun das Ihre zu der Verwirrung des Kindes und verhindern ihm jegliche Klärung seiner Erfahrungen. Sie deuten das Geschehen um und setzen das Kind einer »Gehirnwäsche«[185] aus, die ihnen nicht zuletzt durch das Schweigegebot gegenüber Dritten gelingt. Scheinbar verführen nicht sie das Kind, sondern das Kind verführt sie. Scheinbar will das Kind die sexuellen Handlungen – die Grenzüberschreitungen, sexuellen Übergriffe und Vergewaltigungen und auch die Geheimhaltung, von denen der Erwachsene will, dass es sie wollen soll, die es *wollen muss*.[186]

> »Kürzlich sagte ein Mann [bei Gericht, MZ] aus, sein Stiefsohn, ein Kleinkind habe ihm seinen nackten Popo provozierend vor den Penis gehalten. Ein anderer erzählte in einer Therapiesitzung, er sei mit seiner Stieftochter auf dem Schoß eingeschlafen, und als er aufwachte, habe sie ihre Finger in seinem Hosenlatz gehabt. Sie habe die Initiative ergriffen. Man fragte ihn, was er getan hätte, wenn er ihre Hand in seiner Brieftasche gefunden hätte. Prompt sagte er, ›Ich hätte ihr gesagt, sie soll die Finger davon lassen‹.«[187]

Mit der Enteignung und Überwältigung des kindlichen Körpers, die die noch nicht oder gerade erst erlangte Körperkontrolle und damit die Autonomie des Kindes angreifen und zerstören, verbindet sich also die Zurichtung des kindlichen Willens, den der Missbraucher in den Dienst seiner Bedürfnisbefriedigung und seiner Angst vor straf- und zivilrechtlichen sowie gesellschaftlichen Konsequenzen zu stellen sucht.

Das Kind, dessen Wertegefüge noch im Aufbau begriffen ist und das gleichzeitig einen totalen Angriff auf diese Werte erlebt[188], steht vor der zum Scheitern verurteilten Aufgabe, einen Willen zu entwickeln, der seinen ureigenen Bedürfnissen und Interessen entspricht, also im Dienst seiner Selbstbestimmung steht. Urheberschaft, Wille, Wirkmächtigkeit und Kontrollüberzeugungen des Kindes verbinden sich vielmehr mit den traumatischen Erfahrungen und der unentrinnbar scheinenden Verstrickung in katastrophale Beziehungserfahrungen.

---

184 *Herman* 1994, S. 146.
185 Vgl. *Shengold* 1995.
186 »Bei sexuellem Missbrauch wird von den Tätern die emotionale Verwirrung zwischen positiven Beziehungsanteilen, liebevoller Zuwendung, Verwöhnung etc. und beängstigenden Verboten, Aufforderungen zu lügen etc. intendiert.« *Fegert* 1993, S. 89.
187 *Wyre* 1991, S. 70. Der Autor arbeitet als Therapeut überwiegend mit verurteilten Sexualstraftätern.
188 *Wirtz* 1989, S. 136.

(4) Längerfristige Folgen

Ungeachtet der unterschiedlichen Modalitäten der Misshandlung, Vernachlässigung und des sexuellen Missbrauchs ist zu fragen, welchen Einfluss die hier geschilderten Erfahrungen des Säuglings oder jungen Kindes auf seine weitere (Autonomie-)Entwicklung haben.

Was die Bindungsqualität angeht, die sich in der frühen Kindheit im Bindungsverhalten und in der späteren Lebenszeit in den psychischen Repräsentanzen eines Menschen zeigt, belegen Langzeitstudien *Grossmann* und *Grossmann* zufolge, dass diese mehrheitlich, wenn auch weniger in belastenden Situationen, bis zum sechsten Lebensjahr sehr stabil bleibt und auch noch bei Sechzehnjährigen zu erkennen ist.[189]

Ungeklärt ist anscheinend allerdings, ob und inwieweit bei fortgesetzter Unter- und Überstimulation schon sehr früh *stabile Erwartungen* gegenüber dem, was einem die Welt entgegenbringt, entwickelt werden[190], oder inwieweit Säuglinge und Kleinkinder neue Erwartungsrepräsentanzen aufbauen und damit frühere Erwartungen korrigieren können.[191] *Dornes* nimmt an, das kleine Kind bilde auf Grund seiner individuellen Erfahrungen zunächst ein Handlungswissen in Form »emotionaler Heuristiken« aus, d.h. »Gewohnheiten des Fühlens«, die ihm nicht bewusst sind. Feinfühliges und warmherziges Verhalten werde beispielsweise verinnerlicht und ermögliche dem Kind dann eine Selbstberuhigungsaktivität.[192] Ebenso könne die Erfahrung, dass die Eltern seinen Autonomiebedürfnissen mit subtilem oder offenem Schmerz begegnen, zur automatisierten Bestrebung führen, diese Erfahrungen zu vermeiden, ohne den Grund zu wissen. Das Kind erwerbe so ein situationsbezogenes emotionales Wissen über prozedurale Regeln, das zunächst sprach- und fantasiefrei sei, das später aber in symbolischen Spielhandlungen dargestellt bzw. versprachlicht und vergegenwärtigt werden, aber auch stillschweigend als hartnäckige Überzeugung überdauern kann.[193] So lernen und »wissen« auch misshandelte oder vernachlässigte Kinder durch viele entsprechende Episoden, dass es keinen Sinn hat, um Trost oder Hilfe zu bitten. Manche Kinder können dieses Wissen im Spiel ausdrücken, andere können »nicht einmal

---

189 Vgl. *Grossmann/Grossmann* 1998, S. 80 f; auch *Dornes,* Psyche 1998, 299/309. Hierzu, wie auch zu Schutz- und Risikofaktoren, die diese Entwicklung beeinflussen, vgl. *Brisch* 1999, S. 55-61. Er weist u.a. darauf hin, dass ambulante Hilfen, wie die Tagespflege, die nicht auch eine Veränderung der als prädiktiv für die Bindungsentwicklung geltenden mütterlichen Einflussfaktoren bewirkte, in einer umfangreichen amerikanischen Studie über verschiedene Formen der Fremdbetreuung nicht den erhofften protektiven Effekt für Kinder aus psychosozial belasteten Familien mit eher unsicheren Bindungen zeitigte.

190 Vgl. *Baumgart,* Psyche 1991, 780/797.

191 Vgl. *Zelnik*, Psyche 1991, 810/836.

192 Vgl. *Dornes* 1997, S. 309 f.

193 Vgl. *Dornes* 1997, S. 311 ff.

spielen« und agieren diese Überzeugung, etwa indem sie andere Kinder misshandeln.[194]

Ein weiterer zentraler Gesichtspunkt betrifft die Selbst- und Ich-Entwicklung des Kindes, die gleichsam das psychische Fundament des kindlichen Wollens bildet. Ist diese nachhaltig gestört, kann sich dies auch langfristig auf die
Fähigkeit zu wünschen und zu wollen auswirken. *Scharfetter* führt hierzu u.a.
aus psychiatrischer Sicht aus:

> »Ein uneinheitliches, gar widersprüchliches Selbst kommt nicht zu einer
> einheitlichen Intentionalität und stabilen Bezogenheit auf andere Men-
> schen, schwankt je nach Ich-Zustand, je nach dominierenden Subself oder
> Subpersönlichkeit zwischen konträren Wünschen, zum Beispiel Grandio-
> sität und Minderwertigkeit, Symbiose und Autonomie, zwischen verschie-
> denen Identitäten, Selbstbildern, Selbstwertungen. Ambivalenz kann als
> Ausdruck gestörten Wünschens und Wollens auf der Basis eines wider-
> sprüchlichen Selbst gesehen werden. Es resultiert ein Auf und Ab gegen-
> sätzlicher nicht zur harmonischen Abstimmung gelangender Strebun-
> gen.«[195]

Misshandlungs- und Vernachlässigungserfahrungen, die im Erleben des Kleinkindes existenziell bedrohliche, überwältigende Schmerz- und Angsterlebnis-
se hervorrufen, sind anscheinend nur schwer oder nicht in sein Selbsterleben
integrierbar. Vielmehr kann die überwältigende Angst in einer Misshandlungs-
oder Missbrauchssituation sogar die Desintegration früherer Erfahrungen bewirken. *Stern* vermutet, dass solche Erfahrungen zu einem Nicht-Ich-Erleben
führen können, dessen Integration in das Selbst-Konzept des Kindes unmöglich ist.[196] Der Bereich der Selbst-Entwicklung ist ebenso in Mitleidenschaft
gezogen, wenn das Kind eine frühe extreme Anpassung an die Erwartungen
und Bedürfnisse misshandelnder Eltern vollbringen muss, die annehmen, ...

> »... Säuglinge und Kleinkinder seien in erster Linie dazu da, die Bedürfnis-
> se der Eltern zu befriedigen, dass die Bedürfnisse dieser Kinder unwich-

---

194 Vgl. ausführlicher *Dornes* 1997, S. 315 f. »Frühkindliche *traumatische* Erfahrungen
    sind einer Kommunikation ohnehin nur schwer zu gängig, sie zeigen sich vielmehr u.a.
    in hartnäckigen Wiederholungen der unbewältigten sensorischen Affekterlebnisse, die
    nur so erinnert oder ausgedrückt werden können«, so *Dornes* schon 1992, S. 192.
195 *Scharfetter* 1998, S. 40.
196 Vgl. *Stern* 1993, S. 321 f. Der Psychiater *Bessel van der Kolk*, der sich intensiv mit
    Traumaforschung befasst, meint, dass Misshandlungen und Vernachlässigung in der
    frühen Kindheit langfristige neurochemische Stressreaktionen bewirken, die die Ge-
    fühlsmodulation beeinträchtigen, somatische Anpassung an Furcht und Angst bewir-
    ken und tief greifende Auswirkungen auf Bewusstseinszustände haben können. Vgl.
    Bessel, ID Kindesmisshandlung 95, 19/22; *ders.*, Praxis der Kinderpsychologie und
    -psychiatrie 1998, 19/30 ff.

tig sind und nicht beachtet werden sollten, und dass Kinder, die diesen Anforderungen nicht genügen, eine Bestrafung verdienen.«[197]

Eine solche Anforderung kann schon dem Säugling die Herausbildung eines »falschen Selbst« abnötigen. Bei einem solchem, an fremden Erwartungen« ausgerichteten Selbst dominiert der Wille zur Gefügigkeit, so *Winnicott*.[198] Die Anpassung an die elterlichen Bedürfnisse kann dann zu einer Haltung führen, in der ein Mensch nicht nur das zeigt, was von ihm gewünscht wird, sondern auch so mit dem Gezeigten verschmilzt, dass man kaum ahnen würde, wie viel anderes in ihm ist.[199] So kann es zu einer nur schwer feststellbaren Entfremdung des Kindes von seinem Selbst-Erleben kommen, welche die Authenzität seiner Willensäußerungen erheblich zu beeinträchtigen vermag: Affektive Fehlabstimmungen der Eltern mit ihrem Kind können dessen Erleben in einem solchen Ausmaß verändern, dass der Säuglingsforscher *Stern* von einem »Raub der Gefühle« spricht.[200] – Ähnlich gravierende Reaktionen werden auch als längerfristige Folge frühkindlicher Traumata beschrieben. Sie können dazu führen, dass das Kind alle affektiven Verbindungen mit anderen Menschen auf ein Minimum reduziert und im späteren Leben kaum noch Zugang zu den eigenen Affekten hat, sich dafür jedoch blitzschnell an denen des Gegenübers zu orientieren und diese zu imitieren vermag.[201]

Auch der Mangel an emotionaler Zuwendung und Interaktion gefährdet die Autonomieentwicklung des Kindes, weil diese ein soziales Umfeld voraussetzt, in dem es entwicklungsfördernde Eigenschaften der Betreuungsperson(en) in sich aufnehmen und sie in eine Art inneren Organisator umwandeln kann. Fehlt es an dieser Voraussetzung, gilt die Entwicklung des Kindes hin zur Selbstverantwortung gefährdet, als Surrogat kann sich stattdessen eine »Als-Ob-Haltung« ausbilden.[202]

Normale Entwicklung, so die PsychologInnen *Bender* und *Lösel,* zeichnet sich durch eine Reihe altersspezifischer Entwicklungsaufgaben aus und mündet im Erwerb von Kompetenzen im sozial-emotionalen, kognitiven, sozial-ko-

---

197 *Steele* und *Pollock* 1978 (Erschj. 1968), S. 175 f, kamen auf Grund von Interaktionsbeobachtungen, therapeutischen Interviews bzw. Behandlungen und zum Teil auch Tests, die sie mit Eltern aus insges. 60 Familien führten, zu der Auffassung, dass ihnen dieses Verhaltensmuster unabhängig von anderen Persönlichkeitseigenschaften gemein war. Sie berichteten von drei – unvereinbaren – Einstellungen dieser Eltern: »erstens dem gesunden Wunsch, dem Kleinkind etwas Gutes zu tun, zweitens einem tiefen, verborgenen Sehnen, das Kleine werde so reagieren, dass die Leere im Leben des Patienten ausgefüllt und seine geringe Selbstachtung gestützt wird, und drittens einer harten gebieterischen Forderung nach der korrekten Reaktion des Kindes, bestärkt von dem Gefühl, als Vater oder Mutter im Recht zu sein.« S. 214.

198 *Winnicott* 1974 (Erschj. 1965), S. 173 f; zum Säuglingsalter auch *Stern* 1993, S. 294 f.

199 *Miller* 1983, S. 29. *Bürgin/Rost* 1997, S. 141.

200 Vgl. *Stern* 1993, S. 299, 320 f.

201 Zu diesem als »disaffectation« bezeichneten Phänomen vgl. *Mertens* 1998, S. 252.

202 So *Bürgin/Rost* 1997, S. 135 aus kinderpsychiatrischer Sicht.

gnitiven und behavioralen Bereich. Frühe Störungen, insbesondere in kritischen Entwicklungsperioden, erschweren (wenn auch nicht unbedingt irreversibel) auch die spätere Anpassung des Kindes und lassen ernsthafte Schwierigkeiten erwarten, zumindest solange es nicht in einer angemessenen Versorgungsumgebung aufwachsen kann.

> »Misshandlung in der frühen Kindheit durch die primäre Vertrauensperson gefährdet die Organisation und Entwicklung der Bindungsbeziehungen, des Selbst und der Regulation und Integration des emotionalen, kognitiven, motivationalen und sozialen Verhaltens, da diese Merkmale die wesentlichen Anpassungsleistungen in dieser Entwicklungsperiode sind.«[203]

Auch *Keilson* betont aus kinderpsychiatrischer Sicht, dass sich die in Entwicklung begriffene Selbstständigkeit des Kindes zunächst noch »völlig« von der Qualität seiner konstanten Beziehungen zu seiner nächsten Umgebung ableitet. Es verstehe sich von selbst, ...

> »... dass diese vielfältig verzweigten Entwicklungslinien jeder länger einwirkenden Belastung in besonderem Maße Angriffspunkte bieten. Diese liegen in der Verletzbarkeit des sich entwickelnden Selbstgefühles, in der Beeinträchtigung und Einengung des Raumes, der der autonomen Persönlichkeitsentwicklung zugemessen ist ... und schließlich in der Verunsicherung oder dem Ausfall der Elemente, die die primären Verwurzelungsvorgänge fördern und die Wachstums- und Reifevorgänge speisen.«[204]

Doch auch hier werde das spätere Ausmaß der Effekte traumatischer Vorgänge entscheidend durch die Plastizität der kindlichen Psyche sowie die Qualität der sozialen Rehabilitationsmaßnahmen bestimmt.[205]

(5) Zwischenbetrachtung

Auch wenn es bislang an gezielter Forschung über Zusammenhänge zwischen seelischer, körperlicher und sexueller Kindesmisshandlung und Vernachlässigung einerseits und dem Kindeswillen andererseits fehlt, gibt es doch zahlreiche Hinweise, dass die frühen Beziehungserfahrungen der betroffenen Kinder ein hohes Risikopotenzial für kurz- und langfristige Störungen ihrer Autonomieentwicklung bergen, die bei ihrer Begleitung, Beratung und Vertretung zwingend zu beachten sind.

---

203 *Bender/Lösel* 1997, S. 49. Auch *Keilson* 1979, S. 52 ff; *Kempe/Kempe* 1978, S. 38 f.
204 *Keilson* 1979, S. 146.
205 Ebd.

Es ist insbesondere davon ausgehen, dass viele vernachlässigte und misshandelte bzw. sexuell missbrauchte Kinder ihr Selbst, also das Zentrum des Wollens, vergleichsweise unzureichend entwickeln, wahrnehmen und wertschätzen können und oft nicht in der Lage sind oder es vermeiden, anderen Menschen ihre tatsächlichen Gefühle, Wünsche und Befürchtungen mitzuteilen. Vernachlässigung, Missbrauch und Misshandlungen gehen damit alles andere als »spurlos« an der Autonomieentwicklung des Kindes vorbei, sie können diese vielmehr massiv prägen, stören und ihr schaden, auch wenn Ausmaß und Nachhaltigkeit entsprechender Schädigungen von Kind zu Kind variieren.

Bei der Interessenvertretung dieser Kinder ist jedenfalls zu beachten, dass schon Säuglinge und Kleinkinder relativ stabile Erwartungsmuster dahingehend ausbilden können, dass ihre Bedürfnisse, Wünsche und Willensäußerungen entweder gar keine Beachtung finden oder aber unverständliche, ängstigende, überwältigende und schmerzliche Reaktionen der Erwachsenen – gleich ob Eltern, Interessenvertretung oder Gericht – hervorrufen.

Viele dieser Kinder sind ängstlich bemüht, sich anzupassen und die Wünsche der Erwachsenen zu erraten und zu erfüllen. Nicht selten geht dabei ein ausgeprägtes und geschärftes Sensorium für die Bedürfnisse und Erwartungen der Interaktionspartner mit einer kaum entwickelten Fähigkeit zur Wahrnehmung der eigenen Gefühle, Wünsche und Bedürfnisse und mit erheblichen Schwierigkeiten einher, sie auszudrücken oder gar in Worte zu fassen. Kinder, die Opfer fortgesetzter sexueller Übergriffe wurden, können zudem extremen Manipulationen ausgesetzt und auf das Engste mit den Tätern verbunden sein. Auch ist damit zu rechnen, dass die Anstrengungen der Kinder weniger darauf gerichtet sind, für ihr eigenes Wohlbefinden zu sorgen, als darauf, »alles richtig« zu machen, wobei in diesem Alter in der Regel davon auszugehen ist, dass das »Richtig« und »Falsch« von den Erwartungen der Eltern beherrscht wird.

Als vorläufiges Ergebnis ist somit festzuhalten, dass die Grenzen der Selbstwahrnehmungs- und Selbstbestimmungsfähigkeit des Kindes nicht nur maßgeblich durch die Entwicklungstatsache und die psychische und materielle Abhängigkeit des Kindes von seinen Eltern, sondern auch durch die Qualität seiner Beziehungen und den Sozialisationsstil im familialen Nahraum determiniert werden. Die Vertretung eines Kindes, das hinreichend Gelegenheit hatte, erste Meilensteine seiner Autonomieentwicklung im Rahmen überwiegend verlässlicher, empathischer und responsiver Beziehungen zu passieren und mit Unterstützung seiner primären Bindungspersonen eine Vorstellung darüber zu entwickeln und zu verinnerlichen, was es heißt, gut für sich selbst und die eigenen Bedürfnisse zu sorgen und diese Fähigkeiten einzuüben, unterliegt damit ganz anderen Voraussetzungen als die Vertretung solcher Kinder, die diese Chance nicht hatten.

Dies ist nicht nur der Ausgangspunkt für jede Diskussion um die Beteiligungsrechte und Willensvertretung der als gefährdet geltenden – und meist

bereits geschädigten – vernachlässigten und emotional wie körperlich misshandelten Kinder im Verfahren nach §§ 1666/1666a BGB, sondern in Betracht
zu ziehen, wann immer – trotz anderer Verfahrensanlässe – von einer ähnlich
traumatisierenden bzw. deprivierenden Vorgeschichte des Kindes ausgegangen werden muss. So ist bei Kindern, die aus ihrer Stieffamilie herausverlangt
werden, und im Verfahren gem. § 50 Abs. 2 Nr. 3 FGG zu vertreten sind, damit zu rechnen, dass es sich ...

> »... meistens um mehrfach belastete Kinder handeln wird – auch wenn es
> sich um andere Belastungen als bei Pflegekindern handeln wird: aktuell
> haben sie infolge der tatsächlichen Verhinderung, des Ruhens der elterli-
> chen Sorge oder des Todes den Ausfall des Betreuungselternteils zu ver-
> kraften ... . In der Regel werden die meisten der hier betroffenen Kinder
> auch früher schon trennungs- und scheidungsbedingten Belastungen aus-
> gesetzt gewesen sein.«[206]

Gleiches gilt für die Vertretung vieler in das Herausgabeverfahren nach § 1632
Abs. 4 BGB involvierter Pflegekinder, der dritten »Fallgruppe«, für die gem.
§ 50 FGG regelmäßig eine eigenständige Interessenvertretung zu bestellen
ist.[207] Auch wenn diese Kinder vielleicht Gelegenheit hatten, ihre früheren Erfahrungen mit Hilfe ihrer Pflegefamilie und mit therapeutischer oder anderweitiger Unterstützung zu verarbeiten und zu korrigieren, ist eben dieses soziale Umfeld durch das Verfahren selbst in Frage gestellt und kann bereits
überwunden geglaubte Ängste und Anpassungszwänge aktualisieren. Insoweit
erweist sich die in Deutschland vielfach allein am Scheidungs- bzw. Umgangsrechtsverfahren orientierte Diskussion um Konzepte einer gerichtlichen Inter-

---

206 *Salgo-Staudinger* §1682, Rz. 11. Von entsprechenden Risikofaktoren der Stiefkinder
berichten auch *Grossmann/Grossmann* 1998, S. 86. In der Situation, in der es zum Verfahren gem. § 1682 BGB kommt, ist neben dem Tod des Elternteils (und evtl. Erkrankungen wie Krebs, Aids usw., die ihm vorausgingen), z.B. an Situationen zu denken, in
denen Mutter oder Vater psychisch erkranken (zu dieser Problematik vgl. *Münder*, FuR
1995, 89 ff), in denen die Kinder mit der Inhaftierung des sorgeberechtigten Elternteils
zurechtkommen müssen, von ihm verlassen wurden, etc. Vgl. auch *Zitelmann,* Kind-
Prax 1998, 131/132.

207 Abgesehen davon, dass der Abbruch der primären, alltäglichen Bindungen das Risiko
eines nachhaltig wirksamen Traumas birgt (vgl. *Lempp 54. DJT* 1982, S. 48 ff), fehlen
genaue Zahlen über die Häufigkeit einer traumatischen Vorgeschichte in der Herkunftsfamilie dieser Kinder. Doch berichten die Sachverständigen *Nienstedt/Westermann*
1995, S. 91: »Aufgrund der psychologischen Untersuchung vieler hundert Kinder gehen
wir davon aus, dass bei Kindern, die aus ihrer Ursprungsfamilie herausgenommen
werden müssen, mehr oder weniger weit reichende traumatische Erfahrungen vorliegen. Dabei handelt es sich in vielen Fällen um Kindesmisshandlung.« Auch das 1998
von der »*Stiftung zum Wohl des Pflegekindes*« veröffentlichte 1. Jahrbuch des Pflegekinderwesens zeigt, dass traumatische Erfahrungen in der Lebensgeschichte sehr vieler dieser Kinder nicht eine, sondern *die* zentrale Rolle spielen und andauernde Folgen
haben.

essenvertretung für Kinder als irreführend und oberflächlich, weil hier implizit Erziehungsverhältnisse postuliert werden, in denen Kinder ihre Fähigkeiten zur Eigenverantwortung und Selbstbestimmung unter Umständen durchaus in gesicherten Beziehungen entwickeln und erproben können. Eben dies ist, wie ich zu zeigen versuchte, im Kindesschutzverfahren regelmäßig nicht der Fall – für die jungen Kinder so wenig wie für die älteren Kinder, um die es nun gehen wird.

2. Autonomieentwicklung in der mittleren Kindheit

Ohne hierauf vertieft eingehen zu können, sei der folgenden Betrachtung die Vorbemerkung vorangestellt, dass das Welt- und Selbstbild des Kindes sich noch bis zur Adoleszenz wesentlich von dem des Erwachsenen unterscheidet. Um nur einige Beispiele zu nennen, haben Kinder im Vorschulalter noch häufig Schwierigkeiten zu sagen, was der Anlass für ihre Überzeugungen ist oder auf welchen Schlussfolgerungen sie beruhen. Auch tun sie sich schwer, Täuschungsstrategien zu identifizieren und manipulatives Verhalten zu erkennen. Vom dritten Lebensjahr an lernt das Kind zunehmend, Emotionen, die Situationen bei anderen Personen auslösen können, einzuschätzen, allerdings scheinen komplexe Gefühle der Erwachsenen noch den Achtjährigen Schwierigkeiten zu bereiten. Im Altersbereich von vier bis neun Jahren wird dem Kind allmählich bewusst, dass andere Menschen aus einer je eigenen Perspektive heraus denken. Zwischen sechs und zwölf Jahren folgt ein reflexives Verständnis der Subjektivität, d.h. das Kind lernt seine Handlungen aus der Perspektive anderer zu reflektieren und deren Reaktionen zu antizipieren.[208] Die kindliche Fähigkeit zur Perspektivenübernahme[209], die erst in der Adoleszenz voll entwickelt ist, bildet im übrigen aus entwicklungspsychologischer Sicht den zentralen – wenngleich im hier interessierenden Kontext noch zu hinterfragenden – Maßstab für die Einsichtsfähigkeit des Kindes.[210] Vom neunten Lebensjahr an sind Kinder zunehmend in der Lage, die Verhaltensstabilität, die Menschen in bestimmten Situationen erkennen lassen, zutreffend einzuschätzen.[211] Auch leben Kinder so intensiv in der Gegenwart wie es der spätere Mensch nicht mehr vermag[212], usw.

Die entwicklungspsychologische Literatur, die diese und viele andere Phänomene beschreibt, und damit einen Zugang zur Weltsicht des Kindes und zum Verständnis seiner Willensäußerungen ermöglicht, ist so reichhaltig, dass sie ganze Bibliotheken füllt. Sie kann und soll hier dementsprechend nur in die-

---

208 Vgl. *Silbereisen* 1995, S. 834 ff und S. 841 ff.
209 Vgl. hierzu grundlegend *Geulen* 1982, insbes. den Beitrag von *Selman,* S. 223-256.
210 Vgl. *Köckeritz,* epd 1998, 12/13.
211 Vgl. *Silbereisen* 1995, 838.
212 Vgl. *Baacke* 1999, S. 63.

sem Streiflicht in Erinnerung gerufen und insoweit unterstrichen werden, als sich der Wille des einzelnen Kindes nur vor diesem Hintergrund verstehen lässt, der sich erheblich von dem unsrigen unterscheidet.

a) Die Erweiterung des Lebensraumes

Während die Autonomieentwicklung in der frühen Kindheit und der Adoleszenz in der von mir konsultierten Literatur durchaus Raum einnahm, wird sie bezogen auf die – oft als Latenzperiode begriffene[213] – Lebenszeit des Kindes, die zwischen diesen Etappen liegt, nur spärlich behandelt. Dies mag daran liegen, dass in diesem Entwicklungsabschnitt die emotionale und materielle Abhängigkeit des Kindes von seinen Eltern noch ebenso existenziell wie selbstverständlich ist. *Baacke* spricht von einer »selbstverständlichen Welthinnahme« des Kindes, die sich erst bei Jugendlichen ändert, die sich von bestimmten Verhaltensmustern, von anderen und auch von sich selbst zu distanzieren beginnen.[214] Zumindest in den industrialisierten Gesellschaften, so auch *Oerter,* stehe die Kindheit für einen kulturell definierten und klar umrissenen Lebensabschnitt, in dem das Kind bestimmte Aufgaben zu bewältigen hat, »... aber von der Verantwortung der Erwachsenen frei bleibt. Die Entfernung zur Erwachsenenwelt ist noch so groß, dass wenig Konflikte zwischen Erwachsenenrolle und Kindesrolle entstehen.«[215] Noch befinde sich das Kind in allen wesentlichen Lebensfragen und bezüglich seiner Entscheidungen also in einer ausgeprägten rechtlichen, materiellen und psychischen Abhängigkeit von Erwachsenen, wobei diese Regelung beiden Seiten, Erwachsenen und Kindern, als selbstverständlich gelte.[216]

Dass das Verhalten der Erwachsenen nicht nur in der frühen, sondern auch in der mittleren Kindheit als ein »unhinterfragter Orientierungsrahmen« verstanden wird, gründet u.a. darin, dass die Eltern-Kind-Beziehung noch weitgehend durch Asymmetrie charakterisiert ist und individuelle Autonomie und gegenseitige Anerkennung noch nicht dieselbe Bedeutung wie in der Adoleszenz oder im Erwachsenenleben haben, wie zahlreiche entwicklungspsychologische Studien bestätigen.[217] Erst bei den Elf- bis Zwölfjährigen, so das Kinder-Survey von 1993, ist es nicht mehr ausgemacht, ob sie sich ein kindliches oder jugendliches Selbst oder etwas »Dazwischen« zuschreiben und vermehrt eigene Entscheidungsmöglichkeiten hinsichtlich ihres persönlichen Lebensstils zu beanspruchen beginnen, mit dreizehn tritt oft ein erster Wendepunkt ein

---

213 Hierzu kritisch *Baacke* 1999, S. 60 ff, der in diesem Buch eine insgesamt lesenswerte und gut verständliche Übersicht über die Altersgruppe der 6- bis 12-Jährigen gibt.

214 Vgl. *Baacke* 1999, S. 60.

215 *Oerter* 1995 (b), S. 249.

216 Vgl. *Oerter* 1995 (b), S. 249.

217 Eine aktuelle Übersicht über entsprechenden Entwicklungsstudien geben *Grundmann/ Keller* 1999, S. 334 ff (Zitat S. 351).

und mit achtzehn Jahren ist diese Frage schließlich in der Regel zu Gunsten des jugendlichen Selbst entschieden.[218]

Hatte das jüngere Kind in den ersten Lebensjahren Gelegenheit, Vertrauen in sich und seine Mitmenschen zu entwickeln, Körperkontakt, Freundlichkeit, Schutz und Nähe zu erfahren, wurde es in seinem Streben nach Autonomie unterstützt, bleibt es in diesem Altersabschnitt einerseits in enger Beziehung zu seinen Eltern, andererseits nutzt es aber auch die Erweiterung und Neustrukturierung seiner Lebenswelt und die mit ihr verbundene Vielzahl neuer sozialer Kontaktmöglichkeiten.[219]

Eine einschneidende Erfahrung der Kinder dieser Altersstufe ist, dass die individuellen, emotionalen Beziehungserfahrungen und familialen Interaktionsformen mit der Einschulung um das Erleben einer relativ stabilen Gruppe mit eher universalistischen Eigenschaften (Lehrer- und Schüllerrollen, Klassenverband) ergänzt werden. Nunmehr treten auch leistungsbezogene Entwicklungsaufgaben, der Erwerb von Kulturtechniken sowie soziale Entwicklungsaufgaben der Kooperation und des Spielens und Arbeitens im Team in den Vordergrund.[220]

Ganz praktisch betrachtet bietet der tägliche Schulbesuch dem Kind Gelegenheit zu eigenen Wegen, eigenen Freundschaften und dazu, seine Erfahrungen und Beziehungen ein Stück weit gegen die elterliche Kontrolle abzuschirmen und eigenverantwortlich zu gestalten – so heteronom der Schulalltag selbst auch vielfach strukturiert sein mag. Meist entstehen oder verfestigen und entwickeln sich Freundschaften zu Gleichaltrigen und geben Gelegenheit, ein symmetrisches, gleichberechtigtes Sozialverhalten einzuüben, – das wesentlich zum Aufbau eines Verständnisses für Gleichheit und Gerechtigkeit und zum Selbstverständnis der Kinder beiträgt. Diese Kontakte entstehen bei den Sechs- bis Siebenjährigen zunächst oft noch unter Ermunterung, Anleitung und Aufsicht der Eltern und finden im Nahraum der Familie statt. Bis zum zehnten Lebensjahr regeln die Kinder ihre Beziehungen zunehmend selbst und erobern alleine oder gemeinsam auch das weitere Wohnumfeld. Diese verstärkte Beziehung zu und Orientierung an Gleichaltrigen wird vielfach als Ab-

---

218 Vgl. *Stecher/Zinnecker* 1996, S. 175 ff. Diese Angaben basieren auf dem »Kinder Survey 1993«, bei dem 700 Kinder (Ost und West) zwischen zehn und dreizehn Jahren persönlich interviewt und deren Eltern per Fragebogen um Auskunft gebeten wurden. Der Wendepunkt, an dem sich die Mehrheit der Befragten eher als Jugendliche(r) sah, lag – unabhängig vom Geschlecht – knapp unter dreizehn Jahren. In der Mitte des 14. Lebensjahres schätzten sich nur noch 20% als Kind ein. In ca. 30% der befragten Familien sahen die Eltern die Zwölfjährigen noch als Kind, während sich diese selbst als Jugendliche einstuften, bei den Dreizehnjährigen näherten sich die Einschätzungen wieder an. Mit der elterlichen Zuschreibung verband sich ein entsprechend beschränkenderes/freizügigeres Erziehungsverhalten, die Selbst-Zuschreibung der Jugendlichen verband sich insbesondere mit den Status-Passagen der Selbstbestimmung des äußeren Erscheinungsbildes und der ersten Liebe.
219 Vgl. *Baacke* 1999, S. 167.
220 Vgl. *Oerter* 1995 (b), S. 299.

lösung von den Eltern gedeutet. Dies, so *Baacke,* ist wenig angemessen. Zwar sind die Kinder weniger mit Erwachsenen zusammen und nähern sich ihnen emotional und kognitiv eher an, so dass die Eltern-Kind-Beziehungen neu und – eventuell – partnerschaftlicher strukturiert sind. Im Zentrum stehen jedoch das soziale und personale Wachstum des Kindes, seine allmähliche Exploration und Orientierung in der Welt auch außerhalb der Familie und die Auseinandersetzung mit dieser Welt, vor allem im Spiel. Hier werden auch Abgrenzungen, Verluste und Selbstständigkeit thematisiert bzw. imaginiert[221], und die Realität gemäß den Denkformen und Wünschen, die dem Kind am nächsten stehen, in Ausschnitten zugelassen, so dass es neue Handlungsmuster bzw. Problemlösungen erproben kann.[222]

Kurz gesagt: Die faktische Lockerung des engen familialen Zusammenlebens und der damit verbundene relative Autonomiezuwachs des Kindes, die die staatliche Schulpflicht gleichsam »von außen« an das Kind und an die Eltern heranträgt, muss nicht erst innerhalb der Eltern-Kind-Beziehung ausgehandelt bzw. erkämpft werden und findet auf der Basis fortbestehender Verbundenheit statt. Dies könnte ein zweiter Grund sein, weshalb die Autonomieentwicklung von Kindern in Bezug auf diese Altersgruppe relativ wenig Beachtung zu finden scheint und vielleicht auch tatsächlich im Erleben des Kindes nicht im Vordergrund steht. Die Eigenständigkeit des Kindes manifestiert sich in diesem Alter also nicht so sehr durch Abgrenzung und Widerspruch, sondern eher durch die eigenständige Erkundung von bzw. eine möglichst gelungene Anpassung an neu erschlossene Welten, deren Regeln, Werte, Interaktionsformen etc.

Was den Willen und die Selbstbestimmungsfähigkeit des Kindes angeht, gilt auch für diesen Entwicklungsabschnitt, dass die Mädchen und Jungen auf vielfältige Weise mit den Wünschen der Erwachsenen verstrickt und ihnen enger verbunden sind, als dies erwachsene Menschen je miteinander sein können, so auch *Köckeritz.* Anders als man dies vielleicht zunächst erwartet, geht insbesondere der Kompetenzzuwachs des Kindes in dieser Lebensphase nicht zwangsläufig mit einem größeren Maß an Unabhängigkeit und Eigenentscheidungsfähigkeit einher, sondern der Zuwachs an kognitiven, emotionalen, sozialen Kompetenzen usw. führt im Gegenteil eher zu einer verbesserten *An-*

---

221 Vgl. *Baacke* 1999, S. 331-338. Beim Spiel wird u.a. der Wunsch nach Herausbildung eines Selbst bzw. einer Identität thematisiert. Kinder setzen das Thema Abgrenzung z.B. in Szene, indem sie sich unter einem Tisch verbarrikadieren und niemandem Zugang gewähren. Auch die Sauberkeitserziehung wird Gegenstand des Puppenspiels. Eine zweite große Gruppe von Spielinhalten befasst sich mit familialen Erfahrungen und Problemen, bei denen u.a. Realitäten erzeugt und der wirklichen entgegengesetzt werden, die den Wunschvorstellungen des Kindes eher entgegenkommen. *Oerter* 1995 (b), S. 265. Man denke auch an das Rollenspiel, das »Als-Ob«, in dem mit Situationen gespielt wird, wie »Unsere Eltern wären gestorben...«, »Wir wären von zu Hause weggelaufen, und jetzt ...«, »Wir wären ganz allein gewesen ...«, »Wir wären schon groß ...«.

222 *Krappmann* 1988, S. 170.

passung des Kindes an die Erwartungen und Bedürfnisse seiner sozialen Eltern. Dieses Phänomen, das grundsätzlich wohl für die meisten Fähigkeiten gilt, die Kinder in dieser Entwicklungsphase erwerben, verdeutlicht *Köckeritz* am Beispiel des Perspektiventauschs:

>»Mit ihrer ganzen Existenz sind sie auf die bezogen, denen gegenüber sie hier einen eigenen Willen entwickeln sollen. Da hilft ihnen auch ihre sich entwickelnde Einsichtsfähigkeit oder die Übernahme fremder Perspektiven nichts, im Gegenteil: je eher ihnen ein Perspektiventausch gelingt, desto genauer können sie sich die Erwartungen und Hoffnungen der Eltern vorstellen, ohne sich emotional davon distanzieren zu können.«[223]

Völlig zu Recht weist *Köckeritz* insoweit auf den fiktiven Charakter rechtlicher Konstrukte hin, die dem Kind eine Autonomie unterstellen, die es in diesem Entwicklungsabschnitt – insbesondere gegenüber seinen Eltern – vielleicht weniger denn je hat.

So ist es wohl nicht angemessen, wie dies z.B. gegenwärtig in der US-amerikanischen Debatte um die Vertretung von Kindeswohl und Kindeswille geschieht, *allein* an die zum Egozentrismus neigende Weltsicht des jüngeren Kindes anzuknüpfen und seine kognitive Fähigkeit, vernünftige Entscheidungen zu treffen hervorzuheben, ohne die weiterhin bestehende Bindung und emotionale Abhängigkeit zu beachten, aus der heraus das Kind seine Entscheidungen im Verfahren trifft. So heißt es in einer 1999 erschienenen Publikation des amerikanischen *Department of Health and Human Services*, die sich ausgesprochen kritisch mit einer allein am Willen des Kindes orientierten Vertretung befasst:

>»Aus entwicklungspsychologischer Sicht ist die kindliche kognitive Perspektive der Welt ca. bis zum Alter von acht Jahren noch weitgehend egozentrisch. Das Kind sieht sein Selbst als Zentrum und Grund von allem was geschieht, was fürchterlich ist, wenn traumatische Ereignisse wie schwerer sexueller Missbrauch oder körperliche Misshandlung vorkommen, eine Herausnahme von zu Hause erfolgt, etc. Dem Kind noch mehr Verantwortung zu geben und es seinen oder ihren erwachsenen Anwalt instruieren zu lassen, kann überwältigend und traumatisch sein und Schuldgefühle verschärfen.«[224]

Zwar vermag das Kind im Alltag nun mehr und mehr Entscheidungen allein zu treffen, doch eine neue Zuordnung, einschneidende Lockerung oder gar Beendigung der Eltern-Kind-Beziehungen, für die ja gerade das sorgerechtli-

---

223 *Köckeritz,* epd-Dokumentation 1998, 12/14.
224 *Department of Health and Human Services* 1999, VII, 18 f (Übersetzung MZ).

che Verfahren Weichen stellt, steht zumindest von seiner Seite in der Regel nicht zur Disposition. – Die Auseinandersetzungs-, Verständigungs- und Kooperationsprozesse zwischen Kindern und Eltern und die relative Unverfügbarkeit des kindlichen Willens sind in diesem Entwicklungsabschnitt vielmehr als ein notwendiger, von der Eltern-Kind-Beziehung gerahmter Übungsraum zu begreifen, dessen Stabilität und Qualität aber nach wie vor eine wesentliche Voraussetzung für die Autonomieentwicklung des Kindes, für eine Erziehung zur Mündigkeit bietet. Aus entwicklungspsychologischer Sicht, so die Psychologin und Soziologin *Trommsdorff,* gilt dies selbst noch für Jugendliche, denn danach ...

> »... ist nicht die konflikthafte Ablösung von den Eltern, sondern die Kontinuität der Bindung zwischen Eltern und Kind funktional für die Entwicklung verantwortungsvoller Selbstständigkeit.«[225]

Was begünstigende Bedingungen zur Entwicklung der Selbstbestimmungsfähigkeit angeht, so der Entwicklungspsychologe *Schneewind,* konvergieren im übrigen sämtliche Forschungsbefunde unabhängig von den bevorzugten theoretischen Positionen, wie z.B. psychoanalytische Objektbeziehungstheorie, Bindungstheorie, Lerntheorie, und den methodischen Zugangsweisen, wie z.B. Labor- und Feldstudien, Interview- und Fragebogenerhebungen sowie Beobachtungen, die sich auf folgenden Nenner bringen lassen:

> »Kompetente Eltern haben auch kompetente Kinder. Genauer heißt dies: Eltern, die auf die Erziehung ihrer Kinder mit Zuneigung und Wärme, mit klaren Regeln, mit der Bereitstellung entwicklungsangemessener Anregungsbedingungen und mit der Gewährung sich erweiternder Handlungsspielräume Einfluss nehmen, können im Schnitt damit rechnen, dass ihre Kinder sich zu selbstbewussten, emotional stabilen, sozial kompetenten, selbstverantwortlichen und leistungsfähigen Personen entwickeln.«[226]

Kinder, die unter diesen Bedingungen aufwachsen, tendieren auch zu internalen generalisierten Kontrollorientierungen, d.h. sie erwarten eher, auf die Folgen ihrer Handlungen selbst Einfluss nehmen zu können und schreiben die Erfolge der eigenen Wirkmächtigkeit und nicht äußeren Faktoren wie dem Glück, Zufall oder mächtigen Personen und Institutionen (externale Kontrollerwartungen) zu. Dieses Bewusstsein eigener Urheberschaft und Wirksamkeit in der Auseinandersetzung mit der sozialen und materiellen Umwelt und mit sich selbst, also die Überzeugung in unterschiedlichen Lebenslagen subjektive Kontrolle zu erleben und sich kompetent zu fühlen, kann – neben der Erfah-

---

225 *Trommsdorff* 1999, S. 393.
226 *Schneewind* 1995, S. 156.

rung der Verbundheit mit anderen Personen – als zentrales Moment der Persönlichkeitsentwicklung und als Lebensthema gelten. Es stellt einen Nährboden für das Erleben von eigener Kompetenz in verschiedenen Situationen des Alltags[227], von Individualität und Selbstbestimmung, ein subjektives Korrelat von Autonomie dar.[228]

Von Kindern, die in den hier beschriebenen Erziehungsverhältnissen aufwachsen, kann nun aber im Kontext einer Interessenvertretung in zivilrechtlichen Kindesschutzverfahren wohl nur selten die Rede sein. Festhalten lässt sich allerdings, dass, selbst wenn Kinder in einer solchen, ihrer Kompetenz- und Autonomieentwicklung förderlichen Weise erzogen bzw. sozialisiert werden, sie ihre Entscheidungen noch ganz selbstverständlich in großer emotionaler Abhängigkeit von denjenigen Personen treffen, denen sie im Sinne einer sozialen Eltern-Kind-Beziehung verbunden sind.

Ganz zu Recht wird deshalb – etwa im Kontext des Umgangs- oder Sorgerechtsverfahrens nach Trennung und Scheidung – immer wieder darauf hingewiesen[229], dass die Annäherung der Kindesposition an die Position des versorgenden Elternteils (meist die der Mutter) keineswegs das Ergebnis subtiler oder offener Manipulation sein muss, sondern sich in dieser Altersstufe unmittelbar aus den engen materiellen und psychischen Bindungen des Kindes und einer durchaus »gelungenen« Erziehung ergibt.

Freilich soll damit nicht gesagt sein, dass Partnerschaftskrisen, Scheidungen und elterliche Konflikte um das Kind *keine* spezifischen Auswirkungen auf dessen Selbstständigkeitsentwicklung, Individuation und intrapsychische Loslösung zeitigen können. Ganz im Gegenteil kann der Wunsch nach liebevollen, sicherheitsgebenden Objektbeziehungen einerseits und das Streben nach Autonomie, Selbstbehauptung und Selbstverwirklichung andererseits als *der* »zentrale intrapsychische Konflikt von Scheidungskindern« gelten. An dieser Stelle sei auf einen Beitrag verwiesen, in dem sich *Bauers* aus entwicklungspsychologischer Sicht mit eben dieser Thematik befasst und hierbei u.a. ausführlich auf die eingeschränkteren Fähigkeiten der Eltern zur Wahrnehmung der Kindesbedürfnisse (bis hin zur Vernachlässigung), auf die Problematik der Triangulation, auf Rollen, die das Kind als ErsatzpartnerIn, BündnisgenossIn, RichterIn im Ehestreit usw. vereinnahmen, eingeht. Auf Beziehungskonstellationen also, die der Individuation des Kindes im Wege stehen, es übermäßig binden und zugleich einsam machen, massive Trennungsängste und Schuldgefühle fördern und nicht selten in eine nur scheinbar selbstständige, real jedoch »pseudo-autonome« Entwicklung führen, mit der das Kind starke Wünsche nach abhängigen Bindungen abwehrt. Allerdings ist mit einer großen alters- und entwicklungsspezifischen Variationsbreite zu rechnen, mit der Kin-

---

227 Vgl. hierzu *Baacke* 1999, S. 86.

228 Zu entsprechenden Querschnittsstudien und einer eigenen 16-jährigen Längsschnittstudie, die 200 Familien einbezog, vgl. *Schneewind u.a.* 1999, S. 357, 383 ff.

229 Vgl. oben S. 171 f.

der auf dieses Geschehen reagieren, die u.a. von individuellen Faktoren, der Qualität ihrer Beziehungen zu den Eltern, deren Fähigkeit, die Partner- und Elternebene zu entflechten und die innere und äußere Trennung zu bewältigen, sowie der sozioökonomischen Situation der »Restfamilie« abhängt.[230]

b) Traumatisierte Kinder

(1) Der erweiterte Lebensraum als Chance?

Von unerschütterlichem pädagogischem Optimismus beseelt, könnte man hoffen, dass die Schwierigkeiten, mit denen die im zivilrechtlichen Kindesschutzverfahren zu vertretenden Kinder im Bereich der Autonomieentwicklung zu kämpfen haben, mit Hilfe des Kindergartens oder spätestens durch die Einschulung gemildert oder gar kompensiert werden können. Wie die obige Betrachtung zeigte, realisieren sich ja in der »mittleren Kindheit« gerade in diesen Bereichen auch jenseits der Familie eine Fülle an Kompetenzerfahrungen, die das Kind mit sich, mit anderen und seiner Umwelt macht. Diese Hoffnung trügt, zumindest was die Situation der allermeisten in das zivilrechtliche Kindesschutzverfahren involvierten Kinder angeht. Vielmehr gerät ihnen die Erweiterung ihres Lebensraums und ihrer sozialen Kontakte oft zur Vervielfachung und Verschärfung ihrer Problemlagen und mündet mit großer Wahrscheinlichkeit in der Überzeugung, das eigene Leben nicht wirksam gestalten zu können.

Bei vielen traumatisierten Kindern ist zu Beginn des Schulalters damit zu rechnen, dass sich die desorganisierten Bindungsmuster der frühen Kindheit nunmehr in kontrollierenden Rollen- und Beziehungsmustern fortsetzen, die übrigens auch nach der Herausnahme aus traumatisierenden Beziehungen und ihrer Unterbringung in Pflegefamilien beibehalten werden, so der Psychologe *Scheuerer-Englisch*. Viele dieser Kinder versuchen, den Bezugspersonen gegenüber die Kontrolle zu übernehmen, durch bestrafende und verärgerte Verhaltensweisen oder durch ein übergroßes Maß an Fürsorglichkeit. Rollenumkehr und Parentifizierung prägen nicht selten das Beziehungsgeschehen und tragen dazu bei, dass die Kinder ihre eigenen Bindungsbedürfnisse nicht ausleben können und ihre Entwicklungsziele aus den Augen verlieren:

> »Das Wohlergehen der Bindungsperson und das eigene ›Überleben‹ in extremen Beziehungsstrukturen stehen im Mittelpunkt des Denkens und Erlebens beim Kind. So kommt es häufig zu Folgeproblemen bei der Erfüllung eigener Entwicklungsaufgaben, z.B. der Leistungserbringung in der Schule oder der Verbindlichkeit von Regeln ... oder gelingendem Spiel.«[231]

---

230 Siehe *Bauers* 1993.
231 *Scheuerer-Englisch* 1998, S. 77.

Die oft desorganisierten und extrem verunsichernden Bindungserfahrungen werden nunmehr in neue Beziehungen transformiert und führen in der Gesamtgruppe dieser Kinder bereits im Kindergarten[232], dann in der Schule sowie im Umgang mit Gleichaltrigen zu gravierenden Problemen.[233]

Die von Jugendämtern meistgenannte Folge der »Kindeswohlgefährdung«, so auch *Münder u.a.* in ihrer Studie zum Verfahren nach § 1666 BGB, waren »Verhaltensauffälligkeiten«, die zwei von drei Kindern der Gesamtgruppe (unabhängig vom Hauptgefährdungsmerkmal wie z.B. Vernachlässigung, körperliche, sexuelle, seelische Misshandlung) zeigten. Fast jedem zweiten Kind wurde »mangelndes Sozialverhalten« zugeschrieben, aber auch Distanzlosigkeit, Aggressivität und Delinquenz sowie Zurückgezogenheit, Weglaufen, Schulverweigerung, Suizidgefährdung u.a.m. spielten eine Rolle. Abgesehen von den »Verhaltensauffälligkeiten« wiesen mehr als 45% der 319 Kinder und Jugendlichen eine »verzögerte intellektuelle Entwicklung« und immerhin ca. 40% eine depressive Befindlichkeit (nicht im psychiatrischen Sinne) auf. Jedes dritte Kind hatte Sprachprobleme. [234]

Diese Einschätzungen vermitteln ein beunruhigendes Bild von den enormen Schwierigkeiten dieser Kinder, wenigstens außerhalb ihrer Familie stabile soziale Beziehungen aufzubauen bzw. Kindergarten, Schule, Hort, Vereine u.ä. als einen kompensatorischen, den eigenen Selbstwert stärkenden und bestätigenden Raum zu nutzen. Hinzu kommt die Isolation von Kindern, die z.B. von süchtigen, misshandelnden oder sexuell missbrauchenden Eltern/-teilen an sozialen Kontakten zu FreundInnen, Vereinen, der Nachbarschaft, Verwandten etc. gehindert, und wo dies nicht möglich ist, zum Schweigen verpflichtet werden, weil diesen an der Geheimhaltung und Kontrolle über die Familienmitglieder gelegen sein muss.[235]

So ist erstens damit zu rechnen, dass die »Verhaltensauffälligkeiten« und Lernschwierigkeiten der Kinder sie sowohl in der Schule als auch im Umgang mit Gleichaltrigen in (bereits vorhandenen) Überzeugungen bestärken, nicht liebenswert zu sein, keine Achtung zu verdienen und kaum Einfluss zu haben, um das eigene Leben zu gestalten. Zweitens wird der – gerade in diesem Entwicklungsabschnitt für die Autonomieentwicklung so wichtige – Aufbau sozialer Kontakte zu anderen Kindern und Erwachsenen außerhalb der Familie

---

232 Hinsichtlich des Kindergartenbesuchs, so *Stumpf* 1995, S. 29, der 146 Fälle von Kindesmisshandlung und Vernachlässigung auswertete, die zwischen 1985 und 1988 von der Darmstädter Staatsanwaltschaft bearbeitet worden waren, lag der Anteil von nur 52% dieser Altersstufe wesentlich geringer als im Bundesdurchschnitt (63%). Auch die Studie von *Münder u.a.* 1998, S. 14, zeigte, dass nur 4 der 37 unter Dreijährigen und nur 31 von 58 der Kinder im Kindergartenalter (also nur knapp die Hälfte, trotz der innerfamilialen Belastungen und des nunmehr verankerten Rechtsanspruchs) eine Tageseinrichtung besuchten oder sonstige Betreuungsangebote (Tagespflege) erhielten.

233 Vgl. *Scheuerer-Englisch* 1998, S. 78 f; vgl. auch *Dornes* 1997, S. 226 ff; *Fegert* 1998.

234 *Münder u.a.* 1998, S. 28 ff.

235 Vgl. hierzu *Herman* 1994, S. 141.

behindert. Die Kontrolle und Manipulation jener Eltern, die staatliche Eingriffe bzw. gesellschaftliche und strafrechtliche Sanktionen zu fürchten haben, erstreckt sich vielmehr genau auf jene Bereiche, in denen andere Kinder den Freiraum haben, neue Beziehungen und eigene Interessengebiete jenseits ihrer Familie zu entwickeln und zu erproben.

(2) Selbstwirksamkeitsüberzeugungen

Wie erwähnt, tragen Kontrollorientierungen des Kindes, die in der Erfahrung gründen, in unterschiedlichen Lebenslagen subjektive Kontrolle zu erleben (oder nicht) und sich kompetent zu fühlen (oder nicht), entscheidend zur Persönlichkeits- und Autonomieentwicklung bei.[236] *Bittner,* der das »Selbstwerden« des Kindes, das sich in seinem Wollen und Tun manifestiere, als Entwicklungsaufgabe postuliert, stellt hierzu fest:

> »Menschen sind vom frühesten Alter an Subjekte, die Ziele verfolgen, die etwas wollen und die gute Gründe (oder doch wenigstens subjektiv gute Gründe im Sinn eines »falschen Bewusstseins«) für ihr Wollen und Tun haben, so dass die schlimmste und zugleich vielleicht verbreitetste Weise des Sich-selbst-Verfehlens schon beim Kind darin besteht, dass es ... sein Nicht-Wollen in ein Nicht-Können umdefiniert.«[237]

Die Kinder, um die es in dieser Arbeit geht, haben wenig Chancen, sich in einer Weise zu entwickeln und zu erleben, die sie in ihre eigene Wirksamkeit in der Auseinandersetzung mit sich und ihrer Umwelt vertrauen lässt. Vielmehr zeigen ...

> »... Kinder aus einem wenig stimulierenden Familienmilieu, die einen einschränkenden feindseligen, autoritären, die kindliche Privatheit nicht respektierenden, vernachlässigenden oder aber überbehütenden Umgang mit ihren Eltern erfahren, gehäuft eine externale Kontrollorientierung.«[238]

Mit anderen Worten fällt es Kindern, die in einem solchen Milieu aufwachsen, ausgesprochen schwer, sich selbst als aktiv, einflussreich und wirkmächtig zu erfahren. Sie neigen vielmehr dazu, sich als hilflos und ihre Handlungsspielräume als abhängig von den Einflüssen der mit Macht versehenen Personen und Institutionen zu erleben – von mächtigen Personen, wie Eltern, RichterInnen und VerfahrenspflegerInnen, mächtigen Institutionen, wie Schule, Jugendamt, Heim oder Gericht.

---

236 Vgl. *Schneewind u.a.* 1999, S. 357, 383 ff.
237 *Bittner,* Z.f.Päd. 1982, 261/265.
238 *Schneewind u.a.* 1999, S. 362. D.h. die Folgen des eigenen Handelns werden eher Zufall, Glück, mächtigen Personen oder Institutionen zugeschrieben.

Die schulische Sozialisation, die sich neben der Familienerziehung auf die Einschätzung eigener Problemlösungskompetenzen auswirkt, kann diese externalen Kontrollüberzeugungen noch verstärken. Wie die Befunde des Kinder-Survey von 1993 zeigen, besteht nämlich ein deutlicher Zusammenhang zwischen schulischen Erfolgen und Überzeugungen, die Kinder hinsichtlich ihrer eigenen Problemlösungskompetenzen und Wirkmächtigkeit äußern, wobei sich ein deutliches Gefälle zwischen GymnasiastInnen und RealschülerInnen gegenüber HauptschülerInnen zeigt.[239] Die bereits erwähnte Studie von *Münder u.a.* ergab nun, dass über ein Fünftel der betroffenen schulpflichtigen Kinder bereits zu Beginn des Verfahrens von schulischen Desintegrationserfahrungen betroffen war. Nur 5 Kinder besuchten das Gymnasium und 12 Kinder die Realschule, während 33 Kinder die Hauptschule und 31 der über 9-jährigen Kinder die Sonderschule besuchten. Auch wenn die Gefährdung des geistigen Kindeswohls in der Praxis selten thematisiert werde, so die Verfasser, sei davon auszugehen, dass sehr viele dieser Kinder und Jugendlichen »erhebliche geistige Entwicklungsrückstände« aufweisen.[240] »Gerade bei schwer traumatisierten Kindern«, so auch der Kinderpsychiater *Fegert,* »führen die massiven Selbstwertdefizite auch zu einer allgemeinen Leistungsängstlichkeit«, die sich nicht nur bei Kindern in akuten Gefährdungslagen zeigt, sondern auch bei Pflegekindern eine Rolle spielt.[241]

Das Vertrauen in die eigenen Handlungs- und Kontrollmöglichkeiten spielt auch eine Rolle, wenn es darum geht, Rechte zu haben und ausüben zu können. Hier kann sich, wie *Melton* berichtet, auch der soziale Hintergrund, etwa die Zugehörigkeit zu ethnischen Minoritäten oder sozial benachteiligten Schichten, negativ auswirken. Mit der Folge, dass Kinder und Jugendliche nicht daran glauben können, überhaupt eigene Rechte zu haben. Selbst wenn sie um ihre Rechte wissen, erwarten sie nicht, diese auch wirksam durchsetzen zu können.[242] Auch hier sind die Befunde von *Münder u.a.* bedeutsam, wonach die Familien, bei denen die Gefährdung des Kindeswohls zu gerichtlichen Verfahren führt, »... mangels entsprechender Ausbildung und mangels Beschäftigung oft nicht in der Lage (sind), ihre materielle Existenz aus eigenen Kräften zu sichern.«[243] Viele dieser Kinder und Jugendlichen erleben also nicht nur, dass in ihren Familien die Rechte der/des Einzelnen nicht hinreichend respektiert werden, sondern auch, dass ihre Eltern eben kein Recht auf Arbeit, großen Wohnraum und gesellschaftliche Teilhabe in Anspruch nehmen können, die sie aus den Medien und von anderen Kindern her kennen. Nicht

---

239 Den 700 Kindern wurden in Interviews Vorgaben wie »Ich kann mir meistens selbst helfen, wenn ein Problem auftaucht, mir fällt meistens etwas ein, wenn ich in der Klemme bin«, gemacht, zu denen sie sich äußerten. Vgl. *Rinker/Schwarz* 1996, S. 291 ff.
240 *Münder u.a.* 1998, S. 31.
241 Vgl. *Fegert* 1999, S. 23.
242 Vgl. *Melton* 1992, S. 168 f.
243 *Münder u.a.* 1998, S. 23.

wenige Kinder begleiten ihre Eltern auch bei Gängen auf Wohnungs- und Sozialämter, Ausländer- und Jugendbehörden und werden unter Umständen wiederholt Zeugen ohnmächtig-wütender Hinnahme von Verhältnissen, in denen »Rechte«, wenn überhaupt, eher in den Gesetzesbüchern hinter den Schreibtischen als in der Wirklichkeit davor zu finden sind.

Bei näherer Betrachtung, so die Bilanz, fehlt den im Verfahren zu vertretenden Kindern überwiegend die sichere Basis, die sie in diesem Entwicklungsabschnitt noch so dringend brauchen, um sich die Welt jenseits der Familie zu Eigen zu machen, sich in ihr zu entfalten und als kompetent und wirkmächtig zu erleben. Mehr noch, mit der Erweiterung ihres Lebensraumes verbindet sich vielfach die Erfahrung des eigenen Nicht-Genügens, Versagens und der Ausgrenzung. Es ist also damit zu rechnen, dass viele Pflegekinder und die Mehrzahl der Kinder und Jugendlichen, deren Interessen im Kindesschutzverfahren gewahrt werden sollen, nur geringe Erwartungen in die Durchsetzung ihres Willens setzen, und sich – mehr als andere Kinder – den Entscheidungen der Erwachsenen ausgeliefert sehen, auf die Einfluss zu nehmen ihnen unmöglich erscheint. Welche Dimension diese Ohnmacht erreichen kann, und wie sehr sie die Anpassung dieser Kinder und ihre Identifikation mit den misshandelnden Eltern sowie deren Idealisierung erzwingt, wird jedoch erst sichtbar, wenn man sich mit ihren traumatischen Erfahrungen und deren Folgen im Kindesalter befasst.

3. Traumatische Erfahrungen und gestörte Autonomieentwicklung

Die Frage, was traumatische Lebenserfahrungen für die Entwicklung des *einzelnen* Kindes, insbesondere hinsichtlich seiner Fähigkeit, eigenverantwortliche, selbstbestimmte Entscheidungen zu treffen, bedeuten, ist nicht pauschal zu beantworten. Doch sind kurz- und langfristige Beeinträchtigungen angesichts der Lebenserfahrungen der im Kindesschutzverfahren zu vertretenden Kinder ausgesprochen wahrscheinlich, denn anders als bei Erwachsenen, bei denen wiederholte traumatische Erfahrungen eine bereits geformte Persönlichkeit angreifen, können sie bei Kindern die Persönlichkeitsentwicklung prägen und deformieren.[244] Dabei spielt es eine Rolle, in welcher Entwicklungsphase das Kind »extreme Belastungssituationen« durchlebt, die mit *Keilson* als Situationen definiert werden können, in denen es zur »Versagung eines nur zu diesem Zeitpunkt fundamental notwendigen, entwicklungsmäßigen Bedürfnisses« kommt.[245]

---

244 Vgl. Herman 1994, S. 135.

245 Der Verfasser zählt hierzu u.a.: »... die versorgende Mutter, aber auch Spielzeug, Bewegungsraum, Umgang mit anderen Kindern, die Schule, außerfamiliäre Leitfiguren, Bildungsstoff, sozial-kulturelle Ausstattungsattribute.« *Keilson* 1979, S. 60.

So sind die Erkenntnisse über mögliche Auswirkungen traumatischer Erfahrungen, die zusammen mit den Mangelerfahrungen, wiederholten Trennungen, »Fremdplatzierungen« und »Rückführungen« der Kinder, der Hilflosigkeit der Helfenden bzw. dem Scheitern ihrer Hilfen das Ausmaß einer »sequenziellen Traumatisierung«[246], annehmen können, zwar zwingend bei der Diskussion um die Rolle und Vertretungsaufgaben des Verfahrenspflegers zu beachten. Doch lassen sie nur allgemeine Annahmen über die entwicklungsspezifischen Folgen versagter Bedürfnisbefriedigung[247], hingegen aber direkte Rückschlüsse auf die einzelne Person des Kindes nicht zu. Einmal mehr kommt es vielmehr, was die Praxis der Kindesvertretung angeht, auf eine möglichst qualifizierte Einschätzung des Einzelfalles an. Der amerikanische Psychoanalytiker *Shengold* bemerkt:

> »Mit so vielen Variablen, die Traumata und ihre Auswirkungen charakterisieren, erlauben nur die extremen Ausmaße eines Übermaßes eine Vorhersage, und sogar da gibt es Überraschungen.«[248]

Auch *Keilson,* der 1979 eine aufschlussreiche follow-up Studie[249] über die sequenzielle Traumatisierung jüdischer Kinder veröffentlicht hat, die den Faschismus in den Niederlanden überlebten, stellt fest:

> »... sicher ist ein traumatischer Eingriff wie eine Entwurzelung, der die *basic needs* einer Entwicklungsstufe betrifft, ein Vorgang, der nur schwer reversibel zu machen ist. Andererseits ist die Plastizität der kindlichen Psyche ein Faktor, der sozialen Rehabilitationsprozessen entgegen kommt.«[250]

So befasst sich die Fachliteratur – insbesondere im Rahmen der Prävention – einerseits mit »stress-resistenten« bzw. »unverwundbaren« Kindern[251], ande-

---

246 Die Beschreibung »Traumatischer Sequenzen« spielt in der Misshandlungsforschung zum Beispiel für das Verständnis jener Kinder eine Rolle, die von wiederholten »Umplatzierungen« in Pflegefamilien, Heimen, Elternhaus usw. betroffen sind. *Keilson,* der diesen Begriff prägte, verstand hierunter: erstens die feindliche Besetzung der Niederlande und den Terror gegen die jüdische Minderheit und ihre Integrität; zweitens die direkte Verfolgung (Deportationen, Trennung und Verlust, Versteck, KZ); drittens die Nachkriegsperiode mit der Vormundschaftszuweisung als zentrales Thema; mit den Alternativen a) Verbleib des Kindes im nicht-kongenialen Kriegspflegemilieu mit entsprechenden Spannungen, b) Rückkehr in das kongeniale, seinerseits traumatisierte jüdische Milieu, verbunden mit erneuter Trennung. Vgl. S. 427.
247 Vgl. *Keilson* 1979, S. 60.
248 *Shengold* 1995 (Erschj. 1989), S. 374.
249 *Keilson* 1979 untersuchte Dossiers von 2041 jüdische Kriegswaisen, für die nach Kriegsende Vormundschaften erteilt werden mussten; die Nachuntersuchung umfasste eine repräsentative Gruppe von 204 Kindern. S. 429.
250 *Keilson* 1979, S. 159.
251 Vgl. *Dornes* 1997, S. 233; *Rauh* 1995, S. 181; *Schneewind* 1995, S. 163; *Gil* 1993 (Erschj. 1991), S. 21.

rerseits weist eine kaum überschaubare Zahl an Publikationen auf die erheblichen *Risiken*[252] elterlicher Gewaltausübung und gravierenden elterlichen Versagens hin, die das Kind – neben körperlichen Schädigungen – auch einer seelischen Belastung bzw. Misshandlung aussetzen.

Als »immer wieder bestätigte Faustregel« gilt, dass die Auswirkungen umso gravierender sind, je früher die Misshandlung beginnt, je schwerer sie ist und je länger sie anhält. Weitere Variablen sind das Alter des Kindes und seine Interpretation der Ereignisse sowie personale und soziale Schutzfaktoren, wie die in allen Studien erwähnte Verfügbarkeit mindestens einer guten Beziehung in der Vergangenheit/Gegenwart des Kindes[253], aber auch besondere Lern-, Anpassungs- und soziale Problemlösemöglichkeiten, sowie die Erfahrung eigener Kompetenz und Selbstwirksamkeit in mindestens einem (z.B. akademischen, sportlichen, künstlerischen oder handwerklichen) Interessenbereich.[254]

Gleich, ob ein Trauma ausschließlich auf innerpsychischen Vorgängen beruht oder im Zusammenhang mit äußeren Einwirkungen steht, überwältigen traumatische Erfahrungen die Psyche des Kindes, setzen seine Ich-Funktionen und psychische Handlungsfähigkeit außer Kraft und führen damit in die seelische Katastrophe.[255] In den durch eine ausgeprägte Asymmetrie sowie Macht und Ohnmacht gekennzeichneten Misshandlungs- oder Missbrauchssituationen sind es neben der Überschwemmung der Reizschutzgrenze des Ich besonders die Grenzüberschreitung in der Objektbeziehung sowie die Leugnung oder mangelnde Anerkennung der (affektiven) Qualität des Geschehens, die das Trauma konstituieren.[256]

---

252 Einen Überblick über verschiedene Längs- und Querschnittsstudien zu protektiven wie zu Risikofaktoren geben *Egle/Hoffmann/Steffens* 1997. Vgl. auch *Bender/Lösel* 1997; *Dornes* 1997, S. 234, sowie die prospektive Studie von *Löffler* 1990, S. 49.

253 *Dornes* 1997, S. 230.

254 Vgl. *Bender/Lösel* 1997, S. 52.

255 Vgl. *Mertens* 1998, S. 243. Der Verfasser gibt eine gut verständliche, knappe Übersicht über die aktuelle psychoanalytische Theoriebildung zum Trauma-Begriff. Danach ist ein infantiles Trauma (Verletzung) durch einen Erregungszuwachs aus inneren und ggf. auch äußeren Quellen gekennzeichnet, denen das Kind hilflos gegenübersteht, weil seine noch unzureichend entwickelten Ich-Funktionen versagen und seine psychische Handlungsfähigkeit darniederliegt. Die traumatische Situation tritt meist plötzlich und unerwartet ein und setzt die Ich-Funktionen außer Kraft und es kommt zur Reizüberschwemmung. Entwicklungstraumata sind dadurch gekennzeichnet, dass nicht allein eine einzelne Situation die integrativen Fähigkeiten des mehr oder minder entwickelten Ichs überfordert, sondern dass eine angemessene Reaktion auf die für verschiedene Lebensalter spezifischen Entwicklungsbedürfnisse ausbleibt, so dass »das Kind nicht oder nur unzureichend lernen kann, seine phasenadäquaten Bedürfnisse in der Interaktion mit seinen Bezugspersonen zu regulieren und auszuhandeln.« (S. 246). Im Zentrum der Forschung stehen Lebenserfahrungen wie elterliche Trennungen, Tod eines Elternteils, sexueller Missbrauch, dauerhafte Konflikte zwischen den Eltern oder diesen und dem Kind, psychische Störungen von Mutter und/oder Vater, Sucht u.a.m.

256 Vgl. *Hirsch* 1997, S. 115 f.

Vom äußeren Geschehen her kann das Mädchen oder der Junge sowohl unmittelbar den elterlichen Aggressionen ausgesetzt sein, aber auch in Panik versetzt werden, wenn sie oder er gewalttätige Angriffe zwischen den Eltern oder auf die Geschwister miterlebt. Gleiches gilt für Kinder alkoholsüchtiger Eltern, die sich unkalkulierbar, wütend, aggressiv und die kindlichen Bedürfnisse nicht wahrnehmend verhalten[257] bzw. harte Drogen konsumieren und mal völlig unansprechbar, verlangsamt und lethargisch, dann wieder euphorisch oder selbst panisch auf Drogenbeschaffung fixiert sind; für Kinder und Jugendliche, deren Eltern mit Selbstmord drohen oder sich in ihrer Gegenwart zu töten versuchen, usw.[258]

Traumatische Erfahrungen vereiteln nicht nur während der Situation[259] selbst »per definitionem« jegliche Initiative und überfordern die individuelle Kompetenz des betroffenen Mädchens oder Jungens, sondern sind zugleich ein (oft gezielter) Angriff auf die Autonomie, den Eigenwillen und die Selbstachtung des jeweiligen Kindes.[260] Von den Eltern misshandelte oder sexuell missbrauchte Kinder sind diesen Erfahrungen in der Regel wiederholt hilflos ausgeliefert und zugleich auf den Schutz eben jener Person(en) angewiesen, die sie angreifen oder diese Angriffe (ob nun tatsächlich oder »nur« aus der Sicht des Kindes) dulden. Kindesmisshandlung, so *Westermann,* definiert sich durch eine Bedrohung mit Vernichtung, bei der ...

> »... das Kind von seinen Eltern, zu denen es bei Gefahr und Angst schutzsuchend fliehen müsste, überwältigt wird, so dass es diese nicht nur als Schutzobjekte verliert, sondern mörderisch-überwältigend erleben muss.«[261]

Das Mädchen oder der Junge ist im täglichen Zusammenleben zu ungeheuren Anpassungsleistungen in einem solchen von Angst geprägten Familienklima gezwungen. Solch ein Kind muss sich irgendwie das Vertrauen in Menschen bewahren, die nicht vertrauenswürdig sind, muss sich in einer unsicheren Situation sicher fühlen, darf trotz der unberechenbaren und ängstigenden Um-

---

257 Zur Lebenserfahrung und Autonomieentwicklung (hierzu S. 60 f) dieser Kinder vgl. *Köppl/Reiners* 1987.
258 Vgl. *Nienstedt/Westermann* 1995, S. 113.
259 »Mit der Erweiterung des Begriffes ›Trauma‹ zur ›traumatischen Situation‹ vollzog sich zugleich auch eine Veränderung der Perspektive, unter der das traumatische Ereignis betrachtet wurde. Einerseits wurde diese Veränderung durch die kinderanalytische Forschung mit ihrer vertieften Fragestellung nach dem Verhältnis von *external* und *internal happenings* in die Wege geleitet. Die Untersuchungen von verwahrlosten Kindern zum Beispiel legten die Bedeutung der frühkindlichen Erfahrungen *(early infantile experiences)* dar. Sie klärten die situativen Bedingungen, in denen ein ›Ereignis‹ sich als ›traumatisch‹ ausweist.« *Keilson* 1979, S. 52.
260 Vgl. *Herman* 1994, S. 78.
261 *Westermann* 1998, S. 37.

gebung die Kontrolle nicht vollkommen verlieren und trotz der erlebten Hilflosigkeit das Vertrauen in die eigenen Kräfte nicht aufgeben. Nicht selten muss es sein Verständnis für Gerechtigkeit in einem rigide organisierten System von Zwang und Bestrafung oder in undurchschaubaren, widersprüchlichen, von Willkür und Launen der Eltern bestimmten und unfairen Regelsystemen entwickeln.[262] Nicht zuletzt muss es seine Autonomie entwickeln, ohne sich gegenüber den Menschen, deren Angriffen, Gleichgültigkeit oder wechselhaftem Erziehungsverhalten es ausgesetzt ist aggressiv, behaupten und durchsetzen zu dürfen.

Der bereits im Kontext der frühen Kindheit beschriebene extreme Anpassungszwang an die Bedürfnisse, Stimmungen und Erwartungen der Eltern, der dem Kind teils durch subtile Interaktionsmuster (wie sie *H.E. Richter*[263] in Bezug auf »traumatische Rollen« des Kindes als Elternersatz, Gattensubstitut bzw. Bundesgenosse anschaulich beschrieb), teils durch unmittelbare Gewalt auferlegt und abgenötigt wird, findet nun erwartungsgemäß seine Fortsetzung:

> »Um in einem solchen Klima dauernder Gefahr zu überleben, muss man ständig in Alarmbereitschaft sein. Misshandelte Kinder orten mit außerordentlichem Feingefühl jedes Zeichen drohender Gefahr in ihrer Umgebung. Sie stellen sich minutiös auf die Empfindungen des misshandelnden Elternteils ein. Sie erkennen winzige Veränderungen von Gesichtsausdruck, Stimme und Körpersprache als Signale für Wut, sexuelle Erregung, Betrunkenheit oder Dissoziation. Die nonverbale Kommunikation läuft vollkommen automatisch und größtenteils unbewusst ab.«[264]

Manche Kinder versuchen, sich bei Anzeichen drohender Gefahr zu entziehen, also den Eltern aus dem Weg zu gehen, zu verstecken, mit wachsendem Alter auch auszureißen, usw. Oder sie verhalten sich trotz ihrer eigenen inneren Erregung nach außen hin still, ausdrucks- und bewegungslos, versuchen besonders »brav« zu sein und so die Situation in den Griff zu bekommen.[265] Jenseits dieser Verhaltensweisen, mit denen das Kind die Eltern, wenn überhaupt, dann nur situativ manipulieren oder abhalten kann, bleibt ihm nur die Flucht nach innen. Es setzt also sein noch in Entwicklung begriffenes System psychischer Abwehrmechanismen[266] ein, um in seiner Familie zu überstehen und die

---

262 Siehe *Herman* 1994, Kapitel 5.

263 *Richter* 1969.

264 *Herman* 1994, S. 140.

265 Vgl. auch die Übersicht der amerikanischen Fachliteratur bei *Zenz* 1981, S. 238 ff.

266 Welche Folgen die in der Fachliteratur oft beschriebenen Störungen der Ich-Entwicklung beim einzelnen Kind zeitigen, muss offen bleiben. Wichtig ist aber, dass in der psychoanalytischen Theoriebildung der menschliche Wille als unmittelbar an die Ich-Entwicklung gebunden gilt. Danach tritt das Ich des wollenden Menschen in Aktion und vermittelt zwischen den Anforderungen des Es, des Über-Ichs und der Realität. Vgl.

281

ursprüngliche Bindung an die Eltern zu erhalten.[267] Das Erleben, Fühlen und Wollen dieser Kinder und Jugendlichen ist dementsprechend von spezifischen Abwehrmechanismen[268] geprägt, mit denen sie ihre Erfahrungen, insbesondere ihre Angst, zu bewältigen versuchen.[269] Aus kinderpsychologischer Sicht führen *Nienstedt* und *Westermann* hierzu aus:

> »Das Ich verleugnet z.B. äußere Gefahren und tut so, als würden sie nicht existieren, es verdrängt gefährliche Triebimpulse, wie z.B. die bei der Bestrafung hervorgerufenen aggressiven Impulse, und hält die Verdrängung aufrecht, indem die Triebwünsche ins Gegenteil verkehrt werden und z.B. aus der überwältigenden, angstmachenden Mutter die idealisierte geworden ist. So werden überwältigende, traumatische Erfahrungen in der Verdrängung gehalten. Das heißt, mit dem Einsatz von Abwehrmechanismen wird die Angst mehr oder minder erfolgreich abgewehrt.«[270]

Hierin liegt neben der für die Entwicklung notwendigen Anpassungsfunktion die »gefährliche Seite« der Abwehrmechanismen. Denn zugleich »... werden auch die bewusste Wahrnehmung der Wirklichkeit, die Lernfähigkeit und die Einsicht in die Zusammenhänge der Realität eingeschränkt.«[271]

Solange das Ich im Denken des Kindes noch der Bezugspunkt aller Ereignisse ist, verbindet sich diese egozentrische Perspektive mit der für traumati-

---

Roth 1976, S. 373, 376 ff; *Ferenczi* 1972 (1925), S. 171, Fn. 3. Diese Instanzen des seelischen Apparates verändern und entwickeln sich während der gesamten Kindheit in ihrer Struktur, Anpassung und Reife im Zusammenspiel mit körperlichen Entwicklungen und der Außenwelt und insbesondere mit den für das Kind bedeutsamen sozialen Beziehungen. Vgl. *Freud, A.* 1988 (Erschj. 1965), S. 66, 67; *dies.*, Schriften 1980, S. 2873, 2745-2757. Der Wille beruht dementsprechend nicht nur auf bewusst repräsentierten, sondern ebenso auf unbewussten Faktoren, da das Ich »...auf kärgliche Nachrichten angewiesen bleibt von dem, was unbewusst in seinem Seelenleben vorgeht«, *Freud, S.* 1992 (1940), S. 273. Persönliche Entscheidungen sind dementsprechend stets auch von (un-)bewussten Fantasien, Affekten und Trieben beeinflusst und erfordern die Ich-Stärke des Kindes, zwischen den widersprüchlichen Anforderungen seiner Psyche sowie der Realität zu vermitteln. Vgl. auch *Roth* 1976, S. 380.

267 *Herman* 1994, S. 135 ff.

268 Vgl. grundlegend: *Freud, A.* 1984 (Erschj. 1964); auch *Shengold* 1995, S. 43 ff; *Wirtz* 1992, S. 135-157.

269 Bei extrem traumatisierten Kindern ist darüber hinaus mit Dissoziationen, Ich-Spaltungen und Borderline Störungen zu rechnen, die u.a. gravierende Folgen für ihr Selbstgefühl, Realitätsprüfung und die Wahrnehmung und Gestaltung sozialer Beziehungen haben können, auf die hier nicht ausführlich eingegangen werden kann. Vgl. hierzu z.B. *Rohde-Dachser* 1994, S. 79; *Fegert* 1993, S. 43; *Herman* 1994, S. 143 ff.

270 *Nienstedt/Westermann* 1995, S. 96.

271 *Nienstedt/Westermann* 1995, S. 96. Auch *Beiderwieden/Windaus/Wolff* (1986, S. 206) berichten, die Abwehrmechanismen von Kindern außerhalb des Kleinkindalters bestünden in einigem zeitlichen Abstand zur Misshandlungssituation wesentlich aus einem sich ergänzenden Wechselspiel der Verleugnung und Verdrängung. Erstere richte sich auf die Misshandlungen selbst, wie auch auf die Trennung von den Eltern.

sche Erfahrungen charakteristischen Selbstbezichtigung, die es dem Opfer ermöglicht, sich als wirkmächtiges Subjekt in einer Situation zu sehen, in der es
psychisch (bzw. auch physisch) völlig ausgeliefert war. Indem das Kind meint,
die Misshandlung selbst verursacht zu haben, kann es darauf hoffen, sie durch
eine bessere Anpassung, durch Liebesbeweise durch Bravsein etc. abzuwenden. Zugleich kann es sich die Eltern als »gut« erhalten; dass sie schlecht sind
liegt allein an seinem verführerischen Verhalten, seinem Ungehorsam, seiner
Bosheit etc. Diese Überzeugung, die nicht selten von den Eltern bestätigt und
verstärkt wird, ist auch vor der Folie aggressiv bzw. erotisch-sexuell getönter
Wünsche und Fantasien zu verstehen, auf die das Realtrauma einwirkt. Sie
kann u.a. zu schweren Über-Ich Vorwürfen und Bestrafungsängsten führen,
wenn das traumatisierte Kind doch sein Schweigen brechen will und einer
mehr oder minder stark gestörten Realitätsprüfung Vorschub leisten.[272]

Diese Selbstbezichtigungstendenz wird nicht nur oft durch entsprechende
Schuldzuweisungen der Eltern verstärkt, sondern resultiert auch aus der Identifikation des Kindes mit dem Aggressor.[273] »Das Kind verdrängt die beängstigenden Erfahrungen, idealisiert die misshandelnden oder vernachlässigenden
Eltern und identifiziert sich mit ihnen als Aggressor.«[274] Dieser Abwehrmecha-
nismus, der als eine »gar nicht seltene Zwischenstufe« in der normalen Über-
Ich Entwicklung des Kindes gilt[275], kann für misshandelte oder sexuell missbrauchte Kinder gravierende Folgen zeitigen. *Ferenczi*, ein von der neueren
Traumatologie oft rezipierter Psychoanalytiker, beschrieb diesen Vorgang bereits im Jahr 1933 wie folgt: Wenn die Angst des Kindes ihren Höhepunkt erreiche, sei es gezwungen, sich ...

> »... *automatisch dem Willen des Angreifers unterzuordnen, jede seiner
> Wunschregungen zu erraten und zu befolgen, sich selbst ganz vergessend
> sich mit dem Angreifer vollauf zu identifizieren.* Durch die Introjektion
> des Angreifers verschwindet dieser als äußere Realität und wird intra-
> psychisch statt extrapsychisch... .«[276]

Das Kind verinnerlicht damit nicht nur die (vermutete oder tatsächliche) Sicht,
sondern auch die Schuldgefühle des misshandelnden oder missbrauchenden
Elternteils. Es erlebt den Angriff als »Strafe«, unterwirft sich ihr und fühlt sich
schuldig. So wird es ihm möglich, sich die Beziehung zu dieser Person bzw.

---

272 *Herman* 1994, S. 145; *Mertens* 1998, S. 224.
273 *Beiderwieden/Windaus/Wolff* 1986, S. 207.
274 *Nienstedt/Westermann* 1995, S. 113.
275 Vgl. *Freud, A.* 1984 (Erschj. 1964), 114 f, auch 109 ff.
276 *Ferenczi* 1972 (Erschj. 1933), S. 308 f. (Hervorhebung im Original). »Dadurch, dass die
     äußere traumatische Realität nach innen verlegt wird, eröffnet sich dem Ich eine Hoff-
     nung oder Chance, dass sie dort in der Fantasie beherrschbar ist, denn als äußere Rea-
     lität ist sie überwältigend.« Hierzu auch *Hirsch* 1997, S. 105.

seiner Familie zu erhalten, und Subjekt des traumatischen Geschehens zu sein. Das Kind sucht die Ursachen der traumatischen Erfahrungen bei sich und fühlt sich im Fall der Intervention oft für das Auseinanderbrechen der Familie verantwortlich.

Ein Beispiel ist der Therapiebericht über die neunjährige *Martha,* die von ihrem Vater sexuell missbraucht worden war und aus ihrer Sicht die Verantwortung für die gesamten Folgen trug, die nunmehr auf die Familie zukamen. Ihre Kindertherapeutin berichtet:

> »Martha fühlt sich schuldig, weil der Vater im Gefängnis sitzt, sie fühlt sich schuldig, weil der kleine Bruder so sehr den Vater vermisst, sie fühlt sich schuldig, weil die Mama keinen Mann hat und allein ist. ›Hätte ich nichts gesagt, dann wäre Papa nicht im Gefängnis‹. ›Hätte ich nichts gesagt, dann wäre Mama nicht so allein ... Ich muss Mama ganz viel helfen, dann ist es nicht so schlimm‹. Immer wieder äußert Martha ihre Schuld, wirkt bedrückt und belastet. Sie glaubt was sie sagt: Die Welt der Schuld ist ihre Realität.«[277]

Ähnlich ein Sechsjähriger, der von seinem Stiefvater schwer misshandelt worden war. Nachdem der Junge im Gespräch mit den *Kempes* die allgegenwärtige Gewalt in seinem Leben thematisierte und ihnen von gefährlichen Mitschülern und Hunden auf dem Schulweg sowie von »gewalttätigen und blutrünstigen« Filmen erzählte, die er mit seinen Eltern sah, usw., geht es um seine quälende Schuld und das Gefühl, verantwortlich zu sein, dass sein Vater nun solchen Ärger hat:

> »Mein Daddy wollte mich nicht strafen, aber er musste, weil ich meine Hose dreckig gemacht habe. Irgendwie mochte er's, mich zu bestrafen, wenn ich's gemacht habe, trotzdem wollte er es nicht, er musste, weil ich schlecht war. Es war mein Fehler, dass er's gemusst hat und wenn ich nach Hause gehe, werde ich ihm etwas schenken, damit er sich besser fühlt.«

So endete das einstündige Gespräch der *Kempes* mit dem Jungen mit Wunschfantasien, den Eltern auf jede ihm mögliche Weise zu gefallen, ihnen etwas zu schenken, zu zaubern, dass alle ihre Wünsche wahr werden – wenn er nur heimgehen könnte.[278]

Pflegekindern, die sich in ihre neue Familie integrieren und neue befriedigende Bindungen entwickeln konnten, vielleicht auch therapeutische Hilfe erhielten, um mit der Trennung und den oft traumatischen Erfahrungen in ih-

---

277 *Garbe* 1993, S. 63 f.
278 *Kempe/Kempe* 1978, S. 37 (Übersetzung MZ).

ren Herkunftsfamilien zu leben, ist erwartungsgemäß eine realistischere Sicht auf diese möglich. Eine wichtige Voraussetzung für diese kritische Distanz ist jedoch, wie *Nienstedt* und *Westermann* betonen, dass das vernachlässigte oder misshandelte Kind erlebt, dass seine Eltern nicht mehr die Macht haben, über es zu verfügen und Ansprüche und Forderungen zu stellen[279]; eben die Zuverlässigkeit dieser Erfahrung wird durch das »Herausgabeverfahren« nach § 1632 Abs. 4 BGB jedoch in Frage gestellt.

Bei Kindern, die noch in ihren Familien leben oder vorübergehend getrennt wurden und erleben, dass ihre Eltern bei Gericht um ihren Verbleib bzw. ihre Rückkehr und um die Anerkennung als »gute Eltern« kämpfen, dass sie das tatsächliche Geschehen bagatellisieren oder abstreiten, bei Kindern, die eventuell massivsten Manipulationen und Drohungen der um die straf- und zivilrechtliche Konsequenzen bangenden Eltern ausgesetzt sind und die obendrein auf Grund des offenen Verfahrensausgangs nicht wissen können, welche Perspektive sie nach der Entscheidung erwartet, ist wohl regelmäßig nicht damit zu rechnen, dass sie das bisherige und künftige Verhalten der Eltern und ihre eigenen Verwicklungen, Abhängigkeiten, kurz- und langfristigen Gefährdungen und den hieraus resultierenden Anspruch auf Schutz realistisch einzuschätzen vermögen. Im Gegenteil.

Bei einer Vielzahl der Minderjährigen, deren Interessen im zivilrechtlichen Kindesschutzverfahren zu vertreten sind, ist ein offener Konflikt von Kindeswille und Kindeswohl – realistischer ausgedrückt: den selbst definierten und »wohlverstandenen« Interessen des Kindes – bereits in ihren Lebenserfahrungen angelegt und zusätzlich durch ihre von Unsicherheit geprägte Situation bedingt, die als kritisches, die Bindungen intensivierendes Lebensereignis zu verstehen ist.

Diese These gründet schlichtweg in der Tatsache, dass die bis zur Adoleszenz ohnehin noch »selbstverständliche« Verbundenheit des Kindes mit Mutter und Vater nicht *trotz*, sondern *wegen* der traumatischen Lebenserfahrungen und der gestörten Autonomieentwicklung der im Kindesschutzverfahren zu vertretenden Mädchen und Jungen extreme Formen der Anpassung und Überanpassung annehmen kann. Mit anderen Worten: Auch und gerade nach schweren körperlichen und seelischen Misshandlungen oder fortgesetzten sexuellen Übergriffen sind Kinder bis hin zur Selbstaufgabe an jene Erwachsenen gebunden, die sie in ihrer Selbstachtung und Integrität verletzt und ihre basalen Bedürfnissen missachtet haben, bzw. sie vor diesen Erfahrungen hätten schützen sollen.

> »Die frustrierende Person wird zunehmend zur einzig möglichen Figur, die die benötigte narzißtische Gratifikation zu vermitteln vermöchte. Von ihr wird deshalb auf Grund der anhaltenden Erwartung eines Trostes und ei-

---

279 Vgl. *Nienstedt/Westermann* 1995, S. 118.

ner Wiedergutmachung nicht etwa die Besetzung abgezogen, sondern eher noch verstärkt.«[280]

Die *Intensität* der kindlichen Bindung sagt dementsprechend nichts, rein gar nichts, über deren *positive Qualität* und damit über die Schutzwürdigkeit von Beziehungen aus, die nicht auf dem Angenommen-Sein des Kindes, sondern auf erzwungener Abhängigkeit beruhen. Es ist also fachlich falsch und praktisch verheerend, den Kindeswillen, wie *Moritz,* a priori als »Hinweis auf die Sozialisationsbeziehung bei welcher Geborgensein existiert« zu verstehen[281], oder wie *Jopt* zu glauben, die »Systemqualität« einer Familie und die Ausbildung einer »intimen Vertrauens- und Liebesbeziehung zu beiden Eltern« daran erkennen zu können, dass Kinder, die ...

> »... zu ihrem Schutz aus der Familie herausgenommen und fremduntergebracht werden, ... kaum rekonvalesziert, häufig keinen sehnlicheren Wunsch (signalisieren), als eben dorthin wieder zurückkehren zu wollen.«[282]

Psychisch geschädigte Kinder, hierin ist sich die Fachliteratur ganz überwiegend einig, hängen vielmehr oft in enger emotionaler Angst-/Bindung an ihren Eltern und sträuben sich gegen die Trennung von ihnen, die auch und gerade schwer misshandelte oder sexuell missbrauchte Kinder als ein bedrohliches Ereignis erleben.[283] Sind solche Trennungen unumgänglich, ist das Kind normalerweise nicht in der Lage, die Bedrohlichkeit seiner Situation, und damit die Not-Wendigkeit und nicht zuletzt die Chancen einer vorübergehenden oder auch dauerhaften Herausnahme zu erfassen. Der Wille des Kindes wird vielmehr zunächst darauf gerichtet sein, bei den Eltern zu bleiben, zu ihnen zurückzukehren oder zumindest regelmäßig Umgang zu haben, selbst wenn es weitere Verletzungen in Kauf nehmen muss.[284]

> »Ältere Kinder schützen, decken und verteidigen unter Umständen die Eltern. Dabei spielen massiver Druck und Drohungen von Seiten der Eltern eine Rolle; aber hier liegt keineswegs immer der Grund, zumindest nicht der einzige. Vielmehr treibt viele Kinder deutlich die Angst, die Eltern zu verlieren, die Familie verlassen zu müssen, in ein Heim gebracht zu werden, bzw. dort bleiben zu müssen.«[285]

---

280 *Bürgin/Rost* 1997, S. 149. Vgl. auch *Riedesser/Fischer/Schulte-Markwort* 1998.
281 So *Moritz* 1989, S. 248, auch 245 ff.
282 So *Jopt* 1989, S. 173.
283 Vgl. *Balloff* 1992, S. 201; *Lempp* 1983, S. 162; auch *Herman* 1994, S. 135-154.
284 Vgl. *Balloff* 1992, S. 164; *Ell* 1990, S. 60; *Bange* 1995 (b), S. 143.
285 *Zenz* 1981, S. 258.

Kinder erleben es als »die schlimmste aller Strafen«, die Zuwendung der Eltern zu verlieren. Dies kann, wie bereits gezeigt wurde, zu einer enormen Anpassung an die elterlichen Erwartungen und Bedürfnisse und zu einem entsprechenden Verzicht des Kindes auf seine Wünsche bis hin zum fehlenden Gewahrsein seiner Gefühle und Bedürfnisse führen. Die Tendenz zur Idealisierung der Eltern und zur Identifizierung mit ihrem Erziehungsverhalten ist anscheinend bei denjenigen am stärksten ausgeprägt, die die intensivsten Gewalterfahrungen gemacht hatten.[286] So ist in diesen Fällen der offene Konflikt zwischen dem vielleicht ambivalenten oder auch eindeutigen Willen des Kindes, bei seinen Eltern zu bleiben und der in dieser Situation weniger schädlichen Alternative (der Entwicklung einer dem Schutz und der weiteren Entwicklung des individuellen Kindes angemessenen Perspektive, die eine kurz- oder langfristige Trennung von den Eltern, im Extremfall bis hin zur Adoption erfordert) verständlich.

Die Externalisierung der oben beschriebenen Identifikation und Introjektion und deren Bewältigung sind ein langer und schmerzvoller Prozess, der die innere Loslösung von den Eltern zum Ziel hat und erfordert. Diese Loslösung kann, wenn überhaupt, in der Regel nur mit Hilfe psychotherapeutischer und heilpädagogischer Angebote gelingen.[287]

Eine solche Begleitung kann nicht zu den Aufgaben der Interessenvertretung rechnen, sie hat die Bezogenheit der Kinder entsprechend zu respektieren und kann allenfalls dazu beitragen, einer solchen Entwicklung den Weg zu bereiten. Dies setzt jedoch das Verständnis der psychischen Bewältigungsversuche und Bindungen der Kinder und Jugendlichen sowie ein Wissen um erforderliche therapeutische und erzieherische Hilfen voraus.[288] »Es ist nicht leicht für mich zu sagen, dass ich ihn vermisse. Die Leute wollen das nicht hören«, berichtet etwa ein zwölfjähriges, sexuell missbrauchtes Kind.[289] In der Tat sind Professionelle oft überfordert, wenn es gilt, liebevolle oder ambivalente Gefühle dieser Kinder, die sie gegenüber Eltern oder anderen wichtigen Bezugspersonen empfinden können, zu respektieren und die Bindungsfähigkeit, die in ihnen zum Ausdruck kommt anzuerkennen.[290]

---

286 Vgl. *Petri* 1989, S. 115 ff, 155 f.

287 Vgl. *Hirsch* 1990, S. 54 f, 202; *ders.* 1994, S. 163-167.

288 *Fegert* 1993, S. 19 f, betonte mit Recht die Aufgabe von VerfahrenspflegerInnen, »im Sinne des Kindeswohls wiederholte Untersuchungen zu vermeiden und sich um Schutz und Durchführung von sinnvollen Maßnahmen für die Kinder zu kümmern«.

289 *Roberts* 1994, S. 34.

290 So berichtet *Woltereck* 1994, S. 201, die solche Fachkräfte supervidiert, es könne zum Beispiel sein, dass diese auf die positiven Schilderungen der Herkunftsfamilie von einem betroffenen Mädchen wütend und zornig reagieren oder umgekehrt bei hasserfüllten Äußerungen die liebenswerten Seiten ihrer Eltern betonen. »Das betroffene Mädchen kann nur dann ihre Ambivalenz spüren und beide Gefühlsseiten, z.B. Liebe und Hass, integrieren, wenn auch ihre Betreuerin beide Seiten sehen kann.« Vgl. auch *Martin* 1976 (a), S. 156 ff.

Um nichts anderes kann es aber bei der Begleitung dieser Kinder gehen, weshalb die von den Befürwortern anwaltlicher Vertretungskonzepte immer wieder beschworene »Beratung«, die Konflikte zwischen dem Willen und dem Schutz der Kinder lösen soll, allen- und vielleicht bestenfalls auf eine gefügige Anpassung des Kindes an seine BeraterInnen hinauslaufen dürfte.[291] Wie dem auch sei, die Frage nach einer Festlegung auf die »Instruktionen« des geschädigten und in seiner Familie gefährdeten Kindes einerseits und einer flexiblen Orientierung an seinen »wohlverstandenen« Interessen andererseits, so die vorläufige Bilanz, stellt sich hier in aller Schärfe – während in anderen Vertretungssituationen[292] wenn schon nicht von den zugrundeliegenden (z.B. perspektivischen und fachlichen) Überlegungen her, so doch im Ergebnis, Kindeswille und Kindeswohl eher in Einklang stehen dürften.

4. Autonomieentwicklung in der Jugendphase

a) Verbundenheit und Selbstbestimmung

Beim Statusübergang vom Kindes- zum Erwachsenenalter kommt es zu einem »tiefgreifenden Wandel« in der Autonomieentwicklung Jugendlicher. Hatten Kinder die Möglichkeit, autonome Entwicklungsschritte in angemessenen Spiel- und Entwicklungsräumen zu unternehmen, treten nun weitere Entwicklungsaufgaben in den Vordergrund. Hierzu zählen u.a. die Fähigkeit zur Steuerung von libidinösen und aggressiven Triebimpulsen, die Entwicklung eines hinreichend krisenfesten Selbstwertsystems, die Integration in die Peer-Group sowie die ...

> »... Fortschreibung der Identität im Hinblick auf die intrapsychischen, körperlichen und sozialen Aspekte und die Möglichkeit, sich von den primären Liebesobjekten in altersadäquater Weise abzulösen, eine zärtliche Intimität zu einem adoleszenten Liebespartner ... und einen Zukunftsentwurf bezüglich beruflicher Identität und Generativität zu entwickeln.«[293]

---

291 Vgl. unten VII.A.3.
292 Zu denken ist hier zum Beispiel an Situationen, in denen zwei erziehungsfähige Eltern sich nach einer Trennung nicht einigen können, wer für das Kind sorgen und mit ihm leben darf. In solchen Konstellationen dürften die Bindungen und (hiermit ggf. korrespondierenden) Wünsche des Kindes in der Regel ausschlaggebend sein. Dies erklärt vielleicht die Ansicht, der »Grundsatzstreit, ob die Verfahrenspflegerin primär den Willen oder auch bzw. vor allem das Wohl des Kindes im Auge haben muss (...) sei praxis- und realitätsfern«, da sehr häufig selbst »junge Kinder wohl unterscheiden können und unterscheiden würden zwischen ihren subjektiven Wünschen und dem, was in einer äußerst verfahrenen Situation faktisch möglich ist«. *Späth*, KindPrax 1999, 50/52.
293 *Riedesser/Fischer/Schulte-Markwort* 1998, S. 83.

In der Altersspanne zwischen zwölf und vierzehn Jahren nimmt nun die Beschäftigung mit der eigenen Person zu. Das Selbstbild wird instabiler und negative Aspekte treten oft in den Vordergrund. Das Selbstbild kommt in dieser Übergangsphase oft ins Wanken und kann deutliche Umstrukturierungen erfahren, wobei Mädchen anscheinend noch stärker betroffen sind.[294] Enge, sichere und warme Beziehungen zu den Eltern sind in dieser Zeit für die Selbsteinschätzung und das emotionale Wohlbefinden der jungen Pubertierenden wichtig und können diese vor Ängsten und Depressivität schützen.[295] Ein Hinweis auf die Autonomieentwicklung der in sog. Multiproblemfamilien[296] aufgewachsenen Jugendlichen ergibt sich aus dem »Kinder-Survey 1993«. Danach neigen Kinder aus belasteten Familienverhältnissen anscheinend zu einem rascheren psychosozialen Übergang in die Jugendphase. Auch ist der körperliche Entwicklungsstand (auch in der eigenen Wahrnehmung) der belasteten Mädchen im Vergleich zu anderen weiter fortgeschritten. Diese Mädchen und Jungen können insgesamt früher als unbelastete Gleichaltrige über ihr Kommen und Gehen bestimmen und sind früher zum ersten Mal verliebt. Im Westen geht diese Entwicklung anscheinend eher hin zur Unabhängigkeit von den Eltern und Orientierung an Gleichaltrigen, im Osten Deutschlands hingegen eher zur Verantwortlichkeit für die Familie und zu einer früheren Selbstständigkeit.[297]

Die Adoleszenz gilt auch im weiteren Verlauf als eine äußerst störanfällige Lebensphase der Individuation und Identitätsbildung, in der die jungen Menschen ein Bild von sich entwerfen, aufbauen und verfestigen:

»Das Selbstbild ist entscheidend für den Aufbau der eigenen Identität, d.h. der Kontinuität des situations- und lebensgeschichtlichen Selbsterlebens. Sie ist die Voraussetzung für ein autonomes, von eigenen Bedürfnissen und Interessen geleitetes und den Anforderungen der Umwelt gerecht werdendes Handeln. ... Es bestimmt das Bewusstsein von den eigenen Fähigkeiten und der eigenen Kompetenz und das Vertrauen in die eigene Person und das Bewältigungspotenzial zur Meisterung einer problematischen und schwierigen Situation.«[298]

---

294 Vgl. *Rinker/Schwarz* 1996, S. 291 f.
295 Vgl. *Oerter/Dreher* 1995, S. 365.
296 Vgl. hierzu *Münder* 1998.
297 Vgl. *Rinker/Schwarz* 1996, S. 359 ff. Der Belastungsindex im Kinder-Survey '93 enthielt folgende Kriterien: Elterliche Erwerbslosigkeit und Kurzarbeit, ABM oder Umschulung, schwere Erkrankung oder Scheidung der Eltern, Tod eines Elternteils, Umzug an einen anderen Ort, wenigstens ein Elternteil ohne Schulabschluss. Hatten die Kinder mindestens zwei oder mehr dieser Situationen vor dem neunten Lebensjahr erlebt, galten sie als belastet.
298 *Hurrelmann/Mansel* 1991, S. 186.

Die Mädchen und Jungen verbringen nun weniger Zeit in der Familie, von der »irrtümlich« noch immer häufig angenommen wird, sie spiele keine große Rolle mehr für ihre Entwicklung.[299] Dies stimmt nur insoweit, als die Jugendlichen ihre Entwicklung mehr und mehr selbst betreiben. Der Anteil an selbst gewählten Handlungsräumen und Anregungsmöglichkeiten nimmt dabei ebenso zu, wie die Zeit, die sie mit Gleichaltrigen und Gleichgesinnten verbringen. Die Peergroup erleichtert ihnen einen Schritt in die *relative* Autonomie, ohne dass sie dabei ihre primären Sozialbeziehungen aufgeben müssen, und trägt zur Integration von Unabhängigkeit und wechselseitiger Abhängigkeit bei. Die Erwartungen bzw. der Konformitätsdruck der Gleichaltrigen werden indes zunächst eine wichtige Richtschnur, d.h. in der frühen Adoleszenz (ca. 11-14 Jahre) neigen die Kinder noch eher dazu, das zu denken, was auch die anderen für richtig halten.[300]

Obgleich Jugendliche etwa ab dem 14. Lebensjahr meist[301] zunehmend eine emotional unabhängigere Haltung gegenüber ihren Eltern einnehmen, bleiben die Meinungen der Eltern bedeutsam[302] und der Anteil direkter Interaktionen nimmt durchschnittlich während der Adoleszenz noch zu. Die meisten Jugendlichen glauben, in schwierigen Situationen auf Mutter und Vater zählen zu können, und nehmen deren Beratung gern in Anspruch.[303] Schon recht früh werden den Eltern auch Fehler zugetraut, doch als eigenständige Personen mit besonderen Bedürfnissen nehmen Heranwachsende ihre Eltern häufig erst im frühen Erwachsenenalter wahr.[304] Entwicklungstheoretische Annahmen, denen zufolge es in der Jugend zu einem Anwachsen von Konflikten in der Beziehung mit den Eltern kommt, werden durch neuere Studien anscheinend nicht belegt. Diese sprechen »... eher für eine weitgehende Konstanz bzw. für ein Absinken der Konfliktintensität«. Vermutlich ändert sich allerdings die Art

299 Zu neueren Perspektiven der Entwicklungspsychologie, die nicht mehr einseitig auf die Lösung vom Elternhaus, sondern auf den Aspekt der fortbestehenden Bezogenheit und Kommunikation mit den Eltern verweist, vgl. *Oerter/Dreher* 1995, S. 362 f., 382.

300 Vgl. *Oerter/Dreher* 1995, S. 325 f, 369 f.

301 Die Darstellung ist notwendigerweise pauschalisierend. Bei näherer Hinsicht lassen sich zum Beispiel Unterschiede in der Entwicklung von Autonomie und Verbundenheit in Bezug auf die Stadt- und Landbevölkerung (Vgl. *Grundmann/Keller* 1999), auf den kulturellen Hintergrund (Migration) der Jugendlichen (*Trommsdorff* 1999), auf Jugendliche in Ost und West (*Rinker/Schwarz* 1996; *Masche* 1999 auch zum Geschlechterunterschied) sowie auf familiale Erziehungsprozesse (*Schneewind u.a.* 1999) nachweisen.

302 *Silbereisen/Schmitt-Rodermund* 1998, S. 384, berichten von einer Studie, nach der ca. 75% der befragten 13- bis 24-Jährigen auf die Frage, welche Menschen ihnen am wichtigsten sind, nur die Eltern oder gleichermaßen Eltern und Gleichaltrige nannten.

303 Vgl. auch *Trommsdorff* 1999, S. 393, derzufolge eine ausgeprägte Adoleszenzkrise mit intrafamilialen Auseinandersetzungen und Rebellion sich empirisch nur für eine kleine Minderheit der Jugendlichen in Familien nachweisen lasse, in denen Stress und soziokulturelle Problemlagen eine Rolle spielen.

304 Allerdings beginnen Jungen und Mädchen aus geschiedenen Familien anscheinend früher, in ihren Eltern nicht Alleskönner und -wisser zu sehen. Vgl. auch zum voranstehenden Absatz *Silbereisen/Schmitt-Rodermund* 1998.

des Austragens von Konflikten hin zu einer »größeren Kompetenz« der älteren Jugendlichen beim »Vertreten der eigenen Position« gegenüber den Eltern.[305]

Jenseits der bereits in der Kindheit verhandelten Streitigkeiten um das Aufräumen, schulische Fragen, Mithilfe im Haushalt usw. entzünden sich nun auch *jugendspezifische* Konflikte, die als zentrales Thema den »Widerspruch zwischen dem Wunsch der Jugendlichen nach mehr Eigenständigkeit und elterlichen Kontrollbestrebungen« haben. Neueren Befunden der Jugendforschung zufolge sind häufige Brennpunkte ...

> »... der Zeitpunkt des abendlichen Nachhausekommens, der Bekleidungsstil und die Wahl der Freunde. Dagegen wird relativ selten über tabubesetzte Themen wie Sexualität oder Drogengebrauch gestritten.«[306]

Als häufigsten Konfliktanlass, so *Hurrelmann* und *Mansel,* nannten die von ihnen repräsentativ befragten Jugendlichen ...

> »... ihre Unordentlichkeit. Fast ähnlich häufig sind Konflikte, die eigentlich keinen konkreten Anlass haben. Deutlich seltener sind Konflikte, die entstehen, weil die Jugendlichen ihren Eltern bei den im Haushalt anfallenden Arbeiten nicht helfen wollen. Die weiteren Konfliktanlässe sind in der Reihenfolge der Häufigkeitsnennung: Schulische und berufliche Leistungen, schulische und berufliche Ziele und Pläne, der Freund / die Freundin, die privaten Pläne (wie z.B. eine geplante Haushaltsgründung, eine Heirat oder ein Urlaub) und die Kleidung bzw. die Frisur.«[307]

Auch gab die Mehrheit der Jugendlichen an, sich mit Mutter bzw. Vater »gut« oder sogar »sehr gut« zu verstehen, ein wesentlich geringerer Teil bewertete diese Beziehungen mit einem vorsichtigen »weniger gut«. Von 1550 befragten Kinder und Jugendlichen der Sekundarstufe I gaben lediglich 3,4% an, sich »schlecht« mit der Mutter und zu verstehen. Ihr Verhältnis zum Vater schätzten 5,8% der 1481 der SchülerInnen als »schlecht« ein.[308] Die negativen Einschätzungen älterer Jugendlicher korrelieren dabei mit einem restriktiven elterlichem Erziehungsverhalten, der Konfliktdichte im Elternhaus und auch dem Wunsch, zu Hause auszuziehen.[309]

---

305 *Pinquat/Srugies* 1999, S. 412.

306 *Pinquat/Srugies* 1999, S. 393.

307 Gegenüber der frühen und mittleren Adoleszenz zeigte die Befragung von Jugendlichen (17 Jahre und darüber) eine Tendenz zur teilweisen Entspannung der Konfliktlagen, so *Hurrelmann/Mansel* 1991, S. 153 (f).

308 Vgl. *Hurrelmann/Mansel* 1991, S. 151 f (Von 2008 befragten 17- bis 21-Jährigen verstanden sich 3,8% »schlecht« mit der Mutter bzw. 5,4% der 1878 älteren Jugendlichen und Heranwachsenden mit dem Vater).

309 Vgl. *Hurrelmann/Mansel* 1991, S. 160.

Masche konstatiert aus psychologischer Sicht einen »Umschwung von kindlicher zu adoleszenter Verbundenheit«, bei der die Unterordnung unter die elterliche Autorität einem stärker partnerschaftlichen Verhalten der Jugendlichen weiche, in der nun auch die Eltern in ihren Bedürfnissen wahrgenommen, Entscheidungen kooperativ gefällt würden und gleichberechtigte Kommunikation um ihrer selbst willen stattfinde, wobei Gefühle der Loyalität und inneren Verpflichtung gegenüber den Eltern eine große Rolle spielten. Dem gegenüber betrieben die Jugendlichen zugleich die Abgrenzung, nicht aber die Loslösung von der Familie durch das Herausbilden eigener Ideen, das Treffen selbstständiger Entscheidungen sowie die Gestaltung privater Bereiche und eine stärkere Informationskontrolle.[310]

Ähnlich kommt die 13. Shell Jugendstudie 2000 zu dem Ergebnis, dass die Eltern von den deutschen Jugendlichen »sehr viel häufiger und deutlicher als früher als Vertrauenspersonen wahrgenommen« werden. Ihre Verselbstständigung geschehe mehrheitlich nicht im Konflikt, sondern »geradezu in Absprache mit den Eltern; bei ihren Ablösungsversuchen fühlen sie sich von ihnen unterstützt.« Jugendliche aus Migrantenfamilien[311] begegneten ihren Eltern allerdings »eher als Respekts- denn als Vertrauensperson«, auch komme es in der »Unterschicht« vermehrt zu problematischen Verselbstständigungsprozessen.[312]

Mit einer relativ ausgewogenen Balance von Autonomie und Verbundenheit sowie der Entwicklung von Problemlösungskompetenzen ist anscheinend eher in Familien mit autoritativen bzw. demokratischen Interaktionsstilen zu rechnen, während Jugendliche, die in Familien mit einem direktiven bzw. »desinteressierten« Erziehungsstil aufwachsen, die ungünstigsten Bedingungen haben. Letztgenannte Jugendliche verhalten sich zwar »sehr selbstständig«, leiden aber zugleich am meisten unter der Internalisierung und Externalisierung ihrer Probleme. Ihre Individuation gilt als am geringsten ausgeprägt und sie zeigen am wenigsten prosoziales Verhalten.[313]

Zugleich gelten bei den Zwölf- bis Sechzehnjährigen deutliche Zusammenhänge zwischen der Ichstärke (körperliche Attraktivität, Fähigkeitsselbstkonzept, emotionale Kontrolle, Selbstwertgefühl usw.) einerseits und der Bezogenheit auf Eltern und Peers andererseits als belegt. Jugendliche mit einer hohen, stabilen Ichstärke präferieren anscheinend mit 16 Jahren noch die Eltern als Bezugspersonen vor andersgeschlechtlichen und gleichgeschlechtlichen Peers.

---

310 Vgl. *Masche* 1999, S. 358.

311 Zu Unterschieden und Gemeinsamkeiten im Menschenbild von Kulturen mit eher kollektiver Orientierung und Kulturen mit eher individualistischer Orientierung, die sich u.a. auf die Definition von Reifekriterien – Internalisierung sozialer Normen vs. Erarbeitung eines eigenen Wertesystems – auswirken, vgl. *Oerter/Oerter* 1995, S. 153 ff, 170.

312 Besonders verwiesen wird hier auf Probleme jugendlicher Mädchen, die in vom islamischen Glauben geprägten Familien aufwachsen. *Shell Jugendstudie* 2000, S. 14.

313 Vgl. die Übersicht zu *Baumrinds* Studien bei *Oerter/Dreher* 1995, S. 363 ff.

Jugendliche mit konstant niedriger Ichstärke zeigten hingegen ein frühes Absinken der Elternpräferenz während andersgeschlechtliche Freundschaften schon vom 13. Lebensjahr an bevorzugt wurden.[314]

Die Jugendforscher *Hurrelmann* und *Mansel* unterscheiden aus soziologischer Sicht zwischen verschiedenen Ebenen des Ablösungsprozesses von der Familie. Nämlich einer kulturellen Ebene, die ein elternunabhängiger persönlicher Lebensstil indiziert, einer räumlichen Ebene, die der Auszug aus dem Elternhaus anzeigt und einer materiellen Ebene, die sich in der wirtschaftlichen Eigenständigkeit der jungen Menschen verwirklicht. In ihrer Studie vollzog sich die kulturelle Ablösung früher als die räumliche Ablösung (durchschnittlich mit 20 Jahren), und diese erfolgte wiederum häufiger bei anhaltender finanziell-materieller Abhängigkeit. Auch sie betonen, die Familie habe trotz des einsetzenden Ablösungsprozesses bei Jugendlichen »erhebliche Sozialisationseinflüsse«, sowohl was deren sozioökonomische Situation angeht als auch in ihrer Eigenschaft als »umfassendes soziopsychisches Bezugssystem«, zu dem ...

> »... intensive emotionale Beziehungen bestehen, so dass Loslösung und Bindung gleichermaßen das Verhältnis der Jugendlichen zu ihren Familien charakterisieren.«[315]

Unzweifelhaft erwerben Jugendliche in diesem Entwicklungsabschnitt nicht nur auf Grund ihrer sozialen und psychischen Entwicklung und des Zuwachses an Wissensbeständen, sondern auch durch ihre fortgeschrittene geistige Entwicklung mehr und mehr die Fähigkeit, selbstständig und kompetent zu entscheiden: Die Entwicklung des formal-operativen Denkens (ca. mit 12-16 Jahren), das die Mädchen und Jungen ab Beginn der Jugendphase in die Lage versetzt, Hypothesen zu bilden und logische Schlüsse zu ziehen, führt dazu, dass im Vergleich zur Kindheit nunmehr vielfältigere Optionen und Perspektiven vor dem Entscheiden ausgebildet und in ihren Konsequenzen durchdacht werden. Zugleich wird es Jugendlichen bis zur mittleren Adoleszenz zunehmend möglich, verschiedene Perspektiven zu koordinieren, und bei interpersonalen Konflikten gedanklich die Auffassung einer dritten Person einzunehmen und von deren Position das Problem zu beurteilen. Hiermit korrespondiert ein wachsendes Geschick, Konflikte nicht nur zu analysieren, sondern auch in erfolgreiche Strategien zur Konfliktlösung umzusetzen.[316]

---

314 Vgl. *Oerter/Dreher* 1995, S. 385. Zur Bedeutung der kindlichen Bindungen für die Autonomieentwicklung in der Jugendphase siehe *Grossmann/Grossmann* 1998, S. 87 f.

315 *Hurrelmann/Mansel* 1991, S. 13, 14 (f). Die Verfasser stützen sich auf eine repräsentative Stichprobe, bei der in den Neunzigerjahren insgesamt zweitausend 17- bis 21-Jährige standardisiert und 49 Heranwachsende zudem qualitativ interviewt wurden.

316 Vgl. *Silbereisen/Schmitt-Rodermund* 1998, S. 382. Bis es den jungen Menschen allerdings gelingt, die Planung komplexer Willenshandlungen von der unmittelbaren Aus-

> »Jugendliche erlangen zunehmend die Fähigkeit, verschiedene Sichtweisen gegeneinander abzuwägen, sich besser in andere hineinzuversetzen, Risiken besser abzusehen und Folgen des eigenen Handelns einzuschätzen. Dies ist die Voraussetzung, sich die Einflüsse anderer bewusst zu machen und sich ihnen gegebenenfalls zu widersetzen, eine eigene Meinung zu fassen und diese zu vertreten.«[317]

Der Zuwachs an Differenziertheit und Abstraktion bewirkt auch beobachtbare Änderungen im Selbstkonzept. Jugendliche sind nun im Gegensatz zu Kindern eher in der Lage, situationsspezifische Charakterisierungen ihrer Person zu geben und Perspektivwechsel einzubeziehen.[318] Ähnliches gilt, so die EntwicklungspsychologInnen *Silbereisen* und *Schmitt-Rodermund,* für die Gewandtheit in Entscheidungsprozessen und »den kühlen Kopf gegenüber Affekten«, hierin seien die jungen Leute erst ausgangs der Adoleszenz den Erwachsenen gleich.[319]

Nicht zuletzt erwerben Jugendliche in diesem Entwicklungsabschnitt die Kompetenz, langfristige Entwicklungen bis ins Erwachsenenalter und deren Bedeutung für das eigene Leben abzuschätzen. Eine ausdifferenzierte psychische Repräsentation von Vergangenheit und Zukunft entwickelt sich zwar bereits bei älteren Kindern[320], ein Zeiterleben und ein Verhältnis zur Zeit, wie wir Erwachsene es kennen, ist aber erst in der fortschreitenden Pubertät zu erwarten.[321] Konzepte einer entfernteren Zukunft und des Erwachsenseins bleiben, so der Psychoanalytiker *Hartocollis,* bis zum Ende der Latenz eher vage und losgelöst von der gegenwärtigen Realität. Erst unter dem Eindruck der raschen psychischen und physischen Veränderungen während der Adoleszenz stellt sich die Aufgabe, das Selbst in den drei Zeitdimensionen (Vergangenheit, Gegenwart, Zukunft) zu integrieren und eine stabile, kohärente Ich-Identität im Zeitkontinuum zu gewinnen, die anerkennt, dass das eigene

---

führung einzelner Handlungsschritte loszukoppeln und den gesamten Ablauf vorher kritisch zu überprüfen, sind sie meist schon junge Erwachsene. *Oerter* 1995 (c), S. 818 ff.

317 *Silbereisen/Schmitt-Rodermund* 1998, S. 387.
318 Vgl. *Rinker/Schwarz* 1996, S. 291.
319 Vgl *Silbereisen/Schmitt-Rodermund* 1998, S. 382.
320 Vgl. *Oerter* 1995 (a), S. 86 f.
321 Vgl. auch *Goldstein/Freud/Solnit* 1991 (Erschj. 1974), S. 39 ff. Vgl. auch *Fuchs-Heinritz* 2000, S. 29 f: »Manche Leute glauben, sie können sich vorstellen, wie sie in 40 Jahren leben wollen, andere glauben, das nur für eine Woche zu können. Wie weit reicht deine Vorstellung?‹ 36% aller Befragten geben Zeiträume bis ein Jahr an, 30% solche von zwei bis vier Jahren, 34% solche von fünf Jahren und länger.« Mit steigendem Alter gehe der Anteil der kurzen Perspektive (bis ein Jahr) zurück, wobei »vor allem Jugendliche, die eine schlechtere Ausstattung für den Start und schwierigere Bedingungen dafür vorfinden (Schulniveau, neue Bundesländer, Teilgruppen der ausländischen Jugendlichen)«, eine kurze Perspektive aufwiesen. Auch hänge »viel davon ab, ob sich die Jugendlichen auf gebahnten Wegen befinden, die mittelfristig eine stabile Verlaufsform in die Zukunft erwarten lassen.« S. 31.

Leben eine Erzählung mit Anfang und Ende ist. Erst jetzt nähern sich das subjektive Zeiterleben und das Zeitkonzept des Jugendlichen denen der Erwachsenen an.[322]

b) Jugendliche im Verfahren

Die Entwicklungsaufgaben, die sich den Jugendlichen in der Adoleszenz stellen, müssen die in den einschlägigen Verfahren zu vertretenden Minderjährigen vielfach vor dem Hintergrund einer schwierigen Lebensgeschichte meistern, die zum Beispiel durch die frühen Bindungserfahrungen[323], das Auseinanderbrechen der Familie[324], traumatische Erfahrungen, soziale Benachteiligungen, schulische Desintegration und unwirksam gebliebene Versuche des Jugendamtes, ihre Gefährdung durch ambulante Hilfen abzuwenden und die Trennung von der Familie zu vermeiden[325], geprägt ist. Unter Umständen haben Jugendliche zuvor bereits mehrfach »vorübergehende« Stationen in Notaufnahmen, Bereitschaftspflege, Heimen, Pflegefamilien oder der Psychiatrie durchlaufen[326] und wurden in nicht hinreichend geänderte Familienverhältnisse »zurückgeführt«, wegen neuer Vorfälle wiederum getrennt, usw.[327] Nun-

---

322 Vgl. *Hartocollis* 1986, S. 216 ff, der sich mit der Bedeutung der Zeit im Lebenszyklus befasst. Bemerkenswert sind u.a. seine Ausführungen zum Zeiterleben und den Zeitkonzepten neurotischer bzw. ich-gestörter Menschen, die in Bezug auf seelisch beeinträchtigte Kinder und Jugendliche zahlreiche Fragen aufwerfen. *Hartocollis* wie auch *Rohde-Dachser* 1994, S. 181-188, gehen u.a. von der Annahme aus, dass das subjektive Zeiterleben durch frühkindliche Erlebnisse (z.B. durch die Erfahrung der Befriedigung/Versagung basaler Bedürfnisse des Säuglings) strukturiert ist. Dies dürfte auch bezüglich der Verfahrensdauer (grundlegend *Heilmann* 1998) gerade bei vernachlässigten Kindern bei der Verfahrensgestaltung zu beachten sein.

323 Vgl. *Grossmann/Grossmann* 1998, S. 87 f.

324 In der Fallgruppe des § 1666 BGB machen die verheiratet getrennt lebenden und geschiedenen Eltern übrigens die größte Gruppe aus. In mehr als der Hälfte der Fälle liegt das Sorgerecht bei der Mutter. Vgl. *Münder u.a.* 1998, S. 16. Ähnlich auch die Ergebnisse einer im Auftrag des *BMFSFJ* (1998, S. 123) durchgeführten Studie zur Heimerziehung. Nur 37% der insges. 284 Kinder und Jugendlichen lebten zu Beginn der ersten Hilfe in der vollständigen Ursprungsfamilie. 55% erlebten eine Scheidung oder Trennung ihrer Eltern vor oder während einer erzieherischen Hilfe.

325 Der 10. Kinder- und Jugendhilfebericht verweist auf einen statistischen Rückgang der Heimerziehung bei unter 12-Jährigen, der sich vermutlich auch und gerade durch eine »restriktive Hilfegewährung« erkläre. *BT-Drucks.* 13/11368, S. 264.

326 Vgl. hierzu *BMFSFJ* 1998, S. 130: 44,4% der in dieser Stichprobe erfassten 284 Minderjährigen wechselten zwischen zwei Hilfeformen (Tagesgruppe, Heim, Betreutes Jugendwohnen, verschiedene Jugendhilfeeinrichtungen), 20,2% von ihnen mussten in drei und mehr Hilfeformen bzw. Einrichtungen »von vorn beginnen.«

327 Man geht davon aus, dass unter den 1997 beendeten Hilfen insges. 17% (pro 10.000 der 12- bis 21-Jährigen) der älteren Kinder und Jugendlichen zwei Fremdunterbringungen und 7,1% drei und mehr Unterbringungen zu bewältigen hatten. Bei genauerer Hinsicht zeigt sich aber, dass dieses Ergebnis nach oben hin korrigiert werden muss. Vgl. hierzu *Schilling,* Kom-Dat Jugendhilfe 1999, 3.

mehr ist (vielleicht nicht zum ersten Mal) ein Gerichtsverfahren im Gang und man erwartet sich einen »auf beachtlichen Gründen beruhenden Willen«, »Einsicht« und »Verständigkeit« von diesen Jugendlichen, die, was ihre Selbstständigkeitsentwicklung angeht, vielfach »gebrannte«, wenn nicht verhinderte Kinder sind. Und dies zu einem Zeitpunkt, zu dem ihre persönliche Zukunft hochgradig ungewiss ist und von ihnen selbst nur begrenzt beeinflusst werden kann.

Als Erwachsene/r kann man sich dies versuchsweise so vorstellen, dass man seinen »freien Willen« in einem Scheidungsverfahren äußern soll, in dem völlig ungewiss wäre, ob das Gericht ab sofort ein weiteres räumliches Zusammenleben mit einem vielleicht psychisch kranken, süchtigen oder gewalttätigen Partner (bzw. der Partnerin) anordnet, oder ob es bis zur weiteren Überprüfung die »vorläufige« Scheidung ausspricht, jedoch in der Zwischenzeit regelmäßige Treffen fordert, ob es zudem ohne unser Zutun zu einem Strafverfahren kommt etc. Auch selbstbewusste, ich-starke Erwachsene dürften hier ins Wanken geraten – und sind im übrigen gem. § 888 Abs. 3 ZPO vor einer solchen Verfügung von Rechts wegen geschützt.[328]

So ist es nur verständlich, wenn viele der älteren Kinder und Jugendlichen den oft auch schwankenden oder ambivalenten Wunsch äußern, weiterhin in ihren Familien zu leben, selbst wenn sie dort körperlichen und seelischen Misshandlungen bzw. sexuellen Übergriffen ausgesetzt sind oder nicht hinreichend für sie gesorgt wird. Daneben kommt es in der Adoleszenz aber auch vermehrt zu Konstellationen, in denen die Minderjährigen nicht mehr darauf hoffen, die so dringend benötigte Achtung und Zuwendung der Eltern ex post doch noch zu erhalten, sondern aktiv die Unterstützung der Jugendhilfe und Gerichte in Anspruch nehmen. Im Verfahren nach § 1666 BGB[329] bilden solche gerichtlich ausgetragenen »Autonomiekonflikte« eine eigenständige und gar nicht seltene Fallgruppe.[330] In der Studie von *Münder u.a.* wurden entsprechende »Autonomiekonflikte« jedem bzw. jeder dritten Jugendlichen (13 von 39) über 15 Jahren zugeordnet. Sie sind damit für diese Altersgruppe neben der als Hauptgefährdungsmerkmal genannten seelischen Misshandlung (20%) von zentraler Bedeutung.[331]

---

328 Gemäß § 888 Abs. 3 ZPO sind »im Falle der Verurteilung zur Eingehung einer Ehe« und »im Falle der Verurteilung zur Herstellung des ehelichen Lebens« keine Zwangsmittel zulässig, um das Urteil durchzusetzen.

329 Zu den Verfahrensanlässen vgl. *Staudinger-Coester* § 1666, Rz. 92-150. Zur Fallgruppe der Adoleszenzkonflikte vgl. auch *Zenz* 1981, S. 86 ff.

330 In der Studie, die *Simitis u.a.* 1979 vorlegten, kamen »Adoleszenzkonflikte«, definiert als »Auseinandersetzungen zwischen Eltern und ihren heranwachsenden Kindern, Ablösungs- und Autonomiekonflikte« in 14 der insgesamt 69 ausgewerteten Verfahren vor. Von den 109 Minderjährigen, die zu 42% im Kleinkindalter waren, rechneten elf Kinder zur Altersgruppe der 12- bis 14-Jährigen, dreizehn Jugendliche zur Altersgruppe der 15- bis 17-Jährigen und fünf zur Gruppe der 18- bis 20-Jährigen, die damals noch nicht als volljährig galt. Vgl. S. 152, 155.

331 Vgl. *Münder u.a.* 1998, S. 26.

Von welchen Situationen hier die Rede ist und mit welcher Widerstands- und Durchhaltekraft sie manche Minderjährige meistern, spiegeln veröffentlichte Gerichtsbeschlüsse wieder:

> Eine Fünfzehnjährige erklärte bei Gericht, dass ihr Vater sie geschlagen und mit einem Schraubenzieher verletzt hatte, weil sie die Schule geschwänzt habe. »Ihr Vater schlage sie bei jeder Kleinigkeit. Sie wolle nicht mehr zu ihm zurück, eher wolle sie sich das Leben nehmen.«[332] Das Gericht entzog dem Vater auf dem Wege der einstweiligen Anordnung das Recht zur Bestimmung des Aufenthalts, zur Regelung schulischer Angelegenheiten sowie zur Heilfürsorge und übertrug es dem Jugendamt. Das plante in der Folgezeit eine »Familienzusammenführung« und brachte die Jugendliche in einem nahe dem Elternhaus gelegenen Heim unter. Dort wurde sie nicht nur von der Familie des Vaters telefonisch massiv unter Druck gesetzt, um zur Rückkehr bewegt zu werden, sondern auch auf dem Schulweg abgepasst und im Heim »belagert«. Auch bei einem vom Jugendamt vermittelten Treffen mit dem Vater hatte »er massiv Druck ausgeübt, damit das Kind erklären solle, es kehre freiwillig zurück.« Wegen dieser Vorfälle musste die Jugendliche schließlich erneut, diesmal in ein weiter entferntes Jugendwohnheim, umziehen.[333]

In einem weiteren Fall befasste sich das *OLG Köln* im Jahr 1996 mit der Situation einer Jugendlichen, die sich zunächst, ohne Hilfe zu erhalten, und über ein Jahr später erneut – diesmal mit Erfolg – an das Jugendamt wandte, das sie im Heim unterbrachte. Das Gericht führt hierzu aus ...

> »Sie wirkte zu dieser Zeit seelisch und körperlich sehr erschöpft. Die seinerzeit fast 16-jährige Jugendliche konnte es nicht länger ertragen, mit ihrem Vater die Ehebetten im Schlafzimmer teilen zu müssen, keinerlei Möglichkeit zu haben, sich in der gemeinsamen Wohnung ungestört zurückzuziehen, ferner, dass der Vater sämtliche sie betreffenden Dinge bestimmte und regelte, sie einsperrte, keinen Besuch von Freunden zuließ und ihr verbot, jedenfalls hin und wieder noch nach 18 Uhr außer Haus zu sein.«[334]

Das Bayerische Oberlandesgericht hatte 1996 über die Beschwerde eines Sechzehnjährigen zu entscheiden, der von zu Hause ausgerissen war und erst einige Wochen später in Obhut genommen und in einem Heim untergebracht wurde.[335]

---

332 *BayObLG*, FamRZ 1993, 229.
333 Vgl. *BayObLG*, FamRZ 1993, 229-231.
334 Siehe *OLG Köln*, FamRZ 1996, 1027.
335 Dort beging er mit anderen eine Straftat, wegen der er zu einer Jugendstrafe ohne Bewährung verurteilt wurde. Der mit dem Sorgerechtsentzug befasste Senat hielt es für

»Der Sohn hat ... beantragt, dem Vater das Aufenthaltsbestimmungsrecht zu entziehen. Er macht geltend, das Verhältnis zu seinem Vater sei sehr schlecht. Dieser missbrauche ihn als billige Arbeitskraft ohne Entlohnung und bestrafe ihn auch wegen kleinerer Vorfälle mit Schlägen. Im Übrigen habe der Vater kein Interesse an ihm und kümmere sich nicht um ihn. Die gewünschte Lehre dürfe er nicht machen.«[336]

In einem vom *AmtsG Schlüchtern* veröffentlichten Beschluss ging es um die Eigenentscheidung einer 16-jährigen Jugendlichen, einen Abbruch ihrer Schwangerschaft vornehmen zu lassen.

Ihre Mutter hatte die Einwilligung u.a. mit der Begründung verweigert, ihre Tochter sei zu unreif, diese Entscheidung zu treffen. Sie selbst habe einen frühen Schwangerschaftsabbruch nur schwer verkraftet, auch gehöre ihr Ehemann den Zeugen Jehovas an. Die geplante Abtreibung sei »Mord« und sie werde niemals ihre Unterschrift geben.[337] Das Gericht gestand der Jugendlichen zu, die Entscheidung selbst zu treffen, da sie in der Lage sei, die Bedeutung des Schwangerschaftsabbruchs und dessen Tragweite für ihr Leben zu erkennen. Sie hatte ihre Entscheidung u.a. damit begründet, ihr Kind solle nicht in einer Situation groß werden, »wie sie es in den letzten Jahren (Scheidung der Mutter, Verhältnis zum Stiefvater) erlebt habe.«[338]

Bei den so genannten »Adoleszenzkonflikten«, die in Verfahren wie diesen zu entscheiden oder zu »schlichten« sind, handelt es sich also nicht um übliche *jugendspezifische* Meinungsverschiedenheiten, etwa über die Unordnung im Zimmer, die Zeit des nächtlichen Nachhausekommens oder die Kleidung. Die sog. »Adoleszenzkonflikte« indizieren vielmehr in der Regel ganz erhebliche Problemlagen im Elternhaus sowie die Bemühung der meist älteren Jugendlichen, für ihren eigenen Schutz zu sorgen. *Münder u.a.* stellten dementsprechend in ihrer Untersuchung fest, dass Autonomiekonflikte in 12 der 18 Fälle kombiniert mit anderen Gefährdungslagen auftraten, insbesondere mit Elternkonflikten sowie seelischen und körperlichen Misshandlungen. Dass diese Kon-

---

»zweckmäßig«, den Fall zur Entscheidung an den selben Jugend- und Vormundschaftsrichter zurückzuverweisen, der sich mit der Bewährungsaufsicht des Jugendlichen befasste!

336 *BayObLG*, FamRZ 1996, 954-956. Die o.g. Gründe des in Deutschland aufgewachsenen Jungens (der nach dem Willen seines Vaters im selben Jahr erst in die Türkei, dann wieder nach Deutschland und dann wieder in die Türkei hatte ziehen sollen) schienen dem Landgericht nicht genug erwiesen bzw. nicht hinreichend, um einen solchen Eingriff in das Elternrecht zu begründen. Das OLG stellte seinerseits primär auf die Ankündigung des Jungen ab, bei einem ablehnenden Beschluss erneut fortzulaufen.

337 Vgl. *AmtsG Schlüchtern*, FamRZ 1998, 968/969.

338 *AmtsG Schlüchtern*, FamRZ 1998, 968/969.

flikte »eindeutig altersspezifisch« sind, werde daran ersichtlich, dass 13 von 18 Jugendlichen der Altersgruppe der über Fünfzehnjährigen angehörten.[339]

Wenn Jugendliche nun, wie hier gezeigt, in der Lage sind, ihre »wohlverstandenen« Interessen nicht nur selbst zu bestimmen, sondern vielleicht sogar gegen den massiven Druck ihrer Eltern zu verteidigen, wird sich ihre Vertretung primär auf die regelmäßige Information über den Verfahrensstand, ihre Beratung und emotionale Unterstützung sowie die rechtliche Durchsetzung ihrer Belange zu konzentrieren haben. Soweit von den Jugendlichen gewünscht, wird sie ebenso auch vermittelnd und schlichtend tätig werden. Im Prinzip ergibt sich also eine ähnliche Ausgangslage, wie in solchen Umgangs- und Scheidungsverfahren, in denen der Verfahrensausgang keine ernsthafte Gefährdung des Kindeswohls erwarten lässt – wenn also die Wünsche und Vorstellungen der Kinder und Jugendlichen mit den Rechten der Eltern kollidieren, aber nicht mit ihrem eigenen Wohl in Konflikt geraten, als dessen integraler Bestandteil der Kindeswille in diesen Fällen vielmehr zu gelten hat. In Fällen wie diesen stellt sich die Frage nach der Vertretung von Kindeswille und Kindeswohl also allenfalls dahingehend, wie diese Minderjährigen bestmöglich zu informieren, zu begleiten und zu beraten sind und ihre Position im Verfahren durchgesetzt werden kann.

Hieraus allerdings zu schließen, dass sich für die Fallgruppe der »Adoleszenzkonflikte« ein stets am traditionellen Anwaltskonzept orientiertes Vertretungskonzept empfiehlt, wäre verfehlt. In manchen Fällen kann es auch bei solchen Konflikten vorkommen, dass sich weder die Jugendlichen noch deren Eltern für einen Verfahrensausgang einsetzen, der den wohlverstandenen Interessen dieser Minderjährigen entspricht.

So brachte die knapp sechzehnjährige Doris ein Verfahren in Gang, um ihren Eltern das Sorgerecht entziehen zu lassen. Doris hatte ein Jahr zuvor eine – rechtlich als sexuellen Missbrauch zu wertende – Beziehung mit einem dreißigjährigen Pädagogen begonnen, und war – wie anscheinend schon andere Jugendliche vor ihr – bei dem Mann eingezogen. Sie ging seitdem nicht mehr zur Schule und brach jeden Kontakt zu den Eltern ab. Auf Anraten ihres »Freundes« beauftragte sie einen Anwalt, ein Verfahren nach §§ 1666/1666a BGB anzuregen, um den Entzug der elterlichen Sorge durchzusetzen und ihren »Freund« zum Vormund bestellen zu lassen.[340]

---

339 Vgl. *Münder u.a.* 1998, S. 26.

340 Mündlicher Bericht einer Verfahrenspflegerin, aus deren Sicht eine Rückkehr zu den Eltern, zu denen Doris ein sehr gestörtes Verhältnis hatte, pädagogisch ebenso wenig vertretbar war wie ihr momentaner Aufenthaltsort. In diesem Fall gelang es, eine für die Jugendliche akzeptable Lösung zu finden. Unter der Bedingung, ein geliebtes Haustier mitnehmen zu dürfen, stimmte sie der Suche nach einer Wohngruppe zu und ließ sich auf Überlegungen ein, wer sonst als ihr Vormund in Frage kommen könnte.

Mit vergleichbaren Situationen ist vermutlich insbesondere bei Kindern und Jugendlichen zu rechnen, die ihre Flucht aus der Familie nicht direkt zum Jugendamt oder in ein Heim geführt hat. Mit dem Weglaufen, der (vielleicht einzigen) Möglichkeit, auf sich hinzuweisen, Belastungen, Unverstandensein und Verzweiflung zu signalisieren, beginnt für sie zunächst ein Leben in Unabhängigkeit (zumindest von pädagogischen Instanzen), nämlich auf der Straße. Die aktive, zukunftsgerichtete Problemlösungsstrategie des Weglaufens, die Flucht- und Freiheitsräume jenseits von Familie oder Heimen bietet, führt die Mehrheit dieser »Straßenkinder« allerdings in subkulturelle Milieus, die von Ausbeutungsverhältnissen und zukunftsgefährdenden Verhaltensweisen wie Diebstählen, Hehlerei, Prostitution, Drogenhandel etc. geprägt sind.[341]

---

341 Vgl. ausführlich *Morich* 1999. Laut statistischem Bundesamt (Pressemitteilung v. 11.4.2000) »... (waren) 42% der jungen Menschen, als sie in Obhut genommen wurden, von zu Hause bzw. aus einem Heim oder einer ähnlichen Einrichtung ausgerissen.«

VII. Konzeptionelle Aspekte der Interessenvertretung

A. Zur Vertretung des Kindeswillens

1. Kindeswille und Kindesschutz im Konflikt

Im Zentrum der Regelfallverfahren des § 50 FGG steht die weit reichende Entscheidung über die Trennung oder den Verbleib der Kinder und Jugendlichen bei ihren Eltern. Die »Eltern« sind allerdings aus Sicht des Kindes nicht zwangsläufig die leiblichen Eltern, sondern können ebenso Stief- oder Pflegeeltern sein, wenn im familialen Zusammenleben ein psychologisches und soziales Eltern-Kind-Verhältnis entstanden ist.

Die in der Regel bis zur Adoleszenz ebenso selbstverständliche wie intensive Verbundenheit des Kindes mit seinen Eltern führt vermutlich meist dazu, dass sich die Kinder und Jugendlichen für einen Verbleib bei ihren Eltern oder für die Rückkehr zu diesen aussprechen. Selbst bei Säuglingen und Kleinkindern kann diese Bindung regelmäßig unterstellt werden, auch wenn sie zur verbalen Äußerung ihres Willens noch nicht in der Lage sind.

So ist in Pflegekindschaftsverfahren (§§ 1632 Abs. 4, 1682 BGB), das heißt im Konflikt zwischen Eltern und Stief- oder Pflegeeltern um den Verbleib des Kindes in der Ersatzfamilie, in der Regel nicht zu erwarten, dass die Position der Kinder oder Jugendlichen in gravierende Konflikte mit ihrem persönlichen Wohl gerät. Vielfach wird hier im wohlverstandenen Interesse der Kinder auf ihre oft hochproblematische Vorgeschichte, die zur Fremdunterbringung führte, auf hieraus resultierende Beeinträchtigungen und Bedürfnisse sowie auf die Risiken einer erneuten Trennung von ihren sozialen Eltern hinzuweisen sein, die den Rechten der leiblichen Eltern bzw. dem Herausgabeverlangen der Sorgeberechtigten nicht selten entgegenstehen dürften. Hiervon werden sich die Interessenvertretung des Kindes wie auch das Gericht freilich im Einzelfall zu überzeugen haben, indem sie sich ein realistisches Bild über die Situation des individuellen Kindes oder Jugendlichen verschaffen. Erwartungsgemäß aber geraten das persönliche Wohl des Kindes und seine Wünsche nicht massiv in Konflikt, so dass der Vertretung des Kindeswillens ein wichtiger Stellenwert zukommt, der durch die am Kindeswohl orientierte Vertretung in solchen Fällen noch bekräftigt wird.[1]

---

1 Vgl. auch *GK-SGB VIII-Häbel* § 34, Rz. 12 und 14, wonach eine Rückkehr fremduntergebrachter Kinder, die gegen deren Willen erfolgt, einen »ungeeigneten Hilfeansatz« darstellt, selbst wenn sich die Situation in ihrer Herkunftsfamilie verbessert hat. Es sei in dieser Situation »pädagogisch und rechtlich nicht vertretbar«, Perspektiven zu entwickeln, die nicht vom geäußerten oder erkennbaren Willen der Kinder und Jugendlichen getragen werden, de lege ferenda sei vielmehr an ein Vetorecht zu denken.

Demgegenüber ist eben dieser Konflikt im Kindesschutzverfahren gemäß §§ 1666, 1666a BGB vielfach geradezu angelegt. Wie gezeigt, sind auch diese Kinder und Jugendlichen ihren Eltern intensiv bis hin zur Selbstaufgabe verbunden und klammern sich auf Grund von Mangel- und Gewalterfahrungen vielfach gerade an diejenigen, die ihre Bedürfnisse nicht zu befriedigen vermochten oder ihnen Schaden zufügten. Dabei tendieren sie dazu, das Versagen oder Fehlverhalten der Erwachsenen dem eigenen Verhalten zuzuschreiben, und deren Erwartungen und Problemen mit mehr Aufmerksamkeit, Einfühlung und Verständnis zu begegnen als ihren eigenen Verletzungen und Bedürfnissen. So ist in der Regel weder damit zu rechnen, dass die im Verfahren gemäß §§ 1666, 1666a BGB[2] zu vertretenden Minderjährigen ihre wohlverstandenen Interessen auch nur wahrnehmen und entsprechende Alternativen ernsthaft in Betracht ziehen, geschweige denn sich gegenüber Eltern, die sie vernachlässigt, seelisch und körperlich misshandelt bzw. sexuell ausgebeutet haben, behaupten können. Noch ist davon auszugehen, dass sie in der Lage sind, die persönlichen Folgen und Beeinträchtigungen abzusehen, wenn weitere deprivierende bzw. traumatische Erfahrungen hinzukommen und bereits eingetretene psychosoziale Beeinträchtigungen und seelische Belastungsreaktionen nicht durch entsprechende pädagogische und therapeutische Hilfen gemildert werden.

Diese Ausgangslage spricht eindeutig für die Verpflichtung des Verfahrenspflegers, sich im wohlverstandenen Interesse des Kindes, d.h. notfalls auch gegen seinen Willen, im Verfahren für die am wenigsten schädliche Alternative einzusetzen. Das Konzept einer allein am Willen des Kindes ausgerichteten Vertretung wäre demgegenüber ungeeignet, dem Interessenkonflikt zwischen Kindern und Eltern Rechnung zu tragen, läge doch der Schutz des Kindes und die Wahrung seiner wohlverstandenen Interessen damit allein beim Jugendamt und Gericht. Die Folge wäre, dass sich die Prozessvertretung des Kindes und die der Eltern nunmehr im Schulterschluss gegen die Tätigkeit der ohnehin auch den anderen Familienmitgliedern verpflichteten staatlichen Instanzen verwehren.

So ist im Folgenden zu klären, welchen Anforderungen eine am Kindeswohl orientierte Vertretung zu genügen hat und ob es rechtlicher Regelungen bedarf, um die Aufgaben dieser Vertretung näher zu klären und ggf. ihre Quali-

---

2 Vgl. auch *Thomas* und *O'Kane*, International Journal of Children's Rights 1998, 137/142. Sie untersuchten auf der Basis von durch SozialarbeiterInnen berichteten Fällen signifikante Konflikte zwischen den Wünschen und dem »Wohl« von insgesamt 119 Kindern (8 bis 12 Jahre). Soweit diese Konflikte die Unterbringung des Kindes betrafen, hatten bis auf ein Kind alle anderen den Wunsch, nach Hause zurückzukehren, der sich aus Sicht des Jugendamtes u.a. auf Grund von Misshandlungen und Vernachlässigungen in der Herkunftsfamilie nicht mit ihren Interessen vereinbaren ließ. Bezeichnend ist auch, dass von den 31.300 jungen Menschen, die 1998 in Obhut genommen wurden, diese Maßnahme nur zu 35% auf eigenen Wunsch erfolgte. Vgl. hierzu die Pressemitteilung des statistischen Bundesamtes v. 11.4.2000.

fikation und Rahmenbedingungen sicherzustellen. Dabei kann es nicht darum gehen, Kinder und Jugendliche aus dem Verfahren ganz »herauszuhalten« oder ihre subjektiven Vorstellungen nur deshalb für unbeachtlich zu erklären, weil ihr Entwicklungsstand, ihr Erfahrungswissen und ihr Mangel an Unabhängigkeit sie (noch) nicht zu einer eigenverantwortlichen Einschätzung ihrer Situation und ihrer objektiven Interessen befähigen. Vielmehr sind die Erwachsenen in problematischen Fällen gefordert, sich selbst Rechenschaft abzulegen und in geeigneter Weise auch dem Kind selbst zu begründen, weshalb sie sich veranlasst sehen, von seinen persönlichen Vorstellungen abzuweichen.

Die allzu häufige Praxis, dass Gerichte, Jugendämter und nun sogar VerfahrenspflegerInnen wichtige Entscheidungen gänzlich über den Kopf des jeweiligen Kindes bzw. Jugendlichen hinweg treffen, erweist sich bei näherer Betrachtung als kontinuierliche Fortsetzung einer von mangelndem Dialog, fehlender Achtung und Resonanz gezeichneten Lebensgeschichte, in der die persönlichen Belange der Kinder schon viel zu häufig ignoriert wurden und ihre Selbstbestimmungswünsche nichts galten. Umso eher müssen also konzeptionelle Überlegungen zur Aufgabenstellung einer Interessenvertretung *auch* darauf zielen, dass die Kinder und Jugendlichen während des Verfahrens angemessen informiert, begleitet und dazu ermutigt werden, ihren Willen zu äußern, und dass diese Äußerungen nicht nur die Beachtung und Resonanz ihrer Vertretung (und des Gerichtes) erhalten, sondern dass ihren Wünschen – soweit dies zu verantworten ist – entsprochen wird.

So gesehen käme für diese Aufgabenstellung durchaus die zusätzliche Bestellung einer Person in Frage, die allein die Position des Kindes vertritt und für deren angemessene Beachtung und Berücksichtigung sorgt. So ist, bevor es im Folgenden um die konzeptionelle Ausgestaltung einer wohlverstandenen Interessenvertretung geht, konkreter zu klären, was für oder gegen einen »Anwalt des Kindes« spricht, wie er aus juristischer Sicht, z.B. von *Steindorff-Classen* (1998), de lege ferenda gefordert wird, falls dieser das Kind »im Tandem« mit einer Fachkraft vertritt, die sich bei Gericht für seine wohlverstandenen Interessen einsetzt. Es stellt sich hier die Frage, welche pädagogischen und psychologischen Erkenntnisse für oder gegen die Konzeption einer am Willen des Kindes orientierten Vertretung sprechen, sei es in allen oder auch nur einzelnen, näher zu bestimmenden Problem- und Entscheidungsbereichen. Wie sind entsprechende Kindeswohl-Vorbehalte gegebenenfalls gegenüber den Persönlichkeitsrechten des vom Verfahren betroffenen Kindes oder Jugendlichen zu gewichten? Ergeben sich praktische und rechtspolitische Konsequenzen?

2. Die Vertretung selbstgefährdender Positionen

Die Situation, in der sich der Wille des Kindes oder Jugendlichen auf einen Verfahrensausgang richtet, der sich offenkundig mit seinem Schutz nicht vereinbaren lässt, wird von *Salgo* in seiner rechtsvergleichenden Studie am Beispiel der britischen Kindesvertretung thematisiert. Während die AnwältInnen des Kindes dort bei jüngeren Kindern in der Regel durch den guardian ad litem instruiert werden, obliegt ihnen bei einem Konflikt zwischen den Kindern und ihrer »wohlverstandenen« Vertretung die Entscheidung, ob erstere in der Lage sind, »die Situation und die Tragweite eigener Wünsche zu verstehen« und sie eigenständig zu instruieren.[3] *Salgo* geht in diesem Kontext auf den Bericht eines britischen Anwaltes ein, der einen Fall schilderte, in dem der Wille und der Schutz des Kindes kollidierten.

> »Eine Minderjährige, die nach einhelliger Meinung in der Lage ist, ihren Rechtsanwalt zu instruieren, war im Elternhaus sexuell missbraucht worden, was ihre Fremdplatzierung notwendig machte. Da sich im Elternhaus die Verhältnisse nicht verändert haben, würde sie sowohl nach Einschätzung des guardian ad litem wie der Sozialbehörde voraussichtlich erneut missbraucht werden. Dennoch hält diese Minderjährige unabänderlich an ihrem Wunsche fest, in dieses Elternhaus zurückkehren zu wollen, und gibt ihrem Rechtsanwalt entsprechende Anweisungen für die im Verfahren zu verfolgenden Ziele. Muss der Rechtsanwalt in dieser Fallkonstellation die Ziele seines (minderjährigen) Mandanten verfolgen, auch wenn deren Durchsetzung offensichtlich dem Wohl des Kindes widerspricht? Es besteht in Großbritannien kaum Zweifel darüber, dass er eben dies tun muss. ... Der Rechtsanwalt darf in dieser Situation auch nicht einen Ausweg aus dem Dilemma in der Weise suchen, dass er jetzt – im Gegensatz zur generellen Einschätzung über die Fähigkeit der Minderjährigen, selbstständig Anweisungen geben zu können – behauptet, die Minderjährige sei nicht in der Lage wohlüberlegte Anweisungen (»informed instructions«) zu geben.«[4]

Wovon aber ist eigentlich die Rede, wenn es um die »Einsicht in die Situation und die Tragweite der eigenen Wünsche«, um »Verständigkeit«, »informierte Instruktionen« oder »wohlüberlegte Anweisungen« geht? Im Ausland jedenfalls scheint darüber, soweit mir ersichtlich ist, keine Klarheit zu bestehen.[5]

---

3 Vgl. *Salgo* 1996, S. 259 f.

4 *Salgo* 1996, S. 259.

5 Zumindest erklärte mir *Caroline Sawyer,* Lawyer und Mitarbeiterin an der University of Bristol, in einem dort stattgefundenen Gespräch, die zu dieser Frage im Rahmen ihrer Dissertation Anwälte und Anwältinnen befragte und umfassende Recherchen durchführte, noch im Jahr 1997, es gebe keine klaren Richtlinien zur Bestimmung der Kompetenz

Im vorliegenden Fall bestimmen vielmehr zwei unvereinbare fachliche Auffassungen bzw. Prämissen das Geschehen, die die Konfusionen über Fragen einer auf den »rationalen« Willen reduzierten »Verständigkeit« und Berufsethik des »Kindesanwaltes« erzeugen.

So geht man einerseits davon aus, dass ältere Kinder und Jugendliche selbst abschätzen können, was ihnen mit der aufgedrängten sexuellen Beziehung zu vielleicht auch geliebten Bezugspersonen angetan wurde oder wird. Dass sie also absehen können, welche – auch längerfristigen, vielleicht sogar irreversiblen – Risiken der Schädigung die TäterInnen billigend in Kauf nehmen, um ihre Interessen und Bedürfnisse durchzusetzen und zu befriedigen und welche Gefährdung ihnen hieraus entsteht. Diese Annahme aber lässt sich schlichtweg nicht mit einer anderen Prämisse vereinbaren, aus der sich die Erforderlichkeit und Legitimität entsprechender Schutzmaßnahmen erst ergibt. Nämlich der Auffassung, dass Kinder und Jugendliche auch und gerade auf Grund ihrer schädigenden Erfahrungen eng an die sie gefährdenden Erwachsenen gebunden sein können und nicht selten extrem manipuliert werden, und dass sie vor gewaltförmigen Abhängigkeiten und Machtmissbrauch zu schützen sind. Hiermit korrespondiert die Rechtsauffassung, dass erst Jugendliche (in Deutschland ab sechzehn) eigenverantwortlich und wirksam in sexuelle Kontakte mit Erwachsenen einwilligen können und bis zur Volljährigkeit vor der Ausbeutung in ihren Familien zu schützen sind. Selbst über die Volljährigkeitsgrenze hinaus steht ihnen ein besonderer Rechtsschutz gegenüber jenen Personen (LehrerInnen, AusbilderInnen, Geistlichen etc.) zu, denen sie als »Schutzbefohlene« anvertraut sind, zu denen also besondere Abhängigkeiten bestehen (§§ 174-174b StGB).

Auch wird am oben stehenden Beispiel überdeutlich, dass die strikte Orientierung an den Instruktionen der Minderjährigen riskiert, die vertretenden Erwachsenen in dem Maße in die Familiendynamik einzubinden, in dem die Kinder und Jugendlichen selbst in ihr eingebunden sind. Statt zur Beendigung und Bewältigung der familiären Gewalt beitragen zu können, riskiert dieses Vertretungskonzept, dass sich der »Anwalt« an der Verleugnung und Umdeutung, am Verschweigen und am Bagatellisieren von Gefährdungssituationen beteiligt und dass er über das Kind elterliche Delegate übernimmt und verficht. Damit läuft die Interessenvertretung Gefahr, zur Agentin und Akteurin des schädigenden Familiensystems zu werden.

Bedenkt man weiterhin, dass die willensgebundene Vertretung eines minderjährigen Kindes, das von seinem Anwalt ja wohl die engagierte und erfolgreiche Durchsetzung seiner Position erwarten darf, auf Erfolg zielen muss, ist

---

durch solicitors. Guardians und solicitors seien einander vertraut, jeder kenne den anderen, was sich in dieser Entscheidung bemerkbar mache. Die »Grauzone« für das Recht, eigene Instruktionen zu erteilen, liege irgendwo zwischen 10 und 15 Jahren, bei Richtern – wie auch immer sie dazu kämen – bei 13 Jahren. Teilmündigkeiten seien diesbezüglich zumindest in Großbritannien nicht in der Diskussion.

die Pflicht zur Vertretung selbstgefährdender Kindespositionen auch in Hinblick auf eben diesen »Erfolg«, nämlich auf richterliche Fehlentscheidungen, ein Risikounternehmen. Um bei der genannten Fallkonstellation zu bleiben, sei hier die Stellungnahme der Sachverständigen *Heiliger* zur Kindschaftsrechtsreform angeführt:

> »Auch sexueller Missbrauch eines Kindes durch einen Vater wird von RichterInnen und GutachterInnen bisher nicht in seiner dramatischen Auswirkung auf das Opfer erkannt. Eine Untersagung des Sorge- und Umgangsrechts für solch einen Vater ist noch keineswegs Selbstverständlichkeit. Im Gegenteil zeigt sich in Gutachten bei Sorgerechtsverfahren sogar eine zunehmende Tendenz, die Aussagen des betroffenen Kindes nicht ernstzunehmen, das Delikt zu leugnen oder in seiner Schwere herabzusetzen.«[6]

Solange die fachliche und persönliche Qualifikation der RichterInnen solch schwerwiegenden (und mit Blick auf die juristische Ausbildung wohl nicht unbegründeten) Zweifeln ausgesetzt ist, ist auch deshalb eine solche, der Position der Minderjährigen zwingend verpflichtete, Vertretung abzulehnen. Der nahe liegende Einwand, zumindest das Jugendamt werde in diesen Fällen dennoch schon stets dafür sorgen, den Schutz der Kinder und Jugendlichen sicherzustellen, verkennt nicht nur, dass fundierte Kenntnisse und Kompetenzen im Bereich des Kinderschutzes auch in sozialpädagogischen Berufsfeldern keineswegs garantiert sind.[7] Ebenso ist mit *Böllert u.a.* auf den »gesetzlich formulierten Doppelauftrag von Familien- und Kinderschutz« sowie andere Faktoren wie »patriarchale und hierarchische Strukturen« im Amt, die geforderten »harten Fakten«, den Zeitdruck und die Beweisnot, unter denen gerichtlich angeforderte Gutachten stehen, etc. hinzuweisen, die einer Parteinahme für die Kindesinteressen durchaus entgegenstehen können.[8]

   Diese Problematik berührt freilich nicht nur die Fälle, in denen ein begründeter Verdacht auf sexuellen Missbrauch abgeklärt werden muss oder sich erwiesen hat. Sie erstreckt sich ebenso auf andere Gefährdungslagen wie Vernachlässigung oder Misshandlungen. So berichtete die britische Sozialwissenschaftlerin *Joan Hunt,* es komme vielfach vor, dass sich der Kindeswille ändere und gefährdete Minderjährige sich zunächst Außenstehenden anvertrauten und aus der Familie strebten, dann aber wieder nach Hause zurückkehren wollen, wie etwa im folgenden Fall:

> Ein elfjähriger Junge, der wie seine anderen Geschwister auch aus der Familie genommen worden war, habe sich in einem solchen Fall entschieden, zu seinem schwer misshandelnden (very abusive) Vater zurückzu-

---

6 *Heiliger,* FamRZ 1992, 1006/1010.
7 Vgl. *Zitelmann* 1998, S. 24 ff.
8 *Böllert u.a.* 1994, S. 342 f.

kehren, an den er eng gebunden war. Seine Vertreterin (solicitor) habe entschieden, dass der Junge in der Lage sei, sie zu instruieren und vertrat im Verfahren, dass der Junge zum Vater zurückkehren solle. Das Gericht entsprach dem Wunsch dieses Jungen und traf eine »no-order« Regelung.[9]

BefürworterInnen der Auffassung, Minderjährige hätten das bedingungslose Recht auf ein anwaltliches, kindesschutzwidriges Eintreten für ihren Willen, müssen sich die Frage stellen lassen, welches Recht hier gemeint ist: Das Recht des Kindes auf Verbleib in Gefährdungssituationen, das Recht, sich misshandeln oder sexuell ausbeuten zu lassen? Das Recht, bei Eltern aufzuwachsen, die den basalen Bedürfnissen des Kindes nach Versorgung, Schutz, liebevoller Zuwendung und Wertschätzung nicht entsprechen können? Das Recht, für sie noch gar nicht absehbare langfristige psychische, vielleicht auch physische Beeinträchtigungen in Kauf zu nehmen und nicht zu lernen, was es heißt, Sorge für sich selbst zu tragen, oder – in einigen Fällen noch extremer: Das Recht auf einen gewaltsamen Tod?

3. Legitimation durch Beratung?

In vielen Fachveröffentlichungen, die eine Prozessvertretung des Kindes mittels des anwaltlichen Vertretungskonzeptes für Erwachsene befürworten, heißt das Zauberwort »Beratung«[10]. Hierbei scheint es sich auf den ersten Blick um ein recht wirksames Heilmittel zur Beseitigung des vor allem im Kindesschutzverfahren häufigen Konfliktes von Kindeswille und Kindeswohl[11] zu handeln, das den AnwältInnen das ethische Dilemma erspart, sich für Positionen einzusetzen, die das Kind gefährden. So kommt zum Beispiel *Salgo* in seiner rechtsvergleichenden Studie in Bezug auf die gerichtliche Vertretung »problematischer« Positionen der Minderjährigen zu folgender Feststellung:

---

9 *Mündlicher Bericht,* Gespräch in Bristol, Herbst 1997. Nach Sec I (5) des Children Act von 1989 sind Gerichte verpflichtet, nur dann eine Anordnung zu treffen, wenn sie diese für besser halten, als überhaupt keine Anordnung zu verfügen. Hierauf bezog sich das Gericht im vorliegenden Fall. *Hunt* kommentierte diesen Fall in unserem Gespräch wie folgt: »I worried about this decision. I had long discussions with this solicitor.«

10 »Beratung heißt das Zauberwort« überschrieb *Fegert* 1999 (b), S. 82, einen Artikel, der sich kritisch mit den Erwartungen befasst, die der Gesetzgeber im neuen Kindschaftsrecht in die Inanspruchnahme, Wirksamkeit und Beständigkeit von Beratungsangeboten für Scheidungsfamilien setzt.

11 Zutreffender ist hier von einem Konflikt zwischen dem, was das Kind will und dem, was sich unter den gegebenen Umständen in seinem wohlverstandenen Interesse verantworten und verwirklichen lässt, zu sprechen, der sich in den hier interessierenden Verfahren in der Regel als ein Konflikt zwischen dem Willen des Kindes und den erforderlichen Maßnahmen zu seinem Schutz darstellt.

>... die ausländischen Erfahrungen (zeigen), dass solche Konflikte zwar nicht gänzlich ausgeschlossen werden können, dass aber bei einer möglichst frühen Einbeziehung des Minderjährigen in den Entscheidungsprozeß und seiner umfassenden Aufklärung über die Vor- und Nachteile von Optionen zumeist Konflikte in solch zugespitzter Konstellation selten vorkommen.«[12]

Die Wirkungen und Nebenwirkungen des »Heilmittels« Beratung sind grundsätzlich auch für die am Kindeswohl orientierte Interessenvertretung bedeutsam, sobald die Kinder Wünsche äußern, die mit ihrem Wohl oder Schutz nicht zu vereinbaren sind. In seiner ganzen Tragweite manifestiert sich das entsprechende berufsethische Dilemma jedoch erst, wenn die vom Kind angestrebte Position auf Grund der Vertretungsrolle des »Kindesanwaltes« – die keine am Entscheidungskontext ausgerichtete flexible Orientierung am Wohl und Willen des Kindes zulässt[13] – im Verfahren durchzusetzen ist. In den Vereinigten Staaten ist dies bereits bei der Vertretung von Kleinkindern der Fall, in Großbritannien, sobald ein Kind als verständig genug gilt, um seinen Anwalt zu instruieren, in Deutschland erst bei der anwaltlichen Vertretung von über 14-jährigen Jugendlichen.[14]

Zu diesem Dilemma führt die US-amerikanische Rechtsanwaltsvereinigung *American Bar Association* im Kommentar ihrer Standards zur Vertretung misshandelter und vernachlässigter Kinder aus, es sei eine der schwersten ethischen Fragen, wenn das Kind eine Position ausdrücke, die der Anwalt für völlig unangemessen halte, oder die zu schweren Verletzungen des Kindes führen könne. Diese Konstellation komme insbesondere bei misshandelten Kindern vor, deren Zuhause nicht sicher ist, die aber dort zu bleiben oder dorthin zurückzukehren wünschen.

>Ein Kind kann sich wünschen, in einer gefährlichen Situation zu bleiben, weil er oder sie nur diese kennt, wegen eines Gefühls der Schuld oder aus der Verantwortung, für die Eltern zu sorgen oder aufgrund von Drohungen. Das Kind kann sich dafür entscheiden, lieber mit einer bekannten Situation umzugehen, als sich auf das Risiko der unbekannten Welt einer Pflegefamilie oder anderer Unterbringungen außerhalb seiner Familie einzulassen.«[15]

Die amerikanische Anwaltsvereinigung berichtet, »in den meisten Fällen« (!) könne der ethische Konflikt allerdings durch die »Beratungsrolle des Anwal-

---

12 *Salgo* 1996, S. 551.
13 Vgl. auch *Margulies* 1996, S. 1473 ff.
14 Zu den Voraussetzungen vgl. oben S. 161 f.
15 *American Bar Association*, B-4 (3) Commentary (Übersetzung MZ).

tes gelöst« werden. Wenn dieser sich Zeit genommen habe, eine Beziehung zum Kind herzustellen ...

> »... und das Vertrauen dieses Kindes zu gewinnen, gelingt es dem Anwalt wahrscheinlich, das Kind davon zu überzeugen, seine gefährliche Position aufzugeben oder wenigstens eine andere Richtung zu erkennen.«[16]

Ebenso wird aus Großbritannien von einer nicht geringen Zahl von Fällen berichtet, in denen es zu erheblichen Abweichungen zwischen den Wünschen und Vorstellungen der Minderjährigen und den Einschätzungen ihrer VertreterInnen kommt, welche Entscheidung die Gerichte im wohlverstandenen Interesse der Kinder treffen sollten. In einer britischen Stichprobenerhebung waren dies nach Einschätzung der Guardian immerhin 21 von 75 Fällen, vier dieser Minderjährigen (alle über 12 Jahre) wurden in der Folge durch einen Anwalt vertreten, der sich für den von ihnen gewünschten Verfahrensausgang einsetzte. Mehrheitlich hätten sich jedoch diese »nicht ungewöhnlichen« Meinungsverschiedenheiten im Verlauf des Verfahrens lösen lassen, fasst *Salgo* die Ergebnisse dieser Studie zusammen.[17] *Masson* und *Oakley* stellen zur selben Problematik in einer 1998 vorgelegten Stichproben-Studie zur britischen Kindesvertretung fest:

> »Ein Anwalt, der der professionellen Beziehung mit seinen jungen Klienten Priorität vor der mit dem Guardian ad Litem einräumt, handelt gegen die Erwartungen des Systems und gegen die eigenen Interessen der Klienten. Dies ist insbesondere so, wenn die Reife der jungen Personen wegen ihres Alters, ihrer intellektuellen Fähigkeiten oder Erfahrungen bestritten werden kann, und wenn ihre Instruktionen dem allgemein akzeptierten Verständnis ihres Wohlbefindens deutlich widersprechen. In vielen Fällen ist solch eine Vertretung zur Erfolglosigkeit verurteilt, weil der Guardian ad Litem, als Vertreter der wohlverstandenen Kindesinteressen, dagegen opponiert. Eine erfolgreichere Vorgehensweise für den Anwalt und den jungen Klienten könnte die *Beeinflussung des jungen Klienten* dahingehend sein, die Empfehlungen des Guardians oder einen Kompromiss zu akzeptieren.«[18]

---

16 *American Bar Association*, B-4 (3) Commentary (Übersetzung MZ).
17 *Salgo* 1996, S. 260 f.
18 *Masson/Oakley* 1998, S. 25 f. (Übersetzung und Hervorhebung MZ). Im Original: »In many cases the opposition of the guardian ad litem, the court's adviser on the best interests of the child, means that such representation is bound to be unsuccessful. Influencing the young client to accept the guardian's proposal or some compromise, may be a more successful course of action for the lawyer and the young client.«

Auch in der hiesigen Diskussion um den sog. »Anwalt des Kindes« spielt die Beratung des Kindes beim Umgang mit dem Dilemma der Vertretung der das Kind gefährdenden Positionen eine Rolle.[19] Dies ist zum Beispiel bei *Steindorff-Classen* der Fall. Bei einer »Kollision von Kindeswohl und Kindeswille« rät sie zur Zurückweisung oder Niederlegung des Mandates, sofern die Verfahrensvorkehrungen nicht ausreichen, »die das Kind gegen Gefahren durch eine Vertretung seiner subjektiven Interessen schützen«. Damit dies keine »psychische Schäden« anrichtet, setzt sie auf ...

> »... ein Beratungsgespräch, in dem der Anwalt dem Minderjährigen die Problematik einer den Vorstellungen des Minderjährigen entsprechenden Interessenvertretung in altersgemäßer Weise erläutert. Eine Verweigerung oder Niederlegung des Mandats durch den Anwalt wird somit überhaupt nur in solchen Fällen relevant werden, in denen ein Minderjähriger *auch nach einem solchen Gespräch an seinen Vorstellungen festhält* und eine *vom Anwalt vorgeschlagene alternative Vorgehensweise* ablehnt.«[20]

Für das Kind besteht in den fraglichen Vertretungssituationen also zunächst die Aussicht, einen eigenen Rechtsanwalt zu haben, der sich bei Gericht für die Realisierung seiner Wünsche einsetzt. Sobald sich jedoch die von ihm gewünschte gerichtliche Entscheidung abzeichnet, wird paradoxerweise ein »Beratungsgespräch« geführt und – ob nun aus »heiterem Himmel« oder nicht – die Niederlegung des Mandates angekündigt bzw. die Zustimmung zur Vertretung einer Position erbeten, die sein Anwalt als »alternative Vorgehensweise« für richtig hält.

Ein ähnlicher Tenor klingt auch bei *Balloff*[21], insbesondere aber im Beitrag des Rechtsanwaltes *von Bracken* an, der sich im »Verein Anwalt des Kindes in Hamburg e.V.« engagiert, bei dem, wie schon erwähnt, gleich zwei erwachsene Professionelle den Willen der Kinder »beraten«. »Orientierter, entwickelter Kindeswille« so der Verfasser, dem hierbei anscheinend primär Scheidungskinder vor Augen standen, sei »der Schlüssel zur Lösung des Konflikts der Erwachsenen«:

---

19 Die Psychologin *Dormann* und der Richter *Spangenberg,* FamRZ 1999, 1294/1295, weiten diese »Beratungsaufgabe« auch auf weniger brisante Situationen aus. Sie gehen am Beispiel eines Kindes, das »es nicht wagt, seinen Wunsch mit dem getrennt lebenden Vater zu artikulieren« auf die Rolle des Verfahrenspflegers ein, der dem Kind helfen soll, »einen am eigenen Wohl orientierten Willen zu bilden.«

20 *Steindorff-Classen* 1998, S. 296 (Hervorhebung nicht im Original).

21 »Der Verfahrenspfleger muss demnach bei unterschiedlichen Sichtweisen seinerseits und denen des Kindes zunächst mit dem Kind diskutieren, um die unterschiedlichen Positionen und Einstellungen herauszustellen, und dann den Versuch unternehmen, einen Konsens herzustellen. Bleibt das Kind bei seiner Ansicht, hat der Verfahrenspfleger diese Haltung des Kindes zu respektieren und in das Gerichtsverfahren einzubringen.« *Balloff,* FPR 1999, 341/342.

»Je besser der Kindeswille beraten und entwickelt ist, desto größer und oft streitentscheidend, ja streitschlichtend ist seine Bedeutung. Es geht somit nicht nur um die Verwirklichung eines Menschenrechts, sondern auch um schlichte Nützlichkeit bei der Findung von Streitergebnissen. Es gilt: Je besser die Anwälte, desto tragfähiger das Ergebnis.«[22]

Wie die amerikanischen Kindesanwälte unterstreicht auch dieser Verfasser, wie wichtig das »Vertrauen, ja das Zutrauen des Kindes« des Kindes in seine Vertretung ist. Ob die Vertrauensfähigkeit der Kinder und Jugendlichen mit diesem offenkundig gut entwickelten Selbstvertrauen der JuristInnen Schritt halten kann, ist fragwürdig. Einige anwaltliche Beratungsgespräche sind wohl nicht geeignet, das oft tiefe Misstrauen zu überwinden, das in den Regelfällen des § 50 FGG ein verständliches, zu respektierendes und tief verwurzeltes Resultat einer Lebensgeschichte ist, in der existenziell wichtige Erwachsene, von denen das Kind Schutz und Fürsorge erwarten durfte, ihre Macht missbrauchten oder unfähig waren, für seine Bedürfnisse und seinen Schutz ausreichend Sorge zu tragen. Doch dies ist das geringere Problem. Gravierender ist das Risiko einer fachlich unzulässigen Beeinflussung des Kindes, das in diesen Beiträgen sichtbar wird. So ist die Feststellung, die meisten von ihren Eltern getrennten Kinder seien nach einer *anwaltlichen Beratung* bereit, von ihren Wünschen nach der Rückkehr oder dem Verbleib in ihren Familien Abstand zu nehmen, angesichts ihrer Angewiesenheit auf und intensiven Bindungen an die Eltern vermutlich als ein Warnsignal – und nicht als konzeptionelle Erfolgsmeldung – einzuordnen.

Wie im vorigen Teil dieser Arbeit deutlich geworden sein dürfte, spricht nämlich nicht das geringste Indiz für die Vermutung, dass der Konflikt zwischen selbstgefährdenden Positionen der Kinder und ihrem Schutz durch *anwaltliche Beratung* zu lösen ist. Unterstellt dies doch, dass sich ein solchermaßen »beratenes« Kind inmitten einer krisenhaften und hochgradig unsicheren Lebenssituation aus freien Stücken und in kürzester Zeit aus intensiven (Angst-)Bindungen an seine Eltern zu lösen vermag. Das würde bedeuten, dass diese »Beratungsgespräche« eine psychische Entwicklung ermöglichen, für die traumatisierte Kinder und Jugendliche normalerweise befriedigende, verlässliche Beziehungen, eine stabile Lebenssituation und oft auch langjährige psychotherapeutische Behandlung benötigen.

Da diese Annahme schlichtweg absurd ist, bedarf es einer anderen Erklärung für den »Erfolg« dieser Beratungsgespräche. Berücksichtigt man die Beziehungserfahrungen dieser Kinder und Jugendlichen, erklärt sich dieses Phänomen höchstwahrscheinlich nicht etwa aus der »Einsicht« oder einer wundersam erworbenen oder wiedergewonnenen Vertrauensfähigkeit der Kinder und Jugendlichen. Der entscheidende Faktor dürfte vielmehr in ihrem ausge-

---

22 *Bracken von,* KindPrax 1999, 183/185.

prägten Gespür für die Erwartungen und Probleme der (in Gewissensnot geratenen) Erwachsenen und in ihren wenig entwickelten Fähigkeiten zu suchen sein, den Überredungs- und Überzeugungsversuchen ihrer AnwältInnen die Stirn zu bieten, denen sie sich dementsprechend notgedrungen anpassen und fügen.

Trifft diese Hypothese zu, die freilich hier in Ermangelung entsprechender Feldforschung nicht verifiziert oder falsifiziert werden kann, wird das diesem Vertretungskonzept immanente ethische Dilemma Erwachsener, die sich gezwungen sehen, selbstgefährdende Positionen eines Kindes oder Jugendlichen bei Gericht durchzusetzen, zu Lasten des Kindes »wegberaten« und beseitigt. Was immer dann da aber im Verfahren im Namen und als Position des Kindes vertreten wird, entspricht nicht dem, was das Kind tatsächlich erhofft, ersehnt, befürchtet und will, sondern dem, was sein Anwalt – auf welcher fachlichen Grundlage auch immer – als weniger schädliche Alternative ansieht. Dies ist nicht nur riskant, weil im Verfahren die eigentlichen Gefühle, Sichtweisen und Bedürfnisse des Kindes nicht beachtet, berücksichtigt und beantwortet werden können, sondern auch abzulehnen, weil sich damit die von Manipulationen und Delegaten geprägten Beziehungserfahrungen vieler Kinder und Jugendlicher im Verhältnis zu ihrer eigenen Interessenvertretung wiederholen und fortsetzen.

Sicher ist es sinnvoll und unabdingbar, den Kindern und Jugendlichen Informationen zu geben, die ihnen verstehen helfen, was im Verfahren vorgeht, das sie schließlich existenziell betrifft, und ihnen damit zugleich ein Mindestmaß an Kontrolle in ihrer ungewissen Lebenssituation zu ermöglichen. Auch ist zu erwarten, dass die Person, die das Kind vertritt, möglichst verständlich und lebensnah das fragliche Spektrum der richterlicher Maßnahmenwahl bespricht und mit ihm herausfindet, welche Entscheidung aus seiner Sicht weniger schlimm bzw. akzeptabel wäre und diesen Wünschen, soweit dies möglich und zu verantworten ist, zur Durchsetzung verhilft. Und nichts spricht dagegen, wenn entsprechend qualifizierte Erwachsene mit einem Kind Ambivalenzen ausloten, widersprüchliche Bedürfnisse aufgreifen und versuchen, ein »Bündnis« mit jenen inneren Anteilen zu schließen, mit denen das Kind sich nach einem Leben sehnt, in dem es sich wertgeschätzt, geschützt und versorgt weiß und sich erproben und entfalten kann. Also zum Beispiel danach, in einer Familie zu leben, in der man aufhört, sich erbittert zu streiten oder ihm weh zu tun, d.h. zu schlagen, zu treten, rumzubrüllen, einzusperren, zu fummeln, zu vergewaltigen oder nicht zu schützen. In einer Umgebung, in der es genug zu essen sowie passende Kleider und Spielsachen gibt, die nicht vermüllt und von Kakerlaken beherrscht wird, in die man seine Freunde mitbringen kann, usw.

Nichts aber berechtigt die VertreterInnen der Kinder aus fachlicher Sicht dazu, gezielten Einfluss auf den Willen des einzelnen Mädchens oder Jungen zu nehmen, so schädigend sich die Verwirklichung der von ihr bzw. ihm angestrebten Verfahrensziele auch auswirken könnte. Um es noch einmal zu betonen: Die Begleitung des Kindes bei der Realisierung des bereits erlebten Leides und ggf. bei der schmerzlichen Lösung aus schädigenden Beziehungen kann nicht Sache der Prozessvertretung sein, wohl aber mit ihrer Hilfe eingeleitet und auf den Weg gebracht werden.

4. Duale Vertretungsmodelle: Ein Ausweg?

Bestehen Kinder und Jugendliche »trotz« anwaltlicher Beratung auf der Rückkehr oder dem Verbleib in Situationen, die sie künftig oder weiterhin mit hoher Wahrscheinlichkeit gefährden, wird sowohl in Großbritannien (falls das Kind aus Sicht des Anwaltes »verständig« ist) als auch in Teilen der USA dieser Wille des Kindes anwaltlich vertreten. Die Vertretungskonzepte für »verständige« Minderjährige in Großbritannien ähneln denen der Standards der *American Bar Association*. Sie öffnen gleichsam eine Hintertür: Während der/die »AnwältIn des Kindes« den Kindeswillen vertreten soll, ist entweder bereits eine zusätzliche Vertretung der »wohlverstandenen Kindesinteressen« vorhanden (so das duale Vertretungsmodell in Großbritannien) oder sie soll in diesen Fällen hinzugezogen werden (Standards der *American Bar Association*). Weiß die für das Kindeswohl zuständige Vertretung nichts von der Gefahrensituation, etwa weil das Kind sich nur seinem Anwalt anvertraut hat, sollen gemäß den *ABA*-Standards lediglich bei substanzieller Gefahr ernster (auch seelischer?) Verletzungen oder bei Lebensgefahr in Absprache mit dem Kind zumindest minimale Schritte unternommen werden, um seine Sicherheit zu gewährleisten.

> »Wenn der Anwalt des Kindes feststellt, dass die vom Kind zum Ausdruck gebrachte Präferenz ihm ernsthaft schaden würde (also nicht bloß im Gegensatz zur Meinung des Anwaltes darüber steht, was im Interesse des Kindes ist), kann der Anwalt um die Benennung eines separaten guardian ad litem bitten und fortfahren, die vom Kind geäußerte Präferenz zu vertreten, es sei denn, die Position des Kindes ist gesetzlich verboten oder ohne jegliche sachliche Grundlage. Die Grundlage für sein Ersuchen, einen guardian ad litem einzusetzen, welche die Position des Kindes kompromittieren würde, soll der Anwalt des Kindes nicht offen legen.«[23]

---

23 *American Bar Association,* B-4 (3) *Commentary.* (Übersetzung MZ). Vgl. auch die Empfehlungen des *Department of Health and Youth* 1999 sowie *Elrod* 1996, S. 2006, die erläuternd zu den von ihr mitentwickelten *ABA*-Standards anmerkt, dies gelte nur für lebensgefährdende Situationen und die Gefahr ernster Verletzungen. Die Meldepflicht, wie sie etwa in Utah bestehe, wenn Misshandlungen vermutet würden, sei zwar zu achten, doch solle – soweit erlaubt – die Vertraulichkeit gewahrt werden. Auch könnten AnwältInnen ja ihr Mandat niederlegen, wenn sie sich nicht in der Lage fühlten, den Willen der

In Deutschland hat der Versuch, das duale Vertretungsmodell zu »importieren«, zu der bemerkenswerten und fragwürdigen Variante geführt, dass im »Hamburger Modell« zwar *stets* zwei Erwachsene den Willen des Kindes »beraten« und vertreten, konzeptionell aber nicht vorgesehen ist, dass zumindest in solchen Fällen eine/r von beiden dem Schutz und den anderweitigen kurz- und langfristigen Interessen des betreffenden Kindes verpflichtet ist. Davon abgesehen erfreut sich das duale Vertretungsmodell hier zu Lande des Rufes, es eigne sich gerade für jene Fälle, in denen der vom Kind gewünschte Verfahrensausgang nicht mit seinen »wohlverstandenen« Interessen zu vereinbaren ist.[24]

Dem ist insoweit zuzustimmen, als das Gericht – sofern das Kind nicht von seinen Wünschen abgebracht wird, um dem Dilemma ihrer Vertretung zu entgehen – durch die Stellungnahmen beider VertreterInnen ein umfassendes Gesamtbild für eine fundierte Entscheidung erhält.[25] Indes ist die Verknüpfung einer umfassenden Information des Gerichtes über den Kindeswillen mit der *Vertretung* der Minderjährigenposition nicht zwingend.[26] Das erforderliche Gesamtbild für die richterliche Entscheidungsfindung lässt sich auch vermittels der Kindesanhörung und durch die Verpflichtung des Verfahrenspflegers, die Vorstellungen des Kindes in das Verfahren einzubringen, erlangen, der sich im Übrigen wohl weniger dazu genötigt sehen wird, das Kind in der oben geschilderten Weise zu »beraten«.

Zudem ist die Kenntnis des Gerichtes über die in sich widersprüchlichen Interessen des Kindes zwar ein wichtiges, aber nicht das einzige Kriterium zur fachlichen Bewertung des dualen Modells. Von grundlegender Bedeutung ist vielmehr der Umstand, dass diese Vertretungsmodelle einen der beiden Erwachsenen von Gesetzes wegen verpflichten, von jeder personalen Verantwortung abzusehen und sich im Namen eines (meist schon geschädigten) Kindes aktiv für die Aufrechterhaltung oder Wiederherstellung einer Lebenssituation einzusetzen, in der mit ernsten Schädigungen und Verletzungen seiner körperlichen und seelische Integrität und Entwicklung gerechnet werden muss. Zur Diskussion steht also eine Berufsrolle, die eine personale und pädagogische Verantwortung des Erwachsenen im Verhältnis zu dem einzelnen Kind bzw. dem/der Jugendlichen nicht nur nicht fordert, sondern sogar systematisch verhindert und verbietet, und so auch in rechtlicher Hinsicht in gravierende Konflikte mit dem verfahrensleitenden Prinzip des Kindeswohls geraten kann.

Kinder zu vertreten. (So auch *Steindorff-Classen* 1998, S. 295 ff.) Zu den britischen Regelungen vgl. *Department of Health*, 1992 (b), S. 25 f, und *Salgo* 1996, S. 257 ff.

24 Vgl. hierzu oben S. 33 f.

25 Vgl. hierzu *Salgo* 1996, S. 287, 562.

26 Gleiches gilt auch für die Ansicht von *Stadler/Salzgeber,* FPR 1999, 329/336, der Wille eines Kindes, das »vielleicht einen missbrauchenden Elternteil besuchen (will), gegen alle Vernunft der anderen oder der entgegenstehenden Empfehlung des Sachverständigen« müsse anwaltlich *vertreten* werden, damit es die Chance hat, »ernst genommen zu werden oder Gehör zu finden«.

Man mag freilich einwenden, Pädagogik habe in der Diskussion über Konzepte zur rechtlichen Vertretung für Kinder in gerichtlichen Verfahren aus dem Spiel zu bleiben, denn in der Tat kommt der gerichtlichen Interessenvertretung des Kindes ein Erziehungsauftrag im engeren Sinne nicht zu. Ob aber gewollt oder nicht, man kann ein Kind, zu dem eine persönliche Beziehung besteht, nicht nicht erziehen[27], so dass sich die Frage stellt, welche Auswirkungen welche Konzepte auf die Kinder und Jugendlichen selbst haben. Empirische Studien liegen hierzu allerdings auch aus dem Ausland nicht vor, d.h. die folgenden Hypothesen stehen unter dem Vorbehalt einer klaffenden Forschungslücke.

Welches Erziehungsgeschehen verwirklicht sich also zwischen dem Kind und seinem »Anwalt«? Zunächst dies: Für das Kind wird es sich regelmäßig um eine noch unbekannte und seinerseits undefinierte Rolle als »Klient« oder »Mandant« handeln, bei deren Ausgestaltung es sich (soweit es sie überhaupt schon begreift, was bei jüngeren Kindern zu bezweifeln ist), anders als etwa in der Schule oder institutionellen Erziehung, auch nicht an Gleichaltrigen orientieren kann. Das Kind lernt seine Rolle also weitgehend unter Anleitung derjenigen Person, die sich ihrerseits von ihm instruieren lassen soll und ihm hierfür zunächst Grundqualifikationen des Rollenhandelns vermitteln muss.[28] In diesem Prozess aber wird die Autorität des Erwachsenen, die ihm zudem aus der Mittlerfunktion zwischen komplexen Bildungsinhalten, Gesetzen, der Justiz und dem gegenüber diesen Sachverhalten und Instanzen zum »Gehorsam« verpflichteten Kind erwächst, unweigerlich zur *pädagogischen* Autorität, der also an einer auf die Verselbstständigung des Kindes gerichteten Beziehung gelegen sein sollte, die dieser Zielsetzung entsprechend auch eine pädagogische Lenkung übernimmt.[29]

Dies könnte bedeuten, dass ein Kind im Kontakt mit seiner Interessenvertretung Kompetenzen erwerben, d.h. erleben und etwas darüber lernen kann, welche Rechte es hat und wie sie wahrgenommen werden können. Das Erfahrungswissen und das gesamte Repertoire möglicher Strategien der Interessenvertretung könnte und sollte auch im Dienste eines solchen Lernprozesses stehen: Was geschieht hier? Wann und wie ist es sinnvoll, zu fragen, zu verhandeln, eine Frustration hinzunehmen oder sich zu wehren? Worauf achten Erwachsene, wenn sie Entscheidungen zu treffen haben wie die, vor denen ich stehe? Kann man was machen, dass das nicht so lange dauert? Warum will der Richter / die Richterin mit mir sprechen, was will ich ihm / ihr sagen? Was sagt meine Vertretung dem Gericht? Was darf das Gericht überhaupt bestimmen, was nicht?

---

27 Vgl. hierzu *Oelkers/Lehmann* 1990.

28 *Mollenhauer* 1972, S. 56, definiert gerade diesen Prozess als Erziehung.

29 Vgl. zum Autoritätsverhältnis: *Geißler/Wollersheim* 1991, S. 913 f. Zur Genese der Autoritätsvorstellungen des Kindes vgl. auch *Damon* 1990, S. 198 ff.

Dieser Prozess, der durchaus als Erziehung zum eigenverantwortlichen Entscheiden und Handeln begriffen werden kann, kommt zum Erliegen und verkehrt sich nun aber da in sein Gegenteil, wo der Erwachsene, alle Zuneigung und Sorge um das jeweilige Mädchen oder den Jungen beiseite schiebend, unter der Anleitung dieses Kindes eine gerichtliche Regelung herbeizuführen versucht, die es absehbar in Gefahr bringt. Was dann geschieht, hat mit einer Erziehung zur Mündigkeit nichts mehr, dafür aber umso mehr mit der blinden Wiederholung von Erfahrungen zu tun, die eine Vielzahl der gefährdeten Kinder und Jugendlichen nur zur Genüge kennt. Erfahrungen der fehlenden Parteinahme wichtiger Erwachsener, der Missachtung der Nichtveranwortlichkeit und Schutzbedürftigkeit des Kindes sowie der Verleugnung der persönlichen Verantwortung des Erwachsenen gegenüber dem Kind oder Jugendlichen, dem zugleich die überfordernde Verantwortung aufgebürdet wird, Wege aus der Gewalt, der Sucht, den psychischen Erkrankungen der Eltern etc. zu sehen und auch zu gehen.

Wie problematisch sich in manchen Fällen eine auf den Willen älterer Kinder und Jugendlicher fixierte Vertretung gestalten kann, dürfte das folgende Beispiel verdeutlichen:

Die Psychologin eines Inobhutnahmeheims erzählte von der dreizehnjährigen Anke, deren Vertretung im Straf- und im Zivilverfahren wegen sexuellen Missbrauchs eine Anwältin übernahm. Anke ging nicht auf die Regelschule. Nach Einschätzung der Psychologin entsprach ihr geistiger Entwicklungsstand dem einer Fünf- oder Achtjährigen. Die Verfahrenspflegerin habe davon »nichts wissen« wollen. Nach Eindruck der Therapeutin lehnte sie Kinderheime ohnehin a priori ab. Trotz Einwänden und Gesprächen seitens des Heimes habe sie Anke mehrfach amtliche Schreiben zugeschickt, die sie überforderten. Das Mädchen sei damit zur Heimleitung, zu den Erzieherinnen und in die Therapie gekommen, um sie sich dort erklären zu lassen. Die Psychologin fragte mich: »Aus meiner Sicht hätte das doch die Verfahrenspflegerin erklären müssen?« Anke selbst, so ihre Therapeutin, sei mit ihrer Familie nach dem Motto verwoben gewesen: »Wir fühlen und wissen, was für alle gut ist.«

Diesen Eindruck äußerte auch Ankes Gruppenerzieherin. Sie berichtete, das Mädchen sei sich über ihren Willen nicht im Klaren gewesen. Doch sei ihr die Anwältin etwa in folgender Weise begegnet: »Natürlich vertrete ich, dass Du nach Hause kommst, wenn das Dein Wille ist.« Die Pädagogin meinte: »Anke hatte aber noch gar keinen Willen. Sie war Trägerin aller Willen in der Familie und Symptomträgerin. Da wurde ein Wille gemacht, obwohl es keinen gab. Was es gab, das war: Ich will nach Hause – und gleichzeitig: Um Gottes Willen, nach Hause! ... Da wird ein Kind an einen anderen Punkt gebracht und dann vertreten. Man könnte sagen, die Anwältin hat nicht das Mädchen, sondern ihr ›falsches Selbst‹ vertreten.«

Nach Einschätzung der Pädagogin nahm Ankes Verleugnung in dieser Zeit »extrem zu«. Die Verpflichtung und die Schuld, die Anke ohnehin ihrer Familie gegenüber empfunden habe, seien anscheinend verstärkt worden. »Diese Vertretung hat bei Anke Konfusion ausgelöst.« Bei der richterlichen Anhörung, an der auch die Pädagogin teilnahm, sei bei Anke eine »enorme Nervosität« spürbar gewesen.[30]

Folgt man diesen Einschätzungen, liegt die Vermutung nah, dass es in diesem Fall zu einer Reinszenierung der Missbrauchsdynamik kam. Die wiederholte Zusendung der für Anke unverständlichen Schriftstücke und die Verleugnung ihres tatsächlichen Entwicklungsstandes entsprechen einer Sprachverwirrung und Rollenzuweisung, die dem sexuellen Missbrauch oft immanent ist, bei der das Kind nämlich in die überfordernde Rolle eines/einer Erwachsenen gedrängt wird.[31] Ebenso spricht die Unfähigkeit der Anwältin, zwischen Eltern- und Kindesinteressen zu differenzieren und ihr Versuch, dem Kind die Sorge um den Zusammenhalt der Familie anzutragen, für die Annahme, dass sie blindlings in dem Drama mitspielte, das zu beheben sie beauftragt und vielleicht angetreten war. In diese Betrachtung fügt sich dementsprechend die Angabe ein, die Verfahrenspflegerin habe bei *Anke*, der »Trägerin aller Willen in der Familie« einen Willen »gemacht« und vertreten. Ihre Haltung, die sich konflikthaft, hin-und-her-gerrissen, vielleicht auch gespalten in einem »Ich will nach Hause – und gleichzeitig: Um Gottes Willen, nach Hause!« äußerte, macht allerdings zugleich eine *grundsätzliche* Problematik deutlich – nämlich, dass es *den* Willen, der da vertreten werden könnte, unter Umständen so nicht gibt.

Manchmal haben Kinder und Jugendliche eben keinen feststehenden Willen, sie schwanken, wissen nicht, wollen gar nicht sprechen. Manchmal ist ihnen »alles egal«. Manchmal wollen sie Unvereinbares und oft auch nicht Realisierbares. Manchmal wollen sie genau das, was ihrer Meinung nach seitens ihrer Gesprächspartner oder wichtiger Bezugspersonen von ihnen erwartet wird. Einige Kinder und Jugendliche sprechen für ihre Geschwister und nicht für sich. Manche haben das Vertrauen verloren oder nie entwickeln können, dass die Mitteilung ihrer Wünsche und ihres Willens positive Resonanz findet. Sehr belasteten Kindern und Jugendlichen kann es schwer fallen, überhaupt Kontakt mit sich selbst, ihren Gefühlen und Wünschen aufzunehmen. Einige Kinder und Jugendliche stehen unter solchem Druck, haben solche Furcht oder Angst, dass es ihnen nicht möglich ist, ihren durchaus vorhandenen ei-

---

30 Mündliche Mitteilung der o.g. Fachkräfte.
31 Vgl. hierzu *Hirsch* 1990, S. 137. Die Anwältin hatte – ein Kardinalfehler, der wohl wirklich nicht die Regel ist – anscheinend ein Doppelmandat für Mutter und Tochter übernommen und setzte in beider Namen Schriftstücke auf. Nicht nur sie verstieß damit gegen die Regeln ihres Berufsstandes, sondern auch das Gericht gegen seine Überwachungspflichten hinsichtlich des Einsatzes »geeigneter« Personen.

genen Willen zu äußern. Andere treten die Flucht nach vorne an und favorisieren die von ihnen am meisten gefürchtete Alternative, um Subjekt des Geschehens zu bleiben[32], usw.

Dieses Geschehen, bei dem der Anwalt oder die Anwältin auf Anweisung des Kindes bei Gericht dafür eintritt, Beziehungen zu Menschen, die das Kind beispielsweise sexuell ausgebeutet, vernachlässigt oder misshandelt haben, aufrechtzuerhalten oder wiederherzustellen, dürfte nicht nur den überwältigenden Schuldgefühlen (»Ich hab's ja gewollt«) Vorschub leisten. Es wird vermutlich auch dazu beitragen, Fixierungen der Kinder auf einen Verfahrensausgang zu verfestigen, der nicht in ihrem Interesse sein kann, und dem sie vielleicht durchaus mit gemischten Gefühlen entgegensehen.

Solange aber ihr Anwalt um Instruktionen nachsucht, solange damit an die Verantwortung des Kindes appelliert wird, wie kann es da eine ambivalente »Ich-will-aber-ich-darf-ja-nicht-Haltung« an den Tag legen, die ihm in dieser Situation Entlastung bieten könnte? Gleich ob halben oder ganzen Herzens wird sich das Kind doch wohl vielmehr aufgefordert sehen, den Ärger, die Verletzungen und Kränkungen, die es seinen Eltern angetan zu haben glaubt, wieder gutzumachen und demonstrativ an seinem Wunsch festhalten müssen, mit ihnen zusammenzuleben.

Auch stellt sich die Frage, was es auch Sicht des Kindes oder Jugendlichen bedeutet, wenn es mit zwei Personen zu tun hat, von denen die eine sich in der oben beschriebenen Weise verhält, während die andere versucht, sich darüber klar zu werden, welche Alternative weniger schädigend ist und sich bei Gericht dafür einsetzt. Eine entsprechende Forschung hätte dieser Frage gezielt nachzugehen und insbesondere zu klären, ob dieses Konzept das Rollenverständnis des Kindes überfordert, und ob es unter Umständen Ambivalenzen und Zwiespältigkeiten vereinseitigt und Spaltungen vertieft.

Wie dem auch sei, so sehr Mitspracherechte dazu beitragen können, den Kindern die eigene Situation kontrollierbarer und erträglicher zu machen, so sehr appellieren sie auch – gewollt oder nicht – in einer oft schmerzlichen und unüberschaubaren Situation an die Eigenverantwortung der betroffenen Mädchen und Jungen.[33] Das Recht auf anwaltliche Vertretung potenziert diesen Appell und die hiermit verbundenen Belastungen. Soll es doch von Kindern ausgeübt werden, die ohnehin oft zu einer überfordernden Verantwortungsübernahme gezwungen waren, die nicht selten mit einer scheinbaren und schädigenden Elternunabhängigkeit und einer die Angst abwehrenden Pseudoautonomie einhergeht.[34] Die Versorgung jüngerer Geschwister sowie süchtiger oder schwer kranker Eltern, die Ersatzpartnerschaft für einen Elternteil, die Parentifizierung des Kindes, die Schuldübernahme und Geheim-

---

32 Zu diesem Aspekt vgl. *Figdor* 1991, S. 210 f.
33 Vgl. hierzu *Lempp* 1987.
34 Vgl. hierzu *Westermann* 1998, S. 43 ff.

haltung bei sexuellen Übergriffen und Misshandlungen, die Angst, aber auch die Macht, die Familie zu zerstören, usw. sind nur einige Aspekte, die im Leben der betroffenen Kinder kumulieren können und ihnen ein alltägliches Übermaß an Eigenverantwortung abverlangen. Nun ist das Kind gefordert, seiner Vertretung Schritt für Schritt Instruktionen in einem Verfahren zu erteilen, in dem völlig ungewiss ist, wie sich seine Beziehung zu den Eltern künftig gestalten wird, und ob sie mit Kränkung, Verletzung, Ärger, Wut, Strafe oder Verständnis reagieren werden, falls es sich ablehnend äußert oder sie gar »verrät«.[35] Wird das Kind in dieser Weise durch einen Erwachsenen wie ein Erwachsener in den Entscheidungsprozess eingebunden und vertreten, riskiert seine Vertretung zum Teil des Problems und nicht seiner Lösung zu werden.

Es steht auch nicht zu vermuten, dass dieses von personaler Verantwortung und pädagogischem Takt, der zwischen gegenwärtigen und künftigen, subjektiven und objektiven Interessen des Kindes zu vermitteln weiß, bereinigte Verhältnis allein auf Grund seiner zeitlichen Begrenzung »spurlos« am Kind vorübergeht. Immerhin nimmt sich hier eine fremde, vom Gericht beauftragte erwachsene Person ungewöhnlich viel Zeit, mit einem Kind über sein Leben, seine Situation, seine Erwartungen und Befürchtungen zu sprechen und es darin zu unterstützen, wichtige Entscheidungen über seine Zukunft zu treffen. Bedenkt man die Belastungen und die extreme Unsicherheit, der die Kinder und Jugendlichen in dieser kritischen Phase ihres Lebens ausgesetzt sind, dürfte die mit pädagogischer Autorität und Machtattributen versehene Person des »Kindesanwaltes« durchaus Halt und Orientierung versprechen. Denn warum sollten ausgerechnet im Fall der anwaltlichen Vertretung Prozesse, wie z.B. das Lernen am Modell und die identifikatorische Übernahme von Werten, Ansichten und Haltungen der Erwachsenen, ausbleiben? Aber an wem und was soll sich das Kind denn orientieren und mit wessen Verhalten identifizieren? An einem Erwachsenen, der sich auf Geheiß des von seinen Eltern meist noch vollständig abhängigen Mädchens oder Jungens wider besseren Wissens und vielleicht mit schlechtem persönlichen Gewissen aktiv an der Geheim- und Aufrechterhaltung bzw. der Wiederherstellung von Beziehungen und Verhältnissen beteiligt, die sich gegen die basalen Bedürfnisse des Kindes und den Schutz seiner Integrität richten?

Um zu verstehen, was sein Anwalt da tut, müsste das Kind ja zumindest in der Lage sein, die Berufsrolle und die Handlungsregeln des Anwaltes zu verstehen. Wie sonst soll es sich erklären, dass dieser Erwachsene schweigt, obwohl er von Geheimnissen weiß, die sich das Kind zu bewahren genötigt sieht,

---

35 Eine Befragung von 30 australischen Kindern im Kindesschutzverfahren zeigte allerdings, dass das Vertrauen der Kinder in ihre AnwältInnen begrenzt war. Insbesondere die älteren Kinder (10-14 Jahre) äußerten ihre Sorge, ihre Mitteilungen könnten jemandem (den Eltern) Ärger machen. *Cashmore/Bussey,* Int. J Law & Fam 1994, 318/327.

dass er das Leid des Kindes im Verfahren nicht beim Namen nennt, obwohl er es kennt, und nichts dafür tut, es vor Gefahren zu schützen? Doch ist es keineswegs gesagt, dass das Kind *versteht*, dass der oder die ProzessvertreterIn einzig und allein auf Grund seiner durch das Rechtssystem definierten Rolle nach allen Regeln der Anwaltskunst für eine gerichtliche Entscheidung kämpft, die kein Erwachsener, der sich der Schutzbedürftigkeit des Kindes und seiner eigenen Verantwortung zur Gefahrenabwehr bewusst ist, befürworten würde.

Vielmehr ist zu bedenken, dass die soziale Kognition, die das Kind in die Lage versetzt, die Intentionen, die Handlungsregeln und das Verhalten seines Anwaltes zutreffend einzuschätzen, von seinem individuellen Entwicklungsstand abhängt. Solange ein Kind noch nicht in der Lage ist, unterschiedliche Perspektiven zu koordinieren[36] und die Perspektive sozialer Bezugsgruppen zu übernehmen[37], solange es noch keine oder erst eine konkretistische Vorstellung von Normen, Gesetzen und Freiheitsrechten hat und ihm das moralische Dilemma seines Anwaltes auf Grund seiner eigenen Entwicklung noch nicht zugänglich ist[38], wie soll das Kind da verstehen, was den Erwachsenen veranlasst, sich so zu verhalten?[39]

Wir wissen indes trotz jahrzehntelanger Praxiserfahrungen des Auslandes noch erstaunlich wenig darüber, wie Kinder und Jugendliche die Aufgaben ihrer Vertretung tatsächlich sehen, wie sie deren Verhalten interpretieren, was sie sich von ihr wünschen oder kritisieren.

---

36 »Wechselseitige Perspektivkoordination zwischen neun und 15 Jahren bedeutet zu erkennen, dass beide Seiten die Perspektive des jeweils anderen gleichzeitig berücksichtigen können (jeder kann sich auf den Platz des anderen oder eines unabhängigen Dritten versetzen und sich selbst von dort aus betrachten, bevor er sich für ein bestimmtes Handeln entscheidet).« *Silbereisen* 1995, S. *836.*

37 »... ab etwa 12 Jahren gelingt es, die Perspektive sozialer Bezugsgruppen zu übernehmen. Erst die Einbeziehung der Perspektive des sozialen Systems und seiner Normen erlaubt ein angemessenes Verstehen und Kommunizieren.« *Silbereisen* 1995, S. 836.

38 Vgl. hierzu *Oerter* 1995 (c), S. 873 ff.

39 Die hier angestellten Überlegungen zum Rollenverständnis gelten analog auch für die Figur des Verfahrenspflegers, dessen Ausrichtung an den wohlverstandenen Interessen des Kindes freilich aus pädagogischer Sicht nicht die selbe Problemstellung beinhaltet. Hierzu berichten *Murch/Hunt/Macleod* (1990, S. 22): Einige der in ihrer Studie interviewten 7 Minderjährigen (alle 11 Jahre und älter) seien konfus gewesen. »Vier hatten keine klare Vorstellung, was der guardian war, für wen er arbeitete, oder wie er bestellt wurde. Nach dem Gespräch mit einer Elfjährigen kommentierte unser Interviewer: ›Tracey konnte nicht wirklich sagen, was die Aufgabe ihres guardians war oder für wen er arbeitete. Sie erinnerte sich, wie er aussah und dass er viel geredet hat, aber nicht, was er sagte‹. Im Unterschied hatte ein fünfzehnjähriges Kind ein klares Verständnis der Rolle: ›Sein Job war es, ein unabhängiger Sozialarbeiter zu sein. Er arbeitete für mich und das Gericht. Er musste einen Bericht über mich schreiben.‹« [Übersetzung MZ] Die meisten Kinder erfuhren durch das Jugendamt von der Bestellung. Zwei von ihnen erinnerten sich, dass sie von ihrem Sozialarbeiter, und drei, dass sie vom guardian selbst über dessen Rolle informiert worden waren.

»Kaum eine Untersuchung über die Vertretung Minderjähriger vor Gericht befasst sich mit den Kindern selbst, ihren Empfindungen und Einschätzungen hinsichtlich ihrer Vertreter.«[40]

Abgesehen davon, dass sich die folgenden Studien allesamt auf das britische, amerikanische bzw. australische *adversariale* Verfahrenssystem sowie auf eine Vielfalt an Vertretungskonzepten und Fallkonstellationen beziehen, und dass überwiegend Jugendliche und junge Erwachsene zu Wort kamen, ist keine der Studien repräsentativ.[41] Die *Gesamtzahl* aller Befragten beläuft sich auf nur einundachtzig Befragte verschiedener Altersstufen aus drei verschiedenen Nationen.[42] 1988 veröffentlichten *Knitzer* und *Sobie* eine Studie, in deren Rahmen 24 Kinder und Jugendliche in den USA, New York, befragt wurden.[43] Eine Studie von *Cashmore* und *Bussey* aus dem Jahr 1994 berücksichtigt die Perspektive von 30 Kindern im Kindesschutzverfahren in Australien, Sydney.[44] 1995 führte *Chaplan* Gespräche mit 7 jungen Erwachsenen, ebenfalls in den USA, New York.[45] *Masson* und *Oakley* veröffentlichten die Ergebnisse einer Befragung, in der sie 20 Jugendliche und junge Erwachsene über ihre Erfahrungen mit dem dualen Vertretungsmodell in Großbritannien interviewten.[46]

---

40 *Salgo* 1996, S. 77 und 335.

41 Zudem sind die Interviewmethoden (Anbahnung, Setting, Fragestellungen, Qualifikation der Interviewer etc.) uneinheitlich, teils nicht transparent, teils fragwürdig. Auch die schriftliche »Aufbereitung« der Interviews hat überwiegend illustrativen Charakter, allenfalls werden einzelne Wortpassagen wiedergegeben und kommentiert. Für die vorliegende Arbeit lassen sich auf dieser Grundlage keine zuverlässigen Aussagen über die Sicht und Erwartungen der Minderjährigen treffen.

42 *Knitzer/Sobey* 1988, S. 135 f, berichtet von Interviews mit 22 weiteren delinquenten Kindern, die jedoch bereits 1975 von *Catton* veröffentlicht wurden.

43 Hier handelte es sich um Kinder, die als schwer erziehbar oder delinquent galten (sog. PINS und JD's), und im Jugendstraf- bzw. Unterbringungsverfahren vertreten wurden. Vgl. *Knitzer/Sobey* 1988, S. 5, 135-139, 275. Einige ihrer Äußerungen wurden von *Salgo* übersetzt und wiedergegeben. Vgl. *Salgo* 1996, S. 78 ff.

44 Die meisten Kinder galten als misshandelt oder sexuell missbraucht, oder ihre Eltern waren süchtig. Vgl. *Cashmore/Bussey,* Int. J Law & Fam 1994, 319/322.

45 Es handelte sich um 6 junge Männer zwischen 17 und 20 Jahren und eine junge Frau von 18 Jahren. Diese Heranwachsenden sind oder waren Pflegekinder, manche von ihnen lebten zeitweise auch in Heimen, auf der Straße oder bei ihren Eltern. *Chaplan,* die diese Interviews führte, arbeitet als law guardian. Vgl. *Chaplan* 1996, S. 1766 f.

46 Vgl. *Masson/Oakley* 1998. Hierzu liegt eine Rezension von *Parry,* Representing Children 2000, S. 297 ff, vor. *Parry* zufolge, er selbst ist solicitor, hat dieses Buch in Großbritannien für viel Unruhe unter PraktikerInnen gesorgt. (Ein Seminar, das *Masson* und *Oakley* auf einer Fachtagung der Association of Lawyers for Children 1998 leiteten, habe an Daniel in der Löwengrube erinnert.) In der Tat basieren die weit reichenden Schlussfolgerungen der Autorinnen, die sich sehr kritisch mit den britischen »solicitors« auseinander setzen, primär auf dem ausgesprochen kleinen, nicht-repräsentativen Sample, wobei keines der Interviews über längere Passagen abgedruckt ist. Der Anstoß, den man in Großbritannien derzeit an ihrer Studie nimmt, erklärt sich wohl auch aus der staatlichen Tendenz, in diesem Bereich zu sparen, die den zusätzlichen Einsatz des »solicitors« bedroht. Hierzu *Hunt,* Protokolldienst 2000, 38/43.

Die Studien von *Cashmore* und *Bussey* sowie die von *Chaplan* sind hier von besonderem Interesse, weil einer der thematischen Schwerpunkte auch der Vertretung von Kindeswille und Kindeswohl galt. In der erstgenannten Studie wurden die 30 australischen Kinder direkt vor und einige Tage nach der Verhandlung befragt, was die Aufgabe ihres Anwaltes sei. Die meisten über 10-Jährigen sahen dessen Aufgabe darin, bei Gericht ihre Wünsche effektiver zu vertreten als sie selbst es können. Der Anwalt wisse nur, was gut für sie sei, weil sie ihm ihre Wünsche mitgeteilt hätten.[47] 5 der 16 unter 10-Jährigen und eines von 14 der älteren Kinder sahen es als die Rolle des Anwaltes, ihnen zu helfen und meinten, der Anwalt wisse, was das Beste für sie sei.[48]

Die von *Chaplan* interviewten Jugendlichen bzw. Heranwachsenden, die alle Erfahrungen mit dem hier interessierenden anwaltlichen Vertretungskonzept gemacht hatten, und nun retrospektiv über ihre Einstellung zu den ethischen Pflichten der Interessenvertretung befragt wurden, meinten, bei vermuteter Misshandlung oder Vernachlässigung trete die Vertraulichkeit zwischen KlientIn und AnwältIn hinter die Schutzpflichten der/des law guardians zurück. Alle der befragten Jugendlichen...

>»... glaubten, dass es die primäre Verpflichtung des Anwaltes sei, die Sicherheit des Klienten zu schützen. Zu der hypothetischen Situation eines Klienten, der vertraulich einen Vorfall von Kindesmisshandlung erzähle, meinte jeder Jugendliche, der Anwalt solle – entgegen den Erwartungen des Kindes auf Vertraulichkeit – die Behörden benachrichtigen und das Kind schützen.«[49]

So war etwa der achtzehnjährige *Jonah,* der hier exemplarisch zu Wort kommen soll, der Ansicht, bei Misshandlung sei die erste Pflicht des Anwaltes der Schutz des Kindes, doch solle er keine Schritte unternehmen, ohne sie vorher zu besprechen. Auch sollten die Minderjährigen wissen, worauf sie sich einlassen, bevor sie sich anvertrauen:

>»Du solltest mit Deinem Anwalt über alles reden können, was in deinem Leben falsch ist oder wenn Du ein Problem hast, sollte er wie ein Freund

---

47 Diese Interpretation ordneten *Cashmore/Bussey* der traditionelle Anwaltsrolle bzw. der Rolle des Amicus Curae, also eines neutralen Übermittlers, zu.

48 Dies also wäre eine allein am Kindeswohl orientierte Vertretung. Vgl. *Cashmore/Bussey,* Int. J Law & Fam 1994, 319/326. Die meisten AnwältInnen in dieser Studie hatten in der Verhandlung anscheinend die Wünsche des Kindes in das streitige Verfahren eingebracht, aber auch ihre eigene Auffassung dargelegt. Viele meinten, ein Kind habe im Verfahren nichts zu *tun*, es müsse nicht verstehen, was dort geschehe. Entsprechend verlief teilweise die Kommunikation im Gericht. 7 von 30 Kindern berichteten, sie wüssten nicht, ob ihr Anwalt in der Verhandlung gesagt habe, was sie wollten, weil sie nichts von dem verstanden hätten, was dort geredet wurd*e,* vgl. 319/332 ff.

49 *Chaplan* 1996, S. 1778 (Übersetzung MZ).

sein. Wenn Du mit Deinem Anwalt über etwas redest, von dem Du meinst, es ist persönlich, sollte es zwischen Euch bleiben. Wenn es aber etwas mit Suizid zu tun hat, oder dass Du jemanden verletzen willst oder verletzt werden könntest, ... alles andere, das soll nur zwischen Euch bleiben. Das geht niemanden was an.« »Ein Anwalt soll Dir ein Freund sein, damit Du Dich öffnen und ihm etwas erzählen kannst. Ein Geheimnis oder etwas anderes.«[50]

Es kann also nicht einmal als gesichert gelten, dass sich Kinder und Jugendliche in dieser schwierigen Lebenslage wirklich von den sie vertretenden Erwachsenen erwarten, ihre Wünsche auf Gedeih und Verderb anwaltlich durchzusetzen.[51] Was sich aber in den o.g. Studien abzeichnet und gleich einem roten Faden durch die Interviews mit den vertretenen Kindern und Jugendlichen zieht, ist die Bedeutsamkeit der persönlichen *Beziehung* zwischen den Minderjährigen und ihren VertreterInnen, die für die vertretenen Kinder vermutlich ein noch größeres Gewicht haben dürfte als für die Jugendlichen, die hier zu Wort kamen.[52] Eben dies spricht pädagogisch gesehen eindeutig gegen Vertretungskonzepte, die den Erwachsenen verpflichten, sich selbstschädigende Positionen des Kindes oder Jugendlichen zu Eigen zu machen und ein Verhalten unterbinden, das dem Kind eine pädagogisch verantwortete Orientierung in einem aus seiner Sicht normalen, faktisch aber schädigenden und seine Integrität und Entwicklungsbedürfnisse missachtenden Erziehungsmilieu und Wertesystem bietet.

Festzuhalten bleibt: Duale Vertretungsmodelle sind wegen des interdisziplinären Anforderungsprofils einer Interessenvertretung für Kinder in gerichtlichen Verfahren[53] gegenüber der Vertretung durch eine einzelne Person durchaus zu befürworten. Die in sie gesetzte Hoffnung, einen angemessenen Umgang mit sich widerstreitenden Interessen des Kindes gleichsam auf dem Wege der Spaltung und getrennten Vertretung von Kindeswille und Kindeswohl zu mildern, ist – soweit sich dies eben ohne empirische Forschung sagen lässt –

---

50 *Chaplan* 1996, S. 1780 (Übersetzung MZ).
51 Zu einem ähnlichen Ergebnis kommt auch die Studie von *Thomas* und *O'Kane,* International Journal of Children's Rights 1998, 137/146 f, die Interviews mit 8- bis 12-Jährigen führten, deren geäußerter Wille in signifikantem Widerspruch zu den Entscheidungen der Erwachsenen stand. (Die genaue Anzahl der Interviews geht aus dem Artikel nicht hervor, insgesamt untersuchte diese Studie entsprechende Konflikte in 119 Fällen.) Hier heißt es, manche Kinder zeigten ein »bemerkenswertes Vertrauen« in die Erwachsenen, insbesondere wenn es auch gegen ihren eigenen Willen um ihren körperlichen Schutz ging, weniger in Bezug auf vagere Kindeswohl-Konzepte, wie zum Beispiel die Filmmündigkeit, die die Kinder ablehnten.
52 Vgl. *Knitzer/Sobey* 1988, S. 136, 138. Der zweite oft genannte Aspekt betraf die (im hiesigen Recht ohnehin anders geregelten) Möglichkeiten zur Mitsprache im Verfahren. Vgl. *Cashmore/Bussey,* Int. J Law & Fam 1994, 319/332. Hierzu auch *Melton* 1992, S. 180, 182, und *Knitzer/Sobey* 1988, S. 135. Vgl. auch *Salgo* 1996, S. 77 ff.
53 Vgl. hierzu näher unter S. 383.

trügerisch. Was sich da mildert, ist wohl das berufsethische Dilemma der Erwachsenen, die das Kind gemäß dem ihren Berufsrollen eigenen Selbstverständnis vertreten können. Die traditionelle Prozessvertretung für Erwachsene, die in der fraglichen Situation nichts anderes bedeutet als die kindesschutzwidrige Durchsetzung der von den Kindern (und meist eben auch deren Eltern) angestrebten Gerichtsentscheidung, ist also gerade in jenen Situationen nicht anzuraten, für die sie als besonders geeignet gilt, nämlich wenn Kindeswille und Kindeswohl im zivilrechtlichen Kindesschutzverfahren in Konflikt geraten.

Aus pädagogischer Sicht hätte die Interessenvertretung vielmehr eine realistische Orientierung für das Kind zu bieten, statt sie allein bei ihm zu suchen, also ihre Verantwortung selbst wahrzunehmen, statt sie an die jüngere Generation zu delegieren. Denn letzteres bedeutet, die hochproblematischen Beziehungserfahrungen der Kinder und Jugendlichen, die in den einschlägigen Kindesschutzverfahren zu vertreten sind, unmittelbar fortzuschreiben, deren Belastungs- und Problembewältigungsfähigkeiten ohnehin über die Maßen beansprucht worden sind, während ihre Entwicklungs-, Erziehungs-, und Schutzbedürftigkeit nicht selten chronisch missachtet wurden.

Dies aber kann nur heißen, den Willen der Kinder so zu respektieren wie er ist, und ihn in das Verfahren einzubringen, aber bei der Bestimmung der Vertretungsziele nicht aus dem Feld zu gehen und sie allein den gefährdeten Kindern und Jugendlichen zu überantworten. Also dem Reden in der Beratung auch Handlungen bei der Vertretung im Verfahren folgen zu lassen, und sich für einen Verfahrensausgang einzusetzen, der in dieser Situation nach der fachlichen Einschätzung des Erwachsenen als diejenige Alternative gelten kann, die das Kind am wenigsten schädigen wird.

B. Zur Übermittlung des Kindeswillens

Nach der hier vertretenen Auffassung sollte die Interessenvertretung, gerade weil ihre vorrangige Orientierung das Wohl des Kindes ist, das Gericht über die Sicht und Erwartungen des Kindes informieren und auf dem Laufenden halten und dafür sorgen, dass es Resonanz erhält. Vielfach ist diese Aufgabe mit der Metapher des »Sprachrohres« belegt worden, die freilich die Kommunikation und Interaktion zwischen Kind und VerfahrenspflegerIn als relativ problemlos erscheinen lässt.

Das Kind sagt, was es will oder nicht will, und seine Vertretung verschafft ihm – in Ergänzung zur Anhörungsvorschrift des § 50b FGG – das Gehör des Gerichtes und der anderen Verfahrensbeteiligten. Während aber ein »Sprachrohr« allenfalls die Lautstärke und den Klang der eigenen Stimme verändert, ist eine solch authentische Übermittlung der eigenen Ansichten durch einen anderen Menschen bei komplexen Inhalten schlichtweg unmöglich. Auch kann die hierzu erforderliche Interaktion nicht ohne Folgen bleiben. Es ist also erforderlich, die Verständigung zwischen dem Kind und seiner Vertretung etwas realistischer in den Blick zu nehmen.

1. Die Verständigung mit dem Kind

Es ist banal, aber gleichwohl folgenreich, dass die Verständigung zwischen Menschen immer nur ein begrenztes Verstehen erlaubt, und die Kommunikation zwischen Kindern und Erwachsenen spezifische Anforderungen stellt. Nicht nur, weil Kinder noch lange nach dem Spracherwerb dazu neigen, eher zu handeln statt zu »verwörtern«. Sondern auch, weil das gesprochene Wort nicht nur intersubjektiv mit verschiedenen Bedeutungen belegt ist, sondern diese im Sprach- und Begriffssystem von Kind und Erwachsenem zugleich vor dem Hintergrund ihrer je psychischen Entwicklung, ihres soziokulturellen Seins und ihres Erfahrungshorizontes variieren.[54]

Was die im Kindesschutzverfahren zu vertretenden Kinder angeht, kommt erschwerend hinzu, dass es bei dieser Verständigung um für das Kind hochbedeutsame, teils auch ängstigende, überfordernde oder konfliktreiche Themen geht, deren direkte Erörterung sich unter Umständen verbietet. Es geht ja nicht darum, ob das Kind an einem Sportwettbewerb teilnehmen, die Oma mal wieder besuchen oder gerne die Klasse wechseln möchte. Es geht vielmehr in den Regelfällen des § 50 FGG um eine der schmerzlichsten Fragen, mit denen ein Kind nur konfrontiert sein kann. Nämlich, ob es sich vorübergehend oder dauerhaft von seiner Mutter und/oder seinem Vater, seiner Stief- oder Pflegefamilie, seiner vertrauten sozialen und örtlichen Umgebung usw. trennen muss. Also um eine Frage, die weit jenseits des »normalen« Erwartungs- und Entscheidungshorizontes eines Kindes liegt und entwicklungspsychologisch und soziokulturell betrachtet nicht in der Phase der Kindheit und der frühen Pubertät, sondern erst während der Verselbstständigung in der späten Adoleszenz an- bzw. entsteht und selbst dann noch eine enorme Entwicklungsaufgabe darstellt. Ohne Zweifel birgt diese Fragestellung, wenn ein Kind mit vier, acht oder dreizehn Jahren mit ihr konfrontiert wird, ein großes Überforderungspotenzial. An dieser Problematik, die Richter und Richterinnen aus gutem Grund veranlasst, »die Kinder zwar darüber zu informieren worum es geht, ihnen aber andererseits keine klare Meinungsäußerung« abzuverlangen und aus indirekten Aussagen ein Bild zu gewinnen,[55] kommt auch die

---

54 Vgl. hierzu schon *Anna Freud* 1969 (1962), S. 336 ff.
55 *Strecker* 1996, S. 65. Vgl. auch § 8 Abs. 1 KJHG, der die Jugendhilfe verpflichtet, die Kinder und Jugendlichen »*entsprechend ihrem Entwicklungsstand* an den Entscheidungen der öffentlichen Jugendhilfe zu beteiligen« und sie in »*geeigneter Weise* auf ihre Rechte im Verfahren vor dem Familiengericht, dem Vormundschaftsgericht und dem Verwaltungsgericht hinzuweisen«. Auch gemäß § 50b Abs. 2 S. 3 FGG soll das Kind seitens des Gerichtes »*soweit nicht Nachteile für seine Entwicklung oder Erziehung zu befürchten*

Interessenvertretung des Kindes nicht vorbei. Dass sich ein solches Bild jedoch nur auf dem Weg der Interpretation gewinnen lässt und mit dem Risiko entsprechender Missverständnisse behaftet ist, ist offenkundig.

Der Kinderpsychiater *Fegert,* der sich als einer der wenigen Autoren im deutschsprachigen Raum eingehender mit der Problematik der Beteiligung von Kindern und Jugendlichen in gerichtlichen Kindesschutzverfahren auseinander setzt, führt weitere Faktoren an: Abhängig vom Entwicklungsstand, Veranlagungen, intellektuellen Möglichkeiten, Temperament, Stabilität früherer Beziehungen etc., seien Kinder bisweilen sehr dezidiert, bisweilen überhaupt nicht in der Lage, in einer juristischen Konfliktsituation, die auch sie betrifft, ihren Willen zu artikulieren. Häufig seien kindliche Wünsche und Vorstellungen zudem von Ambivalenzen geprägt. Kleinen Kindern sei es oft nicht möglich, ihren Willen auszudrücken, und ihre Willensäußerungen seien zudem teilweise eher situativ bedingt.[56] Ebenso dauere es bei psychisch schwerst traumatisierten Kindern zum Teil Jahre, bis sie durch intensive therapeutische Behandlung wieder in der Lage seien, verbal Zeugnis von ihren Erfahrungen abzulegen oder auch nur ihren Willen zu artikulieren.[57] Kinder, die ihre Eltern als überwältigend und rücksichtslos erlebten, so *Nienstedt* und *Westermann,* entwickeln in der Folge zudem oft eine (u.U. durch Größenfantasien und Pseudounabhängigkeit kompensierte) Überzeugung, ohnmächtig und einflusslos zu sein.[58] Sie neigen in der ersten Phase der Integration in eine Pflegefamilie oder ein Heim zu einer Überanpassung, bei der die »tatsächlichen Wünsche und Bedürfnisse des Kindes«, insbesondere aber seine aus traumatischen Erfahrungen resultierenden Überzeugungen, Ängste und Aggressionen, wenig sichtbar werden.[59] Bis das Kind seine Wünsche und Bedürfnisse als berechtigt und erlaubt erleben – und sich entsprechend mitteilen kann –, braucht es Zeit, Sicherheit und die Unterstützung einfühlsamer, belastungsfähiger und zuverlässiger Erwachsener. Bedingungen also, die während des Sorgerechtsverfahrens in der Regel nicht erfüllt, bzw. durch das Verfahren selbst in Frage gestellt sind.

Kann es also genügen, mit dem Kind »nur« zu *sprechen,* um seine Sicht und Erwartungen kennen zulernen und zu verstehen? Riskiert diese streng umrissene Aufgabenstellung nicht, jene Wünsche und Nöte unbeachtet zu lassen, die das Kind nonverbal ausdrückt und die emotional viel stimmiger sein können, als das gesprochene Wort? Wird mit diesem Vorgehen wirklich die Rechtspo-

---

sind, über den möglichen Ausgang des Verfahrens in geeigneter Weise unterrichtet werden, ihm ist *Gelegenheit zur Äußerung* zu geben«. (Alle Hervorhebungen MZ).

56 *Fegert* 1995, S. 311.
57 *Fegert* 1995, S. 315. Zur mangelhaft ausgebildeten Fähigkeit traumatisierter und vernachlässigter Kinder, die eigenen Gefühle in Worte und Symbole zu fassen, vgl. auch *Bessel,* Praxis der Kinderpsychologie und -psychiatrie 1998, 19/26, 30.
58 Vgl. hierzu schon oben S. 275 ff.
59 Siehe *Nienstedt/Westermann* (1995, S. 67, vgl. auch S. 56), die seit Jahrzehnten Erfahrungen als Sachverständige und TherapeutInnen im Pflegekinderbereich gesammelt haben.

sition des Kindes gestärkt, kann es seinen Vorstellungen und Bedürfnissen entsprechend Einfluss auf die gerichtliche Entscheidung nehmen? Weitet man andererseits die Exploration und Vertretung des »Kindeswillens« auch auf jene Äußerungen aus, die mit dem Kind wegen seines Alters oder seiner seelischen Konflikte nicht im direkten Gespräch erörtert werden können oder sollten, wird sein Wille da nicht zur Knetmasse in der Hand des zu solchen Deutungen legitimierten Verfahrenspflegers?

Bevor nicht mehr Wissen über die Praxis selbst vorliegt, wage ich in dieser Frage nur vorläufig Stellung zu nehmen. Sich, wie *Nienstedt* und *Westermann* es nennen, vom Kind an die Hand nehmen zu lassen[60], ihm die Möglichkeit zu geben, sich in der ihm möglichen Weise mitzuteilen, scheint mir gegenwärtig als der angemessenere Weg, um das, »was das Kind in seinem Spiel und in dem, was es mit dem Erwachsenen macht, als Ausdruck seiner berechtigten Wünsche und Bedürfnisse«[61] wahrnehmen und berücksichtigen zu können. Um die Sicht des Kindes überhaupt zu erfassen, so auch *Fegert,* empfehle sich vielfach ein halbstrukturiertes Vorgehen – bei jüngeren Kindern z.B. auch illustrative Hilfsmittel, wie alle Arten von Skulpturenmethoden[62] –, damit nicht nur verstanden werde, was der erwachsene Gesprächspartner verstehen wolle, sondern auch wahrgenommen werde, was das Kind weniger laut und deutlich signalisiere.[63]

Wie eine solche Kommunikation gestaltet werden kann, zeigt z.B. der Bericht der Verfahrenspflegerin *Niestroj*[64], die der achtjährigen Sabine Gelegenheit gab, sich nicht nur verbal, sondern auch in Rollenspielen und Bildern zu ihrer Lebensgeschichte mit den suchtkranken Eltern, zu ihrer Lebenssituation im Heim und bezüglich ihrer Zukunftsvorstellungen zu äußern. Grundsätzlich wirft die Kommunikation mit den vertretenen Kindern also andere Fragen auf, als die Gesprächsführung mit Erwachsenen, die in einem justiziellen Verfahren vertreten werden. Einerseits kann nicht nur Ignoranz, sondern auch die Intention, das Kind vor Überforderungen und Belastungen bzw. sich selbst vor seinen Reaktionen zu schützen, dazu führen, dass es über anstehende Handlungsschritte und Entscheidungen nicht hinreichend informiert und gerade hierdurch zusätzlich verunsichert, belastet und benachteiligt wird. So dass ...

»... viele Erwachsene, wenn sie meinen, entsprechend den Interessen des Kindes zu handeln, das Kind selbst nach seinen Erwartungen und Wünschen gar nicht mehr befragen.«[65]

---

60 Vgl. hierzu *Nienstedt/Westermann* 1995, S. 46 f, 60 ff; *Nienstedt* 1998, 58 ff.
61 *Nienstedt/Westermann* 1995, S. 65.
62 *Fegert,* Protokolldienst 1999, 1/3.
63 *Fegert* 1995, S. 305. Zur verbalen und nonverbalen Kommunikation zwischen Kindern und RichterInnen vgl. auch *Freud, A.* 1965, S. 436 ff.
64 Vgl. *Niestroj* 1996, S. 517 ff, 524 ff.
65 So eines der Ergebnisse einer von *Fegert u.a.* durchgeführten Studie, bei der u.a. sexuell

Andererseits können diese Fragen das Kind tatsächlich überfordern und sind, selbst wenn sie gestellt werden, für manche Kinder nicht oder zumindest nur schwer im Gespräch zu beantworten.[66] Will man auch diesen Kindern Gelegenheit geben, sich mit den ihnen zur Verfügung stehenden Möglichkeiten zu verständigen, muss also die adultozentristische Perspektive relativiert bzw. bei Kleinkindern ganz verabschiedet werden, in der allein das gesprochene oder geschriebene Wort zählt. Aus psychoanaytischer Sicht rät *Schacht* diesbezüglich:

> »Oft muss eine dem einzelnen Kind angepasste, spielerisch erscheinende Kommunikationsweise entwickelt werden, die dem Kind die Beibehaltung einer inneren Distanz erlaubt, es andererseits in seiner Einzigartigkeit bestätigt. Das Spielen nämlich, der Umgang mit Symbolen, kann zunächst zur oft notwendigen indirekten Kommunikation verhelfen, die die Nähe zum Affekt meidet und somit auch den Anprall von all dem Überraschenden und Überrumpelnden, den jeder beginnende Dialog zwischen zwei so ungleichen Partnern, wie Kind und Erwachsener es ja sind, schnell zutage fördern mag.«[67]

Bei sehr jungen Kindern, die, schon längst bevor sie zu sprechen beginnen und die Fähigkeit zur Symbol- und damit zur Wunschbildung erlangen, verhaltensmäßig auf die Realität reagieren[68] und ihren Wünschen und Zurückweisungen verständlichen Ausdruck verleihen[69], wird es insbesondere um Beobachtungen gehen. In diesem Alter löst das Kind die Aufgabe, »anderen seine Wünsche und seine Ziele zu vermitteln, um entweder Unterstützung oder gemeinsames Handeln zu erreichen«, noch nonverbal, wobei es sich gestisch oder szenisch verschiedener Modi des Verlangens, der Aufforderung, des Austausches und der Ergänzung bedient.[70] Kleinkinder sprechen situationsgebunden zunächst über

---

missbrauchte Kinder zu ihren Erfahrungen mit und Bewertungen von Institutionen befragt wurden. Vgl. *Fegert,* Protokolldienst 1999, 1/4.

66 Zu einer rein sprachlichen Verständigung über ihre eigenen Sinnentwürfe, Selbst- und Weltdeutungen, so die Erfahrung von *Uhlendorff* 1999, S. 130, sind Kinder ungefähr ab dem 10. Lebensjahr in der Lage.

67 *Schacht* 1995, S. 287.

68 »Der Säugling«, so *Dornes* 1992, S. 195, »ist noch auf Gedeih und Verderb der Realität ausgeliefert – jedoch nicht ganz! Er kann sich *verhaltensmäßig* gegen sie wehren: durch Signale an die Mutter, die ihre Interaktion beeinflussen; durch Vorläufer von Abwehrmechanismen, wie Schreien oder Einschlafen; und wenn alles nichts nützt, durch Symptome wie Erbrechen oder Schlafstörungen.«

69 *Grimm* 1995, S. 731, S. 740; zum Spracherwerb und der frühkindlichen Kommunikation vgl. S. 718 ff.

70 *Bruner* 1979, S. 42 ff. Der Verfasser befasst sich mit der Kommunikation im Säuglingsalter; vgl. auch *Garvey* 1979, S. 133 ff, die eine Studie zu den handlungsbezogenen intersubjektiven Bedeutungen von Aufforderungen, Bitten und Wünschen von Kindergartenkindern vorlegte.

das, was in ihrem unmittelbaren Interesse liegt.[71] Sie können die aktuelle Realität zwar mit gespeicherten Erfahrungen vergleichen, aber ihre Erinnerungen noch nicht frei evozieren. »Der Wunsch als intrapsychisches Gebilde ist konstitutiv mit der Symbolfunktion verknüpft«, stellt der Soziologe und Psychoanalytiker *Dornes* fest, der die für das Kind noch unverzichtbare Unterstützung des Erwachsenen an folgender Vignette verdeutlicht:

> »Herzog (1980) berichtet ... von einem 18 Monate alten Jungen, der gerade den Auszug des Vaters aus dem elterlichen Haushalt erlebt hat. Um das Schlimmste zu mildern, darf er wieder bei der Mutter im Bett schlafen. In der Spielsitzung wird die Sehnsucht des Kindes nach dem Vater deutlich. Die Babypuppe liegt bei der Mutter im Bett, und der Junge wird unruhig. Herzog versucht, ihn zu beruhigen, indem er die Mutterpuppe die Babypuppe streicheln lässt. Das hilft nicht. Daraufhin legt Herzog die Vaterpuppe neben die Babypuppe zur Mutterpuppe ins Bett, aber auch damit ist der Junge nicht zufrieden. Er sorgt vielmehr dafür, dass die Vaterpuppe die Babypuppe in ein separates Bett legt, legt dann selbst die Vaterpuppe zur Mutter ins Bett und sagt: ›Alles besser jetzt‹.«[72]

Ohne diese Hilfe, so *Dornes*, die »dem blinden Leiden ein seelisches Bild einsetzt«, wäre der Junge nur in der Lage, seinem Unbehagen mit Symptomen – er litt unter Schlafstörungen – Ausdruck zu geben. Um seinen noch nicht rein symbolischen Wunsch auszudrücken, war das Kind von der Hilfe des Erwachsenen sowie der Vergegenständlichung des Vaters als Puppe abhängig.

Dass Dialoge wie dieser, die auch szenische, illustrative oder spielerische Hilfsmittel einbeziehen, Fachkenntnisse voraussetzen und zudem auf Grund mangelnder »Passung« schwer in das auf einer sprachlichen Verständigung beruhende Verfahren einzubringen sind, ist offenkundig. Auch unterliegen nicht nur bei jungen Kindern Rückschlüsse auf ihre Gefühle und Beziehungen stets einer Interpretation, die den verbalen und nonverbalen Mitteilungen und Interaktionen erst Bedeutung und Aussagekraft verleiht. Aus dem interpretativen und empathischen Vorgehen resultiert das Problem der Verlässlichkeit solcher Annahmen.[73] Der Kindeswille kann dementsprechend zum Anlass der Hypothesenbildung genommen werden[74], die aber sorgfältiger Überprüfung bedarf und auch als solche kenntlich gemacht werden sollte. Gleichwohl bleibt ein Interpretationsspielraum und -risiko, das durch Dritte zudem kaum

---

71 *Grimm* 1995, S. 727.
72 *Dornes* 1992, S. 194. Anschaulich sind die Filmaufnahmen von James und Joyce *Robertson*, Psyche 1975, 626 ff, in denen die für mehrere Tage von ihren Eltern getrennten Kleinkinder ihren Kummer und ihre Bedürfnisse ohne bzw. mit wenigen Worten, dafür jedoch mit deutlichem mimischen und gestischen Ausdruck zu zeigen vermögen.
73 Vgl. *Kaltenborn,* Fragmente 1986, 149.
74 Vgl. *Salzgeber* 1992, S. 157.

nachprüfbar[75] ist.[76] Ob wegen dieses Risikos der Wunsch und Wille noch nicht sprach-mächtiger oder besonders belasteter Kinder überhaupt nicht eingebracht werden sollte, oder ob es durch eine entsprechende Qualifikation und Dokumentationspflicht minimiert werden kann, ist derzeit umstritten.

So meinen die Sachverständigen *Stadler* und *Salzgeber*[77], für eine Verständigung auf spielerischer oder kreativer Ebene und die (richtige) Interpretation der symbolischen und szenischen Mitteilungen von Kindern vor dem Hintergrund des aktuellen Familienkonfliktes sei die diagnostische Kompetenz einer speziell ausgebildeten Fachkraft erforderlich, über die der Verfahrenspfleger nicht verfüge (und verfügen solle?). Sie folgern, es sei nicht wünschenswert, dass die Kindesvertretung solche Mitteilungen in das Verfahren einbringe. Dem ist entgegenzuhalten, dass damit das Problem entsprechender Qualifikationsanforderungen verlagert und zu Lasten der Kinder »gelöst« wird. Mit der Folge, dass die Wünsche kleiner Kinder überhaupt nicht in das Verfahren eingebracht und der Wille älterer Kinder nur vertreten wird, wenn und soweit sie ihn zu verbalisieren vermögen. Ob das, was dem Gericht dann übermittelt wird, tatsächlich ein angemesseneres Verständnis des »Kindeswillens« ermöglicht, ist keineswegs belegt. Ähnlich wie *Balloff* dies VerfahrenspflegerInnen[78] und *Lempp* dies RichterInnen im Falle der Anhörung anrät, sollten also auch VerfahrenspflegerInnen zumindest besonders auf die ...

> »... averbalen mimischen und gestischen Signale des Kindes achten, mit denen es seine Wünsche, seine Ängste und Konflikte ankündigt und begleitet, ohne sie in jedem Fall aussprechen zu können. Dabei soll auf Diskrepanzen zwischen verbalen Aussagen und nonverbalem Ausdruck geachtet werden, weil sich darin ein Konflikt des Kindes zeigen kann.«[79]

---

75 Vgl. *Stadler/Salzgeber,* FPR 1999, 329/334. Gleiches gilt aber auch für die Feststellung des Kindeswillens durch JugendamtsmitarbeiterInnen und RichterInnen, denen die Verfasser eine solche Interpretation aber anscheinend im Gegensatz zur Interessenvertretung des Kindes zutrauen.

76 Dies gilt nicht zuletzt, weil sich das Kind selbst unter Umständen gegenüber verschiedenen Personen in unterschiedlicher Weise äußert. So berichtet z. B. der Familienrichter *Strecker* 1996, S. 63, es käme immer wieder vor, dass Eltern glaubhaft von Äußerungen ihrer Kinder berichten, die einander diametral widersprechen. »Jedem Elternteil hat das Kind gesagt, es sei gern bei ihm und wolle nicht zum anderen. Dies ist nicht verwunderlich – möchte das Kind doch mit beiden in Harmonie und Frieden leben, hat es doch längst erspürt, was beide gern hören wollen.«

77 Vgl. *Stadler/Salzgeber,* FPR 1999, 329/334.

78 Dem psychologischen Sachverständigen *Balloff,* FPR 1999, 341/343, zufolge, sollte sich der »Befund« des Verfahrenspflegers u.a. auf »die Äußerungen des Kindes, die Wunsch- und Willenshaltung, die Einstellung, Prioritäten und Favorisierungen, die Mimik, Gestik, Haltung oder Einstellung, usw.«, sowie Verhaltens- und Interaktionsbeobachtung mit relevanten Bezugspersonen stützen.

79 *Lempp u.a.* 1987, S. 108. Vgl. auch *FamGb-Fehmel*, § 50b FGG, Rz. 15: »Es kommt nicht auf die Fähigkeit zur Kommunikation in der Erwachsenensprache an, sondern *es genü-*

Ansonsten gilt es, das durchaus vorhandene Risiko möglicher Missverständnisse in Kauf zu nehmen und so gering wie möglich zu halten. Hierzu zählt die Fähigkeit zur altersentsprechenden non-suggestiven Kommunikation[80] sowie zur Dokumentation der direkten Mitteilungen des Kindes an das Gericht einerseits und anderweitiger Willensäußerungen andererseits, deren Wiedergabe und anschließende Interpretation gesondert erfolgen und transparent sein sollte.[81] Zu wünschen wäre, dass sich gerade die mit der Exploration des Kindeswillens befassten Sachverständigen diesbezüglich in einen konstruktiven Dialog darüber begeben, welches (auch methodische) Wissen über die Kommunikation mit Kindern in Weiterbildungen für VerfahrenspflegerInnen vermittelt werden sollte und wie sie im Einzelfall erkennen können, ob die Hinzuziehung eines Sachverständigen angeregt werden sollte.[82]

Neben den möglichen Schwierigkeiten der Kinder, ihren Willen zu artikulieren, nimmt *Fegert* in seinen Ausführungen auch die andere Seite, die des Erwachsenen, der als »Sprachrohr des Kindes« fungieren soll, in den Blick. Ob und wie die Verständigung mit einem Kind gelingt, so *Fegert*, hängt von beiden TeilnehmerInnen ab. Auf Seiten des Erwachsenen komme es darauf an, ob das Machtgefälle relativiert und die Gesprächsführung auf die Situation, das Alter und die individuelle Befindlichkeit des Kindes abgestimmt werden kann.[83] Ein Ergebnis einer Studie von *Fegert u.a.* zum Umgang mit sexuellem Missbrauch in institutionellen Kontexten, bei der Kinder zu ihren Institutionskontakten befragt wurden, sei der enge Zusammenhang zwischen dem individuellen Verhalten der befragenden Experten und dem situativen Belastungserleben der Kinder:

»Eine freundliche, zugewandte Haltung kann als Basisvariable entlastenden Expertenverhaltens herausgestrichen werden. Je stärker der Kontext des Gespräches beängstigend ist (z.B. im Rahmen einer polizeilichen Vernehmung oder einer Gerichtsverhandlung), umso deutlicher wirken Faktoren entlastend, die zu einer unmittelbaren Angstreduktion und Kontrolle der Situation beitragen. Dazu zählen u.a. die Begleitung durch eine Vertrauensperson, die Erklärung und Strukturierung der bevorstehenden Situation durch den erwachsenen Gesprächspartner und insbesondere der Verzicht auf zu schwere Fragen und situative Überforderung.«[84]

---

gen Artikulationsmöglichkeiten, die einem zur Kommunikation mit Kindern präparierten Erwachsenen verständlich sind.« (Hervorhebung im Original).

80 Zur Problematik suggestiver Befragungen vgl. *Köhnken* 1999 (a).

81 Vgl. *Weber/Zitelmann* 1999, S. 7, 20, 21. Zustimmend *Hohmann-Dennhardt,* Protokolldienst 2000, 3/8, die hierzu ausführt, der Verfahrenspfleger sei gehalten, »sich und den anderen zu verdeutlichen, wo die Wiedergabe des Kindeswillens aufhört und seine eigene Interpretation beginnt«.

82 Vgl. etwa *Balloff,* FPR 1999, 341 ff.

83 *Fegert,* Protokolldienst 1999, 1 ff.

84 Ausführlich *Fegert,* Protokolldienst 1999, 1/2.

Der globale Anspruch, »das Kind verstehen«, so *Fegert,* sei ein gleichermaßen unerfüllbarer wie unverzichtbarer Anspruch, dem man nie mit Sicherheit genügen könne.[85] Verständnis bedeute vielmehr das Bemühen um ...

> »... die Integration der eigenen Wahrnehmungen, die Verarbeitung der empfangenen Signale in einer Weise, dass sie mit den vom Kind ausgehenden Mitteilungen, Bedürfnissen etc., tatsächlich übereinstimmt.«[86]

Verständnis sei immer subjektives Verstehen und damit relativ und die hiermit verbundene Problematik intraindividuell kaum zu lösen: Verständnis habe stets mit den eigenen Maßstäben, der inneren emotionalen Wahrnehmung und der Empathiefähigkeit der individuellen Person zu tun. Viele Faktoren wie die eigene Biografie, die Unfähigkeit, eigene typische Wesenszüge wahrzunehmen, die Berufsmotivation, die in der Ausbildung entstandenen Maßstäbe und blinden Flecke, der Zeitdruck des Verfahrens, die juristische Streitsituation, die affektive Belastung durch das Ausmaß einer Tat usw. verstärkten die Gefahr von Missverständnissen auf Grund eigener emotionaler Betroffenheit oder ideologischer Betriebsblindheit.[87]

2. »Sprachrohr« des Kindes?

Die Metapher der »Sprachrohrfunktion« blendet nicht nur das große Risiko einer Fehlinterpretation der Mitteilungen des Kindes aus, sondern auch die einfluss- und folgenreiche Interaktion zwischen VertreterIn und Kind und die notwendigerweise selektive Vermittlung seiner Willensäußerungen an das Gericht. Dieser These liegt meine Überlegung zu Grunde, dass der juristische Kindeswille niemals völlig identisch mit dem ist, was das Kind in seinem Alltag wirklich bewegt, beschäftigt, was es will.

Der scheinbare Monolith »Kindeswille« ist vielmehr ein (notwendiges) Konstrukt, das für ein relativ undurchsichtiges und eigen-sinniges Zusammenspiel vielfältiger, teils unvereinbarer, unterschiedlich dringlicher und zudem veränderlicher Präferenzen steht, die das Kind in spezifischen Interaktionssituationen sprachlich oder auch nonverbal ausdrückt bzw. auszudrücken scheint, *sofern* seine Äußerungen für das Gericht bedeutsam sind.

Nüchtern betrachtet geht es also bei der Vertretung nicht primär um das, was aus Sicht des Kindes wichtig ist, sondern eher darum, ihm größtmögliche Mitsprache bei Entscheidungen zu ermöglichen, die nun einmal nach Maßgabe des Gesetzes getroffen werden müssen. Die Definitionsmacht liegt also hauptsächlich bei der Legislative sowie den das Gesetz anwendenden bzw.

---

85 *Fegert* 1995, S. 291.
86 *Fegert* 1995, S. 306.
87 *Fegert* 1995, S. 306.

auslegenden Erwachsenen und muss mit den subjektiven Anliegen der Minderjährigen nicht kongruent, nicht einmal kompatibel sein.

Ein Beispiel aus der Praxis dürfte dies verdeutlichen. Die dreizehnjährige Paula, die in einem Verfahren nach §§ 1666/1666a BGB beim Erstgespräch von ihrer Verfahrenspflegerin gebeten worden war, ihre Wünsche aufzuschreiben[88], setzte sich hierfür ins Nebenzimmer und kam kurz darauf mit folgender Liste zurück:

1. Nach Hause
2. Meinen Hamster behalten
3. Ein eigenes Zimmer
4. Nicht in Urlaub fahren
5. Besuch von meiner Schwester
6. Meine Freundin sehen
7. An Wochenenden nach Hause fahren
8. Ein eigenes Portemonnaie

Dass diese Liste viele Deutungen ermöglicht, die im weiteren Verlauf der Begegnungen zu sondieren wären, ist offensichtlich. Was verbindet Paula zum Beispiel mit »zu Hause«? Meint sie ihre ganze Familie, nur einzelne Mitglieder, ihr soziales und räumliches Umfeld, ihre FreundInnen, MitschülerInnen, einen Jugendtreff? Wie sind die Optionen »nach Hause«, »Besuch meiner Schwester« (– nicht der Eltern?) und »an Wochenenden nach Hause« zu erklären? Zeigt sich hier eine Ambivalenz gegenüber der Rückkehr? Oder rechnet Paula damit, weiterhin im Heim zu leben, und sucht nach akzeptablen Möglichkeiten? Welche Bedeutung hat der Hamster, der immerhin auf zweitem Platz rangiert? Zeigt sich in dem Bedürfnis, ein eigenes Zimmer und ein Portemonnaie zu haben, der Wunsch nach Privatsphäre und einer relativen Unabhängigkeit, ist er Ausdruck von entsprechenden Mängeln? Was bewegt Paula, auf den Urlaub zu verzichten? Liegt er »quer« zu der Anforderung, sich in der neuen Umgebung einzuleben, ist es die räumliche Distanz zu ihrer Familie und den Peers, hat sie Konflikte in der Gruppe oder mit dem Team? – Wie auch immer solche Fragen zu beantworten sind, zeigt Paulas Liste, dass die Themen, die sie beschäftigen, sich nur zum Teil direkt auf das Verfahren beziehen. Während Paulas Trennung von bzw. ihr Umgang mit der Familie unmittelbar das gerichtliche Verfahren betrafen, lagen die Auswahl des Heimes (der Hamster, das eigene Zimmer) und die Teilnahme an der geplanten

---

88 Als Paula diese Liste schrieb, hatte sie bereits die Trennung von ihrer Familie, die Unterbringung in einer Notaufnahme, Gespräche mit dem Jugendamt und Zeugenaussagen bei der Polizei hinter sich, deren Ermittlungen wegen sexuellen Missbrauchs das behördliche und zivilgerichtliche Verfahren in Gang gebracht hatte. Einer ersten Erleichterung nach der Inobhutnahme folgte nun anscheinend die Realisierung der Verluste. Sie fühlte sich von den Ereignissen überrollt, sah sich von ihrem sozialen Umfeld getrennt, mit einer neuen Umgebung und einer ungewissen Zukunft konfrontiert.

Freizeit in der Verantwortung ihres Vormundes. Sie berührten zugleich die Hilfeplanung des Jugendamtes sowie die Alltagssorge der pädagogischen Fachkräfte im Heim.

Zugleich setzt Paula andere Prioritäten, als das Gesetz sie kennt. Aus Paulas Sicht ist zum Beispiel der Hamster bedeutsam für ihr Wohl. Aber aus Sicht der Verfahrenspflegerin und des Gerichtes? Selbst wenn ihr Wunsch im Verfahren Beachtung fände, wäre er wohl nur ein Topos unter vielen anderen »wichtigeren Themen«, wie dem Aufenthaltsbestimmungs- und ihrem Umgangsrecht mit Eltern und Geschwistern. Zu bedenken ist, dass Paula sich kaum an ihre Verfahrenspflegerin wenden würde, wenn ihre Wünsche bereits ausreichend beantwortet worden wären oder sie mit den Antworten, die sie erhalten hat, zurechtkäme. Damit stellt sich zugleich die Aufgabe, mit ihr herauszufinden und zu besprechen, an wen sie sich im Alltag mit ihren Wünschen, Sorgen und Bedürfnissen wenden möchte und kann, und sich Gewissheit zu verschaffen, ob sie dort die benötigte Aufmerksamkeit und Resonanz findet.[89] Nun ist es aber abwegig, die Bedürfnisse, Sorgen, Wünsche und Nöte eines Kindes säuberlich danach einzuteilen, ob sie den Heimalltag, das behördliche oder das gerichtliche Verfahren betreffen und nur die letztgenannten Belange zu beachten. Die Situation verlangt vielmehr pädagogische Fähigkeiten und empathische Resonanz, im konkreten Fall eine Person, die sich in Paulas Situation einzufühlen vermag, in der diese so vieles, was geschieht, nicht beeinflussen kann, und in der es ihr anscheinend kaum möglich ist, sich wohl zufühlen, »zu Hause« zu sein.

> »Was wir Zugang zum Recht nennen, besteht zunächst in der Präsenz einer Person, die versucht, Ansprechpartner für ihre Worte zu sein, für Worte, die einen solchen Partner nicht mehr finden, und versucht sie in ein Gespräch einzubinden, wo die Jugendlichen ausgehend von ihren Forderungen, von denen sie nicht abgebracht werden dürfen, mit den Grenzen konfrontiert werden, die das Gesetz und die allgemein akzeptierten Regeln errichten.«[90]

---

89 Ob es darüber hinaus sinnvoll und geboten ist, die Vertretungsrolle zu überschreiten, sich dafür einzusetzen, dass ein Kind seinen Hamster behält, ein eigenes Zimmer bekommt, nicht mit der Gruppe in Freizeit fährt, usw. lässt sich nicht pauschal beantworten. Gegen ein solches Vorgehen spricht, dass die Interessenvertretung nur eine »Beziehung auf Zeit« ist und andere Menschen im Alltag für das Kind verantwortlich sind. Die Fürsprache bei Eltern, Pflegeeltern oder HeimerzieherInnen kann leicht zu einer Einmischung werden, die sich störend auf das Zusammenleben zwischen dem Kind und seinen Bezugspersonen auswirkt. Eine Heimpädagogin, mit der ich über diese Frage sprach, meinte, sie habe stets zwischen den Interessen vieler Kinder und denen ihrer Einrichtung abzuwägen und zu vermitteln. Die individuellen Gefühle, Wünsche und Bedürfnisse des einzelnen Kindes könnten dabei oft nicht die nötige Beachtung finden. Sie halte es aus diesem Grund für richtig, wenn das Kind in seiner Interessenvertretung eine erwachsene Fürsprecherin finde, die sich für seine Belange im Heimalltag einsetze.
90 *Masotta* 1995, S. 226.

Mit der dreizehnjährigen Paula ließe sich im konkreten Fall, anders als mit jüngeren Kindern, wahrscheinlich gleichwohl klären, dass weder die Verfahrenspflegerin noch der Richter über die Haustierhaltung im Heim entscheiden kann – sondern dass dies in der Zuständigkeit der HeimbetreuerInnen bzw. des Amtsvormundes und des Sozialarbeiters liegt, die diese Übergangswohngruppe ausgesucht haben. Ein solcher am Verfahren ausgerichteter Klärungsprozess, so ist anzunehmen, beeinflusst und verändert aber die Willensbildung, indem er signalisiert, dass die zuständigen Erwachsenen andere Dinge und Vorgänge für wichtig halten als das Kind.

Erwachsene Akteure, die mit einer Institution wie dem Gericht zu tun haben, entwickeln in der Regel eine Vorstellung von den Rollenerwartungen und Handlungsmöglichkeiten dieser Institution und der Person des Richters, die sie berücksichtigen, um ihre Interessen zur Geltung zu bringen. Handlungstheoretisch betrachtet konturiert und überformt diese Vorstellung das eigene Wollen und überführt so »unbegrenzte Möglichkeitshorizonte in begrenzte Handlungsoptionen«, die kalkulierte Wahlhandlungen ermöglichen.[91] Bildlich gesprochen durchläuft damit die Vielfalt subjektiver Interessen einen auf die Funktion und Zwecke der jeweiligen Institution zugeschnittenen Filter, der jene Willensäußerungen passieren lässt und formt, denen die Institution Beachtung schenkt und die der Durchsetzung der eigenen Position vermutlich nützen.

Personen, die sich dieser Zweckrationalität nicht unterwerfen, die sich etwa in einer Erbstreitigkeit darüber verbreiten, wie hinterhältig ihre Geschwister schon seit frühester Kindheit waren, wie beleidigend sich nun auch die Schwägerin am Telefon äußerte usw., oder die in einer Familiensache ausgiebig vom Ärger mit ihrem Chef oder ihrem unerfüllten Wunsch nach einem neuen Auto erzählen, werden früher oder später als »Querulanten« gelten und mit einer wenig wohlwollenden Prüfung ihrer Anliegen rechnen müssen. Kindern gegenüber ist die Justiz freilich in der Regel nachsichtiger. Viele Richter und Richterinnen geben dem Kind selbst Erzählimpulse, die nur mittelbar oder auf den ersten (und zweiten) Blick gar nichts mit ihren Entscheidungen zu tun haben, und bemühen sich im positiven Fall um eine intuitiv-einfühlsame, auch vom Kind gesteuerte Gesprächsführung, die Belastungen vermeidet.[92]

Während die Richter und Richterinnen auf Grundlage dieser Gespräche selbst »filtern«, welche Willensäußerungen der Kinder sie für »beachtlich« halten, zu Protokoll geben und gegebenenfalls berücksichtigen – und welche nicht, stellt sich das Problem für die Personen, die den Willen der Kinder übermitteln und ihre Interessen vertreten sollen, in anderer Weise. Sie sind einerseits mit der Erwartung konfrontiert, das, was das Kind will oder nicht will, zu ermitteln und so authentisch wie nur möglich in das Verfahren einzubringen

---

91 Vgl. hierzu auch *Hansbauer*, ZfE 1999, 73/77.
92 Vgl. *Lempp u.a.* 1987, S. 40 ff.

bzw. dort zu vertreten. Andererseits wird von ihnen erwartet, dass sie das Kind wirksam vertreten, wozu auch gehört, dass sie als Erwachsene berücksichtigen müssen, dass das Gericht nur an bestimmten, nämlich verfahrensrelevanten Willensäußerungen des Kindes interessiert ist und sein kann. Dies führt zu dem Problem, dass sie bei der Vermittlung seiner Willensäußerungen Schwerpunkte setzen und auswählen müssen:

> »Bei meinen Stellungnahmen sitze ich immer über einem ganzen Stapel Notizen. Was für einen Eindruck ich hatte, was das Kind mir gesagt hat, was andere mir über seinen Willen erzählen und was es mir *nicht* gesagt hat, aber doch so spürbar war, was es im Spiel gezeigt hat, wie es auf seine Eltern reagiert hat, und so weiter. Wie ich das auf einigen wenigen Seiten wiedergeben soll, weiß ich nicht. Aber ich kann dem Gericht ja wohl kaum die ganzen Protokolle geben. Das ist harte Arbeit.«[93]

Bei genauerer Betrachtung kommt VerfahrenspflegerInnen bei der Exploration und Vermittlung des »Kindeswillens« also weder nur die Funktion eines »Sprachrohrs« noch allein die einer »Übersetzungshilfe«[94] zu, sondern sie geraten – ob man dies begrüßt oder nicht – in eine aktive Mittlerrolle zwischen der Welt des Kindes und der des Gerichtes, die auf *beide* Seiten *Einfluss* hat. In ihrer Anwaltschaft für die subjektiven Kindesinteressen werden sie an der Defintionsmacht der anderen Verfahrensbeteiligten zu rütteln haben und Themen einbringen, die aus erwachsener Sicht als »unbeachtlich« gelten oder das Gericht befremden mögen, aus Perspektive des Kindes aber von großer Wichtigkeit sind. Um nicht selbst in die Rolle des »Querulanten« zu geraten (die ihre eigene Position wie auch die des Kindes diskreditiert), können sie sich aber nicht jedweden Wunsch zu Eigen machen, selbst wenn sie wissen, dass er für das Wohlbefinden des Kindes wichtig ist. Hier wird die Person, die das Kind vertritt, gleichsam zur Sozialisationsagentin und Erzieherin, die an seiner Stelle einschätzt, welche Wünsche und Interessen in das Verfahren eingebracht werden und die ihrerseits relevante Fragen und Themen anspricht, sie dem Kind verständlich zu machen sucht oder vertieft, usw.

Dass diese selektive und eher direktive als nondirektive Vorgehensweise sich auf die Selbstwahrnehmung, Situationseinschätzung und Willensbildung der Minderjährigen auswirkt, ist – zumal diese Themen das Kind sehr persön-

---

93 Mitteilung einer Verfahrenspflegerin.

94 Vgl. *Stadler/Salzgeber*, FPR 1999, 329/336, die kritisieren, bei der Interessenvertretung des Kindes handele es sich nicht um ein unidirektionales »Sprachrohr«, sondern um eine »Übersetzungshilfe« zwischen Kind und Gericht, die sein Ausgeliefertsein und seine Hilflosigkeit reduziere und dabei einen Beitrag leiste, um »dem Kind unser Rechtssystem nahe zubringen und verständlich zu machen«. Gerade die letzte Funktion kann meines Erachtens jedoch in Widerspruch zu den beiden erstgenannten (Sprachrohr und Übersetzer) geraten und wird durch diese Rollenbeschreibung nicht erfasst.

lich betreffen – mehr als wahrscheinlich.[95] Umso gewichtiger ist freilich die Frage nach den Kriterien, die VerfahrenspflegerInnen veranlassen, bestimmte Fragen zu thematisieren und bestimmte Willensäußerungen eines Kindes an das Gericht zu vermitteln und andere nicht. Jenseits der Erwägung, ob die Willensäußerungen des Kindes seitens des Gerichtes überhaupt berücksichtigt werden können, dürfte z.B. die Tatsache, dass die Stellungnahmen der Interessenvertretung den anderen Verfahrensbeteiligten zugänglich sind, ein solches Kriterium sein. Eine Verfahrenspflegerin erzählt:

> »Ich habe nicht alles benannt, was das Kind mir gesagt hat, hatte auch einen Konflikt dabei. Also die Eltern hatten x Selbstmordversuche hinter sich und ich habe befürchtet, dass die Eltern, wenn sie erfahren, dass das Kind nicht bei ihnen leben will, dass die sich den Strick nehmen. Ich hab' das also zurückgehalten, aber nur, weil's auch anders gut aussah.«[96]

Die Schwierigkeiten des Kindes, die Tragweite seiner Äußerungen zu überschauen, führen in Fällen wie diesem zu bewussten und fachlich durchaus begründbaren Auslassungen. Grundsätzlich ist damit zu rechnen, dass Äußerungen des Kindes bei den Eltern oder anderen Beteiligten Unverständnis, Enttäuschungen, Kränkungen oder Vorwürfe bewirken und die Beziehungen des Kindes empfindlich stören können. Inwieweit entsprechende Bedenken mit dem Kind besprochen werden (sollten), muss hier ebenfalls offen bleiben. Dass es aber Situationen gibt, in denen sich dies nicht empfiehlt, wird am obigen Beispiel deutlich. Der Umgang mit diesem Dilemma, vor dem im Übrigen auch RichterInnen und KindertherapeutInnen stehen, wenn sie Äußerungen des Kindes protokollieren und in das Verfahren einbringen[97], erfordert eine fachlich begründungsfähige Abwägung, bei der mögliche Folgen der kindlichen Äußerungen einzuschätzen sind.

Ein weiteres Kriterium dürfte die Wahrung der Privat- und Intimsphäre des Kindes sein. Aus entwicklungspsychologischer Sicht ist anscheinend davon auszugehen, dass Kinder erst ca. ab dem sechsten Lebensjahr zwischen einer öffentlichen Darstellung und einem privaten Gespräch unterscheiden können und sich in ihrer Außendarstellung durch komplexe Emotionen wie z.B. Peinlichkeit (i.U. zu Scham und Schuld) leiten lassen können.[98] Hinzu kommen die

---

95 Vgl. hierzu auch S. 313 ff.
96 Mitteilung einer Verfahrenspflegerin.
97 Vgl. hierzu auch *Bergmann,* KindPrax 1999, 78/82, Fn. 7; *Balloff* 1992, S. 80; *Lidle-Haas* 1989, S. 110; *Zenz,* Fragmente 1986, 115/130 f.
98 »Ein Kind kann relativ leicht entscheiden, ob ein Zimmer öffentlich zugänglich ist, ob ihm ein Spielzeug alleine gehört oder nicht. Dagegen fällt es ihm schwer, festzustellen ob es etwas weiß, was andere nicht wissen.« *Schmidt-Atzert* 1986, S. 81. *Anmerkung*: Dieser Übersichtsbeitrag setzt sich mit Befunden von *Piaget, Selman* und *Wolfe* auseinander. Die Informationskontrolle der Kinder nehme bis zur Adoleszenz zu, wobei die Minderjährigen eher in der Lage seien, Fakten zu kontrollieren als ihre Gefühle. Vgl. zu Privat-

spezifischen Erfahrungen von Kindern und Jugendlichen, denen es in Folge einer mangelnden Achtung ihrer Integrität, etwa intrusiver Familienbeziehungen bzw. sexuellen Missbrauchs, schwer oder unmöglich sein kann, ihre Privat- und Intimsphäre zu schützen, selbst wenn sie ein starkes Kontrollbedürfnis entwickelt haben und darunter leiden. Auch hier ist mehr gefragt, als ein bloßes »Sprachrohr«, sondern eine taktvolle Begleitung bzw. bei jüngeren Kindern unter Umständen auch stellvertretende Grenzziehungen.

Die Anforderungen an die Verständigung zwischen Kind und VerfahrenspflegerIn und an die Übermittlung seiner Willensäußerungen sind also komplexer und problematischer, als dies die Fachliteratur ahnen lässt. Dies gilt insbesondere für die Funktion der Interessenvertretung, die eher als einflussreiche, interagierende Mittlerin zwischen den Welten, denn als »Sprachrohr«, »Dolmetscher« usw. zu verstehen ist. Ob solche Fragen die Praxis überhaupt beschäftigen und wie sie mit ihnen umgeht, ist mangels empirischer Forschung ungewiss. Dies gilt übrigens ganz ähnlich für die öffentliche Jugendhilfe, die bei ihrer Mitwirkung im gerichtlichen Verfahren und bei der Gestaltung der Hilfeplanung vor ähnlichen methodischen und fachlichen Fragen stehen dürfte. Fragen, die auch hier nicht zu beantworten sind, über die jedoch Forschungsbedarf besteht, um die tatsächliche Interaktion zwischen Kindern und ihren VertreterInnen und deren Folgen in den Blick zu nehmen.

C. Die Interessenvertretung, »Wahrerin des Kindeswohls«?

Soll die Interessenvertretung die ihr zugedachte Aufgabe als »Wahrerin des Kindeswohls«[99] ausfüllen und das Verfahren nicht bloß um eine weitere subjektive Sicht des Kindeswohls ergänzen, sondern unter Berücksichtigung der Erwartungen des Kindes oder Jugendlichen zu einer fachlich fundierten Klärung beitragen[100], gilt es jene Risiken in den Blick zu nehmen, denen sie selbst bei der Bestimmung des »Kindeswohls« unterliegt, und zu fragen, ob und wie diese zu begrenzen sind.

Realiter führt der Versuch, das Wohl eines einzelnen Kindes zu bestimmen, oft in ein »ideologisches Minenfeld«[101], so *Timms*, die zehn Jahre lang als Ver-

---

heitskonzepten auch *Melton* 1992, S. 180. Auch *Fegert* 1993, S. 89 f, berichtet von einer Studie, der zufolge auch die zugehörigen komplexen Emotionen (Peinlichkeit) eine Interpretations- und Deutungsleistung aus dem Situationskontext voraussetzen, die soziale Kompetenzen (role-taking, Perspektivenübernahme), sprachlich-begriffliche und attributive Kompetenzen sowie Selbstwahrnehmung und Selbskonzeptualisierung (v.a. in der Öffentlichkeit) erfordert, die erst ab dem Vorschulalter zu erwarten seien.

99 *Coester* 1995, S. 331 f.

100 So schon *Coester,* Protokolldienst 1983, 60.

101 *Timms* 1995 (a), S. 421. Dies verwundert schon deshalb nicht, wenn man bedenkt, dass der scheinbar einheitlichen Kodifizierung des Kindschaftsrechtes ein »Amalgam von Konzeptionen« zu Grunde liegt. Vgl. *Simitis* 1991, S. 101.

treterin (guardian ad litem) der wohlverstandenen Kindesinteressen in Großbritannien tätig war. Es könne beispielsweise ohne weiteres geschehen, dass
sich eine Gruppe Professioneller zu einer Fallkonferenz zusammensetzt und
alle Beteiligten ihre Zustimmung zu einem Plan erklären, der den »wohlverstandenen« Kindesinteressen dienen soll, während sie zugleich sehr verschiedene Vorstellungen davon haben, wie der Begriff des »Kindeswohls« in Bezug
auf die Praxis zu interpretieren ist.[102] Von ähnlichen Erfahrungen berichtet die
Verfahrenspflegerin *Niestroj,* die im Verlauf einer Interessenvertretung acht
Jugendamts- und sechs HeimmitarbeiterInnen als Ansprechpartner hatte: Jeder einzelne Professionelle habe sich eine eigene Vorstellung über die erforderlichen Hilfsmaßnahmen gebildet, von der er/sie nur ungern abweichen
wollte.[103]

Die mit der gesetzlichen Einführung der Verfahrenspflegschaft für Kinder
intendierte »Parteinahme für das Wohl des Kindes«[104] ist also offenkundig
nicht per se gegeben. Vielfältige Faktoren können im Einzelfall darüber entscheiden, für welche Interessen sich VerfahrenspflegerInnen im gerichtlichen
Verfahren einsetzen, die guten Grund zu entsprechende Fragen und Bedenken geben:

> »Es sind die *Erwachsenen,* die als Gesetzgeber, Richter oder Sozialarbeiter
> das Wohl des Kindes und die Kindesinteressen definieren und damit häu-
> fig ihre Handlungsweise zu begründen versuchen. Umso wichtiger ist es
> deshalb, genau hinzusehen und zu analysieren, ob diese Erwachsenen
> tatsächlich die Interessen des Kindes verfolgen oder ihre eigenen Interes-
> sen und Wünsche mit dieser Formel mehr oder weniger raffiniert ver-
> schleiern.
> Auch der sogenannte *Anwalt des Kindes* ... ist nicht ganz über diese Kri-
> tik erhaben. Ist eine neue Institution – neben Eltern, Gericht, Jugendamt
> und Sachverständigen – besser in der Lage, die wahren Interessen von
> Kindern offen zulegen und sie im Prozess zu vertreten, oder fügen wir all
> den anderen Institutionen nur eine weitere hinzu, die durch die Brille Er-
> wachsener zu sehen glaubt, was für ein Kind gut oder besser ist?«[105]

Um diese Fragen realistisch zu beantworten, bedarf es einer Evaluation der
Praxis. Was in diesem Rahmen möglich ist, sind hypothetische Überlegungen
zur Problemstellung und die Reflexion von Möglichkeiten zur Vermeidung bzw.

---

102 *Dies .* auch in *Department of Health* 1992 (b), S. 107.
103 Vgl. *Niestroj* 1993, S. 275. Denkt man allein an das breite Spektrum verschiedenster
     Kriseninterventionsprogramme, denen oftmals sehr unterschiedliche Paradigmen und
     psychologische Schulen zugrundeliegen, verwundert dies nicht.
104 *BT-Drucks.* 13/4899, S. 130.
105 *Wiesner,* ZfJ 1998, 173/178 f. Zur Problematik der Interpretation der Kindesinteressen
     vgl. auch *Hansen* 1993, S. 151 f.

Begrenzung der mit der Ermittlung und Vertretung der Kindesinteressen verbundenen Probleme und Fehlertendenzen.

1. Noch einmal: Der Kindeswille

Wenn eine allein am Willen der Minderjährigen orientierte Interessenvertretung schon deshalb abzulehnen ist, weil sie den Ausfall der gesetzlichen Vertreter nicht auszugleichen vermag, so bedeutet dies nicht zwangsläufig, dass die Aufgaben des Verfahrenspflegers analog zur gesetzlichen Vertretung verstanden werden können. Fraglos ist nämlich das Verhältnis von Kindern und VerfahrenspflegerInnen ein grundlegend anderes als die dauerhafte und intensive, und – gem. Art. 6 Abs. 2 S. 1 GG – vor staatlichen Eingriffen weitgehend geschützte Eltern-Kind-Beziehung. Den Eltern (wie auch dem Vormund oder Pfleger[106]) räumt § 1626 Abs. 2 BGB einen entsprechend großen Beurteilungsspielraum zur Berücksichtigung des Kindeswillens ein. Ihre Vertretungsbefugnisse sind bis auf wenige eigenständige Rechte der Minderjährigen[107] sehr weit gefasst, gleich ob sie ein sehr junges oder ein fast volljähriges »Kind« vertreten.

Während diese Zurückhaltung des Staates hinsichtlich der grundrechtlich geschützten Eltern-Kind-Beziehung sowie der »Sicherheit und Offenkundigkeit im Rechtsverkehr«[108] noch nachvollziehbar sein mag, ist zu bedenken, dass das Verhältnis von VerfahrenspflegerInnen und Kindern nur durch einen befristeten, professionellen Rahmen bestimmt wird, in dem diesen Gesichtspunkten keine Bedeutung zukommt. *Goldstein, Freud* und *Solnit,* die ausführlich auf diese Unterschiede zwischen Professionellen und Eltern eingingen, bemerkten hierzu prägnant:

> »Die beruflich am Kindesunterbringungsverfahren Beteiligten können weder einzeln noch zusammen die Eltern (Elternteile) darstellen bzw. ersetzen. Sie sind Spezialisten, nicht Generalisten. Ihnen fehlt die Qualifikation und die Erlaubnis, mit der Umsicht und den Vorrechten von Eltern zu handeln. (... ...) Die Herausforderung für Professionelle – als Nichteltern – besteht darin, wie sie fürsorglich und anteilnehmend sein können, ohne unnötig das Leben eines Kindes zu kontrollieren, für das sie keine volle Verantwortung tragen. [109]

---

106 Vgl. § 1915 Abs. 1 BGB i.V.m. § 1793 S. 2 BGB, der auf § 1626 Abs. 2 BGB verweist.

107 Vgl. hierzu insbes. V.B. Ausgenommen sind nur wenige Bereiche, so zum Beispiel Eigenentscheidungen der Minderjährigen bei Statusangelegenheiten (Adoption, Namensrecht), Anhörungs-, Beratungs-, Antrags- und Beschwerderechte im Verfahren. Vgl. ausführlicher *Staudinger-Peschel-Gutzeit* § 1626, Rz. 78-83.

108 Vgl. *Staudinger-Peschel-Gutzeit* § 1626, Rz. 77.

109 *Goldstein/Freud/Solnit* 1988, S. 95.

Weiterhin weisen die AutorInnen darauf hin, dass Professionelle zwar mit ihren Entscheidungen leben müssen, aber oft nicht wissen, was diese für die Betroffenen bedeuten, deren Alltag sie nicht teilen, und dass ihnen die Gelegenheit fehlt, ihre Beurteilungsfehler im Zusammenleben, soweit dies möglich ist, zu korrigieren.[110] All dies gilt auch für VerfahrenspflegerInnen. Sie vertreten ein ihnen zunächst völlig fremdes Kind, dem sie ihrerseits relativ fremd bleiben, sie »ermitteln« seine Interessen in einem kurzen Zeitraum und sind von den Fehl-/Entscheidungen, die sie bei der Vertretung des Kindes treffen, weder persönlich betroffen noch haben sie deren langfristige Konsequenzen mitzutragen oder die Möglichkeit, sie zu korrigieren. Eine gesetzliche Regelung, die den Verfahrenspfleger lediglich verpflichtet, die Wünsche und Vorstellungen der Kinder im Sinne des § 1626 Abs. 2 BGB[111] zu berücksichtigen, erscheint damit nicht ausreichend.

So stellt sich die Frage, welche Lösungen dazu beitragen könnten, dass der Leitsatz »Whatever the Lawyer Thinks is Best«[112] nicht zum stillschweigenden Motto einer Interessenvertretung für Kinder und Jugendliche wird. Eine gewisse Orientierung[113] bietet hier das Betreuungsrecht, das die Rechte der Betreuten bzw. die Aufgaben des gesetzlichen Betreuers neben dem Grundsatz des § 1901 BGB[114] in Bezug auf spezifische Problembereiche präzisiert. Hierzu zählen die Auswahl und Entlassung des Betreuers, der Einwilligungsvorbehalt des Betreuers bei erheblichen Gefahren für die Person oder das Vermögen des Betreuten, die gerichtliche Genehmigung bei hochriskanten ärztlichen Maßnahmen, die Sterilisation, die freiheitsentziehende Unterbringung, die Aufgabe der Mietwohnung u.a.m.[115]

In all diesen Fällen wird der besondere Rechtsschutz der Betreuten sichergestellt, indem die Entscheidungen des Betreuers einer unabhängigen richterlichen Überprüfung unterzogen werden. Diese verfahrensrechtliche »Sicherung« wäre bei der Verfahrenspflegschaft für Minderjährige dann gegeben, wenn die Interessenvertretung gem. § 50 FGG erstens verpflichtet wäre, die Sicht und den Willen der Kinder im Sinne des § 1626 Abs. 2 BGB[116] zu berück-

---

110 Vgl. *Goldstein/Freud/Solnit* 1988, S. 105.

111 Siehe oben S. 102.

112 *Koh Peters* 1996, S. 1525.

113 Ein zentraler Unterschied ist, dass diese Regelungen für Erwachsene gelten, deren Eigenentscheidungskompetenzen (etwa im Alter oder bei manchen Krankheitsverläufen) graduell nachlässt, während die Entwicklung des Kindes schrittweise in die Mündigkeit führt. So schränkt das Betreuungsrecht die autonome Lebensgestaltung der Betreuten nur soweit ein, wie zwingend erforderlich. Ein pädagogisches Verständnis, das »klassischerweise« darauf zielt, die Kinder in die Lage zu versetzen, zu wollen, »was sie zu ihrem eigenen Wohl wollen sollen« (*Müller* 1996, S. 323), ist hier kein Kriterium.

114 D.h. der Möglichkeit des Betreuten, im Rahmen seiner Fähigkeiten sein Leben nach seinen eigenen Wünschen und Vorstellungen zu gestalten und der Pflicht des Betreuers, diesen Wünschen zu entsprechen, soweit dies dem Wohl des Betreuten nicht zuwiderläuft und dem Betreuer zuzumuten ist.

115 Vgl. hierzu §§ 1901a-1908d BGB.

sichtigen, zweitens aber auch, die Position des Kindes stets an das Gericht zu übermitteln und dort für Resonanz zu sorgen. Abgesehen davon besteht noch die Möglichkeit für Jugendliche ab dem vollendeten 14. Lebensjahr, ihre Position zumindest im Beschwerdeverfahren im Sinne des § 59 FGG anwaltlich vertreten zu lassen.

Hinsichtlich einer noch weiter gehenden Regelung, etwa der Festlegung bestimmter »Teilmündigkeiten« im Verhältnis zwischen dem Kind und seiner Vertretung, ist hingegen zu bedenken, dass ein advokatorisch sich verstehendes Handeln im Interesse von Kindern und Jugendlichen ihrem individuellen Entwicklungsstand und der in vielen Lebensbereichen noch nicht erlangten Selbstbestimmungsfähigkeit ebenso Rechnung zu tragen hat, wie der Erzeugung einer solchen Autonomie bzw. der Verhinderung von Entwicklungen, die diesen Prozess gefährden.

Diese Anforderung gestaltet sich in den in § 50 FGG aufgelisteten Regelfallverfahren nun aber gerade deshalb so problematisch, weil in deren Zentrum stets die gerichtliche Regelung des weiteren Zusammenlebens bzw. der Trennung von Kindern bzw. Jugendlichen und ihren leiblichen bzw. sozialen Eltern steht. Gerichtliche Entscheidungen also, die es gerade nicht rechtfertigen, den Kindern die Fähigkeit zu relativ autonomen, eigenverantwortlichen Entscheidungen generell zu unterstellen. Vielmehr bildet die Lebensgeschichte, die die Kinder mit ihren Eltern verbindet und ihre noch nicht vollzogene Loslösung von den Menschen, die sie im Alltag versorgen (von zuträglichen emotionalen Bindungen über massive Abhängigkeiten bis hin zu gewaltförmigen Beziehungen), den Hintergrund, vor dem sich ihre Haltung und Wünsche entwickeln.

Daraus folgt nicht, dass die Wünsche und Willensäußerungen sowie die in ihnen zum Ausdruck gebrachten Gefühle, Bedürfnisse und Einschätzungen des jeweiligen Kindes oder Jugendlichen »unbeachtlich« sind. Doch fordert ihre Vertretung eine der Lebenssituation und den Gefährdungslagen des einzelnen Kindes angemessene, flexible Orientierung an seinem persönlichen Wohl und Willen, wobei kurz gesagt zwei Kriterien zu beachten sind, die diese Abwägung anleiten sollten. Erstens, dass die Vertretung selbstgefährdender Positionen der Kinder und Jugendlichen oder andere nicht zu rechtfertigende Verhaltensweisen, wie das Verschweigen von Schädigungen und Gefährdungen, aus pädagogischer Sicht wie auch in Hinblick auf die hochriskanten Resultate einer solchen Praxis abzulehnen ist. Zweitens wird sich die Interessenvertretung nach der hier vertretenen Auffassung dafür einzusetzen haben, dass die gerichtlichen Regelungen den basalen Bedürfnissen der Kinder und Jugendlichen gerecht werden, und zwar auch dann, wenn deren aktuelle eigene Präferenzen mit einer solchen Sicherung ihrer Grundgüter nicht oder nicht vollständig zu vereinbaren sind.[117]

---

116 Siehe den Vorschlag auf S. 394.
117 Vgl. hierzu insbes. oben S. 126 ff.

Ansonsten ist auch mit Blick auf das Kindeswohl selbstverständlich davon auszugehen, dass dem Willen der Kinder und Jugendlichen sehr oft ein erhebliches und ausschlaggebendes Gewicht zukommt. Ganz offenkundig wird dies, wenn man etwa in Bezug auf das Verfahren nach § 1666 BGB an die Selbstbestimmung schwangerer Mädchen denkt, deren gesetzliche Vertreter nicht in den Wunsch der Jugendlichen einwilligen, die Schwangerschaft abzubrechen oder das Kind zu gebären. Gleiches gilt mit Blick auf das Verfahren nach § 1632 Abs. 4 BGB auch für Kinder und Jugendliche, die sich im Heim oder in einer Pflegefamilie eingelebt haben und sich nunmehr gegen einen erneuten Wechsel, die sog. »Rückführung«, wehren. In beiden Konstellationen ist es auch im Sinne des Kindeswohls kaum vorstellbar, dass ein Grund dafür spricht, den Kindeswillen nicht zu vertreten. Im letztgenannten Fall ginge es aber zudem um eine differenzierte, stabile und tragfähige sorgerechtliche Regelung, die durchaus ergänzende Erwägungen des Verfahrenspflegers erfordern kann.[118]

Ähnliches gilt für Ausreißer oder die sog. »Selbstmelder«, also für Kinder und Jugendliche, die auf eigene Initiative die Familie verlassen, oder die – vielleicht ohne dies näher zu begründen – nicht mehr dorthin zurückkehren wollen. So schwer hier der Wille dieser Minderjährigen in der Regel wiegt, wurde aber auch bereits aufgezeigt, dass es letztlich auch hier einer an der konkreten Situation des einzelnen Kindes oder Jugendlichen orientierten Interessenvertretung bedarf. Neben den bereits diskutieren Fällen, in denen Kinder und Jugendliche problematischen Einflüssen Dritter ausgesetzt sind[119], gilt dies zum Beispiel für Kinder, die auf Grund früherer Gewalterfahrungen in der Interaktion mit Pflegeeltern oder HeimerzieherInnen zu Reinszenierungen neigen und erproben, ob sie dort verstanden, gehalten und integriert werden. Angenommen, ein solches Kind äußert in dieser Integrationsphase den (ambivalenten) Wunsch, die Pflegefamilie oder die Heimgruppe zu verlassen und vorausgesetzt, dass es dort die benötigte Zuwendung und Hilfe erhält, wäre es da angemessen, diesen Wunsch ohne Rücksicht auf seine aktuellen Beziehungen zu vertreten und damit die Position des Kindes nicht nur zu vereinseitigen, sondern auch zu fixieren, zumal zu erwarten wäre, dass das Kind nach einer erneuten Trennung anderenorts mit den selben – weil innerpsychisch bedingten – Konflikten zu kämpfen hätte? Wohl kaum.

Ein weiteres Beispiel sind Besuchskontakte, die gegen den Willen eines Kindes oder Jugendlichen angeordnet werden sollen. Auch hier ist den Wünschen der Kinder in der Regel ein ganz erhebliches Gewicht beizumessen, statt Kontakte zu erzwingen. Aber eine gesetzliche Regelung, die seine Vertretung verpflichtet, in solchen Konstellationen stets nur den geäußerten Willen zu vertreten, ist auch hier nicht anzuraten. Man denke, um bei der vorgenannten

---

118 Vgl. hierzu schon oben S. 213 ff.
119 Vgl. oben S. 299 f.

Fallkonstellation des § 1632 Abs. 4 BGB zu bleiben[120], an ein »zurückgeführtes« Pflegekind, das sich Besuche von oder bei seinen Pflegeeltern wünscht, dies aber nicht äußert, um die leiblichen Eltern nicht zu verletzen. Es kann für dieses Kind – wie im Übrigen auch für Scheidungskinder – durchaus entlastend sein, sagen zu können: »Ich will eigentlich nicht«, und gleichwohl seinem inneren Wunsch entsprechen, dass seine Vertretung für eine andere Regelung eintritt, die freilich den mit diesen Besuchen verbundenen Loyalitätskonflikt zu beachten hätte. In Fällen, in denen unklar ist, ob die Probleme, die zu seiner Unterbringung in der Pflegefamilie führten, in einer nach außen hin »abgeschotteten« Herkunftsfamilie weiter bestehen, könnten solche Besuche ebenso zum Schutz des früheren Pflegekindes geboten sein.

Jenseits dieser Überlegungen stellt sich das Problem, dass die Kinder umso stärkerer Unterstützung ihrer Selbstbestimmungsrechte bedürfen, je jünger – und damit auch je mehr sie auf eine stellvertretende Wahrnehmung ihrer Interessen angewiesen – sie sind. Dies gilt wie gezeigt zum einen, weil die Gerichte allzu oft dahin tendieren, den Willen der jüngeren Kinder erst gar nicht in Erfahrung zu bringen bzw. in Erwägung zu ziehen. Dies gilt ebenso, weil es diesen Kindern schwerer fällt, sich zu wehren. Eine Jugendliche wird zum Beispiel eher die Chance ergreifen können, bei der gerichtlich erzwungenen Rückkehr in ihre Familie auszureißen als ein jüngeres Kind. Ein Jugendlicher wird sich leichter tun, erst gar nicht zu einem erzwungenen Umgang zu erscheinen, oder sich mit verschränkten Armen hinstellen und seine Besucher auffordern: »Dann besucht mich doch!« Je jünger das Kind ist, umso bedeutsamer wird deshalb in sehr vielen Fällen die Vertretung seines Willens sein. Gleichwohl ist es wie dargelegt abzulehnen, die Interessenvertretung in diesen Bereichen ganz an den Willen der Minderjährigen zu binden, um ihre Selbstbestimmungsrechte zu schützen.

Ob die vertretenen Kinder und Jugendlichen eines solchen Schutzes vor ihren Beschützern überhaupt bedürfen, ist zudem ungewiss. Es fehlen aussagekräftige Fallberichte und Studien des In- und Auslandes, die Aufschluss geben, aus welchen Anlässen es – sieht man von der vielbeachteten Problematik selbstgefährdender Kindespositionen ab – überhaupt zu Konflikten zwischen den Minderjährigen und ihren VertreterInnen kommt. Sowohl die Erforderlichkeit, als auch eine – über die Vermittlung des Kindeswillens an das Gericht hinausgehende – gesetzliche Ausgestaltung der Vertretung und deren unter Umständen weitreichenden Folgen sind also in Ermangelung einer systematischen Erforschung der Vertretungspraxis nicht einmal annähernd abzusehen. Die Entscheidung über die Berücksichtigung bzw. Vertretung der von den Kindern und Jugendlichen geäußerten Präferenzen ist dementsprechend zumindest bis auf weiteres den VertreterInnen der Minderjährigen zu über-

---

120 Zur Problematik der Kontakte zwischen Dauerpflegekindern ohne Rückkehroption und ihren leiblichen Eltern vgl. *Zenz,* ZFJ 2000, 321/325 ff.

lassen, die die Interessen des einzelnen Kindes bzw. Jugendlichen in Kenntnis seiner konkreten Situation und Wünsche zu bestimmen, zu gewichten und zu vertreten haben.

Im Ergebnis empfiehlt es sich also erstens, die Aufgaben des Verfahrenspflegers dahingehend zu präzisieren, dass das Wohl des Kindes im Zweifel die vorrangige Orientierung bietet, wobei seine Selbstbestimmungsrechte im Sinne des § 1626 Abs. 2 BGB zu beachten und zu berücksichtigen sind. Zweitens sollte die Vertretung des Kindes von Gesetzes wegen verpflichtet werden, die Position der Minderjährigen stets an das Gericht zu übermitteln und für Resonanz zu sorgen. Drittens sind Jugendliche davon in Kenntnis zu setzen, dass sie die Möglichkeit haben, ihre Position im Sinne des § 59 FGG anwaltlich vertreten zu lassen.

2. Handlungsauftrag

Aus der relativen Unbestimmtheit dessen, was dem Wohl bzw. der am wenigsten schädlichen Alternative für ein geschädigtes und/oder gefährdetes Kind entspricht, leitet sich ein weitgefasster und offener Handlungsauftrag der VerfahrenspflegerInnen ab, der sich erst in näherer Kenntnis des Kindes und seiner subjektiven und wohlverstandenen Interessen konkretisiert.

Ebenso wie bei der britischen Kindesvertretung durch Guardians, die jedoch im Unterschied zur hiesigen Interessenvertretung über eine spezielle Qualifikation verfügen und meist auch an professionsinterne Standards gebunden sind[121], steht es also im persönlichen bzw. fachlichen Ermessen der jeweiligen Person, wie oft sie sich mit dem Kind trifft, welche Gespräche mit anderen Personen geführt werden und wie arbeits- und zeitaufwändig ihre Ermittlung ist usw. Die folgende Übersicht des Ablaufes einer Verfahrenspflegschaft kann und will nicht mehr sein, als eine notwendig verallgemeinernde und typisierende Darstellung.[122]

---

121 Vgl. *Hunt,* Protokolldienst 1999, 38/39.

122 Grundlage sind Gespräche mit VerfahrenspflegerInnen und KursleiterInnen der Diakonischen bzw. Paritätischen Akademie, die entsprechende Weiterbildungen anbieten. Nicht nur die Orientierung am Kindeswillen und Kindeswohl ist allerdings umstritten, sondern auch andere Fragen, wie die einer eigenständigen »Ermittlung« oder auch der Abgabe von Stellungnahmen. Die folgende Darstellung, die eher illustrativen Charakter hat, versucht mangels empirischer Untersuchung, so etwas wie einen »Main-Stream« herauszuarbeiten, der sich in der gegenwärtigen Fachdiskussion (Kongresse, Arbeitsgruppen und in den mir bekannten Weiterbildungsgruppen in Berlin, Stuttgart, Frankfurt und Münster) abzuzeichnen scheint. Vgl. zum folgenden auch *Fricke,* ZfJ 1999, 51/52 f; *Marquardt* 1999, S. 146 ff; *dies.,* FPR 1999, 340; *Weber/Zitelmann* 1999; zur Vorgehensweise der am Kindeswohl orientierten Interessenvertretung in den USA vgl. *Salgo* 1996, S. 90 ff, zu Großbritannien S. 210 ff.

a) Aufgabenstellung

Die erste Frage, die sich bei der Übernahme einer Verfahrenspflegschaft stellen wird, ist, ob die eigene persönliche und fachliche Eignung sowie die zeitliche Kapazität hinreichen, um das jeweilige Kind zu vertreten. Hierzu zählt die Überlegung, ob unbewältigte biografische Erfahrungen und Konflikte, die eine thematische Nähe zur gegebenen Fallkonstellation aufweisen (z.B. eigene traumatische Kindheitserfahrungen, Partnerschaftskonflikte etc.), einer Einfühlung bzw. der Wahrnehmung der Interessen des betroffenen Kindes oder Jugendlichen entgegenstehen können. Hierzu zählt auch die Frage, ob es einer besonderen Fachkunde (z.B. bei speziellen Behinderungen oder psychiatrischen Störungsbildern, bei der Vertretung fremdsprachiger Kinder, bei juristischen Fällen mit Auslandsberührung etc.) bedarf, um die Verfahrenspflegschaft zu führen. Die kurzfristig verfügbare Zeit kann insbesondere bei der Vertretung junger Kinder entscheidend sein, deren Schutzbedürftigkeit, Zeiterleben und Bindungsverhalten ein unverzügliches Tätigwerden erfordern.[123] Ebenso stellt sich die Frage eigener Interessenbindungen an Personen im Umfeld des Kindes bzw. an das Jugendamt und freie Träger. Kommt es zur Übernahme der Vertretung, folgt vielfach zunächst eine methodische Auswertung[124] der Gerichtsakte, bei der es in der Regel darum geht, den dort dokumentierten Sachverhalt in seiner Bedeutung für das Kind zu erfassen, sich (ggf. auch mittels spezieller Fachliteratur) auf den Kontakt mit ihm und anderen GesprächspartnerInnen (Eltern, Pflegepersonen, Jugendamt etc.) vorzubereiten, und erste Annahmen und Fragestellungen zu entwickeln, die die eigene Untersuchung des Falles anleiten werden.

Oft sind die das Kind betreffenden Informationen nicht mehr als weit verstreute Hinweise, die eher aus Perspektive der Erwachsenen als aus der des Kindes aufbereitet sind. Bei der Interessenvertretung geht es dementsprechend oft zunächst um eine systematische Sammlung und Zusammenschau dieser Angaben und um den Versuch, sich passager in die Lage des betroffenen Kindes zu versetzen und die Ereignisse aus seiner Sicht wahrzunehmen.[125] Ob VerfahrenspflegerInnen dabei auch zur Akteneinsicht im Jugendamt berech-

---

123 Zum »Zeitproblem« in gerichtlichen Verfahren vgl. aus psychologischer Sicht den lesenswerten Beitrag von *Dettenborn,* FPR 1996, insbes. 76/83 ff. Zur erforderlichen zeitlichen »Selbstkontrolle« des Verfahrenspflegers und der Aufgabe, das Verfahren zu beschleunigen, aus juristischer Sicht *Heilmann,* KindPrax 2000, 79/82. Auch unten S. 390.

124 Methodisch werden z.B. Zeittafeln erstellt, die wichtige Ereignisse im Leben des Kindes sowie den Verlauf früherer bzw. des jetzigen Hilfeplans- und Gerichtsverfahrens beinhalten sowie Sozio- und Genogramme, in denen es um rechtliche und personale Beziehungen der Beteiligten geht.

125 Vgl. z.B. *Niestroj* 1996, S. 511 ff. Die Berichte über wiederholte, gewalttätige Auseinandersetzungen zwischen den Eltern oder über das polizeiliche Aufgreifen und die Mitnahme der alkoholisierten Mutter wurden hier von der Verfahrenspflegerin aus der Perspektive des anwesenden Kindes nachvollzogen und gewertet.

tigt sind, ist vor allem auf Grund des Datenschutzes gleichermaßen problematisch wie umstritten[126] und wird derzeit in der Praxis unterschiedlich gehandhabt. Dass diese Akten zur Interessenvertretung des Kindes von unmittelbarer Bedeutung sein können ist offenkundig. Sie enthalten nicht nur den bisherigen Verlauf der Hilfeplanung, sondern auch Vermerke über Beobachtungen Dritter, die durchaus einer kritischen Abklärung bedürfen können. So berichtete zum Beispiel die Leiterin eines Kinderheimes, SozialarbeiterInnen gingen ...

> »... oft mit unseren Berichten ans Gericht, die dann wirken wie ihre eigenen.« Ähnlich erzählte eine im Sorge- und Umgangsrechtsstreit der Eltern eingesetzte Verfahrenspflegerin, dass die im Jugendamtsbericht enthaltenen Schilderungen der Schule (»wörtliche Zitate«) den Eindruck erweckten, die Sozialarbeiterin habe direkt mit der Lehrerin gesprochen. Aus den Akten der Jugendbehörde ergab sich, dass der schriftliche Bericht auf Bitte des nicht sorge- und umgangsberechtigten Vaters der Kinder entstanden war, der sich an die Lehrerin gewandt hatte.[127]

Im britischen Recht hat die Gesetzgebung auf ähnliche Verunsicherungen der Praxis reagiert[128] und der Interessenvertretung nicht nur das Recht auf Akteneinsicht, sondern auch darauf gewährt, sich Kopien der Behördenakten anzufertigen und sie in das Verfahren einzubringen.[129] Diese Akteneinsichtsrechte dienen insbesondere der Erarbeitung einer möglichst genauen und chronologischen Übersicht der Ereignisse, der Überprüfung der behördlichen Sachverhaltsschilderung sowie dem Verlauf der Hilfeplanung und der Angemessenheit der Maßnahmen, die das Jugendamt im Interesse der Minderjährigen vorschlägt.[130]

Schon in der ersten Phase der Vertretung wird sich das Augenmerk auf die für die jeweilige Fallkonstellation zentralen Kindeswohl-Kriterien sowie auf die Frage richten, ob es unmittelbar abzuklärende Anhaltspunkte gibt, dass die Befriedigung der Grundbedürfnisse des jeweiligen Kindes nicht gesichert ist. Dieser ersten Einarbeitungsphase folgen vielfach vertiefende und ergänzende Gespräche mit Personen aus dem sozialen Umfeld des Kindes, mit den SozialarbeiterInnen des Jugendamtes (evtl. spezieller Fachabteilungen für Pfleg- und Vormundschaften; Heimunterbringung; Pflegekindschaft; Adoption etc.) und – soweit dies zur Klärung des Sachverhaltes erforderlich ist – mit Fachkräften, in deren pädagogischer, therapeutischer oder medizinischer Betreuung bzw. Behandlung sich das Kind befindet oder befunden hat.

---

126 Vgl. hierzu *Kunkel,* Protokolldienst 2000 (noch unveröffentlicht).
127 Mündliche Mitteilungen.
128 Vgl. *Salgo* 1996, S. 282.
129 Vgl. Sec. 42 Children Act 1989. Übersetzt in *Salgo* 1996, S. 291.
130 Vgl. *Timms* 1995 (a), S. 174.

Umfang und Methoden solcher eigenständigen Ermittlungen der Interessenvertretung stellen ein besonderes Problem dar. So wird z.B. im Kindesschutzverfahren häufig einzuschätzen sein, welche Personen bzw. Institutionen (z.B. Pflege-/Eltern, Jugendamt, Heim, Schule, KinderärztInnen, NachbarInnen, Polizei, Beratungsstellen) zur Klärung bzw. Überprüfung des in den Gerichtsakten dokumentierten Sachverhaltes beitragen können.[131] Diese Gespräche dienen u.a. dazu, die Lebensgeschichte und Beziehungen des Kindes, seine Problemlagen, Schädigungen und Gefährdungen einerseits, protektive personale und interpersonelle Faktoren andererseits sowie den bisherigen Verlauf bzw. die Erforderlichkeit und Erfolgsaussichten ambulanter oder stationärer Hilfen einzuschätzen.[132]

Hierbei geht es erstens um klärende bzw. vermittelnde Gespräche mit den Prozessbeteiligten, in denen die Person, die das Kind vertritt, als seine Fürsprecherin fungiert, seine Entwicklungsbedürfnisse, Schädigungen und Gefährdungen sowie dessen eigene Sicht und Wünsche thematisiert und sich – soweit diese den Interessen des Kindes entsprechen (!) – um einvernehmliche Lösungen bemüht. Gleichrangiges Ziel der Gespräche mit den Verfahrensbeteiligten und anderen Personen sind zweitens Ergänzungen bzw. die Abklärung der in den Gerichtsakten aufgestellten Tatsachenbehauptungen.

Sofern es ratsam scheint, hierbei Personen, die nicht direkt am Verfahren teilnehmen bzw. mit dem Kind leben, zu befragen[133], werden VerfahrenspflegerInnen mögliche Zugewinne an Information gegen das Recht des Kindes auf Privatsphäre und eine vertrauliche Beziehung zu den Befragten sowie gegen das Risiko einer Stigmatisierung des Kindes und anderer Verfahrensbeteiligter abzuwägen haben. Auch ist rechtlich nicht geklärt, ob bzw. unter welchen Umständen und in welchem Umfang die Befragten ihre Schweigepflicht bre-

---

131 Im Arbeitskodex der *National Association of Guardians ad litem and Reporting Officers* (NAGALRO) heißt es hierzu: »Der GAL soll das Gespräch mit allen Professionellen suchen, die engeren Kontakt mit dem Kind hatten oder von denen der GAL (Guardian Ad Litem, MZ) wichtige Informationen und Einschätzungen über das Kind erwartet. Zu dieser Gruppe gehören: Sozialarbeiter und Abteilungsleiter, praktische Ärzte, health visitors, Amtsärzte, Krankenhausärzte, Kranken- oder Schulschwestern, Psychologen und Psychiater, Beamte der öffentlichen Erziehung, Schulleiter und Lehrer, Krankenhauspersonal, Polizei, Pflegeeltern und Heimerzieher, Bewährungshelfer, NSPCC-Personal und Hilfspersonal der Sozialverwaltung, des Krankenhauses und der Schule.« Als potenzielle Gesprächspartner genannt werden des Weiteren »entferntere Mitglieder der Familie, Freunde und Nachbarn.« Die Entscheidung, welche Akten eingesehen und welche Interviews im Einzelfall geführt werden sollen, sollte zielgerichtet erfolgen; diese Entscheidung ist nicht immer einfach. Übersetzt in *Salgo* 1996, S. 314.

132 Kritisch *Stadler/Salzgeber*, FPR 1999, 329/333, die zwar einräumen, dass entsprechende Befragungen »aus Kindeswohlgesichtspunkten nachvollziehbar« sind, aber eben nicht der ihrer Ansicht nach am Kindeswillen zu orientierenden anwaltlichen Vertretungsrolle entsprechen.

133 Im Lauf der Vertretung ist es Praxisberichten zufolge des Öfteren möglich, Auskünfte des Kindes oder Jugendlichen, die er/sie nicht selbst im Verfahren offen legen will bzw. deren Preisgabe nachteilig sein könnte, durch andere Personen bestätigen zu lassen.

chen dürfen. Dieser Mangel an spezifischen Datenschutzbestimmungen löst anscheinend gegenwärtig ganz erhebliche und verständliche Unsicherheiten und Kontroversen bei allen Beteiligten aus.[134] Ferner ist abzuwägen, ob die Personen besser direkt in der Verhandlung befragt bzw. ob ihre Informationen mit Benennung der Auskunftgebenden in das Verfahren eingebracht werden sollten. *Haralambie* schildert zum Beispiel auf Grund der Erfahrungen der US-amerikanischen Interessenvertretung:

> »Viele Therapeuten berichten, wenn sie in einem Fall als Zeugen ausgesagt haben, ist die Beziehung mit dem Kind zerstört, auch wenn sie sagten, was das Kind gesagt haben wollte.«[135]

Den Erfahrungen *Haralambies* zufolge sind insbesondere LehrerInnen eine wichtige Informationsquelle für die Interessenvertretung – Ähnliches dürfte im Übrigen auch für die im Krippe-, Kindergarten-, Hort- und Heimbereich tätigen ErzieherInnen gelten, die das Kind und seine Bezugspersonen im Alltag erleben. Gespräche mit ÄrztInnen, so die amerikanische Kindesanwältin, können u.a. Auskunft über die Einsicht der Eltern in die Krankheit oder Behinderung des Kindes und mögliche Ressourcen geben, vielleicht auch über Gesundheitsschädigungen, die das Kind auf Grund von Vernachlässigung, Misshandlung oder sexueller Gewalt erlitten hat. Hinsichtlich der Gespräche mit NachbarInnen und dem Freundeskreis der Familie rät sie, die Häufigkeit des Kontaktes sowie deren Einstellungen zu den Eltern und dem Kind zu beachten – und, unter Berücksichtigung der Vorschläge oder Bedenken des Kindes, Prioritäten zu setzen.

b) Kontakte zum Kind

Regelmäßige Information, Beratung und Begleitung des Kindes sind unumstritten eine der wichtigsten Funktionen seiner Vertretung im Verfahren. Die als Verfahrenspflegerin tätige Rechtsanwältin *Marquardt* stellt hierzu in ihrem Richtlinien-Entwurf zur Verfahrenspflegschaft fest:

> »Während des ganzen Verfahrens wird das Kind über den Ablauf informiert. Die Verfahrenspflegerin bringt die Wünsche des Kindes in das Verfahren ein. (...) In den Gesprächen mit dem Kind ist es wichtig, dem Kind das Verfahren und seinen Gang altersgemäß, aber korrekt zu erklären.«[136]

---

134 So z.B. anlässlich der Fachtagung »Anwalt des Kindes«, Februar 2000 in Bad Boll.
135 *Haralambie* 1993, S. 60 (Übersetzung MZ), vgl. auch zu Folgendem S. 57-66.
136 *Marquardt* 1999, S. 150 u. 151.

Bei Säuglingen und Kleinkindern, die im Verfahren nach §§ 1666/1666a BGB wahrscheinlich besonders häufig zu vertreten sind[137], beschränkt sich die Verständigung entwicklungsbedingt auf eine Interpretation ihres mimischen, gestischen, vokalisierenden und ggf. auch somatisierenden Interaktionsverhaltens[138] bzw. szenischer und sprachlicher Mitteilungen, die durch entsprechende Spielangebote unterstützt werden können.[139] Insbesondere im Kindesschutzverfahren wird hierbei auch ein geschultes Beobachtungsvermögen in Bezug auf das gesundheitliche Befinden und die altersentsprechende Entwicklung des Kindes, auf Interaktionen bei der Pflege und im Spiel zwischen Kind und versorgenden Erwachsenen[140] sowie auf Auffälligkeiten im Bindungsverhalten erforderlich sein. Freilich nicht, um eine medizinische oder psychiatrische Diagnose zu stellen[141], wohl aber, um einzuschätzen, ob eine weitere Abklärung durch Sachverständige bei Gericht angeregt werden sollte. Zusätzlich wird sich die Begleitung des sehr jungen Kindes während des Verfahrens auf die Zusammenarbeit mit denjenigen Personen konzentrieren, die das Kind im Alltag versorgen und ihm einstweilen seine soziale Welt bedeuten.

Wird das Baby oder Kleinkind während des Verfahrens vorübergehend von den Eltern getrennt und in Pflege gegeben, werden sich VerfahrenspflegerInnen zu vergewissern haben, ob die realistische Aussicht besteht, dass es in einem ihm zumutbaren Zeitraum[142] (je nach Alter nach einigen Tagen, Wochen oder Monaten) zurückkehren kann. In diesem Fall wird ein besonderes Augenmerk dem Schutz seiner Bindung an die primären Bezugspersonen zu gelten haben, die das Kind in deren Abwesenheit noch nicht aufrechterhalten kann. Andernfalls stellt sich die Frage, welche dauerhafte Perspektive z.B. in einer Pflege- oder Adoptivfamilie dem Interesse des Kindes entspricht.[143] Während das Jugendamt und das Gericht hierbei auch die Interessen der leiblichen Eltern und Geschwister zu berücksichtigen haben, wird sich die Kindesvertretung ganz auf die prekäre Frage konzentrieren müssen, ob der Säugling oder das Kleinkind ein objektives Interesse an der Entstehung einer rechtlich abgesicherten langfristigen Beziehung zu sozialen Eltern hat, selbst wenn die Erziehungsfähigkeit der leiblichen Eltern innerhalb einer für ältere Kinder oder

---

137 Vgl. *Münder u.a.* 1998, S. 11.
138 Zur Interaktionskompetenz sowie zu interaktionellen bzw. somatischen Abwehrmaßnahmen des präsymbolischen Kindes vgl. *Dornes* 1992.
139 Zur Verständigung mit dem Kind vgl. auch S. 327 ff.
140 Zur Interaktionsbeobachtung Sachverständiger vgl. *Harder-Herken* 1988, S. 33 f.
141 Zur multiaxialen Diagnostik bei früher Traumatisierung vgl. *Fegert* 1998, S. 21 ff.
142 Zum Zeiterleben und der Bindungsbereitschaft jüngerer Kinder vgl. ausführlicher *Dettenborn*, FPR 1996, 76 ff.
143 *Marquardt* 1999, S. 150, formuliert in ihrem Richtlinien-Entwurf für die Verfahrenspflegschaft: »Handelt es sich um ein Kind unter drei Jahren, so ist darauf zu drängen, dass eine eventuelle vorläufige Unterbringung sofort beendet wird und das Kind in einer Familie untergebracht wird, in der es gegebenenfalls auch auf Dauer bleiben kann.«

Erwachsene durchaus absehbaren Dauer vermutlich wiederhergestellt werden könnte.[144]

Den Treffen zwischen älteren Kindern bzw. Jugendlichen und VerfahrenspflegerInnen kommt eine mehrdimensionale beratende, unterstützende, begleitende und »ermittelnde« Funktion zu. Das Kind kann die Treffen nutzen, um zu erfahren, was im Verfahren geschieht, welche Aufgaben das Gericht, das Jugendamt, Sachverständige usw. haben, weshalb der oder die RichterIn mit ihm sprechen will, usw.

Vielfach übermitteln VerfahrenspflegerInnen hierbei Informationen zwischen Kind und Gericht. Manche Kinder geben Bilder oder Briefe an den Richter bzw. die Richterin mit und sorgen dafür, dass das Gericht ihre Wünsche, Befürchtungen und Erwartungen erfährt. So z.B. eine Sechsjährige, die ihre Verfahrenspflegerin beim ersten Treffen zum Memory einlud und das Gespräch so eröffnete: »Ich weiß, warum du da bist, und ich sag dir gleich, dass ich hier bei meiner Mama bleiben will, weil der Papa und seine neue Frau, die mögen mich nicht. Sag das dem Gericht.«[145] Umgekehrt lassen sich Kinder erklären, was in den Schriftsätzen, Gutachten oder Gerichtsbeschlüssen steht, zu denen sie in der Regel keinen unmittelbaren Zugang haben, weil diese nicht nur in Fachsprache verfasst sind, sondern auch Informationen und Einschätzungen enthalten, die das Kind überfordern oder seelisch verletzen können.[146] Immer wieder berichten VerfahrenspflegerInnen auch, dass die Kinder nach einer mündlichen Verhandlung gespannt darauf warten, genau erzählt zu bekommen, was los war, wer wo saß, wer was gesagt hat und selbstverständlich ggf. auch, was der Richter entschieden hat und wie alles weitergehen wird.

Nicht selten übernehmen die Kinder Praxisberichten zufolge während der Treffen selbst die Regie, wie z.B. eine Fünfjährige, die beim ersten Treffen mit ihrer Verfahrenspflegerin ein Versteckspiel in ihrem neuen Zimmer im Kinderheim inszenierte und von dieser mit sichtlichem Vergnügen und Spannung gesucht und gefunden sein wollte. Bei solchen symbolischen Interaktionen stellt sich oft die schwierige Aufgabe, sich auf die Bedürfnisse des Kindes einzulassen, damit es sich in seiner Weise mitteilen kann, ihm aber schonend und verständnisvoll zu signalisieren, dass man als Spielpartnerin oder Bezugsperson nicht zur Verfügung steht, auch wenn man die Bedürfnisse des Kindes gut verstehen kann. So wünschte sich z.B. die selbe Fünfjährige im Verlauf der

---

144 Grundsätzlich sind hier fundierte Fachkenntnisse des Verfahrenspflegers über frühkindliche Bindungs- und Trennungserfahrungen, traumatische Erfahrungen durch Deprivation und Gewaltanwendung sowie protektive Faktoren der sozio-emotionalen Eltern-Kind-Beziehung erforderlich. Vgl. hierzu insbesondere *Nienstedt/Westermann* 1995; zur frühkindlichen Bindung bei Misshandlung und Vernachlässigung und der Möglichkeit einer ersten Einschätzung durch Hausbesuche und Interaktionsbeobachtungen außerhalb der sog. »Fremden-Situation« vgl. auch *Dornes* 1998, S. 224 ff.

145 Mitteilung einer Verfahrenspflegerin.

146 So z.B. bei der Beschreibung problematischer Eltern-Kind-Beziehungen oder der Verhaltensauffälligkeiten des Kindes (Schulversagen, Bettnässen, Distanzlosigkeit usw.).

Vertretung häufigere und längere Besuche und Spiele, und drückte ihr Bedürfnis nach einer stabilen Beziehung u.a. in einem Rollenspiel aus, in dem sie die kleine Seejungfrau war, die aus dem Meer gerettet werden musste, und sich an ihrer Verfahrenspflegerin festhielt, die der Fels sein sollte, der aus ihrer Sicht diese Rettung – und vielleicht ein neues Zuhause (?) – zu versprechen schien.

Erfahrungsgemäß bedarf es zusätzlich zu den Treffen mit den Kindern oder Jugendlichen begleitender Gespräche mit den betreuenden Erwachsenen (Eltern, Pflegeeltern, HeimerzieherInnen), da die Gespräche über das Verfahren Impulse zur Erfahrungsverarbeitung und Beziehungsbestimmung sowie ganz konkrete Fragen aufwerfen können, die es im Alltag aufzufangen bzw. zu klären gilt. So ist es z.B. ohne weiteres verständlich, dass ein Kind im Grundschulalter, mit dem die Möglichkeit einer Strafanzeige wegen sexuellen Missbrauchs besprochen wird, oder ein Kind, das sich mit der Möglichkeit auseinander zusetzen beginnt, nicht in seiner Familie aufzuwachsen, nicht auf das nächste Treffen warten kann, um die mit dieser Vorstellung verbundenen Gefühle zu bewältigen.[147]

Auf Seiten des Verfahrenspflegers geht es zugleich darum, die Persönlichkeit und Entwicklungsbedürfnisse sowie den Alltag dieses Kindes kennen zulernen, seine Sicht in Erfahrung zu bringen. Ebenso kann es um eine weitere Klärung des Sachverhaltes gehen, soweit sich das Kind hierzu äußert bzw. weitere GesprächspartnerInnen nennt. Die Begegnungen mit dem Kind sind zugleich eine wichtige Basis, um zu sondieren, welche gerichtlichen Maßnahmen ihm hilfreich, wünschenswert bzw. akzeptabel erscheinen und wie aktuelle Belastungen in dieser Krisensituation reduziert werden können. Bei letzteren kann es sich sowohl um verfahrensbedingte Schwierigkeiten handeln (z.B. Fehlinformationen, Unsicherheit und Kontrollverlust, sekundärschädigende Untersuchungen und Befragungen durch Ermittlungsinstanzen, Manipulationsversuche und Drohungen durch Umgangsberechtigte etc.)[148], wie auch um andere Probleme, die das Kind bedrücken und gemeinsam oder mit Hilfe der Pflege-/Eltern bzw. ErzieherInnen, des Jugendamtes oder des Gerichtes geklärt werden können. Lebt das Kind zum Beispiel in Bereitschaftspflege oder im Heim, kann es u.a. um seinen Wunsch gehen, die frühere Schule oder Kindertagesstätte weiter zu besuchen, FreundInnen zu sehen, das geliebte Haustier zu behalten bzw. gut versorgt zu wissen, persönliche Gegenstände zu erhalten etc.

---

147 Vgl. den Praxisbericht einer Notaufnahme von *Schön,* Protokolldienst 1999, 58/60 ff.
148 Zur Problematik der Sekundärschädigungen vgl. u.a. *Botens* 1991 und *Zenz* 1995.

c) Vertretung im Verfahren

Die Vertretung der wohlverstandenen Kindesinteressen im sorgerechtlichen Verfahren erfordert unabhängige und kindzentrierte Stellungnahmen zur Eingriffslegitimation des Staates, zur Gestaltung des Verfahrens und zur gerichtlichen Entscheidung selbst, die am persönlichen Wohl des Kindes und, soweit sie vertretbar sind, an seinen Wünschen auszurichten sind.

So haben VerfahrenspflegerInnen zum einen kritisch zu prüfen, ob das Verfahren und auch ihre eigene Bestellung überhaupt im wohlverstandenen Interesse des Kindes liegt oder ob sie auf eine Einstellung des Verfahrens bzw. auf die Rücknahme entsprechender Anträge der Sorgeberechtigten bzw. Pflegeeltern im Herausgabeverfahren hinwirken sollten. Andererseits kommt es unter dem Einfluss des laufenden Verfahrens nicht selten zu einvernehmlichen Regelungen der Erwachsenen untereinander, die auf eine Aussetzung oder Einstellung des Verfahrens hinauslaufen, obgleich im Interesse des Kindes eine anderweitige bzw. rechtlich abgesicherte gerichtliche Regelung durchaus vorteilhaft wäre. In diesem Fall werden sich InteressenvertrerInnen gegenüber dem Gericht dafür einzusetzen haben, dass das Verfahren von Amts wegen fortgesetzt wird[149], bzw. das Gericht von einer Einstellung oder Aussetzung des Verfahrens absieht.

Die zweite zentrale Aufgabe der Interessenvertretung richtet sich auf die Gestaltung des gerichtlichen Verfahrens. Schwerpunkte dieser Aufgabenstellung betreffen insbesondere die Anhörung des Kindes, Anregungen zur richterlichen Amtsermittlung, Stellungnahmen hinsichtlich der Hinzuziehung von bzw. Fragestellung an Sachverständige, die Gestaltung von Verhandlungen, in denen Kinder bzw. Jugendliche anwesend sind, sowie die Vermeidung aller nicht im Interesse des Kindes liegenden Verzögerungen.[150] Anders gesagt, der/die VerfahrenspflegerIn wird alle Verfahrensvorgänge auf ihre Bedeutsamkeit für das Kind hin zu reflektieren und Stellung zu nehmen haben, ob und wie sie mit den Wünschen und Entwicklungsbedürfnissen, dem kindlichen Zeiterleben und den Belastungen dieses Kindes oder Jugendlichen zu vereinbaren sind. Zugleich fungiert die Interessenvertretung als Garantin für die Subjektstellung des minderjährigen Kindes im Verfahren und wird dafür zu sorgen haben, dass es seine Beratungs-, Mitwirkungs-, Antrags- und Beschwerderechte geltend machen kann.

Der dritte und in seiner Bedeutung für das Kind wohl anspruchsvollste Aufgabenbereich fordert die Ermittlungen, Bestimmung und wirksame Durchsetzung seiner Interessen in Bezug auf die Beschlüsse und Entscheidungen des

---

149 In Großbritannien ist dies inzwischen Gegenstand der gesetzlichen Regelung: »Vor der Entscheidung des Gerichts über eine Rücknahme des Behördenantrags muss der guardian ad litem stets gehört werden.« *Salgo* 1996, S. 201.

150 Hierzu insbes. *Heilmann* 1998, *ders.* auch KindPrax 2000, 79/81 f.

Gerichtes. Im Wesentlichen geht es darum, dem Gericht sowohl den Willen des Kindes mitzuteilen als auch differenzierte, fachlich begründbare und praktikable Empfehlungen auszusprechen, bei denen der entsprechend dokumentierte Sachverhalt[151] als rechtlicher Tatbestand gefasst und in eine juristische Argumentation überführt wird.

Oftmals läuft dies auf eine Gratwanderung hinaus, bei der ein sensibler Umgang mit der persönlichen Betroffenheit der Verfahrensbeteiligten erforderlich ist, damit deren Beziehungen zueinander und zum Kind nicht zusätzlich belastet und tragfähige Lösungen gefunden werden. So wird es zum Beispiel ratsam sein, die Verletzungen und Gefährdungen des Kindes, das Versagen oder Verschulden seiner Bezugspersonen, Gründe für gescheiterte Hilfen usw. in einer Weise zu thematisieren, die eine Dynamik vermeidet, bei der das Kind in die Rolle des Entlastungszeugens gedrängt wird und der Streit um das Sorgerecht in einen Kampf um die Rehabilitation der beteiligten Erwachsenen mündet.

Während mit Blick auf die Beziehungen zum Kind, um deren Regelung oder Beendung es im Sorgerechtsverfahren geht, also eher einfühlsame und Verständnis vermittelnde Einlassungen der Kindesvertretung angezeigt sind, muss zugleich einer anderen Zielvorgabe Rechnung getragen werden, die auf eine »anwaltliche« Durchsetzung der Kindesinteressen hinausläuft. Hierbei spielen Praxisberichten zufolge nicht selten die RechtsanwältInnen der Verfahrensbeteiligten eine problematische Rolle, wenn sie es als ihre Aufgabe sehen, nach allen Regeln der Kunst um den (Pyrrhus)-»Sieg« der KlientInnen zu ringen.[152] Gegebenenfalls wird hier mit harten Bandagen gekämpft, werden Schwachstellen und Widersprüche in den Einlassungen des »Gegners« gesucht, werden alle rhetorischen Register gezogen, um dessen Position zu erschüttern, und werden der Wille und das Wohl des Kindes in einer Weise instrumentalisiert, dass sich manche Stellungnahmen lesen, als sei das Kind der eigentliche Mandant solcher streitbaren ProzessvertreterInnen. In solchen Konstellationen kommt der Interessenvertretung nicht nur eine um Einsicht und Verständnis bemühte Vermittlerrolle, sondern selbstverständlich auch die einer engagierten Prozessvertretung des Kindes zu, die anwaltliche Kompetenzen verlangt.

Das familien- und vormundschaftsgerichtliche Verfahren birgt also widersprüchliche, teils unvereinbare Anforderungen an die Vertretungsrolle des Verfahrenspflegers. Um der Neugestaltung bzw. Regelung der für das Kind bedeutsamen Beziehungen gerecht zu werden, bedarf es des Mitgefühls, mediativer Kompetenzen, persönlicher Authentizität und Sensibilität gegenüber

---

151 Entsprechenden Stellungnahmen sollten voneinander unabhängige Daten- und Erkenntnisquellen (Akteninhalt, Gespräche, Beobachtungen, bei strafrechtlich relevanten Hintergrund auch Mitschriften und Tonbandprotokolle) zu Grunde liegen, vgl. hierzu ausführlicher *Balloff,* FPR 1999, insbes. 341/343. Auch *Weber/Zitelmann* 1999, S. 19 ff.
152 Vgl. hierzu auch kritisch *Hansen* 1993, S. 96, 100.

den Verfahrensbeteiligten. Zugleich ist eine dem Rechtsstreit angemessene, auf die parteiliche Interessendurchsetzung bedachte Verhaltens- und Vorgehensweise notwendig, die eine schützende Rollendistanz und die Bereitschaft und Fähigkeit zu Streit und Konfrontation fordert.[153] Die als Verfahrenspflegerin tätige Rechtsanwältin *Marquardt* stellt fest:

> »Wer die Interessen des Kindes wirklich vertreten will, muss sich darauf einstellen, von allen anderen Verfahrensbeteiligten heftig abgelehnt zu werden. Wer das nicht aushalten kann, sollte keine Verfahrenspflegschaften übernehmen.
> Im Grunde ähneln Kinderschutzverfahren Strafvorfahren. Und vom Verfahrenspfleger / der Verfahrenspflegerin wird ein ähnlicher Einsatz wie von einem Strafverteidiger erforderlich. Gelegentlich sind auch Befangenheitsgesuche gegen Sachverständige oder Richter notwendig, um das Kind im Verfahren zu schützen.«[154]

Dieses Spannungsfeld ist auf Grund der unterschiedlichen Handlungslogiken des Sorgerechtsverfahrens strukturell gegeben. Es lässt sich zwar im professionellen Handeln bewältigen, ggf. auch auf duale Vertretungsmodelle, in denen juristische und psychosoziale Fachkräften zusammenwirken, »verteilen« sowie durch entsprechende Interventionen des Gerichtes mildern[155], aber es lässt sich nicht auflösen.

Ein weiterer problematischer Gesichtspunkt betrifft die Verlagerung der gerichtlichen Entscheidung auf den bzw. die VerfahrenspflegerIn selbst. In Verfahren, in denen es um die Unterbringung eines Kindes in der Pflegefamilie oder im Heim bzw. um die »Rückführung« oder den Verbleib bei den leiblichen Eltern geht, tendieren Fachkräfte anscheinend nicht selten dazu, der Entscheidungsfindung des Gerichtes vorzugreifen bzw. sie durch eine kontrollierte Informationsweitergabe zu beeinflussen.

Goldstein, Freud und *Solnit* verdeutlichen diese Problematik anhand des Todes von *Maria Colwell,* der in Großbritannien viel Beachtung gefunden hatte, weil er eine zweijährige Untersuchung struktureller Mängel im britischen Kindesschutzverfahren bewirkte – ein Beispiel, das in Deutschland bis heute

---

153 Vgl. hierzu schon *Zenz* 1981, S. 402 ff.

154 *Marquardt,* FPR 1999, 338/340. An anderer Stelle führt die Autorin aus: »Nach 15 Jahren Erfahrung mit der Vertretung von Kindern würde ich sagen, dass ein Kinderschutzverfahren einen ähnlichen kämpferischen Einsatz wie ein Strafverfahren verlangt.« Protokolldienst 2000, 33/34.

155 So berichtete eine Verfahrenspflegerin z.B. von einem Familienrichter zweiter Instanz, der die ProzessvertreterInnen der Erwachsenen mit den Worten empfangen habe, in den nächsten Stunden wolle er sich mit den Eltern, den Großeltern sowie der Vertreterin des Kindes unterhalten. Sie selbst hätten durch ihre jahrelange Konfliktverschärfung und Verzögerungstaktik schon genug Schaden angerichtet.

seinesgleichen sucht. Der Bericht der Kommission[156] gab damals unter anderen den entscheidenden Impuls zur Etablierung einer eigenständigen Interessenvertretung für Kinder in Großbritannien.[157]

> Maria war noch ein Kleinkind, als zu ihrem Schutz das Sorgerecht der leiblichen Mutter beschränkt werden musste. Das Mädchen wuchs in einer Pflegefamilie auf. Als Maria sechs Jahre alt war und ihre Mutter die Aufhebung des Beschlusses beantragte, widersetzte sich die Sozialbehörde nicht, obwohl sie von weiterhin bestehenden Problemen und einer Vorstrafe des Stiefvaters wegen Gewaltdelikten wusste, und teilte dem Gericht ihre Informationen nicht mit. Es kam zu katastrophalen Probebesuchen, Beschwerden der Pflegeeltern blieben ohne Erfolg, auch existierten Aktenvermerke über die Betreuung der Familie durch die Sozialbehörden und eine private Wohlfahrtsorganisation. Maria selbst wehrte sich. Sie wollte nicht zu ihrer leiblichen Mutter und dem Stiefvater wechseln. Sie schrie. Sie trat. Marias Sozialarbeiterin wusste, dass sie wegen der spannungsgeladenen Situation auf Mutmaßungen über die wahren Gefühle Marias angewiesen war. Doch war sie sicher, dass Maria sich ausschließlich aus Angst wehre, ihre Pflegefamilie zu verlieren. Ihr Wille wurde gebrochen und Maria wurde gezwungen, künftig bei Mutter und Stiefvater zu leben. Beide misshandelten das Kind. Im Alter von acht Jahren starb Maria, die von ihrem Vater zu Tode geprügelt wurde.

Wie sich später herausstellte, hatte die zuständige Sozialarbeiterin angenommen, das Gericht werde dem Antrag der Mutter auf eine »Rückführung« des Kindes doch früher oder später stattgeben. Sie hielt es für angebracht, »... die Situation zu akzeptieren und zu versuchen, sie zu beeinflussen«.[158] Diese präjudizierende Prognose bestimmte das Vorgehen der Sozialarbeiterin, die dem Gericht Informationen über die Gefährdung des Mädchens vorenthielt, und so zu einer sich selbst erfüllenden Prophezeiung mit tödlichem Ausgang beitrug. *Goldstein u.a.* warnten vor diesem Hintergrund strikt davor, professionelles Handeln in Antizipation einer Gerichtsentscheidung zu bestimmen:

> »Das erworbene juristische Wissen der Sozialarbeiter hätte, obgleich es gut fundiert war, keine Handlungsgrundlage sein dürfen. Durch die Anwendung dieses Wissens nahmen sie dem Richter die Möglichkeit, ihre fachliche Erkenntnis zu berücksichtigen, dass ein Familienwechsel für Maria sehr nachteilig wäre.«[159]

---

156 Vgl. hierzu *Goldstein/Freud/Solnit* 1982, S. 125-160; *dies.* 1988, S. 79 ff.
157 Vgl. *Timms* 1995 (b), S. 186; auch *Salgo* 1993, S. 87 ff; *Zenz* 1981, S. 75.
158 *Goldstein/Freud/Solnit* 1988, S. 79.
159 *Goldstein/Freud/Solnit* 1988, S. 79.

Zwar räumten die AutorInnen ein, dass gerade RechtsanwältInnen auf Grund ihrer Ausbildung und Erfahrung häufig das Ergebnis eines Falles vorhersagen können, anders als in anderen zivilrechtlichen Verfahren stehe hier jedoch das Wohl des Kindes auf dem Spiel, dem ProzesspflegerInnen einen schlechten Dienst erwiesen, ...

> »... wenn sie ihre Vorhersagen dazu *benutzen*, dem erstinstanzlichen Richter oder dem Berufungsgericht eine Entscheidungsmöglichkeit vorzuenthalten, ..., indem sie nicht jede Spur eines Beweises, die sie finden können, dem Richter vorlegen, damit dieser anders als vermutet entscheiden kann. Derartige Vorhersagen können niemals das Versäumnis rechtfertigen, Informationen zu enthüllen und zu präsentieren, die Zweifel an der Richtigkeit des erwarteten Ergebnisses aufkommen lassen.«[160]

Goldstein u.a. argumentierten, solche Strategien, um nicht durch eine »aussichtslose Sache« in Verlegenheit gebracht zu werden oder vermeintlichen richterlichen Fehlentscheidungen entgegenzusteuern, verdeckten und perpetuierten die Probleme, die so keiner Revision der nächsten Instanzen oder ggf. auch durch die Legislative unterzogen werden können.[161] Ist die Interessenvertretung des Kindes also als Ermittlungsinstanz des Gerichtes zu begreifen? Verträgt sich dies mit der Parteilichkeit für das Kind? Oder soll sie, wie ParteivertreterInnen der Erwachsenen auch strategisch und taktisch handeln und Einfluss nehmen, um den Intressen des Kindes zur Durchsetzung zu verhelfen?

So plausibel es ist, dass die Interessenvertretung des Kindes Ungewissheiten und Unwägbarkeiten in ihren Stellungnahmen offen legen sollte, ist hier zu differenzieren. Auch wenn davon auszugehen ist, dass das Kind selbst in der Regel ein (zumindest »objektives«) Interesse an der umfassenden Information des Gerichtes über den Sachverhalt – insbesondere über Gefährdungen und seine Wünsche – hat, kann die Forderung, stets alle Informationen zu enthüllen und zu präsentieren, die Zweifel an der Richtigkeit des erwarteten Ergebnisses aufkommen lassen, nicht um jeden Preis gelten. Die Maßgabe, das Verfahren notfalls über Jahre in die nächsten Instanzen zu verlagern oder gar auf eine Korrektur des Gesetzgebers zu warten, wird dem Interesse des einzelnen Kindes vielfach entgegenstehen.[162] Wenn es das Ziel ist, dass sich die Interessenvertretung eben für dieses eine Kind einsetzen soll und nicht als Ermittlungsgehilfin[163] der Gerichte oder Korrekturinstanz des Gesetzgebers be-

---

160 *Goldstein/Freud/Solnit* 1988, S. 62 (Hervorhebung im Original).
161 Vgl. *Goldstein/Freud/Solnit* 1988, S. 83.
162 Zum Zeitfaktor in kindschaftsrechtlichen Verfahren vgl. *Heilmann* 1998; *ders.*, ZfJ 1998, 317-324; *ders.*, KindPrax 2000, 79/81 f; auch *Dettenborn*, FPR 1996, 76/83 ff und *Salgo* 1987, S. 243 ff.
163 Hier liegt allerdings ein Unterschied zu den von *Goldstein/Freud/Solnit* diskutierten

auftragt ist, können die Überlegungen von *Goldstein u.a.* nicht generelle Geltung beanspruchen.

So sehr sich VerfahrenspflegerInnen also einerseits der Risiken einer Entscheidungsverlagerung ins Umfeld des Verfahrens bewusst sein müssen, so sehr sind sie gefordert, ihr in der gerichtlichen Praxis gewonnenes Erfahrungswissen in einer ähnlichen Weise strategisch einzusetzen, wie dies ein erwachsener Mandant von seiner Prozessvertretung erwarten kann.[164]

Eine problematische Folge ist, dass in entsprechenden Fällen eine der wenigen entlastenden Gewissheiten der Person, die das Kind vertritt, erschüttert wird. Nämlich, dass nicht er oder sie die Entscheidung zu treffen und auch zu verantworten hat:

> »Ich bin wirklich heilfroh, dass ich keine Richterin bin. Ich möchte in diesem Fall nicht dafür verantwortlich sein, all die widersprüchlichen Wünsche des Jungen, die auf so verschiedene frühere Erfahrungen zurückgehen und die jetzige noch stark in Veränderung begriffene Familiensituation zu beurteilen und zu entscheiden.«[165]

Auch verschärft sich eventuell das Risiko, dass die Position von Kindern, die (anders als im vorliegenden Fall das Pflegekind *Maria*) einen Verfahrensausgang anstreben, der sie vermutlich in Gefahr bringt oder belässt, nicht hinreichend in das Verfahren eingebracht und dort präsent gehalten wird. Auch dies spricht für die gesetzlich geregelte Pflicht, den Willen des Kindes stets zur Kenntnis des Gerichtes zu bringen.

d) Behördliche und strafrechtliche Verfahren

Die Verfahrenspflegschaft bezieht sich von Gesetzes wegen nur auf das zivilrechtliche Verfahren, so dass parallel laufende behördliche oder strafrechtli-

---

Verfahren in den USA und in Großbritannien, in denen das Gericht selbst i.d.R. nicht von Amts wegen ermittelt.

164 Zu denken ist hier z.B. an RichterInnen die rigide und stereotype Auffassungen darüber haben, welche Entscheidungen in bestimmten Fallkonstellationen zum »Wohl« des Kindes sind. Etwas überzeichnet wäre dies z.B. die Annahme, dass der Umgang mit beiden Eltern oder das gemeinsame Sorgerecht, oder der Verbleib bzw. die Herausnahme eines Pflegekindes stets dem Kindeswohl dienen, dass ein Vorwurf sexueller Übergriffe stets oder nie auf Suggestion beruht usw. Neben solchen fachlichen Defiziten kann es ebenso nötig sein, die Haltung oder auch persönliche »blinde Flecke« eines Richters zu berücksichtigen. – Nicht wenige JugendamtsmitarbeiterInnen, berichtete z.B. die Leiterin eines Notaufnahmeheims mit zwanzigjähriger Praxiserfahrung, stellen sich zum Beispiel auf die Vertretungszeiten der RichterInnen ein. »Man kennt seine Richter«. Dies bestätigte auch ein Richter, mit dem ich sprach. Wenn bestimmte KollegInnen in Urlaub wären, käme es zu einem plötzlichen Anstieg von Anträgen, bei denen sich SozialarbeiterInnen bessere Chancen für ihre Anliegen errechneten.

165 Mitteilung einer Verfahrenspflegerin.

che Verfahren außerhalb der Zuständigkeit der Interessenvertretung stattzu-finden scheinen. Gleichwohl wirken diese Sektoren in der Praxis oft unmittel-bar aufeinander ein. Dies gilt sowohl für die im Hilfeplanverfahren erfolgen-den Weichenstellungen (Aufenthalt und Umgang des Kindes etc.), die den Verlauf und die Ergebnisse des zivilrechtlichen Verfahrens maßgeblich beein-flussen können[166], wie auch für das strafrechtliche Verfahren, falls dessen Dau-er und Ausgang zur Orientierung für die Verfahrensgestaltung und Entschei-dungsfindung im Sorgerechtsverfahren wird.[167]

Auch wird die exklusive Zuständigkeit des Verfahrenspflegers für das vor-mundschafts- bzw. familiengerichtliche Verfahren durch die Situation des Kin-des bzw. Jugendlichen selbst in Frage gestellt. Die verschiedenen Verfahren betreffen das Kind ja schließlich in ihrer Gesamtheit, und konfrontieren es zu-gleich – unter Umständen im selben Zeitraum – mit Anhörungen, Ver-nehmungen, Gerichtsterminen, Untersuchungen, Begutachtungen, Hilfeplan-gesprächen usw. Viele Verwaltungsvorgänge und Gerichtsverfahren, bemerkt hierzu der Kinderpsychiater *Fegert*, ...

»... werden dabei für Kinder deshalb unüberschaubar, weil sie weder die zeitlichen Dimensionen erfassen können, noch in der Lage sind, sich Sachstandsauskünfte einzuholen. Insofern wird sich die Arbeit von Ver-fahrenspflegern auch daran bemessen lassen, ob Kinder genau Bescheid wissen, was wann passiert, was noch auf sie zukommen kann, wie lange welches Verfahren dauert und wer ihnen darüber Auskunft geben kann.«[168]

Aus beiden Aspekten – also der erforderlichen Berücksichtigung der Gesamt-situation bei der Vertretung der Kindesinteressen und der Verfahrensbeglei-tung des Kindes – resultiert die Anforderung an VerfahrenspflegerInnen, sich über den ihnen gesetzlich zugewiesenen Sektor hinaus auch den anderen, für die Situation und Zukunft des Kindes bedeutsamen Verfahren zuzuwenden.

Eine der zentralen Fragen ist, ob VerfahrenspflegerInnen sich persönlich an Hilfeplangesprächen des Jugendamtes beteiligen sollten. Hiergegen spricht insbesondere das Risiko, dass die aktive Teilnahme an der Hilfeplanung deren kritische Bewertung erschwert oder verhindert.[169] Für eine solche Teilnah-

---

166 Diese Einflussnahme gilt auch vice versa: Zur Einflussnahme der britischen Kindesver-tretung auf Entscheidungsprozesse der Jugendämter vgl. *Salgo* 1996, S. 225 f.

167 Vgl. z.B. die Aktenanalyse (S. 137 ff) einer Falldokumentation (S. 103 ff) bei *Zenz* 1981. Zuweilen wird diese Situation noch durch unterschiedliche Zuständigkeiten der Zivilge-richte kompliziert, wenn etwa bei einem Amtsgericht über die aktuelle Besuchsrege-lung gestritten wird, während sich ein Familiensenat in zweiter Instanz mit der erstin-stanzlichen Sorgerechtsregelung befasst.

168 *Fegert,* Protokolldienst 1999, 1/12.

169 Dem trägt der Arbeitskodex der britischen Guardians durch die Empfehlung Rechnung, in der Regel nicht an Fallkonferenzen der örtlichen Sozialbehörden teilzunehmen, um

me[170] spricht allerdings, dass sie der Kindesvertretung Einblick in die Sicht-weisen und Problemlösungsstrategien der Beteiligten ermöglicht, die sich – wenn dies aktuell nötig wird – unverzüglich für die Interessen des Kindes ein-setzen kann. Dies wird insbesondere der Fall sein, wenn bei der Hilfeplanung bedeutsame Entscheidungen anstehen, wie zum Beispiel über die Unterbrin-gung des Kindes außerhalb des Elternhauses oder die Rückführung in dasselbe sowie über den Abbruch, die Anbahnung oder die Regelung von Umgangs-kontakten.

> So setzte sich beispielsweise eine Verfahrenspflegerin dafür ein, dass die von ihr vertretenen zwei und vier Jahre alten Mädchen nicht in eine Bereit-schaftspflegestelle vermittelt wurden. Die alleinsorgeberechtigte Mutter der beiden war psychisch schwer krank. Nach einer Inobhutnahme, bei der die Kinder einige Wochen im Heim lebten, bevor sie wieder zur Mutter ka-men, waren sie nun zum zweiten Mal in Obhut genommen und bei dem nicht verheirateten Vater der Jüngeren untergebracht worden. Nun soll-ten sie in Bereitschaftspflege »geparkt« werden, um die Bindung an den Va-ter während des Verfahrens nicht zu intensiv werden zu lassen.[171]

Ebenso ist davon auszugehen, dass sich der Interessenkonflikt zwischen Kind und Sorgeberechtigten auch auf das behördliche Verfahren auswirkt. Um zu prüfen, ob das Kind neben der Verfahrenspflegschaft einer Ergänzungspfleg-schaft zur Vertretung seiner Interessen im behördlichen Verfahren bedarf, wird gleichfalls eine Teilnahme an der Hilfeplanung erforderlich sein. Wird eine solche Pflegschaft seitens des Verfahrenspflegers selbst geführt, erhöht sich allerdings das Risiko, dass die Interessenvertretung in das behördliche Verfahren involviert wird, dessen kritische Reflexion jedoch eine zentrale Grundlage der Empfehlungen der eigenständigen Kindesvertretung an das Gericht ist.

---

die Kontrollfunktion der Kindesvertretung nicht zu gefährden. Allenfalls solle der Guar-dian den »Status als Zuhörer« einnehmen, in Fällen der Gefährdung jedoch auch als In-formant teilnehmen. Vgl. *NAGALRO*, Nr. 13.1. ff. Übersetzt in *Salgo* 1996, S. 314. Die Praxis kommt dieser Empfehlung jedoch überwiegend nicht nach, so die mündl. Mittei-lung von *Joan Hunt* (1997), die gemeinsam mit *MacLeod* eine repräsentative Studie zum britischen Kindesschutzverfahren durchführte. Auf meine Frage nach Sinn und Umsetzung dieser Richtlinie lacht sie und kommentiert »It's mad«. Fast keiner halte sich daran, nur die wenigsten Guardians nähmen *nicht* an Fallkonferenzen teil. Die ei-nen nähmen teil, um hinreichend und frühzeitig über die das Kind betreffenden Entscheidungen informiert zu sein. Andere versuchten, aktiv die Entscheidungen zu be-einflussen. Es sei nicht klar, ob die Rolle des Guardians die eines Berichterstatters oder die einer aktiven Vertretung sei.

170 Für die Beteiligung des Verfahrenspflegers an der Hilfeplanung sprechen sich auch aus: *GK-SGB VIII-Nothacker* § 36, Rz. 25; *Salgo,* FamRZ 1999, 337/347.

171 Mitteilung einer Verfahrenspflegerin.

Nicht zuletzt kommt es vor, dass Kinder oder Jugendliche ihre Vertreter bzw. Vertreterinnen um eine Begleitung zu Gesprächen im Jugendamt bitten[172], z.B. wenn sie Konflikte mit den Eltern oder dem/der zuständigen SozialarbeiterIn haben.

So z.B. ein Fünfzehnjähriger, der ein Verfahren nach §§ 1666/1666a BGB in Gang gebracht hatte. Er meinte, die zuständige Jugendamtsmitarbeiterin stünde auf der Seite des Sorgeberechtigten und brachte seinen großen Hund und seine Verfahrenspflegerin mit, in deren Schutz er sich auf ein klärendes Gespräch im Jugendamt einließ.[173]

Vorbehaltlich der auch in dieser Frage erforderlichen Begleitforschung, empfiehlt es sich also, die Entscheidung über das »Ob« und das »Wie« der Teilnahme in das fachliche Ermessen des Verfahrenspflegers zu stellen. Dies allerdings ist von Gesetzes wegen derzeit (z.B. in Hinblick auf den Datenschutz) nicht gewährleistet.

Bedarf das Kind einer gleichzeitigen Wahrung seiner Interessen im zivilrechtlichen Kindesschutzverfahren nach § 1666/1666a BGB und in einem polizeilichen bzw. strafrechtlichen Ermittlungs- oder Strafverfahren[174], scheint es sinnvoll, dass es nur von einer Fachkraft in der Nebenklage bzw. als Opferzeugenbeistand und als VerfahrenspflegerIn[175] beraten, begleitet und vertreten wird. Ein Vorteil läge darin, dem Kind eine einzige, in allen Fragen kontinuierlich[176] ansprechbare Person zur Seite zu stellen, die seine Situation als Ganzes überblickt und für ein »Case-Management«[177] sorgt, das zur Re-

---

172 Zur Beteiligung der Minderjährigen durch die Jugendhilfe vgl. *Kohler*, ZfJ 1999, 128 ff; *Wiesner* 1995, S. 267 ff.

173 Mitteilung der Verfahrenspflegerin.

174 Parallel zum Sorgerechtsverfahren nach § 1666/1666a BGB findet z.Zt. ca. in jedem sechsten Fall auch eine Strafverfolgung statt, in ungefähr der Hälfte dieser Fälle geht es um sexuellen Missbrauch. Vgl. die Untersuchung von *Münder u.a.* 1998, S. 32. Auch wenn kein entsprechendes Verfahren anhängig ist, bedarf es im Übrigen der Klärung, wie strafrechtlich relevante Erkenntnisse des Verfahrenspflegers so (dauerhaft) gesichert werden können, dass das Kind selbst evtl. zu einem späteren Zeitpunkt zivilrechtliche Schadensersatzansprüche stellen oder innerhalb der Verjährungsfristen ein Strafverfahren in Gang setzen kann.

175 Vgl. *Keiser* 1998, S. 390 (ff), die in Anlehnung an das Kerpener Modell (vgl. hierzu *Salgo* 1993, S. 226) empfiehlt, dem Kind »... Rechtsanwälte und -anwältinnen als Ergänzungspfleger zu bestellen, die dann auch selbst die weitere Interessenvertretung in dem Verfahren übernehmen« und sich im weiteren mit der Frage der Beistandschaft zur Sicherung des Kindeswohls im Strafprozess befasst.

176 *Balloff*, Praxis der Rechtspsychologie 1998, 157/158 spricht sich für die Bestellung der selben Person aus, die die Ergänzungspflegschaft im Strafverfahren und die Verfahrenspflegschaft im Sorgerechtsverfahren übernehmen sollte.

177 Vgl. hierzu *Fegert*, Protokolldienst 1999, 1/13; *ders.*, 1999, S. 12, der die Tätigkeit des Verfahrenspflegers mit Recht insbesondere in Bezug auf das »Case-Management« diskutiert. Zum Modellprojekt eines »Hilfeprozessmanagers« auch *Reich* 1998, S. 21 f.

duktion verfahrensbedingter Belastungen und sekundärer Schädigungen beiträgt.

Zu bedenken ist jedoch, dass eine multiple Rollenzuweisung dann problematisch wird, wenn sie VerfahrenspflegerInnen zwingt, die Vertretung an unter Umständen unvereinbaren Zielvorgaben (Bestrafung des Angeklagten / Allgemeiner Rechtsfrieden etc. versus »Kindeswohl«) zu orientieren.[178] Dies könnte gleichsam durch die Hintertür der problematischen Tendenz zum forensischen und strafprozessorientierten Denken im Sorgerechtsverfahren[179] Einlass bieten. Etwa, wenn es nicht mehr primär um die Situation, Wünsche und Bedürfnisse des Kindes, also um seinen Willen und sein persönliches Wohl geht, sondern wenn Fragen wie die nach seiner Glaubwürdigkeit oder einem Strengbeweis auch das Sorgerechtsverfahren dominieren.[180] Ob und unter welchen Umständen eine verfahrensübergreifende Fallzuständigkeit zum Transmissionsriemen für kindeswohlfremde Gesichtspunkte wird oder umgekehrt – evtl. auch durch entsprechende Qualifikationsmaßnahmen – beitragen kann, den Belangen des Kindes in den parallel stattfindenden Verfahren mehr Beachtung zu verschaffen und seine aktuellen Belastungen reduzieren kann, bleibt zu klären. Um diesen Fragen nachzugehen, bedarf es einer differenzierteren Betrachtung und empirischen Überprüfung verschiedener Vertretungsmodelle und –kombinationen, insbesondere hinsichtlich ihrer subjektiven Bedeutung für die Minderjährigen sowie andere Familienmitglieder[181] und ihrer objektiven Auswirkungen auf die Verfahren.

---

178 *Keiser* unterstellt zwar eine normative Vereinbarkeit von Kindeswohl und Strafprozess, der das staatliche Wächteramt aktualisiere, schränkt jedoch mit Blick auf die Verfahrenswirklichkeit ein, dass diese Frage von einer Einzelfallprüfung abhängt, bei der die konkrete Situation des Kindes zu würdigen sei. Vgl. *Keiser* 1998, S. 74-77. Grundsätzlich sind die unterschiedlichen Verfahrensziele zu beachten. Während im Strafverfahren im Zweifel für den Angeklagten zu entscheiden ist, gilt für das familien- und vormundschaftsgerichtliche Verfahren ein anderer Grundsatz: Im Zweifel, etwa bei einem glaubhaften, aber nicht im Strengbeweis gesicherten Verdacht, ist zu Gunsten des Kindeswohls zu entscheiden. So schon *Zenz* 1981, S. 379 f, auch *Fegert* 2000, S. 51.

179 Vgl. hierzu *Fegert* 1993, S. 14 ff.

180 So berichtet *Schön,* Protokolldienst 1999, 58/61, z.B. von einer Verfahrenspflegerin, die keinen Kontakt zu dem zwölfjährigen Frank aufnahm, da das Ergebnis des Glaubwürdigkeitgutachtens noch nicht vorlag. Ein ähnliches, aus einem weiteren Kinderheim berichtetes Beispiel, ist die Bitte einer Anwältin (Verfahrenspflegerin, Nebenklage), Gespräche mit dem Kind über die vermutlich erlebten sexuellen Übergriffe für die (mehrmonatige) Dauer der Begutachtung zu unterlassen. Das Kind wurde also auf Veranlassung seiner Vertreterin daran gehindert, seinen diesbezüglichen Gedanken und Gefühlen und vielleicht auch Erinnerungen Ausdruck zu verleihen. Das Kindeswohl, das in diesem Fall die Vermeidung jeglicher Suggestion, nicht aber ein völliges Schweigegebot erfordert hätte, wurde so von der Beweislast des Strafverfahrens verdrängt.

181 Unter Berücksichtigung verschiedener Fallkonstellationen und Entwicklungsstadien wären die Erfahrungen und Erwartungen der Kinder bzw. Jugendlichen zu erforschen. So berichtet die Praxis u.a. immer wieder, dass es Kindern – übrigens auch Erwachse-

3. Unabhängigkeit

Die Forderung nach einer »selbstständigen« Wahrnehmung und Vertretung der Interessen des Kindes zog sich gleich einem roten Faden durch die rechtspolitische Diskussion und der Gesetzgeber griff sie bei der Regelung des § 50 FGG auf.[182] Dies ist folgerichtig, wenn es bei der Interessenvertretung darum gehen soll, Eltern-, Staats- und Kindesinteressen zu entflechten, was von einer Person, die in Interessenbindung zu den Verfahrensbeteiligten oder der Justiz steht, schwerlich geleistet werden kann. Die Unabhängigkeit der Kindesvertretung, so *Timms*, ist deshalb ...

> »... kein Selbstzweck, aber sie ist die zentrale Komponente bei den Anstrengungen, eine klare, objektive Einschätzung der Lage eines hilflosen Kindes zu leisten – und dies mit keiner anderen Absicht außer der Sicherung des Wohlergehens dieses Kindes.«[183]

Auch *Marquardt,* die als Anwältin und Verfahrenspflegerin auf die völlige Unabhängigkeit des Verfahrenspflegers gegenüber »allen am Verfahren beteiligten Personen und Institutionen« dringt und feststellt, dass man bereit sein muss, sich deren »Wut und Ärger« zuzuziehen, stellt diese Forderung an die erste Stelle der von ihr entworfenen Richtlinien.[184]

Die Intention des Gesetzgebers ist insoweit auch eindeutig: Das Kind hat Anspruch auf eine Vertretung, die einzig seine Interessen wahrnimmt und geltend macht, also in Abgrenzung zu den Belangen anderer in das Verfahren involvierter Institutionen oder Personen. – Theoretisch haben VerfahrenspflegerInnen somit gute Voraussetzungen zur unabhängigen Bestimmung und Vertretung des Kindeswohls bzw. der weniger schädigenden Alternativen für das jeweilige Kind, doch lassen sich die Intentionen des Gesetzgebers auch tatsächlich in die Praxis umsetzten?

---

nen – zunächst nur schwer gelingt, den Unterschied eines Straf- und eines Sorgerechtsverfahrens zu erfassen. Ob die in Personalunion übernommene Vertretung im straf- und zivilrechtlichen Verfahren zusätzliche Irritationen bewirkt, wäre ebenso empirisch zu untersuchen, wie die Frage, ob sie der Entstehung eines Vertrauensverhältnisses förderlich oder abträglich ist. Probleme sind z.B. zu erwarten, wenn VerfahrenspflegerInnen zugleich die Nebenklage in einem Strafprozess vertreten, der ohne oder gegen den Kindeswunsch zu Stande kommt. Analog nehme ich an, dass die Vertretung der Nebenklage Gespräche zwischen VerfahrenspflegerInnen und Angehörigen des Kindes erschweren kann, wenn ein Familienmitglied der Misshandlung bzw. des Missbrauchs angeklagt ist.

182 Die Formel »eigenständige Interessenvertretung des Kindes« ist fast zum Synonym der Verfahrenspflegschaft geworden. Auch in der regierungsamtlichen Begründung zu § 50 FGG (*BT-Drucks. 13/4899, S. 129 ff*) ist von einer »einseitigen« und wiederholt von einer »selbständigen« Vertretung bzw. Wahrnehmung der Kindesinteressen die Rede.

183 *Timms* 1995 (b), S. 201.

184 *Marquardt* 1999, S. 150.

a) Justiz

Ein erstes Problem entsteht bereits bei der Auswahl des Verfahrenspflegers, die das zuständige Gericht (d.h. RichterIn oder RechtspflegerIn) trifft.[185] Es liegt nahe, dass diese Wahl neben der fachlichen Eignung[186] maßgeblich durch die Zusammenarbeit in früheren Fällen beeinflusst wird, die nun (mit) darüber entscheidet, ob eine bestimmte Person überhaupt – oder für spezifische Fallkonstellationen – ausgewählt wird oder nicht. Diese Vorerfahrung kann den zuständigen RichterInnen[187] im Einzelfall einerseits helfen, die persönliche und fachliche Eignung der Person zur Vertretung eines bestimmten Kindes in der jeweiligen Fallkonstellation einzuschätzen. Auch fördert das geltende Auswahlverfahren vermutlich die Bereitschaft des Gerichtes, sich konstruktiv mit den Anregungen und Stellungnahmen der von ihm ausgewählten Person auseinander zusetzen. Andererseits aber ist nicht auszuschließen, dass RichterInnen Vorbehalte gegen eine Person hegen, weil es in früheren Fällen zu Konflikten kam, auch wenn diese im Interesse des Kindes waren.[188]

---

185 Zur persönlichen und fachlichen Eignung vgl. insbes. *Bauer,* Protokolldienst 2000, 72 ff, der aus richterlicher Sicht einen überzeugenden Kriterienkatalog erstellte.

186 Meine Sondierungsgesprächen zeigten ein weites Spektrum. Eine Vormundschaftsrichterin: »Ich bestelle nur Anwälte, aber das ist vielleicht auch Selbstschutz. Die Gutachten und Jugendamtsberichte sind oft so langatmig und kommen nicht auf den Punkt. Und dann gibt es da das Problem von Missverständnissen.« Ein Familienrichter: »Ich sehe nicht, wie ein Anwalt die anstehenden Fragen beurteilen soll. Ob etwa eine Trennung erforderlich oder noch Hilfen möglich sind.« Ein OLG-Richter: »Ich weiß nicht, was ich mit einem Anwalt soll. Mich interessiert der Kindeswille und was den Willen konstituiert ebenso wie das Wohl. Die Arbeit mit dem Kind aktualisiert den Konflikt, ist ein Stück weit auch therapeutisch.« Ein anderer OLG-Richter: »Ich sehe im psychosozialen Bereich Bedarf. Eine juristische Vertretung macht eher Sinn, wenn eine Trennung der Kinder von den Eltern erforderlich ist, oder in Fällen von sexuellem Missbrauch.«

187 RechtspflegerInnen, die nach Abschluss des Verfahrens für die Vergütung des Verfahrenspflegers zuständig sind, kennen hingegen i.d.R. weder die Fallgestaltung noch das Kind, auch vermittelt ihre Ausbildung keine Kenntnisse anderer Disziplinen. Problematisch kann sich dies insbesondere bei Konflikten um die Rechnungslegung (Umfang der Kontakte zum Kind, Ermittlungen, Supervision etc.) auswirken.

188 Möglichen Zündstoff bieten z.B.: 1.) Kritik an der Verfahrensgestaltung, u.a. an der Terminierung und Verfahrensdauer, der Wahrnehmung der Amtsermittlungspflicht, der Gestaltung der Kindesanhörung und Verhandlungen etc. 2.) Konflikte um die Führung der Verfahrenspflegschaft. Ein Fallbeispiel: Das Motiv eines Verfahrenspflegers, mit einem bestimmten Kind nur minimalen Kontakt aufzunehmen, stellte sich aus Sicht der hierüber erzürnten Richterin als »Kuschen vor der Kindesmutter« dar, während der Verfahrenspfleger sein Vorgehen in diesem Fall – m.E. plausibel – damit begründete, weitere Schädigungen des extrem belasteten Kindes zu vermeiden. 3.) Beschwerden. Zur Verdeutlichung: Eine Teilnehmerin einer Weiterbildung zum/zur VerfahrenspflegerIn wandte sich mit der spontanen Frage an einen Richter: »Und wenn ich in kurzer Zeit zum vierten Mal Beschwerde gegen Ihre Beschlüsse einlege, bestellen Sie mich trotzdem wieder?« Der Richter wollte hierfür ehrlicherweise die »Hand nicht ins Feuer legen«.

Es ist allerdings nicht so, dass die wiederholte Auswahl des Verfahrenspflegers zwangsläufig davon abhängt, ob sich diese Person blindlings an das Gericht anzupassen bereit ist. So wie RichterInnen dazu neigen können, in einem solchen Fall eine andere Person vorzuziehen, kann sie ihr Rechts- und Selbstverständnis dazu motivieren, genau solche VerfahrenspflegerInnen auszuwählen, die sich auch ihnen gegenüber im Interesse des Kindes engagieren.[189] Doch wie können VerfahrenspflegerInnen im Einzelfall eines solchen Rollenverständnisses gewiss sein? Fordert ihre faktische Abhängigkeit sie nicht geradezu heraus, Zerwürfnisse mit dem bestellenden Gericht[190] zu vermeiden, insbesondere wenn ihr Lebensunterhalt von dieser Tätigkeit abhängt? Hier stellt sich die Sachlage ähnlich dar, wie sie *Balloff* bezüglich hauptberuflicher GutachterInnen problematisierte:

> »Uns erscheint die Frage berechtigt, ob der ökonomisch von der Richterschaft abhängige Gutachter, der seinen gesamten Lebensunterhalt durch die Sachverständigentätigkeit bestreitet, dem Gericht gegenüber wirklich unabhängig und immer frei sein kann. Muss der Gutachter nicht befürchten, wenn seine Vorstellungen, Vorgehensweisen oder Vorschläge wiederholt von denen des Gerichts abweichen, dass er in Zukunft nicht mehr beauftragt werden wird?«[191]

Folgt man diesem Gedanken, ist nicht auszuschließen, dass die Interessen des Kindes von Eigeninteressen seiner Vertretung überschattet oder verdrängt werden können. Erfolgt die Auswahl des Verfahrenspflegers erst zu einem relativ späten Zeitpunkt[192], ist dies umso wahrscheinlicher, da der Richter bzw. die Richterin nun bereits eigene Annahmen hat und Praxisberichten zufolge auch oft deutlich kundtut, welche Interessen das jeweilige Kind hat und welches Vorgehen des Verfahrenspflegers angezeigt ist.

Dies lässt sich beispielhaft an einem Verfahren zeigen, in dem es um die Regelung des Sorge- und Umgangsrechts für ein zehnjähriges Kind ging.

> Der zuständige Richter erzählte, das Kind lebe seit Jahren bei der Mutter, die die Beziehung zum Vater gestört habe, bis das Kind den Kontakt verweigerte. Die Kindesvertretung, so hoffe er, werde der mütterlichen Einflussnahme entgegenwirken und das Kind dazu bringen, den Vater wieder sehen zu wollen.[193] Die Monate später eingesetzte Verfahrenspfle-

---

189 Ein Vormundschaftsrichter verglich diese Situation mit der eines Strafrichters, dem daran gelegen ist, dem Angeklagten hinreichend Rechtsschutz zu gewähren und einen engagierten Pflichtverteidiger zur Seite zu stellen.

190 Dieses Problem stellt sich in jenen Gerichtsbezirken noch verschärft, in denen nur eine Person als RichterIn für Familien- bzw. Vormundschaftssachen zuständig ist.

191 *Balloff*, FuR 1991, 334/337, Fn. 33.

192 Zum Zeitpunkt der Bestellung vgl. oben S. 24.

193 Mündliche Schilderung des Richters.

gerin berichtete, der Richter habe bereits bei der ersten Anfrage deutlich gemacht, dass »regelmäßige Kontakte zum Vater aus seiner Sicht dem Wohl des Kindes entsprechen«. Auch habe er betont, dass er die Wiederherstellung der Kontakte gerade ihr als Person und sozialpädagogischer Fachkraft zutraue. Sie habe daraufhin nicht nur die fachlichen Erwartungen des Richters »im Hinterkopf« gehabt, sondern sich auch vor die persönliche Schwierigkeit gestellt gesehen, ihm eine »Enttäuschung zu bereiten«.[194]

Solche Praxisberichte deuten auf ein Geflecht subtiler und direkter Delegate hin, das einer »unabhängigen« Bestimmung des Kindeswohls störend entgegensteht. Delegate, die sich teils auch in der veröffentlichen Rechtsprechung wiederspiegeln.[195] Insofern konterkariert die jetzige Regelung die Unabhängigkeit der Interessenvertretung, denn hier allein auf die persönliche Bereitschaft der jeweiligen Vertretungsperson zu hoffen, ihre eigenen, vielleicht existenziellen Interessen zu Gunsten des Kindes unberücksichtigt zu lassen, ist gewagt – wenn nicht fahrlässig. Vielmehr ist an strukturelle Änderungen des Auswahlverfahrens zu denken. Freilich ist dies nicht der einzige Aspekt, der sich problematisch auf das Verhältnis von Gericht und VerfahrenspflegerIn auswirken kann.

Der erste Gesichtspunkt betrifft die Vergütung des Verfahrenspflegers. Nach geltendem Recht beträgt der maximale, nur für Fachkräfte mit Hochschulabschluss geltende Stundensatz gem. § 50 iVm § 67 Abs. 3 FGG, der u.a. auf § 1 Berufsvormündervergütungsgesetzes (BVormVG) verweist, maximal 60,– DM. Die Folge ist, dass diese Tätigkeit für Selbstständige mit einer eigenen Praxis, wie z.B. für RechtsanwältInnen und KinderpsychotherapeutInnen, finanziell unattraktiv ist[196], obwohl dieser Personenkreis in geeigneten Fällen nach eigenem Bekunden des Gesetzgebers zur Interessenvertretung der Kinder bestellt werden soll.[197] Die Auswahlmöglichkeiten des Gerichtes schränken sich entsprechend auf einen Personenkreis ein, dem es entweder an Klientel mangelt (in einem der besseren Fälle, weil es sich um BerufsanfängerInnen handelt)

---

194 Mündliche Schilderung der Verfahrenspflegerin.

195 Vgl. nur *Spangenberg/Dormann,* Anmerkung zum Beschluss des *OLG Frankfurt,* FamRZ 1999, 1293/1295, die den Verfahrenspfleger als Gerichtshelfer sehen. Ein prägnantes Beispiel lieferte auch das *AmtsG Zossen,* DAVorm 1999, 143, das den in einem Umgangsverfahren eingesetzten Verfahrenspfleger wie folgt anwies: »Zur psychologischen Unterstützung sowie ggf. zur Wahrnehmung der Rechte des Kindes in einem weiteren Gerichtstermin« werde Herr Dr. E.W. »als Verfahrenspfleger nach § 50 FGG eingesetzt.« Er werde u.a. »beauftragt, – unter Berücksichtigung der PAS-Problematik den Vater-Kind-Kontakt psychologisch aufzubereiten und die Kontaktanbahnung zu unterstützen«, und ggf. in »der Umgangsausweitung den Interessen des Kindes entsprechend tätig zu werden.«

196 Vgl. auch *Fricke,* ZfJ 1999, 51/52.

197 Vgl. hierzu *BT-Drucks.* 13/4899, S. 130.

oder der es sich »leisten kann, hin und wieder eine pro-bono Verfahrenspfleg-schaft zu übernehmen«.[198]

Damit nicht genug, wird in manchen Gerichtsbezirken unter Anwendung der letzt genannten Regelung eine Vergütung nur unter der Voraussetzung einer Führung von mindestens zehn Verfahrenspflegschaften bzw. bei einer Tätigkeit von mindestens 20 Stunden pro Woche gewährt. Diese aus dem Vormundschafts- und Betreuungsrecht gebräuchliche Regelung, die darauf zielt, die Berufsbetreuung bzw. Berufsvormundschaft gegenüber der vielfach von Familienangehörigen geführten Betreuung bzw. Vormundschaft abzugrenzen, ist im vorliegenden Kontext, in dem regelmäßig keine Verwandten des Kindes bestellt werden, ebenso sinnlos wie problematisch. Denn sie forciert anscheinend die bereits aufgezeigten Abhängigkeitstendenzen des an der Übernahme von Verfahrenspflegschaften interessierten Personenkreises vom bestellenden Gericht. Gerade in kleineren Gerichtsbezirken ist nämlich mit Monopolisierungseffekten zu rechnen, die in Allianzen zwischen einer oder zwei Personen und dem bestellenden Gericht münden. Neben der fachlichen Problematik eines solchermaßen »eingespielten« Teams erzeugt dies übrigens auch praktische Schwierigkeiten, weil die Bedarfslage stark variiert und zudem während Urlaubs- und Krankheitszeiten dieser Person/-en keine anderen VerfahrenspflegerInnen verfügbar sind, so dass eine Verfahrensgestaltung, die dem kindlichen Zeiterleben Rechnung trägt, erschwert bzw. unmöglich wird.

Ein zweiter Aspekt betrifft die im Interesse der Kinder und Jugendlichen unabdingbare, wenn auch zwangsläufig nur sehr begrenzt mögliche[199] Kontrolle ihrer Vertretung, die derzeit, wenn überhaupt[200], durch das Gericht wahrgenommen wird. Dieses kann seine Verfügungen gem. § 18 FGG ändern, wenn es sie nachträglich für ungerechtfertigt hält, d.h. konkret, es kann eine/n VerfahrenspflegerIn (z.B. wegen mangelnder Eignung) entlassen und durch eine andere Person ersetzen. Selbst wenn dies in der Praxis eher selten zu erwarten ist, legt auch diese Situation die Tendenz nahe, sich an ausgesprochene oder unausgesprochene Erwartungen[201] des Gerichtes anzupassen.[202] Damit erhöht

---

198 So ein Rechtsanwalt, der angibt, etwa das Doppelte dessen an Stundenlohn zu brauchen, um seine Praxis und die dort tätigen Angestellten zu finanzieren, was er für die Vertretung von Kindern und Jugendlichen in Rechnung stellen kann.

199 Zur Nicht-Standardisierbarkeit des professionellen Handelns, das u.a. auf einem durch Berufserfahrung gewonnenen *intuitiven* Einschätzungsvermögen basiert, und sich einer administrativen Kontrolle ebenso wie der Klientenkontrolle weitgehend entzieht, vgl. *Oevermann* 1981, S. 12 ff. Bei der Interessenvertretung für Kinder wirkt sich zudem das »doppelte Machtgefälle« (vgl. oben S. 90) erschwerend aus, so dass selbst die traditionellen im Rechtsanwalt-Mandanten-Verhältnis typischen Mechanismen der Klientenkontrolle versagen und es anderer Kontrollmechanismen bedarf. Vgl. hierzu auch *Salgo* 1996, S. 233, 286, 568 f.

200 Nach der Auffassung von *Keidel-Engelhardt* § 50 FGG, Rz. 21, unterliegt der Verfahrenspfleger allerdings »nicht der Aufsicht des Gerichtes«, wobei der Verfasser offen lässt, wer denn sonst diese Kontrolle wahrnehmen könnte oder sollte.

201 Schon die Gerichtsakte vermittelt oft erste Anhaltspunkte, wie ein Richter den konkre-

sich das Risiko, dass VerfahrenspflegerInnen ihre unabhängige Position aufgeben und sich Einschätzungen des Gerichtes unkritisch zu Eigen machen. Diesbezüglich warnt *Salgo* mit Recht, einer Vertretung des Kindes komme ...

> »... eine Kontrollfunktion auch den Justizorganen gegenüber zu. Eigenständige Interessenvertretung darf zu keinem Zeitpunkt den Anschein erwecken, als handele es sich bei ihr lediglich um ›den verlängerten Arm des Gerichts‹ oder des Jugendamtes, weshalb die geforderte neue Struktur nicht der bisherigen unterworfen sein darf.«[203]

Es ist in der Tat ein normativer Widerspruch, die Auswahl und Kontrolle von VerfahrenspflegerInnen einer Institution zu überlassen, über deren Verfahrensgestaltung und Entscheidungsfindungsprozess sie kritisch wachen sollen. Es ist im Übrigen auch unzweckmäßig, weil JuristInnen für eine solche Aufsicht insbesondere in Bezug auf die Beratung und Begleitung des Kindes fachlich nicht hinreichend qualifiziert werden. Es ist schließlich auch unpraktikabel, weil RichterInnen meist nicht über die nötigen Zeitkontingente verfügen, um aus eigener Initiative zu ermitteln und zu einer fundierten Einschätzung gelangen zu können. Dies aber wäre nötig, weil das bestellende Gericht in der Regel weder ein Ansprechpartner für Kinder und Jugendliche sein wird, wenn sie sich schlecht vertreten fühlen, noch als niedrigschwellige Beschwerdeinstanz für Erwachsene (Eltern, Pflegeeltern, HeimerzieherInnen ...) in Frage kommt.

Für die hier aufgezeigten Problemlagen bietet die gerichtliche Auswahl und Kontrolle des Verfahrenspflegers also keine angemessene Lösung. Doch welche Alternativen sind hierzu möglich? Im Ausland, wo dieses Problem selbstverständlich auch gesehen wird, haben sich – verbunden mit einer Professionalisierung und Institutionalisierung der Kindesvertretung – verschiedene Lösungsansätze herausgebildet.

Zum einen bieten Berufsverbände der RechtsanwältInnen[204] und psycho-

---

ten Fall einschätzt und welchen Verfahrensverlauf er anstrebt. Auch kennen VerfahrenspflegerInnen mit der Zeit die Persönlichkeit und Einschätzungen der zuständigen RichterInnen – wie ProzessvertreterInnen oder MitarbeiterInnen des Jugendamtes auch.

202 In diesem Sinne äußert sich *Salgo* 1996, S. 234 zur britischen Kindesvertretung: »Das stets mögliche Mittel einer Entbindung durch das beiordnende Gericht ist sicherlich die härteste Sanktion. Diese Möglichkeit scheint aber in der Praxis keine Rolle zu spielen, was nicht mit ihrer Bedeutungslosigkeit gleichzusetzen ist.«

203 Vgl. *Salgo* 1996, S. 566.

204 So die »Law Society«, ein Berufsverband für britische RechtsanwältInnen, deren Tätigkeit im Bereich der Kindesvertretung i.d.R. davon abhängt, ob sie Mitglied eines spezifischen Unterverbandes, »The Children Panel«, sind. Voraussetzung sind u.a. eine mindestens 3-jährige anwaltliche Berufspraxis, die erfolgreiche Teilnahme an zwei (sic!) ganztägigen Fortbildungen sowie ein fallbezogenes Aufnahmegespräch. Vgl. *Salgo* 1996, S. 246-252. In den USA übernimmt das »ABA Center of Children and the Law«,

sozialer Fachkräfte[205] eine gewisse Gewähr für die Qualifikation und professionsinterne Kontrolle ihrer Mitglieder. Doch scheinen diese Selbstkontrollmechanismen allein Versäumnisse der Kindesvertretung nicht wirksam vermeiden zu können.[206] Dies verwundert insofern nicht, als das Privileg zur Selbstregulation zwar etwas über den gesellschaftlichen Status einer Berufsgruppe aussagt, jedoch nicht zwangsläufig in einem proportionalen Zusammenhang zur Qualität ihrer monopolisierten Dienstleistung und der Effizienz der Selbstkontrolle ihrer Angehörigen steht.[207]

So kam z.B. eine repräsentative Studie zur Kindesvertretung in den USA zu dem Ergebnis, dass 30 Prozent der frei praktizierenden AnwältInnen keine Kontakte zum Kind hatten, gefolgt von 17,4 Prozent der »staff attorneys« (Anwaltssozietäten). 70 Prozent aller RechtsanwältInnen setzten sich ebenfalls mit keiner erwachsenen Person in Verbindung. Anders die »trained volunteers« (qualifizierte Ehrenamtliche), die »nur« zu 8,9 Prozent keine Kontakte mit dem Kind aufnahmen und sich zu 80 Prozent mit der Wohlfahrtsbehörde in Verbindung setzten sowie vielfach weitere Personen konsultierten. Bereits bei Veröffentlichung der Zwischenergebnisse bezweifelten die ForscherInnen dementsprechend die Effektivität professioneller Selbstkontrolle:

> »Während die Freiwilligen laufend durch das Gericht oder die Professionellen aus den Programmen überprüft werden, geschieht Entsprechendes kaum einmal mit den Rechtsanwälten. Die Gerichte und Anwaltsvereinigungen vor Ort sollten Verfahrensweisen installieren, um die GAL [Guardians ad Litem, MZ] mindestens jährlich zu überprüfen.«[208]

Zugleich ist eine solche Kontrolle, dort wo sie wirksam ist, nicht zwangsläufig interessenneutral. Vielmehr entsteht mit ihr eine Triade: Kind – VerfahrenspflegerIn – Berufsorganisation, die durchaus Loyalitätskonflikte zwischen den jeweiligen Interessen bewirken kann. Aus soziologischer Sicht stellt etwa *Goffman* die anwaltliche Unabhängigkeit radikal in Frage:

---

eine Sektion der American Bar Association, Aufgaben im Bereich der Evaluation und versucht, die Qualiät der anwaltlichen Vertretung durch fachliche Standards zu erhöhen. Auch bietet sie, ebenso wie die »National Association of Counsel for Children« (NACC), spezifische Qualifikationsangebote für AnwältInnen. Vgl. *Salgo* 1996, S. 143-150; *Davidson* 1995, S. 134, 137 ff; *Duquette* 1995, S. 130. In Frankreich gibt es ähnliche Tendenzen, die sich in Modellprojekten und Vereinigungen der Kindesanwälte zeigen. Vgl. *Steindorff* 1996, S. 371 ff.

205 In Großbritannien sind dies der nationale Berufsverband »National Association for Guardian ad Litem and Reporting Officers« (NAGALRO) und »Independent Representation for Children in Need« (IRCHIN), die neben dem regionalen und nationalen Austausch Aus- und Fortbildungen und Fachtagungen organisieren. *Salgo* 1996, S. 218.

206 *Duquette* 1995, S. 127 (zur Studie vgl. S. 124-130); *Salgo* 1996, S. 136 (zur Studie vgl. S. 125-142).

207 Vgl. hierzu *Dewe/Otto* 1984, S. 790 f.

208 Zit. n. *Salgo* 1996, S. 136.

»Je mehr ein Helfer sich bemüht, seinen Dienst gut auszuführen, und je mehr sein eigener Berufsstand ihn durch ein öffentliches Mandat kontrolliert, desto mehr wird ihm die öffentliche Aufgabe zufallen, die Normen der Gemeinschaft einzuhalten, was zuweilen nicht im unmittelbaren Interesse eines bestimmten Klienten liegt. ... Die Verpflichtung des Anwalts, nur gesetzmäßig juristische Ratschläge zu erteilen, ist ein ... einschlägiger Fall. Hier haben wir es mit einer fundamentalen Verletzung der Vorstellung von einem unabhängigen Helfer ... zu tun.«[209]

Neben den genannten Berufsverbänden entstanden im Zuge der Professionalisierung und Institutionalisierung einer Interessenvertretung für Kinder und Jugendliche im Ausland spezielle Organisationsstrukturen zur Gewinnung, Qualifikation, Unterstützung, Vermittlung und fachlichen Kontrolle der VertreterInnen. Diese sind in manchen US-Staaten und in Australien teilweise an die Gerichte, jedoch nicht an den einzelnen Richter gebunden.[210] In Großbritannien sind KindesvertreterInnen zur Mitgliedschaft in sog. panels verpflichtet[211], deren »Manager« u.a. Bedarfsanalysen erstellen und um die aktuelle Verfügbarkeit der VertreterInnen sowie deren spezifische Fähigkeiten und Kenntnisse wissen und diese auf Anfrage der Gerichte vermitteln.[212] Die Mehrzahl der – übrigens überwiegend weißen und weiblichen – Mitglieder ist freiberuflich tätig und ihre Mitgliedschaft in den panels ist relativ stabil.[213] Einzelne panels

---

209 *Goffman* 1972, S. 322 f.

210 In Florida ist der Oberste Bezirksrichter u.a. für die Einstellung des Programmdirektors und -supervisors zuständig. Vgl. *Salgo* 1996, S. 94 f. In North Carolina wurde eine staatenweite Administrationsstruktur von der jeweiligen Gerichtsverwaltung aufgebaut. a.a.O., S. 110. (Eine Studie, die alle Einzelstaaten der USA umfaßte, fand, dass in 90% der untersuchten Rechtssysteme die guardian ad litem vom für den Fall zuständigen Richter ernannt wurden, in den anderen Staaten von anderen Justizbeamten oder von den Programmdirektoren des Staatenprogrammes.« a.a.O., S. 129.) In Australien strebt man die Errichtung eines Children's Legal Service an, das in jedem Gerichtsbezirk unter enger Einbindung der Richterschaft errichtet werden soll. a.a.O., S. 342.

211 Die gesetzlichen Grundlagen, 1. Sec. 41, 42 (7)-(8), Children Act 1989 bzw. die GALRO (Panels-) Verordnung von 1991 sind dokumentiert in *Salgo* 1996, S. 289 f bzw. S. 296 ff. Vgl. hierzu auch die Erläuterungen des *Department of Health (HSMO)* 1991, Vol. 7. Zur organisatorischen Entwicklung vgl. desweiteren *Murch* 1995 (a), S. 163 ff; *Timms* 1995 (b), S.189 ff.

212 Das Panel-Management hat u.a. die Aufgabe, über die Qualifikation und den Fortbildungsbedarf der Guardians zu wachen und entsprechende Angebote zu organisieren. Es sorgt auch dafür, dass Guardians Kontakte zu ExpertInnen anderer Disziplinen knüpfen können, wenn sie deren Rat und Unterstützung brauchen und geht Beschwerden nach. Vgl. *Department of Health* ..., 1992 (a), S. 15-21.

213 Vgl. hierzu die Studie von *Brophy, Wales* und *Bates* (*Department of Health* 1997, Summary ii), die eine Briefbefragung bei 338 guardians in 34 panels durchführten und u.a. deren Ausbildungsstand und -bedarf sowie ihren Zugang zu Fallbesprechungen und Supervisionen untersuchten.

halten sowohl eine Infrastruktur[214] für die guardians als auch Angebote zur individuellen Konsultation, Beratung und Unterstützung sowie Einführungs-programme und Supervisionsangebote für neue Mitglieder und Fortbildungs-angebote bereit.[215] Obwohl die panels ein für soziale Fachkräfte eher un-gewöhnliches Maß an professioneller Autonomie ermöglichen[216], besteht aber eine Anbindung an die Sozialbehörde, die als »grundlegender Konstruktions-fehler«[217] bewertet wird und nachhaltige Bedenken hervorruft, obgleich von einer direkten Einflussnahme seitens der Praxis nicht berichtet wird.[218] Ein weiterer Versuch, den Kindern zu ihrem Recht zu verhelfen, wird in Großbri-tannien auch durch die Bereitstellung kostenloser telefonischer Rechtsbera-tung ermöglicht, bei der die Fragen der Minderjährigen an AnwältInnen wei-tergeleitet und binnen 24 Stunden beantwortet werden.[219]

Orientiert an diesen Organisationsstrukturen empfiehlt *Salgo* in seiner rechtsvergleichenden Studie über die Kindesvertretung, in Kooperation mit der Justiz und der Jugendhilfe spezielle Gremien zur Gewinnung, Vermittlung, Unterstützung, Fortbildung und Kontrolle von VerfahrenspflegerInnen zu schaffen, denen zugleich entsprechende Aufgaben im Bereich der Vormund-schaft und Verletztenbeistandschaft für Minderjährige übertragen werden könnten. Ein zentrales Kriterium sei die Niedrigschwelligkeit für Kinder und Jugendliche, auch müsse sichergestellt sein, ...

> »... dass in gemeinsamen Gremien dieser Art auf keinen Fall mittelbar oder unmittelbar auf die einzelnen Kindesvertreter, die Mitglieder eines sol-chen Gremiums sein müssen, hinsichtlich der Handhabung von Einzelfäl-len Einfluss genommen werden kann.«[220]

Damit bestehen Parallelen zu den Betreuungsbehörden und -vereinen, die als flankierende organisatorische Maßnahme mit der Reform des Betreuungs-rechts errichtet wurden, und vergleichbare Aufgaben im Bereich einer Inter-essenvertretung für Volljährige übernehmen. Es wäre u.a. zu überlegen, ob die Zuständigkeit dieser Organisationsstruktur auf die von *Salgo* genannten Be-reiche ausgeweitet werden sollte, was selbstverständlich eine entsprechende Spezialisierung voraussetzen würde. Grundsätzlich wird man allerdings zu beachten haben, dass die Interessenvertretung für Kinder vor den uner-

---

214 Z.B. Interviewraum, Bücherei, Informationsdienste, Fotokopierer, Telefon, vgl. *Murch/ Hunt/Macleod* 1990, S. 25.
215 *Murch/Hunt/Macleod* 1990, S. 25 f.
216 Vgl. *Murch/Hunt/Macleod* 1990, S. 22.
217 *Timms* 1995 (b), S. 190; *Murch/Hunt/Macleod* 1990, S. 35.
218 Vgl. *Salgo* 1996, S. 235 f.
219 Noch unveröffentl. Beitrag von *Timms* zur Fachtagung »Anwalt des Kindes« im Febru-ar 2000 in Bad Boll.
220 *Salgo* 1996, S. 566, vgl. auch S. 567 f.

wünschten, ja kontraproduktiven Nebeneffekten der Institutionalisierung[221] so wenig gefeit ist, wie andere, in früheren Reformen durchgesetzte Institutionen des Kinder- und Jugendschutzes es waren.[222] Zur Klärung dieser Problemstellung wären eigene Studien erforderlich, um Erfahrungen des In- und Auslands auszuwerten und Möglichkeiten zur Begrenzung einer sich verselbstständigenden Insitutionalisierung auch aus organisationssoziologischer Perspektive zu diskutieren.[223]

In Deutschland sind seit der Einführung des § 50 FGG – teils unter Mitwirkung der Jugendämter[224], teils auf Initiative von Weiterbildungsträgern und den VerfahrenspflegerInnen selbst – Namenslisten erstellt, Vermittlungsstellen (»Pools«) geschaffen bzw. Konzepte von Vereinen / Institutionen um diesen Aufgabenbereich erweitert worden.[225] Ob diese Vermittlungsdienste als eine hinreichende Lösung der o.g. strukturellen Probleme anzusehen sind, kann jedoch bezweifelt werden. Nicht nur, weil diese Struktur lediglich einzelne Gerichtsbezirke abdeckt. Sondern auch, weil manche Vermittlungsstellen unmittelbar oder mittelbar auf die »Auftragslage« der Jugendämter (Beratungsstellen, Heime) und Gerichte (Sachverständige) angewiesen sein könnten.

---

221 *Timms* 1995 (c), S.5 stellte bezogen auf die britische Kindesvertretung 1995 kritisch fest: »Guardians are a diminishing breed, working in an increasingly bureaucratised service whose structure and funding is strangling their development.«

222 Vgl. *Simitis* 1988, S. 203; auch *Salgo* 1993, S. 480. Eine Studie zur britischen Kindesvertretung weist auf Probleme hin, die sich insbesondere bei Kollektiventscheidungen ergeben. Offenkundig seien die Akteure unfähig, angesichts neuer Erkenntnisse die Richtung zu wechseln. Stattdessen würden Erkenntnisse gesucht, um bereits getroffene Entscheidungen zu untermauern. Vgl. *Higginson* 1990, DHSS 1982, erwähnt im: Manual of practice guidance for GALRO's 1992, S. 100.

223 Vgl. hierzu *Hansbauer*, np 1995, der sich in einem interessanten Beitrag mit der Mitgliedrolle in Organisationen sowie solitären und kollektiven Routinen der Problemerfassung (Gestaltung), Folgerung (Selektion) und Entscheidungsfindung (Retention) der Jugendbehörden befasst. Zur Kombination solcher Routinen und der Tendenz zur Irrationalität entsprechender Entscheidungsprozesse vgl. auch *Schütze* 1992, S. 149 ff.

224 Von entsprechenden Aktivitäten wurde mir u.a. aus Berlin, Gladbeck, Düsseldorf (hierzu auch *Peters/Schimke,* KindPrax 1999, 143/148) und Kassel berichtet.

225 Zum Beispiel Beratungsstellen des Deutschen Kinderschutzbundes (vgl. das Positionspapier des DKSB, März 1999), Ortsvereine »Kinder haben Rechte e.V.« (u.a. Münster, Tübingen), Institut Gericht & Familie Berlin/Brandenburg e.V., »Verein Anwalt des Kindes in Hamburg e.V.«.

226 In diese Richtung weist z.B. das »Positionspapier« des Bundesverbandes des Deutschen Kinderschutzbundes (DKSB): »Der DKSB verfügt über ein flächendeckendes Netz von Orts- und Kreisverbänden im gesamten Bundesgebiet. Viele von ihnen sind schon heute bereit und in der Lage, unter ihrem Dach einen ›Pool‹ von Pflegern und Pflegerinnen für das Verfahren zu bilden und zu unterhalten.« (S.7) »Der DKSB als Lobby für Kinder versteht sich als parteiliche Interessenvertretung. Hierbei wird nicht außer Acht gelassen, dass dieser Grundsatz am besten durch Stärkung der Ressourcen innerhalb der Familie umgesetzt werden kann«. (S. 5, ohne Hervorhebung im Original) Die Verfahrenspflegschaft solle u.a. nach dem Prinzip: »Parteilichkeit – im Kontext eines systemischen Wahrnehmungs- und Handlungskonzeptes« wahrgenommen werden. (S. 7) *Deutscher Kinderschutzbund* 1999.

Nicht zuletzt ist damit zu rechnen, dass familienorientierte Beratungskonzepte[226] auf die Kindesvertretung übertragen werden bzw. dass sich die Interessen der in diesem Bereich aktiven Elternverbände in entsprechenden Initiativen als problematisch erweisen.[227]

b) Jugendhilfe

Die Unabhängigkeit des Verfahrenspflegers ist nicht nur durch das jetzige Auswahlverfahren und die richterliche Kontrolle gefährdet, sondern auch durch potenzielle Interessenbindungen an die Verfahrensbeteiligten, die das Gesetz nicht verhindert, in Frage gestellt. Im Zentrum dieser Fachdiskussion steht insbesondere die lange umstrittene – inzwischen aber »abgearbeitete«[228] – Frage, ob Angestellte des Jugendamtes oder die Behörde selbst zum Verfahrenspfleger bestellt werden sollten.

Hierfür spricht insbesondere, dass damit eine sofort verfügbare Zahl qualifizierter, erfahrener sowie fest angestellter und damit finanziell relativ unabhängiger Fachkräfte bereit stünde, die Interessenvertretung für Kinder und Jugendlichen in jenen fachlich anspruchsvollen Konflikt- und Problemsituationen zu übernehmen, in denen die Anordnung einer solchen Vertretung nötig wird. Während vereinzelte Stimmen deshalb für die Übernahme von Verfahrenspflegschaften (auch) durch die öffentliche Jugendhilfe plädieren, wird diese Option in der Fachöffentlichkeit allerdings inzwischen ganz überwiegend abgelehnt.[229]

Zur Begründung wird eingewendet, dass es dem Jugendamt insbesondere aus Sicht des Kindes oder Jugendlichen[230], aber auch aus Perspektive der anderen Verfahrensbeteiligten bzw. der zu Informationsgesprächen bereiten Personen an der erforderlichen Unabhängigkeit fehlen kann. Dies stellt schon für sich genommen eine vermeidbare Hypothek dar. Zudem wäre es offensichtlich zweckwidrig, die Interessenvertretung gerade jener Behörde zu übertragen, deren Zielrichtung und Vorgehensweise diese kritisch zu bewerten hat. Selbst wenn VerfahrenspflegerInnen weisungsfrei gestellt wären und im Sinne eines »reziproken Modells«[231] in benachbarten Bezirken tätig würden[232],

---

227 Vgl. auch unten S. 380 f.

228 So *Salgo,* FPR 1999, 313/318.

229 Vgl. hierzu oben S. 117, Fn. 27.

230 Vgl. nur *BT-Drucks.* 13/4899, S. 131.

231 Vgl. hierzu auch *Murch* 1995 (a), der über die britischen Erfahrungen mit reziproken Vertretungsmodellen berichtet, die sich dort u.a. deshalb nicht bewährten, weil insbesondere die im Kinderschutz hoch qualifizierten Fachkräfte zur Interessenvertretung eingesetzt wurden, und so dem Jugendamt nicht mehr hinreichend zur Verfügung standen.

232 Letzteres wäre schon deshalb geboten, weil im Einzelfall nicht auszuschließen ist, dass seitens der unmittelbaren Vorgesetzten ein bestimmtes Vorgehen zwar nicht angeordnet aber doch erwartet und nahe gelegt wird. Gleiches gilt für die Möglichkeit, dass eine

liegt es nah, dass die im Jugendhilferecht zentrale Orientierung an den Wünschen und Ressourcen der Eltern; das Wissen um amtsinterne Richtlinien und Budgets; die Gewöhnung an behördliche Routinen; die Loyalität gegenüber KollegInnen und der Behörde sowie die Arbeitsbedingungen des jeweiligen Mitarbeiters (Fallbelastung, Mobilität, Zeitkontingent etc.[233]) eine unabhängige Wahrung der Kindesinteressen erschweren oder verhindern können. »Schon nach kurzer Zeit«, kommentiert auch *Mörsberger, ...*

> »... hat sich in der Praxis abgezeichnet, dass auch der Verfahrenspfleger in Rollenkonflikte geraten kann. Insbesondere aber wird deutlich, dass die Effektivität dieser neuen Institution maßgeblich davon abhängt, welche fachliche Kompetenz die betreffende Person mitbringt. Die Tatsache, dass die Gerichte vielfach die Jugendämter auffordern, die Rolle der Verfahrenspfleger gem. § 50 FGG wahrzunehmen, entspricht jedenfalls nicht dem, was Intention des Gesetzgebers war.«[234]

Damit soll nicht in Abrede gestellt werden, dass sich einzelne MitarbeiterInnen des Jugendamtes kritisch und selbstreflexiv mit diesen und ähnlichen Einflüssen auseinander setzen. Doch wer kann und sollte über eine solche persönlichkeitsabhängige Haltung befinden oder selbige anzweifeln? Selbst wenn aber eine solche »Eignungsprüfung« dem bestellenden Gericht möglich wäre, würde sie doch den eingangs genannten Einwand nicht beseitigen, dass es aus Sicht des vertretenen Kindes in der Regel belanglos sein wird, ob seine Vertretung weisungsfrei gestellt ist oder in einem anderen Bezirk arbeitet, nicht aber, ob sie »vom Jugendamt« ist. VerfahrenspflegerInnen berichteten mir wiederholt, eine der ersten Fragen vieler Kinder und Jugendlichen laute: »Kommst du vom Jugendamt?« Fällt die Antwort hier mit einem ehrlichen »Ja« aus, ist zu bedenken, dass die betreffenden Kinder und Jugendlichen nicht selten in ihren Familien mit Drohungen und Warnungen vor dem Jugendamt aufwuchsen (»Die holen dich und stecken dich ins Heim«) oder bereits auch konfliktträchtige Erfahrungen mit der Hilfeplanung, Inobhutnahme u.ä. gemacht ha-

---

Fachkraft bereits in Vertretungssituationen, durch Teamgespräche oder durch Erzählungen, in denen KollegInnen sich über belastende Fälle »Luft machen«, gegenüber bestimmten Familien voreingenommen ist. Gleiches gilt übrigens auch umgekehrt für den Ruf, den einzelne JugendamtsmitarbeiterInnen haben. Sei es in Bezirken, in denen das Jugendamt in vielen Familien präsent ist, sei es im Heim oder Schule, wo sich die Kinder und Jugendlichen über solche Erfahrungen austauschen.

233 Man denke nur an den Bereich der Amtsvormundschaften und -pflegschaften. Vorbehalte sind hier nicht nur angebracht, weil diese z.T. in Personalunion vom ASD geführt bzw. auf pädagogisch/psychologisch nicht hinreichend qualifizierte Verwaltungsfachkräfte übertragen werden. Sondern auch, weil viele Mündel ihren Vormund – nicht zuletzt auf Grund einer oft immensen Fallbelastung der Fachkräfte – über Jahre hinweg nicht einmal persönlich kennen lernen. Vgl. hierzu nur das Schwerpunktheft *Forum Jugendhilfe* 1/1999.

234 *Wiesner-Mörsberger* SGB VIII § 50, Rz. 71.

ben.[235] Auch aus diesem Grunde, der vermeidbare Probleme schafft, steht die Tätigkeit im Jugendamt vermutlich in einer Vielzahl an Fällen der Tätigkeit als VerfahrenspflegerIn entgegen.

Dass diese Probleme auch von der Rechtsprechung gesehen werden, zeigt ein Beschluss des OLG Naumburg, das die Pflegerbestellung des Jugendamtes in einem Verfahren wegen Genehmigung einer freiheitsentziehenden Unterbringung aufhob und zugleich grundsätzliche Überlegungen zur Verfahrenspflegschaft anstellte. In der Begründung heißt es, auch im Verfahren nach § 70b FGG ließen sich die »neuen Vorschriften zur Pflegerbestellung« für das Kind gemäß § 50 FGG nicht ignorieren. Weiter führt das Oberlandesgericht aus:

> »Ziel der Bestellung ist dabei die Interessenvertretung des Kindes, das Ernstnehmen seiner Äußerungen und das Bemühen um Verständnis. Das Kind soll in jedem Stadium des Verfahrens in seiner Individualität und besonderen Schutzbedürftigkeit wahrgenommen und geachtet werden.
>
> Das muss erst recht gelten, wenn es um die geschlossene Unterbringung eines Kindes geht. Deshalb ist es nicht nachvollziehbar, dass ein Bet. [Beteiligter, MZ], der sich bereits seit mehreren Jahren mit den Auffälligkeiten des Kindes beschäftigt hat, der vielfache Versuche zur Besserung und Heilung durch Integration in Kleinstgruppen, Kinder- und Jugendheim und Sonderbetreuungen unternommen hat und nach Scheitern dieser Aktivitäten nunmehr ein eigenes Interesse an der Unterbringung haben könnte, zum Verfahrenspfleger bestellt wird.
>
> Eine Interessenkollision drängt sich geradezu auf, ganz abgesehen von der Tatsache, dass das Kind aufgrund seiner bisherigen Kontakte mit dem JA [Jugendamt, MZ] dieses ablehnt. Eine vertrauensvolle, umsichtige Beziehung zwischen Kind und Pfleger für die Dauer des Verfahrens scheint kaum möglich.
>
> Unter diesen Umständen war die Pflegerbestellung aufzuheben und die Sache insoweit an das AG [Amtsgericht, MZ] zurückzuverweisen.«[236]

Aber auch, wenn eine Person nicht im Jugendamt arbeitet, bedeutet dies nicht, dass sie tatsächlich ohne Rücksichtnahme auf die Interessen dieser Behörde und des Gerichtes tätig sein kann.[237] Zu denken ist hier insbesondere an Fachkräfte, die bei einem Träger beschäftigt sind, der auf eine gute Kooperation mit dem Jugendamt, vielleicht auch mit dem Gericht angewiesen ist. Dies gilt z.B. für MitarbeiterInnen von Heimen, deren Belegung durch das Jugendamt

---

235 Vgl. auch unten S. 180 f. Siehe auch die retrospektive Interviewstudie mit 45 jungen Menschen aus der Heimerziehung, *BMFSFJ* 1998, S. 438-451.

236 *OLG Naumburg*, DAVorm 1999, 713.

237 Vgl. hierzu auch *Weber/Zitelmann* 1999; *Zitelmann*, KindPrax 1998, 131/134 f.

erfolgt, oder von Beratungsstellen, deren »Klientel« zu großen Teilen auf Anraten der Behörde kommt, oder auch im Bereich der sozialpädagogischen Ein-
zelfall- oder Familienhilfen, die auf die Finanzierung durch das Jugendamt
angewiesen sind. Solche Interessenbindungen sind derzeit noch kein Gegenstand der Fachdiskussion bzw. entsprechender Studien. Um so wichtiger ist es,
solange keine anderweitigen Strukturen zur Auswahl und Vermittlung geschaffen werden, die Richterschaft für diese Problematik zu sensibilisieren und
zu einer kritischen Lesart der Stellungnahmen des Verfahrenspflegers zu befähigen.

c)   Geschwister

Ein weiterer Faktor, der sich störend auf die eigenständige Ermittlung und
Vertretung der Interessen des individuellen Kindes auswirken kann, betrifft
die Übernahme von Verfahrenspflegschaften für Geschwister. Diese ge-
meinschaftliche Vertretung kann zwar durchaus im Interesse der Kinder und
Jugendlichen sein, damit sich nicht mehrere VerfahrenspflegerInnen bei Gesprächen mit ihnen, den Eltern, Pflegeeltern, Fachkräften usw. die Klinke in
die Hand geben, und zudem das gerichtliche Verfahren unnötig in die Länge
ziehen. Sie kann aber auch dazu führen, dass die Belange des einzelnen Kindes nur unzureichend wahrgenommen werden.

So lassen Praxisberichte des Auslandes die allzu pauschale Bestellung einer einzigen Person zur Vertretung mehrerer Geschwister fragwürdig erscheinen. Die amerikanische Kindesanwältin *Haralambie* zeigt dies an Situationen auf, in denen das Wohl bzw. der Wille des einen Kindes nicht mit dem
des anderen Kindes vereinbar ist. Die erste Konstellation verdeutlicht sie an
Misshandlungen zwischen Geschwistern. In dieser Situation könne es im Interesse des jeweiligen Kindes liegen, dass der Bruder / die Schwester die Familie verlässt. Die zweite Konstellation diskutiert sie anhand eines Falles, in
dem ein Mädchen sexuelle Übergriffen des Vaters ausgesetzt war. Ihr Bruder
verneinte dies und ärgerte sich über deren »Lügen«. Eine weitere Schwester
wurde auch belästigt, wollte dies aber nicht aufdecken, um die Familie zu
schützen. Andere Geschwisterkonflikte, so *Haralambie,* seien weniger offensichtlich, nicht zuletzt, wenn sie periodisch auftreten oder durch eine Therapie beeinflusst oder lösbar seien. Eine am Kindeswohl orientierte Vertretung
könne zwar grundsätzlich auch konfligierende Interessen von Geschwistern
vertreten, jedoch nicht, wenn das Wohl des einen Kindes mit dem des anderen
in Konflikt gerate.[238]

---

238 Vgl. *Haralambie* 1993, S. 37 ff. Vgl. auch die »Standards« der »New York Law Guardian Representation«, die zu einer sorgfältigen Prüfung raten, ob Interessenkonflikte
zwischen Geschwistern bestehen. In angemessenen Fällen sei eine eigene Vertretung
jedes Kindes bei Gericht zu beantragen. Dokumentiert in: *Haralambie* 1993, S. 253.

In Gesprächen mit VerfahrenspflegerInnen, gewann ich diesbezüglich den Eindruck, dass ihre Empfehlungen oft eher an den Belangen älterer Geschwister orientiert waren, während die Bedürfnisse von Säuglingen und Kleinkindern kaum wahrgenommen wurden.[239]

> Ein prägnantes Beispiel, an dem sich dies verdeutlichen lässt, ist die auf Wunsch zweier Kinder (6 und 8 Jahre) erfolgte Aussetzung der Besuche der alleinsorgeberechtigten Mutter, die auch seitens des Verfahrenspflegers befürwortet worden war. Für die neun Monate alte Schwester, die das Jugendamt mit den älteren Geschwistern in einem Kleinstheim untergebracht hatte, fasste der Verfahrenspfleger jedoch keine gesonderte Regelung ins Auge, obwohl ein gerichtlicher Beschluss über die dauerhafte Trennung dieses Kindes von seiner Mutter nicht absehbar war.[240]

Dem Mädchen wurde damit nicht nur der Verlust ihrer Bindung zugemutet und ein (in diesem Alter fachlich fragwürdiger) »Ersatz« im Heim geboten. Der Verfahrenspfleger riskierte zudem – ebenso wie die anderen fallzuständigen Fachkräfte – eine erneute schädigende Trennung des Mädchens von der »Gruppenmutter« und seine »Rückführung« zu einer ihr nunmehr fremd gewordenen Frau. Als dem Verfahrenspfleger dieser »blinde Fleck« bewusst geworden war, regte er die Bestellung einer weiteren Person zur Interessenvertretung des jüngsten Kindes an, der das Gericht auch entsprach.

d) Eltern

Grundsätzlich ist damit zu rechnen, dass die Entflechtung von Eltern- und Kindesinteressen in der Praxis ganz erhebliche Schwierigkeiten bereitet. Zwar besteht im Unterschied zur Vertretung von Geschwistern kein gerichtlicher Auftrag[241], auch die Interessen der Eltern zu vertreten. Im Gegenteil: Der neue § 50 FGG wurde ja gerade geschaffen, um eine von den Elterninteressen unabhängige Vertretung der Kindesinteressen zu gewährleisten. Doch berichtet *Salgo* von britischen Erfahrungen[242], wonach das Verhältnis der am Kindes-

---

239 Dies deckt sich im Übrigen mit dem gegenwärtigen Stand der Fachdiskussion und Weiterbildungen, wo das durchaus verfügbare, umfangreiche Fach- und Erfahrungswissen der verschiedenen Kindesdisziplinen über die Belange sehr junger Kinder anscheinend eher kaum herangezogen und berücksichtigt wird.

240 Schilderung des Verfahrenspflegers.

241 In einem mir bekannten Fall nach § 1666/1666a BGB sowie einem Fall nach § 1671 (5) aF BGB wurden die Prozessvertreter der Mutter bzw. des Vaters vom Gericht allerdings zum Verfahrens- bzw. Ergänzungspfleger für das Verfahren bestellt und nahmen diese Doppelrolle auch an. Da dies jedoch seltene Ausnahmen sein dürften, ist hier auf diese offensichtliche Interessenbindung nicht weiter einzugehen.

242 Zur Bewertung der britischen Interessenvertretung durch die Eltern vgl. auch *Salgo* 1996, S. 228 ff.

wohl orientierten Interessenvertretung zu den Eltern zwar theoretisch ein investigatives sei, praktisch jedoch Elemente von Unterstützung, Beratung und Mediation einfließen.[243] Ein New Yorker Kindesanwalt beschrieb seine Erfahrungen in ähnlicher Weise:

> »Ich bin manchmal beunruhigt, ob ich das Wohl des Kindes, das Wohl der Eltern in Hinblick auf das Kind, die Wünsche des Kindes, oder eine Kombination von all dem vertrete.«[244]

Gespräche mit den Eltern, die sich an einer Sondierung möglicher Wege aus familialen Problemlagen orientieren, erfordern in der Regel ein Sich-Einlassen auf deren Sicht bzw. ein Sich-Einfühlen in deren Erleben und können Einfluss auf die weitere Entwicklung der familialen Beziehungen nehmen. Dies lässt sich an *Niestrojs* Erfahrungsbericht über die Kindesvertretung verdeutlichen. Sie sprach mit den Eltern der von ihr vertretenen achtjährigen Sabine und erklärte ihnen ihre Aufgabe. Nachdem sie – verallgemeinernd – auf das Leid vieler Kinder zu sprechen kam, reagierten beide Eltern mit Schilderungen eigener Hilflosigkeits-, Gewalt- und Ohnmachtserfahrungen, mit denen sie in ihrer Kindheit konfrontiert waren.

> »Die über das Kindheitsleiden der Eltern hergestellte Einfühlung in ihre eigene Situation erleichterte es ihnen im weiteren Gesprächsverlauf, die kindlichen Bedürfnisse und Probleme aus Sabines Blickwinkel zu sehen.«[245]

In der Praxis sind VerfahrenspflegerInnen nicht selten mit der Gestaltung einer solchen Gesprächsführung überfordert. Sie scheitern anscheinend an der Gratwanderung zwischen Empathie und notwendiger Abgrenzung, die die Bereitschaft und Fähigkeit erfordert, sich der oftmals belastenden Situation und den Gefühlen der Eltern nicht zu verschließen und zugleich eine kritische Distanz zu wahren bzw. wieder herzustellen.

Insbesondere in Gesprächen mit RechtsanwältInnen gewann ich wiederholt den Eindruck, dass die Wünsche, Bedürfnisse und Gefühle der Eltern die Wahrnehmung der Kindesinteressen überlagerten, ohne dass dies zu einer eigenständigen Reflexion auf der Metaebene führte.

> Exemplarisch lässt sich dies an der Schilderung einer Rechtsanwältin verdeutlichen, die in einem Fachgespräch über einen Herausnahmekonflikt nach § 1632 Abs. 4 BGB berichtete. Sie erzählte ausgiebig von den recht-

---

243 Vgl. *Salgo* 1996, S. 228.
244 *Knitzer/Sobey* 1988, S. 43 (Übersetzung MZ).
245 *Niestroj* 1989, S. 93.

lichen und psychischen Problemen der leiblichen Mutter und von einer Vielzahl eigener Aktivitäten, um deren Herausgabeverlangen zu unterstützen, während die Situation und Interessen des Kindes auch auf Nachfrage im Dunkeln blieben. Im weiteren Gesprächsverlauf zeigte sich, dass fast alle Zuhörenden in Verwirrung darüber gerieten, ob unsere Gesprächspartnerin als Prozessvertreterin der Mutter oder als Verfahrenspflegerin des Kindes tätig war. Letzteres traf zu.

Bei entsprechender Fachkompetenz hätte die Verfahrenspflegerin ihre Rolle als einen Hinweis auf die Situation des Kindes verstehen und klären können, ob das Kind dem Problem- und Leidensdruck seiner Mutter in ähnlicher Weise ausgesetzt war. Unsere Verwirrung hätte sich zugleich als eine mögliche Verwirrung des Kindes über die Aufgaben seiner Vertretung verstehen lassen. Doch auch im gemeinsamen Gespräch vermochte die Verfahrenspflegerin nicht, ihre Rolle kritisch zu hinterfragen und für das Verstehen des Falles zu nutzen.

Erschwert wird diese Rollenfindung verständlicherweise, wenn die Eltern von den zuständigen Stellen zu wenig oder überhaupt keine Unterstützung zur Bewältigung ihrer Situation erhalten[246], aber auch wenn ihnen eine eigene anwaltliche Beratung und Vertretung fehlt.[247]

> Dies lässt sich am Fall einer drogenabhängigen Mutter verdeutlichen, die eine Selbsttötung ankündigte, als sie von der geplanten Heimunterbringung ihrer Kinder erfuhr. Angesichts ihres nicht lang zurückliegenden Suizidversuches, mit dem sie auf die Trennung ihres Partners reagiert hatte, indem sie sich in Anwesenheit der Kinder aus dem Fenster des 2. OG stürzte, war diese Drohung sehr ernst zu nehmen. Die suchtkranke Mutter hatte bislang durch eine Rollenumkehr von ihren acht und neun Jahre alten Kindern Zuwendung, Fürsorge und Versorgung erhalten, und (miss-)brauchte diese zu ihrer psychischen Stabilisierung, die angesichts der bevorstehenden Trennung ins Wanken geriet. Die Kinder ihrerseits fühlten sich verantwortlich für ihre Mutter, ein Suizid wäre in dieser Situation für sie zur seelischen Katastrophe geworden.[248]

In Situationen wie dieser müssen sich VerfahrenspflegerInnen darauf verlassen können, dass den Eltern von anderer Seite ausreichend Hilfe und Unterstützung angeboten wird, oder ihnen droht eine Aufgaben- und Rollenkonfusion.[249] Eben dies kann – auch in weniger gravierenden Fällen – durch Verla-

---

246 Vgl. *Salgo* 1996, S. 228.
247 *Niestroj* 1989, S. 59.
248 Bericht eines Sozialarbeiters und des Hortes.
249 Die britischen Empfehlungen für ManagerInnen der »panels«, in denen die KindesvertreterInnen organisiert sind, sehen hier sinnvollerweise die vorsorgliche Planung ver-

gerungen der Zuständigkeit problematisch werden. So berichten Verfahrens-pflegerInnen, dass das Jugendamt während des Verfahrens in manchen Fäl-len im Vertrauen auf das Engagement der Kindesvertretung – und unter dem Druck einer ohnehin hohen Fallbelastung – in den eigenen Aktivitäten nach-lässt. Die Verfügbarkeit von Unterstützungsangeboten für die Eltern und kla-re Absprachen über die Zuständigkeit der beteiligten Fachkräfte und Institu-tionen sind jedoch eine zentrale Voraussetzung, um den erforderlichen Raum für eine eigenständige, am Kind orientierte Ermittlung und Vertretung seiner Interessen zu schaffen.

Ein anderer die Frage der Unabhängigkeit der Kindesvertretung empfind-lich berührender Aspekt ist die Einbindung des Verfahrenspflegers in bzw. sei-ne Weiterbildung durch Vereine, die Interessenverbänden der von gericht-lichen Verfahren betroffenen Erwachsenen, insbesondere Elternverbänden[250], nahe stehen. Auf Fachtagungen erhältliche Flugblätter zahlreiche Wortbeiträ-ge persönlich betroffener Väter auf Fachtagungen zum »Anwalt des Kindes« sowie Internet-Recherchen[251] weisen auf das Risiko einer Vereinnahmung der Kindesvertretung hin, die einer am tatsächlichen Interesse des einzelnen be-troffenen Kindes ausgerichteten Vertretung entgegensteht. Nicht selten wird z.B. pauschal die gemeinsame elterliche Sorge für jedes Kind gefordert, die ein »Anwalt des Kindes« durchsetzen soll.[252] Dass ein solches Interesse sich ggf. nur ganz konkret bestimmen lässt, »weil es die Fähigkeit von Gerichten über-

---

fügbarer Hilfen und Unterstützung für Fälle vor, in denen ein Elternteil sich tötet, oder in denen sich herausstellt, dass Kinder während ihrer Vertretung weiterhin misshan-delt oder sexuell ausgebeutet wurden. Vgl. hierzu *Department of Health* 1992 (a), S. 20 f.

250 Vgl. z.B. *Schwab* 1997 (b), S. 728, der anhand der Kindschaftsrechtsreform kritisch auf-zeigt, wie aus dem Besuchsinteresse des Elternteils, bei dem das Kind nicht lebt, ein Umgangsrecht des Kindes wurde, und wie das Interesse auf Mitsprache in Erziehungs-fragen auf eine andere Ebene gehoben und in ein »Recht des Kindes auf beide Eltern« transformiert wurde. Vgl. in Bezug auf die UN-KRK ebenso *Masson/Oakley* 1998, S. 11.

251 So erhält der »Anwalt des Kindes« z.B. Zuspruch durch den Interessenverband Unter-halt und Familienrecht, ISUV/VDU, dessen Nürnberger Geschäftsstelle mit Stand vom 24.10.1998 (http://privat.schlund.de/isuv/verfah.htm«) eine »Ausbildung zum Verfah-renspfleger« anbot. Vgl. auch die Seiten »http://www.pappa.com« mit weiteren Links.

252 Z.B. fordert eine auf dem 13. DFGT 1999 verteilte Flugschrift der »Initiave der Großel-tern von Trennung und Scheidung betroffener Kinder« »1. Für die Zukunft unserer En-kelkinder bei Trennung und Scheidung *grundsätzlich gemeinsames Sorgerecht*« 2. Wenn ein Elternteil die Rechte des Kindes missachtet, sofortige Ernennung eines An-waltes für das Kind.« (Hervorhebung im Original). Auch der VSBI e.V. Berlin, (»Ver-band Scheidungsgeschädigter Bürgerinitiative gegen Kindesentzug und Unterhaltsmiss-brauch«) fordert in einer dort verteilten Schrift u.a. die »Beibehaltung der gemeinsa-men elterlichen Sorge nach Trennung und Scheidung« und nimmt Bezug auf den »An-walt des Kindes«. Der Verein fungiert – nach eigener Angabe – als Anlaufstelle für »Scheidungsbetroffene« und »Alleinerziehende, deren Kinder ad hoc aus dem Haushalt entfernt wurden, um sie ins Heim zu verbringen«: »In anwaltsfreien Verfahren können wir die Interessen der Kinder wahrnehmen und kommen dem nach besten Kräften nach.«

steigt, einem Kind dabei zu helfen, dass es positive Beziehungen zu zwei Personen herstellt oder aufrechterhält, die gegeneinander eingestellt sind«[253], wird gänzlich ignoriert. Noch wird diesem »heißen Eisen« in der Fachöffentlichkeit ausgewichen, obgleich es, wie Gespräche mit PraktikerInnen zeigen, sehr wohl gesehen und als unbedingt klärungsbedürftig betrachtet wird. Dies nicht zuletzt, um Verflechtungen mit Pädophilenverbänden auszuschließen.[254] Die erforderliche empirische Recherche ist im Rahmen dieser Arbeit nicht möglich. Bei einer unabhängigen wissenschaftlichen Evaluation der Praxis der Interessenvertretung sollte diese Frage jedoch nicht ausgespart bleiben.

4. Interdisziplinarität

Das juristische Konstrukt Kindeswohl erfordert, das Fachwissen verschiedener Disziplinen im Einzelfall anzuwenden, um die Grundbedürfnisse und die Rechte des Kindes im Verfahren zu wahren. Das Kind hat Anspruch auf eine Vertretung und Entscheidungsfindung, die sich nicht allein vom »gesunden Menschenverstand« des Verfahrenspflegers bzw. Richters leiten lässt, sondern die das für seine individuelle Situation relevante Erfahrungswissen verschiedener Professionen bzw. Referenzdisziplinen berücksichtigt, wenn das Gericht Weichen in seinem Leben stellt. Die dem Verfahrenspfleger bzw. der Verfahrenspflegerin zugewiesene Aufgabe einer »Parteinahme für das Wohl des Kindes«[255] beinhaltet Fachkenntnisse und Handlungskompetenzen, die Spezialgebiete der Pädagogik und Psychologie, des Rechtes, der Soziologie, ggf. auch der Medizin und Psychiatrie berührt.

So ist in den das Kind betreffenden Verfahren u.a. theoretisches Fachwissen erforderlich, um eine kritische Prüfung sozialpädagogischer, psychologischer, psychiatrischer und medizinischer Gutachten sowie juristischer Argumente der ProzessvertreterInnen vorzunehmen. Zur Einschätzung der Hilfeplanung sowie zur Vertretung des Kindes im Verfahren sind gute Rechtskenntnisse und eine Vertrautheit mit der örtlichen Praxis (Organisation, Ressourcen etc.) der Jugendhilfe und der Justiz unabdingbar. Hinzu kommen praxisbezogene Kompetenzen verschiedener Fachrichtungen. Dies sind im Sorgerechtsverfahren u.a. Fähigkeiten zur Verständigung mit Kindern und Jugendlichen, zur Ermittlung, Dokumentation und Gewichtung der für sie subjektiv und objektiv bedeutsamen Ereignisse, Lebensumstände, Beziehungen,

---

253 *Goldstein/Freud/Solnit* 1991, S. 152.

254 Erstmalig wurde dies allerdings bei der Diskussion der Satzung der »Bundesarbeitsgemeinschaft Verfahrenspflegschaft e.V.« thematisiert. Die Satzung schließt ausdrücklich die Mitgliedschaft von Pädophilen aus und verlangt bei Eintritt die Vorlage eines Führungszeugnisses von ihren Mitgliedern, die zudem verpflichtet sind, dem Vorstand entsprechende Ermittlungen – i.S. einer Obliegenheitsverpflichtung – mitzuteilen.

255 *BT-Drucks.* 13/4899, S. 130.

Problemlagen und Perspektiven, zur Subsumtion dieses komplexen psychosozialen Sachverhalts unter die einschlägigen juristischen Normen[256] sowie Kompetenzen zur wirksamen Durchsetzung der Kindesinteressen im gerichtlichen Verfahren.[257]

Diese vielfältigen wissens- und anwendungsbezogenen Komponenten bei der Interessenvertretung eines Kindes/Jugendlichen zu integrieren, ist ein schwieriges Unterfangen. Um so mehr, als diese Integration u.a. von Professionen (JuristInnen, PsychologInnen) geleistet wird, in deren Studium die Rezeption bzw. Anwendung von Theorien und Methoden anderer Disziplinen, wenn überhaupt, von randständiger Bedeutung sind.[258]

So liegt die Entlastungsstrategie nahe, die gelernte Rolle, z.B. als AnwältIn, MediatorIn oder psychologische/r Sachverständige/r, mehr oder weniger auf das interdisziplinäre Handlungsfeld der Interessenvertretung zu übertragen. Die Risiken einer solch eingeengten fachspezifischen Sicht- und Handlungsweise sind jedoch offenkundig. Die traditionelle Anwaltsrolle beinhaltet weder eine pädagogisch und psychologisch verantwortete Interaktion mit den zu vertretenden Kindern und Jugendlichen, noch das erforderliche Fachwissen und die Kompetenz zur Identifikation und Gewichtung der zur Bestimmung des Kindeswohls maßgeblichen pädagogischen und psychosozialen Gesichtspunkte im konkreten Fall.[259]

Die Qualifikation der PsychologInnen umfasst in der Regel keine Kenntnisse und Kompetenzen im Bereich des Jugendhilfe- und Familienrechts sowie

---

256 Mit *Wiesner-Oberloskamp*, SGB VIII Anh. § 50, Rz. 159, ist an einen von Fakten und angewandten Fachkenntnissen getragenen Bericht an das Gericht zu denken, der die »Vorgeschichte«, eine »Diagnose« sowie eine »zusammenfassende Beurteilung« enthält.

257 Zum Anforderungsprofil einer wohlverstandenen Interessenvertretung vgl. auch *Timms* 1995 (a), S.157 f. Vgl. zu dieser Frage auch *Salgo*, FamRZ 1999, 337/347.

258 Interdisziplinarität, so *Mittelstraß* 1987 (b), S.157, ist ein »... Reparaturphänomen zur Aufhebung erkenntnisbegrenzender Disziplinarität und ein Kompensationsphänomen«, das bereits im Studium beginnen müsse. Sie erfordere die Überwindung von Expertenkulturen zu Gunsten eines an bestimmten Problemlösungszusammenhängen orientierten Querdenkens und Fragens bzw. Lernens, was die eigene Disziplin nicht wisse.

259 In diesem Sinne bezogen auf US-Rechtsanwältinnen auch: *Fraser* 1976, S. 175. Auch *Goldstein/Freud/Solnit* 1988, S. 58-64, verdeutlichen dies an einem Prozesspfleger, dem es in einem Pflegekindschaftsverfahren an Wissen über die Kindesentwicklung und Eltern-Kind-Beziehungen fehlte, so dass er nicht entscheiden konnte, ob er Interpretationen über das Verhalten des Kindes und seiner primären Betreuungspersonen hinnehmen oder anfechten sollte. Er verkannte damit insbesondere seine Aufgabe, eine von der Behördenpolitik unabhängige Interessenvertretung des Kindes zu garantieren. Als weiteres Beispiel führten die Verfasser den Fall eines Kindesanwaltes an, der in einem Umgangsrechtsstreit eingesetzt war. Er deutete die Ablehnung des Mädchens als »gewaltige Überreaktion« und empfahl dem Gericht, erstens weitere Besuche und zweitens für alle Verfahrensbeteiligten Sitzungen in der Familien- und Kinderberatungsklinik anzuordnen. Damit maßte er sich als Jurist die Rolle eines Entwicklungspsychologen und Psychiaters an und überschritt die Grenzen seiner Fachlichkeit.

der öffentlichen und freien Jugendhilfe. Auch die der Sozial-/PädagogInnen umfasst in der Regel nur gewisse Kenntnisse der Psychologie sowie des Familien-, Jugendhilfe- und Verfahrensrechtes. Beide Berufsgruppen verfügen über keinerlei anwaltliche Berufserfahrung, um die Kindesinteressen in einer dem gerichtlichen Verfahren (u.a. strategisch und argumentativ) angemessenen Weise einzubringen und durchzusetzen.

Doppelqualifikationen oder auch interdisziplinäre Vertretungsmodelle, in denen Fachkräfte der verschiedenen Disziplinen miteinander kooperieren, wie zum Beispiel das britische »Tandem-Modell«, könnten diese Defizite ausgleichen. Die Begleitung und Beratung des Kindes, sowie die Ermittlung und Bestimmung seiner wohlverstandenen Interessen lägen im letzteren Fall sinnvollerweise bei einer pädagogischen bzw. psychologischen Fachkraft, die über eine Zusatzqualifikation verfügt, die sie auf die spezifischen Aufgaben der Verfahrenspflegschaft vorbereitet. Die Aufgabe eines Rechtsanwaltes bestünde – je nach Anforderungen des Einzelfalles – in der juristischen Beratung dieser Fachkraft, unter Umständen auch im Verfassen juristischer Schriftsätze und der persönlichen Anwesenheit bei mündlichen Verhandlungen. Letzteres dürfte sich insbesondere empfehlen, wenn auch andere Verfahrensbeteiligte juristisch beraten und vertreten werden.

Zu bedenken ist aber, dass diese Struktur einen »Parteienstreit« auslösen oder forcieren und damit adversariale Tendenzen des familienrechtlichen Verfahrens fördern kann, die zu einer für das Kind oft problematischen Verschärfung der Konflikte zwischen den Verfahrensbeteiligten führen, die Rolle des Richters »neutralisieren« und damit in einer für die Position des Kindes nachteiligen Weise verändern würde. Zu warnen ist ebenso vor für das Kind nachteilige Verfahrensverzögerungen, die sich durch Terminschwierigkeiten bei dieser interdisziplinären Kooperation ergeben können.

Gleichwohl ist dieses Vertretungsmodell in Abwägung der Vor- und Nachteile zu befürworten, falls die Problematik der Verfahrensgestaltung und der Konfliktverschärfung von den Beteiligten beachtet wird. Die maßgebliche Schwierigkeit liegt derzeit aber in der – unter finanziellen Aspekten unwahrscheinlichen – rechtspolitischen Durchsetzung eines solchen Modells. Die folgende Betrachtung beschränkt sich von daher aus pragmatischen, nicht fachlichen Gründen auf die Annahme, dass die Vertretung der Kindesinteressen in zivilrechtlichen Verfahren bis auf weiteres gem. § 50 FGG durch eine einzelne Person erfolgt, der damit die schwierige Aufgabe zukommt, individuelles Fallverstehen und allgemeines Regelwissen verschiedener – insbes. pädagogischer, entwicklungspsychologischer und juristischer – Fächer in ihrem professionellen Handeln in Einklang zu bringen.

Da keine der herkömmlichen Berufsgruppen der oben skizzierten Aufgabenstellung gerecht wird, ist an eine *intradisziplinäre*[260] Spezialisierung zu

---

260 *Heckhausen* 1987 (e) prägte den Begriff der Intradisziplinarität (im Unterschied zur In-

denken, die wohl am ehesten von sozialpädagogischen Fachkräften mit juristischer Zusatzqualifikation zu leisten ist.[261] In rechtlich anspruchsvollen Fällen oder wenn das Kind zugleich auch im Strafverfahren zu vertreten ist, werden hingegen primär entsprechend weitergebildete JuristInnen in Frage kommen. Erste Berichte aus der Praxis zeigen, dass diese Person bei Bedarf einen Anspruch auf vergütete Beratung haben sollte, da entsprechende Weiterbildungsangebote auf die Fragen, die sich bei der Vertretung des einzelnen Kindes oder Jugendlichen stellen, nur begrenzt vorbereiten kann. Es kann sich, um nur einige Beispiele zu nennen, z.B. die Frage stellen, wie sich die richterliche Entscheidung auf den Aufenthaltsstatus des Kindes auswirken kann (Asyl- und Ausländerrecht, Internationales Privatrecht), welchen Erziehungs-/Förderungsbedarf ein Kind auf Grund einer bestimmten Krankheit bzw. Behinderung hat, welche Gesichtspunkte sich aus der Zugehörigkeit der Familie zu einer bestimmten Kultur, Religionsgemeinschaft oder Sekte etc. ergeben, ob ein medizinisches bzw. psychiatrisches Gutachten angeregt oder beanstandet werden sollte, usw.

Indes birgt die praktische Anwendung rechtlicher, psychologischer und pädagogischer Theorien und Erkenntnisse sowie Diagnose- und Bearbeitungsverfahren spezifische Probleme und Risiken. So zeigt *Schütze* am Beispiel der Sozialarbeit/Sozialpädagogik, dass deren interdisziplinäre Fundierung ein für Irrtümer, professionelle Dilemmata und Paradoxien extrem anfälliges Handlungsfeld erzeugt. Grundlegend sei hierbei der Umstand, dass diese Fachrichtung sich – anders als die »stolzen« Professionen, wie z.B. somatische Medizin, Jurisprudenz, Psychiatrie – nicht ...

> »... auf einen völlig eigenständigen, maßgeblich eigenproduzierten und eigenkontrollierten abgegrenzten höhersymbolischen Sinnbezirk zur Selbststeuerung und Reflexion ihrer Berufsarbeit zurückziehen kann ...«.[262]

Die kritische Rezeption fachfremder und z.T. widerstreitender Theorien und Methoden werde schon dadurch erschwert, dass deren Zustandekommen und Aussagekraft den Außenstehenden einer Disziplin nur schwer nachvollziehbar sei, während der »voll Einsozialisierte« genauer um deren Einschränkungen, Wirkungsbedingungen und Nebeneffekte wisse, und damit eher über deren angemessene Anwendung entscheiden könne. Diese Fehlertendenz werde noch dadurch verstärkt, dass der Fachrichtung selbst eine auf das eigene professionelle Handeln und seine Problemgegenstände gerichtete wissenschaftliche »klinische« Forschung nicht selbstverständlich sei. Dies führe dazu, dass

---

ter- und Multidisziplanrität) für Fächer, die nicht von einer Leit-Disziplin bestimmt werden, sondern Betrachtungswinkel mehrerer Disziplinen vereinen. S. 131.

261 Vgl. hierzu ausführlich *Fricke*, ZfJ 1999, 51/55 ff. Zur Problematik der Integration spezifischen juristischen Fachwissens in soziale Berufe, vgl. *Bauer* 1995, S. 11 ff.

262 *Schütze* 1992, S. 146, auch S. 166.

Theorien und Verfahren gleichsam importiert und seitens der Praxis kontext-losgelöst sowie ohne innere Aneignung als »fetischierte ›Machtpakete‹«[263] ver-wendet würden.

Diese Problematik gilt vermutlich auch für VerfahrenspflegerInnen. Zumal diese – anders als üblicherweise SozialpädagogInnen – nicht in Institutionen eingebunden sind, denen auch eine Orientierungs- und Kontrollfunktion zu-kommt, so dass sie entsprechende Theorien und Verfahren auf sich allein ge-stellt und zudem in ganz unterschiedlichen Praxisfeldern (Pflege-/Familien, Heimen, Psychiatrien, Justiz, Jugendämtern ...) anzuwenden haben.

Wenn sich die einzelne Fachkraft entsprechender Fehlertendenzen bewusst ist, kann auch dies problematische Folgen zeitigen. Die Einsicht in die Be-grenztheit des eigenen fachlichen Wissens und Könnens verunsichert und könnte dazu verleiten, die eigene Urteils- und Durchsetzungsfähigkeit zu un-terschätzen.[264] So ist vielleicht u.a. zu erklären, weshalb die britischen Guar-dians anscheinend dazu tendieren, psychologische Gutachten »als eine Art Rückversicherung zu benutzen«[265], womit ggf. nicht nur Verfahrensverzöge-rungen sondern unter Umständen auch vermeidbare Belastungen der Kinder und Jugendlichen riskiert werden. Zu entsprechenden Abwägungsprozessen bemerkten *Goldstein, Freud* und *Solnit*:

> »Die am Verfahren professionell Beteiligten müssen den Ausgleich zwi-schen einer zu allgemeinen und einer zu spezifischen Definition ihrer Fachdisziplin finden. Sie müssen die Existenz fachlicher Grenzen aner-kennen, und müssen, trotz des Fehlens klarer Richtlinien, die unter-schiedlichen Situationen erkennen, in denen sie diese Grenzen über-schreiten bzw. nicht überschreiten dürfen.«[266]

Das eingangs skizzierte interdisziplinäre Profil einer wohlverstandenen Inte-ressenvertretung des Kindes, birgt neben den hier aufgezeigten unerwünsch-ten Effekten aber zugleich die Chance, entsprechende Fehlertendenzen ande-rer am Verfahren beteiligter Fachkräfte auszugleichen, bzw. auf diese auf-

---

263 *Schütze* 1992, S. 146. Zu denken ist hier z.B. an die unkritische Übernahme simplifizie-render psychologischer Erklärungsmodelle (z.B. »PAS-Syndrom«), sozialpädagogischer Patentrezepte (z.B. »Families First«, vgl. etwa *Gehrmann/Müller,* Sozialmagazin 1994, 38 ff), ideologieträchtiger Trendsetter der Jugendhilfe (z.B. »Kundenzufriedenheit«) oder des Rechts (»Gemeinsame elterliche Sorge« als Allheilmittel).

264 Zu »Kompetenzzweifeln« in der Sozialen Arbeit vgl. auch *Arndt* 1993, 18 ff.

265 So *Murch* 1995 (a), S. 169 und *Murch* 1995, Representing Cildren 1995, 34/38 f zur bri-tischen Kindesvertretung. Eine weitere Ursache könnte auch der im Vergleich zu den »stolzen« Professionen geringere Status der Kindesvertretung sein. – Im adversarialen Verfahrenssystem des britischen Rechts birgt ein solches Gutachten ein erhöhtes Risi-ko entsprechender Gegengutachten. Die Problematik solcher Parteiengutachten besteht hier zu Lande insbesondere in der Strafgerichtsbarkeit. Vgl. *Fegert* 1993, S. 11 ff.

266 *Goldstein/Freud/Solnit* 1988, S. 83.

merksam zu machen. Gerade Richter und Richterinnen sind hierauf aus fachlicher Sicht besonders angewiesen, da das Jurastudium sie in keiner Weise auf die Rezeption sozialwissenschaftlicher Erkenntnisse vorbereitet[267], während dies in multiprofessionell besetzten bzw. interdisziplinär angelegten Studiengängen, wie etwa der Sozial- und Diplompädagogik, zumindest ansatzweise versucht wird.[268] In diesem Sinne können entsprechend qualifizierte InteressenvertreterInnen vermutlich durchaus zur umsichtigen und kritischen Bezugnahme auf den Wissensfundus der verschiedenen Disziplinen hinsichtlich der Verfahrensgestaltung und Entscheidungsfindung des Gerichtes beitragen.

5. Professionalität

Die von der Gesetzgebung, Rechtsprechung und Fachöffentlichkeit entwickelten Kriterien, um das individuelle Wohl eines Kindes bzw. Jugendlichen zu bestimmen (der Schutz seiner körperlichen, seelischen und geistigen Integrität und Entwicklung, die Beachtung seines Willens und kindlicher Bindungen, die Bedeutung von Kontinuität und Stabilität, das Zeiterleben des Kindes usw.) sind nicht mehr als konkretions-, ergänzungs- und überprüfungsbedürftige Anhaltspunkte zur Ermittlung und Einschätzung eines oft intransparenten, dynamischen und vieldeutigen Sachverhaltes.

Dieser Vorgang lässt sich als »psychosoziale Diagnostik« beschreiben, die als »Konstruktion sozialer Wirklichkeit«[269] zumindest eine begründete Einschätzung der Lebensgeschichte, des Erlebens und der Beziehungen des Kindes oder Jugendlichen sowie der Erforderlichkeit und Tragfähigkeit von Hilfen und richterlichen Maßnahmen zulässt.[270] Dies setzt insbesondere die Fähigkeit voraus, ...

> »... sich auf unterschiedliche Deutungen einzulassen und mit diesen perspektivisch arbeiten zu können, Situationen mit Hilfe theoretischer Kenntnisse zu interpretieren, Wege der Weiterentwicklung von Adressaten zu

---

267 Vgl. hierzu kritisch u.v.a. *Bosch,* FamRZ 1980, 740, *Eschweiler* 1995, S. 238; *Fricke,* ZfJ 1998, 57/60; *Lempp* 1987, S. 108; *Zenz,* Fragmente 1986, 115/131 ff; *Zenz* 1989, 229 – zur notwendigen Verbesserung der richterlichen Qualifikation zur Durchführung von Kindesanhörungen vgl. auch: *BVerfGE 55*, 171/180.

268 Vgl. i.d.S. zum Studium der Sozialarbeit *Arndt/Oberloskamp* 1993, S. 20 f. Zur Interdisziplinarität im Studiengang Dipl.-Pädagogik vgl. *Bauer/Marotzki* 1995, S. 297.

269 Vgl. *Mollenhauer/Uhlendorff* 1992, S. 10.

270 Die psychosoziale Diagnose definiert *Uhlendorff* 1997, S. 18 (vgl. auch S. 11-21), wie folgt: Sie ist »... Interpretation der sozialen Lebenslage einer Familie und der psychischen Befindlichkeit der einzelnen Familienmitglieder und führt zu einem begründeten Vorschlag über eine mögliche Hilfeart. Sie ist somit Bestandteil eines rechtlich-administrativen Prozesses.« Vgl. ebenso *Harnach-Beck* 1995, S. 18.

denken und gemeinsam zu strukturieren, Hilfeverläufe einer gemeinsamen Bewertung zu unterziehen.«[271]

Im folgenden soll zunächst an einigen typischen Problemfeldern exemplarisch aufgezeigt werden, dass es sich hierbei um ein für Fehleinschätzungen anfälliges Geschehen handelt, deren Begrenzung bzw. Vermeidung u.a. durch die Professionalisierung der Vertretungsrolle zwar prinzipiell möglich, jedoch de lege lata nicht sichergestellt worden ist.

Die Bestimmung des »Kindeswohls« setzt erstens eine Verständigung über das widersprüchliche und veränderliche Spektrum an subjektiven Willensäußerungen, Wünschen, Befürchtungen, Erwartungen, Bedeutungszuschreibungen, Bedürfnissen und Empfindungen des Kindes voraus. Dieser Verständigungsprozess führt schon bei der asymmetrischen Kommunikation zwischen Fachkräften und erwachsenen Laien zu Problemen, da dieses Gefälle trotz aller Bemühungen um einen »den Subjektstatus der Adressaten systematisch einbeziehenden und fördernden Prozess mit Aushandlungscharakter«[272] zwar durch fachliches Handelns gemindert, aber nicht beseitigt werden kann.[273] So verfügen Fachkräfte u.a. über ein Problemwissen – über die Ressourcen aber auch über Beeinträchtigungen oder das Unvermögen ihres Klientels –, das nicht nur der Übersetzung aus einer oft zynisch anmutenden Fachsprache bedarf, sondern dessen Offenlegung kontraindiziert sein kann. Diese Problematik verschärft sich in der Verständigung mit Kindern und Jugendlichen, die sowohl auf eine ihrem Entwicklungsstand angemessene Kommunikation als auch auf einen viel weitergehenderen Schutz vor Informationen und Einschätzungen angewiesen sind, die sie nicht oder noch nicht verkraften können.[274]

Je mehr an Wissen jedoch verschwiegen werden muss, umso wahrscheinlicher sind berechtigter Argwohn, Unverständnis und Misstrauen des Kindes oder Jugendlichen, die den – fachlich erforderlichen – Verständigungsprozess stören können. *Schütze* thematisiert hier die Neigung sozialpädagogischer Fachkräfte, diesem Dilemma zu entgehen, indem Probleme ganz abgeschirmt, ausgeblendet oder beschönigt werden, oder die Betroffenen und ihr Erleben und Leiden auf Distanz gehalten bzw. die Interaktion mit ihnen ganz vermieden werden.[275] Das Risiko entsprechender Missverständnisse und Fehldeutungen, aber auch einer Haltung, bei der »... der Berufsexperte (fälschlich) annimmt, er könne letztlich auch allein bestimmen, was das Wohl des Klienten sei«[276], entsteht in diesem Arbeitsfeld folglich in ausgeprägter Weise. Die Folge

---

271 *Wiesner* SGB VIII § 36, Rz. 20.
272 *Merchel* 1994, S. 44 f.
273 Vgl. hierzu auch *Wiesner* SGB VIII, § 36, Rz. 22 a.
274 Vgl. hierzu auch *Harnach-Beck* 1995, S. 32 f.
275 Vgl. *Schütze* 1992, S. 153-156.
276 *Schütze* 1992, S. 136.

dieser Haltung lässt sich aus soziologischer Sicht mit *Goffman* wie folgt beschreiben:

>»Die immer sorgfältigere Beachtung der Interessen des Klienten durch den Helfer kann dazu führen, dass letzterer sich Idealvorstellungen über das Interesse seines Klienten hingibt, und dieses Ideal kann, zusammen mit den professionellen Normen des Geschmacks, der Leistung und der Fürsorglichkeit, manchmal mit dem in Konflikt geraten, was ein bestimmter Klient bei einer bestimmten Gelegenheit als sein eigenes, wohlverstandenes Interesse ansieht.«[277]

Ein zweiter Gesichtspunkt betrifft die Entflechtung professioneller Kenntnisse und persönlicher Überzeugungen, die nicht durch die eigene Expertenschaft gedeckt sind. Diese Trennung von Fach- und Alltagswissen ist in den einschlägigen Sorgerechtsverfahren besonders problematisch, weil es um menschliche Eigenschaften, Bedürfnisse und soziale Beziehungen geht, deren Wahrnehmung und Einschätzung zwangsläufig durch persönliche Werturteile beeinflusst wird, die u.a. aus der Kindheit bzw. Elternschaft des Verfahrenspflegers sowie aus seiner Berufsmotivation resultieren.[278]

Ebenso können z.B. das Alter und Geschlecht, der familiäre Status, soziokulturelle Einflüsse, politische Einstellungen, die Berufserfahrungen[279] oder auch Sympathien und Aversionen gegenüber am Verfahren beteiligten Personen eine Rolle spielen. Auch das bereits aufgezeigte Problem einer mittelschichtspezifischen Interpretation des Kindeswohls besteht für VerfahrenspflegerInnen, da sie z.B. als JuristIn, PädagogIn oder PsychologIn in der Regel durch ihre berufliche Sozialisation und ihren sozialen Status der Mittelschicht zugehören, anders als die meisten betroffenen Kinder bzw. deren Eltern.[280] Bei entsprechendem Problembewusstsein kann sich die »Kehrseite« dieser Medaille in einer sich sozialkritisch dünkenden Toleranz gegenüber Gefährdungen manifestieren, die sich auf das einzelne Kind, um dessen Interessen es geht, schädigend auswirkt und es so einer mehrfachen Benachteilung aussetzt.

Ein dritter Gesichtspunkt ist die Anforderung, ein allgemeines Fall- und Erfahrungswissen auf den konkret situierten Einzelfall anzuwenden, um eine »stellvertretende Deutung« der wohlverstandenen Interessen des Kindes zu erarbeiten. Dies erfordert eine sich mit zunehmender Berufserfahrung entwickelnde Kompetenz, zwei widersprüchliche strukturelle Komponenten professionellen Handelns zu vereinigen. Nämlich die Deduktion eines wissen-

---

277 *Goffman* 1972, S. 322.
278 Vgl. hierzu *Goldstein/Freud/Solnit* 1988, S. 27-37.
279 Vgl. *Arndt* 1993, S. 8.
280 Vgl. hierzu auch oben S. 133.

schaftlich begründbaren, auf Allgemeingültigkeit zielenden Regelwissens einerseits und das hermeneutische Verstehen des individuellen Falles andererseits.[281] Gelingt dies nicht, kann es zu einer groben Typisierung und Etikettierung kommen, die eine schematisierte Einschätzung des Sachverhaltes und möglicher Problemlösungen erlaubt.[282] Ebenso besteht das Risiko, von der Vielfalt möglicher Ursachen, der Unordnung des Alltags, der Interdisziplinarität etc. überwältigt zu werden und zu überhaupt keiner eigenständigen Einschätzung der Kindesinteressen zu kommen.[283]

Eine ähnlich gelagerte Problematik ergibt sich aus der Anforderung, trotz »schwankender empirischer Basis« eine fachlich fundierte Prognose zu erarbeiten, also trotz (und in) einer unvermeidlichen Ungewissheit zu handeln. Hier sieht *Schütze* eine Tendenz sozialer Fachkräfte, durch »leerformelhafte Sprachgebilde« späterer Kritik der Fachwelt, einer entsprechenden Berichterstattung der Medien oder rechtlichen Konsequenzen zu entgehen.[284] Ebenso kann die jeder Prognose anhaftende Ungewissheit[285] aber auch dazu verleiten, Vermutungen über die weitere Entwicklung des Kindes und seines Umfeldes unter Berufung auf wissenschaftliche Erkenntnisse[286] absolut zu setzen, um sich durch eine solche Als-Ob-Gewissheit Entlastung, vielleicht auch das Gehör des Gerichtes zu verschaffen.

Ein weiteres Spannungsfeld entsteht bei der Entscheidung über den Zeitpunkt und Umfang sozialpädagogischer bzw. juristischer Interventionen, die fast immer als »zu früh, zu spät, zu viel oder zu wenig«[287] erscheinen. Der Ten-

---

281 Vgl. *Oevermann* 1981, S. 2 f. *Oevermann* spricht hier vom professionellen Habitus, der z.B. von Ärzten oder Anwälten »im Sinne einer Kunstlehre durch praktische Berufserfahrung verinnerlicht« werde. Bei nicht professionalisierten Berufen, die jedoch professionelles Handeln erfordern, wie etwa dem Lehrerberuf, spiegele der Habitus hingegen die Vereinseitigung der o.g. Komponenten wieder: Die Interaktionsbedeutung werde »geradezu professionell« ausgeblendet, der Habitus zerfalle gleichsam in den des »Technologen« bzw. des »Elternersatzes«, in »Wissenschaftsgläubigkeit« bzw. »antitheoretischen Affekt«, in streng spezifisches und diffuses Rollenhandeln bei gleichzeitiger Unfähigkeit, diese Problematik analytisch zu durchdringen. Vgl. hierzu 1981, S. 33 ff, auch 1996, S. 123 ff.

282 Vgl. *Schütze* 1992, S. 149; auch *Harnach-Beck* 1995, 18 f; *Mollenhauer/Uhlendorff* 1992, S. 27 f.

283 Zur Problematik des »Reduktionismus« vs. »Universalismus« vgl. auch *Mollenhauer/ Uhlendorff* 1992, S. 9 f.

284 Vgl. *Schütze* 1992, S.150. Grundsätzlich können zukunftsweisende Prognosen über die Entwicklung eines Kindes und über die Vielzahl der sie beeinflussenden Faktoren niemals mit Sicherheit getroffen werden. Vgl. hierzu *Lempp,* DJT 1982, I, S. 50.

285 Vgl. hierzu *Lempp,* DJT 1982, I, S. 50.

286 Exemplarisch sei hier einerseits auf psychoanalytische und andererseits auf systemische Sichtweisen verwiesen, vor deren Hintergrund z.B. im Bereich der Pflegekindschaft eine anhaltende fachliche Kontroverse besteht, aus der heraus der Kontakt zur Herkunftsfamilie bzw. die Rückführung in die selbe oft diametral gegensätzlich bewertet werden. Vgl. hierzu z.B. *Faltermeier* 1989, S. 231-234, 237; *Nienstedt/Westermann* 1995, S. 293 ff.

287 *Goldstein/Freud/Solnit* 1982, S. 115.

denz, die Problemlagen des Kindes zu verleugnen und seine Geschichte abzuspalten, können einerseits mit intensiven Rettungsfantasien verbundene dramatische Eingriffe gegenüberstehen.[288] Auch führt der Versuch, jedes Risiko bzw. die aufwändige sekundäre Kontrolle kalkulierter Risiken zu vermeiden, unter Umständen zur mangelnden Aufklärung des Kindes bzw. Jugendlichen über mögliche Alternativen und zu einem Votum für verfrühte und massive Eingriffe.[289] Andererseits kann das Zuwarten auf die erhofften Effekte angebotener Hilfen sowie das Vertrauen in die Problemlösungsmöglichkeiten der Beteiligten bewirken, dass Gefährdungslagen so eskalieren, dass das betroffene Kind (irreversible) körperliche oder seelische Schäden, vielleicht sogar den Tod erleidet.[290] Während auf der einen Seite die »Gefahr forscher Eingriffe in die Familie« besteht, droht das Kind auf der anderen Seite zum »Versuchsobjekt staatlicher Familienrehabilitierung« zu werden. Die Folge ist nicht selten die Vermeidung jeglicher Entscheidung. *Coester* thematisiert in diesem Kontext ...

> »... die Tendenz, die endgültige Unterbringung eines Kindes, das aus der Familie genommen werden musste, über Jahre hinaus offen zu lassen, um den Eltern die Chance der Konsolidierung der Verhältnisse und der Rückgewinnung des Kindes offen zu halten.«[291]

Ein zeitbedingtes Dilemma entsteht zudem durch die Anforderung, sich für die Beschleunigung[292] des Verfahrens einzusetzen, um verfahrensbedingten Belastungen und dem Zeiterleben der Kinder sowie dem Umstand Rechnung zu tragen, dass sich sonst neue Beziehungskonstellationen bilden und verfestigen können oder die bisherigen keinen Bestand mehr haben. Auf der anderen Seite braucht die von der Interessenvertretung erwartete gründliche Erarbeitung und Einbringung der subjektiven und wohlverstandenen Kindesposition in das Verfahren ihre Zeit[293], so dass eine zu ausgedehnte ebenso wie eine zu über-

---

288 Vgl. *Maywald* 1997, S. 28 f.

289 Erschwerend kommt für VerfahrenspflegerInnen und Gerichte hinzu, dass diese Kontrolle ihrer Zuständigkeit nach Abschluss des Verfahrens normalerweise entzogen ist, was die o.g. Interventionstendenz eventuell noch verstärkt.

290 Die Sozialarbeit neigt *Schütze* 1992, S. 149 f, 156 f, zufolge zum vorzeitigen, massiven Eingriff, zur Überbetonung von Ordnungs- und Sicherheitsaspekten sowie einer manipulativen Einschränkung der Entscheidungsfreiheit der Klienten. Diese Einschätzung ist für die heutige Situation zu bestreiten, was sich u.a. aus der durch das KJHG bewirkten Trendänderung erklären dürfte. Die jüngste Studie von *Münder u.a.* 1998, S. 36 f, belegt, dass der Einleitung gerichtlicher Verfahren vielfach langjährige Versuche vorausgehen, sog. Problemfamilien zu beraten und ihnen Hilfen anzubieten.

291 Auch zum Voranstehenden *Staudinger-Coester* § 1666a, Rz. 4.

292 Vgl. die Ausführungen des Bundesverfassungsgerichtes zum Beschleunigungsgebot in sorge- und umgangsrechtlichen Verfahren: *BVerfG,* FamRZ 1997, 871 ff; http://www.bverfg.de, 1 BvR 1674/96 (Abs. 15, 17) vom 11.11.1999; http://www.bverfg.de 1 BvR 1403/99 vom 26.8.1999.

293 Vgl. *Hohmann-Dennhardt,* Protokolldienst 2000, 3/12. Grundlegend *Heilmann* 1998,

eilte Ermittlung und Gewichtung der Kindesinteressen auf Kosten des einzelnen Kindes gehen kann.

Vor die oben beschriebenen Anforderungen professionellen Handelns mit interdisziplinärem Bezug sind freilich nicht nur VerfahrenspflegerInnen, sondern alle am zivilrechtlichen Kindesschutzverfahren beteiligten Fachkräfte gestellt. Also außer den RichterInnen auch die nach §§ 49, 49a FGG stets zu beteiligenden MitarbeiterInnen des Jugendamtes. Auch sie sollen ja die Vorgeschichte, Lebenssituation, Bedürfnisse und Gefährdungslagen des Kindes oder Jugendlichen sowie dessen Sicht und Wünsche – meist auf der Grundlage weniger Gespräche mit allen Beteiligten – unter Verwendung erfahrungswissenschaftlichen Wissens realistisch einschätzen und weitere Schädigungen so gering wie möglich halten.

Dem Risiko gravierender Fehleinschätzungen bzw. riskanter Entlastungsstrategien wird in der öffentlichen Jugendhilfe allerdings durch differenzierte gesetzliche Regelungen[294] begegnet, die der Qualitätssicherung dienen und angesichts »... der Vielzahl den Einzelfall prägenden Faktoren ein hohes Maß an Professionalität«[295] sichern sollen. Erstens ist insbes. auf das Fachkräftegebot des § 72 KJHG zu verweisen, der die persönliche[296] und fachliche Eignung[297], Fortbildung und Beratung sowie die interdisziplinäre Zusammenarbeit der PraktikerInnen regelt.[298] Hinzu kommen das einzelfallbezogene Zu-

---

S. 264 ff. Zur Verfahrenspflegschaft ausführlich auch *ders.*, KindPrax 2000, 79/82. Zum »Grundsatz größtmöglichster Beschleunigung« auch *FamGb-Fehmel*, § 50b FGG, Rz. 40-42. Zur Pflegekindschaft vgl. *GK-SGB VIII-Salgo* § 33, Rz. 18, 22 ff.

294 Das FGG kennt zwar ähnliche Prinzipien (Anhörung, Akteneinsicht, Anregungen, Beschwerden etc.), doch gelten für Vormundschafts- und FamilienrichterInnen weder fachspezifische Qualifikationsanforderungen noch einzelfallbezogene Kontrollen, da diese ihre Unabhängigkeit gefährden. Verfahren zur einzelfallbezogenen Reflexion kommen, wenn überhaupt, auf Initiative einzelner RichterInnen in Balint-Gruppen zu Stande. Der Schwerpunkt liegt dementsprechend bei professionsinternen Bemühungen zur einzelfallübergreifenden Qualitätssicherung, etwa durch Fortbildungen, Fachtagungen und vielfältige themenspezifische Veröffentlichungen in Familienrechtszeitschriften usw.

295 *GK-SGB VIII-Häbel* § 36, Rz. 24.

296 Die persönliche Eignung ist im Gesetz an erster Stelle erwähnt, weil sie als Voraussetzung für alle Tätigkeiten in helfenden und erziehenden Berufen gilt, so *Wiesner-Kaufmann* SGB VIII § 72, Rz. 5, der hierzu Glaubwürdigkeit, Empathie, Verantwortlichkeit, Engagement, Belastbarkeit und Offenheit zählt.

297 Der seit 1953 gesetzlich geregelte Fachkräftevorbehalt ist zwar als »Soll«-Bestimmung ausgestaltet, wird aber heute auf alle Kernaufgaben des Jugendamtes anzuwenden sein, so *Wiesner-Kaufmann* SGB VIII, § 72, Rz. 11.

298 Vgl. ähnlich § 6 des AdVermiG, wonach zur Adoptionsvermittlung nur »Fachkräfte« einzusetzen sind, »die dazu auf Grund ihrer Ausbildung und ihrer beruflichen Erfahrung geeignet sind.« § 13 AdVermiG regelt des Weiteren sehr differenziert, dass der Zentralen Adoptionsvermittlungsstelle »mindestens ein Kinderarzt oder ein Kinderpsychiater, ein Psychologe mit Erfahrungen auf dem Gebiet der Kinderpsychologie und ein Jurist sowie Sozialpädagogen oder Sozialarbeiter mit mehrjähriger Berufserfahrung zur Verfügung stehen« sollen.

sammenwirken mehrerer Fachkräfte, die Dokumentation der Hilfeplanung gemäß § 36 Abs. 2 KJHG sowie behördeninterne bzw. -externe Kontrollen durch die Dienst- und Fachaufsicht bzw. durch die Justiz.[299] Zweitens dienen die Beratungs- und Beteiligungsrechte des Kindes, der Personensorgeberechtigten sowie anderer Personen, Dienste oder Einrichtungen, die Hilfen zur Erziehung leisten (§ 36 Abs. 2 KJHG), der Sicherstellung eines »allgemeinen fachlichen Standards der Jugendhilfe«[300], der die Fachkräfte des Jugendamtes als GarantInnen des »Kindeswohls« gleichsam unter eine »doppelte Kontrolle«[301] stellt und die Rück-/Kopplung ihrer Einschätzungen an die Bewertungen der Betroffenen zwingend vorschreibt.

Demgegenüber ergibt sich ein ernüchterndes Bild, wenn man nach rechtlichen Vorkehrungen zur Sicherung der Fachlichkeit des Verfahrenspflegers fragt, der bei der Bestimmung und Vertretung der Kindesinteressen mit ähnlichen Schwierigkeiten konfrontiert ist wie JugendamtsmitarbeiterInnen.

Es gibt keine den KJHG-Vorschriften vergleichbare Regelung zur »Qualitätssicherung« für die Verfahrenspflegschaft. Dem geltenden Recht unterliegt damit entweder die fälschliche Annahme, die zur Bestimmung und Vertretung der Kindesinteressen berufene Person bedürfe weder einer spezifischen fachlichen und persönlichen Eignung noch weiterer Unterstützung, Beratung und Kontrolle[302] – oder die Vermutung, das Gericht werde für all dies nach pflichtgemäßem Ermessen sorgen. Wie gezeigt, ist auch diese Annahme wenig realistisch, und wenn sie sich bestätigt, d.h. die Interessenvertretung des Kindes gleichsam unter Fachaufsicht des Gerichtes steht, ist deren Unabhängigkeit nicht gegeben.

Folglich ist erstens an eine rechtliche Regelung der persönlichen und fachlichen Qualifikation zu denken sowie an einen Rechtsanspruch auf vergütete Fachberatung und Supervision. Ebenso erforderlich ist eine Verpflichtung zur schriftlichen Dokumentation der Vorgehensweise, Erkenntnisse und fachlichen Einschätzungen, die den Verfahrensbeteiligten sowie dem Gericht eine entsprechende kritische Prüfung erst ermöglicht.

Das zweite zentrale Moment der Qualitätssicherung betrifft den zur Bestimmung und Vertretung des Kindeswohls unabdingbaren – aber nicht selbstverständlichen[303] – Verständigungsprozess zwischen Kind und Verfahrens-

---

299 Vgl. hierzu *Wiesner* SGB VIII, § 36, Rz. 47 ff.

300 *Wiesner* SGB VIII § 36, Rz. 8; vgl. auch *Deutscher Verein*, NDV 1994, 322 ff.

301 *Uhlendorff* 1997, S. 17. *Wiesner* SGB VIII § 36, Rz. 9 ff.

302 *Heilmann*, ZfJ 2000, 41/47, stellt prägnant fest, dass die Gesetzgebung nicht berücksichtigt, »... dass innerhalb des kindschaftsrechtlichen Systems mangelhaft qualifizierte Personen in der Regel mehr Schaden anrichten, als sie Positives zu leisten vermögen.«

303 Zu den Erfahrungen des Auslands vgl. oben S. 369, zu ersten Berichten des Inlands vgl. *Schön*, Protokolldienst 1999, 58 ff; *Peters/Schimke*, KindPrax 1999, 143/146.

pflegerIn. So ist eine persönliche Begleitung des Kindes sicherzustellen[304], die verfahrensbedingte Belastungen mildert und ihm die Gelegenheit bieten muss, sich über den Verfahrensstand und seine Rechte zu informieren (i.S.d. § 8 Abs. 3 KJHG), sich zu den Einschätzungen und Vorgehensweisen seines Vertreters bzw. seiner Verteterin zu äußern und an der Bestimmung der Vertretungsziele mitzuwirken (i.S.d. § 1626 Abs. 2 BGB). Um eine gewisse Absicherung gegen Fehlinterpretationen des Kindeswillens und eine unzulängliche Güterabwägung der subjektiven und objektiven Kindesinteressen zu gewährleisten, ist zudem die möglichst authentische Dokumentation der Willensäußerungen des Kindes und deren Vermittlung an das Gericht zu regeln.

D. Rechtspolitische Folgerungen

Diese Arbeit gelangt zu dem Ergebnis, dass es einer eigenständigen Vertretung von Kindeswille *und* Kindeswohl bedarf, um die Wahrnehmung der Kindesinteressen in den einschlägigen Kindesschutzverfahren zu sichern.

Eine »nur« am Willen der Minderjährigen ausgerichtete Interessenvertretung ist abzulehnen, weil sie den Ausfall der gesetzlichen Vertreter nicht auszugleichen vermag. Bei der Vertretung sehr junger Kinder wäre ein solches Konzept zudem gar nicht praktikabel. Älteren Kindern und Jugendlichen würde es die Rolle eines erwachsenen Mandanten aufbürden, die alle Bemühungen des Gesetzgebers und der Justiz um eine möglichst wenig belastende Verfahrensgestaltung ad absurdum führen. Aus pädagogischer Sicht ist – soweit sich dies ohne empirische Forschung sagen lässt – insbesondere die Verpflichtung der Erwachsenen abzulehnen, im Verfahren für die Durchsetzung selbstgefährdender Wünsche des Kindes einzutreten.

Auch eine am Kindeswohl orientierte Interessenvertretung ist allerdings nicht ohne Risiken. Problematisch erscheint insbesondere die fehlende Klarstellung, dass zur Vertretung der Kinder nur persönlich und fachlich geeignete Personen zu bestellen sind, die über die erforderliche Unabhängigkeit sowie spezifische juristische, pädagogische und psychologische Kenntnisse und Handlungskompetenzen verfügen. Ebenso bedenklich ist das Fehlen einer verpflichtenden Vorgabe, die Vertretungsaufgaben mit besonderer Rücksicht auf das Selbstbestimmungsbedürfnis des Kindes oder Jugendlichen wahrzunehmen, und das Gericht während des gesamten Verfahrens über seine subjektiven Wünsche zu informieren.

---

304 Dies gilt auch für die Vertretung von Kindern, mit denen z.B. auf Grund einer Behinderung oder ihres Entwicklungsstandes ein Verständigungsprozess (noch) nicht möglich ist. Grundsätzlich müsste jedoch eine Ausnahmeregelung geschaffen werden, die es ermöglicht, *begründet* von persönlichen Kontakten abzusehen, wenn das Kind hierdurch schwerwiegenden Belastungen bzw. Schädigungen ausgesetzt würde.

Mit § 50 FGG ist von Seiten der Gesetzgebung zwar ein sinnvoller Anfang gemacht worden, der überwiegend positive Resonanz bei VertreterInnen der Vormundschafts- und Familiengerichtsbarkeit, der Jugendhilfe und der einschlägigen Wissenschaften in der neueren Fachliteratur findet. In der Praxis sind unter Mitwirkung freier und öffentlicher Träger und vieler Einzelpersonen zahlreiche – oft ehrenamtliche – Bemühungen im Gange, die Verfahrenspflegschaft für Minderjährige so auszugestalten und zu entwickeln, dass sie den Rechten und Bedürfnissen der vertretenen Kinder und Jugendlichen auch in fachlicher Hinsicht genügt. Doch ist es der Praxis offensichtlich nicht gelungen, innerhalb eines für die derzeit vertretenen Kinder und Jugendlichen angemessenen Zeitraumes die erheblichen Unklarheiten aller Beteiligten über die Aufgaben und Befugnisse des Verfahrenspflegers auszuräumen. Erfahrungen des Auslandes belegen zudem, dass diese Unsicherheit – und die entsprechenden negativen Folgen vor allem für die Kinder – viele Jahre währen kann.

Es ist deshalb notwendig, die gesetzliche Regelung der Verfahrenspflegschaft unverzüglich nachzubessern und klarzustellen, in welcher Weise die Interessen – also der Wille und das Wohl – der Kinder und Jugendlichen im gerichtlichen Verfahren zu vertreten sind. Zusammenfassend wird vorgeschlagen, die geltende Regelung im nachfolgenden Sinne zu präzisieren:

- Das Gericht überprüft die persönliche Eignung und fachliche Qualifikation des Verfahrenspflegers und stellt sicher, dass die Vertretung des Kindes frühzeitig und unabhängig, d.h. insbesondere nicht durch das Jugendamt oder Prozessvertreter der Verfahrensbeteiligten erfolgt.

- Der Verfahrenspfleger vertritt im Verfahren das persönliche Wohl des Kindes. Bei der Ermittlung und Vertretung der wohlverstandenen Kindesinteressen sind die Selbstbestimmungsrechte des Kindes im Sinne des § 1626 Abs. 2 BGB zu beachten und zu berücksichtigen. Während des gesamten Verfahrens ist der Wille des Kindes so authentisch wie möglich einzubringen und dafür zu sorgen, dass es Resonanz erhält.

- Der Verfahrenspfleger hat das minderjährige Kind während des Verfahrens persönlich zu begleiten, zu beraten und fachlich qualifiziert zu unterstützen. Er informiert das Kind in geeigneter Weise über seine Rechte und den Stand des Verfahrens und trägt Sorge, die durch das Verfahren bedingten Belastungen gering zu halten. [305]

---

[305] »Es wird zu den seltenen Ausnahmefällen zählen, dass VerfahrenspflegerInnen auf die persönliche Begleitung und Beratung des Kindes verzichten müssen. Einziges Kriterium dieser schwerwiegenden Entscheidung ist die begründete Sorge, dem Kind hierdurch weitere Schädigungen zuzufügen.« *Weber/Zitelmann* 1999, S. 7.

- Der Verfahrenspfleger hat die wohlverstandenen Interessen und den Willen des Kindes in eigener fachlicher Verantwortung zu ermitteln und zu vertreten. Zu diesem Zweck sind Personen und Institutionen, die um Aufklärung des Sachverhaltes gebeten werden, berechtigt, Auskunft zu geben und Akteneinsicht zu gewähren. Der Verfahrenspfleger steht unter Schweigepflicht. Gleiches gilt für Experten, mit denen er oder sie sich berät. Er darf Daten nur zu dem Zweck nutzen und übermitteln, zu dem sie erhoben wurden.[306]

- Das Jugendamt informiert den Verfahrenspfleger unverzüglich über alle das Kind betreffenden Planungen und ermöglicht ihm die unabhängige Einschätzung möglicher Kindeswohlgefährdungen sowie des bisherigen Verlaufes der Hilfeplanung. Der Verfahrenspfleger ist an Hilfeplangesprächen zu beteiligen, in denen über Angelegenheiten von erheblicher Bedeutung entschieden wird, die die Person des Kindes berühren.

Jenseits dieser weitgehend kostenneutralen Klarstellungen, die zumindest einen minimalen fachlichen Standard sichern, besteht Bedarf an flankierenden Rahmenmaßnahmen zur Implementierung der Verfahrenspflegschaft. So zeigt die vorliegende Untersuchung, dass insbesondere das derzeitige Auswahlverfahren die unabhängige Vertretung der Kindesinteressen empfindlich beeinträchtigen kann. Auch geht die rechtspolitische Entscheidung, den Kindern anders als im Ausland, nur eine einzelne Person, d.h. in der Regel eine psychosoziale *oder* juristische Fachkraft, zur Seite zu stellen, zu Lasten der vertretenen Kinder und Jugendlichen. Um ein fachlich qualifiziertes Handeln in diesem sensiblen Bereich des zivilrechtlichen Kinderschutzes sicherzustellen, sollte zumindest ein Rechtsanspruch auf Supervision und auf Beratung mit Angehörigen anderer Disziplinen (Recht, Psychologie, Pädagogik etc.) bestehen.

So ist kritisch festzustellen[307], dass in den letzten Jahren nicht die geringste organisatorische Vorkehrung zur unabhängigen Gewinnung, Schulung, Vermittlung, fallbezogenen Unterstützung und Kontrolle der VertreterInnen dieser Kinder und Jugendlichen getroffen wurde.[308] Auch wenn die Praxis ein erstaunliches Maß an Initiative zeigt, um die hochproblematischen Folgen dieser Versäumnisse zu mildern, bietet deren »Selbstregulation« zugleich ein Einfallstor für die Eigeninteressen der am Verfahren beteiligten Professionen und

---

306 Es bedarf zudem datenschutzrechtlicher Regelungen, wie und wie lange (insbesondere in Bezug auf § 1696 BGB) die vom Verfahrenspfleger erhobenen Daten aufbewahrt werden. Sicherzustellen ist insbesondere, Beweise (evtl. im Gericht) aufzubewahren, die das geschädigte Kind zu einem späteren Zeitpunkt benötigen könnte, um zivilrechtliche Schadensansprüche geltend zu machen oder um Strafanzeige zu erstatten.

307 Siehe *Salgo* 1996, S. 565 ff; *ders.*, FPR 1996, 239/243 f; *ders.*, FPR 1999, 313/320.

308 Vgl. hierzu insbes. oben I.D. und VII.C.3.a).

Institutionen, des Weiterbildungsmarktes, von Elternverbänden, usw. Neben der dringend erforderlichen Sicherstellung einer aussagekräftigen Begleitforschung[309], ist die Rechtspolitik deshalb gefordert, hier unterstützend und wo nötig auch korrigierend einzugreifen. Allem Anschein nach blockieren allerdings – wie auch in Bezug auf eine dem »erforderlichen Sachverstand« angemessene Vergütung[310] – auch unter der neuen Regierungskoalition finanzielle Erwägungen eine fach- also kindgerechtere Entwicklung.

Den Preis zahlen vielfach Mädchen und Jungen, die einschneidende Trennungs- und Verlusterlebnisse verkraften müssen, deren elementare Bedürfnisse nicht selten vernachlässigt wurden und die im sozialen Nahraum oftmals massive Gewalt erfahren haben. Kinder und Jugendliche aus überwiegend sozio-ökonomisch benachteiligten Familien, die nach oft langjährigen Bemühungen der Jugendhilfe in Pflegefamilien oder im Heim leben, und in ihrer persönlichen, sozialen und oft auch schulischen Entwicklung nicht annähernd die gleichen Chancen haben wie Gleichaltrige. Diese Benachteiligung findet ihre systematische Fortsetzung, wenn nun auch noch an ihrer Interessenvertretung in einer zentralen, weichenstellenden Not- und Krisensituation »gespart« wird, in der die Abwendung weiterer Schädigungen und die Entwicklung von Zukunftsperspektiven nur noch durch ein gerichtliches Verfahren erfolgen kann. Ob und wie sich diese Fortschreibung sozialer Ungleichheiten mit den politischen Zielen ihrer Parteien verträgt, bleibt der selbstkritischen Prüfung der Politiker/-innen überlassen.

In fachlicher Perspektive aber besteht kein Zweifel, dass es mit der jetzigen Regelung des § 50 FGG nicht getan ist, wenn die Rechtsstellung und Lebenswirklichkeit dieser als »besonders schutzbedürftig« geltenden Kinder am Leitprinzip der Reform des Kindschaftsrechtes gemessen wird, das da lautete: »Die Rechte der Kinder sollen verbessert und das Kindeswohl soll auf bestmöglichste Art und Weise gefördert werden«.[311]

---

309 Anlässlich einer Aussprache zum Fachreferat: »Die Umsetzung und Weiterentwicklung der Kindschaftsrechtsreform in der jetzigen Legislaturperiode« während der Fachtagung des »Vereins für Kommunalwissenschaften e.V.« führte Frau *von Renesse* am 13. Mai 2000 in Berlin u.a. aber aus, man wolle an die Regelung des § 50 FGG nicht rühren, ehe die im Auftrag der Bundesregierung unter Leitung von Prof. *Proksch* durchgeführte Begleitforschung vorläge. Diese befasst sich aber gerade nicht mit den in § 50 FGG enumerierten Kindesschutzverfahren, sondern konzentriert sich auf die Situation der »Scheidungskinder«. Quantitativ und qualitativ aussagekräftige Erkenntnisse sind dementsprechend nur sehr eingeschränkt zu erwarten. Bislang, so *Proksch* während derselben Veranstaltung, wurde nur erhoben, wie oft in diesen Verfahren eine solche Vertretung angeordnet wurde, und was die Beteiligten über diese wissen.

310 *Deutscher Familiengerichtstag* 2000, S. 119 und 137.

311 *BT-Drucks.* 13/4899, S. 1

Abkürzungsverzeichnis

a.A.	anderer Ansicht
a.a.O.	am angegebenen Ort
ABA	American Bar Association
Abs.	Absatz
AcP	Archiv für die civilistische Praxis
aF	alte Fassung
AG	Amtsgericht
AGJ	Arbeitsgemeinschaft für Jugendhilfe
ajs-Informationen	Fachzeitschrift der Aktion Jugendschutz
AK	Alternativkommentar
Anm.	Anmerkung
Art.	Artikel
ASD	Allgemeine Soziale Dienste
Aufl.	Auflage
BayObLG	Bayerisches Oberstes Landesgericht
Bd.	Band
Bde	Bände
BGB	Bürgerliches Gesetzbuch
BGH	Bundesgerichtshof
BJ	Betrifft Justiz
BMFSFJ	Bundesministerium für Familie, Frauen, Senioren und Jugend
BMJ	Bundesministerium der Justiz
BR-Drucks.	Drucksache des Deutschen Bundesrates
BT-Drucks.	Drucksache des Deutschen Bundestages
BVerfGE	Entscheidung(en) des Bundesverfassungsgerichtes
BVerfG	Bundesverfassungsgericht
bzgl.	bezüglich
bzw.	beziehungsweise
ca.	circa
cmt.	Commentary
d.h.	das heißt
Daedalus	Journal of the American Academy of Arts and Sciences
DAVorm	Der Amtsvormund
ders.	derselbe
DeuFamR	Deutsches und Europäisches Familienrecht
DFGT	Deutscher Familiengerichtstag
DGfE	Deutsche Gesellschaft für Erziehungswissenschaft
DGgKV	Interdisziplinäre Zeitschrift der Deutschen Gesellschaft gegen Kindesmisshandlung und -vernachlässigung e.V.
dies.	dieselbe
DJT	Deutscher Juristentag
DKSB	Deutscher Kinderschutzbund
DRiZ	Deutsche Richterzeitung
e.V.	eingetragener Verein
Ed.	Editor
epd	Evangelischer Pressedienst
Erschj.	Erscheinungsjahr
EÜAK	Übereinkommen über die Ausübung von Kinderrechten
f(f).	(fort)folgende
FamG	Familiengericht
FamGb	Familiengerichtsbarkeit, Kommentar

FamRZ	Zeitschrift für das gesamte Familienrecht
ff.	fortfolgende
FGG	Gesetz über die Angelegenheiten der Freiwilligen Gerichtsbarkeit
FGG-E	Entwurf zur Reform des FGG
FKP	Forum Kritische Psychologie
Fn.	Fußnote
FPR	Familie, Partnerschaft, Recht
FR	Frankurter Rundschau
Fragmente	Fragmente: Schriftenreihe zur Psychoanalyse
Frankfurter-LPK	Frankfurter Lehr- und Praxiskommentar
FuR	Familie und Recht
GAL	Guardian ad Litem
GALRO	Guardian ad Litem and Reporting Officer
gem.	gemäß
GG	Grundgesetz
ggfs.	gegebenenfalls
GK-SGB VIII	Kinder- und Jugendhilferecht: Gemeinschaftskommentar zum SGB VIII
HdBFamR	Handbuch des Fachanwalts Familienrecht
Hervh.	Hervorhebung
Hg.	Herausgeber/-in(nen)
HKiEntÜ	Haager Übereinkommen über die zivilrechtlichen Aspekte internationaler Kindesentführung
HMSO	Her Majesty's Status Office
i.d.R.	in der Regel
i.d.S.	in diesem Sinne
i.U.	im Unterschied
i.V.m.	in Verbindung mit
ID Kindesmisshandlung	Informationsdienst Kindesmisshandlung und Vernachlässigung
Int J Law & Fam	International Journal of Family Law
JGG	Jugendgerichtsgesetz
JÖSchG	Gesetz zum Schutze der Jugend in der Öffentlichkeit
JugArbSchG	Jugendarbeitsschutzgesetz
JURA	Juristische Ausbildung
JWG	Jugendwohlfahrtsgesetz
Kap.	Kapitel
KG	Kammergericht
KindPrax	Kindschaftsrecht in der Praxis
KJ	Kritische Justiz
KJHG	Gesetz zur Neuordnung des Kinder- und Jugendhilferechts (Kinder- und Jugendhilfegesetz)
KritV	Kritische Vierteljahresschrift für Gesetzgebung und Rechtswissenschaft.
LG	Landgericht
LPK	Frankfurter Lehr- und Praxiskommentar
m.w.N.	mit weiteren Nachweisen
MSA	Minderjährigenschutzabkommen
MünchKomm	Münchner Kommentar
MZ	Maud Zitelmann
NACC	National Association of Counsel for Children
NAGALRO	National Association of Guardian Ad Litem and Reporting Officers

NDV	Nachrichtendienst des Deutschen Vereins für öffentliche und private Fürsorge
nF	neue Fassung
NJ	Neue Justiz
NJW	Neue Juristische Wochenschrift
np	neue praxis
Nr.	Nummer
NSPCC	National Society for the Prevention of Cruelty to Children
OLG	Oberlandesgericht
PrALR	Preußisches Allgemeines Landrecht
PTSD	Post Traumatic Stress Disorder
RdJB	Recht der Jugend und des Bildungswesens (Zeitschrift)
RKEG	Gesetz über die religiöse Kindererziehung
Representing Children	Representing Children – Formerly »Panel News«. A quarterly Journal.
RG	Reichsgericht
RJWG	Reichsjugendwohlfahrtsgesetz
Rz.	Randziffer
s.	siehe
S.	Seite / §§ oder Art.: Satz
Sec.	Section
SGB	Sozialgesetzbuch
SLR	Sozialwissenschaftliche Literaturrundschau
sog.	sogenannter/s
StBG	Strafgesetzbuch
SZ	Süddeutsche Zeitung
taz	Die Tageszeitung
u.a.	und andere
UN-KRK	Übereinkommen über die Rechte der Kinder der Vereinten Nationen
USA	United States of America
usw.	und so weiter
versch.	verschiedene
Vgl.	Vergleiche
VormG	Vormundschaftsgericht
z.B.	zum Beispiel
Z.f.Päd	Zeitschrift für Pädagogik
z.T.	zum Teil
z.Zt.	zur Zeit
ZblJugR	Zentralblatt für Jugendrecht. Kindheit. Jugend. Familie
ZfE	Zeitschrift für Erziehungswissenschaft
ZfJ	Zentralblatt für Jugendrecht. Kindheit. Jugend. Familie
Ziff.	Ziffer
zit. n.	zitiert nach
ZPO	Zivilprozessordnung

Literaturverzeichnis

Adorno, Theodor W.: Erziehung zur Mündigkeit: Vorträge und Gespräche mit Hellmut Becker. Hg.: Kadelbach, Bernd. Frankfurt am Main: 1971.

Ahrbeck, Bernd: Konflikt und Vermeidung. Psychoanalytische Überlegungen zu aktuellen Erziehungsfragen. Neuwied; Kriftel; Berlin: 1997.

Alanen, Leena: Zur Theorie der Kindheit. Die »Kinderfrage« in den Sozialwissenschaften. SLR 1994, S. 93-112.

Alternativkommentar zum Bürgerlichen Gesetzbuch: Familienrecht. Bd. 5. Familienrecht. Bearb. von Peter Derleder u.a. Neuwied; Darmstadt: 1981.

Amendt, Gerhard: Das Leben unerwünschter Kinder. Frankfurt am Main: 1992.

American Bar Association: Standards of Practice for Lawyers who Represent Children in Abuse and Neglect Cases. Approved by the American Bar Association House of Delegates, February 5th, 1996. Siehe Koh Peters 1997. S. 757-785. [Zur Kommentierung siehe: http: / /www.abanet.org/child/rep-duties.html.].

Arbeitsgemeinschaft für Jugendhilfe: Reform des Kindschaftsrechts: Stellungnahme der AGJ zu den Konsequenzen für die Jugendhilfe. Schreiben vom 2.6.1998.

Ariès, Philippe: Geschichte der Kindheit. 6. Aufl. – München: 1984. (Original Erschj. 1960).

Arndt, Joachim; Oberloskamp, Helga: Gutachtliche Stellungnahmen in der sozialen Arbeit. 5. neubearb. Aufl. – Neuwied; Kriftel; Berlin: 1993.

Arntzen, Friedrich: Elterliche Sorge und Umgang mit Kindern. Ein Grundriss der forensischen Familienpsychologie. 2. durchgesehene und ergänzte Aufl. – München: 1994.

Baacke, Dieter: Die 6 bis 12jährigen: Einführung in die Probleme des Kindesalters. Vollst. überarb. Neuausgabe der 6. Aufl. – Weinheim; Basel: 1999.

Baer, Ingrid; Marx, Ansgar: Das Europäische Übereinkommen über die Ausübung von Kinderrechten: Innovationsschub für den familienrechtlichen Prozeß? FamRZ 1997, S. 1185-1187.

Baer, Susanne; Berghahn, Sabine: Auf dem Weg zu einer feministischen Rechtskultur?: Deutsche und US-amerikanische Ansätze. In: Der halbierte Staat. Grundlagen feministischer Politikwissenschaft. Hg.: Kulawik, Theresa; Sauer, Birgit. Frankfurt am Main; New York: 1996. S. 223-280.

Balint, Michael: Ich-Stärke, Ich-Pädagogik und »Lernen«. In: ders.: Die Urformen der Liebe und die Technik der Psychoanalyse. Frankfurt am Main: 1969. (Original Erschj. 1938). S. 202-213.

Balloff, Rainer: Der psychologische Sachverständige in Familiensachen: Historischer Exkurs, Bestandsaufnahme und Grundlagen der Arbeit. FuR 1991, S. 334-341.

Balloff, Rainer: Kinder vor Gericht: Opfer, Täter, Zeugen. München: 1992.

Balloff, Rainer: Ist die Anhörung des Kindes in Familiensachen zeitgemäß? Bestandsaufnahme, kritische Würdigung und Perspektive. FuR 1994, S. 9-15.

Balloff, Rainer: Einige rechtspsychologische Aspekte der Mitwirkung von Minderjährigen in vormundschafts- und familiengerichtlichen sowie in kinder- und jugendbehördlichen Verfahren. Siehe Salgo 1995. S. 133-146.

Balloff, Rainer: Der Verfahrenspfleger. Praxis der Rechtspsychologie 8 (2) 1998, S. 157-165.

Balloff, Rainer: Rechtspsychologische Implikationen, Möglichkeiten, Perspektiven und Grenzen der (fast) neuen Rechtsfigur des Verfahrenspflegers (»Anwalt des Kindes«). ZfJ 1998, S. 441-480.

Balloff, Rainer: Die Stellungnahme des Verfahrenspflegers. FPR 1999, S. 341-348.

Balloff, Rainer; Walter, Eginhard: Weiterbildung zum Verfahrenspfleger (»Anwalt des Kindes«) gemäß § 50 FGG. Praxis der Rechtspsychologie 8 (2) 1998, S. 166-172.

Bange, Dirk (a): Zahlen, Daten, Fakten: Zum aktuellen Forschungsstand. In: Auch Indianer kennen Schmerz: Handbuch gegen sexuelle Gewalt an Jungen. Hg.: Bange, Dirk; Enders, Ursula. Köln: 1995. S. 65-78.

Bange, Dirk (b): Auch Indianer kennen Schmerz – Beratung sexuell missbrauchter Jungen und Männer. Siehe Bange 1995 (a), S. 121-160.

Barry, Brian: Democracy, power and justice: essays in political theory. New York: 1989.

Bassenge, Peter; Herbst, Gerhard: Gesetz über die Angelegenheiten der freiwilligen Gerichtsbarkeit, Rechtspflegergesetz; Kommentar. Berab. v. Bassenge, P.; Herbst, G. 8. überarb. Aufl.-Heidelberg: 1999.

Bauer, Axel; Schaus, Grazia (a): Der Anwalt des Kindes im vormundschaftsgerichtlichen Verfahren: Ein Erfahrungsbericht aus der Frankfurter Gerichtspraxis. BJ 1997, S. 162-169.

Bauer, Axel; Schaus, Grazia (b): Workshop 1: Konferenz zur Praxis des Sorgerechts im europäischen Vergleich. In: Ein Kind hat das Recht auf beide Eltern. Hg.: Brauns-Hermann, Christa; Busch, Bernd M.; Dinse, Hartmut. Neuwied: 1997. S. 217-225.

Bauer, Axel: Was macht den guten Anwalt des Kindes aus? Siehe: Protokolldienst 4/2000, S. 72-75.

Bauer, Jost: Rechtswissen in Theorie und Praxis der sozialen Berufe. In: Recht und Familie: Rechtliche Grundlagen der Sozialisation. Hg.: Bauer, Jost; Schimke, Hans-Jürgen; Dohmel, Wolfgang. Neuwied; Kriftel; Berlin: 1995. S. 7-18.

Bauer, Walter; Marotzki, Winfried: Erziehungswissenschaft und ihre Nachbardisziplinen. In: Einführung in Grundbegriffe und Grundfragen der Erziehungswissenschaft. Hg.: Helsper, Werner; Krüger, Heinz-Hermann. Opladen: 1995.

Bauers, Bärbel: Psychische Folgen von Trennung und Scheidung für Kinder. In: Kinder im Scheidungskonflikt: Beratung von Kindern und Eltern bei Trennung und Scheidung. Hg.: Menne, Klaus: Schilling, Herbert; Weber, Matthias. Weinheim; München: 1993.

Baumgart, Matthias: Psychoanalyse und Säuglingsforschung: Versuch einer Integration unter Berücksichtigung methodischer Unterschiede. Psyche 1991, S. 780-809.

Beiderwieden, Jens; Windaus, Eberhard; Wolff, Reinhart: Jenseits der Gewalt: Hilfen für mißhandelte Kinder. Unter Mitarb. v. Dunand, Annelie; Lenzen, Sigrid. Basel; Frankfurt am Main: 1986.

Belling, Detlev F.; Eberl, Christina; Michlik, Frank: Das Selbstbestimmungsrecht Minderjähriger bei medizinischen Eingriffen: eine rechtsvergleichende Studie zum amerikanischen, englischen, französischen und deutschen Recht. Neuwied; Berlin: 1999.

Bender, Doris; Lösel, Friedrich: Risiko- und Schutzfaktoren in der Genese und der Bewältigung von Mißhandlung und Vernachlässigung. Siehe Egle u.a. 1997. S. 35-53.

Benjamin, Jessica: Die Fesseln der Liebe: Psychoanalyse, Feminismus und das Problem der Macht. Frankfurt am Main: 1990.

Benz, Ria: Wir als AmtspflegerInnen im Amt für Jugend und Familie Chemnitz stellen uns der Aufgabe als VerfahrenspflegerInnen. ZfJ 1998, S. 568-572.

Beres, Martin: Das Kindeswohl – ein Wunschtraum? Versuch einer Bilanz. ZblJugR 1982, S. 449-478.

Bergmann, Margarethe: Zur Kindesanhörung in familiengerichtlichen Verfahren. KindPrax 1999, S. 78-82.

Bergmann, Margarethe; Gutdeutsch, Werner: Zur Anordnung der Kindesanhörung im Scheidungsverfahren ohne Sorgerechtsantrag. FamRZ 1999, S. 422-426.

Bessel, A. van der Kolk,: Psychische Folgen traumatischer Erlebnisse: Psychologische, biologische und soziale Aspekte von PTSD. ID Kindesmisshandlung und -vernachlässigung 1995, S. 19-25.

Bessel, A. van der Kolk: Zur Psychologie und Psychobiologie von Kindheitstraumata. Praxis der Kinderpsychologie und Kinderpsychiatrie 1998, S. 19-35.

Beutler, Kurt: Das Problem der Normsetzung in der Pädagogik. In: Pädagogik und Ethik. Hg.: Beutler Kurt; Horster, Detlef. Stuttgart: 1996. S. 268-282.

Bischof-Köhler, Doris: Zusammenhänge zwischen kognitiver, motivationaler und emotionaler Entwicklung in der frühen Kindheit und im Vorschulalter. In: Lehrbuch Entwicklungspsychologie. Hg.: Keller, Heidi. Bern; Göttingen; Toronto u.a.: 1998. S. 319-376.

Birnbaumer, Nils u.a. (Hg.): Enzyklopädie der Psychologie – in Verbindung mit der Deutschen Gesellschaft für Psychologie. Themenbereich C, Theorie und Forschung. Ser. 4, Motivation und Emotion. Bd. 4: Motivation, Volition und Handlung. Hg. Julius Kuhl, Heinz Heckhausen. Göttingen, Bern, Toronto, Seattle: 1996.

Bittner, Günther: Der Wille des Kindes. Z.f.Päd 1982, S. 261-272.

Blandow, Jürgen; Gintzel, Ulrich; Hansbauer, Peter (Hg.): Partizipation als Qualitätsmerkmal der Heimerziehung. Eine Diskussionsgrundlage. Münster: 1999.

Blankertz, Herwig: Die Geschichte der Pädagogik: Von der Aufklärung bis zur Gegenwart. Wetzlar: 1982.

BMJ, Referentenentwurf, 24.7.1995 = Bundesministerium der Justiz: Entwurf eines Gesetzes zur Reform des Kindschaftsrechts; Stand: 24. Juli 1995.

BMJ, Zusammenfassende Darstellung, 28. 2. 1996 = Zusammenfassende Darstellung des Regierungsentwurfs eines Gesetzes zur Reform des Kindschaftsrechts v. 28. Februar 1996 – Eine Information des Bundesministeriums für Justiz.

Bode, Lutz: Änderungsbedarf bei § 1666 BGB?: Stellungnahme zum Gesetzesantrag des Freistaates Bayern zum Entwurf eines Gesetzes zur Änderung des § 1666 BGB und weiterer Vorschriften. KindPrax 1998, S. 183-185.

Böllert, Karin; Garberding, Christine; Höxter, Vera u.a.: Sexueller Missbrauch – Soziale Arbeit zwischen professioneller Ohnmacht und Interventionsmöglichkeiten. In: Soziale Gerechtigkeit: Lebensbewältigung in der Konkurrenzgesellschaft; Verhandlungen des 1. Bundeskongresses Soziale Arbeit. Hg.: Akademie für Sozialarbeit und Sozialpolitik e.V. Bielefeld: 1994. S. 338-349.

Boothe, Brigitte: Einige Bemerkungen zum Konzept des Wünschens in der Psychoanalyse. Siehe Boothe u.a. 1998. S. 203-249.

Boothe, Brigitte; Wepfer, Wes; von Wyl, Agnes (Hg.): Über das Wünschen. Ein seelisches und poetisches Phänomen wird erkundet. Göttingen: 1998.

Boothe, Brigitte (Hg.): Verlangen, Begehren, Wünschen: Einstieg ins aktive Schaffen oder in die Lethargie. Göttingen: 1999.

Borth, Helmut: Erwartungen der Justiz an den Verfahrenspfleger. Siehe Protokolldienst 4/2000, S. 14-19.

Bosch, Friedrich Wilhelm: Volljährigkeit – Ehemündigkeit – Elterliche Sorge. FamRZ 1973, S. 489-508.

Bosch, Friedrich: Rückblick und Ausblick: oder: De legibus ad familiam pertinentibus – reformatis et reformandis? (Familienrechtsreform in Vergangenheit, Gegenwart und Zukunft). FamRZ 1980, Teil I S. 739-752, Teil II 849-855 (II).

Botens, Vienna: Präventive Maßnahmen zur Vermeidung und Minimierung von Sekundärschädigungen: Ein Überblick über sekundärschädigendes Verhalten bei Aufdeckung von sexuellem Missbrauch an Mädchen und Möglichkeiten zur Vermeidung und Minimierung. Hg.: Grundwasser e.V. – Wiesbaden: 1991.

Bowlby, John: Mütterliche Zuwendung und geistige Gesundheit. München: 1973 (Erschj. 1951).

Bowlby, John: Verlust, Trauer und Depression. Frankfurt am Main: 1983 (Erschj. 1980).

Bracken, Rudolf von: 10 Thesen zu der Position und den Aufgaben der Verfahrenspflegschaft nach § 50 FGG. KindPrax 1999, S. 183-187.

Braunmühl, Ekkehard von; Kupffer, Heinrich; Ostermeyer, Helmut: Die Gleichberechtigung des Kindes. Frankfurt am Main: 1976.

Braunmühl, Ekkehard von: Antipädagogik: Studien zur Abschaffung der Erziehung. Weinheim; Basel: 1975.

BR-Drucks. 180/96 (Beschluss) = Stellungnahme des Bundesrates vom 3.5.1996. Entwurf eines Gesetzes zur Reform des Kindschaftsrechts (Kindschaftsrechtsreformgesetz – KindRG).

BR-Drucks. 654/98 = Gesetzesinitiative des Freistaates Bayern zur Änderung des § 1666 BGB. KindPrax 1998, S. 151.

Bringewat, Peter: Tod eines Kindes: soziale Arbeit und strafrechtliche Risiken. Baden-Baden: 1997.

Brisch, Karl-Heinz: Bindungsstörungen: Von der Bindungstheorie zur Therapie. Stuttgart: 1999.

Brockhaus, Ulrike; Kolshorn, Maren: Sexuelle Gewalt gegen Mädchen und Jungen: Mythen, Fakten, Theorien. Frankfurt am Main, New York: 1993.

Brückner, Peter: Zerstörung des Gehorsams: Aufsätze zur politischen Psychologie. Berlin: 1983.

Brumlik, Micha: Advokatorische Ethik: Zur Legitimation pädagogischer Eingriffe. Bielefeld: 1992.

Bruner, Jerome, S.: Von der Kommunikation zur Sprache. Überlegungen aus psychologischer Sicht. In: Kindliche Kommunikation: theoretische Perspektiven, empirische Analysen, methodologische Grundlagen. Hg.: Martens, Karin. Frankfurt am Main: 1979. S. 9-60.

BT-Drucks. 12/42 = Denkschrift zu dem UN Übereinkommen über die Rechte des Kindes. In: Übereinkommen über die Rechte des Kindes. UN-Kinderkonvention im Wortlaut mit Materialien. Hg.: Bundesministerium für Familie, Senioren, Frauen und Jugend. 6. Aufl.: 1998.

BT-Drucks. 13/11368 = Unterrichtung durch die Bundesregierung. Bericht über die Lebenssituation von Kindern und die Leistungen der Kinderhilfen in Deutschland. – Zehnter Kinder- und Jugendhilfebericht – mit der Stellungnahme der Bundesregierung vom 25.8.1998.

BT-Drucks. 13/1752 = Antrag der Abgeordneten Hertha Däubler-Gmelin u.a. der Fraktion der SPD zur Reform des Kindschaftsrechts vom 21.6.1995.

BT-Drucks. 13/3341 = Antrag der Abgeordneten Rita Grießhaber u.a. der Fraktion BÜNDNIS 90/ DIE GRÜNEN: Gesetzliche Neuregelung des Kindschaftsrechts vom 12.12.1995.

BT-Drucks. 13/4899 = Deutscher Bundestag: Entwurf eines Gesetzes zur Reform des Kindschaftsrechts. Kindschaftsrechtsreformgesetz – KindRG. Gesetzentwurf der Bundesregierung: Entwurf eines Gesetzes zur Reform des Kindschaftsrechts (Kindschaftsrechtsreformgesetz – KindRG vom 13.6.1996).

BT-Drucks. 8/2788: Beschlußempfehlung und Bericht des Rechtsausschusses vom 27. 4. 1979 zu dem Entwurf eines Gesetzes zur Neuregelung des Rechts der elterlichen Sorge.

Bundesarbeitsgemeinschaft Verfahrenspflegschaft für Kinder und Jugendliche (e.V. – in Gründung): Satzung. Frankfurt am Main: 2000.

Bundesministerium für Familie, Frauen, Senioren und Jugend (Hg.): Leistungen und Grenzen von Heimerziehung. Ergebnisse einer Evaluationsstudie stationärer und teilstationärer Erziehungshilfen. Baur, Dieter u.a. Projektleitung: Thiersch, Hans. Stuttgart; Berlin; Köln: 1998.

Bürgin, Dieter; Rost, Barbara: Psychische und psychosomatische Erkrankungen bei Kindern und Jugendlichen. Siehe Egle u.a. 1997. S. 134-154.

BVerfGE = Entscheidungen des Bundesverfassungsgerichts. Hg. von Mitgliedern des Bundesverfassungsgerichts. Tübingen: Fortl. Bde. Zu unveröff. Entscheidungen vgl. http://www. bverfg.de.

Carl, Eberhard: Die Aufklärung des Verdachts eines sexuellen Missbrauchs in familien- und vormundschaftsgerichtlichen Verfahren. FamRZ 1995, S. 1183-1192.

Carl, Eberhard: Mitwirkung von Kindern im familiengerichtlichen Verfahren. Siehe Salgo 1995. S. 241-253.

Cashmore, Judith; Bussey, Kay: Perceptions of Children in Care and Protection Proceedings. In: Int J Law & Fam, Vol. 8, Number 3, 12/94, S. 319-335.

Chaplan, Janet, A.: Youth Perspectives on Lawyers' Ethics: A Report of Seven Interviews. In: Fordham University School of Law 1996, S. 1763-1784.

Claußen, Bernhard: Didaktik der Sozialwissenschaften und Politische Bildung im Kontext Kritischer Theorie. In: Kritische Theorie und Pädagogik der Gegenwart. Aspekte und Perspektiven der Auseinandersetzung. Hg. Paffrath, Hartmut, F. Weinheim: 1987. S. 148-152.

Coester, Michael: Beitrag zur Podiumsdiskussion – aus zivilrechtlicher Sicht. Siehe Salgo 1995. S. 329-332.

Coester, Michael: Das Kindeswohl als Rechtsbegriff: Die richterliche Entscheidung über die elterliche Sorge beim Zerfall der Familiengemeinschaft. Habilitationsschrift. Frankfurt am Main: 1983.

Coester, Michael: Kindeswohl: Juristischer Begriff und multidisziplinäre Dimensionen. Siehe Protokolldienst 14/83, S. 60-70.

Coester, Michael; Hansen, Pia: Das UN-Übereinkommen über die Rechte des Kindes und das KJHG: Impulse zur Kindeswohlverwirklichung. Siehe Steindorff 1994. S. 21-38.

Coester-Waltjen, Dagmar: Einführung. In: Familienrecht: Textausgabe mit ausf. Sachregister und Einführung von Universitätsprofessorin Dr. Dagmar Coester-Waltjen. Stand: 1.7.1998. Sonderausgabe: 1998. S. IX-XX.

Combe, Arno; Helsper, Werner (Hg.): Einleitung: Pädagogische Professionalität. Historische Hypotheken und aktuelle Entwicklungstendenzen. In: Pädagogische Professionalität: Untersuchungen zum Typus pädagogischen Handelns. Frankfurt am Main: 1996. S. 9-48.

Damasio, Antonio R.: Descartes' Irrtum: Fühlen, Denken und das menschliche Gehirn. München: 1997.

Damon, William: Die soziale Welt des Kindes. Frankfurt am Main: 1990 (Erschj. 1977).

Davidson, Howard: Jüngste Überlegungen zur Rechtsvertretung misshandelter und vernachlässigter Kinder in den Vereinigten Staaten von Amerika. Siehe Salgo 1995. S. 133-146.

De Mause, Lloyd: Hört ihr die Kinder weinen. Eine psychogenetische Geschichte der Kindheit. Frankfurt am Main: 1977 (Erschj. 1974).

Depaepe, Marc: Zum Wohl des Kindes?: Pädologie, pädagogische Psychologie und experimentelle Pädagogik in Europa und den USA, 1890-1940. Vorlage v. Anne Köllmann, übers. u. hrsg. von H.-Elmar Tenorth. – Weinheim: 1993.

Department of Health: The Children Act 1989, Guidance and Regulations: Guardians Ad Litem and other Court Related Issues. Vol. 7. London: 1991.

Department of Health and Social Security (Ed.) (a): Manual of Management for GALRO Panel Managers. London: 1992.

Department of Health and Social Security (Ed.) (b): Manual of Practice Guidance for Guardians ad Litem and Reporting Officers. Prepared by Timms, Judith. London: 1992.

Department of Health: Brophy, Julia; Wale, Christopher; Bates, Phil: Training and Support in the Guardian ad Litem and Reporting Officer Service. Research Report. Institute of Education, University of London: 1997.

Department of Health and Human Services – Administration for Children and Families, Administration on Children, Youth and Families, Children's Bureau: Guidelines for Public Policy and State Legislation governing Permanence for Children: Adoption 2002. The President's Initiative on Adoption and Foster Care. 30. 6. 1999. Washington, D.C.: 1999.

Derleder, Peter: Das Kindeswohl als Prinzip der Familiensteuerung. FuR 1994, S. 144-152.

Derleder, Peter: Die Mündigkeit der Unmündigen: Kindeswohl – Kinderrechte – Kinderpflichten. KJ 1997, S. 277-291.

Dettenborn, Harry: Zwischen Bindung und Trennung – die Kindesherausgabe aus psychologischer Sicht. FPR 1996, S. 76-87.

Deutsche Gesellschaft für Erziehungswissenschaft: Standards erziehungswissenschaftlicher Forschung. In: Handbuch qualitative Forschungsmethoden in der Erziehungswissenschaft. Hg.: Friebertshäuser, Barbara; Prengel Annedore. Weinheim; München: 1997. S. 857-863.

Deutscher Familiengerichtstag: Empfehlungen des 10. Deutschen Familiengerichtstages vom 14. bis 17. Okt. 1993 in Brühl. Hg.: Deutscher Familiengerichtstag e.V. Bielefeld: 1994.

Deutscher Familiengerichtstag: Ansprachen und Referate, Berichte und Ergebnisse der Arbeitskreise. Dreizehnter Deutscher Familiengerichtstag v. 22. bis 25. Sept. in Brühl. Hg.: Deutscher Familiengerichtstag e.V. Bielefeld: 2000.

Deutscher Juristentag: Beschlüsse des 59. DJT. In: Verhandlungen des Deutschen Juristentags. Hg.: Ständige Deputation des Deutschen Juristentags. Hannover: 1992. (Bd.II, Teil M).

Deutscher Verein: Empfehlungen des Deutschen Vereins zur Hilfeplanung nach § 36 KJHG – Vorbereitung und Erstellung des Hilfeplans. NDV 1994, S. 317-326.

Deutscher Verein: Umsetzung der Kindschaftsrechtsreform in die Praxis der Kinder- und Jugendhilfe. NDV 1999, S. 245-258.

Dewe, Bernd; Otto, Hans-Uwe: Professionalisierung. In: Handbuch zur Sozialarbeit/Sozialpädagogik. Hg.: Eyferth, Hanns. Darmstadt; Neuwied: 1984.

Diakonische Akademie: Dokumentation: Fachtagung in Kooperation mit der Paritätischen Akademie gGmbH. 16.-17. November Berlin. Eigenständige Interessenvertretung für Kinder und Jugendliche in familien- und vormundschaftsgerichtlichen Verfahren. – Ein Forum zur Diskussion von Standards für VerfahrenspflegerInnen. Berlin: (Eigenverlag) Februar 2000.

Dietl, Manfred: Autonomie und Erziehung im frühen Kindesalter. Zur Bedeutung der psychoanalytischen Autonomiediskussion für die frühkindliche Erziehung. Frankfurt am Main: 1987. Zugl. Diss.

Dihle, Albrecht: Zur Herkunft des Willensbegriffs. Siehe Heckhausen 1987. S. 29-32.

DIV-Gutachten v. 15. 7. 1998: Verfahrenspfleger. Bestellung eines Verfahrenspflegers für das Kind gemäß § 50 FGG; zur Frage der Eignung des Jugendamtes als Verfahrenspfleger. DAVorm 1999, S. 39-43.

Döbert, Rainer; Habermas, Jürgen; Nunner-Winkler: Entwicklung des Ichs. 2. Aufl. – Königstein/Ts.: 1980.

Dopffel, Peter (Hg.): Kindschaftsrecht im Wandel: zwölf Länderberichte mit einer vergleichenden Summe. Tübingen: 1994.

Dormann, Auguste; Spangenberg, Ernst: Anmerkung zum Beschluß des OLG Frankfurt (vom. 24. 6. 1999). FamRZ 1999, S. 1294-1295.

Dornes, Martin: Der kompetente Säugling. Die präverbale Entwicklung des Menschen. Frankfurt am Main: 1992.

Dornes, Martin: Die frühe Kindheit. Entwicklungspsychologie der ersten Lebensjahre. Frankfurt am Main: 1997.

Dornes, Martin (a): Vernachlässigung und Mißhandlung aus Sicht der Bindungstheorie. Siehe Egle u.a. 1997. S. 65-78.

Dornes, Martin: Bindungstheorie und Psychoanalyse: Konvergenzen und Divergenzen. Psyche 1998, S. 299-348.

Dreßen, Wolfgang: Die pädagogische Maschine: Zur Geschichte des industrialisierten Bewusstseins in Preußen/Deutschland. Frankfurt/M.; Berlin; Wien: 1982.

Dunn, Christopher: The ethical Legitimacy of Class-Action, Institutional-Reform Litigation on behalf of Children. A Response to Martha Matthews. Siehe Fordham University School of Law 1996. S. 1991-1998.

Duquette, Donald N.: Vertretung von Kindern in zivilrechtlichen Kindesschutzverfahren: Die gegenwärtige Diskussionslage in den USA. Siehe Salgo 1995. S. 113-132.

Eco, Umberto: Wie man eine wissenschaftliche Abschlussarbeit schreibt. 6. Aufl. – Heidelberg: 1993. (Erschj. 1977).

Egle, Ulrich T.: Pathogene und protektive Entwicklungsfaktoren in Kindheit und Jugend. Siehe Egle u.a. 1997. S. 3-20.

Egle, Ulrich T.; Hoffmann, Sven O.; Joraschky, Peter (Hg.): Sexueller Missbrauch, Misshandlung, Vernachlässigung.: Erkennung und Behandlung psychischer und psychosomatischer Folgen früher Traumatisierungen. Stuttgart; New York: 1997.

Ehring, Antonia: Die Abänderung der Sorgerechtsentscheidung und die Wünsche des Kindes: Eine auslesefreie Untersuchung von Familiengerichtsverfahren in der veröffentlichten Rechtsprechung der letzten 15 Jahre. Neuwied; Kriftel; Berlin: 1996.

Ehrlich, D.; Guttmann, L.; Schönbach, P.: Die Verarbeitung relevanter Informationen nach einer Entscheidung. In: Die Motivation menschlichen Handelns. Hg.: Thomae, Hans. Köln; Berlin: 1965. S. 405-412.

Eisler: Handwörterbuch der Philosophie. Neu hrsg. v. Müller-Freienfeld, Richard. 2. Aufl. – Berlin: 1922.

Elias, Norbert: Über die Zeit. Hg.: Schröter, Michael. 4. Aufl. – Frankfurt am Main: 1992.

Ell, Ernst: Psychologische Kriterien bei Sorgerechtsentscheidungen und die Diagnostik der emotionalen Beziehungen. Weinheim: 1990.

Ell, Ernst: Sollen Kinder überhaupt gehört werden? UJ 1981, S. 309-311.

Elrod, Linda D.: An Analysis of the Proposed Standards of Practice for Lawyers Representing Children in Abuse and Neglect Cases. In: Fordham University School of Law 1996, S. 1999-2011.

Els, Hans van: Der Anwalt des Kindes. ZfJ 1984, S. 509-511.

Emnid: Erziehungsziele. Bearb. von Walter Tacke. Umfrage & Analyse 1998, S. 25-33.

Enders, Ursula (Hg.): Statt eines Nachworts: Gibt es einen Missbrauch mit dem Missbrauch? In: Zart war ich, bitter war's. Handbuch gegen sexuelle Gewalt an Mädchen und Jungen. Köln: 1995.

Engelmann, Theodor: Das Reichsgesetz über die religiöse Kindererziehung vom 15.7.1921. München; Berlin; Leipzig: 1922.

406

Engfer, Anette: Kindesmisshandlung: Ursachen, Auswirkungen, Hilfen. Stuttgart: 1986.

Engfer, Anette: Entwicklung von Gewalt in sogenannten Normalfamilien. Siehe Martinius/Frank 1990. S. 39-48.

Engfer, Anette: Kindesmißhandlung und Vernachlässigung. Siehe Oerter/Montada 1995. S. 960-966.

Engfer, Anette: Gewalt gegen Kinder in der Familie. Siehe Egle u.a. 1997. S. 21-34.

Epd Dokumentation 1998: Damit auch die Kinder zu Wort kommen, wenn es um ihr Schicksal geht. – Texte einer Tagung zur »Beschreibung und Organisation von Interessenvertretung für Kinder und Jugendliche in Krisenfällen« am 4. und 5. Febr. 1998. Ev. Akademie Bad Boll. (Zugl. Protokolldienst 2/98).

Erikson, Erik: Identität und Lebenszyklus: Drei Aufsätze. Frankfurt am Main: 1966 (Erschj. 1959). S. 75-87.

Eschweiler, Peter: Die Mitwirkung von Kindern im familiengerichtlichen Verfahren. Siehe Salgo 1995. S. 237-240.

Faltermeier, Josef: Pflegekinderwesen. In: Erziehungshilfen in der Bundesrepublik Deutschland. Hg.: Blandow, Jürgen; Faltermeier, Josef. Frankfurt am Main: 1989. S. 214-240.

Familiengerichtsbarkeit: Kommentar. Bearb. v. Baumeister, Wilhelm u.a. – Berlin; New York: 1992.

Farson, Richard: Menschenrechte für Kinder: Die letzte Minderheit. München: 1975.

Federle, Katherine: The Ethics of Empowerment. Rethinking the Role of Lawyers in Interviewing and Counseling the Child Client. Siehe Fordham University School of Law 1996, S. 1655-1698.

Fegert, Jörg M.: Sexuell mißbrauchte Kinder und das Recht. Ein Handbuch zu Fragen der kinder- und jugendpsychiatrischen und psychologischen Untersuchung und Beurteilung. Bd. 2. Köln: 1993.

Fegert, Jörg, M.: Die Debatte über psychische Folgen von sexuellem Mißbrauch und ihre Bedeutung im familien- und vormundschaftsgerichtlichen Verfahren. FPR 1995, S.62-69.

Fegert, Jörg, M.: Das Kind verstehen – aus kinder- und jugendpsychiatrischer Sicht. Siehe Salgo 1995. S. 291-318.

Fegert, Jörg M.: Was ist seelische Behinderung?: Anspruchsgrundlagen und kooperative Umsetzung von Hilfen nach § 35a KJHG. 2. Aufl. – Münster: 1996.

Fegert, Jörg M.: Basic Needs als ärztliche und psychotherapeutische Einchätzungskriterien. In: Familien in Krisen – Kinder in Not. Materialien und Beiträge zum ISA-Kongreß 28.-30.4.1997. Hg.: Institut für soziale Arbeit e.V. Münster: Eigenverlag, 1997. S. 66-73.

Fegert, Jörg M.: Die Auswirkungen traumatischer Erfahrungen in der Vorgeschichte von Pflegekindern. Siehe Stiftung »Zum Wohl des Pflegekindes« 1998. S. 20-31.

Fegert, Jörg M. (Hg.): Kinder in Scheidungsverfahren nach der Kindschaftsrechtreform. Neuwied; Kriftel: 1999.

Fegert, Jörg M. (a): Kooperation im Interesse des Kindes: Einleitende Bemerkungen. Siehe Fegert 1999. S. 8-17.

Fegert, Jörg M. (b): Beratung heißt das Zauberwort. Siehe Fegert 1999. S. 82-92.

Fegert, Jörg M.: Kommunikation mit Kindern und Konstrukte, die unser Verständnis von Kindern in der professionellen Wahrnehmung erleichtern. Siehe Protokolldienst 4/99, S. 1-15.

Fegert, Jörg M.: Kindeswohl – Definitionsdomäne der Juristen oder Psychologen? Siehe Deutscher Familiengerichtstag 2000. S. 33-58.

Fehmel, Hans-Werner: Nochmals: Kindesanhörung im Sorgerechtsverfahren. ZblJugR 1982, S. 654-663.

Fend, Helmut: Sozialgeschichte des Aufwachsens – Bedingungen des Aufwachsens und Jugendgestalten in der Moderne. Frankfurt am Main: 1988.

Ferenczi, Sandor: Sprachverwirrung zwischen dem Erwachsenen und dem Kind: Die Sprache der Zärtlichkeit und Leidenschaft. In: Schriften zur Psychoanalyse. Frankfurt am Main: 1972 (Erschj. 1933) Bd. II.

Fieseler, Gerhard: Elternrecht. In: Lexikon der Sozialen Arbeit. Hg.: Deutscher Ruth, Fieseler Gerhard, Maòr, Harry. 1978. S. 57-59.

Figdor, Helmuth: Kinder aus geschiedenen Ehen: zwischen Trauma und Hoffnung; eine psychoanalytische Studie. 2. Aufl. – Mainz: 1991.

Finlay, H. A. ; Bradbrook, A.J.; Bailey-Harris, Rebecca: Family Law. Cases, Materials and Commentary. Sydney: 1997.

Firlei, Margit: Der Richter und das Kindeswohl. In: Expertenbericht zum »UN-Übereinkommen über die Rechte des Kindes«. Hg.: Bundesministerium für Umwelt, Jugend und Familie. Wien: 1993. S. 115-131.

Fordham University School of Law (Ed.): Report of the Working Group on the Allocation of Decision Making. Fordham Law Review. Volume LXIV, Number 4. New York: 1996. S. 1325-1338.

Francke, August Hermann: Kurzer und einfältiger Unterricht ... (1702). In: Reble, Albert: Geschichte der Pädagogik. Dokumentationsband. 2. Aufl. – Stuttgart: 1992. S. 139-147.

Frankena, William K.: Analytische Ethik: eine Einführung. Hg. u. übersetzt v. Norbert Hoerster. 5. Aufl. – München: 1994.

Frankfurter Lehr- und Praxiskommentar zum KJHG/SGB VIII. Bearb. Münder, Johannes u.a. 3. völlig überarb. Aufl., Stand: 1.1.1999. Münster: 1998.

Frankfurter Rundschau v. 13.4.1993: »Anwalt des Kindes«: Vertretung in Scheidungs-, Sorgerechts- und Strafverfahren.

Franklin; Bob: Kinder und Entscheidungen – Entwicklung von Strukturen zur Stärkung von Kinderrechten. Siehe Steindorff 1994. S. 43-66.

Fraser, Brian: An Advocate for the Abused Child. Siehe Martin 1976. S. 165-176.

Freeman, Michael; Veermann, Philip (Ed.): The Ideologies of Children's Rights. Dordrecht; Boston; London: 1992.

Freud, Anna: Psychoanalyse für Pädagogen: Eine Einführung. 5. Aufl. – Bern; Stuttgart; Wien: 1971 (Erschj. 1935).

Freud, Anna: Psychoanalytische Beiträge zur normalen Kindesentwicklung. In: Die Schriften der Anna Freud. Bd. 10. München: 1980.

Freud, Anna: The Emotional and Social Development of Young Children. (1962). In: The Writings of Anna Freud. Volume V. New York: 1969. S. 336-351.

Freud, Anna: Three Contributions to a Seminar of Family Law. (1965 [1963-1964]). In: The Writings of Anna Freud. Vol. V. New York: 1969. S. 436-455.

Freud, Anna: Das Ich und die Abwehrmechanismen. Frankfurt am Main: 1984 (Erschj. 1964).

Freud, Anna: Wege und Irrwege der Kinderentwicklung. 4. Aufl. – Bern; Stuttgart: 1988 (Erschj. 1965).

Freud, Anna: Zur Psychoanalyse der Kindheit. Die Harvard-Vorlesungen. Hg.: Sandler, Joseph. Frankfurt am Main: 1993.

Freud, Sigmund: Abriß der Psychoanalyse. Frankfurt am Main: 1965. (Original 1938).

Freud, Sigmund: Vorlesungen zur Einführung in die Psychoanalyse. Frankfurt am Main: 1992 (Erschj. 1940).

Frey, Dieter: Informationssuche und Informationsbewertung bei Entscheidungen. Bern; Stuttgart; Wien: 1981.

Fricke, Astrid: Anhörungsumgebung und fachliche pädagogische Betreuung der Kinder im Familiengericht – und im Jugendamt. ZfJ 1998, S. 53-62.

Fricke, Astrid: Sozialarbeiter als Verfahrenspfleger gem. § 50 FGG? ZfJ 1999, S. 51-58.

Frommann, Matthias: Die Wahrnehmung der Interessen Minderjähriger im vormundschafts- bzw. familiengerichtlichen Erkenntnisverfahren der Freiwilligen Gerichtsbarkeit. München, Dissertationsdruck: 1977.

Früh, Katrin: Die Wahrnehmung der Kindesinteressen im vormundschafts- und familiengerichtlichen Verfahren der freiwilligen Gerichtsbarkeit. Dissertation. Hamburg: 1992.

Fuchs-Heinritz, Werner: Zukunftsorientierungen und Verhältnis zu den Eltern. Siehe Shell 2000, S. 23-92.

Gamm, Hans-Jochen: Erziehung und Mündigkeit. In: Mündigkeit: Zur Neufassung materialistischer Pädagogik. Red. Hans-Joachim Gamm und Gernot Koneffke. – Frankfurt am Main: 1997. S. 115-128.

Garbe, Elke: Martha: Psychotherapie eines Mädchens nach sexuellem Missbrauch. 2. überarb. Aufl. Münster: 1993.

Garvey, Catherine: Aufforderungen und ihre Beantwortung im kindlichen Sprachgebrauch. In: Kindliche Kommunikation: theoretische Perspektiven, empirische Analysen, methodologische Grundlagen. Hg. v. Karin Martens. Frankfurt am Main: 1979. S. 133-167.

Gassner Hemmerlé, Monique: Der Zugang des Minderjährigen zum Recht. Siehe Salgo 1995. S. 207-217.

Gehrmann, Gerd; Müller, Klaus, D.: Sozialarbeit, nicht Therapie! Eine Krisenintervention zur Vermeidung der Fremdplazierung gefährdeter Kinder. Sozialmagazin 1994, S. 38-45.

Geißler, Erich E.: Johann Friedrich Herbart (1776-1841). In: Klassiker der Pädagogik. Erster Band. Von Erasmus von Rotterdam bis Herbert Spencer. Hg.: Scheuerl, Hans. München: 1991. S. 234-248.

Geißler, Erich E.; Wollersheim, Heinz-Werner: Autorität und Disziplin. In: Pädagogik: Handbuch für Studium und Praxis. Hg.: Roth, Leo. München: 1991. S. 906-917.

Geppert, Ulrich; Heckhausen, Heinz: Ontogenese der Emotionen. In: Enzyklopädie der Psychologie. Themenbereich C Theorie und Forschung; Serie IV Motivation und Emotion; Band 3 Psychologie der Emotion. Hg.: Scherer v., Klaus R. Göttingen: 1990 (3. Kap.).

Gernhuber, Joachim: Kindeswohl und Elternwille. FamRZ 1973, S. 229-244.

Gernhuber, Joachim: Lehrbuch des Familienrechts. – 3. völlig neubearb. Aufl. – München: 1980.

Gernhuber, Joachim: Lehrbuch des Familienrechts. München: 1964.

Geulen, Dieter (Hg.): Perspektivenübernahme und soziales Handeln. Texte zur sozial-kognitiven Entwicklung. Frankfurt am Main: 1982.

Giesen, Dieter: Familienrecht. 2. überarb. Aufl. – Tübingen: 1997.

Gil, Eliana: Die heilende Kraft des Spiels: Spieltherapie mit sexuell missbrauchten Kindern. Mainz: 1993.

Goffman, Erving: Asyle: Über die soziale Situation psychiatrischer Patienten und anderer Insassen. Frankfurt am Main: 1972 (Erschj. 1961).

Goldstein, Joseph: On Being Adult and Being An Adult in Secular Law. Daedalus 1976, S. 69-87.

Goldstein, Joseph; Freud, Anna; Solnit, Albert: Diesseits des Kindeswohls. Frankfurt am Main: 1982 (Erschj. 1979).

Goldstein, Joseph; Freud, Anna; Solnit, Albert: Das Wohl des Kindes: Grenzen professionellen Handelns. Frankfurt am Main: 1988 (Erschj. 1986).

Goldstein, Joseph; Freud, Anna; Solnit, Albert: Jenseits des Kindeswohls: Weitere Bemerkungen zur Anwendung des Standards der am wenigsten schädlichen Alternative. Frankfurt am Main: 1991.

Gollwitzer, Peter, M.: Suchen, Finden und Festigen der eigenen Identität: Unstillbare Zielintentionen. Siehe Heckhausen 1987. S. 176-190.

Gollwitzer, Peter, M.: Das Rubikonmodell der Handlungsphasen. Siehe Birnbaumer u.a. 1996. S. 531-582.

Gosepath, Stefan (Hg.): Praktische Rationalität. Eine Problemübersicht. In: Motive, Gründe, Zwecke: Theorien praktischer Rationalität. Frankfurt am Main: 1999.

Graf, Martin Albert: Mündigkeit und soziale Anerkennung: gesellschafts- und bildungstheoretische Begründungen sozialpädagogischen Handelns. Weinheim: 1996.

Grimm, Hannelore: Sprachentwicklung – allgemeintheoretisch und differentiell betrachtet. Siehe Oerter/Montada 1995. S. 705-757.

Gröning, Katharina: Sexualität mit Kindern: Vom Wandel einer Diskussion. np 1989, S. 195-204.

Grolle, Joist: Ende der Erziehung? In: Verteidigte Aufklärung: Plädoyers zu Erziehung und Politik. Hg.: Daschner, Peter; Schümann, Bodo. Weinheim; München: 1988. S. 25-36.

Grossmann, Karin; Grossmann, Klaus E.: Bindungstheoretische Grundlagen sicherer und unsicherer Entwicklung. GwG 12/1994, S. 26-41.

Grossmann, Karin; Grossmann, Klaus E.: Eltern-Kind-Bindung als Aspekt des Kindeswohls. In: Deutscher Familiengerichtstag (Hg.): Ansprachen und Referate, Berichte und Ergebnisse der Arbeitskreise. Zwölfter Deutscher Familiengerichtstag: vom 24. Bis 27. September 1997 in Brühl. S. 76-89.

Grün, Klaus-Jürgen: Der »Anwalt des Kindes«. NJ 1999, S. 128-129.

Grundmann, Mathias; Keller, Monika: Familiale Beziehungen und soziomoralische Entwicklung. Siehe Leu u.a. 1999. S. 330-356.

Gütthof, Friedhelm: Subjektive Verfahrensgerechtigkeit im Hilfeplanungsprozeß. Siehe Institut für Soziale Arbeit e.V. 1994. S. 95-101.

Gruschka, Andreas (Hg.). Wozu Pädagogik? Die Zukunft bürgerlicher Mündigkeit und öffentlicher Erziehung. Darmstadt: 1996.

Habermas, Jürgen: Theorie des kommunikativen Handelns. Bd. 2. Zur Kritik der funktionalistischen Vernunft. 4. durchgesehene Aufl. – Frankfurt am Main: 1997 (Erschj. 1981).

Häberle, Peter: Aus der Sicht des Verfassungsrechts: Erwartungen an die Pädagogik. Siehe Gruschka 1996. S. 142-159.

Hammer, Jürgen; Keller, Heidi: Überlegungen zur Entstehung des Rechtsempfindens aus entwicklungs-psychobiologischer Sicht. In: Zur Entwicklung von Rechtsbewußtsein. Hg.: Lampe, Ernst-Joachim. Frankfurt am Main: 1997. S. 152-182.

Handbuch des Fachanwalts Familienrecht. Hg.: Gerhardt, Peter; von Heintschel-Heinegg, Bernd; Klein, Michael. 2. komplett überarb. und erw. Aufl.-Neuwied; Kriftel: 1999.

Hansbauer, Peter: Fortschritt durch Verfahren oder Innovation durch Irritation? np 1995, S. 12-32.

Hansbauer, Peter: Wie aus Innovationen Institutionen werden. Ein Beitrag zum theoretischen Verständnis des Wandels der Heimerziehung in den 80er Jahren. ZfE 1999, S. 73-97.

Hansen, Kirsten-Pia: Das Recht der elterlichen Sorge nach Trennung und Scheidung: Bedeutung und Tragweite einer systemorientierten Perspektive im Familienrecht. Neuwied; Kriftel; Berlin: 1993.

Haralambie, Ann, M.: The Child's Attorney. A Guide to Representing Children in Custody, Adoption and Protection Cases. (Publ. by Section of Family Law, American Bar Association); Chicago: 1993.

Haralambie, Ann: The Role of Child's Attorney in Protecting the Child throughout the Litigation Process. North Dakota Law Review, Vol. 71. 1995, S. 939-1030.

Harder-Herken, Dorothea: Das Wohl des Kindes und der Begriff »Kindeswohl«: Eine Untersuchung über Sachverständigengutachten im Famili-engerichtsverfahren. Dissertation. Berlin: 1988.

Harnach-Beck, Viola: Psychosoziale Diagnostik in der Jugendhilfe: Grundlagen und Methoden für Hilfeplan, Bericht und Stellungnahme. Weinheim; München: 1995.

Hartocollis, Peter: Time and Timelessness: or: The Varieties of Temporal Experience. 2. Printing. Madison: 1986.

Hasenclever, Christa: Jugendhilfe und Jugendgesetzgebung seit 1900. Göttingen: 1978.

Hattenhauer, Hans: Einführung in die Geschichte des Preußischen Landrechts. In: Allgemeines Landrecht für die Preußischen Staaten: von 1794 Mit einer Einführung von Hattenhauer, Hans und einer Bibliographie von Bernert, Günther. 2. erw. Aufl. – Neuwied; Kriftel; Berlin: 1994. S. 1-29.

Heckhausen, Heinz: Motivation und Handeln. Lehrbuch der Motivationspsychologie. Berlin; Heidelberg; New York: 1980.

Heckhausen, Heinz (Hg.): Jenseits des Rubikon: Der Wille in den Humanwissenschaften. Berlin; Heidelberg: 1987.

Heckhausen, Heinz (a): Vorwort. Siehe Heckhausen 1987. S. V-VIII.

Heckhausen, Heinz (b): Wünschen-Wählen-Wollen. Siehe Heckhausen 1987 S. 3-9.

Heckhausen, Heinz (c): Neuansätze einer psychologischen Willenstheorie. Siehe Heckhausen 1987. S. 97-100.

Heckhausen, Heinz (d): Perspektiven einer Psychologie des Wollens. Siehe Heckhausen 1987. S. 121-142.

Heckhausen, Heinz (e): »Interdisziplinäre Forschung« zwischen Intra-, Multi- und Chimären-Disziplinarität. Siehe Kocka 1987, S. 129-154.

410

Heiliger, Anita: Zur Problematik einer Konzeption nachehelicher gemeinsamer elterlicher Sorge als Regelfall im Kontext einer geplanten Reform des Kindschaftsrechts. FamRZ 1992, S. 1006-1011.

Heilmann, Stefan: Kindliches Zeitempfinden und Verfahrensrecht. Neuwied: 1998.

Heilmann, Stefan: Die Dauer kindschaftsrechtlicher Verfahren. ZfJ 1998, S. 317-324.

Heilmann, Stefan: Hilfe oder Eingriff? – Verfassungsrechtliche Überlegungen zum Verhältnis von staatlichem Wächteramt und Jugendhilfe. ZfJ 2000, S. 41-50.

Heilmann, Stefan; Salgo, Ludwig: Kindesmisshandlung und Recht – Bestandsaufnahme und Perspektiven. Siehe Stiftung »Zum Wohl des Pflegekindes« 1998, S. 179-196.

Heilmann, Stefan: Die Verfahrenspflegschaft in Fällen des § 1666 BGB: Einige Anmerkungen zu § 50 Abs. 2 S. 1 Nr. 2 FGG. KindPrax 2000, S. 79-83.

Heilmann, Stefan: Kindeswohlgefährdung. Siehe Protokolldienst 7/2000, S. 2-........ .

Heinsohn, Gunnar; Knieper, Rolf: Theorie des Familienrechts. Geschlechtsrollenaufhebung, Kindesvernachlässigung, Geburtenrückgang. Frankfurt am Main: 1974.

Henrich, Dieter: Eherecht: Scheidung, Trennung, Folgen. Kommentar. Mitbegr. v. Johannsen, Kurt H. – 3. völlig überarb. Aufl. – München: 1998.

Helsper, Werner: Antinomien des Lehrerhandelns in modernisierten pädagogischen Kulturen: Paradoxe Verwendungsweisen von Autonomie und Selbstverantwortlichkeit. Siehe Combe/Helsper 1996, S. 521-569.

Herbart, Johann Friedrich: Sämtliche Werke: In chronologischer Reihenfolge. Hg.: Kehrbach, Karl. Bd. II. Langensalza: 1887.

Herman, Judith Lewis: Die Narben der Gewalt: Traumatische Erfahrungen verstehen und überwinden. München: 1994.

Herrmann, Theo: Der Wunsch zwischen Motiv und Wille. Siehe Boothe 1999, S. 39-55.

Herrmann, Ulrich: Aufklärung und Erziehung: Studien zur Funktion der Erziehung im Konstitutionsprozess der bürgerlichen Gesellschaft im 18. und 19. Jahrhundert in Deutschland. Weinheim: 1993.

Hinrichs, Günter: Kindesmißhandlung und Kindstötung. Siehe Lempp u.a. 1999, S. 303-309.

Hirsch, Martin; Majer, Dietmar; Meinck, Jürgen: Recht, Verwaltung und Justiz im Nationalsozialismus: Ausgewählte Schriften, Gesetze und Gerichtsentscheidungen von 1933 bis 1945 mit ausführlichen Erläuterungen und Kommentierungen. 2. unveränd. Aufl. – Baden-Baden: 1997.

Hirsch, Mathias: Psychoanalytische Therapie. In: Schubbe, Oliver: Therapeutische Hilfen gegen sexuellen Missbrauch an Kindern. Göttingen; Zürich: 1994. S. 148-169.

Hirsch, Mathias: Realer Inzest: Psychodynamik des sexuellen Missbrauchs in der Familie. 2. überarb. Aufl. – Berlin; Heidelberg: 1990.

Hirsch, Mathias: Vernachlässigung, Misshandlung, Missbrauch im Rahmen einer psychoanalytischen Traumatologie. Siehe Egle u.a. 1997. S. 103-116.

Hirsch, Michael: Entzug und Beschränkung des elterlichen Sorgerechts: Praxis und Reformbedürftigkeit des Sorgerechtsentzugs; Reformvorschläge. Berlin; Neuwied: 1965.

Hoerster, Norbert: Ethik und Moral. In: Texte zur Ethik. Hg.: Birnbacher, Dieter; Hoerster, Norbert. München: 1996. S. 9-23.

Hoffmann, Dietrich (Hg.): Der Verlust der ›Verantwortung‹ oder die Zerstörung einer ethischen pädagogischen Kategorie in der jüngeren Moderne. In: Begründungsformen der Pädagogik in der Moderne. Weinheim: 1992.

Hohmann-Dennhardt, Christine: Grundgedanken zu einer eigenständigen Vertretung von Kindern und Jugendlichen im familiengerichtlichen Verfahren. Siehe Protokolldienst 4/2000, S. 3-13.

Holt, John: Zum Teufel mit der Kindheit: Über die Bedürfnisse und Rechte von Kindern. Wetzlar: 1978 (Erschj. 1975).

Hommers, Wilfried: Implizite Willenstheorien des rechtlichen Denkens aus empirisch-psychologischer Perspektive. Siehe Heckhausen 1987. S. 340-359.

Honig, Michael-Sebastian: Verhäuslichte Gewalt: sozialer Konflikt, wissenschaftliche Konstrukte, Alltagswissen, Handlungssituationen; eine Explorativstudie über Gewalthandeln von Familien. Frankfurt am Main: 1992.

Honig, Michael-Sebastian: Sozialgeschichte der Kindheit im 20. Jahrhundert. In: Handbuch der Kindheitsforschung. Hg.: Manfred Markefka; Bernhard Nauck. Neuwied; Kriftel; Berlin: 1993. S. 207-218.

Honig, Michael Sebastian: Probleme der Konstituierung einer erziehungswissenschaftlichen Kindheitsforschung : Ein Überblick über Fragestellungen, Konzepte und Befunde. Z.f.Päd 1996, S. 325-345.

Honig, Michael Sebastian; Leu, Hans Rudolf; Nissen, Ursula (Hg.): Kindheit als Sozialisationsphase und als kulturelles Muster: Zur Strukturierung eines Forschungsfelds. In: Kinder und Kindheit: soziokulturelle Muster – sozialisationstheoretische Perspektiven. Weinheim; München: 1996. S. 9-22.

Honig, Michael Sebastian: Entwurf einer Theorie der Kindheit. Frankfurt am Main: 1999.

Hunt, Joan; Murch, Mervyn: Speaking out for children: findings from the voluntary sector's first specialist guardian ad litem team. London: 1990.

Hunt, Joan; Macleod, Alison: Thematic Summary. Statutory Intervention in Child Protection Research Project. Centre for Socio-Legal Studies, University of Bristol: 1997.

Hunt, Joan; Macleod, Alison: The Last Resort: Child Protection, the Courts and the Children Act 1989. Centre for Socio-Legal Studies, University of Bristol: 1997.

Hunt, Joan: The Guardian ad litem service in the United Kingdom: Past, Present and Future. Siehe Protokolldienst 4/99, S. 29-37. (Übersetzt von Adolf Burkhardt, ebd. S. 38-47).

Hurrelmann, Klaus; Mansel, Jürgen: Alltagsstreß bei Jugendlichen. Eine Untersuchung über Lebenschancen, Lebensrisiken und psychosoziale Befindlichkeiten im Statusübergang. Weinheim; München: 1991.

Hutz, Pieter: Erfahrungen mit Kinderschutz-Zentren im Versorgungsverbund. Siehe Martinius/Frank 1990. S. 85-94.

Institut für soziale Arbeit e.V. (Hg.): Hilfeplanung und Betroffenenbeteiligung. Red. Jordan, Erwin; Schrapper, Christian. Münster: 1994.

Jean d'Heur, Bernd: Der Kindeswohl-Begriff aus verfassungsrechtlicher Sicht – ein Rechtsgutachten. Hg.: Der Kinderbeauftragte des Landes Nordrhein-Westfalen / Arbeitsgemeinschaft für Jugendhilfe. Bonn: 1991.

Jopt, Uwe-Jörg: Kindeswohl und soziale Elternschaft. Siehe Melzer/Sünker 1989. S. 169-188.

Jordan, Erwin: 65 Jahre (Reichs-)Jugendwohlfahrtsgesetz – Ausgangssituationen und Entwicklungen. In: 65 Jahre Reichsjugendwohlfahrtsgesetz – ein Gesetz auf dem Weg in den Ruhestand. Hg.: Jordan, Erwin; Münder, Johannes. Münster: 1987. S. 19-36.

Jugendamt Kassel: Dienstanweisung für die Erziehungskonferenz. Siehe Institut für Soziale Arbeit 1994. S. 169-175.

Kaltenborn, Karl Franz: Das kommunikative Verhalten des Scheidungskindes in der kinderpsychiatrischen Exploration (1). Fragmente 1986, S. 149-165.

Kaltenborn, Karl-Franz: Kindheitsbilder und Expertenwissen: Die Interessenvertretung von Kindern in den Reformdiskussionen um das elterliche Sorgerecht. Diskurs 1998, S. 54-63.

Kant, Immanuel: Beantwortung der Frage: Was ist Aufklärung? In: Schriften zur Anthropologie, Geschichtsphilosophie und Pädagogik. 1. Werkausg. Bd. XI. Hg.: Weischedel, Wilhelm. Frankfurt am Main: 1977 (Erschj. 1783). S. 53-61.

Kant, Immanuel: Über die Erziehung. München: 1997 (Erschj. 1803).

Kaufmann, Franz-Xaver: Familie und Modernität. In: Die ›postmoderne‹ Familie: Familiale Strategien und Familienpolitik in einer Übergangszeit. Hg.: Lüscher, Kurt. Konstanz: 1988. S. 391-415.

Keidel, Theodor: Freiwillige Gerichtsbarkeit. Von Thedodor Keidel u.a. Teil A. Kommentar zum Gesetz über die Angelegenheiten der freiwilligen Gerichtsbarkeit. 14. neubearb. Aufl. – München: 1999.

Keilson, Hans: Sequentielle Traumatisierung bei Kindern: deskript.-klinische und quantifizierend-statistische follow-up Untersuchung zum Schicksal der jüdischen Kriegswaisen in den Niederlanden. Unter Mitarb. von Sarpathie, Hermann R. – Stuttgart: 1979.

Keiser, Claudia: Das Kindeswohl im Strafverfahren: Zur Notwendigkeit eines am Kindeswohl orientierten Umgangs mit minderjährigen Opfern und Zeugen, den Möglichkeiten de lege lata und den Erfordernissen de lege ferenda. Frankfurt am Main u.a.: 1998. Zugl. Hannover, Universität, Diss. 1997.

Kempe, Henry C.; Kempe, Ruth S.: Child Abuse: The Developing Child. Cambridge, Massachusetts: 1978.

Kerschensteiner, Georg: Charakterbegriff und Charaktererziehung. 2. verb. und erw. Aufl. – Berlin: 1915.

Kerschensteiner, Georg: Vortragsdisposition »Der Interessebegriff in der Pädagogik«. Siehe Willhelm 1957. S. 240-244 (Original 1921).

Kinder- und Jugendhilferecht: Gemeinschaftskommentar zum SGB VIII (GK-SGB VIII). Hg.: Fieseler, Gerhard; Schleicher, Hans. Neuwied, Kriftel: 1998. (Loseblatt/Grundwerk).

Kleine, Rolf: Verfahrenspfleger für Minderjährige in familien- und vormundschaftsgerichtlichen Verfahren. FPR 1996, S. 236-239.

Klosinski, Gunther (Hg.): Macht, Machtmissbrauch und Machtverzicht im Umgang mit Kindern und Jugendlichen. Mit Beitr. v. Andreas Flitner u.a. – Bern u.a.: 1995.

Klosinski, Gerd: Sorgerechtsverfahren. Siehe Lempp u.a. 1999. S. 40-52.

Klußmann, Rudolf: Das Kind im Rechtsstreit der Erwachsenen: Wegweiser für Eltern und Jugendämter, Richter und Psychologen. München; Basel: 1981.

Knitzer, Jane; Sobie, Merill: Law Guardians in New York State: a Study of the Legal Representation of Children. Ed.: New York State Bar Association. New York: 1988.

Knöpfel, Gottfried: Neuregelung des Rechts der elterlichen Sorge. In: Praxis des neuen Familienrechts. Referate und Berichte der Großen Arbeitstagung des Fachverbandes Berliner Stadtvormünder e.V. vom 28.11 bis 2.12. 1977 in Berlin. Berlin; New York: 1978. S. 191-206.

Kocka, Jürgen (Hg.): Interdisziplinarität. Praxis – Herausforderung – Ideologie. Frankfurt am Main: 1987.

Köckeritz, Christine: Was wird denn nun aus mir? – Interessenvertretung als Fürsprache für Kinder in Grenzsituationen. Siehe epd 1998, S. 12-23.

Koechel, Roland; Heider, Christiane: Das Wohl des Kindes in der familiengerichtlichen Sorgerechtspraxis: eine inhaltsanalytische Studie über sorge- und umgangsrechtliche Beschlüsse. ZfJ 1989, S. 76-80.

Koechel, Roland (Hg.): Kindeswohl in gerichtlichen Verfahren. Neuwied; Kriftel; Berlin: 1995.

Koh Peters, Jean: Representing Children in Child Protective Proceedings: Ethical and Practical Dimensions. Charlottesville, Virginia: 1997.

Koh Peters, Jean: The Roles and Content of Best Interests in Client-Directed Lawyering for Children in Child Protective Proceedings. Siehe Fordham University School of Law 1996. S. 1505-1570.

Kohlberg, Lawrence; Boyd, Dwight R; Levine, Charles: Die Wiederkehr der sechsten Stufe: Gerechtigkeit, Wohlwollen und der Standpunkt der Moral. In: Zur Bestimmung der Moral: philosophische und sozialwissenschaft-liche Beiträge zur Moralforschung. Hg.: Edelstein, Wolfgang; Nunner-Winkler, Gertrud. 2. Aufl. – Frankfurt am Main: 1996. S. 205-240.

Kohler, Mathias: Kindschaftsrechtsreform im Blickwinkel der Kinder: Die Bedeutung des neuen Kindschaftsrechts für die Kinder – Konsequenzen für die Arbeit der Jugendhilfe. ZfJ 1999, S. 128-134.

Köhnken, Günter (a): Suggestion und Suggestibilität. Siehe Lempp u.a. 1999 S. 342-353.

Köhnken, Günter (b): Der Schutz kindlicher Zeugen vor Gericht. Siehe Lempp u.a. 1999. S. 363-372.

Koneffke, Gernot: Erziehung ist der zum gesellschaftlichen Leib gewordene Widerspruch. Zur Begründung der Pädagogik. In: Mündigkeit: Zur Neufassung materialistischer Pädagogik. Red. Hans-Joachim Gamm und Gernot Koneffke. Frankfurt am Main u.a.: 1997. S. 31-51.

Köppl, Barbara; Reiners, Werner: Hilfen für Kinder von alkoholkranken Vätern. Freiburg im Breisgau: 1987.

Köster, Thomas: Sorgerecht und Kindeswohl. Ein Vorschlag zur Neuregelung des Sorgerechts. Frankfurt am Main; Berlin; New York u.a.: 1997. Zugl. Univ. Marburg, Diss. 1996.

Krappmann, Lothar: Entwicklung und soziales Lernen im Spiel. In: Das Kinderspiel. Hg.: Flitner, Andreas. 5. Aufl. Neuausgabe. 1988 (Erschj. 1973). S. 168-184.

Krause, Rainer: Psychodynamik der Emotionsstörungen. In: Enzyklopädie der Psychologie. Themenbereich C Theorie und Forschung; Serie IV Motivation und Emotion; Band 3 Psychologie der Emotion. Hg. v. Scherer, Klaus R. – Göttingen: 1990. (10. Kap.).

Kreppner, Kurt: Einfluss von Familienkommunikation auf das Entstehen von Vorläufern des Rechtsempfindens bei Kleinkindern. In: Zur Entwicklung von Rechtsbewußtsein. Hg.: Lampe, Ernst-Joachim. Frankfurt am Main: 1997. S. 341-370.

Krüger, Heinz-Hermann; Rauschenbach, Thomas (Hg.): Einleitung. In: Einführung in die Arbeitsfelder der Erziehungswissenschaft. Opladen: 1995. S. 9-14.

Kuhl, Julius: Motivation und Handlungskontrolle: Ohne guten Willen geht es nicht. Siehe Heckhausen 1987. S. 101-120.

Kuleisa, Ute: Interessenvertretung für Kinder und Jugendliche. Praxisbericht aus der Sicht eines Verfahrenspflegevereins. Siehe Protokolldienst 4/99, S. 48-51.

Kuntze, J.: Anmerkung. Zum Beschluss Nr. 271 des AmtsG Mönchengladbach-Rheydt. FamRZ 1985, S. 532.

Kunz, Wolfgang: Zur Rechtsstellung des Kindes. ZfJ 1986, S. 167-198.

Kunzmann, Peter; Burkard, Franz-Peter; Wiedmann, Franz: dtv-Atlas zur Philosophie. Tafeln und Texte. München: 1991.

Lange, Andreas: Formen der Kindheitsrhetorik. In: Kinder als Aussenseiter?: Umbrüche in der gesellschaftlichen Wahrnehmung von Kindern und Jugendlichen. Hg.: Zeiher, Helga u.a. – Weinheim: 1996.

Laucht, Manfred: Individuelle Merkmale mißhandelter Kinder. Siehe Martinius/Frank 1990. S. 39-48.

Lehmkuhl, Ulrike; Lehmkuhl, Gerd: Wie ernst nehmen wir den Kindeswillen? KindPrax 1999, S. 159-161.

Lempp, Reinhart: Noch einmal Kindeswohl und Kindeswille. NJW 1964, S. 440-441.

Lempp, Reinhart: Das Wohl des Kindes in §§ 1666 und 1671 BGB. NJW 1963, S. 1659-1662.

Lempp, Reinhart: Kinderpsychologischer und kinderpsychiatrischer Aspekt des Themas. In: Verhandlungen des 54. Deutschen Juristentages. Nürnberg: 1982. I S. 48-60.

Lempp, Reinhart: Gerichtliche Kinder- und Jugendpsychiatrie. Ein Lehrbuch für Ärzte, Psychologen und Juristen. Bern; Stuttgart, Wien: 1983.

Lempp, Reinhart, u.a.: Die Anhörung des Kindes gemäß § 50b FGG. Köln: 1987.

Lempp, Reinhart; Schütze, Gert; Köhnken, Günter: Forensische Psychiatrie und Psychologie des Kinder- und Jugendalters. Darmstadt: 1999.

Lenzen, Manuela: Zufall, Zeitnot und Gefühl: Entscheidungen: Eine neurowissenschaftlich fundierte Theorie. Frankfurter Allgemeine Zeitung v. 24.9.1997.

Leu, Rudolf H.: Selbständige Kinder – Ein schwieriges Thema für eine Sozialisationsforschung. Siehe Honig u.a. 1996. S. 174-198.

Leu, Rudolf H.; Krappmann, Lothar (Hg.): Zwischen Autonomie und Verbundenheit. Bedingungen und Formen der Behauptung von Subjektivität. Frankfurt am Main: 1999.

Lidle-Haas, Kerstin: Das Kind im Sorgerechtsverfahren bei der Scheidung. Berlin: 1989.

Liebau, Eckardt; Wulf, Christoph: Generation: Versuche über eine pädagogische und anthropologische Grundbedingung. Weinheim: 1996.

Liebau, Eckart: Erfahrung und Verantwortung: Werteerziehung als Pädagogik der Teilhabe. Weinheim; München: 1999.

Liegle, Ludwig: Kulturvergleichende Ansätze in der Sozialisationsforschung. In: Neues Handbuch der Sozialisationsforschung. Hg.: Klaus Hurrelmann; Dieter Ulrich. 4. völlig neubearb. Aufl. – Weinheim; Basel: 1991. S. 215-230.

Lilienthal, Georg v.: Der »Lebensborn e.V.«: Ein Instrument nationalsozialistischer Rassenpolitik. Stuttgart; New York; Mainz: 1985.

Limbach, Jutta: Der Anwalt des Kindes aus juristischer Sicht. Siehe Protokolldienst 14/83, S. 12-23.

Linsler, Josef: Brauchen wir den Anwalt des Kindes? DAVorm 1997, S. 375-378.

Locke, John: Gedanken über die Erziehung. Übersetzung, Anmerkungen und Nachwort Heinz Wohlers. Stuttgart: 1970. (Original 1684).

Löffler, Walter; Weindrich, Diana: Auswirkungen von Frühformen der Kindesmißhandlungen auf die Entwicklung vom 3. zum 24. Lebensmonat. Siehe Martinius/Frank 1990, S. 49-58.

Löser, Hermann: Kinder alkoholtrinkender Mütter – Folgen, Pflege und Erfahrungen zur Hilfe. Siehe Stiftung »Zum Wohl des Pflegekindes« 1998 S. 91-105.

Löwisch, Dieter-Jürgen: Einführung in pädagogische Ethik: Eine handlungsorientierte Anleitung für die Durchführung von Verantwortungsdiskursen. Darmstadt: 1995.

Lorenzer, Alfred: Sprachzerstörung und Rekonstruktion: Vorarbeiten zu einer Metatheorie der Psychoanalyse. Frankfurt am Main: 1970.

Lüderitz, Alexander: Mögliche Aufgaben von Humanwissenschaften bei der Ausbildung des Juristen im Familienrecht. In: JUS-Didaktik Heft 3. Sozialwissenschaften im Studium des Rechts. Band. I. Zivil- und Wirtschaftsrecht. Hg.: Horn, Norbert; Tietz, Reinhard. München: 1977. S. 83-96.

Luhmann, Niklas: Paradigm lost: über die ethische Reflexion der Moral: Rede anlässlich der Verleihung des Hegel-Preises 1989. Niklas Luhmanns Herausforderung der Philosophie: Laudatio / von Robert Spaemann. Frankfurt am Main: 1990.

Luthin, Horst: Anmerkung. Zum Beschluss Nr. 233 des AmtsG Mönchengladbach-Rheydt. FamRZ 1986, S. 389.

Margulies, Peter: The Lawyer as Caregiver: Child Client's Competence in Context. Siehe Fordham University School of Law 1996. S. 1473-1504.

Marquardt, Claudia: Anwaltschaft und Sozialberufe Konkurrenz oder Ergänzung im Anwalt des Kindes. Siehe Protokolldienst 4/2000, S. 33-35.

Marquardt, Claudia: Die Verfahrenspflegschaft aus anwaltlicher Sicht. FPR 1999, S. 338-341.

Marquardt, Claudia; Lossen, Jutta: Sexuell missbrauchte Kinder in Gerichtsverfahren: Juristische Möglichkeiten zum Schutz sexuell missbrauchter Kinder in Gerichtsverfahren. Münster: 1999.

Martin, Harold P. (Ed): The Abused Child. Cambridge, Massachusetts: 1976.

Martinius, Joest: Persönlichkeitsentwicklung misshandelter Kinder. In: Gewalt gegen Kinder: Misshandlung und sexueller Missbrauch Minderjähriger. Hg.: Retzlaff, Ingeborg. Neckarsulm: 1989.

Martinius, Joest; Frank, Reiner: Vernachlässigung, Misshandlung und Missbrauch von Kindern: Erkennen, Bewusstmachen, Helfen. Bern; Stuttgart; Toronto: 1990.

Marx, Karl; Engels Friedrich: Die Deutsche Ideologie. Gesammelte Werke Bd. 3. Berlin: 1969. (Original 1845/46).

Masche, Gowert: Hilfen zwischen Jung und Alt: Zunehmende Partnerschaft oder Distanz? Siehe Silbereisen/Zinnecker 1999. S. 357-376.

Masotta, Paul: Der Zugang zum Recht für Minderjährige. Gedanken zur Lage in Frankreich. Siehe Salgo 1995. S. 219-227.

Masson, Judith ; Oakley, Maureen W.: Out of Hearing: Representing Children in Care Proceedings. Chichester, New York, u.a.: 1998.

Mathews, Martha: Ten thousand tiny clients: The ethical Duty of Representation in Children's Class Actions. Siehe Fordham University School of Law 1996. S. 1435-1472.

Maywald, Jörg: Zwischen Trauma und Chance. Trennungen von Kindern im Familienkonflikt. Freiburg im Breisgau: 1997.

Melton, Gary B.; Limber, Susan: What Children's Rights Mean to Children's own Views. Siehe Freeman/Veermann 1992. S. 167-187.

Melzer, Wolfgang; Sünker, Heinz (Hg.): Wohl und Wehe der Kinder: Pädagogische Vermittlung von Kindheitstheorie, Kinderleben und gesellschaftlichen Kindheitsbildern. Weinheim; München: 1989.

Mentzos, Stavros: Neurotische Konfliktverarbeitung: Einführung in die psychoanalytische Neurosenlehre unter Berücksichtigung neuer Perspektiven. Frankfurt am Main: 1984.

Merchel, Joachim: Von der psychosozialen Diagnose zur Hilfeplanung: Aspekte eines Perspektivwechsels in der Erziehungshilfe. Siehe Institut für soziale Arbeit e.V. 1994. S. 44-63.

Mertens, Wolfgang: Psychoanalytische Grundbegriffe. Ein Kompendium. 2. überarb. Aufl. – Weinheim: 1998.

Miller, Alice: Das Drama des begabten Kindes und die Suche nach dem wahren Selbst. Frankfurt am Main: 1983.

Mittelstraß, Jürgen (a): Der arme Wille: Zur Leidensgeschichte des Willens in der Philosophie. Siehe Heckhausen 1987. S. 33-48.

Mittelstraß, Jürgen (b): Die Stunde der Interdisziplinarität? Siehe Kocka 1987. S. 152-157.

Mnookin, Robert, H.: Was stimmt nicht mit der Formel »Kindeswohl«? FamRZ 1975, S. 1-6.

Moersberger, Thomas; Restemeier, Jürgen: Helfen mit Risiko: Zur Pflichtenstellung des Jugendamtes bei Kindesvernachlässigung; Dokumentation eines Strafverfahrens gegen eine Sozialarbeiterin in Osnabrück. Mit Nachwort v. R. Wiesner. Neuwied; Kriftel; Berlin: 1997.

Mollenhauer, Klaus: Erziehung und Emanzipation. 5. Aufl. – München: 1971.

Mollenhauer, Klaus: Theorien zum Erziehungsprozess. Zur Einführung in erziehungswissenschaftliche Fragestellungen. München: 1972.

Mollenhauer, Klaus: In Erinnerung an die geisteswissenschaftliche Pädagogik: Wozu Pädagogik? Versuch eines thematischen Profils. Siehe Gruschka 1996. S. 15-36.

Mollenhauer; Klaus: Kinder und Jugendhilfe. Theorie der Sozialpädagogik – ein thematisch-kritischer Grundriss. Z.f.Päd 1996, S. 869-885.

Mollenhauer, Klaus; Uhlendorff, Uwe: Sozialpädagogische Diagnosen I: über Jugendliche in schwierigen Lebenslagen. Weinheim; München: 1992.

Mollenhauer, Klaus; Uhlendorff, Uwe: Sozialpädagogische Diagnosen II: Selbstdeutungen verhaltensschwieriger Jugendlicher als empirische Grundlagen für Erziehungspläne. Weinheim; München: 1995.

Montada, Leo: Fragen, Konzepte, Perspektiven. Siehe Oerter/Montada 1995 S. 1-83.

Montaigne, Michel de: Über die Erziehung der Kinder. In: Essays über Erziehung: Drei vollständige Essays nebst ausgesuchten Beigaben zur Einführung und Abrundung. Herausgegeben u. übersetzt von Ulrich Bühler. Bad Heilbrunn/Obb: 1964 (Original: 1580). S. 10-37.

Morich, Siguna: Straßenkinder – Runaways. In: Handbuch Heimerziehung und Pflegekinderwesen in Europa. Hg.: Colla, Herbert u.a. – Neuwied; Kriftel: 1999. S. 599-611.

Moritz, Heinz Peter: Zur Zulässigkeit eines eigenen Anwalt(s) des Kindes. JURA 1986, S. 588-590.

Moritz, Heinz Peter: Die (zivil-)rechtliche Stellung der Minderjährigen und Heranwachsenden innerhalb und ausserhalb der Familie. Berlin: 1989.

Mottl, Ingeborg: »Das Kind: Rechtssubjekt oder nur Spielball familiärer Auseinandersetzungen.« In: Expertenbericht zum »UN-Übereinkommen über die Rechte des Kindes«. Hg.: Bundesministerium für Umwelt, Jugend und Familie. Wien: 1993. S. 87-114.

Motzer, Stefan: Die gerichtliche Praxis der Sorgerechtsentscheidung seit der Neufassung von § 1671 BGB. FamRZ 1999, S. 1101-1106.

Motzkau, Eberhard: Hinweise auf und diagnostisches Vorgehen bei Misshandlung und Missbrauch. Siehe Egle u.a. 1997. S. 54-64.

Muhlhauser, Tara Lea; Douglas, D. Knowlton: The »Best Interest Team«: Exploring the Concept of a Guardian ad Litem Team. North Dakota Law Review, Vol. 71, 1987, S. 1021-1029.

Müller, Carl Wolfgang: JugendAmt: Geschichte und Aufgaben einer reformpädagogischen Einrichtung. Weinheim; Basel: 1994.

Müller, Burkhard: Was will denn die jüngere Generation mit der Älteren?: Bersuch über die Umkehrbarkeit eines Satzes von Schleiermacher. Siehe Liebau/Wulf 1996, S. 304-331.

Müller, Burkhard; Thiersch, Hans (Hg.): Gerechtigkeit und Selbstverwirklichung: Moralprobleme im sozialpädagogischen Handeln. Freiburg im Breisgau: 1990.

Müller-Küppers, Manfred: Staatlich angeordnete und sanktionierte Kindesmißhandlung und Kindstötung zwischen 1933 und 1945. Siehe Martinius/Frank 1990. S. 103-119.

Müller-Pozzi, Heinz: Psychoanalytisches Denken: eine Einführung. – 2. korrigierte Aufl. – Bern u.a.: 1995.

Münchmeier, Richard: Ethik. In: Wörterbuch Soziale Arbeit: Aufgabenfelder, Praxisfelder, Begriffe und Methoden der Sozialarbeit und Sozialpädagogik. Hg.: Kreft, Dieter; Mielenz, Ingrid. 4. vollst. überarb. und erw. Aufl. – Weinheim; Basel: 1996. S. 184-186.

Münchner Kommentar zum Bürgerlichen Gesetzbuch. Band 8, Familienrecht II. Hg.: Rebmann, Kurt u.a. 3. Aufl. – München: 1992.

Münder, Johannes: Die Kindererziehung in der Familie nach dem Modell des Bürgerlichen Rechts und ihre gesellschaftliche Bedeutung. Dissertation. Regensburg: 1972.

Münder, Johannes: »Wohl des Kindes« in vormundschaftsgerichtlichen Entscheidungen. RdJB 1981, S. 82-96.

Münder, Johannes: Die Entwicklung autonomen kindschaftsrechtlichen Denkens. ZfJ 1988, S. 10-17.

Münder, Johannes: Familien- und Jugendrecht. Eine sozialwissenschaftlich orientierte Darstellung des Rechts der Sozialisation. Bd. I.: Familienrecht. 3. vollst. überarb. Aufl. – Weinheim, Basel: 1993.

Münder, Johannes: Probleme des Sorgerechts – bei psychisch kranken und geitig behinderten Eltern – exemplarisch für den Kinderschutz bei Kindeswohlgefährdung. FuR 1995, S. 89-98.

Münder, Johannes: Frankfurter Lehr- und Praxiskommentar zum KJHG/SGB VIII. Hg. Münder, Johannes u.a. Münster: 1998.

Münder, Johannes: Reform des Kindschaftsrechts, np 1998, S. 335 349.

Münder, Johannes: Familien- und Jugendrecht. Eine sozialwissenschaftlich orientierte Einführung. Bd. I: Familienrecht. 4. völlig überarb. Aufl. – Neuwied, Kriftel: 1999.

Münder, Johannes; Kühn, Evelyn: Mögliche Aufgaben empirischer Wissenschaften im Familienrecht, verdeutlicht am Beispiel des Kindeswohls. In: JUS-Didaktik Heft 3. Sozialwissenschaften im Studium des Rechts. Band. I. Zivil- und Wirtschaftsrecht. Hg. Horn, Norbert; Tietz, Reinhard. München: 1977. S. 97-116.

Münder, Johannes ua. (Hg.): Diskussionsbeiträge. Kindeswohl zwischen Jugendämtern und Vormundschaftsgerichten. Eigenverlag: Inst. f. Sozialpädagogik, Fachbereich Erziehungswissenschaften, TU Berlin. Berlin:1997.

Münder, Johannes u.a. (Hg.) Diskussionsbeiträge: Kindeswohl zwischen Jugendhilfe und Justiz – eine Fallerhebung in Jugendämtern. Eigenverlag: Inst. f. Sozialpädagogik, Fachbereich Erziehungswissenschaften, TU Berlin: Berlin 1998.

Mugdan, Benno (Hg.): Die gesamten Materialien zum Bürgerlichen Gesetzbuch für das Deutsche Reich: Motive, Protokolle, Kommissionsbericht, Denkschrift, 2. Beratung im Plenum. Bd. 4. Familienrecht. Berlin: 1899.

Murch, Mervyn: The Role of the GAL/RO in the Family Justice System. Representing Children 1995, S. 34-39.

Murch, Mervyn (a): Die Vertretung von Kindern in Child Protection Proceedings in England und Wales – Entwicklung und Arbeitsweise des Systems. Siehe Salgo 1995. S. 155-170.

Murch, Mervyn (b): The Cross-disciplinary Approach to Family-Law. Trying to Mix Oil with Water? In: Frontiers of Famliy Law. Ed.: Bainham, A; Pearl, D.; Rickford, R. – Wiley: 1995.

Murch, Mervyn: The Nature of Family Justice Studies. Consultative Symposium held at Coseners House Conference Centre, Abingdon, Oxford 30th – 31th March 1995 – Summary of Proceedings. 1995.

Murch, Mervyn; Hunt, Joan; Macleod, Alison: Representing the Child in Civil Courts Research Project 1985-1989: Summary of Conclusions and Recommendations. Socio-legal Centre for Family Studies. University of Bristol, 1990.

Nagel, Thomas: Der Blick von Nirgendwo. Frankfurt am Main: 1992.

Nagel, Thomas: Wünsche, Motive der Klugheit und die Gegenwart. Siehe Gosepath 1999. S. 146-147.

Natorp, Paul: Sozialpädagogik: Theorie der Willenserziehung auf Grundlage der Gemeinschaft. 4. durchgeseh. Aufl. – Stuttgart: 1920.

Neddenriep-Hanke, Friedemann: Umgangsrecht und Kindeswohl: Eine Darstellung der Jugendamtstätigkeit. Stuttgart u.a.: 1987.

Nelson, Leonard: Kritik der praktischen Vernunft. Vorlesungen über die Grundlagen der Ethik. I. Bd. Göttingen, (Verlag »Öffentliches Leben« o.J.): 1916.

Nemitz, Rolf: Kinder und Erwachsene: zur Kritik der pädagogischen Differenz. Berlin; Hamburg: 1996.

Neuendorff, Hartmut: Der Begriff des Interesses in den Theorien der bürgerlichen Gesellschaft von Hobbes, Smith und Marx. Frankfurt am Main: 1973.

Neumann, Franz (Hg.): Der Funktionswandel des Gesetzes im Recht der bürgerlichen Gesellschaft. In: Demokratischer und autoritärer Staat. Studien zur politischen Theorie. Frankfurt am Main: 1976. S. 31-81.

Nielandt, Klaus: Die Relevanz der Kantischen Ethik für das theoretische Selbstverständnis einer emanzipativen Pädagogik. Frankfurt/Main; Berlin; Bern u.a. 1997. (Zugl. Hamburg, Univ. Diss., 1997).

Niemeyer, Christian: Zum Verhältnis von Berufsethik und Adressatenethik in der Sozialpädagogik – unter besonderer Berücksichtigung des Beitrages von Herman Nohl. Siehe Müller/Thiersch 1990, S. 85-109.

Nienstedt, Monika: Zur Verarbeitung traumatischer Erfahrungen: Einfühlendes Verstehen im Umgang mit Anpassung, Übertragung und Regression. Siehe Stiftung »Zum Wohl des Pflegekindes« 1998, S. 32-51.

Nienstedt, Monika; Westermann, Arnim: Pflegekinder: Psychologische Beiträge zur Sozialisation von Kindern in Ersatzfamilien. 4. Aufl. – Münster: 1995.

Niestroj, Hildegard: Die Wahrnehmung der eigenständigen Kindesinteressen im Verfahren – Methode, Arbeitsweise und erste Erfahrungen als Anwältin eines Kindes im Sorgerechtsverfahren. Unveröffentl. Diplomarbeit. Frankfurt am Main: 1989.

Niestroj, Hildegard: Erfahrungsbericht einer Verfahrenspflegerin: Die Vertretung von Kindesinteressen im Sorgerechtsverfahren. Siehe Salgo 1996. 503-540.

Niestroj, Hildegard: Erfahrungen mit der Interessenvertretung eines Kindes beim Verbleib im Heim oder der Rückführung in die Familie. Siehe epd 1998, S. 41-44.

Noddings, Nel: Warum sollten wir uns ums Sorgen sorgen? In: Jenseits der Geschlechtermoral Beiträge zur feministischen Ethik. Hg.: Nagl-Docekal, Herta; Pauer-Studer, Herlinde. Frankfurt am Main: 1993.

Nuber, Ursula: Mit Herz und Verstand. Wie Sie Entscheidungen treffen, die Sie später nicht bereuen müssen. Psychologie heute 2000, S. 20-27.

Nunner-Winkler, Ursula: Die gesellschaftliche Formung von Wünschen. Siehe Boothe u.a. 1998. S. 67-87.

Nunner-Winkler, Ursula: Sozialisationsbedingungen moralischer Motivation. Siehe Leu u.a. 1999. S. 299-330.

Nyssen, Friedhelm; Janus, Ludwig (Hg.): Psychogenetische Geschichte der Kindheit: Beiträge zur Psychohistorie der Eltern-Kind-Beziehung. Giessen: 1997.

Oberloskamp, Helga (Hg.): Vormundschaft, Pflegschaft und Vermögenssorge für Minderjährige. Bearb. v. Baer, Ingrid u.a. – 2. vollst. überarb. Aufl. – München: 1998.

Oberloskamp, Helga: Das deutsche Adoptionsrecht: seine geschichtliche Entwicklung und seine gegenwärtige Ausgestaltung. In: Adoption: Grundlagen, Vermittlung, Nachbetreuung, Beratung. Hg.: Hoksbergen, René; Textor, Martin. Freiburg im Breisgau: 1993. S. 14-29.

Oelkers, Harald: Die Rechtsprechung zum Sorge- und Umgangsrecht. – Zweites Halbjahr 1995 bis Anfang 1997. FamRZ 1997, S. 779-791.

Oelkers, Jürgen: Historische Anmerkungen zum Thema Pädagogik und Subjektivität. In: Zur Kritik und Neuorientierung der Pädagogik im 20. Jahrhundert: Festschr. für Wolfgang Eisermann zum 65. Geburtstag. Hg.: Retter, Hein; Meyer-Willner, Gerhard. Hildesheim: 1987. S. 63-74.

Oelkers, Jürgen; Lehmann, Thomas: Antipädagogik: Herausforderung und Kritik. 2. erw. Aufl. – Weinheim; Basel: 1990.

Oerter, Rolf (a): Kultur, Ökologie und Entwicklung Siehe Oerter/Montada 1995. S. 84-127.

Oerter, Rolf (b): Kindheit. Siehe Oerter/Montada 1995. S. 249-309.

Oerter, Rolf (c): Motivation und Handlungssteuerung. Siehe Oerter/Montada 1995. S. 758-822.

Oerter, Rolf; Dreher, Eva: Jugendalter. Siehe Oerter/Montada 1995. S. 310-395.

Oerter, Rolf; Montada, Leo (Hg.). Entwicklungspsychologie: Ein Lehrbuch. 3. vollst. überarb. und erw. Aufl. – Weinheim: 1995.

Oerter, Rolf; Oerter, Rosemarie: Zur Konzeption der autonomen Identität in östlichen und westlichen Kulturen: Ergebnisse von kulturvergleichenden Untersuchungen zum Menschenbild junger Erwachsener. In: Kindheit und Jugend in verschiedenen Kulturen: Entwicklung und Sozialisation in kulturvergleichender Sicht. Hg. Trommsdorff, Gisela. Weinheim, München: 1995. S. 153-172.

Oevermann, Ulrich: Professionalisierung der Pädagogik – Professionalisierbarkeit pädagogischen Handelns. Unveröff. Transkription eines Vortrages im Institut für Sozialpädagogik und Erwachsenenbildung der Freien Universität Berlin: 1981.

Oevermann, Ulrich: Theoretische Skizze einer revidierten Theorie professionellen Handelns. Siehe Combe/Helsper 1996. S. 70-182.

Ollmann, Rainer: Eltern, Kind und Staat in der Jugendhilfe. FamRZ 1992, S. 388-394.

Oser, Fritz: Das Wollen, das gegen den eigenen Willen gerichtet ist: Über das Verhältnis von Urteil und Handeln im Bereich der Moral. Siehe Heckhausen 1987. S. 255-285.

Otto, Hans-Uwe; Sünker, Heinz (Hg.): Soziale Arbeit und Faschismus. Frankfurt am Main: 1991.

Otto, Hans-Uwe; Sünker, Heinz (Hg.): Volksgemeinschaft als Formierungsideologie des Nationalsozialismus: Zur Genesis und Geltung von Volkspflege. In: Politische Formierung und soziale Erziehung im Nationalsozialismus. Frankfurt am Main: 1991. S. 50-77.

Palandt: Bürgerliches Gesetzbuch. Bearb. v. Bassenge, Peter u.a. – 59. Aufl., Bd. 7. München: 1997.

Parry, Martin: Out of Hearing, Representing Children in Care Proceedings. Representing Children 2000, S. 297-300.

Pawlowski, Hans-Martin: Das Vormundschaftsgericht: Gericht oder Verwaltungsbehörde?: Wie kann man Neutralität und Unparteilichkeit gewährleisten? In: Rechtsschutz gegen staatliche Erziehungsfehler. Hg.: Bäuerle, S.; Pawlowski, H. M. – Baden-Baden: 1996. S. 89-116.

Payot, Jules: Die Erziehung des Willens durch Selbstbemeisterung. Berechtigte Übersetzung von Dr. Titus Voelkel. 8. Aufl. – Leipzig: 1921.

Payot, Jules: L'Éducation de la Volonté. Félix Alcan, Éditeur, 22 Édition. Paris: 1906.

Pestalozzi, Johann Heinrich: Brief an einen Freund über seinen Aufenthalt in Stans (1799). In: Pestalozzi: Ausgewählte Schriften. Hg.: Flitner, Wilhelm. 2. neubearb. Aufl. – Düsseldorf; München: 1954. S. 99-121.

Peters, Jennifer; Schimke, Hans-Jürgen: Die Verfahrenspflegschaft nach § 50 FGG – erste Erfahrungen und Konsequenzen. KindPrax 1999, S. 143-149. (s. auch Protokolldienst 4/2000, S. 20-32).

Petri, Horst: Erziehungsgewalt: Zum Verhältnis von persönlicher und gesellschaftlicher Gewaltausübung in der Erziehung. Frankfurt am Main: 1989.

Peukert, Detlev: Grenzen der Sozialdisziplinierung: Aufstieg u. Krise d. dt. Jugendfürsorge von 1878 bis 1932. Köln: 1986.

Pfeifle, Bruno: Kindschaftsrechtsreform und Beistandschaftsgesetz – Herausforderung oder Überforderung des Jugendamtes? Jugendhilfe 1998, S. 161-166.

Piaget, Jean; Inhelder, Bärbel: Die Psychologie des Kindes. Olten u. Freiburg im Breisgau: 1972 (Erschj. 1966).

Pinquart, Martin: Srugies, Dagmar: Konflikte zwischen den Heranwachsenden und ihren Eltern. Siehe Silbereisen/Zinnecker 1999. S. 393-412.

Plewig, Hans-Joachim: Das ›Kindeswohl‹: Grenzen der Sozialdisziplinierung durch Kindesrechte. Siehe Steindorff 1994. S. 7-19.

Plewig, Hans Joachim: Belastetes Erwachsenwerden – Abweichendes Verhalten Jugendlicher: Herausforderung für Pädagogik, Jugendrecht und Jugendpolitik. In: Handbuch Heimerziehung und Pflegekinderwesen in Europa. Hg.: Colla, Herbert u.a. Neuwied; Kriftel: 1999. S. 575-587.

Prange, Klaus: Der Ruf nach Gerechtigkeit. ZfE 1998. S. 265-472.

Prestien, Hans Christian: Die Stellung des Kindes im Rechtsstreit der Erwachsenen: Die gerichtliche Anhörung nach § 50 b FGG aus Sicht des Praktikers. RdJB 1988, 431-499.

Protokolldienst 14/83: Evangelische Akademie Bad Boll (Hg.): Der Anwalt des Kindes als Konsequenz heutigen Verständnisses von Kindeswohl. Denkanstöße zu einer Neuorientierung. Evangelische Akademie Bad Boll. Tagung v. 15. bis 17.4.1983.

Protokolldienst 4/99: Evangelische Akademie Bad Boll (Hg.): Anwalt des Kindes: Qualitätsanforderungen eines neuen Arbeitsfeldes. Interessenvertretung für Kinder in gerichtlichen

419

und in behördlichen Verfahren. Evangelische Akdemie Bad Boll. Fachtagung – 3. bis 5. Februar 1999. 2. erw. Aufl.

Protokolldienst 4/2000: Evangelische Akademie Bad Boll (Hg.): Anwalt des Kindes: Interessenvertretung für Kinder in familiengerichtlichen Verfahren als: Chance für Kinder, Entscheidungshilfe für Gerichte, Entlastung für Jugendämter. 13.-14. Dezember 1999.

Protokolldienst 7/2000: Evangelische Akademie Bad Boll (Hg.): Anwalt des Kindes: Eine Fachtagung zu § 50 FGG für Fachleute aus: Interessenvertretung für Kinder und Jugendliche (Verfahrens- und Umgangspflegschaft); Familiengerichten, Rechtsanwaltskanzleien; Jugendämtern; verwandten Tätigkeitsbereichen. – 9. bis 11. Februar 2000.

Quambusch, Erwin: Die Persönlichkeit des Kindes als Grenze der elterlichen Gewalt. Freiburg: 1973. (Diss.).

Quandt, Siegfried (Hg.): Kinderarbeit und Kinderschutz in Deutschland 1783-1976. Quellen und Anmerkungen. Paderborn: 1978.

Qvortrup, Jens: Die soziale Definition von Kindheit. In: Handbuch der Kindheitsforschung. Hg.: Markefka, Manfred; Nauck, Bernhard. Neuwied; Kriftel; Berlin: 1993. S. 109-124.

Rabe-Kleberg, Ursula: Zivilisierte Kinder? Soziologische Überlegungen zur neueren Geschichte von Kindheit. In: 19. und 20. Jahrhundert. Unterrichtsentwürfe, Quellen und Materialien. Hg.: Bergmann, Klaus u.a. Düsseldorf: 1985. S. 227-246.

Ramm, Thilo: Familienrecht: Verfassung, Geschichte, Reform; ausgewählte Aufsätze. Tübingen: 1996.

Rauchfleisch, Udo: Allgegenwart von Gewalt. Göttingen: 1992.

Rauh, Hellgard: Frühe Kindheit. Siehe Oerter/Montada 1995. S. 167-284.

Reich, Wulfhild: Leitlinien für den Hilfeplanungsprozess in Fällen sexueller Gewalt gegen Kinder und Anforderungen an die Qualifikation der Fachkräfte in der Jugendhilfe. Siehe Verein für Kommunalwissenschaften e.V. 1998. S. 20-23.

Reiche, Reimut: Einleitung. In: Drei Abhandlungen zur Sexualtheorie. Verf.: Freud, Sigmund. Frankfurt am Main: 1991.

Reilmann, Marion: Realitätsorientierung vor und nach Entscheidungen. Dissertation. München: 1989.

Revers, Wilhelm Josef: Die Psychologie der Langeweile. Meisenheim am Glan: 1949.

Rexilius, Günter: Kindeswohl und PAS: Zur aktuellen Diskussion des Parental Alienation Syndrome. KindPrax 1999, S. 149-159.

Richarz, Bernhard: Heilen, pflegen, töten: zur Alltagsgeschichte einer Heil- und Pflegeanstalt bis zum Ende des Nationalsozialismus; mit 27. Tabellen. Göttingen: 1987.

Richter, Hermann; Kreuznacht, Hartmut: Amtspfleger als Verfahrenspfleger; ein kurzer Kommentar. DAVorm 1999, S. 31-36.

Richter, Horst-Eberhard: Eltern, Kind und Neurose: Die Rolle des Kindes in der Familie. Hamburg: 1969.

Riedesser, Peter; Fischer, Gottfried; Schulte-Markwort, Michael: Zur Entwicklungspsychologie und -pathologie des Traumas. In: Adoleszenz und Trauma. Hg.: Streeck-Fischer, Annette. Göttingen: 1998. S. 79-90.

Riedmüller, Barbara: Hilfe, Schutz und Kontrolle. Zur Verrechtlichung der Kindheit. In: Kindheit als Fiktion. Hg.: Hengst, Heinz u.a. – Frankfurt am Main: 1981. S. 132-186.

Ringshausen, Gerhard: August Hermann Francke (1663-1727). In: Klassiker der Pädagogik. Hg.: Scheuerl, Hans. Bd. 1 Von Erasmus von Rotterdam bis Herbert Spencer. 2. überarb. Aufl. – München: 1991.

Rink, Klaus: Wunsch, Wille, Absicht – ein motivationstheoretisches Modell. Siehe Boothe u.a. 1998. S. 110-133.

Rinker, B.; Schwarz, B.: Familiäre Belastungen in der Kindheit und das Entwicklungstempo von Kindern. Siehe Silbereisen/Zinnecker 1996. S. 359-370.

Rinker, B.; Schwarz, B.: Selbstwirksamkeit. Siehe Silbereisen/Zinnecker 1996. S. 291-302.

Ritsert, Jürgen: Gesellschaft: Einführung in die Grundbegriffe der Soziologie. Frankfurt/Main; New York: 1988.

Roberts, Jacquie; Taylor, Cathy: Sexuell missbrauchte Kinder und Jugendliche berichten. In:

Therapeutische Hilfen gegen sexuellen Missbrauch an Kindern. Hg.: Schubbe, Oliver. Göttingen; Zürich: 1994. S. 15-47.

Robertson, James; Robertson, Joyce: Reaktionen kleiner Kinder auf kurzfristige Trennungen von der Mutter im Lichte neuer Beobachtungen. Psyche 1975, S. 626-643.

Röchling, Walter: Vormundschaftsgerichtliches Eingriffsrecht und KJHG – unter besonderer Berücksichtigung der »öffentlichen Hilfen« nach § 1666 a Abs. 1 BGB. Neuwied; Kriftel; Berlin: 1997. (Zugl. Diss.).

Roell, Monika: Die Geltung der Grundrechte für Minderjährige. Berlin: 1984.

Roehrs, Hermann: Die Reformpädagogik als internationale Bewegung. 1. Die Reformpädagogik: Ursprung und Verlauf in Europa. Hannover: 1980.

Rohde-Dachser, Christa: Im Schatten des Kirschbaums. Bern u.a.: 1994.

Rohmer, Peter: Das Phänomen des Wollens. Ergebnisse der empirischen Psychologie und ihre philosophische Bedeutung. Bern: 1964.

Rotax, Horst-Heiner: Für die Schwächsten ist das Beste gerade gut genug: zur Anhörungspflicht gemäß § 50 b FGG, DRiZ 1982, S. 466-467.

Roth, Heinrich: Pädagogische Anthropologie: Bildsamkeit und Bestimmung. 4. Aufl. – Hannover: 1976. (Bd. 1).

Roth, Mechthild: Einführende Bemerkungen zum Tagungsthema. Siehe Protokolldienst 14/83, S. 9-11.

Rothe, Sabine: Gewalt in Familien. FuR 1996, S. 55-68.

Rummel, Carsten: Anwalt des Kindes bei drohender oder eingetretener Fremdplazierung. Siehe Protokolldienst 14/83, S. 98-101.

Rummel, Carsten: Die Rechtsprechung zum Sorgerecht aus den Jahren 1993/94. FuR 1995, S. 130-138.

Rummel, Carsten: Das Kindeswohl in der Neufassung des § 1672 II 2 BGB – Vom Entscheidungsmaßstab zur Eingriffslegitimation. DAVorm 1998, S. 753-768.

Rutschky, Katharina (Hg.): Schwarze Pädagogik. Quellen zur Naturgeschichte der Erziehung. Berlin, Frankfurt, Wien: 1977.

Rutter, Michael: Bindung und Trennung in der frühen Kindheit: Forschungsergebnisse zur Mutterdeprivation. München: 1978 (Erschj. 1972).

Salgo, Ludwig: Brauchen wir den Anwalt des Kindes? – Vorüberlegungen. ZfJ 1985, S. 259-270.

Salgo, Ludwig: Pflegekindschaft und Staatsintervention. Darmstadt: 1987.

Salgo, Ludwig: Das Recht, anders zu sein. Siehe Steindorff 1994. S. 67-75.

Salgo, Ludwig: Unerledigte Aufträge des Bundesverfassungsgerichts an den Gesetzgeber im Gebiet des Kindschaftsrechts. KritV 1994, S. 262-279.

Salgo, Ludwig (Hg.): Vom Umgang der Justiz mit Minderjährigen. Kinder und Jugendliche im familien- und vormundschaftsgerichtlichen Verfahren; kindliche Opferzeugen im Strafverfahren; Tagungsdokumentation / Frankfurter Tage der Rechtspolitik. Neuwied; Kriftel; Berlin: 1995.

Salgo, Ludwig: Der Anwalt des Kindes: die Vertretung von Kindern in zivilrechtlichen Kindesschutzverfahren – eine vergleichende Studie. Frankfurt am Main: 1996.

Salgo, Ludwig: Die Interessenvertretung von Kindern in zivilrechtlichen Kindesschutzverfahren. FPR 1996, S. 239-245.

Salgo: Ludwig: Zur gemeinsamen elterlichen Sorge nach Scheidung als Regelfall – ein Zwischenruf. FamRZ 1996, S. 449-454.

Salgo, Ludwig: Kinder- und Jugendrechte im internationalen Vergleich. In: Rechte von Kindern und Jugendlichen – Wege zu ihrer Verwirklichung: Beiträge zum Frankfurter Rechte Kongress 1995. Hrsg: Hilde van den Boogaart u.a. – im Auftrag von: Deutscher Kinderschutzbund u.a. Münster: 1996 (a). S. 41-62.

Salgo, Ludwig: Einige Anmerkungen zum Verfahrenspfleger im KindRG. Siehe epd 1998, S. 7-11.

Salgo, Ludwig: Gesetzliche Grundlagen der Verfahrenspflegschaft im Kindschaftsrechtsreformgesetz. Siehe Protokolldienst 4/99, S. 16-28.

Salgo, Ludwig: Die Implementierung der Verfahrenspflegschaft (§ 50 FGG). FPR 1999, S. 313-321.

Salgo, Ludwig: Pflegekindschaft in der Kindschaftsrechtsreform. FamRZ 1999, S. 337-347.

Salgo, Ludwig: 10 Jahre UN-Übereinkommen über die Rechte des Kindes – Auswirkungen am Beispiel von Art. 12. KindPrax 1999, S. 179-182.

Salzgeber, Joseph: Der psychologische Sachverständige in Familiengerichtsverfahren: rechtliche, ethische und fachpsychologische Rahmenbedingungen sachverständigen Handelns bei familiengerichtlichen Fragestellungen zu Sorge- und Umgangsregelungen. 2. neubearb. Aufl. – München: 1992.

Salzgeber, Joseph: Gedanken eines psychologischen Sachverständigen zur Kindschaftsrechtsreform. KindPrax 1998, S. 43-45.

Salzgeber, Joseph; Stadler, Michael: Beziehung contra Erziehung – kritische Anmerkungen zur aktuellen Rezeption von PAS: Ein Plädoyer für mehr Komplexität. KindPrax 1998, S. 167-171.

Schacht, Lore: Das Kind verstehen – aus psychoanalytischer Sicht. Siehe Salgo 1995. S. 279-289.

Scharfetter, Christian: Wünschen in der Sicht der Psychopathologie. Siehe Boothe u.a. 1998. S. 37-47.

Schatz, Hans-Alfred: Anwalt des Kindes – Familiensystem – Anwaltliche Parteigebundenheit. Siehe Protokolldienst 14/83. S. 115-116.

Scheuerer-Englisch, Hermann: Auswirkungen traumatischer Erfahrungen auf das Bindungs- und Beziehungsverhalten. Siehe Stiftung »Zum Wohl des Pflegekindes« 1998. S. 66-84.

Schiefele, Hans; Prenzel, Manfred: Motivation und Interesse. In: Pädagogik: Handbuch für Studium und Praxis. Hg.: Roth, Leo. München: 1991. S. 813-823.

Schilling, Matthias: Fremdunterbringungskarrieren. KomDat 2/1999, S. 2-3.

Schleiermacher, Friedrich: Pädagogische Schriften I. Unter Mit. von Theodor Schulze. Hg.: Erich Weniger. Frankfurt am Main; Berlin; Wien: 1983.

Schmidt-Atzert, Lothar; Haubl, Rolf: Selbstenthüllung von Kindern und Jugendlichen. Eine entwicklungspsychologische Analyse. In: Vom Sprechen und Schweigen: zur Psychologie der Selbstenthüllung. Hg.: Spitznagel, Albert. Bern; Stuttgart; Toronto: 1986. S. 73-91.

Schmitt Glaeser, Walter: Das elterliche Erziehungsrecht in staatlicher Reglementierung: Ein verfassungsrechtliches Essay zum »Gesetz zur Neuregelung des Rechts der elterlichen Sorge« vom 18. Juli 1979. Bielefeld: 1980.

Schneewind, Klaus A: Familienentwicklung. Siehe Oerter/Montada 1995. S. 128-166.

Schneewind, Klaus A.; Ruppert, Stefan; Schmid, Ursula u.a.: Kontrollüberzeugungen im Kontext von Autonomie und Verbundenheit: Befunde einer 16jährigen Langzeitstudie. Siehe Leu u.a. 1999. S. 357-391.

Schnitzler, Klaus: Der Anwalt des Kindes auch im Sorgerechtsverfahren? FamRZ 1995, S. 397-398.

Schnurr, Stefan: Die nationalsozialistische Funktionalisierung sozialer Arbeit: Zur Kontinuität und Diskontinuität der Praxis sozialer Berufe. Siehe Otto/Sünker 1991. S. 106-140.

Schön, Anja S.: Interessenvertretung für Kinder und Jugendliche. Praxisbericht aus Sicht einer Notaufnahme. Siehe Protokolldienst 4/99, S. 58-64.

Schone, Reinhold u.a.: Kinder in Not. Vernachlässigung im frühen Kindesalter und Perspektiven sozialer Arbeit. Münster: 1997.

Schone, Reinhold: Kommunikation und Kooperation – Qualifizierte ASD-Arbeit im Kontext der Kindeswohlgefährdung. ajs-Informationen 2000, S. 4-15.

Schone, Reinhold: Was braucht ein Kind? Kriterien der Basisfürsorge und Folgen der Vernachlässigung von Kindern. In: Familien in Krisen – Kinder in Not. Materialien und Beiträge zum ISA-Kongreß 28.-30.4.1997. Hg.: Institut für soziale Arbeit e.V. Münster: (Eigenverlag), 1997. S. 74-88.

Schulte, Christoph: Böses und Psyche. Immoralität in psychologischen Diskursen. In: Das Böse: eine historische Phänomenologie des Unerklärlichen. Hg.: Colpe, Carsten; Schmidt-Biggemann, Wilhelm. Frankfurt am Main: 1993. S. 300-322.

Schütze, Fritz: Sozialarbeit als »bescheidene« Profession. In: Erziehen als Profession: Zur Logik professionellen Handelns in pädagogischen Feldern. Hg.: Dewe, Bernd; Ferchhoff, Wilfried; Radtke, Frank-Olaf. Opladen: 1992. S. 132-170.

Schwab, Dieter: Die Rechte des Kindes: Die rechtliche Stellung des Kindes in Geschichte und Gegenwart. In: Das Kind. Eine Anthropologie des Kindes. Hg.: Behler, Wolfgang. Freiburg; Basel; Wien: 1971. S. 379-406.

Schwab, Dieter: Zur Geschichte des verfassungsrechtlichen Schutzes von Ehe und Familie. In: Festschrift für Friedrich Wilhelm Bosch. Hg.: Habscheid, Walther; Gaul, Hans Friedhelm; Mikat, Paul. Bielefeld: 1976. S. 893-907.

Schwab, Dieter: Familienrecht. 8. neubearb. Aufl. – München: 1995.

Schwab, Dieter (a): Gleichberechtigung und Familienrecht im 20. Jahrhundert. In: Frauen in der Geschichte des Rechts: Von der Frühen Neuzeit bis zur Gegenwart. Hg.: Gerhard, Ute. München: 1997. S. 790-827.

Schwab, Dieter (b): Wandlungen der »Gemeinsamen Elterlichen Sorge«. In: Festschrift für H.-F. Gaul. Hg.: Schilken, Eberhard; Becker-Eberhard, Ekkehard; Gerhardt, Walter. Bielefeld 1997. S. 717-728.

Schwab, Dieter: Familienrecht. 9. neubearb. Aufl. – München: 1999

Schweppe, Katja: Das Haager Übereinkommen über die zivilrechtlichen Aspekte internationaler Kindesentführungen in der Rechtspraxis: ein Vergleich seiner Anwendung in England und Deutschland unter besonderer Berücksichtigung der Kindesinteressen. Noch unveröffentlichte Dissertation.

Schwoerer, Julius: Kindeswohl und Kindeswille. NJW 1964, S. 5-8.

Seibert, Helga: Verfassung und Kindschaftsrecht – Neue Entwicklungen und offene Fragen. FamRZ 1995, S. 1457-1463.

Selman, Robert L; Byrne, Diane F.: Stufen der Rollenübernahme in der mittleren Kindheit - eine entwicklungspsychologische Analyse. In: Entwicklung des Ichs. Hg.: Döbert, Rainer; Habermas, Jürgen; Nunner-Winkler, Gertrud. 2. Aufl. – Königstein/Ts.: 1980. S. 109-114

Shell Jugendstudie: Hauptergebnisse. In: Jugend 2000. 13. Shell Jugendstudie. Bd. 1. Opladen: 2000. S. 11-22.

Shengold, Leonard: Soul Murder: Seelenmord – die Auswirkungen von Mißbrauch und Vernachlässigung in der Kindheit. Frankfurt am Main: 1995.

Shepherd, Robert; England, Sharon: »I know the child is my client, but who am I?« Siehe Fordham University School of Law 1996. S. 1917-1953.

Silbereisen, Rainer; Schmitt-Rodermund, Eva: Entwicklung im Jugendalter: Prozesse, Kontexte und Ergebnisse. In: Lehrbuch Entwicklungspsychologie. Hg.: Keller, Heidi. Bern; Göttingen; Toronto: 1998. S. 377-397.

Silbereisen, Rainer; Zinnecker, Jürgen: Kindheit in Deutschland. Aktueller Survey über Kinder und ihre Eltern. Weinheim; München: 1996.

Silbereisen, Rainer; Zinnecker, Jürgen: Entwicklung im sozialen Wandel. Weinheim: 1999.

Simitis, Spiros: Zur Situation des Familienrechts. Über einige Prämissen. Siehe Simitis/Zenz 1975. S. 15-61.

Simitis, Spiros u.a.: Kindeswohl: Eine interdisziplinäre Untersuchung über seine Verwirklichung in der vormundschaftsgerichtlichen Praxis. Frankfurt am Main: 1979.

Simitis, Spiros: Kindschaftsrecht: Elemente einer Theorie des Familienrechts. In: Festschrift für Wolfram Müller-Freienfels. Hg. Dieckmann, Albrecht u.a. Baden-Baden: 1986. S. 579-616.

Simitis, Spiros: Das Kindeswohl als Entscheidungsziel: Von der Euphorie zur Skepsis. Siehe Goldstein u.a. 1988. S. 191-206.

Simitis, Spiros: Das ›Kindeswohl‹ – neu betrachtet. Siehe Goldstein u.a. 1991 S. 95-124.

Simitis, Spiros: Familienrecht. In: Rechtswissenschaft in der Bonner Republik: Studien zur Wissenschaftsgeschichte der Jurisprudenz. Hg.: Simon, Dieter. Frankfurt am Main: 1994. S. 390-448.

Simitis, Spiros: Vorwort. Siehe Salgo 1995. S. IX-XI.

Simitis, Spiros; Zenz, Gisela (Hg.): Seminar: Familie und Familienrecht. Bd 1. Frankfurt am Main: 1975.

Smid, Stefan: Recht – Repression – Respekt: Recht als Form und Verfahren der Sicherung von Achtungsansprüchen des Einzelnen. Siehe Boothe u.a. 1998. S. 184-202.

Sodian, Beate: Entwicklung bereichsspezifischen Wissens. Siehe Oerter/Montada 1995. S. 622-653.

Sokolowski, Kurt: Wille und Bewusstheit. Siehe Birnbaumer u.a. 1996. S. 485-530.

Spangler, Gottfried: Bindung: Stand der Forschung, aktuelle Themen, offene Fragen. In: Neue Erkenntnisse der Bindungsforschung. Dokumentation des Symposiums am 2. und 3. Juni 1996 in Marl-Sinsen. Hg.: Deutsche Liga für das Kind in Familie und Gesellschaft. Berlin: 1996. S. 53-66.

Späth, Karl: Tagungsbericht »Anwalt des Kindes – Qualitätsanforderungen eines neuen Arbeitsfeldes.« KindPrax 1999, S. 50-53.

Späth, Karl: Zugangsvoraussetzungen und Inhalte der Weiterbildung zur Verfahrenspflegerin/Anwältin des Kindes der Diakonischen Akademie (DAD). Siehe Protokolldienst 4/2000, S. 76-82.

Spitz, René A.: Nein und Ja: Die Ursprünge der menschlichen Kommunikation. 2. Aufl. – Stuttgart: 1970 (Erschj. 1957).

Spitz, René A.: Vom Säugling zum Kleinkind: Naturgeschichte der Mutter-Kind-Beziehungen im ersten Lebensjahr. Stuttgart: 1987.

Stadler, Michael, Salzgeber; Joseph: Berufsethischer Kodex und Arbeitsprinzipien für die Vertretung von Kindern und Jugendlichen – Sprachrohr und/oder Interessenvertreter? FPR 1999, S. 329-338.

Stadler, Ulrich: Von sinnlicher Begierde zu kreativem Vermögen. Konzepte des Wünschens im 18. Jahrhundert. Siehe Boothe u.a. 1998. S. 16-36.

Staff, Ilse (Hg.): Justiz im Dritten Reich. Eine Dokumentation. Frankfurt am Main: 1978.

Staudinger; J. von: Kommentar zum Bürgerlichen Gesetzbuch. 4. Buch Familienrecht Teil 3a §§ 1589-1698b. 10./11. neubearb. Aufl. – Berlin: 1966.

Staudinger, J. von: Kommentar zum Bürgerlichen Gesetzbuch. 4. Buch Familienrecht §§ 1626-1630. 12. neubearb. Aufl. – Berlin: 1992.

Staudinger, J. von: Kommentar zum Bürgerlichen Gesetzbuch. 4. Buch Familienrecht § 1631; §§ 1-11 RKEG; §§ 1631a-1633. 12. neubearb. Aufl. – Berlin: 1997.

Staudinger, J. von: Kommentar zum Bürgerlichen Gesetzbuch. 4. Buch Familienrecht §§ 1638-1683. 13. Bearbeitung. Berlin: 2000.

Stauner, Gabriele; Schelter, Kurt: Jugendrecht von A-Z. 3. Aufl. – München: 1994.

Stecher, L.; Zinnecker, Jürgen: Kind oder Jugendlicher? Biographische Selbst- und Fremdwahrnehmung im Übergang. Siehe Silbereisen/Zinnecker 1996. S. 175-191.

Steele, Brandt; Pollock, Carl B.: Eine psychiatrische Untersuchung von Eltern, die Säuglinge und Kleinkinder misshandelt haben. In: Das geschlagene Kind. Hg.: Helfer, Ray; Kempe, Henry. Frankfurt am Main: 1978 (Erschj. 1968).

Steindorff, Caroline (Hg.): Zur Einstimmung in das Thema. In: Vom Kindeswohl zu den Kindesrechten. Neuwied; Kriftel; Berlin: 1994. S. 1-6.

Steindorff, Caroline: Der Kinder- und Jugendanwalt in Frankreich: eine Idee auf dem Vormarsch. Siehe Salgo 1996. S. 355-385.

Steindorff-Classen, Caroline: Das subjektive Recht des Kindes auf seinen Anwalt: unter besonderer Berücksichtigung von Impulsen aus dem französischen Recht. Neuwied; Kriftel: 1998.

Steller, Max: Verdacht des sexuellen Mißbrauchs: Begutachtung in familien- und vormundschaftsgerichtlichen Verfahren. FPR 1995, S. 60-62.

Stern, Daniel N.: Die Lebenserfahrung des Säuglings. 3. Aufl. – Stuttgart: 1993 (Erschj. 1985).

Stiftung »Zum Wohl des Pflegekindes« (Hg.): 1. Jahrbuch des Pflegekinderwesens. Idstein: 1998.

Storsberg, Imme: Die VerfahrenspflegerIn aus familiengerichtlicher Sicht. Siehe Protokolldienst 4/2000, S. 55-59.

Strecker, Christoph: Versöhnliche Scheidung. Recht und Rat für eine Trennung ohne Streit. Aktualisierte Neuausgabe. Weinheim: 1996.

Stuckey, Roy T.: Guardians ad Litem as surrogate Parents: Implications for Role Definition and Confidentiality. Siehe Fordham University School of Law 1996. S. 1785-1818.

Stumpf, Thomas W.: Opferschutz bei Kindesmisshandlung. Eine kriminalpolistische Heraus-forderung. Neuwied; Kriftel; Berlin: 1995.

Süddeutsche Zeitung: Bonn erleichtert gemeinsames Sorgerecht für Kinder geschiedener und unverheirateter Eltern (SZ – Eigener Bericht) München: 29.2.1996.

Tageszeitung, Die: v. 16. 10. 1997. Kindschaftsrecht auf der Kippe – Morgen berät der Bun-desrat die Reform des Kindschaftsrechts. Die Länder wollen bei Streitigkeiten ums Sorge-recht nicht für den »Anwalt des Kindes« bezahlen. Von Christian Rath.

Tenorth, Heinz-Elmar: Die Aufklärung. In: Pädagogische Epochen: von d. Antike bis zur Ge-genwart. Hg.: Rainer Winkel. Mit Beitr. v. Dieter Lenzen u.a. Düsseldorf: 1988. S. 125-149.

Tenorth, Heinz-Elmar: Geschichte der Erziehung: Einführung in die Grundzüge ihrer neu-zeitlichen Entwicklung. 2. durchgesehene Aufl. – Weinheim; München: 1992   .

Tenorth, Heinz-Elmar: Nachwort – Reformpädagogik, ihre Historiographie und Analyse. In: Die reformpädagogische Bewegung: 1900-1932; eine einführende Darstellung. Hg.: Schei-be, Wolfgang. Mit einem Nachw. von Heinz-Elmar Tenorth. – 10. erw. und neuausgestat-tete Aufl. – Weinheim, Basel: 1994.

Théry, Irène: Neue Rechte des Kindes – das Wundermittel? Siehe Steindorff 1994. S. 76-101.

Thiersch, Hans: Moral als moralisch inspirierte Kasuistik. Siehe Müller/Thiersch 1990. S. 13-25.

Thiersch, Hans: Angst, Abwehr, Hilflosigkeit, Takt und Notwendigkeit – Fragen zum pädago-gischen Umgang mit Macht. Siehe Klosinski 1995. S. 29-42.

Timms, Judith (a): Children's Representation: A Practitioner's Guide. London: 1995.

Timms, Judith (b): Die Entwicklung des Guardian ad Litem and Reporting Officer Service in England und Wales : Eine Betrachtung aus der Praxis. Siehe Salgo 1995. S. 183-201.

Timms, Judith (c): Understanding and Working with Professional Cast of Mind: Social Workers in the Family Justice System. In: The Nature of Family Justice Studies. Consulta-tive Symposium held at Coseners House Conference Centre, Abingdon Oxford. 30.-31.3.1995. Summary of Proceedings. S. 5-6.

Timms, Judith: Noch unveröffentl. Vortrag. Siehe: Protokolldienst 7/2000.

Thomas, Nigel; O'Kane, Clare: When children's wishes and feelings clash with their ‚best in-terest‘. International Journal of Children's Rights 1998, S. 137-154.

Trauernicht, Gitta; Finke, Günter: Hilfeplanung in Hamburg: Konzeptionelle Vorstellungen im Spiegel der Empirie. Siehe Institut für soziale Arbeit e.V. 1994. S. 113-124.

Trommsdorff, Gisela: Autonomie und Verbundenheit im kulturellen Vergleich von Sozialisa-tionsbeziehungen. Siehe Leu u.a. 1999. S. 392-414.

Uhlendorff, Uwe: Sozialpädagogische Diagnosen III: sozialpädagogisch-hermeneutisches Dia-gnoseverfahren für die Hilfeplanung. Weinheim; München: 1997.

Uhlendorff, Uwe: Sozialpädagogisch-hermeneutische Diagnosen in der Jugendhilfe. In: Dia-gnosen – Gutachten – hermeneutisches Fallverstehen. Rekonstruktive Verfahren zur Qua-lifizierung individueller Hilfeplanung. IFGH Eigenverlag, Frankfurt am Main: 1999. S. 27-48.

Urquhart, Peter: Das britische Tandemmodell: der guardian ad litem und der Rechtsanwalt als interdisziplinäres Team unter besonderer Berücksichtigung der Rolle des Rechtsanwal-tes. Siehe Salgo 1995. S. 171-181.

Vent, Helmut: Bewertung abweichenden Verhaltens: Gerichtsentscheidungen zur Anordnung der Heimerziehung. RdJB 1981, S. 97-108.

Verein für Kommunalwissenschaften e.V. (Hg): Die Verantwortung der Jugendhilfe für den Schutz der Kinder vor sexueller Gewalt: Was leistet Jugendhilfe, wie kann sie helfen? Mit wem kooperieren? Eigenverlag. Berlin: 1998.

Verhellen, Eugen: Changes in the Images of the Child. Siehe Freeman/Veermann 1992, S. 29-46.

Walter, Henrik: Authentische Entscheidungen und emotive Neurowissenschaft. In: Philoso-phia naturalis Bd. 34, Heft 1. Frankfurt am Main: 1997 S. 147-173.

Warzecha, Birgit: Gewalt zwischen Generationen und Geschlechtern in der Postmoderne: Eine Herausforderung an die Erziehungswissenschaft. Frankfurt am Main: 1995.

Weber, Corina (a): Verbesserung der Stellung Minderjähriger in gerichtlichen und behördlichen Verfahren durch den Einsatz qualifizierter VerfahrenspflegerInnen. Unveröff. Diplomarbeit. Frankfurt am Main: 1995.

Weber, Corina (b): Der Verein »Anwalt des Kindes in Hamburg e.V.«. Siehe Salgo 1995. S. 363-368.

Weber, Corina; Zitelmann, Maud: Standards für VerfahrenspflegerInnen: Die Interessenvertretung für Kinder und Jugendliche in Verfahren der Familien- und Vormundschaftsgerichte gemäß § 50 FGG. – Zur Diskussion gestellt. Neuwied (Luchterhand Spezial) 1999. (= Protokolldienst 4/99, S. 72-90).

Werner, Hans-Günter: Finanzierung, Akzeptanz und Trägerschaften. Siehe epd 1998, S. 50-52.

Weber, Monika: Sexueller Missbrauch: Jugendhilfe zwischen Aufbruch und Rückschritt. Münster: 1995.

Werner, Hans-Günter: Was bringt die Verfahrenspflegschaft den Kindern? Konsequenzen aus den Erfahrungen. Siehe Protokolldienst 4/99, S. 91-93.

Weinert, Franz E.: Bildhafte Vorstellungen des Willens. Siehe Heckhausen 1987. S. 10-26.

Wesel, Uwe: Juristische Weltkunde: eine Einführung in das Recht. 6. Aufl. – Frankfurt am Main: 1982.

Wesel, Uwe: Geschichte des Rechts: Von den Frühformen bis zum Vertrag von Maastricht. München: 1997.

Westermann, Arnim: Zur psychologischen Diagnostik der Kindesmisshandlung: Über die Todesangst des misshandelten Kindes. Siehe Stiftung »Zum Wohl des Pflegekindes« 1998, S. 32-51.

White, Richard; Carr, Paul; Lowe, Nigel: The Children Act in Practice. Second Edition. London; Dublin; Edinburgh: 1995.

Wiesner, Reinhard: Kinderrechte – Zur rechtlichen und politischen Bedeutung eines Begriffes. ZfJ 1989, S. 173-224.

Wiesner, Reinhard: Vom Umgang der Justiz mit Minderjährigen in jugendhilferechtlichen Verfahren. Siehe Salgo 1995. S. 267-271.

Wiesner, Reinhard (Hg.): SGB VIII – Kinder- und Jugendhilfe. 2., völlig überarb. Aufl. – München: 2000.

Wigger, Lothar: Die praktische Irrelevanz pädagogischer Ethik: einige Reflexionen über Grenzen, Defizite und Paradoxien pädagogischer Ethik und Moral. Z.f.Päd 1990, S. 309-330.

Wilhelm, Theodor: Die Pädagogik Kerschensteiners: Vermächtnis und Verhängnis. Stuttgart: 1957.

Will, Annegret: Der Anwalt des Kindes im Sorgerechtsverfahren – Garant des Kindeswohls? ZfJ 1998, S. 1-6.

Willutzki, Siegfried: Kindschaftsrechtsreform – Versuch einer Betrachtung: (Teil II Verfahrensrecht). KindPrax 1998, S. 37-39.

Winnicott, Donald Woods: Reifungsprozesse und fördernde Umwelt. München: 1974 (Erschj. 1965).

Winterhager-Schmid, Luise: Die Dialektik des Generationenverhältnisses. Pädagogische und psychoanalytische Variationen. Siehe Liebau/Wulf 1996. S. 222-244.

Wintersberger, Helmut: Sind Kinder eine Minderheitsgruppe? In: Expertenbericht zum »UN-Übereinkommen über die Rechte des Kindes«. Hg.: Bundesministerium für Umwelt, Jugend und Familie. Wien: 1993. S. 35-52.

Winkler, Michael: Vom Ende einer Selbstverständlichkeit: Kindheit, Pädagogik und Antipädagogik. Siehe Melzer/Sünker 1989. S. 30-52.

Wirtz, Ursula: Seelenmord: Inzest und Therapie. 5. Aufl. – Zürich: 1992. (Erschj 1989).

Wolf, Petra: Was wissen Kinder und Jugendliche über Gerichtsverhandlungen? Eine empirische Untersuchung. Regensburg: 1997. (Zugl. Diss.).

Wolffersdorff, Christian von; Sprau-Kuhlen, Vera: Geschlossene Unterbringung in Heimen: Kapitualtion der Jugendhilfe? München; Augsburg: 1990.

426

Wolfson, Susan A: Children's Rights: The Theoretical Underpinning of the ›Best Interest of the Child‹. Siehe Freeman/Veermann 1992. S. 7-27.

Woltereck, Britta: Ungelebtes lebbar machen: Sexuelle Gewalt an Mädchen im Zentrum von Therapie und Supervision. Ruhnmark: 1994.

Wortmann, Raoul: Den Boden bereiten für Freundlichkeit: Der historische und praktische Kontext der Offenen Jugendhilfe. Hg. von Regina Berg; Vorwort v. Eckart Liebau. Opladen: 1996.

Wyre, Ray; Swift, Anthony: Und bist Du nicht willig ...: Die Täter. Köln: 1991.

Zelnick, Lawrence; Buchholz, Ester: Der Begriff der inneren Repräsentanz in der neueren Säuglingsforschung. Psyche 1991, S. 810-846.

Zenz, Gisela: Zur Reform der elterlichen Gewalt. AcP 1973, S. 527-546.

Zenz, Gisela: Die Entscheidung in Ausbildungs- und Berufsangelegenheiten: Zur beabsichtigten Neuregelung des § 1626 Abs. 2 Satz 2. Siehe Simitis/Zenz 1975, S. 91-101.

Zenz, Gisela: Kindesmisshandlung und Kindesrechte. Erfahrungswissen, Normstruktur und Entscheidungsrationalität. Frankfurt am Main: 1981.

Zenz, Gisela: Der Richter will die Kinder sehen – Warum? Elterliche Sorge aus familienrechtlicher Sicht. Fragmente 1986, S. 115-134.

Zenz, Gisela: Zur Notwendigkeit interdisziplinärer Zusammenarbeit für die Qualität vormundschaftsgerichtlicher Entscheidungen: Ausbildungsdefi-zite, Fortbildungsbedarf. In: Vormundschaftsgerichtstag (01, 1988, Bevensen): Materialien und Ergebnisse des 1. Vormundschaftsgerichtstages v. 26.-19. Oktober 1988 in Bad Bevensen. Hg.: Schumacher, Ulrich; Jürgens, Hans-Erich, Mahnkopf, Ulrike. München: 1989. S. 229-235.

Zenz, Gisela: Sekundärtraumatisierungen von mißhandelten und mißbrauchten Kindern im gerichtlichen Verfahren. Siehe Klosinski 1995. S. 91-108.

Zenz, Gisela: The Chaos of Legal Representation: A Challenge for the Family Justice System. In: The Family Justice System: Past and Future, Experiences and Prospects. Edited by Ludwig Salgo. Collegium Budapest. Budapest: 1997. S. 110-124.

Zenz, Gisela: Rechtsgrundlagen für Eingriffe in das Sorgerecht bei festgestellter Alkoholabhängigkeit der Eltern. FPR 1998, S. 17-23.

Zenz, Gisela: Zur Bedeutung der Erkenntnisse von Entwicklungspsychologie und Bindungsforschung für die Arbeit mit Pflegekindern. ZFJ 2000, 321-327.

Zinnecker, Jürgen: Soziologie der Kindheit oder Sozialisation des Kindes? – Überlegungen zu einem aktuellen Paradigmenstreit. Kindheit als Sozialisationsphase und als kulturelles Muster: Zur Strukturierung eines For-schungsfelds. Siehe Honig u.a. 1996. S. 31-54.

Zippelius, Reinhold: Das Wesen des Rechts: Eine Einführung in die Rechtsphilosophie. 5. vollst. neu bearb. Aufl. – München: 1997.

Zitelmann, Maud: Was man voneinander wissen muss: Anforderungen an die Aus-, Fort- und Weiterbildung aller Berufszweige, die in diesem Feld tätig sind. Siehe Verein für Kommunalwissenschaften 1998. S. 24-29.

Zitelmann, Maud: Vom »Anwalt des Kindes« zum Verfahrenspfleger? Die Interessenvertretung für Kinder in sorgerechtlichen Verfahren. KindPrax 1998, S. 131-135.

Zitelmann, Maud; Weber, Corina: Standards für VerfahrenspflegerInnen: Die Interessenvertretung für Kinder und Jugendliche in Verfahren der Familien- und Vormundschaftsgerichte gemäß § 50 FGG. – Zur Diskussion gestellt. DGgKV 1999, S. 15-36.

Zitelmann, Maud: Das »Wohl des Kindes« – Zur Entwicklung des Kindschaftsrechts im 20. Jahrhundert. In: Ellen Keys reformpädagogische Visionen. Das »Jahrhundert des Kindes« und seine Wirkung. Hg.: Baader, Meike Sophia; Jacobi, Juliane; Andresen Sabine. Weinheim: 2000. S. 234-250.

Stichwortverzeichnis

Abwehrmechanismen 227 f, 281 ff
Adoleszenz 232 f, Kap. VI.D.4
Alternative, weniger schädigende 84, 119, 127
Anhörung des Kindes
– Pädagogische Begleitung 187 ff, 199 f
– Richterliche Qualifikation 163, 194, 335
– Stellungnahmen zur Anhörung 176 f, 182 ff, 193, 195 f, 234
– Teilnahme des Verfahrenspflegers 197 ff
Antipädagogik 52 ff, 82
Anwaltskonzept, traditionelles 29 ff, 39 f, 56, Kap. VII.A
Aufklärung 62 ff
Autonomie
– Autonomieentwicklung 241, Kap. VI.D
– Autonomiekonflikte 124, 290, 296 ff, 343
– Klientenautonomie 78 f, 269 f
– Pseudo-Autonomie 272, 318
– Verordnete Autonomie 70 ff

Begleitforschung
– Ausland 320 ff, 344, 370 f
– Inland 27 ff, 338, 344, 362
Beratung des Kindes 307-313, 349
Berufsorganisationen 43, 368 ff
Beschwerdeberechtigte Jugendliche 25, 161 f, 342
Besuchskontakte 343 f
Bindungen / Beziehungen des Kindes
– Bindungsqualität und -intensität 237 f, 248 f, 260, 286 ff
– und Wille 165, 168, 236, 239, 267, 267, 285 f
Bundesverfassungsgericht 18, 39, 100 f, 113

Case Management 361

Delegate, elterliche / richterliche 318 f, 365 f
Dilemma: Kindeswille Kindeswohl 59, 30 ff, 308, 314
Duale Vertretungsmodelle 19 f, 33, 313 ff, 318, 323, 383

Eltern
– Elterliche Sorgerechte 113 ff, 120, 154,
– Elternverbände 42, 170, 380 f, 396
– Hilfen und Prozessvertretung 354, 377 ff
Entwicklungsaufgaben 67, 223, 262 f, 266, 273, 288
Entwicklungsparadigma 46, 48, 222
Ergänzungspflegschaft 20, 56, 238
Erziehungsstile 68, 271, 292
Erziehungswissenschaft und Familienrecht 11 f, 73, 75
Erziehungsziele 61 f, 65, 74, 113, 124, 155
Ethik 78 ff, 88

Fallkonstellationen 23, 38, 125, 264 f
Familiengerichtstag 43, 102
Freundschaften 269, 273 f, 289 f

Gefühle 163 ff, 172, 217 ff, 225 f, 248, 252
Gegenwart und Zukunft des Kindes 63, 66, 81, 83, 126, 170
Generationenverhältnis 11, 59
Geschlossene Unterbringung 38, 138 f
Geschwister 195 f, 376 f
Gesetzliche Vertretung 56 ff, 340 ff
Grundbedürfnisse (basic needs) 85, 126-129
Grundsatzfragen der Interessenvertretung 17 ff, 28, 32

Heimerziehung 72, 334, 352
Hilfeplanung
– Beteiligung des Kindes 72, 360
– Teilnahme des Verfahrenspflegers 359 f, 394
– Ziel- und Zeitgerichtet 110, 350

Information des Kindes 28, 187, 202 ff
Integrität des Kindes 83 f
Interdisziplinarität 43, 141 f, 381 ff
Interessen
– Begriff 97 ff, 103 ff, 106, 109 ff
– Gewichtung 84 ff, 231, 342
– subjektive 102 ff, 108, 110 f
– wohlverstandene 98 ff, 108, 111

Introspektion 242, 225, 230 f, 242, 250, 264

Jugendamt
– als Interessenvertretung 17 f, 41, 373 ff
– Kooperation 346 f, 373 ff, 379 f, 395

Kinderrechtsbewegung 45, 49, Kap. II.A.
Kinderschutzbewegung Kap. II.A.
Kindesentziehung 159, 208 ff
Kindeswille
– Äusserungen des Kindes 35, 146, 155, 256, 317
– Beeinflussung / Drohungen 170 f, 202, 205, 258 f, 261 f, 297
– Begriff 145 f, 332
– Berücksichtigung, Beachtlichkeit 154, 166 ff, 174 f, 206 ff, 211 ff, 228
– juristische Kriterien 164 ff, 168 ff
– Motive / Motivation 223-227, 229, 233, 243, 333 f
– Resonanz im Verfahren 191 ff, 216
– Übermittlung an das Gericht 28, 36, 44, 162 f, 303, 324 ff, 332 ff, 393 ff
Kindeswohl
– ausserjuristische Beiträge 116, 126 ff, 140 ff
– Begriff 118
– Gefährdung des Kindeswohls 121, 123 ff, 246, 265, 302, 343
– juristische Kriterien 120 ff
– Kritik am Kindeswohlkonzept 32, 113, 118 f
– Leit- und Sperrprinzip 113 f, 120, 122, 139, 362
– Risiken der Interpretation Kap. IV.D. u. VII.C.
– Vertretung des Kindeswohls 34, 40, 44, 195 f, 203, 299, 302
Kindheit
– Frühe Kindheit Kap. VI.D.1, 328 f, 350 f
– Kindheit und Recht 45 ff
– Mittlere Kindheit Kap. VI.D.2
– Neue Kindheitsforschung 46 ff, Kap. II.A.
Kindschaftsrechtsreform 9, 21, 115, 159 f, 380, 396
Kleinkinder, siehe: Frühe Kindheit
Kommunikation mit dem Kind 168 f, 224, 226, 254 f, 326-332, 351 f , 387, 392

Kontrolle des Verfahrenspflegers 26, 368 ff

Legitimation von Entscheidungen 69, 82, 87, 167, 223

Mehrfachplatzierungen 278, 295
Misshandlung 244, 251 ff, 306 f
Mündigkeit
– als juristische Kategorie 59, 67, 73 ff,
– als pädagogische Kategorie 59, 68 f, 76
– Erziehung zur Mündigkeit 70, 95, 342
– Teilmündigkeiten 75 f, 161 f,

Nationalsozialismus 134 ff, 315 f

Pflegekinder 126, 265, 285, 301, 343, 356 ff
Privatsphäre des Kindes 337 f, 348 f
Professionalität, Professionalisierung 42, 79, 90, 341 f, 368, 386-393
Prognosen 86, 357, 389
Psychoanalyse 46, 67, 104, 281
Psychologen 382 f
Psychosoziale Diagnostik 384 f, 386 ff

Rechte des Kindes 70 ff, 73 ff, Kap. V.B.
Rechtsanwälte 55, 78 f
Reformbedarf 392 ff
Reformdiskussion 17, 27-39, 55 f, 173
Rollenverständnis des Kindes 319 f, 335
Rückkehr: Wünsche / Ablehnung 36, 287 f, 296, 308 f, 343

Sachverständige 201 ff, 381 f
Scheidung / Trennung der Eltern 114 f, 125 f, 156, 159 f, 272 f
Schuldgefühle des Kindes 282 ff
Schule / Kindergarten 268, 273 ff, 276
Sekundärschädigungen (Schutz vor) 160 f, 361 f, 394
Selbstbestimmung des Kindes 151 f, 154 f, 157, 162, 201 ff, 236
Selbstwirksamkeit 252, 271 f, 275 ff
Sexueller Missbrauch 51, 257 ff, 304 ff, 316 f
Soziale Benachteiligung 54, 72, 131 ff, 276
Sozialpädagogen/-arbeiter 356, 381 f
Standards, berufsethische / praktische
– Australien 24

– Deutschland 43, 89 ff
– Großbritannien 131 f, 313, 345
– Vereinigte Staaten 47 f, 78 ff, 85, 308,
 313
Stiefkinder 23, 190, 265

Trauma / Traumatisierte Kinder 200,
 236 ff, 273 ff, 277-288

UN-Kinderrechtskonvention 127, 158
Unabhängigkeit Kap. VII.C.3

Verantwortung 201, 319
Verfahren
– behördliches 358 ff, 394
– Dauer des Verfahrens 43, 353, 383,
 390 f
– Entscheidungsverlagerung 116 f, 356
– familien-/vormundschaftsger. 353 ff
– Kenntnisse / Sicht der Kinder 180 f,
 184 ff, 202 f , 285, 296, 320 ff
– richterliche Maßnahmenwahl 132,
 214 f, 235, 352
– strafrechtliches 139, 186, 358 ff

Verfahrenspfleger
– Auswahl / Qualifikation 26, 204 ff,
 345 f, 364 ff, 368 ff, Kap. VII.C.4 u. 5
– Entlassung / Beendigung 24, 205, 235
– Ermittlungstätigkeit 346 ff, 390 f
– Pädagogische Aspekte 37, 39, 315 ff
– Rechtlicher Rahmen 21-27, 97 ff
– Supervision und Beratung 371, 391 ff
– Vergütung S. 26, 366 f
– Voraussetzungen der Bestellung 21 ff,
 56
Vermittlungsstellen / Infrastruktur 41,
 370-373, 395 f
Vernachlässigung 244 f, 247 ff
Vertrauen 309, 311

Weiterbildung 9, 42 f, 371 f, 396
Willenserklärungen 34, 148 f, 153
Willenserziehung 59 ff, 67, 242 f
Willensforschung, kognitionspsychol.
 228 f, 234

Zeiterleben, Zeitfaktor 24, 43, 110, 243 f,
 294 f, 390

Matthias Westerholt,
Jochem Baltz,
Johannes Münder (Hg.)

Kinder- und Jugendhilfe (SGB VIII)
JugR – Rechtsprechungssammlung
Loseblattsammlung

Die Autorinnen und Autoren – Jochem Baltz, Irmgard Diedrichs-Michel, Thomas Lakies, Anne Lenze, Johannes Münder, Britta Tammen und Matthias Westerholt – stellen in dieser Sammlung wichtige gerichtliche Entscheidungen aus dem Bereich „Kinder- und Jugendhilferecht" zusammen. Die ausgewählten Urteile sind nach den Paragrafen des Kinder- und Jugendhilfegesetztes (SGB VIII) geordnet und zum überwiegenden Teil mit Anmerkungen versehen.

Zu dem Grundwerk wird es jährlich bis zu 2 Ergänzungslieferungen geben.

2001, 301 Seiten, 95 DM
ISBN 3-933158-19-2
Best.-Nr. 219